Kenn Scribner

Microsoft Windows Workflow Foundation

Schritt für Schritt

Dieses Buch ist die deutsche Übersetzung von:
Kenn Scribner: Microsoft Windows Workflow Foundation – Step by Step
Microsoft Press, Redmond, Washington 98052-6399
Copyright 2007 by Kenn Scribner

Das in diesem Buch enthaltene Programmmaterial ist mit keiner Verpflichtung oder Garantie irgendeiner Art verbunden. Autor, Übersetzer und der Verlag übernehmen folglich keine Verantwortung und werden keine daraus folgende oder sonstige Haftung übernehmen, die auf irgendeine Art aus der Benutzung dieses Programmmaterials oder Teilen davon entsteht. Die in diesem Buch erwähnten Software- und Hardwarebezeichnungen sind in den meisten Fällen auch eingetragene Marken und unterliegen als solche den gesetzlichen Bestimmungen. Der Verlag richtet sich im Wesentlichen nach den Schreibweisen der Hersteller.

Das Werk, einschließlich aller Teile, ist urheberrechtlich geschützt. Jede Verwertung außerhalb der engen Grenzen des Urheberrechtsgesetzes ist ohne Zustimmung des Verlags unzulässig und strafbar. Das gilt insbesondere für Vervielfältigungen, Übersetzungen, Mikroverfilmungen und die Einspeicherung und Verarbeitung in elektronischen Systemen.

15 14 13 12 11 10 9 8 7 6 5 4 3 2 1
09 08 07

ISBN: 978-3-86645-503-0

© Microsoft Press Deutschland
(ein Unternehmensbereich der Microsoft Deutschland GmbH)
Konrad-Zuse-Str. 1, D-85716 Unterschleißheim
Alle Rechte vorbehalten

Übersetzung: Thomas Irlbeck, München (http://www.thomas-irlbeck.de)
Korrektorat: Kristin Grauthoff, Lippstadt
Satz: Silja Brands, ActiveDevelop, Lippstadt (http://ActiveDevelop.de)
Umschlaggestaltung: Hommer Design GmbH, Haar (www.HommerDesign.com)
Gesamtherstellung: Kösel, Krugzell (www.KoeselBuch.de)

*Für meine wundervolle Familie,
Judi, Aaron und Katie,
ohne deren Liebe und Unterstützung das Leben
bedeutungslos wäre.*

Danke, dass ihr immer für mich da wart.

Inhaltsübersicht

1	Einführung in die Microsoft Windows Workflow Foundation	3
2	Die Workflow-Laufzeit	31
3	Workflow-Instanzen	49
4	Einführung in Aktivitäten und Workflow-Typen	71
5	Ereignisverfolgung	87
6	Laden und Entfernen von Instanzen	117
7	Grundlegende Operationen mit Aktivitäten	145
8	Externe Methoden und Workflows aufrufen	173
9	Aktivitäten für Bedingungen und Schleifen	207
10	Ereignisspezifische Aktivitäten	239
11	Aktivitäten für parallele Verarbeitung	277
12	Richtlinien und Regeln	313
13	Benutzerdefinierte Aktivitäten erstellen	345
14	Zustandsautomaten	383
15	Workflows und Transaktionen	409
16	Deklarative Workflows	439
17	Korrelation und lokale Hostkommunikation	463
18	Webdienste aus Workflows aufrufen	511
19	Workflows als Webdienste	527

Inhaltsverzeichnis

Vorwort		XI
Einleitung		XIII
An wen richtet sich das Buch?		XIV
Wo fangen Sie am besten an?		XIV
Konventionen und weitere Merkmale in diesem Buch		XV
Systemanforderungen		XV
Zusätzliche Software		XVI
Beispielprogramme zu diesem Buch		XVI
Korrekturen, Kommentare und Hilfe		XVII
Teil A	**Einführung in die Windows Workflow Foundation (WF)**	**1**
1	**Einführung in die Microsoft Windows Workflow Foundation**	**3**
	Workflow-Konzepte und -Grundlagen	4
	Einzug ins Betriebssystem	4
	Multithreading und Workflow	5
	Unterschiede zwischen der WF und Microsoft BizTalk sowie der WCF	5
	Der Einstieg in die Programmierung mit der WF	7
	Codebeispiele herunterladen und installieren	9
	Visual Studio Workflow-Unterstützung	12
	Ihr erstes Workflow-Programm	13
	Schnellübersicht	30
2	**Die Workflow-Laufzeit**	**31**
	Die WF in Anwendungen hosten	33
	Ein genauerer Blick auf das Objekt *WorkflowRuntime*	36
	Eine Workflow-Laufzeit-Factory erstellen	37
	Die Workflow-Laufzeit starten	40
	Die Workflow-Laufzeit anhalten	41
	Ereignisse der Workflow-Laufzeit abfangen	44
	Schnellübersicht	48
3	**Workflow-Instanzen**	**49**
	Einführung in das *WorkflowInstance*-Objekt	51
	Eine Workflow-Instanz starten	53
	Eine Workflow-Instanz mit Parametern starten	64
	Den Status der Workflow-Instanz feststellen	66

		Eine Workflow-Instanz beenden	68
		Dehydration und Rehydration	68
		Schnellübersicht	69
	4	**Einführung in Aktivitäten und Workflow-Typen**	**71**
		Einführung in das *Activity*-Objekt, die grundlegende Arbeitseinheit	72
		Das ActivityExecutionContext-Objekt	74
		Abhängige Eigenschaften	74
		Validierung von Aktivitäten	75
		Workflow-Typen	76
		Einen Workflow-Typ auswählen	77
		Die *Sequence*-Aktivität	79
		Eine sequenzielle Workflow-Anwendung erstellen	80
		Die *State*-Aktivität	81
		Eine zustandsbasierte Workflow-Anwendung erstellen	84
		Schnellübersicht	86
	5	**Ereignisverfolgung**	**87**
		Zuschaltbare Dienste (pluggable services)	87
		Workflow-Verfolgung	89
		Workflow-Ereignisverfolgung mit dem *SqlTrackingService*	89
		Den SQL Server für die Verfolgung einrichten	92
		Den *SqlTrackingService*-Dienst verwenden	97
		Benutzerereignisse verfolgen	107
		Eigene Verfolgungsprofile erstellen	108
		Verfolgungsinformationen mit dem *WorkflowMonitor* betrachten	112
		Schnellübersicht	115
	6	**Laden und Entfernen von Instanzen**	**117**
		Workflow-Instanzen persistent machen	118
		Den SQL Server für Persistenz einrichten	120
		Einführung in den *SqlWorkflowPersistenceService*-Dienst	123
		Instanzen aus dem Arbeitsspeicher entfernen	125
		Instanzen laden	136
		Im Leerlauf befindliche Instanzen laden und entfernen	139
		Schnellübersicht	142
Teil B	–	**Mit Aktivitäten arbeiten**	**143**
	7	**Grundlegende Operationen mit Aktivitäten**	**145**
		Das *Sequence*-Aktivitätsobjekt verwenden	146
		Die *Code*-Aktivität verwenden	150
		Die *Throw*-Aktivität verwenden	150
		Die *FaultHandler*-Aktivität verwenden	157

	Eine kurze Tour durch den Workflow Visual Designer	157
	Weitere Benutzeroberflächen im Ansicht-Designer	157
	Debugging im Workflow-Designer	160
	Die *Suspend*-Aktivität verwenden	166
	Die *Terminate*-Aktivität verwenden	169
	Schnellübersicht	172
8	**Externe Methoden und Workflows aufrufen**	**173**
	Einen *ExternalDataService*-Dienst erstellen	174
	Workflow-Intraprozess-Kommunikation	174
	Workflow-Intraprozesskommunikation konzipieren und implementieren	176
	Die Anwendung zur Kfz-Datenüberprüfung	177
	Dienstschnittstellen erstellen	179
	Das *ExternalDataExchange*-Attribut verwenden	180
	Die *ExternalDataEventArgs*-Klasse verwenden	181
	Externe Datendienste erstellen	183
	Die *CallExternalMethod*-Aktivität	192
	Eigene externe Datendienst-Aktivitäten erstellen und verwenden	193
	Die Workflow-Daten innerhalb der Hostanwendung empfangen	198
	Externe Workflows mit der *InvokeWorkflow*-Aktivität aufrufen	200
	Schnellübersicht	205
9	**Aktivitäten für Bedingungen und Schleifen**	**207**
	Bedingungen und bedingte Verarbeitung	207
	Die Anwendung Questioner	208
	Die *IfElse*-Aktivität verwenden	210
	Die *While*-Aktivität verwenden	222
	Die *Replicator*-Aktivität verwenden	227
	Schnellübersicht	238
10	**Ereignisspezifische Aktivitäten**	**239**
	Die *HandleExternalEvent*-Aktivität verwenden	240
	Die *Delay*-Aktivität verwenden	242
	Die *EventDriven*-Aktivität verwenden	243
	Die *Listen*-Aktivität verwenden	243
	Die *EventHandlingScope*-Aktivität verwenden	244
	Kommunikation vom Host zum Workflow	244
	Die Kommunikationsschnittstelle erstellen	248
	Schnellübersicht	275
11	**Aktivitäten für parallele Verarbeitung**	**277**
	Die *Parallel*-Aktivität verwenden	277
	Die *SynchronizationScope*-Aktivität verwenden	285

Inhaltsverzeichnis

Die *ConditionedActivityGroup* (CAG)-Aktivität verwenden ... 294
Schnellübersicht ... 311

12 Richtlinien und Regeln ... 313
Richtlinien und Regeln ... 314
   Regeln implementieren ... 315
   Attribute für Regeln ... 318
   Die *Update*-Anweisung ... 319
Regelbasierte Bedingungen ... 319
Vorwärtsverkettung ... 326
   Implizite Verkettung ... 328
   Attributive Verkettung ... 328
   Explizite Verkettung ... 328
   Vorwärtsverkettung beeinflussen ... 329
   Die Neuüberprüfung von Regeln beeinflussen ... 330
Die *Policy*-Aktivität verwenden ... 331
Schnellübersicht ... 344

13 Benutzerdefinierte Aktivitäten erstellen ... 345
Mehr über Aktivitäten ... 346
   Virtuelle Methoden von Aktivitäten ... 346
   Aktivitätskomponenten ... 347
   Ausführungskontexte ... 348
   Lebensdauer einer Aktivität ... 349
Eine FTP-Aktivität erstellen ... 350
Einen benutzerdefinierten *ActivityValidator* erstellen ... 362
Eine Toolbox-Bitmap zur Verfügung stellen ... 366
Das Erscheinungsbild von Aktivitäten im Workflow-Designer
individuell anpassen ... 367
   Benutzerdefinierte Aktivitäten in der Toolbox integrieren ... 370
Schnellübersicht ... 379

Teil C – Workflow-Verarbeitung ... 381

14 Zustandsautomaten ... 383
Das Konzept des Zustandsautomaten ... 384
Die *State*-Aktivität einsetzen ... 384
Die *SetState*-Aktivität verwenden ... 385
Die *StateInitialization*-Aktivität verwenden ... 386
Die *StateFinalization*-Aktivität verwenden ... 387
Einen zustandsbasierten Workflow erstellen ... 388
Schnellübersicht ... 407

15 Workflows und Transaktionen ... **409**
Transaktionen verstehen ... 410
    Klassische Transaktionen (XA) ... 411
Transaktionen in Ihren Workflows initiieren ... 414
    Workflow-Laufzeit und Transaktionsdienste ... 414
    Fehlerbehandlung ... 415
    Ambient Transaktionen ... 415
Die *TransactionScope*-Aktivität verwenden ... 415
    Commit bei einer Transaktion ausführen ... 417
    Rollback auf Transaktionen ausführen ... 417
Die *CompensatableTransactionScope*-Aktivität verwenden ... 418
Die *Compensate*-Aktivität verwenden ... 419
Die *CompensatableSequence*-Aktivität verwenden ... 420
Einen Workflow mit integrierten Transaktionen erstellen ... 421
Schnellübersicht ... 438

16 Deklarative Workflows ... **439**
Deklarativer Workflow – Auszeichnung per XML ... 440
Namespaces deklarieren und Namespace-Zuordnung ... 442
XAML-basierte Workflows erstellen und ausführen ... 443
Schnellübersicht ... 459

Teil E – Externe Datenkommunikation ... **461**

17 Korrelation und lokale Hostkommunikation ... **463**
Host und lokale Workflow-Kommunikation ... 464
Korrelation ... 465
Das *CorrelationParameter*-Attribut ... 466
Das *CorrelationInitializer*-Attribut ... 467
Das *CorrelationAlias*-Attribut ... 468
Korrelierte Workflows erstellen ... 469
Schnellübersicht ... 509

18 Webdienste aus Workflows aufrufen ... **511**
Architektur für Webdienste ... 511
Die *InvokeWebService*-Aktivität verwenden ... 513
Den Webverweis hinzufügen ... 514
Den Proxy konfigurieren ... 515
    Statische Proxy-Konfiguration ... 515
    Dynamische Proxy-Konfiguration ... 516
Mit Sitzungen arbeiten ... 517
    Lang laufende XML-Webdienste ... 518
Einen Workflow erstellen, der einen XML-Webdienst verwendet ... 520
Schnellübersicht ... 526

19 Workflows als Webdienste ... 527
Einen Workflow als XML-Webdienst abbilden ... 528
Die Workflow-Laufzeit erstellen ... 530
Dienste konfigurieren ... 530
Workflow-Verwaltung ... 533
Die *WebServiceInput*-Aktivität verwenden ... 534
Die *WebServiceOutput*-Aktivität verwenden ... 535
Die *WebServiceFault*-Aktivität verwenden ... 536
Ein Host-Webdienst-Projekt erstellen ... 536
Schnellübersicht ... 555

Anhang A ... 557

Übersicht der Beispielprogramme ... 557
Die Beispielprogramme verwenden ... 557
Verzeichnisstruktur ... 558
Übersicht der Beispielprogramme ... 558

Stichwortverzeichnis ... 563

Vorwort

Für mich erschienen Workflow-Engines wie etwa Microsoft BizTalk immer als eine sehr kostspielige Angelegenheit, die ich für meine Projekte einfach nicht benötigte. Ich dachte immer, das Arbeiten am puren Code ist effektiver, als visuell orientierte Instrumente zur Abbildung von Programmflüssen zu benutzen. So verbrachte ich viel Zeit damit, eben nicht zu erfahren, was eine Workflow-Engine für mich tun könnte, und arbeitete stattdessen weiter direkt am Programmcode. Dennoch war ich in irgendeiner Weise von der Thematik fasziniert und ging meinen Kolleginnen und Kollegen auf die Nerven, weil ich wissen wollte, worin sie den Nutzen von BizTalk sahen. Diese weckten meine Neugier, das Produkt doch einmal auszuprobieren. Aber jedes Mal, als ich versuchte, den Sprung zu wagen und mich in BizTalk einzuarbeiten, machte ich wieder einen Rückzieher, da es mir zu komplex für etwas erschien, das für mich eine reine Ausführungs-Engine für Flussdiagramme darstellte.

Irgendwann um 2003 herum, als ich bei Microsoft an einem Projekt arbeitete, das zur Windows Communication Foundation wurde, hörte ich etwas über eine universale Workflow-Engine, die von Microsoft entwickelt wird. Es gab Gerüchte, dass diese Workflow-Engine direkt in das Betriebssystem integriert wird! Der Grund: Früher hatten Abteilungen innerhalb von Microsoft ihre eigenen Workflow-Engines für ihre spezifischen Problembereiche erstellt. Die meisten Engines waren in C++ entwickelt worden und erwiesen sich für den Einsatz außerhalb des eigenen Anwendungsgebiets nicht als flexibel genug. BizTalk wies zwar eine Mehrzweck-Engine auf, war aber nicht dafür ausgelegt, die Engine getrennt von BizTalk einsetzen zu können. Microsoft stellte entsprechend einen realen Bedarf für eine einzelne, universale Workflow-Engine fest, um den Microsoft-Teams das ständige Neuerfinden von Workflow-Engines zu ersparen. Diese ursprünglichen Workflow-Entwicklungen (die begannen, bevor ich davon das erste Mal davon hörte) halfen letztendlich bei der Schaffung des Windows Workflow Foundation-Entwicklerteams.

Als Bestandteil des .NET Frameworks 3.0 stellt die Windows Workflow Foundation eine frei verteilbare .NET-Komponente dar. In Windows Vista (und auch in etwaigen Nachfolgesystemen) wird die Windows Workflow Foundation als Teil des Betriebssystems ausgeliefert. Was bedeutet dies für Entwickler? Diese können sich mit dem Einsatz der Workflow-Engine beschäftigen und haben die Möglichkeit, ihre Anwendungen zu verbreiten, die sich auf eine Workflow-Engine auf der Clientseite stützen. Größere Anwendungen benötigen zwar weiterhin Tools wie den BizTalk Server, um Workflows zu verwalten. Aber kleinere Anwendungen ziehen einen Nutzen aus den Vorzügen des Workflow-Konzeptes (etwa der Möglichkeit, Zustandsautomaten zu realisieren, oder der Fähigkeit, einen Workflow anhalten, aus dem Speicher entfernen und später wieder fortzusetzen zu können), sodass sich die Windows Workflow Foundation als ein wahrer Glücksfall erweist.

Dieses Buch zeigt all die kleinen Dinge, welche die Windows Workflow Foundation durchführen kann. Da es sich um eine Einführung in die Windows Workflow Foundation handelt, unternimmt es eine Tour durch die einzelnen Merkmale und zeigt Ihnen, was an Möglichkeiten vorhanden ist. Für mich hat sich das Buch als ein sehr brauchbarer und nützlicher Einstieg in diese Technologie erwiesen. Ich habe die Erkenntnis gewonnen, dass die meisten Anwendungsprogramme von einer gesunden Dosis an Workflow-Bestandteilen profitieren würden. Die Beispiele in diesem Buch bestätigten dies für mich voll und ganz.

Kenn, meine Gratulation für dieses ausgezeichnete Buch! Danke, dass Du mich an dessen Entstehung hast teilhaben lassen. Ich glaube, dass jetzt – dank dieser Einführung in dieses Thema – weit mehr .NET-Entwickler letztendlich verstehen werden, welchen Nutzen die Workflow-Implementation mit sich bringt.

Scott Seely

Einleitung

Bevor Sie in die Programmierung der Microsoft Windows Workflow Foundation, kurz WF, einsteigen, ist es wichtig, zu verstehen, was unter *Workflow* zu verstehen ist und warum Sie die Anstrengung unternehmen sollten, den Umgang mit der Workflow Foundation zu erlernen. Letztendlich bedeutet das Einarbeiten in eine Technologie, Zeit und Mühe zu investieren. Es gibt neue Tools, neue Denkansätze in Hinblick auf Ihre Programme und vieles mehr. Wie sieht die Kosten-Nutzen-Rechnung aus, wenn Sie sich die jeweiligen Fähigkeiten aneignen, was können Sie erwarten? Lohnt es sich oder sind Workflows nur eine Modeerscheinung?

Workflow ist zunächst einfach ein Begriff, der Software bezeichnet, die in einer strengeren Umgebung läuft. Mit Software sind im Wesentlichen die Formen von Software gemeint, die Sie bereits in der Vergangenheit entwickelt haben. Sie haben vermutlich schon des Öfteren Code geschrieben, der Daten aus einer Datenbank ausliest, diese Daten verarbeitet und dann die veränderten Daten in eine andere Datenbank oder einen weiteren Datenspeicher schreibt. Ebenso eine typische Situation ist das Verschieben von Dateien von Stelle zu Stelle, wobei die Dateien dann von Verantwortlichen oder von Prozessen freigegeben, zur weiteren Überarbeitung gekennzeichnet oder anderweitig verändert werden. Die Liste mit typischen Beispielen könnte nahezu beliebig fortgesetzt werden. *Alles*, was Sie entwickeln, kann auf die eine oder andere Weise als Workflow betrachtet werden.

Die Umgebung, die Ihnen die WF zur Verfügung stellt, ist von großem Nutzen, schon einmal deshalb, da sie auf diese Weise multithreadbasierte Verarbeitung ermöglicht. Ihre Dienste und Benutzeroberflächen müssen sich nicht um die Erstellung von Arbeits-Threads (*worker threads*; Threads, die typischerweise für Hintergrundaufgaben eingesetzt werden), deren Überwachung und ihren Abschluss kümmern.

Aber die WF bietet weitere attraktive Leistungsmerkmale, etwa die Fähigkeit, einen ausführenden Workflow-Prozess anzuhalten und in eine Datenbank zur sicheren Aufbewahrung auszulagern, was z.B. dann infrage kommt, wenn ein Freigabeprozess oder ein anderer externer Vorgang über einen längeren Zeitraum läuft. Die WF kann automatisch Ereignisse verfolgen und diese Daten in einer Datenbank aufzeichnen (*tracking*). Ebenso wird die Entwicklung von geschickt gegliedertem, voneinander abgeschottetem und leicht wiederverwendbarem Code ermöglicht und gefördert. Des Weiteren gibt es eine weit reichende Unterstützung von Transaktionen. Ferner ist die WF bereits Teil des Betriebssystems Microsoft Windows Vista, sodass Sie die WF in Verbindung mit der neuesten Betriebssystemgeneration von Microsoft sofort nutzen können, ohne zusätzliche Installation. Auch beim Einsatz von Microsoft Windows XP oder Microsoft Windows Server 2003 ist die WF so gesehen bereits »an Bord«, da die neueste Version des .NET Frameworks bereits die WF enthält und in aller Regel ohnehin Aktualisierungen des .NET Frameworks vorgenommen werden.

Nicht zuletzt muss noch erwähnt werden, dass die WF kostenlos verfügbar ist. Die einzigen »Kosten«, die Ihnen entstehen, sind die Kosten für den Download und die Investition in Zeit, um die Verwendung zu erlernen.

Sicher nicht nur aus der Erfahrung des Autors heraus ist das Erlernen der WF die Mühe wert. Anwender allgemein, Kunden und Geschäftspartner profitieren von diese Technologie, sodass hier ein entsprechender Bedarf vorhanden ist.

Wie aber lernen Sie am besten die Entwicklung von Software in Verbindung mit der WF? Viele Software-Entwickler eignen sich das Wissen an, indem sie Code schreiben und damit experimentieren. Wenn Sie auch dazu gehören, werden Sie dieses Buch sicher sehr hilfreich finden. Denn hier erhalten Sie die notwendigen Grundlagen, um Code entwickeln und damit weitere Versuche unternehmen zu können. Dieses Buch ist nicht dazu konzipiert, bei jedem spezifischen Thema in die Tiefe zu gehen und dieses komplett abzudecken. Es dient vielmehr dazu, Ihnen ein Instrument in die Hand zu geben, mit dessen Hilfe Sie mit der Entwicklung unter der WF sofort anfangen können und auf möglichst schnellem Weg zu Ergebnissen kommen. Es gibt sicher andere Bücher, die sich mehr mit den Hintergründen und dem »Warum« beschäftigen. Dieses Buch konzentriert sich auf das »Wie«, auf Resultate. Zur Vertiefung des Themas ist weitere Literatur zum Thema WF und Workflow auf jeden Fall empfehlenswert. Dieses Buch richtet sich an WF-Einsteiger – es versorgt Sie mit dem Notwendigen, um loszulegen.

An wen richtet sich das Buch?

Dieses Buch eignet sich für Software-Entwickler, die mit Technologien von Microsoft arbeiten. Von Vorteil erweist sich, wenn Sie bereits mit .NET und der Programmierung mit dem Microsoft Visual Studio vertraut sind. Was die Programmiersprache angeht, sind alle Beispiele in C# gehalten. Entsprechend sollten Sie ausreichend C#-Grundkenntnisse mitbringen.

Wo fangen Sie am besten an?

Dieses Buch ist dafür gedacht, dass Sie sich in den wichtigsten Bereichen Fähigkeiten aneignen. Es geht davon aus, das Sie neu in der WF sind und führt Sie Schritt für Schritt durch die elementaren Konzepte der WF. Es wird empfohlen, dass Sie die Kapitel der Reihe nach durcharbeiten und alle Beispiele nachvollziehen, da die Techniken und Ansätze eines Kapitels in den nachfolgenden Kapiteln ausgebaut werden. Wenn Sie jedoch Bedarf an spezifischen Informationen haben oder generell nur an bestimmten Aspekten der WF interessiert sind, finden Sie anhand in der folgenden Übersicht Ihre individuelle Route durch dieses Buch:

Wenn Sie ...	Folgen Sie diesen Schritten
Neu in der WF sind und sich ein grundlegendes Verständnis erarbeiten möchten	Installieren Sie die Beispielprogramme, wie es im Abschnitt »Die Codebeispiele herunterladen und installieren« dieser Einleitung beschrieben ist.
	Arbeiten Sie die Kapitel 1 bis 4 der Reihe nach durch und führen Sie die Übungen durch.
	Lesen Sie Kapitel 7 sowie Kapitel 9 bis 14 – je nach Ihrer Erfahrung und Ihren Interessen. ▶

Wenn Sie ...	Folgen Sie diesen Schritten
Bereits mit der WF vertraut sind, aber mehr über die Integration der WF in Ihrer Anwendung erfahren möchten	Installieren Sie die Beispielprogramme, wie es im Abschnitt »Die Codebeispiele herunterladen und installieren« dieser Einleitung beschrieben ist. Überfliegen Sie das erste Kapitel, um eine Überblick über die WF zu erhalten, arbeiten Sie aber die Übungen durch. Lesen Sie Kapitel 2 und arbeiten Sie die Übungen durch. Überfliegen Sie Kapitel 3 und 4. Lesen Sie Kapitel 8 und 10 und arbeiten Sie die Übungen durch. Überfliegen Sie Kapitel 17, führen Sie aber die Übungen durch.
Bereits mit der WF vertraut sind, aber mehr darüber erfahren möchten. wie die WF deklarativ verwendet werden kann (z.B. durch Verwendung von XML-basierten Workflow-Definitionen)	Installieren Sie die Beispielprogramme, wie es im Abschnitt »Die Codebeispiele herunterladen und installieren« dieser Einleitung beschrieben ist. Überfliegen Sie die ersten drei Kapitel. Lesen Sie Kapitel 16 und arbeiten Sie die Übungen durch.
Bestimmte Informationen suchen, nachdem Sie die Übungen durchgearbeitet haben	Verwenden Sie das Inhaltsverzeichnis oder das Stichwortverzeichnis, um Informationen zu einem bestimmten Thema zu finden. Schauen Sie in der »Schnellübersicht« nach, die Sie am Ende jedes Kapitels finden, um einen kurze Zusammenfassung der Konzepte und Techniken des jeweiligen Kapitels zu erhalten.

Konventionen und weitere Merkmale in diesem Buch

In diesem Buch werden gewisse Konventionen verwendet, um die Informationen besser lesbar zu gestalten und das Durcharbeiten zu erleichtern:

- Die Übung bestehen aus einem oder mehreren Abschnitten. Jeder Abschnitt setzt sich aus einzelnen Schritten zusammen, die durchnummeriert sind (1., 2., 3. usw.).

- Text, der im Rahmen der Übungen eingegeben werden muss, wird **fett** dargestellt.

- Ein Pluszeichen (+) zwischen den Tasten (z.B. **(Umschalt)+(F6)**) bedeutet, dass zwei oder mehrere Tasten gleichzeitig gedrückt werden müssen.

Systemanforderungen

- Folgende Hardware und Software wird vorausgesetzt:

- Microsoft Windows XP mit Service Pack 2 oder höher, Microsoft Windows Server 2003 mit Service Pack 1 oder höher oder Microsoft Windows Vista

- Microsoft Visual Studio 2005 Standard Edition oder Microsoft Visual Studio 2005 Professional Edition
- SQL Server 2005 (Express)
- Pentium oder kompatiblen Prozessor mit mindestens 600 MHz (1 GHz oder mehr empfohlen)
- Mindestens 192 MByte Arbeitsspeicher (256 MByte oder mehr empfohlen)
- Bildschirm mit einer Auflösung von mindestens 800 × 600 Pixel (1.024 × 768 Pixel oder mehr empfohlen); mindestens 256 Farben (High Color, das heißt 65.536 Farben, oder mehr empfohlen)
- Microsoft-Maus oder kompatibles Zeigegerät

Zusätzliche Software

Sie benötigen außerdem die folgende zusätzliche Software. Hinweise zum Herunterladen und Installierender Software finden Sie in Kapitel 1, Abschnitt »Der Einstieg in die Programmierung mit der WF«.

- Microsoft .NET Framework 3.0 (in Windows Vista bereits enthalten; es muss dort nicht installiert werden).
- Microsoft Windows Software Development Kit for Windows Vista and .NET Framework 3.0 Runtime Components
- Visual Studio 2005 extensions for .NET Framework 3.0 (WCF & WPF) (»Orcas«)
- Visual Studio 2005 extensions for .NET Framework 3.0 (Windows Workflow Foundation)
- SQL Server Management Studio Express Edition

> **Hinweis** Abweichend von der übrigen Software sind die Installationsanweisungen zum SQL Server Management Studio Express Edition in Kapitel 5, Abschnitt »Den SQL Server für die Verfolgung einrichten«, untergebracht. Wenn Sie die Vollversion des SQL Server 2005 einsetzen, wird das SQL Server Management Studio automatisch mit installiert.

Beispielprogramme zu diesem Buch

Die Beispielprogramme müssen Sie zunächst herunterladen und installieren. Wie Sie hierbei vorgehen, ist in Kapitel 1, Abschnitt »Codebeispiele herunterladen und installieren«, beschrieben.

Eine Übersicht der Beispielprogramme ist in Anhang A enthalten. Dort finden Sie auch einige Informationen zur Struktur der Beispiele und weitere Hinweise.

Korrekturen, Kommentare und Hilfe

Es wurden große Anstrengungen unternommen, um die Fehlerfreiheit für das Buch und die Beispieldateien zu gewährleisten. Sofern doch einmal Korrekturen oder zusätzliche Hinweise zu diesem Buch oder den zugehörigen Beispieldateien notwendig waren, so finden Sie diese im World Wide Web unter

http://www.microsoft.com/germany/mspress/support

Kommentare, Fragen oder Anregungen, die dieses Buch oder die Beispieldateien betreffen, oder auch Fragen, für die Sie auf der genanten Website keine Antworten finden, senden Sie uns bitte per E-Mail an

presscd@microsoft.com

Beachten Sie bitte, dass Sie unter dieser Adresse keinen Support für die in diesem Buch erwähnten Microsoft-Produkte selbst erhalten. Wenn Sie Hilfe zu Visual Studio 2005 benötigen, wenden Sie sich bitte an

http://support.microsoft.com

Teil A

Einführung in die Windows Workflow Foundation (WF)

In diesem Teil:

Einführung in die Microsoft Windows Workflow Foundation	3
Die Workflow-Laufzeit	31
Workflow-Instanzen	49
Einführung in Aktivitäten und Workflow-Typen	71
Ereignisverfolgung	87
Laden und Entfernen von Instanzen	117

Kapitel 1

Einführung in die Microsoft Windows Workflow Foundation

In diesem Kapitel:

Workflow-Konzepte und -Grundlagen	4
Unterschiede zwischen der WF und Microsoft BizTalk sowie der WCF	5
Der Einstieg in die Programmierung mit der WF	7
Codebeispiele herunterladen und installieren	9
Visual Studio Workflow-Unterstützung	12
Ihr erstes Workflow-Programm	13
Schnellübersicht	30

In diesem Kapitel lernen Sie

- etwas über Konzepte und Grundlagen von Workflows.
- die wesentlichen Unterschiede zwischen der Windows Workflow Foundation (WF) und BizTalk sowie der Windows Communication Foundation (WCF) kennen.
- wie Sie die ersten Programmierschritte in Verbindung mit der WF unternehmen.
- das Know-how, um die Workflow-Unterstützung von Visual Studio einzusetzen.

Workflow – das klingt nach einem neuen IT-Modewort, und in gewisser Hinsicht ist es das auch. Aber das Konzept des Workflows (auf Deutsch noch am treffendsten mit »Arbeitsablauf« zu übersetzen) stammt aus der Notwendigkeit heraus, Daten schnell und korrekt zu übertragen. Die Frage, was unter *Workflow* zu verstehen ist, lässt sich wohl am besten so beantworten: Es handelt sich um die grundlegenden Aufgaben, Verfahren, Personen und Organisationen, den Ein- und Ausgang von Systeminformationen, Richtlinien und Regeln sowie Werkzeuge, die für die einzelnen Schritte des Geschäftsprozesses benötigt werden. Dies ist zwar eine sehr allgemeine Definition, es bedarf jedoch häufig all dieser Beteiligten, um einen Geschäftsprozess funktionsfähig zu machen. Das Ziel liegt natürlich darin, die Zusammenarbeit all dieser am Geschäftsprozess involvierten Elemente mithilfe von Software zu automatisieren, um dazu beizutragen, dass der jeweilige Prozess erfolgreich abgewickelt wird.

Workflow-Konzepte und -Grundlagen

Die Ursprünge der Workflow-Verarbeitung stammen von der Dokumentverarbeitung, bei der es notwendig ist, dass Dokumente von einer Stelle zu einer anderen weitergereicht werden – zur Freigabe oder Überarbeitung. Der Gedanke, bestimmte vordefinierte Aufgaben auszuführen, die an einen Entscheidungsprozess gekoppelt sind (etwa die erteilte oder aber nicht erteilte Freigabe), ist etwas, was sich verallgemeinern lässt. Wenn Sie bereits einmal ein Softwaremodul geschrieben haben, das Informationen verarbeitet, das Entscheidungen trifft, die auf Systemeingaben beruhen, und das die Regeln und Verfahren des Systems berücksichtigt, in dem die Software ausgeführt wird, haben Sie im Grunde genommen bereits Workflow-Software entwickelt.

Vermutlich war diese Software für Sie nicht einfach umzusetzen, denn erfahrungsgemäß sind solche Aufgabenstellungen nur selten trivial. Die Anforderungen schließen ein, dass viele unterstützende Bestandteile und die Infrastruktur vom Softwareentwickler selbst geschrieben werden müssen. Dazu kommen das meist knappe Budget und die in der Regel engen Terminpläne, sodass die Absicht, eine hoch performante Anwendung zu schaffen, gewöhnlich eine Wunschvorstellung bleibt. So aber funktioniert Business – Zeit ist in der Tat Geld, und je schneller eine Anwendung implementiert wird, desto früher kann sie eingesetzt werden und desto früher profitiert die Firma davon.

Einzug ins Betriebssystem

In den frühen 1980er-Jahren taten die PC-Betriebssysteme gut daran, eine Unterstützung für Festplatten sowie Dateisysteme einzuführen. Der wesentliche Zweck der Betriebssysteme lag in datenträgerorientierten Funktionen. Die Laufzeitumgebung war weiterhin lediglich dafür ausgelegt, genau ein Programm auszuführen. Später fanden innovative Entwickler Wege, so genannte TSR-Programme (»terminate and stay resident«) zu schreiben – Programme, die (auch gemäß der Namensauflösung) nach der Beendigung im Arbeitsspeicher blieben und sich über eine Tastenkombination aus anderen Programmen aufrufen ließen. Auch wenn so ein Hauch eines Mehrprogrammbetriebs entstand, waren diese Betriebssysteme im Vergleich zu heutigen Standards ausgesprochen primitiv.

Heute wird vorausgesetzt, dass ein Betriebssystem Multitasking unterstützt, also den gleichzeitigen Betrieb mehrerer Programme (Tasks), inklusive der Möglichkeit, dass sich die Tasks virtueller Arbeitsspeicher bedienen können. Die Druckfunktion muss sich nahtlos in das System und die Programme einfügen, ebenso ist eine Netzwerkunterstützung über Ethernet und andere Netzwerktechnologien Pflicht. Selbstverständlich erwarten die Nutzer ebenso eine ausgezeichnete Grafik.

Betriebssysteme sind komplexer geworden, sowohl um den Anforderungen der Anwender als auch um den wachsenden Möglichkeiten der Hardwareplattformen, unter denen sie eingesetzt werden, gerecht zu werden. Die Geschäftswelt, die einer der größten Anwender von Software und Softwaretechnologien darstellt, erkennt dies an und stellt sogar noch größere Anforderungen an Betriebssystemhersteller.

Microsoft hat die Notwendigkeit für eine stärkere Betriebssystemunterstützung im Hinblick auf die Koordinierung von Prozessen innerhalb Firmen erkannt und eine phantastische Funktionalität in das Betriebssystem Windows Vista eingebaut – die *Windows*

Workflow Foundation, kurz WF. Diese grundlegende Komponente wird mit jeder Kopie von Windows Vista ausgeliefert. Außerdem stellt Microsoft Versionen für bestehende Windows-Systeme unter Windows XP und Windows Server 2003 kostenlos zur Verfügung. Das Schreiben der kompletten Infrastruktur für Ihre Geschäftsprozesse gehört damit der Vergangenheit an!

Multithreading und Workflow

WF ist vieles zugleich, aber wenn Sie es unter dem Mikroskop betrachten und die wichtigsten Funktionen untersuchen, werden Sie feststellen, dass im Wesentlichen eine parallele Aufrufmöglichkeit für Ihren Code zur Verfügung gestellt wird. Ohne WF führen Sie Ihre Workflow-Tasks entweder auf demselben Thread aus, auf dem auch Ihre Benutzeroberfläche oder Ihr Hauptprozess läuft, oder Sie schreiben selbst Multithreading-Software, sodass Sie eigene Threads haben, welche die Prozesslogik abdecken. Aber die Multithread-Programmierung ist nicht einfach und in mehr Fällen, als sich so mancher Programmierer eingesteht, entstehen latente Fehler (zugegeben, es sind Bugs), wenn bereits die unscheinbarsten Kleinigkeiten übersehen werden.

In seiner grundlegendsten Form stellt WF Ihnen eine Multithreading-Funktionalität ohne die üblichen Unannehmlichkeiten zur Verfügung. Wenn Sie einige wesentliche Regeln beachten, was die Datenübergabe in und aus dem WF betrifft, können Sie auf einfache Weise von dieser Art des komplikationslosen Multithreading profitieren.

> **Hinweis** Die Datenübergabe zwischen mehreren Threads kann man sich in etwa so vorstellen, als wenn Sie am Straßenrand stehen und Ihnen jemand aus einem mit 100 km/h fahrenden Auto einen Cheeseburger überreicht. Sie können Daten übergeben, aber Sie sollten genau wissen, wie Sie hierbei vorgehen. Diese Form der Datenübergabe ist von Natur aus nicht sicher und Sie benötigen dazu besondere Synchronisationstechniken. Treten dabei Bugs auf, ist es häufig nicht einfach, diese zu lokalisieren.

Möglicherweise weisen Sie nun – zurecht – darauf hin, dass es für die erwähnten Aufgabenstellungen Microsoft BizTalk gibt. Im Folgenden soll kurz darauf eingegangen werden – auf BizTalk und bei dieser Gelegenheit auch auf die Windows Communication Foundation (WCF).

Unterschiede zwischen der WF und Microsoft BizTalk sowie der WCF

Wenn Sie bereits einmal mit dem BizTalk Server gearbeitet haben, der B2B-Integrationsplattform (»business to business«) von Microsoft, haben Sie zweifellos mit *Orchestration* gearbeitet. *Orchestration* (wörtlich übersetzt »Instrumentation«) ist der BizTalk-Begriff für *Workflow*. Unter dem BizTalk Server steht Ihnen ein grafischer Editor zur Verfügung, mit dem Sie Geschäftsprozesse anlegen können, wobei einige dieser Prozesse sogar externe Stellen berücksichtigen können, z.B. Handelspartner, unter Anwendung externer Kommunikationsprotokolle. Die Kommunikation mit Ihren Handelspartnern ist mithilfe von BizTalk einfach und die Integration gestaltet sich nahtlos.

Genau hier aber liegt der Schlüssel zum Unterschied zwischen der WF und dem BizTalk Server. Der BizTalk Server wurde entwickelt, um mehrfache Geschäftsbereiche zu integrieren oder – anders ausgedrückt – um E-Commerce zu ermöglichen.

WF dagegen wurde für die Arbeit auf Betriebssystemebene konzipiert und dient zur Integration in einer Einzelanwendung innerhalb eines einzelnen Anwendungsbereichs. Dies soll aber nicht heißen, dass Sie in Verbindung mit WF nicht mit externen Prozessen und Servern kommunizieren können, aber der hauptsächliche Fokus liegt bei der WF darauf, Workflow-Funktionalität in Ihren Anwendungen zu integrieren. BizTalk wurde für die Zusammenarbeit zwischen *mehreren* Anwendungen entwickelt, (Stichwort »*Inter*application«), während der Hauptanwendungszweck der WF in der Schaffung entsprechender Funktionalität innerhalb einer *einzigen* Anwendung liegt (Stichwort »*Intra*application«).

> **Hinweis** WF kann durchaus in einer Interapplication-Workflow-Konstellation eingesetzt werden, aber dies erfordert zusätzliche Programmlogik und -strukturen, die BizTalk von Haus aus zur Verfügung stellt. Tatsächlich ist das BizTalk-Programmiererteam dabei, den BizTalk-Programmkern auf WF umzustellen, sodass die Microsoft-Produkte in Zukunft auf einer einheitlichen Workflow-Technologie basieren.

Vom Kommunikationsstandpunkt aus betrachtet, bieten Ihnen die WF einige grundlegende Tools zur Nutzung von XML-Webdiensten. Mithilfe der WF können Sie einen Workflow als Webdienst abbilden und andere Webdienste recht einfach nutzen. Handelt es sich dabei nicht etwa um dieselbe Funktionalität wie die der WCF?

Im Prinzip stimmt dies – die WCF stellt Ihnen die grundlegenden Tools zur Verfügung, um XML-Webdienste implementieren und nutzen zu können, aber die WCF bietet noch erheblich mehr. Während das primäre Ziel der WCF ist, das Programmiermodell für alle elektronischen Kommunikationsprozesse zu vereinheitlichen, könnte man sicherlich auch anführen, eine weitere Absicht der WCF besteht darin, die Internetstandards für Webdienste zu implementieren, um die Erstellung verbindungsbasierter *dienstorientierter Architekturen* (»service-oriented architecture«, SOA) zu erlauben.

In Verbindung mit SOAs bewegt sich die Software von der Philosophie, *Methoden* aufzurufen, hin zur Nutzung von *Diensten*. Der Hintergrund ist: Wird die Signatur einer Methode geändert, unabhängig davon, ob der Methodenname oder die Datentypen bzw. die Anzahl der Übergabeparameter davon betroffen sind, muss die komplette Software, die auf dieser Methode basiert, diese also nutzt, neu kompiliert werden. Wie Ihnen vermutlich aus eigener Erfahrung bekannt ist, kann dieser Vorgang in großen Softwaresystemen schwierig und mühsam sein. Recht häufig vollzieht sich dieser Vorgang alles andere als reibungslos und es kommt zu Fehlfunktionen bei der Ausführung, was noch eine nette Umschreibung dafür ist, wenn im schlimmsten Fall die Software zu einem Zeitpunkt abstürzt, wenn diese vom Anwender am dringendsten benötigt wird.

Dienstorientierte Software wird jedoch unter Zuhilfenahme von Kontrakten (*contracts*) und Richtlinien (*policies*) integriert. Es wird dabei bereits einkalkuliert, dass die Software sich in Zukunft ändert und das Ziel ist, voneinander abhängige Prozesse zu haben, die Änderungen erkennen und sich entsprechend anpassen. Kontrakte ermitteln, welche Dienste vorhanden sind. Richtlinien beschreiben, wie die Dienste zu verwenden sind. Ein

Kontrakt könnte Ihnen mitteilen, dass ein bestimmter Dienst verfügbar ist, den Sie verwenden können, um Waren für das Lager zu bestellen. Die dazugehörige Richtlinie des Dienstes wiederum könnte Sie darauf hinweisen, dass Sie sich authentifizieren müssen, bevor der Dienst verwendet werden kann, und dass der Datenaustausch zwischen dem Remote-Server und dem lokalen System verschlüsselt und digital signiert erfolgen muss. Sollten sich Kontrakte oder Richtlinien ändern, passen sich die Dienst-Consumer im Idealfall automatisch an die neue Konstellation an.

> **Hinweis** Falls Kontrakte und Richtlinien einer Änderung unterworfen sind, reparieren sich bestimmte Dinge natürlich nicht auf wundersame Weise selbstständig. Tatsächlich sollten Anbieter von Diensten kommunizieren, wie viele vorangegangene Versionen sie unterstützen. Die Dienst-Consumer sollten ihren Code dann schnellstmöglich auf die neueste Version aktualisieren.

Die Kommunikationsfunktionalität ist nicht die Hauptaufgabe des WF. Wenn Sie eine weitgehende SOA-Unterstützung benötigen, sollten Sie daher unbedingt die WCF einsetzen. Aber für einfachere Aufgaben, etwa den Datenabruf von einem Webdienst oder die Abbildung eines Prozesses als Webdienst, hilft Ihnen die WF weiter. Zum Ende des Buches hin werden Sie erfahren, auf welche Art und Weise die WF diese Aufgaben unterstützt.

> **Hinweis** Dieses Buch dient dazu, dass Sie in die WF einsteigen und mit dieser arbeiten können. Es erklärt nicht zwangsläufig im Detail, warum etwas genau so gemacht wird, da dies zu weit führen würde und ein eigenes Buch füllen könnte.

Der Einstieg in die Programmierung mit der WF

Nach dieser kurzen Einführung können Sie die Arbeit mit der WF beginnen. Wenn Sie nicht unter dem Betriebssystem Windows Vista (oder einer Nachfolgeversion) arbeiten, ist es erforderlich, die WF-Laufzeitumgebung herunterzuladen und zu installieren. Um Software zu entwickeln, welche die WF verwendet, ist es außerdem notwendig, verschiedene zusätzliche Komponenten für Microsoft Visual Studio 2005 herunterzuladen. Diese Einführung enthält genaue Installationsanweisungen.

Windows Workflow Foundation herunterladen und installieren

1. Laden Sie die folgenden Dateien unter den angegebenen Internetadressen herunter:

   ❑ NET Framework 3.0-Laufzeit-Komponenten (Datei: *dotnetfx3setup.exe*): http://go.microsoft.com/fwlink/?LinkId=70848

> **Wichtig** Wenn Sie Windows Vista einsetzen, ist das .NET Framework 3.0 automatisch als ein Teil des Betriebssystems installiert. Sie müssen dann das .NET Framework 3.0 nicht erneut installieren. Sie benötigen die Datei *dotnetfx3setup.exe* entsprechend nur, wenn Sie mit Windows XP oder Windows Server 2003 arbeiten.

- Microsoft Windows Software Development Kit for Windows Vista and .NET Framework 3.0 Runtime Components (Datei: *Setup.exe*).
  http://www.microsoft.com/downloads/details.aspx?FamilyId=C2B1E300-F358-4523-B479-F53D234CDCCF&displaylang=en

> **Hinweis** Lassen Sie sich von der Bezeichnung nicht irritieren. Das Software Development Kit (SDK) läuft auch unter Windows XP. Es muss sowohl unter Windows Vista als auch unter Windows XP installiert werden.

- Visual Studio 2005 extensions for .NET Framework 3.0 (WCF & WPF) (»Orcas«) (Datei: *vsextwfx.msi*). Dieses Paket ist zwar optional, aber wenn Sie den Ansicht-Designer einsetzen möchten, um Workflows zu erstellen (als Alternative zur kompletten Erstellung per Programmcode), müssen Sie diese installieren:
  http://www.microsoft.com/downloads/details.aspx?familyid=F54F5537-CC86-4BF5-AE44-F5A1E805680D&displaylang=en

- Visual Studio 2005 Extensions for .NET Framework 3.0 (Windows Workflow Foundation) (Datei: *Visual Studio 2005 Extensions for Windows Workflow Foundation (EN).exe*):
  http://www.microsoft.com/downloads/details.aspx?familyid=5D61409E-1FA3-48CF-8023-E8F38E709BA6&displaylang=en

> **Tipp** Die Download-Links sind auf Grund ihrer Länge etwas aufwändig in der Eingabe. Eine andere Möglichkeit zum Download besteht darin, die Internetadresse *http://www.microsoft.com/downloads* zu verwenden und von dort aus über das Download-Suchfeld (neben dem Listenfeld *All Downloads*) zu den Download-Links zu gelangen. Dabei sollten Sie sich hinsichtlich des Suchbegriffs an den oberen Namen orientieren. Geben Sie z. B. **Software Development Kit** ein, wenn Sie das Windows SDK laden möchten. Bedenken Sie aber, dass bei der Suche meist mehrere Treffer angezeigt werden und Sie sich dann den richtigen Download-Link heraussuchen müssen. Vergleichen Sie die Bezeichnungen genauestens. Die Verwendung der Download-Suche hat aber neben dem höheren Eingabekomfort einen weiteren entscheidenden Vorteil: Sie finden auch Software, die inzwischen in einer neueren Version vorliegt.

2. Installieren Sie die heruntergeladenen Softwarepakete in der folgenden Reihenfolge:

   - Klicken Sie doppelt auf die Datei *dotnetfx3setup.exe*, um die Installation des .NET Framework, Version 3.0, zu starten. Folgen Sie den Anweisungen des Assistenten, um die Installation abzuschließen. Das Installationsprogramm lädt während der Installation zusätzliche Komponenten von der Microsoft-Website herunter. Nachdem die Installation beendet ist, werden Sie aufgefordert, die neuesten zugehörigen Service Packs und Security Updates herunterzuladen und zu installieren.

   - Rufen Sie die Datei *Setup.exe* auf, die Sie im Rahmen des Windows SDK heruntergeladen haben. Folgen Sie den angezeigten Installationsanweisungen.

❏ Klicken Sie doppelt auf die Datei *vsextwfx.msi*, um die Installationsdateien der *Visual Studio Extensions* in Visual Studio einzubinden. Sollte eine Fehlermeldung angezeigt werden, die Sie darauf hinweist, dass Sie die erforderliche Software noch nicht installiert haben, ignorieren Sie diesen Fehler und setzen den Vorgang fort.

❏ Führen Sie die Datei *Visual Studio 2005 Extensions for Windows Workflow Foundation (EN).exe* aus, um die Windows Workflow Foundation-Komponenten zu installieren. Folgen Sie den einzelnen angezeigten Anweisungen.

Nachdem Sie diese Komponenten heruntergeladen und installiert haben, ist die WF-Laufzeit auf Ihrem System inklusive der Entwicklungstools eingerichtet. Damit sind die Voraussetzungen dafür erfüllt, dass Sie mit Visual Studio 2005 Workflow-fähige Software erstellen können.

Codebeispiele herunterladen und installieren

Die zum Buch gehörigen Beispielprogramme können Sie bequem herunterladen und installieren. Da die meisten Schritt-für-Schritt-Anleitungen im Rahmen der einzelnen Kapitel bereits vorbereitete Beispiele voraussetzen, die Sie entsprechend ergänzen, sollten Sie die Codebeispiele auf jeden Fall herunterladen. Die Beispiele enthalten neben den Anwendungen, die Sie vervollständigen, auch die vollständigen Versionen, die Sie ohne weitere Vorbereitung sofort kompilieren und starten können.

Hinweis   Eine Übersicht der Beispielprogramme ist in Anhang A enthalten. Dort finden Sie auch einige Informationen zur Struktur der Beispiele und weitere Hinweise.

Codebeispiele herunterladen

1. Starten Sie den Internet Explorer oder einen anderen Webbrowser.

2. Geben Sie in das Adressfeld die Internetadresse
   http://www.microsoft.com/germany/mspress/begleitdateien
   ein.

3. Warten Sie, bis die Webseite geladen ist. Scrollen Sie, falls notwendig, nach unten, bis die Rubrik *Titelsuche* mit den dazugehörigen Eingabeelementen vollständig sichtbar wird.

4. Tragen Sie in der Rubrik *Titelsuche* im unteren der beiden ISBN-Nummer-Felder die Zahl **503** ein. Bestätigen Sie mit einem Klick auf die Schaltfläche *Suchen* (Abbildung 1.1)

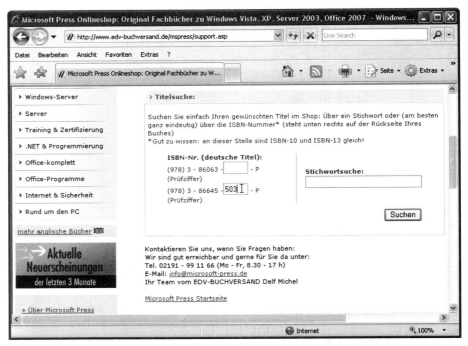

Abbildung 1.1 Herunterladen der Codebeispiele von der Microsoft-Webseite

5. Klicken Sie auf den angebotenen Download-Link.

> **Hinweis** Zusätzlich zum Download-Link mit den Beispielprogrammen finden Sie auf dieser Seite auch Ergänzungen und Berichtigungen zu diesem Buch.

6. Die weitere Vorgehensweise hängt vom eingesetzten Webbrowser und den Einstellungen ab. In Verbindung mit dem Internet-Explorer müssen Sie im Normalfall das Herunterladen über die Schaltfläche *Speichern* bestätigen und danach das Zielverzeichnis auswählen. Als Zielverzeichnis können Sie im Prinzip ein beliebiges Verzeichnis wählen. Es handelt sich hierbei noch nicht um das Verzeichnis, in dem die Beispiele installiert werden, sondern nur um das Verzeichnis, in dem die Installationsdatei abgelegt wird. Bestätigen Sie mit einem Klick auf die Schaltfläche *Speichern*. Nach beendetem Download müssen Sie im Normalfall das Dialogfeld mit der entsprechenden Meldung mit einem Klick auf die Schaltfläche *Schließen* beenden.

Codebeispiele installieren

1. Starten Sie den Windows-Explorer, z.B. indem Sie das *Start*-Menü öffnen und den Menübefehl *Alle Programme/Zubehör/Windows-Explorer* aufrufen.

2. Wechseln Sie in den Ordner, in den Sie die Codebeispiele heruntergeladen haben, und entpacken Sie die heruntergeladene Zip-Datei, z.B. durch Anklicken der Datei mit der rechten Maustaste und dem Aufruf des Menübefehls *Alle extrahieren*

Kapitel 1:   Einführung in die Microsoft Windows Workflow Foundation

aus dem Kontextmenü. Auf diese Weise wird die Datei *Setup.exe* abgelegt. Die Zip-Datei können Sie danach löschen, wenn Sie möchten.

3. Klicken Sie die Datei *Setup.exe* doppelt an.

4. Warten Sie, bis das Setup-Programm einige Vorbereitungen abgeschlossen hat und das Dialogfeld aus Abbildung 1.2 erscheint. Setzen Sie den Vorgang mit einem Klick auf die Schaltfläche *Next* fort.

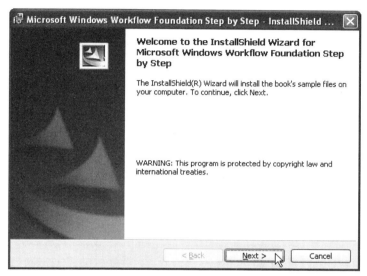

Abbildung 1.2   Die Installation der Beispielprogramme kann beginnen

5. Lesen Sie die Lizenzbedingungen durch. Se müssen den Lizenzbedingungen zustimmen, um die Beispielprogramme installieren zu können. Aktivieren Sie dazu die obere der beiden Optionsschaltflächen *I accept the term in the licence agreement*. Bestätigen Sie mit einem Klick auf die Schaltfläche *Next*.

6. Daraufhin wird angezeigt, in welchem Verzeichnis die Beispielprogramme installiert werden. Sie sollten dieses Verzeichnis auf jeden Fall ändern, damit die Beispiele auch in dem von Ihnen favorisierten Verzeichnis abgelegt werden. Dazu klicken Sie zunächst auf die Schaltfläche *Change*.

7. Tragen Sie den gewünschten Verzeichnisnamen in das Feld *Folder name* ein oder ändern Sie den Vorschlag entsprechend (zur Verzeichnisauswahl können Sie neben einer manuellen Eingabe auch die Navigationselemente im oberen Bereich des Dialogfelds verwenden). Vorgegeben wird normalerweise der folgende Ordner

*C:\Dokumente und Einstellungen\Ihr_Benutzername\Eigene Dateien\Microsoft Press\ WF SBS *

wobei hier *Ihr_Benutzername* stellvertretend für den Windows-Anmeldenamen steht. Auch wenn Sie dieses Verzeichnis prinzipiell verwenden möchten, sollten Sie das letzte Unterverzeichnis von *WF SBS* in *WF SfS (für Workflow Foundation Schritt für Schritt)* ändern (Abbildung 1.3), da im Folgenden von diesem Verzeichnis ausgegangen wird. Letztendlich können Sie sich aber für ein beliebiges Verzeichnis entscheiden. Bei Hinweisen auf das Verzeichnis mit den Beispielprogrammen im Rahmen der Schritt-für-Schritt-Anleitungen müssen Sie nur dann entsprechend Ihr hier gewähltes Verzeichnis verwenden. Klicken Sie auf OK, um das Verzeichnis zu bestätigen und wieder zum ursprünglichen Dialogfeld zurückzukehren.

> **Hinweis** Das Zielverzeichnis muss noch nicht existieren. Es wird gegebenenfalls ohne Nachfrage automatisch angelegt. Sie müssen sich nicht selbst darum kümmern.

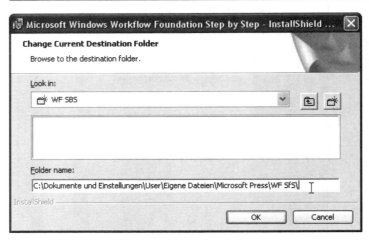

Abbildung 1.3 Eingabe des Verzeichnisses, in dem die Beispielprogramme abgelegt werden sollen

8. Setzen Sie den Installationsvorgang mit einem Klick auf die Schaltfläche *Next* fort.

9. Das nächste Dialogfeld teilt Ihnen mit, dass die eigentliche Installation jetzt gestartet werden kann. Dazu klicken Sie auf die Schaltfläche *Install*.

10. Nachdem der Vorgang beendet ist, werden Sie in einem weiteren Dialogfeld darüber unterrichtet. Bestätigen Sie mit einem Klick auf die Schaltfläche *Finish*.

> **Hinweis** Wenn Sie die Beispielprogramme zu einem späteren Zeitpunkt wieder deinstallieren möchten, verwenden Sie die Rubrik *Software* aus der *Systemsteuerung* von Windows.

Visual Studio Workflow-Unterstützung

Gleich im Anschluss werden Sie eine kleine, schnelle Workflow-Anwendung erstellen. Zunächst aber soll noch ein Blick auf die Workflow-Unterstützung von Visual Studio 2005 geworfen werden.

Die Visual Studio 2005-Unterstützung für die WF unterteilt sich in zwei Hauptkategorien: visuelles Editieren und Vorlagen. Der visuelle Editor, der als Workflow-Designer bezeichnet wird, ähnelt sehr stark dem Windows Forms-Designer, mit dem Sie wahrscheinlich bereits vertraut sind. Sie ziehen die Workflow-spezifischen Elemente von der

Toolbox in Ihren Workflow, ändern einige Eigenschaften, kompilieren das Projekt und führen es aus. Visual Studio 2005 unterstützt auch visuelles Debugging und erlaubt Ihnen, Haltepunkte im Designer zu setzen, um die Workflow-Objekte während der Ausführung zu debuggen und zu testen. Sie werden den Designer gleich im Einsatz sehen – im Rahmen Ihrer ersten Workflow-Anwendung, die Sie im nächsten Abschnitt entwickeln.

Was die Vorlagen betrifft, stellt Visual Studio sowohl Vorlagen zum Hinzufügen von Workflow-basierten Projekten zur Verfügung als auch eine sehr große Vielfalt an Workflow-spezifischen Objekten, die Sie einfügen können, sobald Sie ein Projekt angelegt haben. Sie werden in Verbindung mit Ihrer ersten Workflow-Anwendung auch die verschiedenen Vorlagen kennen lernen.

Ihr erstes Workflow-Programm

Hier ist ein kleiner Codeschnipsel, der eine syntaktische Postleitzahlenüberprüfung durchführt. Es handelt sich um einen Programmteil, den Sie wohl wie im Folgenden zu sehen oder auf eine sehr ähnliche Art und Weise realisieren würden:

```
protected const string USCode =
    @"^(\d{5}$)|(\d{5}$\-\d{4}$)";
protected const string CanadianCode =
    @"[ABCEGHJKLMNPRSTVXY]\d[A-Z] \d[A-Z]\d";

public static bool ValidatePostalCode(string str)
{
    return (Regex.IsMatch(str, USCode) ||
        Regex.IsMatch(str, CanadianCode));
}
```

Hier gibt es nichts Besonderes: Der Eingabestring wird gegen zwei reguläre Ausdrücke getestet, welche die Regeln für das US- und das kanadische Postleitzahlensystem abbilden, wobei *false* zurückgegeben wird, wenn der String nicht die Syntax eines der beiden Postleitzahlensysteme erfüllt. Es ist ein schönes Stückchen eines prozeduralen Codes und Sie können es tatsächlich in der vorliegenden Form in Ihre bestehende ASP.NET-Validierungslogik einbauen, vorausgesetzt, Sie haben nicht schon einige andere Kontrollroutinen integriert, die bereits reguläre Ausdrücke einsetzen. Im Folgenden werden Sie eine Workflow-Anwendung entwickeln, welche die gleiche Validierung durchführt und den Status »gültig/ungültig« zurückgibt.

Ein konsolenbasiertes Workflow-Projekt erstellen

1. Öffnen Sie das Windows *Start*-Menü, bewegen Sie den Mauszeiger auf *Alle Programme* und wählen Sie dann den Menübefehl *Microsoft Visual Studio 2005*.

2. Klicken Sie auf den Eintrag *Microsoft Visual Studio 2005*, um das gleichnamige Programm zu starten.

> **Hinweis** Falls Sie Visual Studio 2005 das erste Mal starten, erscheint möglicherweise ein Dialogfeld, das Ihnen bestimmte Systemeinstellungen zur Auswahl anbietet, die dann zum Standard werden, etwa Microsoft Visual C# als bevorzugte Programmiersprache. Visual Studio richtet dann die Benutzeroberfläche nach Ihren Vorlieben ein. Nachdem Visual Studio konfiguriert ist, erscheint die integrierte Entwicklungsumgebung (IDE).

3. Öffnen Sie das Menü *Datei*, wählen Sie den Menübefehl *Neu* und dann *Projekt*, woraufhin das Dialogfeld *Neues Projekt* erscheint. Das Dialogfeld enthält viele Projektvorlagen, inklusive Windows Forms-Anwendungen, Konsolenwendungen, Klassenbibliotheken usw. Es sind auch Vorlagen für verschiedene Programmiersprachen verfügbar, vorausgesetzt, Sie haben diese Programmiersprachen installiert.

> **Hinweis** Welche Vorlagen auf Ihrem System vorhanden sind, hängt davon ab, welche Visual Studio-Version Sie einsetzen, sowie von etwaiger zusätzlich installierter Software wie der WF. Sie können sogar Ihre eigenen Projektvorlagen definieren, aber das ist ein Thema für ein eigenes Buch.

4. Klicken Sie im Feld *Projekttypen* auf das Pluszeichen (+) vor dem Eintrag *Visual C#*, um den gleichnamigen Knoten zu öffnen und auf diese Weise die Projekttypen für die Programmiersprache C# anzuzeigen.

5. Klicken Sie den Knoten *Workflow* an, der sich eine Ebene unterhalb des *Visual C#*-Knotens befindet, um die Workflow-spezifischen Projektvorlagen sichtbar zu machen (Abbildung 1.4).

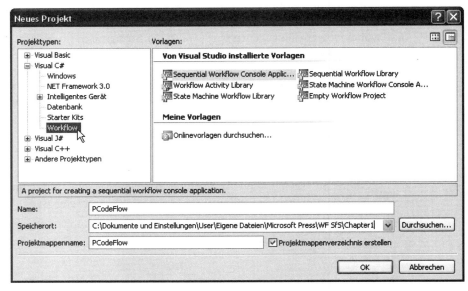

Abbildung 1.4 Das Dialogfeld zur Auswahl der Projektvorlage

> **Hinweis** Da Sie die Anwendung der WF lernen, werden Sie im weiteren Verlauf gelegentlich ein Workflow-basiertes Projekt erstellen, ohne dass auf vordefinierte Bestandteile zurückgegriffen wird. Sie fangen in gewisser Weise also bei Null an. Damit soll klar und vor allem vollständig gezeigt werden, was erforderlich ist, um Workflow in Ihre Anwendungen zu integrieren. In diesem Beispiel wird aber auf eine der Vorlagen (eine Konsolenanwendung) zurückgegriffen, die bereits WF-Funktionalität bieten. Die anderen Vorlagen dienen zur Erstellung von Workflow-Bibiliotheken, anderer Arten von Workflow-Projekten (hauptsächlich Zustandsautomaten, die ab Kapitel 4 in Angriff genommen werden) sowie zum Anlegen eines leeren Projektes, das zwar auf die WF-Assemblys verweist, aber keine vordefinierten Quellcodedateien enthält. Beachtenswert ist, dass kein Windows-Projekt (also ein Projekt mit grafischer Benutzeroberfläche) mit WF-Unterstützung vorhanden ist. Solche Anwendungen müssen Sie selbst entwerfen (aber Sie werden wahrscheinlich ohnehin eine Workflow-Bibliothek einsetzen, um Ihren Workflow-Code unterzubringen).

6. Klicken Sie im Feld *Vorlagen* auf *Sequential Workflow Console Application*.

7. Geben Sie im Feld *Name* den Text **PCodeFlow** ein.

8. Ändern Sie im Feld *Speicherort* das voreingetragene Verzeichnis folgendermaßen ab:

    C:\Dokumente und Einstellungen\Ihr_Benutzername\Eigene Dateien\Microsoft Press\WF SfS \Chapter1.

    Ihr_Benutzername steht hier für Ihren Windows-Benutzernamen. Ist dieser nicht bereits hier voreingetragen, geben Sie diesen ein. Da der Verzeichnisname recht lang ist und dieser aus Platzgründen nicht wiederholt werden soll, wird im weiteren Verlauf des Buches der vollständige Verzeichnispfad *C:\Dokumente und Einstellungen\Ihr_Benutzername\Eigene Dateien\Microsoft Press\WF SfS* kurz als »\Workflow«-Verzeichnis bezeichnet.

> **Hinweis** Das hier verwendete Verzeichnis ist nur als Vorschlag zu sehen. Sie können das Projekt nach Belieben in einem anderen Verzeichnis auf Ihrem lokalen Laufwerk unterbringen. Wenn das Verzeichnis nicht existiert, legt es Visual Studio automatisch an. Merken Sie sich aber den Verzeichnispfad, denn Sie benötigen ihn später, um die im Folgenden entwickelte Anwendung auszuführen. Falls Sie das Verzeichnis verwenden, in dem Sie auch die Beispielprogramme heruntergeladen haben, müssen Sie zumindest das letzte Kapitel-Unterverzeichnis (*Chapter...*) ändern, da es sonst bei dem Versuch, ein bestehendes Verzeichnis anzulegen, zu einer Fehlermeldung kommt. (Das gilt auch für weitere Projekte, die Sie im Rahmen dieses Buches von Anfang an erstellen – ohne vorgegebene Projektmappen, die Sie ergänzen.) Fügen Sie am besten dem Kapitel-Unterverzeichnis ein Suffix hinzu, damit die Projekte gut zugeordnet werden können, z.B. **Chapter1 Test** statt des vorgegebenen *Chapter1*.

9. Sollte das Kontrollkästchen *Projektmappenverzeichnis erstellen* nicht bereits aktiviert sein, schalten Sie es ein.

10. Klicken Sie auf *OK*. Daraufhin erstellt Visual Studio 2005 das grundlegende Projekt und zeigt die Benutzeroberfläche des Workflow-Designers an (Abbildung 1.5).

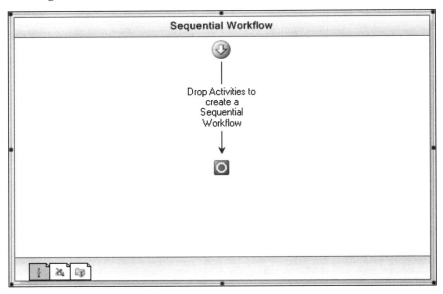

Abbildung 1.5 Der Workflow-Designer nach dem Anlegen eines neuen Workflow-Projektes

Dies ist die grundsätzliche Vorgehensweise zur Erstellung aller Arten von Visual Studio-Projekten, auf die im ganzen Buch zurückgegriffen wird. Bei den meisten der Beispielprojekte, die im Folgenden entwickelt werden, handelt es sich schlichtweg um Konsolenanwendungen. Der Grund hierfür ist, dass diese weniger automatisch generierten Code aufweisen, der durchgearbeitet werden muss, um die Beispiele zu erzeugen, was die Sache entsprechend vereinfacht. Ab und zu aber werden andere Projekttypen angelegt, etwa solche für benutzerdefinierte Workflow-Dienste sowie -Aktivitäten, und es sind sogar einige wenige Windows Forms-Anwendungen darunter.

Hinweis Wenn Sie in Visual Studio 2005 einsteigen, dann seien Sie herzlich willkommen! Das Visual Studio 2005 bietet Ihnen eine sehr leistungsfähige Entwicklungsumgebung mit einer Vielzahl an Leistungsmerkmalen und Funktionen. Sie werden zwar verschiedene nützliche Hilfsmittel finden, die Sie beim Einstieg in das System unterstützen. Als unschätzbare Hilfe beim Erlernen von Visual Studio 2005 erweist sich jedoch das ausgezeichnete Buch »Microsoft Visual C# 2005 – Schritt für Schritt« von John Sharp (Microsoft Press, 2006).

Bevor Sie Code bearbeiten oder Workflow-Elemente einfügen, schauen Sie sich kurz noch zwei der Dateien an, die der Workflow-Projekt-Generator für Sie erzeugt hat:

- *Program.cs*: Dies ist in vielerlei Hinsicht eine typische Konsolenanwendungsquelldatei. Jedoch hat die Vorlage sehr viel Code hinzugefügt, um Workflow-Operationen zu unterstützen. Diesen Code zu verstehen, ist das Hauptziel des Buches. Sie werden aber bereits in diesem Kapitel mindestens ein erstes Gefühl dafür bekommen, was dieser Code bewirkt.

- *Workflow1.cs*: Hierbei handelt es sich um die Workflow-Komponente, die Sie im Folgenden dahingehend ändern und ausbauen werden, sodass eingehende Postleitzahlen syntaktisch überprüft werden. Natürlich könnten Sie viele andere Funktionalitäten hinzufügen, aber vorläufig soll dieser eine Workflow genügen.

Die anderen Dateien sind typisch für Visual Studio 2005-Konsolenprojekte. Was jedoch untypisch ist, sind die Verweise, die Visual Studio 2005 automatisch für Sie angelegt hat. Neben der *System*-Assembly, auf die jede gewöhnliche Konsolenanwendung verweist, hat Visual Studio 2005 Verweise zu folgenden Assemblys hinzugefügt:

- *System.Data*
- *System.Design*
- *System.Drawing*
- *System.Drawing.Design*
- *System.Transactions*
- *System.Web*
- *System.Web.Services*
- *System.Workflow.Activities*
- *System.Workflow.ComponentModel*
- *System.Workflow.Runtime*

Dies ist eine angenehme Eigenschaft, wenn Workflow-Anwendungen mit Visual Studio 2005 erstellt werden. Denn man vergisst bei der Einrichtung der Verweise leicht eine Assembly. Da die Verweise automatisch erstellt werden, wird der Entwicklungsprozess beschleunigt.

Richten Sie nun die Aufmerksamkeit auf die Erstellung Ihrer Workflow-Anwendung mithilfe des Workflow-Designers.

Erzeugen eines Workflows

1. Bewegen Sie den Mauszeiger bei angezeigtem Ansicht-Designer auf die Visual Studio-Toolbox und öffnen Sie, falls noch nicht geschehen, den Knoten *Windows Workflow* (Abbildung 1.6). Falls der Workflow-Designer nicht sichtbar ist, wählen Sie die Datei *Workflow1.cs* im Projektmappen-Explorer aus und klicken Sie auf das Symbol (*Ansicht-Designer*) in der Symbolleiste des Projektmappen-Explorers.

Abbildung 1.6 Die Toolbox mit den Workflow-Elementen

2. Ziehen Sie die *IfElse*-Aktivität auf die Oberfläche des Workflow-Designers (Abbildung 1.7). Bei Aktivitäten handelt es sich um die Bausteine von Workflow-Anwendungen. Die Toolbox bietet dabei die Aktivitäten an, die in Ihrem Workflow derzeit verwendet werden können. Sobald der Mauszeiger den mit *Drop Activities to create a Sequential Workflow* bezeichneten Bereich erreicht, verändert sich die Darstellung des Designers ein wenig, um anzugeben, dass Sie die *IfElse*-Aktivität ablegen können.

> **Hinweis** Visual Studio 2005 stellt in der Toolbox nur die Aktivitäten zur Auswahl, die für Ihre Workflow-Anwendung geeignet sind. Die anderen Aktivitäten sind zwar genau genommen vorhanden, erscheinen aber nicht in der Toolbox, da sie nicht für die Verwendung des momentan bearbeiteten Workflow-Typs konzipiert sind. Die verschiedenen Workflow-Typen werden in Kapitel 4 »Einführung in die Aktivitäten und Workflow-Typen« vorgestellt.

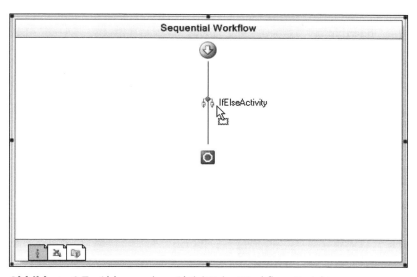

Abbildung 1.7 Ablegen einer Aktivität im Workflow-Projekt

3. Lassen Sie die Maustaste los, um die *IfElse*-Aktivität im *Sequential Workflow* abzulegen.

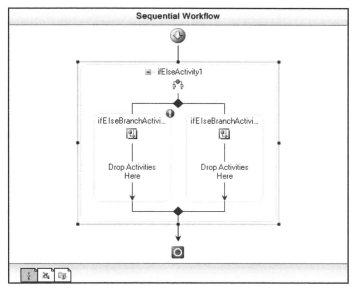

Abbildung 1.8 Der Workflow-Designer nach abgelegter *IfElse*-Komponente. Das eingekreiste Ausrufezeichen weist hier darauf hin, dass noch kein Code hinterlegt wurde

Im Folgenden soll die *IfElse*-Aktivität dazu eingesetzt werden, um die nachstehende Frage zu stellen: »Enthält der zur Verfügung gestellte String eine syntaktisch korrekte Postleitzahl?«. Diese Frage soll mithilfe von Programmcode umgesetzt werden, wobei auf den vorhin gezeigten Codeschnipsel mit den regulären Ausdrücken zurückgegriffen wird.

Vor der Realisierung sollten Sie jedoch zunächst noch einen genauen Blick auf den Workflow-Designer werfen (Abbildung 1.8). Dieser macht Sie darauf aufmerksam, dass bislang noch kein Code hinterlegt wurde, um die entsprechende Wenn-dann-Entscheidung abzubilden. In der rechten oberen Ecke des linken Zweigs, der mit *ifElseBranchActivity1* benannt ist, sehen Sie ein kleines Kreissymbol mit einem Ausrufezeichen (!). Auf diese Weise signalisiert der Workflow-Designer, dass der Workflow unvollständig ist. Beim Versuch, ein Workflow-Projekt mit derartigen Warnungen zu übersetzen, sind Kompilierungsfehler die Folge. Sie erfahren mehr über den Fehler, indem Sie den Mauszeiger auf das Symbol bewegen und dann das daraufhin angezeigte Dreiecksymbol anklicken (Abbildung 1.9).

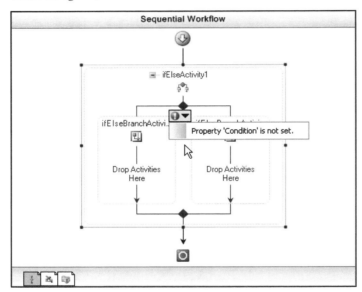

Abbildung 1.9 Anzeige konkreter Informationen für die Ursache der Warnung

Die Ursache für die Warnung soll nun beseitigt werden, indem dem Workflow etwas Code hinzugefügt wird.

Der bedingten Verzweigung Code hinzufügen

1. Klicken Sie auf den linken Zweig, der mit *ifElseBranchActivity1* benannt ist, um das dazugehörige Eigenschaftenfenster aufzurufen (Abbildung 1.10). Sollte das Eigenschaftenfenster nicht angezeigt werden, wählen Sie den Menübefehl *Ansicht/Eigenschaftenfenster* aus dem Visual Studio-Hauptmenü aus.

> **Hinweis** Visual Studio 2005 vergibt beim Einfügen von Objekten in ein Workflow-Projekt standardmäßige Namen. Die Namen sind aber nicht immer sinnvoll, da sie lediglich durchnummerierte Platzhalter darstellen. Sie können aber die Aktivitäten auf einfache Weise jederzeit umbenennen, indem Sie für die *Name*-Eigenschaft im Eigenschaftenfenster einen aussagekräftigeren Text eingeben. In diesem Beispiel werden aber die standardmäßigen Namen verwendet.

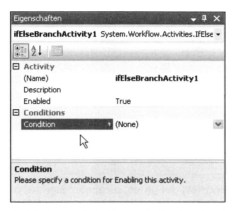

Abbildung 1.10 Eigenschaftenfenster des linken Zweigs der *IfElse*-Aktivität

2. Es muss eine Bedingung hinzugefügt werden, das heißt eine Untersuchung, die den Workflow dazu veranlasst, entweder die Aktionen der linken Verzweigung (wenn die Auswertung »wahr« ergibt) oder die Aktionen der rechten Verzweigung (bei »falsch«) auszuführen. Zu diesem Zweck klicken Sie die Eigenschaft *Condition* an, um das dazugehörige Listenfeld mit den einzelnen Eigenschaftswerten zu öffnen. In dieser Liste stehen folgende Einträge zur Auswahl: *Code Condition*, *Declarative Rule Condition* sowie *None*. Entscheiden Sie sich für den Eintrag *Code Condition* (Abbildung 1.11).

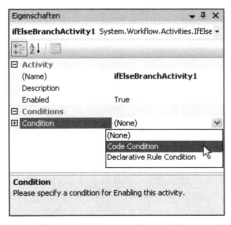

Abbildung 1.11 Hinzufügen einer *Code* Condition

3. Daraufhin wird vor der Eigenschaft *Condition* ein Pluszeichen (+) eingeblendet. Ein Klick darauf zeigt eine untergeordnete Eigenschaft an, die ebenfalls mit *Condition* bezeichnet ist (Abbildung 1.12). Diese untergeordnete Eigenschaft ist die Stelle, an der Sie mit dem Hinzufügen von Code beginnen. Klicken Sie auf diese untergeordnete Eigenschaft *Condition*, um das zugehörige Kombinationsfeld sichtbar zu machen.

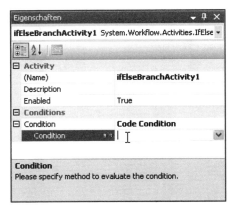

Abbildung 1.12 Kombinationsfeld der untergeordneten Eigenschaft *Condition*

4. Die Eigenschaft *Condition* erwartet einen Namen für das interne Ereignis, das hinzugefügt werden soll. Dieses Ereignis wird ausgelöst, sobald die Bedingung überprüft wird. Für das Beispiel geben Sie **EvaluatePostalCode** ein (Abbildung 1.13).

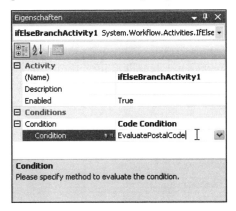

Abbildung 1.13 Den Namen für das Ereignis festlegen, das bei der Überprüfung der Bedingung ausgelöst wird

Visual Studio 2005 hat inzwischen im Hintergrund das Ereignis, das Sie in der *Condition*-Eigenschaft bezeichnet haben, der Workflow-Quelldatei hinzugefügt. Später müssen Sie noch den Codeschnipsel mit den regulären Ausdrücken hinzufügen, der als Reaktion auf das Ereignis ausgelöst wird. Zuvor müssen aber noch einige Arbeiten mit dem Workflow-Ansicht-Designer durchgeführt werden. Sie haben zwar eine Bedingung hinzugefügt, die den Workflow veranlasst, entweder die eine oder die andere Verzweigung innerhalb des Workflows zu nehmen, allerdings hat noch kein Pfad eine bezeichnete Aktion. Es ist daher erforderlich, der linken Verzweigung (*ifElseBranchActivity1*) und der rechten Verzweigung (*ifElseBranchActivity2*) Aktivitäten zuzuweisen.

Code für bedingte Aktivitäten hinzufügen

1. Wählen Sie die Aktivität *Code* in der *Toolbox* aus (Abbildung 1.14).

Abbildung 1.14 Auswahl der Aktivität *Code*

2. Ziehen Sie die *Code*-Aktivität in den Workflow-Designer und legen Sie diese im linken Zweig (*ifElseBranchActivity1*) in den mit *Drop Activities Here* bezeichneten Bereich ab (Abbildung 1.15). Sie müssen möglicherweise Ihr Visual Studio-Fenster vergrößern, damit sowohl die Toolbox als auch der linke Zweig sichtbar sind. Beim Ablegen wird eine *Code*-Aktivität erzeugt und dem Zweig zugeordnet, der durchlaufen wird, wenn die Auswertung der Bedingung »wahr« ergibt.

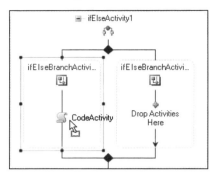

Abbildung 1.15 Ablegen der *Code*-Aktivität

Das Ergebnis schaut etwa so aus, wie in Abbildung 1.16 dargestellt.

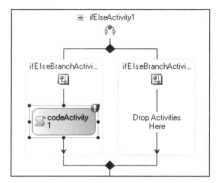

Abbildung 1.16 Die *Code*-Aktivität wurde auf dem linken Zweig abgelegt

3. Analog zum Code, der die Bedingung überprüft, muss Code hinzugefügt werden, der beim Abarbeiten des Zweigs ausgeführt wird. Dazu klicken Sie zunächst das Symbol *codeActivity1* an, um das dazugehörige Eigenschaftenfenster anzuzeigen (Abbildung 1.17).

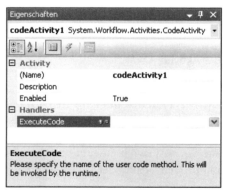

Abbildung 1.17 Eigenschaften der *Code*-Aktivität der linken Verzweigung

4. Klicken Sie auf die Eigenschaft *ExecuteCode* und aktivieren Sie diese, indem Sie den Eingabebereich des Kombinationsfelds anklicken – analog zur *Condition*-Eigenschaft. Die Workflow-Laufzeit führt dabei den bedingten Code, den Sie hier

festlegen, als Reaktion auf ein Ereignis aus. Sie haben hier erneut die Möglichkeit, das Ereignis zu benennen. Geben Sie als Namen **PostalCodeValid** ein (Abbildung 1.18).

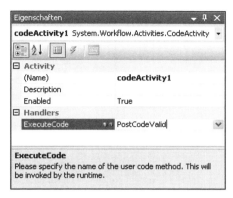

Abbildung 1.18 Den Namen für das Ereignis festlegen, das ausgelöst wird, wenn die Überprüfung »wahr« ergibt

Um es noch einmal festzuhalten: Zu diesem Zeitpunkt hat Visual Studio 2005 Ereignisse hinzugefügt, die nach Auslösung den Code ausführen, der in Kürze noch ergänzt wird. Der erste Ereignishandler, *EvaluatePostalCode*, wird zur Ausführung gebracht, wenn die Workflow-Laufzeit die Prüfbedingung untersucht, und der zweite Ereignishandler, *PostalCodeValid*, wenn die linke Verzweigung genommen wird (Letzteres ist der Fall, wenn das Ergebnis der Überprüfung »wahr« ist).

An dieser Stelle können Sie den Code für die rechte Verzweigung einfügen, also den Code, der abgearbeitet wird, wenn die Untersuchung der Bedingung »falsch« ergibt (bei ungültiger Postleitzahl). Hierfür wiederholen Sie die letzten Schritte, fügen aber die *Code*-Aktivität der rechten Verzweigung hinzu und geben dem Ereignis den Namen **PostalCodeInvalid**. Dadurch erhält der Workflow einen dritten Ereignishandler, *PostalCodeInvalid*.

Wenn Sie bereits mit der Behandlung von Ereignissen in .NET vertraut sind, werden Ihnen die nächsten Schritte sehr bekannt vorkommen. Die hinzugefügten Ereignishandler werden von der Workflow-Laufzeit an den zugehörigen Stellen Ihrer Anwendung aufgerufen. Es muss jetzt noch der eigentliche Code für die von Visual Studio angelegten Ereignishandler hinterlegt werden, um die Ereignisse abzufangen und die entsprechenden Aktionen auszuführen. Wie Sie hierfür vorgehen, erfahren Sie im Folgenden.

Dem Workflow Ereignishandler-Code hinzufügen

1. Aktivieren Sie in der Baumdarstellung des Projektmappen-Explorers den Eintrag *Workflow1.cs* mit einem Klick. Anschließend klicken Sie in der Symbolleiste des Projektmappen-Explorers auf das Symbol (*Code anzeigen*), um die C#-Datei *Workflow1.cs* zur Bearbeitung zu öffnen.

26 Teil A: Einführung in die Windows Workflow Foundation (WF)

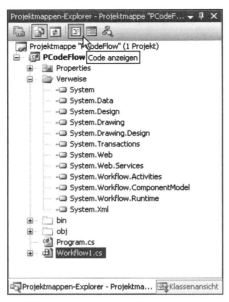

Abbildung 1.19 Auswahl der C#-Quellcodedatei im Projektmappen-Explorer

2. Der C#-Quellcode wird nun im Editor angezeigt. Blättern Sie zum Konstruktor *Workflow1*:

```
public Workflow1()
{
    InitializeComponent();
}
```

3. Die Methode *InitializeComponent* wird innerhalb des Konstruktors aufgerufen, um die Ereignisse, die Sie über den Designer eingefügt haben, zuzuweisen und zu initialisieren. Wenn Sie die Datei *Workflow1.designer.cs* öffnen, finden Sie eine Codezeile, die der folgenden ähnelt (Sie müssen dazu den mit *Designer generated code* bezeichneten Block öffnen):

```
codecondition1.Condition +=
    new System.EventHandler<System.Workflow.Activities.ConditionalEventArgs>
    (this.EvaluatePostalCode);
```

> **Tipp** Die Datei *Workflow1.designer.cs* ist ähnlich aufgebaut wie die entsprechenden Code-Behind-Dateien von Windows Forms-Anwendungen. Wenn Sie es bevorzugen, diesen Code mit dem Editor und nicht mit dem Designer zu bearbeiten, können Sie auf diese Möglichkeit durchaus zurückgreifen. Sollten Sie sich bislang gefragt haben, wie der Code in den Ereignissen verwaltet wird, finden Sie hier den entsprechenden Code, der die Ereignisse mit der .NET- und Workflow-Laufzeit verbindet.

4. Als Nächstes fügen Sie den Codeschnipsel mit den regulären Ausdrücken in leicht modifizierter Form ein. Steuern Sie die vorhin eingefügte Methode *EvaluatePostalCode* in der Datei *Workflow1.cs* an und geben Sie den folgenden Code in die leere Methode ein:

Kapitel 1: Einführung in die Microsoft Windows Workflow Foundation

```
string USCode = @"^(\d{5}$)|(\d{5}$\-\d{4}$)";
string CanadianCode = @"[ABCEGHJKLMNPRSTVXY]\d[A-Z] \d[A-Z]\d";

e.Result = (Regex.IsMatch(_code, USCode) ||
    Regex.IsMatch(_code, CanadianCode));
```

> **Tipp** Der Einfachheit halber wurden die regulären Ausdrücke innerhalb des *EvaluatePostalCodeHandler*-Ereignishandlers als lokal deklarierte Strings angelegt. In der Praxis werden Sie diese wahrscheinlich als Stringkonstanten in der umschließenden Workflow-Aktivitätsklasse deklarieren.

Die Variable *e* ist eine Instanz der Klasse *ConditionalEventArgs*, die verwendet wird, um der *IfElse*-Aktivität mitzuteilen, welche Verzweigung genommen werden soll. Wird *e.Result* auf *true* gesetzt, bedeutet dies, dass der linke Zweig ausgeführt wird. Analog dazu gelangt bei *false* der rechte Zweig zur Ausführung.

5. *Regex* stellt ein Objekt dar, das von *System.Text.RegularExpressions* exportiert wird. Um das Beispielprogramm kompilieren zu können, muss die entsprechende *using*-Direktive in der Quellcodedatei *Workflow1.cs* oben eingefügt werden:

```
using System.Text.RegularExpressions;
```

6. Außerdem muss eine Fähigkeit realisiert werden, mit der die Workflow-Aktivität den eingehenden String zur Überprüfung verarbeiten kann. Dazu fügen Sie der Klasse eine *public string*-Eigenschaft mit dem Namen *PostalCode* hinzu, wobei Sie diese direkt oberhalb der Methode *EvaluatePostalCode* platzieren:

```
private string _code = String.Empty;

public string PostalCode
{
    get { return _code; }
    set { _code = value; }
}
```

7. Zu diesem Zeitpunkt könnten Sie Ihre Workflow-Anwendung bereits kompilieren, aber sie ist noch unvollständig. Es fehlt noch der Code für die Handler, die sich um die bedingten Verzweigungen kümmern. Begeben Sie sich zur Methode *PostalCodeValid*, die von Visual Studio in *Workflow1.cs* eingefügt wurde, und geben Sie den folgenden Code in die dort zu findende leere Implementation ein:

```
Console.WriteLine("The postal code {0} is valid.", _code);
```

8. Wiederholen Sie den Schritt 7, um die *Code*-Aktivität der rechten Verzweigung (der *false*-Bedingung) hinzuzufügen. Geben Sie aber den folgenden Code in den Handler *PostalCodeInvalid* ein, also dem Handler, der die bedingte Verzweigung im Falle einer Überprüfung mit dem Ergebnis *false* abdeckt:

```
Console.WriteLine("The postal code {0} is *invalid*.", _code);
```

Sie sind nun fast am Ziel. Sie haben bereits eine komplette Workflow-Anwendung erstellt – mit einer entscheidenden Ausnahme: Obwohl der Workflow-Teil nun vollständig ist, fehlt noch der Code, um den Workflow in geeigneter Weise aufzurufen, sodass er zur Ausführung gelangt. Dazu müssen Sie noch etwas Code in der Anwendungs-Startmethode *Main* hinzufügen, die sich in der Datei *Program.cs* befindet. Das ist der nächste Schritt.

Den Workflow für die Ausführung vorbereiten

1. Klicken Sie im Projektmappen-Explorer auf die Datei *Program.cs* und dann auf das Symbol 📄 (*Code anzeigen*) in der Symbolleiste.

2. Blättern Sie zum folgenden Code innerhalb der *Main*-Methode:

   ```
   WorkflowInstance instance =
       workflowRuntime.CreateWorkflow(typeof(PCodeFlow.Workflow1));
   ```

3. Ersetzen Sie diesen Code durch den folgenden:

   ```
   // Standardmäßiger Code von Visual Studio und .NET 3.0 ("WinFX") wurde ergänzt:
   Dictionary<string, object> wfArgs = new Dictionary<string, object>();
   wfArgs.Add("PostalCode", args.Length > 0 ? args[0] : "");
   // Geändert, um die Eingabeparameter "wfArgs" verarbeiten zu können:
   WorkflowInstance instance =
       workflowRuntime.CreateWorkflow(typeof(PCodeFlow.Workflow1), wfArgs);
   ```

> **Hinweis** Der von Visual Studio 2005 standardmäßig in die *Main*-Methode eingefügte Startcode ist im Normalfall völlig ausreichend und muss nicht geändert werden. Die Änderung ist aber hier notwendig, da die Postleitzahlen per Befehlszeile an den Workflow übergeben werden sollen. Im nächsten Kapitel wird die Übergabe von Startargumenten an Workflows genauer betrachtet.

4. Kompilieren Sie die Anwendung mithilfe des Menübefehls *Erstellen/PCodeFlow erstellen*.

Das war's! Der eben hinzugefügte Code erlaubt es, Postleitzahlen per Befehlszeile zu verarbeiten. Probieren Sie es aus.

Workflow-Anwendung ausführen

1. Öffnen Sie das Windows *Start*-Menü und klicken Sie auf *Ausführen*, um das gleichnamige Dialogfeld aufzurufen (Abbildung 1.20). Falls Sie Windows Vista einsetzen und das *Ausführen*-Kommando nicht im *Start*-Menü installiert haben, wählen Sie im *Start*-Menü den Menübefehl *Alle Programme/Zubehör/Eingabeaufforderung* (der nächste Schritt entfällt dann).

2. Geben Sie im Eingabefeld *Öffnen* den Befehl **cmd** ein und klicken Sie auf *OK*.

Kapitel 1: Einführung in die Microsoft Windows Workflow Foundation 29

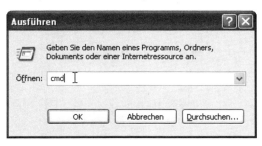

Abbildung 1.20 Aufruf des Kommandozeilenprozessors über den Befehl *cmd*

3. Auf diese Weise wird ein Windows-Kommandozeilenfenster geöffnet. In der Eingabeaufforderung dieses Fensters tippen Sie Folgendes ein und bestätigen den Befehl mit der **Eingabe**-Taste:

   ```
   cd \Workflow\Chapter1\PCodeFlow\PCodeFlow\bin\Debug
   ```

   Damit wechseln Sie vom aktuellen Verzeichnis des Kommandozeilenfensters in das Verzeichnis mit Ihrer Workflow-Anwendung. Haben Sie die Anwendung im Release-Modus und nicht im Debug-Modus kompiliert, geben Sie anstelle des Unterverzeichnisses *Debug* entsprechend das Unterverzeichnis *Release* an.

> **Hinweis** Beachten Sie die vorhin erwähnte Konvention für die Verzeichnisnamen: »\Workflow« steht für das Verzeichnis, das Sie während der Erstellung des Projekts *PCodeFlow* ausgewählt haben. Sie müssen »\Workflow« durch den entsprechenden vollständigen Pfad ersetzen.

4. Tippen Sie in der Eingabeaufforderung das Kommando **pcodeflow 12345** ein und bestätigen Sie mit der **Eingabe**-Taste. Daraufhin wird die Anwendung gestartet, was ein paar Augenblicke dauern kann (da sowohl das .NET Framework als auch die Workflow-Laufzeit in Gang gesetzt werden müssen). Im Anschluss daran sollte die Meldung »The postal code 12345 is valid.« ausgegeben werden, die auf eine syntaktisch korrekte Postleitzahl hinweist (Abbildung 1.21).

5. Führen Sie nach dem gleichen Prinzip das Kommando **pcodeflow 1234x** aus. Es sollte jetzt die Meldung »The postal code 12345 is *invalid*.« erscheinen, welche die Postleitzahl als syntaktisch inkorrekt ausweist.

6. Bringen Sie ebenso das Kommando **pcodeflow "A1A 1A1"** zur Ausführung, was die Meldung »The postal code A1A 1A1 is valid.« zur Folge haben sollte.

7. Führen Sie schließlich das Kommando **pcodeflow "A1A ABC"** aus. Als Reaktion darauf sollte die Meldung »The postal code A1A ABC is *invalid*.« ausgegeben werden.

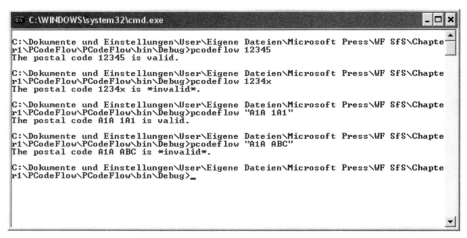

Abbildung 1.21 Aufruf der Beispielanwendung aus der Kommandozeile. Die übergebenen Postleitzahlen werden jeweils als syntaktisch korrekt oder nicht korrekt ausgewiesen

Schnellübersicht

Aufgabe	Aktion
Eine neue (sequenzielle) Workflow-Konsolenanwendung erstellen.	Rufen Sie den Menübefehl *Datei/Neu/Projekt* auf. Wählen Sie unter *Projekttypen* den Eintrag *Visual C#/Workflow* aus und markieren Sie unter *Vorlagen* den Eintrag *Sequential Workflow Console Application*. Geben Sie unter *Name* einen Namen für das Projekt sowie einen *Speicherort* ein und bestätigen Sie mit *OK*.
Den Workflow-Prozess im Workflow-Ansicht-Designer betrachten	Wählen Sie den gewünschten Workflow im Projektmappen-Explorer aus und klicken Sie auf das Symbol (*Ansicht-Designer*) in der Symbolleiste des Projektmappen-Explorers.
Dem Workflow Aktivitäten hinzufügen	Ziehen Sie die gewünschten Aktivitäten aus der Toolbox in den Designer-Bereich Ihres Workflows.
Eigenschaften von Aktivitäten ändern	Wählen Sie die gewünschte Aktivität aus und ändern Sie die Eigenschaften im Eigenschaftenfenster.
Den Aktivitätscode direkt bearbeiten	Wählen Sie die gewünschte Quellcodedatei im Projektmappen-Explorer aus und klicken Sie auf das Symbol (*Code anzeigen*) in der Symbolleiste des Projektmappen-Explorers.

Kapitel 2

Die Workflow-Laufzeit

> **In diesem Kapitel:**
>
> | | |
> |---|---:|
> | Die WF in Anwendungen hosten | 33 |
> | Ein genauerer Blick auf das Objekt *WorkflowRuntime* | 36 |
> | Eine Workflow-Laufzeit-Factory erstellen | 37 |
> | Die Workflow-Laufzeit starten | 40 |
> | Die Workflow-Laufzeit anhalten | 41 |
> | Ereignisse der Workflow-Laufzeit abfangen | 44 |
> | Schnellübersicht | 48 |

In diesem Kapitel lernen Sie

- wie Sie die Workflow-Laufzeit in Ihren Anwendungen hosten.
- die grundlegenden Möglichkeiten des *WorkflowRuntime*-Objekts verstehen.
- das Know-how zum Starten und Anhalten der Workflow-Laufzeit.
- wie Sie die verschiedenen Workflow-Laufzeit-Ereignisse abfangen.

Wenn Sie Tasks in der Umgebung der Workflow Foundation (WF) ausführen, ist Etwas notwendig, das die Ausführung überwacht und alles in Ordnung hält. In der WF ist dieses Etwas ein Objekt, das als *WorkflowRuntime* bekannt ist. Die *WorkflowRuntime* startet individuelle Workflow-Tasks und löst in verschiedenen Situationen Ereignisse aus, die während der Ausführung Ihres Tasks in Erscheinung treten. Ebenso behält die *WorkflowRuntime* die Übersicht über zuschaltbare Dienste (*pluggable services*) und verwendet diese. Zuschaltbare Dienste können Sie in die Ausführungsumgebung einbinden. (Sie werden einige dieser zuschaltbaren Dienste ab Kapitel 5 »Ereignisverfolgung« kennen lernen.)

Abbildung 2.1 zeigt ein Schema der gesamten WF-Architektur.

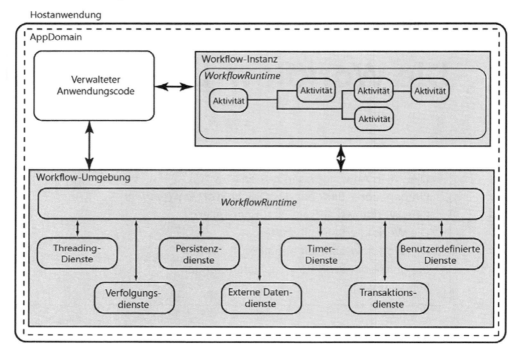

Abbildung 2.1 WF-Architektur

Die WF und Ihre Anwendung werden gleichzeitig ausgeführt. Genau genommen benötigt die WF Ihre Anwendung als Host. Die Hostanwendung kann eine Windows Forms-Anwendung, eine Konsolenanwendung, eine ASP.NET-Webanwendung oder sogar ein Windows-Dienst sein. Die WF-Laufzeit und Ihre Anwendung werden gemeinsam in einer .NET-AppDomain ausgeführt. Dabei darf es nur genau eine Instanz der *WorkflowRuntime* pro AppDomain geben. Der Versuch, eine zweite Instanz einer *WorkflowRuntime* in der gleichen AppDomain anzulegen, führt zu einer *InvalidOperationException*.

Sie erzeugen Workflow-Anwendungen (»Workflows«), indem Sie logische Gruppierungen von Aktivitäten anlegen. Letztere dienen dazu, Ihren benötigten Workflow-Task zu vervollständigen. Wenn Sie die Workflow-Laufzeit hosten, leiten Sie im Wesentlichen Ihre Aktivitäten an den Workflow weiter und weisen diesen an, sie auszuführen. Das Ergebnis ist eine Workflow-Instanz. Diese stellt einen gleichzeitig ausgeführten Workflow-Task dar, der selbst aus logisch gruppierten Aktivitäten besteht. Wie bereits in Kapitel 1 erwähnt, können Aktivitäten sowohl den von Ihnen zur Verfügung gestellten Code ausführen als auch Entscheidungen anhand eingehender Daten treffen. Die Workflow-Instanzen werden im nächsten Kapitel behandelt und die Aktivitäten in den darauf folgenden Kapiteln.

Die WF in Anwendungen hosten

Im letzten Kapitel haben Sie die Microsoft Visual Studio Workflow-Projektvorlage verwendet, um eine grundlegende Workflow-Anwendung zu erstellen. In der Praxis werden Sie das in Zukunft wahrscheinlich ebenso handhaben. Aber es ist wichtig, nicht nur auf die Assistenten und andere Generatoren zurückzugreifen, sondern auch den Code zu verstehen, den diese einfügen. Schließlich ist es Ihr Code, den Sie pflegen müssen und daher auch verstehen sollten, sobald der Generator seine Arbeit verrichtet hat.

Was braucht es aber, die WF in Ihrer Anwendung zu hosten? Neben der Erstellung der Workflow-Tasks, sodass die WF laufen kann (Ihre Aufgabe), müssen Sie im Prinzip lediglich auf die WF-Assemblys verweisen und den notwendigen Code zur Verfügung stellen, der die *WorkflowRuntime* zur Ausführung bringt, diese starten und die gewünschten Betriebszustände verwalten. In diesem Sinne unterscheidet sich das Hosten der WF nicht wesentlich von der Verwendung anderer .NET-Assemblys. Die Verwaltung der Betriebszustände läuft darauf hinaus, die Ereignisse zu behandeln, welche die Laufzeit von Zeit zu Zeit auslöst und damit bestimmte Zustände signalisiert, etwa wenn die Laufzeit in den Leerlauf geht (*idle*-Zustand) oder eine Instanz eine unbehandelte Ausnahme verursacht. Es gibt durchaus eine Liste der verfügbaren Ereignisse, die Sie behandeln können, und Sie werden einige davon etwas später in diesem Kapitel kennen lernen – neben weiteren, die in Kapitel 5 »Ereignisverfolgung« und Kapitel 6, »Instanzen laden und entfernen« eingeführt werden.

> **Hinweis** Die WF kann in einer Vielzahl von Anwendungen gehostet werden – darunter Microsoft Windows Forms-Anwendungen und Windows Presentation Foundation-Anwendungen, Konsolenanwendungen, ASP.NET-Webanwendungen und Windows-Dienste. Der grundlegende Prozess bleibt, was die WF betrifft, bei all diesen (sehr unterschiedlichen) Anwendungsarten stets derselbe.

Fürs Erste soll jedoch eine grundlegende .NET-Konsolenanwendung entwickelt werden, bei der Sie die Workflow-Runtime selbst hosten. Ziel ist es, dass der Code, der über die Visual Studio-Projektvorlagen eingefügt wird, etwas weniger geheimnisvoll erscheint.

Eine grundlegende Konsolenanwendung erstellen

1. Starten Sie Visual Studio 2005, wie es im vorangegangenen Kapitel beschrieben wurde.
2. Rufen Sie den Menübefehl *Datei/Neu/Projekt* auf.
3. Daraufhin wird das Dialogfeld *Neues Projekt* angezeigt, in dem Sie den Knoten *Visual C#* öffnen und dann im Feld *Projekttypen* den Eintrag *Windows* auswählen.
4. Markieren Sie im Feld *Vorlagen* den Eintrag *Konsolenanwendung*.
5. Geben Sie im Feld *Name* den Text **WorkflowHost** ein.
6. Tragen Sie im Feld *Speicherort* das Verzeichnis **\Workflow\Chapter2** ein.

> **Hinweis** Beachten Sie, dass die Angabe *\Workflow* für den Verzeichnispfad steht, in dem Sie die Beispielanwendungen dieses Buchs ablegen. Ersetzen Sie diese Angabe entsprechend durch den vollständigen Verzeichnispfad.

7. Klicken Sie auf *OK*, um das Projekt *WorkflowHost* anzulegen.

Zu diesem Zeitpunkt verfügen Sie bereits über eine elementare Konsolenanwendung, die aber natürlich nichts Interessantes verrichtet. Beginnen Sie jetzt damit, die Workflow-Komponenten hinzuzufügen. Bei der Code-Eingabe erweist sich die IntelliSense-Funktionalität von Visual Studio als äußerst praktisch. Damit aber IntelliSense korrekt arbeiten kann, müssen Sie zunächst auf die Assemblys verweisen, damit IntelliSense diese interpretieren und entsprechende Eingabevorschläge machen kann. Daher sollte das Verweisen auf die Workflow-Assemblys ganz am Anfang stehen, also noch bevor der erste Code hinzugefügt wird. Auf diese Weise profitieren Sie von den Vorteilen der unterstützenden Visual Studio-Funktionen bei der Code-Eingabe.

Die Verweise auf die Workflow-Assemblys hinzufügen

1. Klicken Sie im Projektmappen-Explorer mit der rechten Maustaste auf den Ast Verweise und wählen Sie den Eintrag *Verweis hinzufügen* aus (Abbildung 2.2).

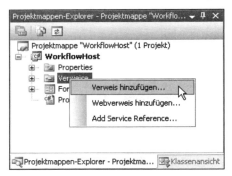

Abbildung 2.2 Hinzufügen von Verweisen

> **Tipp** Dasselbe erreichen Sie alternativ mit dem Befehl *Projekt/Verweis hinzufügen* aus dem Visual Studio-Hauptmenü.

2. Dadurch wird das Dialogfeld *Verweis hinzufügen* aufgerufen (Abbildung 2.3). Verwenden Sie die vertikale Bildlaufleiste und scrollen Sie nach unten, bis Sie auf den Eintrag *System.Workflow.Runtime* stoßen. Wählen Sie diesen mit einem einfachen Klick aus.

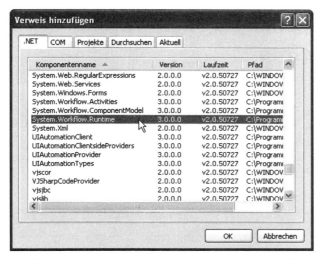

Abbildung 2.3 Auswahl des Verweises *System.Workflow.Runtime*

3. Klicken Sie auf *OK*, um den Verweis hinzuzufügen.

Visual Studio hat nun den Verweis auf die Workflow-Laufzeit eingefügt, die Sie benötigen, um Workflow-Tasks auszuführen. Jetzt muss noch die Workflow-Laufzeit zur Ausführung gebracht werden. Dazu ergänzen Sie in Ihrer Anwendung etwas Code. Gehen Sie dabei folgendermaßen vor:

Die Workflow-Laufzeit hosten

1. Öffnen Sie falls notwendig die Datei Program.cs zur Bearbeitung, so wie es im letzten Kapitel beschrieben wurde.

2. Steuern Sie den folgenden Code an (der sich in der Quellcodedatei ganz oben befindet):

3. using System;
   using System.Collections.Generic;
   using System.Text;

4. Fügen Sie die folgende Codezeile hinzu – einfach unmittelbar unterhalb von *System.Text*:

5. using System.Workflow.Runtime;

6. Begeben Sie sich zur *Main*-Methode und geben Sie die folgende Codezeile unterhalb der öffnenden geschweiften Klammer { ein:

7. WorkflowRuntime workflowRuntime = new WorkflowRuntime();

8. Für den Moment kompilieren Sie das Programm, um sicherzustellen, dass es keine Fehler enthält. Sie werden diese Anwendung in diesem Kapitel immer wieder benötigen. Sie sollten daher Visual Studio laufen lassen oder diese Anwendung falls notwendig erneut laden. Zur Kompilierung rufen Sie den Menübefehl *Erstellen/WorkflowHost erstellen* auf.

Ein genauerer Blick auf das Objekt *WorkflowRuntime*

Nachdem Sie eine Instanz der Klasse *WorkflowRuntime* in Ihrer WorkflowHost-Anwendung erstellt haben, ist es an der Zeit, genauer zu betrachten, wie mit dem Objekt umgegangen wird. Wie bei den meisten nützlichen Objekten stellt *WorkflowRuntime* einen Satz an Methoden und Eigenschaften zur Verfügung, die in diesem Fall dazu dienen, die Workflow-Laufzeitumgebung zu steuern. Tabelle 2.1 zeigt sämtliche *WorkflowRuntime*-Eigenschaften, während Tabelle 2.2 die typischerweise benötigten Methoden auflistet.

Tabelle 2.1 *WorkflowRuntime*-Eigenschaften

Eigenschaft	Zweck
IsStarted	Dient zur Feststellung, ob die Workflow-Laufzeit gestartet wurde und dazu bereit ist, Workflow-Instanzen zu verarbeiten. *IsStarted* ist so lange auf *false* gesetzt, bis der Host die Methode *StartRuntime* aufruft. Die Eigenschaft bleibt *true*, bis die Methode *StopRuntime* vom Host aufgerufen wird. Beachten Sie, dass Sie der Workflow-Laufzeit keine Hauptdienste hinzufügen können, während diese läuft. (Das Thema Starten von Diensten wird in Kapitel 5 angegangen.)
Name	Setzt den Namen, welcher der *WorkflowRuntime* zugewiesen wird, oder liefert diesen zurück. Sie können die Name-Eigenschaft nicht setzen, während die Workflow-Laufzeit läuft (dies ist der Fall, wenn *IsStarted* auf *true* gesetzt ist). Jeder Versuch, die Eigenschaft zu setzen, hat eine *InvalidOperationException* zur Folge.

Tabelle 2.2 *WorkflowRuntime*-Methoden

Methode	Zweck
AddService	Fügt der Workflow-Laufzeit den angegebenen Dienst hinzu. Es gibt sowohl Einschränkungen im Hinblick darauf, welche Dienste hinzugefügt werden können, als auch, was den Zeitpunkt betrifft, zu dem ein Hinzufügen möglich ist. Die Dienste werden beginnend mit Kapitel 5 näher betrachtet.
CreateWorkflow	Erzeugt eine Workflow-Instanz – unter Einbeziehung der angegebenen (aber optionalen) Parameter. Falls die Workflow-Laufzeit noch nicht gestartet wurde, ruft die *CreateWorkflow*-Methode die Methode *StartRuntime* auf.
GetWorkflow	Ruft die Workflow-Instanz ab, die den angegebenen Identifizierer aufweist (der aus einer Guid besteht). Falls die Workflow-Instanz im Leerlauf und persistent war, wird diese neu geladen und ausgeführt.
StartRuntime	Startet die Workflow-Laufzeit und die Workflow-Laufzeit-Dienste und löst dann das *Started*-Ereignis aus.
StopRuntime	Hält die Workflow-Laufzeit und die Workflow-Laufzeit-Dienste an und löst dann das *Stopped*-Ereignis aus.

Es gibt noch weitere Methoden, die zur *WorkflowRuntime* gehören, aber die Methoden aus Tabelle 2.2 sind die gebräuchlichsten und zugleich die, auf denen der Schwerpunkt in diesem Buch liegt. Außerdem sind noch eine Vielzahl an Ereignissen vorhanden, welche die *WorkflowRuntime* bei verschiedenen Gelegenheiten während der Workflow-Ausführung auslöst, aber diese sollen etwas später in diesem Kapitel betrachtet werden.

Im Wesentlichen ist die Arbeit mit der *WorkflowRuntime* mit dem Aufruf einiger einfacher Methoden sowie der Behandlung diverser Ereignisse verbunden, die von Bedeutung sind. Es gibt jedoch im Zusammenhang mit der *WorkflowRuntime* einige wichtige Einschränkungen, auf die als Nächstes eingegangen wird.

Eine Workflow-Laufzeit-Factory erstellen

Dieser Aspekt wurde bereits zu einem früheren Zeitpunkt in diesem Kapitel erwähnt, aber die Angelegenheit ist so wichtig, dass die Aussage wiederholt werden soll: Es kann nur genau eine Instanz der *WorkflowRuntime* pro AppDomain geben. Da die Mehrheit der .NET-Anwendungen nur eine einzige AppDomain verwenden, folgt zwingend daraus, dass Sie im Allgemeinen nur genau eine Instanz der *WorkflowRuntime* in Ihrer Anwendung einsetzen können.

Wann immer von der Verwendung einer einzigen Instanz die Rede ist, denkt man normalerweise an eine Kombination von *Singleton*- und *Factory*-Entwurfsmuster. Das Singleton-Entwurfsmuster, falls Sie nicht mit Entwurfsmustern vertraut sind, ist einfach ein Mechanismus, der sicherstellt, dass es keine Rolle spielt, wie oft Ihre Anwendung Instanzen des entsprechenden Objektes anfordert, denn es wird stets nur genau eine Instanz erzeugt. Typischerweise wird auf diese Strategie bei Objekten zurückgegriffen, die aufwändig zu erstellen sind, etwa Objekte, die eine hohe Anzahl an Ressourcen beanspruchen oder die eine signifikante Zeitspanne bei der Instantziierung benötigen.

Das Konzept des Singleton-Entwurfsmusters, nämlich dass genau ein einziges Objekt erzeugt wird und an Ihre Anwendung weitergereicht wird, harmoniert gut mit dem *Factory*-Entwurfsmuster. Beim Factory-Entwurfsmuster kommt ein Zwischenobjekt zum Einsatz, das dazu dient, Instanzen anderer Objekte zu erstellen.

Die Kombination von Singleton- und Factory-Entwurfsmuster ist leistungsfähig, da die Factory gewährleistet, dass stets genau eine einzige Instanz eines Singleton-Objektes erzeugt wird. Dies ist normalerweise ideal, da es in den Anwendungen durchaus möglich ist, dass verschiedene Teile der Anwendung versuchen, die Workflow-Laufzeit zu laden und zu starten (etwa durch unabhängige Anwendungsmodule). Im Folgenden erfahren Sie, wie eine *WorkflowRuntime*-Factory erstellt wird.

Das *WorkflowRuntime*-Factory-Objekt erstellen

1. Dem WorkflowHost-Projekt muss eine neue Klasse hinzugefügt werden. Klicken Sie dazu im Projektmappen-Explorer mit der rechten Maustaste auf den Projektnamen (WorkflowHost) und rufen Sie den Menübefehl Hinzufügen/Klasse auf (Abbildung 2.4).

> **Tipp** Dasselbe erreichen Sie alternativ mit dem Befehl *Projekt/Klasse hinzufügen* aus dem Visual Studio-Hauptmenü.

38 Teil A: Einführung in die Windows Workflow Foundation (WF)

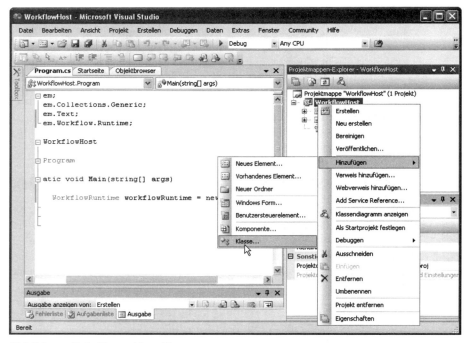

Abbildung 2.4 Klasse hinzufügen

2. Daraufhin erscheint das Dialogfeld *Neues Element hinzufügen* (Abbildung 2.5). Da Sie den entsprechenden Menübefehl zur Erstellung einer neuen Klasse angewählt haben, ist das Element *Klasse* im *Vorlagen*-Feld bereits vorausgewählt. Daher müssen Sie nur noch einen Namen für die Quellcodedatei vergeben (womit indirekt auch das zu erstellende Objekt benannt wird). Geben Sie **WorkflowFactory.cs** in das Feld *Name* ein und klicken Sie auf *Hinzufügen*.

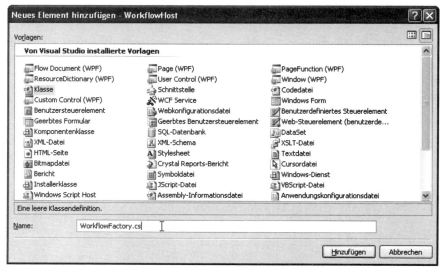

Abbildung 2.5 Benennung der hinzuzufügenden Klasse

3. Analog zur Quellcodedatei der Hauptanwendung, *Program.cs*, muss für die Workflow-Assembly eine *using*-Direktive in der *WorkflowFactory*-Quellcodedatei ganz oben eingefügt werden. Letztere sollte bereits zur Bearbeitung geöffnet sein, da sie eben angelegt wurde. Ist dies nicht der Fall, öffnen Sie diese zur Bearbeitung, wobei Sie so vorgehen, wie es im letzten Kapitel im Rahmen der Quellcodedatei *Program.cs* beschrieben wurde. Um die *using*-Direktive hinzuzufügen, steuern Sie zunächst den Code der Datei *WorkflowFactory.cs* ganz oben an:

```
using System;
using System.Collections.Generic;
using System.Text;
```

Fügen Sie unterhalb der *using*-Direktive für *System.Text* die folgende Codezeile hinzu:

```
using System.Workflow.Runtime;
```

4. Die *using*-Direktive bindet die Workflow-Laufzeit-Assembly in Ihre Quellcodedatei ein, aber es ist noch etwas mehr notwendig. Es muss Code hinzugefügt werden, um das Singleton-Objekt in der *WorkflowFactory*-Klasse abzubilden. Hierfür begeben Sie sich zur *WorkflowFactory*-Klassendefinition:

```
class WorkflowFactory
{
}
```

Dies ist natürlich noch nicht viel für eine Klasse, was sich jetzt aber gleich ändern wird. Dazu fügen Sie unmittelbar unterhalb der öffnenden geschweiften Klammer, die der Klassendefinition folgt, diese Codezeilen hinzu:

```
// Singleton-Instanz der Workflow-Laufzeit:
private static WorkflowRuntime _workflowRuntime = null;

// (Sync)-Objekt sperren:
private static object _syncRoot = new object();
```

5. Beachten Sie, dass das Feld *_workflowRuntime* mit *null* initialisiert wird. Die Factory fragt diesen Wert ab und erzeugt im Falle von *null* eine neue Instanz von *WorkflowRuntime*. Trifft dies nicht zu, erstellt die Factory keine neue Instanz, sondern liefert die vorhandene Instanz. Dazu müssen Sie eine Methode hinzufügen, die dazu dient, ein Singleton-Objekt zu erzeugen und zurückzugeben. Außerdem wird die Methode als statisch definiert, sodass die Objekte, die das Workflow-Laufzeit-Objekt anfordern, keine Instanzen der Factory erstellen müssen. Zu diesem Zweck geben Sie den folgenden Programmcode direkt unterhalb des Feldes *_syncRoot* ein:

```
// Factory-Methode:
public static WorkflowRuntime GetWorkflowRuntime()
{
    // Ausführenden Thread im Falle von Multithread-Zugriff (gleichzeitigem Zugriff)
    // sperren:
    lock (_syncRoot)
    {
        // Startbedingung überprüfen:
        if (null == _workflowRuntime)
```

```
            {
                // Nicht gestartet, Instanz kann erstellt werden:
                _workflowRuntime = new WorkflowRuntime();
            } // if

            // Singleton-Instanz zurückgeben:
            return _workflowRuntime;
        } // lock
    }
```

6. Sie sind nun fast am Ziel. Wenn über die Visual Studio-Klassenvorlage eine neue Klasse erzeugt wird, wird das *public*-Schlüsselwort in der Klassendefinition unterdrückt, wodurch die Klasse *private* wird. Da es gewünscht ist, dass andere Klassen in der Lage sind, Instanzen von *WorkflowRuntime* anzufordern, muss die Factory-Klasse *public* gemacht werden. Da Sie schon dabei sind, kennzeichnen Sie die Klasse zusätzlich als *static*, um eine direkte Instanziierung zu verhindern (es handelt sich schließlich um eine Factory-Klasse). Um dies alles umzusetzen, ändern Sie die Klassendefinition von

```
class WorkflowFactory
```

in

```
public static class WorkflowFactory
```

Mithilfe der *WorkflowFactory* kann jeder Teil Ihrer Anwendung die Workflow-Laufzeit anfordern, ohne Gefahr zu laufen, eine *InvalidOperationException* zu verursachen. Später, ab Kapitel 5, werden Sie kleinere Änderungen in dieser Klasse durchführen, um weitere Startdienste zu berücksichtigen, die später integriert werden können.

> **Tipp** Es spricht viel dafür, den kompletten Code zum Starten und Beenden in der Factory abzulegen, da auf diese Weise der gesamte Laufzeitinitialisierungscode an einer Stelle untergebracht wird, wodurch sich spätere Änderungen sowie die Codepflege einfacher gestalten. Es spielt keine Rolle, welches Objekt Zugriff auf die Workflow-Laufzeit anfordert, das Design der Software stellt sicher, dass die Laufzeit entsprechend initialisiert wird.

Die Workflow-Laufzeit starten

Noch bevor Sie Ihr *WorkflowFactory-Objekt* erstellt haben, wurde hier der Aspekt späterer Änderungen angesprochen. Dies wurde bewusst gemacht, um herauszustellen, wie die Workflow-Laufzeit gestartet wird. Wie die Tabelle 2.2 weiter oben zeigt, gibt es eine Methode mit dem Namen *StartRuntime*. Der Aufruf dieser Methode aus dem Factory-Objekt ergibt viel Sinn. Externe Objekte, die das Workflow-Laufzeit-Objekt anfordern (wahrscheinlich in der Absicht, eine neue Workflow-Instanz zu erstellen) müssen sich nicht um den Initialisierungsstatus der Laufzeitumgebung kümmern. Es gibt eine universelle Stelle, an der die Umgebung eingerichtet wird, so wie sie von der zu entwickelnden Anwendung benötigt wird. Die externen Objekte, welche das Workflow-Laufzeit-Objekt anfordern, können dieses einfach verwenden, ohne nach dessen Eintreffen weitere Änderungen an der Umgebung vornehmen zu müssen.

Der Aufruf von *StartRuntime* ist nicht absolut notwendig, denn beim Anlegen einer Workflow-Instanz wird *StartRuntime* intern für Sie aufgerufen. Wenn das Einzige, das Sie in diesem Zusammenhang durchführen, die Erstellung einer Instanz von *WorkflowRuntime* darstellt, müssen Sie sich um den expliziten Aufruf von *StartRuntime* tatsächlich keine Gedanken machen. Nachdem Sie jedoch erst einmal Dienste hinzugefügt haben (mehr dazu ab Kapitel 5), ist der explizite Aufruf sehr sinnvoll, sei es nur zum Zweck der Codepflege, sowie um sicherzustellen, dass beim Weiterreichen des Laufzeitobjekts, unabhängig davon, wer dieses angefordert hat, die Laufzeitumgebung in einen korrekten Zustand versetzt wird.

Führen Sie jetzt die kleine Änderung in Ihrem Factory-Objekt durch und rufen Sie *StartRuntime* direkt auf.

Die Workflow-Laufzeit starten

1. Öffnen Sie falls erforderlich die Datei *WorkflowFactory.cs* zur Bearbeitung und steuern Sie diese Codezeile an:

   ```
   _workflowRuntime = new WorkflowRuntime();
   ```

2. Geben Sie unterhalb dieser Codezeile den folgenden Programmcode ein:

   ```
   // Die Laufzeit starten:
   _workflowRuntime.StartRuntime();
   ```

Die Workflow-Laufzeit anhalten

Da es eine Möglichkeit gibt, die Workflow-Laufzeit zu starten, ist es nur logisch, dass diese auch angehalten werden kann. Wie Tabelle 2.1 weiter oben verrät, ist eine Methode namens *StopRuntime* vorhanden, die das genaue Gegenstück zu *StartRuntime* darstellt. Der Aufruf von *StopRuntime* entfernt sämtliche ausführenden Workflows und Dienste aus dem Arbeitsspeicher und beendet die Laufzeitumgebung. Selbstverständlich sollte *StopRuntime* an einer Stelle aufgerufen werden, die vor oder während der Beendigungslogik Ihrer Anwendung ausgeführt wird, oder im Rahmen der Auflösung der AppDomain.

> **Tipp** So wie der Aufruf von *StartRuntime* nicht zwingend notwendig ist (aber keine schlechte Idee darstellt), ist der Aufruf von *StopRuntime* ebenso nicht obligatorisch (aber gleichermaßen eine gute Idee). Sobald die WF-Laufzeit-Assembly aus dem Arbeitsspeicher entfernt wird, wird *StopRuntime* automatisch aufgerufen.
>
> Sie können *StopRuntime* nicht aufrufen, sobald das *WorkflowRuntime*-Objekt als »disposed« gekennzeichnet ist (also dessen Ressourcen freigegeben sind). Ansonsten ist eine *ObjectDisposedException* die Folge. Abhängig von dem Timing der Beendigung Ihrer Anwendung kann dieser Aspekt etwas sein, auf das Sie Acht geben müssen.

Ein guter Ort, dies zu verwirklichen, ist das *WorkflowFactory*-Objekt. Im Folgenden wird die WorkflowFactory so modifiziert, dass sie automatisch die Workflow-Laufzeit für Sie beendet.

Die Workflow-Laufzeit anhalten

1. Öffnen Sie falls erforderlich die Datei *WorkflowFactory.cs* zur Bearbeitung und steuern Sie diese Codezeile an:

   ```
   _workflowRuntime = new WorkflowRuntime();
   ```

2. Geben Sie unterhalb dieser Codezeile den folgenden Programmcode ein:

   ```
   // Vorkehrung für Beenden treffen:
   AppDomain.CurrentDomain.ProcessExit += new EventHandler(StopWorkflowRuntime);
   AppDomain.CurrentDomain.DomainUnload += new EventHandler(StopWorkflowRuntime);
   ```

3. Im Anschluss daran fügen Sie die Methode *StopWorkflowRuntime* der *WorkflowFactory*-Klasse hinzu:

   ```
   // Methode zum Beenden:
   static void StopWorkflowRuntime(object sender, EventArgs e)
   {
       if (_workflowRuntime != null)
       {
           if (_workflowRuntime.IsStarted)
           {
               try
               {
                   // Laufzeit anhalten:
                   _workflowRuntime.StopRuntime();
               }
               catch (ObjectDisposedException)
               {
                   // Bereits auf "disposed" gesetzt, daher ignorieren
               } // catch
           } // if
       } // if
   }
   ```

Den kompletten Quellcode für das *WorkflowFactory*-Objekt finden Sie in Listing 2.1. Bis Kapitel 5 werden keine weiteren Änderungen mehr daran vorgenommen:

Listing 2.1 Die komplette Klasse *WorkflowFactory*

```
using System;
using System.Collections.Generic;
using System.Text;
using System.Workflow.Runtime;

namespace WorkflowHost
{
    public static class WorkflowFactory
    {
        // Singleton-Instanz der Workflow-Laufzeit:
        private static WorkflowRuntime _workflowRuntime = null;
        // (Sync)-Objekt sperren:
        private static object _syncRoot = new object();

        // Factory-Methode:
        public static WorkflowRuntime GetWorkflowRuntime()
        {
```

```csharp
            // Ausführenden Thread im Falle von Multithread-Zugriff (gleichzeitigem)
            //Zugriff sperren:
            lock (_syncRoot)
            {
                // Startbedingung überprüfen:
                if (null == _workflowRuntime)
                {

                    // Nicht gestartet, Instanz kann erstellt werden:
                    _workflowRuntime = new WorkflowRuntime();
                    // Vorkehrung für Beenden treffen:
                    AppDomain.CurrentDomain.ProcessExit += new EventHandler(StopWorkflowRuntime);
                    AppDomain.CurrentDomain.DomainUnload += new EventHandler(StopWorkflowRuntime);
                } // if

                // Singleton-Instanz zurückgeben:
                return _workflowRuntime;
            } // lock
        }

        // Methode zum Beenden:
        static void StopWorkflowRuntime(object sender, EventArgs e)
        {
            if (_workflowRuntime != null)
            {
                if (_workflowRuntime.IsStarted)
                {
                    try
                    {
                        // Laufzeit anhalten:
                        _workflowRuntime.StopRuntime();
                    }
                    catch (ObjectDisposedException)
                    {
                        // Bereits auf "disposed" gesetzt, daher ignorieren
                    } // catch
                } // if
            } // if
        }
    }
}
```

Nachdem Sie nun über eine Workflow-Laufzeit-Factory verfügen, ändern Sie Ihr Hauptprogramm, sodass Sie diese nutzen können.

Das Factory-Objekt der Workflow-Laufzeit verwenden

1. Öffnen Sie falls erforderlich die Datei *Program.cs* zur Bearbeitung und steuern Sie diese Codezeile an:

   ```csharp
   WorkflowRuntime workflowRuntime = new WorkflowRuntime();
   ```

2. Ersetzen Sie die Codezeile durch die folgende:

   ```csharp
   WorkflowRuntime workflowRuntime = WorkflowFactory.GetWorkflowRuntime();
   ```

Ereignisse der Workflow-Laufzeit abfangen

Es mag den Anschein haben, das *WorkflowRuntime*-Objekt wäre nicht besonders mächtig, zumindest aus der Perspektive der Methoden und Eigenschaften. Sie können das Objekt starten, Sie können es anhalten und Sie können es anweisen, eine Workflow-Instanz zu erstellen. Das ist bereits alles in dieser Hinsicht.

Jedoch gibt es ein wenig mehr Interessantes als das und man beginnt die Komplexität der Laufzeitumgebung zu erahnen, wenn man einen Blick auf die Ereignisse wirft, welche hinter der *WorkflowRuntime* stecken. Tabelle 2.3 stellt keine vollständige Auflistung dar, aber sie zeigt die Ereignisse, die am häufigsten benötigt werden.

Tabelle 2.3 *WorkflowRuntime-Ereignisse*

Ereignis	Zweck
Started	Wird ausgelöst, wenn die Workflow-Laufzeit gestartet wird.
Stopped	Wird ausgelöst, wenn die Workflow-Laufzeit angehalten wird
WorkflowCompleted	Wird ausgelöst, wenn die Workflow-Instanz abgeschlossen wurde.
WorkflowIdled	Wird ausgelöst, wenn die Workflow-Instanz in den Leerlauf geht. Sie haben dann die Möglichkeit, diese vom Arbeitsspeicher zu entfernen, in einer Datenbank zu speichern (für den Fall, die Workflow-Instanz wartet auf einen Task, der über einen größeren Zeitraum hinweg läuft) und diese zu einem späteren Zeitpunkt zurück in den Arbeitsspeicher zu bringen. Dies wird in Kapitel 6 behandelt.
WorkflowTerminated	Wird ausgelöst, wenn die Workflow-Instanz beendet wird. Der Workflow kann folgendermaßen beendet werden: durch den Host per Aufruf der *Terminate*-Methode der Workflow-Instanz, durch eine *Terminate*-Aktivität oder durch die Workflow-Laufzeit selbst, falls eine unbehandelte Ausnahme auftritt.

Weitere Ereignisse, welche die *WorkflowRuntime* anbietet, werden im Rahmen von Kapitel 4 und 5 beschrieben.

Wenn Sie Handler für diese Ereignisse hinzufügen, ist derselbe Code zu sehen (oder nahezu derselbe Code) wie der Code, den Visual Studio im Rahmen der sequenziellen Workflow-Konsolenanwendung (die Sie im vorangegangenen Kapitel erstellt haben) generiert hat. Um die Auswirkungen dieser Ereignisse zu sehen, ist es zunächst einmal notwendig, den Hauptanwendungs-Thread für eine Weile anzuhalten. Hierfür verwenden sowohl Visual Studio als auch Sie ein kernelspezifisches Reset-(Rücksetz)-Ereignis. Gleich werden Sie etwas Code eintippen, um einige der *WorkflowRuntime*-Ereignisse zu verwenden. Von Zeit zu Zeit sollten Sie zurück auf die Datei *Program.cs* der *PCodeFlow*-Anwendung aus dem Kapitel 1 blicken und diese mit dem Code vergleichen, den Sie hier eingeben. Auch wenn dieser nicht identisch ist, finden Sie in beiden Anwendungen dieselben Bestandteile.

> **Hinweis** Um es klarzustellen: Beim Hinzufügen von Code in die *WorkflowHost*-Anwendung aus diesem Kapitel wird der Gebrauch anonymer Methoden vermieden. Auf der anderen Seite verwendet *PCodeFlow* anonyme Methoden. (Diese wurden von Visual Studio hinzugefügt, als die *PCodeFlow*-Datei *Program.cs* angelegt wurde.) Die Funktionalität beider Codes ist jedoch die gleiche.

Ereignisse der Workflow-Laufzeit behandeln

1. Öffnen Sie falls erforderlich die Datei *Program.cs* zur Bearbeitung und steuern Sie diese Codezeile an, die Sie hinzugefügt haben, um Ihre *WorkflowFactory* aufzurufen:

   ```
   WorkflowRuntime workflowRuntime = WorkflowFactory.GetWorkflowRuntime();
   ```

2. Wenn Sie bereits mit .NET-Delegaten gearbeitet haben, wird Ihnen dieser Code vertraut vorkommen. Sie müssen Ereignishandler hinzufügen, welche die Ereignisse betreffen, die bei der Überwachung von Bedeutung sind. Fürs Erste erstellen Sie Handler für die Ereignisse *WorkflowIdled* und *WorkflowCompleted*. Weitere Handler können Sie später ergänzen, sobald diese benötigt werden. In diesem Sinne geben Sie die folgende Codezeile unterhalb der Zeile aus dem Schritt 1 ein:

   ```
   workflowRuntime.WorkflowIdled +=
       new EventHandler<WorkflowEventArgs>(workflowIdled);
   ```

> **Tipp** Während dieser Eingabe fügt Visual Studio auf Wunsch die Handler für Sie hinzu, was sehr praktisch ist. Dies funktioniert folgendermaßen: Nachdem Sie das Gleichheitszeichen (=) eingetippt haben, drücken Sie die **Tab**-Taste, um IntelliSense zu veranlassen, das Schlüsselwort *EventHandler* und den Namen hinzuzufügen. Der Name bleibt dabei weiterhin durch eine Markierung hervorgehoben. Ohne die Markierung zu ändern, geben Sie den Namen ein, den Sie verwenden möchten (*workflowIdled* im vorangegangenen Beispiel). Dann drücken Sie die **Tab**-Taste, sobald Sie Visual Studio dazu auffordert, woraufhin der Handler mit dem passenden Namen sofort weiter unten im Code an der geeigneten Stelle eingefügt wird. Natürlich können Sie den Handler-Methodennamen bei Bedarf später jederzeit ändern.

```
me.WorkflowIdled +=
    new EventHandler<WorkflowEventArgs>(workflowRuntime_WorkflowIdled);   (Zum Einfügen TAB-Taste drücken)
```

Abbildung 2.6 Visual Studio fügt den Handler auf Wunsch fast vollautomatisch hinzu

3. Unterhalb des gerade eingegebenen Codes tippen Sie diese Codezeile ein, um den Handler für das Ereignis *WorkflowCompleted* zu erzeugen:

   ```
   workflowRuntime.WorkflowCompleted +=
       new EventHandler<WorkflowCompletedEventArgs>(workflowCompleted);
   ```

4. Als Nächstes fügen Sie den Handler für das Ereignis *WorkflowTerminated* hinzu:

   ```
   workflowRuntime.WorkflowTerminated +=
       new EventHandler<WorkflowTerminatedEventArgs>(workflowTerminated);
   ```

5. Wenn Sie das Projekt *WorkflowHost* kompilieren und starten, sollte die Anwendung problemlos übersetzt und ausgeführt werden. Allerdings wird kein Workflow ausgeführt, da Sie die Workflow-Laufzeit nicht veranlasst haben, eine Workflow-Instanz zu starten. (Dies wird im nächsten Kapitel nachgeholt.) Zur Vorbereitung ergänzen Sie jedoch einigen Code. Zuerst erzeugen Sie das automatische Reset-Ereignis, das Sie benötigen, um den Hauptthread lange genug anzuhalten, damit die Workflow-Ereignisse ausgelöst werden können (sodass Sie diese überwachen können). Hierfür eignet sich die *AutoResetEvent*-Klasse ideal. Geben Sie unterhalb der eben hinzugefügten beiden Codezeilen (Schritte 3 und 4) den folgenden Code ein (das *waitHandle*-Objekt wird im nächsten Schritt definiert):

```
Console.WriteLine("Waiting for workflow completion.");
waitHandle.WaitOne();
Console.WriteLine("Done.");
```

6. In diesem Zusammenhang ist es notwendig, das *waitHandle*-Objekt zu erstellen. Fügen Sie daher dieses statische Klassenmember oberhalb der *Main*-Methode hinzu:

```
private static AutoResetEvent waitHandle = new AutoResetEvent(false);
```

7. *AutoResetEvent* wird von *System.Threading* exportiert. Ergänzen Sie aus diesem Grund die Liste am Anfang der *Program.cs*-Quellcodedatei durch die entsprechende *using*-Direktive:

```
using System.Threading;
```

8. Die drei Ereignishandler (die von Visual Studio 2005 erstellt wurden) enthalten allesamt Dummyausnahmen, die mit dem Text »not implemented yet« (auf Deutsch »noch nicht implementiert«) versehen sind und damit auf diesen Umstand hinweisen. Diese Ausnahmen müssen entfernt werden, indem etwas Code implementiert wird. Steuern Sie den ersten Handler an, den Sie hinzugefügt haben, *workflowIdled*, und ersetzen Sie die dort befindliche Ausnahme durch die folgenden Codezeilen:

```
Console.WriteLine("Workflow instance idled.");
```

9. Führen Sie eine ähnliche Änderung am *workflowCompleted*-Handler durch. Tauschen Sie dabei die »not implemented yet«-Ausnahme durch den folgenden Code aus:

```
Console.WriteLine("Workflow instance completed.");
waitHandle.Set();
```

10. Der *workflowTerminated*-Handler komplettiert die Gruppe der Handler. Ersetzen Sie hierbei die »not implemented yet«-Ausnahme durch den nachstehenden Code:

```
Console.WriteLine("Workflow instance terminated, " +
    "reason: '{0}'.",e.Exception.Message);
waitHandle.Set();
```

Listing 2.2 zeigt die vollständige Hauptanwendung:

Listing 2.2 Die vollständige *WorkflowHost*-Anwendung

```
using System;
using System.Collections.Generic;
using System.Text;
using System.Workflow.Runtime;
using System.Threading;

namespace WorkflowHost
{
    class Program
    {
        private static AutoResetEvent waitHandle = new AutoResetEvent(false);
        static void Main(string[] args)
        {
            WorkflowRuntime workflowRuntime = WorkflowFactory.GetWorkflowRuntime();
            workflowRuntime.WorkflowIdled +=
                new EventHandler<WorkflowEventArgs>(workflowIdled);
            workflowRuntime.WorkflowCompleted +=
                new EventHandler<WorkflowCompletedEventArgs>(workflowCompleted);
            workflowRuntime.WorkflowTerminated +=
                new EventHandler<WorkflowTerminatedEventArgs>(workflowTerminated);
            Console.WriteLine("Waiting for workflow completion.");
            waitHandle.WaitOne();
            Console.WriteLine("Done.");
        }

        static void workflowTerminated(object sender,
            WorkflowTerminatedEventArgs e)
        {
            Console.WriteLine("Workflow instance terminated, " +
                "reason: '{0}'.",e.Exception.Message);
            waitHandle.Set();
        }

        static void workflowCompleted(object sender,
            WorkflowCompletedEventArgs e)
        {
            Console.WriteLine("Workflow instance completed.");
            waitHandle.Set();
        }

        static void workflowIdled(object sender,
            WorkflowEventArgs e)
        {
            Console.WriteLine("Workflow instance idled.");
        }
    }
}
```

Jetzt fehlt noch ein Workflow zur Ausführung. Entsprechend dreht sich im nächsten Kapitel alles um Workflow-Instanzen. Im Moment jedoch, wenn Sie die Anwendung ausführen, bleibt diese hängen. Der Grund ist einfach: Die Ereignisse, die Sie aufgegriffen haben, werden nie ausgelöst, da zu keinem Zeitpunkt eine Workflow-Instanz ausgeführt wird. Das bedeutet, dass der Ereignishandler in dieser Form niemals Ereignisse behandeln wird. Aus diesem Grund wird *waitHandle* nie ausgelöst – die Anwendung hängt für immer (bzw. bis Sie diese selbst beenden). Im nächsten Kapitel wird wieder auf diese Anwendung zurückgegriffen und eine Workflow-Instanz hinzugefügt sowie ausgeführt.

Schnellübersicht

Aufgabe	Aktion
Die Workflow-Laufzeit in Ihrer Anwendung hosten	Fügen Sie einen Verweis auf die *System.Workflow.Runtime*-Assembly hinzu. Erstellen Sie eine einzige *WorkflowRuntime* pro AppDomain und starten Sie die Laufzeit durch einen Aufruf von *WorkflowRuntime.StartRuntime* oder durch Erzeugung einer Workflow-Instanz.
Die Workflow-Laufzeit anhalten	Rufen Sie *WorkflowRuntime.StopRuntime* auf oder beenden Sie einfach den Host (das heißt, die AppDomain abzubrechen).
Zustand und Status des Workflows überwachen	Fangen Sie die verschiedenen Workflow-Laufzeit-Ereignisse ab. Kapitel 5 behandelt den *SqlTrackingService*, der es erlaubt, in noch stärkerer Weise Zustand und Status des Workflows zu erfassen.
Die Workflow-Laufzeit-Ereignisse abfangen	Workflow-Laufzeit-Ereignisse unterscheiden sich nicht von anderen .NET-Objekt-Ereignissen und werden entsprechend wie andere Ereignisse auch abgefangen.

Kapitel 3

Workflow-Instanzen

In diesem Kapitel:

Einführung in das *WorkflowInstance*-Objekt	51
Eine Workflow-Instanz starten	53
Eine Workflow-Instanz mit Parametern starten	64
Den Status der Workflow-Instanz feststellen	66
Eine Workflow-Instanz beenden	68
Dehydration und Rehydration	68
Schnellübersicht	69

In diesem Kapitel lernen Sie

- wie Sie eine Workflow-Instanz erstellen, sowohl mit als auch ohne Startparameter.
- den Status Ihrer laufenden Workflow-Instanzen festzustellen.
- Workflow-Instanzen anzuhalten.
- wie Sie untersuchen, ob Ihre Workflow-Instanzen in den Leerlauf gingen oder beendet wurden.

Die Workflow-Laufzeit dient letzten Endes nur einem Zweck – der Unterstützung Ihrer Workflow-spezifischen Tasks. Workflow-Tasks, die im ausgeführten Zustand auch als *Workflow-Instanzen* bezeichnet werden, bilden gewissermaßen das Herz Ihres Workflow-Systems. Die Möglichkeit, Workflow-Instanz zu erzeugen, ist letztendlich der wesentliche Grund für die Schaffung der Workflow-Laufzeit.

Eine Workflow-Instanz setzt sich aus einer oder mehreren Aktivitäten zusammen. (Die verschiedenen Aktivitäten werden ab Kapitel 7 »Grundlegende Operationen mit Aktivitäten« vorgestellt.) Die primäre Aktivität, oder *Hauptaktivität* (*root activity*), wird als *Workflow-Definition* bezeichnet. Die Workflow-Definition fungiert normalerweise als Container für die übrigen Aktivitäten, welche die eigentliche Arbeit verrichten.

Hinweis Eine *Workflow-Definition* ist das, was Sie von der Workflow-Laufzeit anfordern, damit es ausgeführt wird, wohingegen eine Instanz eine ausführende Workflow-Definition darstellt. Dies ist ein deutlicher Unterschied. Das eine wird ausgeführt, das andere nicht. Jedoch werden beide Begriffe in diesem Kapitel und auch im weiteren Verlauf des Buches synonym verwendet, da letztendlich das eigentliche Ziel darin besteht, Software auszuführen, nicht aber in einer übertrieben genauen Terminologie. Außerdem geht »Instanz« leichter von der Zunge als »Workflow-Definition«.

Es stellt sich die Frage, woher die Instanzen kommen. Dies ist Ihre Aufgabe. Sie müssen als Entwickler eine Aufgabenstellung umsetzen und schreiben Software, um diese zu realisieren. Wenn Workflow-Verarbeitung ein geeignetes Mittel zur Umsetzung der Anforderungen an Ihre Anwendung ist, liegt das Minimum bei der Entwicklung Ihrer Software in der Schaffung der Workflow-Tasks, welche die Workflow-Laufzeit für Sie ausführt. Microsoft stellt die Workflow-Laufzeit zur Verfügung. Den Rest setzen Sie um – schließlich ist es *Ihre* Anwendung.

Die Windows Workflow Foundation (WF) hilft Ihnen dabei. Die WF führt dabei nicht nur die von Ihnen erzeugten Workflow-Instanzen aus, sondern stellt auch Werkzeuge für deren Erstellung bereit. In diesem Zusammenhang unterstützt Sie ein sehr unfangreicher grafischer Designer bei der Realisierung von Workflow-Software. Die Vorgehensweise läuft in weiten Teilen so ab, wie Sie es von der Entwicklung von ASP.NET-Webformularen, Windows Forms-Anwendungen und Windows Presentation Foundation-Software kennen: Sie bewegen den Mauszeiger auf die Toolbox, wählen eines der zahlreichen verfügbaren Aktivitätselemente aus, ziehen das Element auf die Designer-Oberfläche und legen es dort ab. Wenn das Element konfigurierbare Eigenschaften hat, können Sie diese mithilfe des Visual Studio-Eigenschaftenfensters für Ihre Zwecke anpassen.

Sie haben den Workflow-Designer bereits kurz in Kapitel 1 »Einführung in die Microsoft Windows Workflow Foundation« eingesetzt und in diesem Kapitel kommt dieser erneut zur Anwendung.

Letztendlich dreht sich bei der Arbeit mit der WF alles um die Erzeugung von Workflow-Tasks, und die Arbeit mit dem Workflow-Designer ist einer der wesentlichen Bestandteile im Entwicklungsprozess.

> **Hinweis** Zwar ist es möglich, den Workflow-Designer in Ihren Anwendungen zu nutzen – außerhalb von Visual Studio –, doch dies soll kein Thema dieses Buches sein. Jedoch werden Sie später erfahren, wie Sie Ihre eigenen benutzerdefinierten Aktivitäten erstellen und wie Sie diese in die Toolbox des Workflow-Ansicht-Designers integrieren. Mehr dazu in Kapitel 13 »Benutzerdefinierte Aktivitäten erstellen«.

Workflow-Instanzen sind nicht anders als alle anderen Bestandteile einer Software. Diese beginnen mit der Ausführung und laufen so lange, bis sie eine Endebedingung erfüllen. Beispielsweise könnten sämtliche Datensätze einer Datenbank verarbeitet worden sein oder auch alle für die Instanz vorgesehenen Dateien.

Ebenso ist es denkbar, dass die Dokumente, die der Workflow an die verschiedenen Prüfstellen weitergeleitet hat, zurückgegeben wurden – genehmigt oder nicht genehmigt – und der Prozess dabei abgeschlossen wurde. Es gibt naturgemäß eine Stelle zum Starten und eine oder mehrere Stellen zum Anhalten. Instanzen können Fehler verursachen – was sich in Ausnahmen niederschlägt. Vielleicht hat man dafür gesorgt, dass diese Ausnahmen behandelt werden, im Einzelfall hat man es aber unterlassen. In einigen Fällen möchten Sie eventuell die Ausnahmen gar nicht behandeln, da die Workflow-Laufzeit das Anhalten einer Instanz auf andere Art und Weise protokolliert, wenn es zu einem unbehandelten Fehler kommt, und Sie kümmern sich erst zu diesem Zeitpunkt entsprechend darum.

Manchmal kann ein Workflow-Prozess sehr lange brauchen, bis er beendet wird. Beispielsweise könnte ein Prozess eine Bestellung von Waren aufgeben und dann darauf warten, bis die Waren eintreffen. Die Anzahl und die Art der Waren werden bestätigt, bevor der Workflow beendet wird. Abhängig von den bestellten Waren kann es Tage, Wochen oder sogar Monate dauern, bis die Bestellung eingeht. Es stellt sich die Frage, ob eine Workflow-Instanz wirklich für Tage, Wochen oder Monate aktiv im Arbeitsspeicher bleiben sollte. Was geschieht dann aber nach einem Servercrash oder einem Stromausfall? Verlieren Sie dann Ihre Workflow-Instanz, Ihre Daten oder den Status der Anwendung?

Workflow-Instanzen können auch an Transaktionen beteiligt sein. Ehrlicherweise muss man aber feststellen, dass dies im Rahmen der Entwicklung von Geschäftssoftware einen kritischen Teil des gesamten Workflows darstellt. Stellen Sie sich diesbezüglich einen Workflow-Prozess vor, der Finanztransaktionen zwischen der Buchhaltung und der Versandabteilung koordiniert und dabei jeweils auf eine Genehmigung der verschiedenen Abeilungsleitungen von Forschung, Design und Technik wartet. Immer wenn Geldbeträge verarbeitet werden, wird im Normalfall auf Transaktionen zurückgegriffen. Damit wird sichergestellt, dass wenn etwas im Prozess schief läuft, der Geldbetrag an einem definierten Ort bleibt. Bereits die Umsetzung einer Transaktion, die über einen langen Zeitraum läuft, ist ein sehr aufwändiger Kraftakt, aber die Behandlung von Fehlerzuständen ist noch weit schwieriger. (Wie Transaktionen behandelt werden, erfahren Sie in Kapitel 15 »Workflows und Transaktionen«.)

Die Arbeit mit Workflow-Instanzen und den Aktivitäten, aus denen sich Instanzen zusammensetzen, ist damit ein wichtiger Teil der Workflow-Verarbeitung. Es ist daher keine Überraschung, dass die WF eine umfangreiche Unterstützung sowohl für die Erstellung von Instanzen als auch für deren Ausführung bietet. Dabei soll im Folgenden mit einem Blick auf das *WorkflowInstance*-Objekt begonnen werden.

Einführung in das *WorkflowInstance*-Objekt

Das *WorkflowInstance*-Objekt ist das WF-Objekt, das Ihnen den individuellen Workflow-Task-Kontext zur Verfügung stellt. Es ist das Objekt, das Sie verwenden, um festzustellen, wie es um Ihren Prozess bestellt ist. Analog dazu, wie es Methoden und Eigenschaften gibt, um die Workflow-Laufzeit zu steuern, sind auch Methoden und Eigenschaften vorhanden, mit deren Hilfe Sie mit Ihren Workflow-Instanzen interagieren können. Tabelle 3.1 zeigt die meisten Workflow-Instanz-Eigenschaften, während Tabelle 3.2 die üblicherweise verwendeten Methoden auflistet. Weitere Eigenschaften und Methoden werden in Kapitel 5 »Ereignisverfolgung« vorgestellt.

Tabelle 3.1 *WorkflowInstance*-Eigenschaften

Eigenschaft	Zweck
InstanceId	Liefert den eindeutigen Identifizierer der Workflow-Instanz (als Guid).
WorkflowRuntime	Liefert das *WorkflowRuntime*-Objekt der aktuellen Workflow-Instanz.

Tabelle 3.2 *WorkflowInstance*-Methoden

Methode	Zweck
ApplyWorkflowChanges	Führt Änderungen an der Workflow-Instanz durch, die über das *WorkflowChanges*-Objekt angegeben werden. Dies erlaubt es Ihnen, den Workflow während der Ausführung zu modifizieren (Aktivitäten hinzufügen, entfernen oder ändern), wenngleich die Workflow-Instanz dafür kurzzeitig angehalten wird.
GetWorkflowDefinition	Ruft die Hauptaktivität dieser Workflow-Instanz ab.
Resume	Setzt die Ausführung einer vorübergehend angehaltenen Workflow-Instanz fort. Befindet sich eine Workflow-Instanz nicht im angehaltenen Zustand, hat dies keine Auswirkungen. Im angehaltenen Zustand löst die Workflow-Laufzeit ein *WorkflowResumed*-Ereignis aus, unmittelbar bevor die Ausführung Workflow-Instanz angehalten wird.
Start	Startet die Ausführung der Workflow-Instanz, indem die Methode *ExecuteActivity* auf der Hauptaktivität dieser Workflow-Instanz aufgerufen wird. (Aktivitäten werden beginnend mit dem nächsten Kapitel näher betrachtet.) Wenn *Start* auf eine Ausnahme trifft, beendet es die Workflow-Instanz, indem die *Terminate*-Methode aufgerufen wird. Letzterer wird die *Message*-Eigenschaft mit der Ursache für die Ausnahme, die für die Beendigung verantwortlich ist, übergeben.
Suspend	Hält die Workflow-Instanz synchron an. Wurde diese bereits angehalten, hat dies keine Auswirkungen. Im nicht angehaltenen Zustand hält die Workflow-Laufzeit die Workflow-Instanz an, setzt *SuspendOrTerminateInfoProperty* auf den String (*reason*), der an *Suspend* übergeben wurde und löst das *WorkflowSuspended*-Ereignis aus.
Terminate	Beendet die Workflow-Instanz synchron. Wenn der Host ein Beenden der Workflow-Instanz anfordert, zerstört die Workflow-Laufzeit die Instanz und versucht in den finalen Zustand der Instanz zu gehen. Als Nächstes setzt das *WorkflowInstance*-Objekt die Eigenschaft *SuspendOrTerminateInfoProperty* auf den String (*reason*), welcher der *Terminate*-Methode übergeben wurde. Schließlich löst es das *WorkflowTerminated*-Ereignis aus und übergibt *reason* an die *Message*-Eigenschaft einer *WorkflowTerminatedException*, die in *WorkflowTerminatedEventArgs* enthalten ist. Wenn eine andere – davon unterschiedliche – Ausnahme während der Persistenz ausgelöst wird, gibt die Workflow-Laufzeit diese Ausnahme stattdessen an *WorkflowTerminatedEventArgs* weiter.

Neben diesen aufgelisteten Methoden gibt es viele weitere, die mit der *WorkflowInstance* einhergehen. Diese werden später näher betrachtet, wenn es darum geht, Workflow-Instanzen über eine Microsoft SQL Server-Datenbank persistent zu machen. Mehr dazu in Kapitel 6 »Laden und Entfernen von Instanzen«.

Im Folgenden werden Sie einen Workflow-Task erzeugen und erfahren, wie Sie diesen starten.

Eine Workflow-Instanz starten

Bevor Sie eine Workflow-Instanz starten können, benötigen Sie einen Workflow-Task, damit die WF ausgeführt werden kann. Im ersten Kapitel haben Sie Visual Studio angewiesen, ein Workflow-spezifisches Projekt anzulegen. Dieses enthält automatisch einen groben Workflow-Task, den Sie verändert haben, um US- und kanadische Postleitzahlen auf deren Syntax zu überprüfen. Wir könnten auf dieses Projekt zurückgreifen und den Workflow-Quellcode physisch herauskopieren oder einen Verweis auf die resultierende Assembly *PCodeFlow.exe* einbauen und direkt versuchen, den erzeugten Workflow zu verwenden. In der Praxis könnte man durchaus so vorgehen.

Hier aber liegt der Fokus darauf, das Schreiben von Workflow-Anwendungen zu lernen. Die Übernahme bestehenden Codes ergibt daher keinen großen Sinn. Im Folgenden werden Sie einen lang laufenden Task simulieren, indem Sie auf einen sequenziellen Workflow zurückgreifen, der eine Verzögerung enthält. Dabei soll etwas Code vor der Verzögerung ausgeführt werden, um ein Meldungsfenster anzuzeigen. Nach der Verzögerung soll wiederum ein Meldungsfenster erscheinen, um zu signalisieren, dass die Arbeit beendet wurde. (Sie wissen ohnehin, dass Ihre Workflow-Instanz beendet wird, da der *WorkflowHost* das *WorkflowCompleted*-Ereignis behandelt, aber hierfür ist etwas mehr Workflow-Code erforderlich.) Im Laufe des Buches werden die Beispiele ausführlicher und umfangreicher, aber da die Materie noch neu ist, bleibt es bei den Beispielprogrammen vorläufig bei dem Prinzip möglichst kurzer Quellcodes. Auf diese Weise können Sie sich ganz auf das Konzept konzentrieren und müssen sich nicht mit dem Eintippen längerer Codes auseinandersetzen.

Hinweis Sie erinnern sich: ein sequenzieller Workflow zeichnet sich dadurch aus, dass er die Aktivitäten hintereinander (also sequenziell) ausführt. Dieses Verfahren steht im Kontrast zu einem Workflow in Form eines Zustandsautomaten, der Aktivitäten ausführt, die auf Zustandsübergängen beruhen. Wenn das alles unverständlich klingen sollte, ist dies kein Grund zur Besorgnis. Dies wird alles im nächsten Kapitel noch ausführlich erläutert.

Der *WorkflowHost*-Projektmappe ein sequenzielles Workflow-Projekt hinzufügen

1. Sollte Visual Studio derzeit nicht laufen, starten Sie das Programm wie in den vorangegangenen Kapiteln. Ist das Projekt *WorkflowHost* nicht geöffnet, wählen Sie es über den Menübefehl *Zuletzt geöffnete Projekte* aus dem Visual Studio-Menü *Datei* aus. Nach kurzer Ladezeit steht der *WorkflowHost* zur Bearbeitung zur Verfügung.

2. Sie könnten eine Workflow-spezifische Klasse direkt in Ihr *WorkflowHost*-Projekt einfügen. Dies ist der gleiche Vorgang, den Visual Studio bei der Erzeugung der Anwendung *PCodeFlow* im Rahmen von Kapitel 1 durchgeführt hat. Anstatt einfach der vorhandenen *WorkflowHost*-Anwendung eine Workflow-Komponente hinzuzufügen, ergänzen Sie Ihre Projektmappe hingegen um ein komplett neues Workflow-Projekt. Hierfür rufen Sie den Menübefehl *Datei/Hinzufügen/Neues Projekt* (Abbildung 3.1) auf, woraufhin das Dialogfeld *Neues Projekt hinzufügen* erscheint.

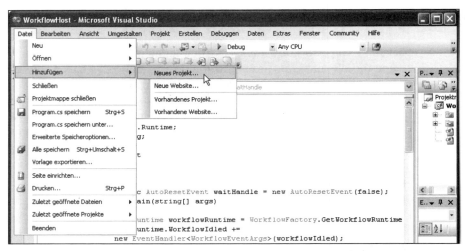

Abbildung 3.1 Menübefehl, um der Projektmappe ein weiteres Projekt hinzuzufügen

> **Hinweis** Es ist generell empfehlenswert, Ihre Workflows als separate Assemblys zu realisieren. Zum einen gliedern Sie Ihren Code geschickt in Gestalt eigener Assemblys. Zum anderen spricht die folgende Problematik für eine solche Aufteilung: Wenn sich während der Entwicklung ein Bug in der WF befindet und die beiden infrage kommenden Workflows in derselben Assembly enthalten sind, hindert Sie das daran, aus einem primären Workflow einen sekundären Workflow auszuführen. Bei einer Gliederung in eigene Assemblys stellt sich dieses Problem nicht.

1. Im Dialogfeld *Neues Projekt hinzufügen* (Abbildung 3.2) öffnen Sie im Feld *Projekttypen* den Knoten *Visual C#* und wählen Sie den Eintrag *Workflow* aus.

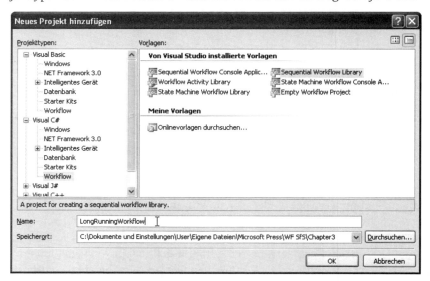

Abbildung 3.2 Auswahl der Projektvorlage *Sequential Workflow Library* und Festlegung weiterer Projektparameter

2. Klicken Sie im Feld *Vorlagen* auf *Sequential Workflow Library*.

3. Geben Sie im Feld *Name* den Text *LongRunningWorkflow* ein.

4. Tragen Sie im Feld *Speicherort* das Verzeichnis **\Workflow\Chapter3** ein.

> Hinweis   Beachten Sie, dass die Angabe *\Workflow* für den Verzeichnispfad steht, in dem Sie die Beispielanwendungen dieses Buchs ablegen. Ersetzen Sie diese Angabe entsprechend durch den vollständigen Verzeichnispfad.

5. Klicken Sie auf *OK*, um das Projekt *LongRunningWorkflowHost* Ihrer *Workflow-Host*-Projektmappe hinzuzufügen.

Im Anschluss daran fügt Visual Studio das neue Klassenbibliotheksprojekt in Ihre Projektmappe ein und öffnet den Workflow-Ansicht-Designer, der nun für die Erstellung von Workflow-Tasks bereitsteht. An dieser Stelle kurz ein Gesamteindruck der umzusetzenden Arbeiten: Sie fügen Ihrem neuen Workflow-Task drei Aktivitäten hinzu – zwei *Code*-Aktivitäten und eine *Delay*-Aktivität. Die *Delay*-Aktivität wird dabei zwischen die beiden *Code*-Aktivitäten eingebettet. Dies erlaubt es Ihnen, jeweils ein Meldungsfenster vor und nach der Verzögerung anzuzeigen. Zunächst wird mit einer festen Verzögerungszeit gearbeitet, später aber wird der Workflow-Task so geändert, dass er bei dem Start einen angegebenen Verzögerungswert übernimmt.

Den lang laufenden sequenziellen Workflow erzeugen

1. Bewegen Sie den Mauszeiger bei angezeigtem Ansicht-Designer auf die Visual Studio-Toolbox und öffnen Sie, falls noch nicht geschehen, den Knoten *Windows Workflow*. Falls der Workflow-Designer nicht sichtbar ist, wählen Sie die Datei *Workflow1.cs* aus dem Projekt *LongRunningWorkflow* im Projektmappen-Explorer aus (Abbildung 3.3) und klicken Sie auf das Symbol (*Ansicht-Designer*) in der Symbolleiste des Projektmappen-Explorers.

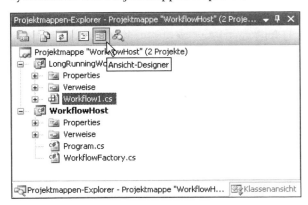

Abbildung 3.3 Auswahl der Workflow-Datei und Einblenden des Ansicht-Designers

2. Wählen Sie die Aktivität *Code* in der *Toolbox* aus (Abbildung 3.4) und ziehen Sie diese in den Workflow-Designer.

Abbildung 3.4 Auswahl der *Code*-Aktivität aus der Toolbox

Sobald der Mauszeiger den zunächst mit *Drop Activities to create a Sequential Workflow* bezeichneten Bereich erreicht, verändert sich die Darstellung des Ansicht-Designers etwas, um zu signalisieren, dass Sie hier die *Code*-Aktivitätskomponente auf der Designeroberfläche ablegen können (Abbildung 3.5).

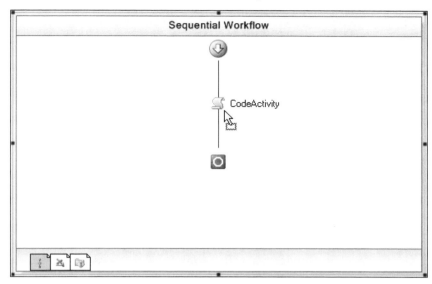

Abbildung 3.5 *Code*-Aktivitätskomponente ablegen

3. Lassen Sie die Maustaste los, um die *Code*-Aktivitätskomponente in den sequenziellen Workflow einzufügen (Abbildung 3.6).

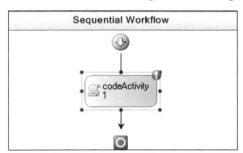

Abbildung 3.6 Die *Code*-Aktivitätskomponente befindet sich jetzt im sequenziellen Workflow

4. Analog zum ersten Kapitel fügen Sie im Folgenden dem Workflow-Task mithilfe der *Code*-Aktivität etwas Code hinzu. Sollten die Eigenschaften der *Code*-Aktivität derzeit nicht im Eigenschaftenfenster angezeigt werden, klicken Sie die gerade dem Workflow hinzugefügte *Code*-Aktivität an, um sie zu markieren. Damit werden die Eigenschaften der Aktivitäten sichtbar.

5. Klicken Sie die Eigenschaft *ExecuteCode* an, um das Kombinationsfeld der Eigenschaft zu aktivieren (Abbildung 3.7). Diese erlaubt es Ihnen, das Ereignis zu benennen, das ausgelöst wird, wenn die *Code*-Aktivität ausgeführt werden soll.

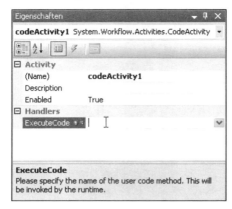

Abbildung 3.7 Die Eigenschaft *ExecuteCode* wird aktiviert

6. Geben Sie **PreDelayMessage** ein (Abbildung 3.8), wodurch das Ereignis dem Workflow-Code hinzugefügt wird. Der Code wird später geändert, um ein Meldungsfenster anzuzeigen. Zunächst jedoch soll die Arbeit mit dem Workflow-Ansicht-Designer fortgesetzt werden, da zwei weitere Aktivitäten benötigt werden.

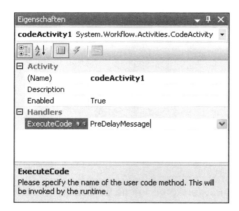

Abbildung 3.8 Benennung des Ereignisses

7. Wählen Sie die *Delay*-Aktivitätskomponente aus der Toolbox aus und ziehen Sie diese in den Workflow-Ansicht-Designer. Legen Sie diese unterhalb der eben platzieren *Code*-Aktivität ab.

> **Hinweis** Ein sequenzieller Workflow, also ein Workflow, wie er hier eingesetzt wird, führt die Aktivitäten nacheinander in der angegebenen Reihenfolge aus. Die Reihenfolge wird durch die Position im Workflow-Ansicht-Designer bestimmt. Die Aktivität im Designer-Fenster ganz oben wird dementsprechend zuerst ausgeführt, dann folgen von oben nach unten die anderen Aktivitäten. Dieser Prozess wird noch einmal im nächsten Kapitel genauer angeschaut.

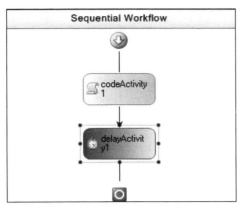

Abbildung 3.9 Legen Sie die *Delay*-Aktivitätskomponente hier ab

8. Für die zu verwendende *Delay*-Aktivität wird ein Verzögerungswert benötigt. Dazu ändern Sie die Eigenschaft *TimeoutDuration* der Aktivität im Eigenschaftenfenster. Wenn die Eigenschaften der *Delay*-Aktivität nicht angezeigt werden, klicken Sie analog zur *Code*-Aktivität die eben hinzugefügte *Delay*-Aktivität an, um diese zu markieren. Ändern Sie die letzten beiden Nullen der *TimeoutDuration*-Eigenschaft (»00«) in »10« (Abbildung 3.10). Damit erreichen Sie, dass die *Delay*-Aktivität zehn Sekunden wartet, bevor die Workflow-Verarbeitung fortgesetzt werden kann.

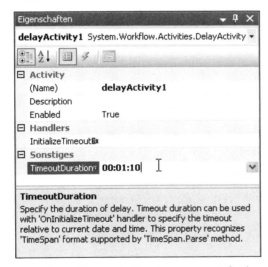

Abbildung 3.10 Die Verzögerungszeit festlegen

> **Hinweis** Beachten Sie im Eigenschaftenfenster der *Delay*-Aktivität den Namen der Aktivität *delayActivity1*. Sie können diesen auf Wunsch ändern, aber erst einmal soll es bei diesem Namen bleiben. Später, wenn der Verzögerungswert dynamisch verändert wird, ist es notwendig, sich an diesen Namen zu erinnern. Hier soll lediglich der Verzögerungswert gesetzt werden.

9. Um kurz zurückzublicken: Sie verfügen inzwischen über zwei Aktivitäten. Die erste, eine *Code*-Aktivität, wird zu Beginn des Workflows ausgeführt und soll vor der Verzögerung ein Meldungsfenster anzeigen. Die zweite Aktivität ist eine *Delay*-Aktivität, die zehn Sekunden wartet, bevor die Workflow-Verarbeitung fortgesetzt wird. Sie benötigen jetzt eine weitere *Code*-Aktivität, um das zweite Meldungsfenster anzuzeigen. Um diese hinzuzufügen, wiederholen Sie die Schritte 2 bis 6, wobei Sie die neue *Code*-Aktivität unterhalb der bestehenden *Delay*-Aktivität ablegen. Bei der Benennung des Ereignisses im Kombinationsfeld der Eigenschaft *ExecuteCode* (Schritt 6), geben Sie **PostDelayMessage** als Namen für das Ereignis ein. Der endgültige Workflow sollte im Workflow-Ansicht-Designer wie in Abbildung 3.11 dargestellt aussehen.

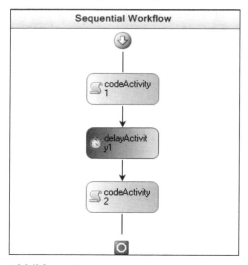

Abbildung 3.11 Der sequenzielle Workflow enthält jetzt im Ansicht-Designer alle benötigten Elemente

Bevor die Anwendung gestartet werden kann, müssen noch einige Arbeitsschritte durchgeführt werden. Schließlich kann dann die Workflow-Assembly mit der Hauptanwendung verbunden werden, sodass sie sich starten lässt. Zunächst einmal muss jedoch der Code hinzugefügt werden, der die beiden Meldungsfenster anzeigt. Zu diesem Zweck haben Sie zwei Ereignisse in Ihrem Workflow-Code vorbereitet: *PreDelayMessage* und *PostDelayMessage*. Sie werden im Folgenden die dazugehörigen Ereignishandler hinzufügen, über welche die Meldungsfenster aufgerufen werden.

Den beiden Ereignishandlern Code hinzufügen

1. Wählen Sie im Projektmappen-Explorer die zum Projekt *LongRunningWorkflow* gehörige C#-Quellcodedatei *Workflow1.cs* mit einem Klick aus. Daraufhin klicken Sie auf das Symbol (*Code anzeigen*) in der Symbolleiste, um die Datei zur Bearbeitung zu öffnen.

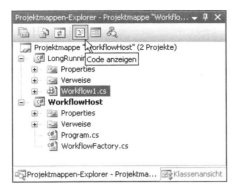

Abbildung 3.12 Die C#-Quellcodedatei *Workflow1.cs* zur Bearbeitung öffnen

2. Damit *IntelliSense* Ihnen beim Hinzufügen der Meldungsfenster behilflich ist, muss ein Verweis auf die Assembly *System.Windows.Forms* sowie eine *using*-Deklaration hinzugefügt werden. Gehen Sie dabei so vor wie im vorangegangenen Kapitel. Fügen Sie also dem Projekt *LongRunningWorkflow* den Verweis auf die genannte Assembly hinzu und ergänzen Sie die Datei *Workflow1.cs* um die folgende *using*-Deklaration:

```
using System.Windows.Forms;
```

3. Anschließend fügen Sie etwas Code hinzu. Steuern Sie zunächst den Konstruktor *Workflow1* an:

```
public Workflow1()
{
    InitializeComponent();
}
```

4. Darunter finden Sie die vorhin eingefügte Methode *PreDelayMessage*, in der Sie den folgenden Code eingeben:

```
MessageBox.Show("Pre-delay code is being executed.");
```

5. Analog zum vorangehenden Ereignishandler tippen Sie den folgenden Code in die vorhin hinzugefügte Methode *PostDelayMessage* ein:

```
MessageBox.Show("Post-delay code is being executed.");
```

6. Nachdem Sie die Projektmappe kompiliert haben, wozu der Menübefehl *Erstellen/Projektmappe erstellen* dient, läuft die Kompilierung ohne Fehler ab. Jedoch bleibt die Anwendung *WorkflowHost* weiterhin wie im letzten Kapitel hängen. Der Grund hierfür liegt darin, dass Sie zwar eine passende Workflow-Assembly erzeugt haben, die Hauptanwendung aber nicht angewiesen haben, den Workflow auszuführen. Das *WorkflowCompleted*-Ereignis wird daher nie ausgelöst, sodass das automatische Reset-Ereignis den Hauptanwendungs-Thread niemals freigeben kann. Um Ihren Workflow-Task auszuführen, müssen Sie auf die neu erstellte Workflow-Assembly verweisen, sowie den Code hinzufügen, den das *WorkflowRuntime*-Objekt benötigt, um den Workflow-Prozess anzustoßen. Darum geht es im Folgenden.

Eine benutzerdefinierte Workflow-Assembly hosten und die Workflow-Instanz ohne Parameter starten

1. Als Erstes fügen Sie einen Verweis auf die Assembly *LongRunningWorkflow* hinzu, die Ihren simulierten lang laufenden Workflow-Task unterstützt. Beginnen Sie mit dem Hinzufügen des Verweises. Dabei gehen Sie wie gewohnt vor, wählen aber die Assembly nicht auf der Registerkarte *.NET* aus, sondern auf der Registerkarte *Projekte*. Das Hinzufügen einer *using*-Direktive für diese Assembly ist dagegen nicht notwendig.

> **Tipp** Wenn Sie es bevorzugen, können Sie den projektspezifischen Verweis auf *LongRunningWorkflow* alternativ auf folgende Art und Weise hinzufügen: Wechseln Sie im Dialogfeld *Verweis hinzufügen* auf die Registerkarte *Durchsuchen*, navigieren Sie über die Dateiauswahlelemente zum Verzeichnis *\Workflow\Chapter3\LongRunningWorkflow\bin\Debug* und wählen Sie dort die Datei *LongRunningWorkflow.dll* aus. Bestätigen Sie anschließend mit *OK*.

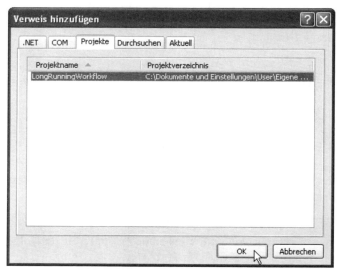

Abbildung 3.13 Sie fügen dem *WorkflowHost* den Verweis auf den lang laufenden Workflow-Task hinzu

2. Wenn Sie in den nächsten Schritten den Code einbauen und im Anschluss daran die Anwendung *WorkflowHost* kompilieren, würde es zu Fehlern kommen. Der Grund liegt darin, dass Sie im vorigen Kapitel nur die Verweise in die Anwendung *WorkflowHost* eingefügt haben, die für den damaligen Ausbaustand notwendig waren. Konkret handelte es sich dabei um einen Verweis auf *System.Workflow.Runtime*. Jedoch haben Sie jetzt eine vollständige Workflow-Assembly hinzugefügt, die gleich genutzt werden soll. Entsprechend werden einige zusätzliche Verweise auf Workflow-spezifische Assemblys benötigt. Gehen Sie dabei wie gewohnt vor. Öffnen Sie also das Dialogfeld *Verweis hinzufügen*, wechseln Sie auf die Registerkarte *.NET* und scrollen Sie zur Assembly *System.Workflow.Activities*. Wählen Sie diese mit einem Klick aus. Halten Sie dann die **Strg**-Taste gedrückt und klicken Sie auf die Assembly

System.Workflow.ComponentModel. Auf diese Weise sind beide Assemblys gleichzeitig markiert. Bestätigen Sie abschließend mit *OK*, um die Verweise einzufügen. Das Hinzufügen einer *using*-Direktive für diese Assemblys ist dagegen nicht notwendig.

3. Beginnen Sie nun mit dem Einbau des Programmcodes. Klicken Sie im Projektmappen-Explorer auf die zum Projekt *WorkflowHost* gehörige Datei *Program.cs* und dann auf das Symbol ▣ (*Code anzeigen*) in der Symbolleiste.

4. Steuern Sie den folgenden Code in der *Main*-Methode an:

```
Console.WriteLine("Waiting for workflow completion.");
```

5. Unterhalb dieser Codezeile fügen Sie den folgenden Code hinzu:

```
WorkflowInstance instance =
    workflowRuntime.CreateWorkflow(typeof(LongRunningWorkflow.Workflow1));
instance.Start();
```

6. Kompilieren Sie die *WorkflowHost*-Anwendung und führen Sie diese aus.

> **Tipp** Wenn Sie die *WorkflowHost*-Anwendung in Visual Studio mit der Taste **F5** ausführen, wird das Konsolenfenster nach Beendigung der Ausführung so schnell geschlossen, dass man unter Umständen nicht alle Meldungen lesen kann. Abhilfe schafft das Setzen eines Haltepunktes, sodass die Anwendung angehalten wird und in den Debugger springt (sodass Sie weiterhin auf das Konsolenfenster Zugriff haben). Eine andere Möglichkeit ist die Ausführung der kompilierten Anwendung aus der Konsole heraus. In beiden Fällen sollten Sie die Bildschirmausgabe jetzt vollständig sehen.

Daraufhin müssen Sie beide Meldungsfenster schließen, um jeweils fortfahren zu können. Inzwischen wurden vom *WorkflowHost* verschiedene Meldungen im Konsolenfenster ausgegeben, die Sie sich noch einmal anschauen können:

```
Waiting for workflow completion.
Workflow instance idled.
Workflow instance completed.
Done.
```

Die entscheidende Stelle ist in diesen wenigen Codezeilen zu finden:

```
WorkflowInstance instance =
    workflowRuntime.CreateWorkflow(typeof(LongRunningWorkflow.Workflow1));
instance.Start();
```

Hier wird das *WorkflowRuntime*-Objekt eingesetzt, um eine Workflow-Instanz zu erzeugen. Dabei wird der *CreateWorkflow*-Methode die gewünschte auszuführende Workflow-Definition (über ihren Typ) übergeben. Sobald Sie das *WorkflowInstance*-Objekt als Rückgabe erhalten, rufen Sie dessen *Start*-Methode auf, um den Workflow-Prozess auszulösen. Beachten Sie, dass die Workflow-Instanz keine Eingabe vor der Ausführung von Ihnen erfordert. Wäre es nicht angenehm, eine Möglichkeit zu schaffen, einen variablen Verzögerungswert zu übergeben? Genau darum geht es im nächsten Abschnitt.

Eine Workflow-Instanz mit Parametern starten

Workflow-Instanzen, die Eingabeparameter beim Start verarbeiten können, erwarten diese als *public*-Eigenschaften. Das bedeutet, um einen variablen Verzögerungswert zu übergeben, müssen Sie lediglich eine *Delay*-Eigenschaft vom Zugriffstyp *public* in Ihrer Workflow-Instanz anlegen und dann den Verzögerungswert zur Verfügung stellen, wenn Sie die Instanz erzeugen. Wenn Sie mit der XML-Serialisierung und dem *Xml-Serializer* in .NET vertraut sind, dann dürfte Ihnen die Anwendung nicht weiter schwerfallen, denn der Vorgang beim Erstellen einer Workflow-Instanz ähnelt stark dem einer Deserialisierung eines XML-Streams in ein »lebendes« .NET-Objekt.

Die Argumente, die eine Workflow-Instanz erwartet, werden als Werte in einem *Dictionary*-Objekt übergeben, das einen String als Schlüssel und einen einfachen Objekttyp als Wert verwendet. Typischerweise wird ein Code wie dieser eingesetzt:

```
Dictionary<string, object> parms = new Dictionary<string, object>();
```

Um anschließend die Parameter einzufügen, verwenden Sie die *Add*-Methode des *Dictionary*-Objekts. Der Schlüssel muss dabei eine Stringrepräsentation des Namens einer *public*-Eigenschaft sein, den die Hauptaktivität des Workflows aufweist. Des Weiteren muss der Wert mit dem Typ der Aktivitätseigenschaft kompatibel sein. Übergeben Sie z.B. einen Verzögerungswert als *Integer* und die Workflow-Instanz bietet eine *Delay*-Eigenschaft an, könnte der Code zum Hinzuzufügen in das Dictionary folgendermaßen aussehen:

```
parms.Add("Delay", 10); // Verzögerung von 10 Sekunden
```

Abermals ist es Zeit, etwas Code zu schreiben. Die durchzuführenden Änderungen sind relativ gering, aber sie schaffen einiges an zusätzlicher Funktionalität. Sie könnten sich etwas optisch sehr Ansprechendes einfallen lassen, indem Sie der Hostanwendung ein benutzerdefiniertes Formular hinzufügen, um den Verzögerungswert abzufragen. Um die Anwendung aber einfach zu halten, soll stattdessen ein Integerwert über die Befehlszeile verarbeitet werden. Damit die Anwendung nicht durch einen zu hohen Wert erst in ferner Zukunft beendet wird, begrenzen Sie den Wert auf den Bereich von 0 bis 120, das heißt, dass die Spanne von »keine Verzögerung« bis zu zwei Minuten reicht. Ebenso muss der Workflow selbst geändert und eine *Delay*-Eigenschaft hinzugefügt werden, wobei Letztere als Verzögerungswert fungieren soll, bevor die Verarbeitung fortgesetzt wird. Zunächst aber soll ein Blick auf die Änderungen an der Workflow-Komponente geworfen werden.

Eine Eingabe-Eigenschaft dem Workflow hinzufügen

1. Wählen Sie im Projektmappen-Explorer die zum Projekt *LongRunningWorkflow* gehörige C#-Quellcodedatei *Workflow1.cs* mit einem Klick aus. Daraufhin klicken Sie auf das Symbol 🗐 (*Code anzeigen*) in der Symbolleiste, um die Datei zur Bearbeitung zu öffnen.

2. Fügen Sie unterhalb des *Workflow1*-Konstruktors folgenden Code hinzu:

    ```
    private Int32 _delay = 10;

    public Int32 Delay
    ```

```
{
    get { return _delay; }
    set
    {
        if (value < 0 || value > 120)
        {
            value = 10;
        }

        if (ExecutionStatus == ActivityExecutionStatus.Initialized)
        {
            _delay = value;
            delayActivity1.TimeoutDuration = new TimeSpan(0, 0, _delay);
        }
    }
}
}
```

Mehr ist für den Workflow-Teil nicht notwendig. Sie überprüfen den eintreffenden Integerwert und befindet sich dieser außerhalb des erlaubten Bereiches, wird ein Standardwert angenommen. Als Nächstes kontrollieren Sie, ob der Workflow startbereit ist (ohne diesen aber zu starten). Auf diese Weise wird verhindert, dass jemand den Verzögerungswert ändern kann, sobald der Workflow-Task tatsächlich läuft. Dann wird natürlich noch die *TimeoutDuration*-Eigenschaft der *Delay*-Aktivität namens *delayActivity1* gesetzt.

Die *Main*-Methode muss leicht verändert werden, um auch die Eingabeparameter zu berücksichtigen. Dabei wird das erste Befehlszeilenargument als Verzögerungswert verwendet. Sollte es sich dabei nicht um einen Integerwert handeln, beenden Sie das Programm. Andernfalls wird der Wert zunächst akzeptiert, also die Ausführung auf jeden Fall fortgesetzt. Ist der Wert allerdings außerhalb des zulässigen Bereichs (0 bis 120), wird dies später von der Workflow-Aktivität festgestellt und korrigiert.

In diesem Sinne zeigt die nächste schrittweise Anleitung, was Sie in der *Main*-Methode ändern müssen.

Die Workflow-Instanz mit einem Parameter starten

1. Wählen Sie im Projektmappen-Explorer die zum Projekt *WorkflowHost* gehörige C#-Quellcodedatei *Program.cs* mit einem Klick aus. Daraufhin klicken Sie auf das Symbol 📄 (*Code anzeigen*) in der Symbolleiste, um die Datei zur Bearbeitung zu öffnen.

2. Steuern Sie den Code an, den Sie in der *Main*-Methode hinzugefügt haben, um die drei Ereignishandler einzubinden (für die Zustände Leerlauf, Vollständig und Beendet):

```
workflowRuntime.WorkflowIdled +=
    new EventHandler<WorkflowEventArgs>(workflowIdled);
workflowRuntime.WorkflowCompleted +=
    new EventHandler<WorkflowCompletedEventArgs>(workflowCompleted);
workflowRuntime.WorkflowTerminated +=
    new EventHandler<WorkflowTerminatedEventArgs>(workflowTerminated);
```

3. Fügen Sie unterhalb dieser Zeilen etwas Programmlogik hinzu, um das eingegangene Kommandozeilenargument zu überprüfen. Wurde kein Wert übergeben,

wird ein Standardwert angenommen. Ferner wird das *Dictionary*-Objekt erzeugt, das benötigt wird, um den Verzögerungswert zu übergeben:

```
Int32 delay = 0;
string val = args.Length > 0 ? args[0] : "10";
if (!Int32.TryParse(val, out delay))
{
    // Kein Integerwert
    Console.WriteLine("You must pass in an integer value!");
    return;
}

Dictionary<string, object> parms = new Dictionary<string, object>();
parms.Add("Delay", delay);
Console.WriteLine("Waiting for workflow completion ({0} seconds...).",val);
```

4. Die ursprünglich folgende Protokollierungszeile entfernen Sie:

```
Console.WriteLine("Waiting for workflow completion.");
```

5. Anschließend begeben Sie sich zu dieser Codezeile, die Sie ein wenig weiter unten finden:

```
WorkflowInstance instance =
    workflowRuntime.CreateWorkflow(typeof(LongRunningWorkflow.Workflow1));
```

6. Ändern Sie diese Zeile, sodass diese der folgenden entspricht:

```
WorkflowInstance instance =
    workflowRuntime.CreateWorkflow(typeof(LongRunningWorkflow.Workflow1),
    parms);
```

Mit diesem letzten Schritt ist der Code fertig gestellt. Kompilieren Sie die Anwendung mithilfe des Menübefehls *Erstellen/Projektmappe erstellen* und starten Sie die Anwendung mit der Taste **F5**. Das Programm sollte funktionieren, obwohl es auf diese Weise nicht über die Kommandozeile und ein entsprechendes Argument aufgerufen wird. Denn Sie haben Code hinzugefügt, der diesen Fall abdeckt. Falls Sie die Anwendung wie in Kapitel 1 (Abschnitt »Workflow-Anwendung ausführen«) beschrieben, von der Kommandozeile aufrufen und dabei verschiedene Verzögerungswerte übergeben, stellen Sie fest, dass sich die Verzögerung im zeitlichen Abstand widerspiegelt, in dem die beiden Meldungsfenster erscheinen.

Den Status der Workflow-Instanz feststellen

Wenn Sie sich die Methoden und Eigenschaften sowohl des Workflow-Laufzeit-Objekts als auch des Workflow-Instanz-Objekts anschauen, finden Sie interessanterweise keine Statuseigenschaft. Es stellt sich dann aber die Frage, wie sich herausfinden lässt, ob ein Workflow existiert. Für den Fall, dass ein Workflow vorhanden ist, in welchem Zustand befindet sich dieser Workflow? Ist er im Leerlauf? Wird er ausgeführt?

Auch wenn jetzt ein wenig vorweggenommen wird, was in späteren Kapiteln beschrieben wird, ist hier die geeignetste Stelle, die Ermittlung des Workflow-Status zu erörtern. Konkret erhalten Sie den Workflow-Ausführungsstatus von der Workflow-Definition der angegebenen Workflow-Instanz. Die Basisklasse *Activity* verfügt über die Eigenschaft

ExecutionStatus, die ein Member der *ActivityExecutionStatus*-Enumeration darstellt. Tabelle 3.3 zeigt deren Werte und die dazugehörige Bedeutung.

Tabelle 3.3 *ActivityExecutionStatus*-Werte

Eigenschaft	Zweck
Canceling	Das *Activity*-Objekt befindet sich im Abbruchprozess.
Closed	Das *Activity*-Objekt ist geschlossen.
Compensating	Eine Transaktion ist gescheitert, wodurch die Kompensationsaktion initiiert wird. (Sie erfahren mehr darüber in Kapitel 15.)
Executing	Das *Activity*-Objekt läuft derzeit.
Faulting	Das *Activity*-Objekt hat eine Ausnahme verursacht.
Initialized	Das *Activity*-Objekt wurde initialisiert, läuft aber noch nicht.

Die aufgelisteten Werte in Tabelle 3.3 beziehen sich zwar alle auf ein Aktivitätsobjekt. Es ist aber zu beachten, dass die Workflow-Definition selbst eine Aktivität darstellt. Wenn Sie den Status einer Workflow-Definition abfragen, ermitteln Sie daher tatsächlich den Status der gesamten Instanz. Der folgende Prozess zeigt, wie Sie den Code hinzufügen, der zur Abfrage der Workflow-Definition notwendig ist.

Den Ausführungsstatus der Workflow-Instanz feststellen

1. Öffnen Sie die Datei *Program.cs* aus dem Projekt *WorkflowHost* im Projektmappen-Explorer zur Bearbeitung.

2. Steuern Sie den Code an, den Sie in der *Main*-Methode hinzugefügt haben, um die Workflow-Instanz zu starten:

   ```
   instance.Start();
   ```

3. Um den Status der Workflow-Instanz sichtbar zu machen, geben Sie das Ergebnis der Abfrage des Workflow-Definitionsstatus direkt auf die Konsole aus. Fügen Sie den folgenden Code unterhalb der gerade genannten Zeile hinzu:

   ```
   Console.WriteLine("The workflow is: {0}",
       instance.GetWorkflowDefinition().ExecutionStatus.ToString());
   ```

> **Tipp** Sie können mit dieser Statusinformation mehr realisieren, als diese lediglich im Konsolenfenster auszugeben. Wenn Sie eine bestimmte Aktion ausführen möchten, die vom Status der Workflow-Instanz abhängig ist, fügen Sie einfach eine bedingte Verzweigung (wie *if...else*) ein. Je nachdem, was Ihre Anwendung benötigt, gelangen dann unterschiedliche Aktionen zur Ausführung.

Eine Workflow-Instanz beenden

Sollte der Bedarf bestehen, können Sie auf leichte Weise eine Workflow-Instanz beenden, indem Sie die *Terminate*-Methode des *WorkflowInstance*-Objekts aufrufen. Der String, den Sie an *Terminate* übergeben, wird in Form einer Ausnahme weiterverabeitet. Wenn Sie den *WorkflowTerminated*-Handler in Ihre Anwendung integrieren, können Sie den Grund für die Beendigung der *Message*-Eigenschaft der Ausnahme entnehmen. Sie finden dabei die Ausnahme in den *WorkflowTerminatedEventArgs*, die an Ihren *WorkflowTerminated*-Ereignishandler übergeben werden. Dieser Code befindet sich bereits in *WorkflowHost*, so probieren Sie es einfach aus. Sie müssen eine einzige Codezeile hinzufügen, um die Instanz zu beenden.

Eine Workflow-Instanz beenden

1. Öffnen Sie die Datei *Program.cs* aus dem Projekt *WorkflowHost* zur Bearbeitung, falls notwendig.
2. Steuern Sie den Code an, den Sie eben der *Main*-Methode hinzugefügt haben, um den Ausführungsstatus der Workflow-Instanz anzuzeigen:

   ```
   Console.WriteLine("The workflow is: {0}",
       instance.GetWorkflowDefinition().ExecutionStatus.ToString());
   ```

3. Fügen Sie unmittelbar unterhalb dieser Codezeile folgende Zeile hinzu:

   ```
   instance.Terminate("User cancellation");
   ```

Wenn Sie nun die *WorkflowHost*-Anwendung kompilieren und ausführen, wobei Sie einen Verzögerungswert von 25 Sekunden verwenden, werden keine Meldungsfenster angezeigt, und im Konsolenfenster ist folgende Ausgabe zu sehen:

```
Waiting for workflow completion (25 seconds...).
The workflow is: Initialized
Workflow instance terminated, reason: 'User cancellation'.
Done.
```

Dehydration und Rehydration

Bevor Sie das Thema Workflow-Instanzen verlassen, soll kurz das Konzept der so genannten *Dehydration* und *Rehydration* einer Instanz gestreift werden. Wenn Sie lang laufende Workflow-Tasks einsetzen oder über eine große Anzahl ausführender Tasks verfügen, können Sie Tasks aus dem Arbeitsspeicher entfernen und den notwendigen Ausführungskontext in einer SQL Server-Datenbank speichern. Die WF stellt hierfür einen Dienst zur Verfügung. Das Ziel liegt darin, Workflow-Tasks aus dem Arbeitsspeicher zu entfernen und sie vorübergehend zu speichern, um sie zu einem geeigneten Zeitpunkt wieder in den Arbeitsspeicher zu laden.

Eine detaillierte Erklärung folgt in Kapitel 6, aber dieser Aspekt wird zum einen bereits hier erwähnt, da dieser Prozess auf die Workflow-Instanz abzielt. Zum anderen könnten Sie vielleicht auf diese Begriffe stoßen, und es soll vermieden werden, dass Sie zu weit hinten im Buch nachschauen müssen, ohne dass zuvor die grundlegenden Dinge vermittelt wurden.

Wenn Sie eine Instanz dehydrieren (ihr gewissermaßen »das Wasser entziehen«, so die allgemeine Bedeutung des Begriffs), entziehen Sie dieser den Ausführungsstatus und speichern diese für einen späteren Wiederaufruf. Typischerweise wird hierfür der Persistenzdienst aus der WF eingesetzt, aber Sie können auch Ihren eigenen Dienst schreiben, der die gleiche Aufgabe durchführt. Später, wenn Ihre Anwendung den Auslöser für den Neustart der Workflow-Instanz bekommt, »rehydrieren« Sie die Instanz und geben ihr damit den Ausführungsstatus zurück. Für die Dehydration und Rehydration gibt es viele Gründe, all diese werden etwas später in diesem Buch noch genauer betrachtet.

Schnellübersicht

Aufgabe	Aktion
Eine Workflow-Instanz ohne Parameter starten	Verwenden Sie die *CreateWorkflow*-Methode des *WorkflowRuntime*-Objekts und übergeben Sie den Datentyp der Workflow-Definition.
Eine Workflow-Instanz mit Parametern starten	Verwenden Sie die *CreateWorkflow*-Methode des *WorkflowRuntime*-Objekts und übergeben Sie den Datentyp der Workflow-Definition zusammen mit einem generischen *Dictionary*-Objekt, das die Parameter enthält. Der Schlüssel für jeden Wert sollte ein String sein, welcher der *public*-Eigenschaft der Workflow-Definition entspricht. Der Wert sollte einfach ein Objekt sein.
Den Workflow-Status ermitteln	Fragen Sie die Workflow-Definition der ausführenden Workflow-Instanz ab und werten Sie dann die *ExecutionStatus*-Eigenschaft der Aktivität aus.
Eine Instanz beenden	Rufen Sie die *Terminate*-Methode des *WorkflowInstance*-Objekts auf.

Kapitel 4

Einführung in Aktivitäten und Workflow-Typen

In diesem Kapitel:

Einführung in das *Activity*-Objekt, die grundlegende Arbeitseinheit	72
Workflow-Typen	76
Die *Sequence*-Aktivität	79
Eine sequenzielle Workflow-Anwendung erstellen	80
Die *State*-Aktivität.	81
Eine zustandsbasierte Workflow-Anwendung erstellen.	84
Schnellübersicht	86

In diesem Kapitel lernen Sie

- wie Aktivitäten Workflows bilden.
- die Unterschiede zwischen einem sequenziellen Workflow und einem Zustandsautomaten kennen.
- die Erstellung eines sequenziellen Workflow-Projekts.
- die Erstellung eines Zustandsautomat-Projekts.

Aktivitäten sind die Bausteine der Workflow-Verarbeitung innerhalb der Windows Workflow Foundation (WF). Teilen Sie einen Prozess (oder Workflow-Task) in die Bestandteile auf, stellen Sie typischerweise fest, dass sich dieser aus noch kleineren, granulareren Elementen zusammensetzt. Wenn ein übergeordneter Prozess dazu bestimmt ist, Informationen durch irgendein Datenverarbeitungssystem zu leiten, könnten die untergeordneten Prozesse beispielsweise folgende Arbeiten einschließen: das Lesen von Daten aus einer Datenbank, das Erzeugen einer Datei aus diesen Daten, die Übertragung der Datei zu einem Remote-Server via FTP oder einen XML-Webdienst und die Kennzeichnung der Daten als »verarbeitet« (durch das Schreiben in eine Datenbank und einen Eintrag in die Buchungskontrolle (*audit trail*)). Diese untergeordneten Prozesse konzentrieren sich üblicherweise auf eine *spezifische* Aufgabe. Anders ausgedrückt sind es *Aktivitäten*.

Beim Erstellen von Workflows vereinen Sie die individuellen Aktivitäten und bewegen sich von einer Aktivität zur nächsten. Bestimmte Aktivitäten fungieren als Container für andere Aktivitäten. Einige Aktivitäten führen eine einzelne Aufgabe durch, wie es gerade exemplarisch erwähnt wurde. Eine ganz besondere containerspezifische Aktivität dient dazu, alle anderen Aktivitäten zu umschließen. Dabei handelt es sich um die Hauptaktivität (*root activity*), wie bereits im letzten Kapitel erwähnt. Die Hauptaktivität ist entweder eine sequenzielle Aktivität oder ein Zustandsautomat. Diese Arten von Aktivitäten werden in diesem Kapitel näher betrachtet.

Auf welche Art und Weise die Aktivitäten entscheiden, was in dem Prozess, den diese abbilden, im nächsten Schritt auszuführen ist, stellt ein Schwerpunkt dieses Kapitels dar. Möglicherweise werden die Aktivitäten in der Reihenfolge ausgeführt, die Sie bei der Erstellung der Hauptaktivität vorgegeben haben. Es ist aber auch genauso gut möglich, dass Sie einen Workflow benötigen, der spezifische Aktivitäten nur dann ausführt, wenn bestimmte Ereignisse eingetreten sind. Damit Sie ein recht gutes Verständnis dafür bekommen, was Aktivitäten im Allgemeinen angeht, werfen Sie zunächst einen Blick auf das WF-Objekt *Activity* selbst und erfahren dann, wie Aktivitäten miteinander verbunden werden.

Einführung in das *Activity*-Objekt, die grundlegende Arbeitseinheit

Von der Theorie nun zur konkreten Implementation: Die WF stellt Ihnen das *Activity*-Objekt zur Verfügung. Dieses implementiert eine sehr einfach aussehende Basisklasse, die zwar wenig aufgabenspezifische Tätigkeiten verrichtet, aber eine Interaktion mit dem Workflow erlaubt (die nicht einfach ist). Jedoch verfügen die Aktivitätsobjekte, die sich von der *Activity*-Klasse ableiten, über eine gewaltige Funktionalität – und das sind genau die Aktivitäten, die mit der WF ausgeliefert werden. Sie können natürlich auch Ihre eigenen Aktivitäten erstellen – ein Thema, das in Kapitel 13 »Benutzerdefinierte Aktivitäten erstellen« an der Reihe ist. Genau genommen beschäftigt sich der gesamte zweite Teil des Buches mit Aktivitäten. Im Moment soll aber erst einmal das *Activity*-Basisobjekt betrachtet werden: Tabelle 4.1 zeigt einige der *Activity*-Eigenschaften, die von allgemeinem Interesse sind, Tabelle 4.2 listet die Methoden auf, die Ihnen typischerweise begegnen. In Kapitel 13 werden einige weitere Methoden vorgestellt, die bei der Erstellung eigener Aktivitäten nützlich sind.

Tabelle 4.1 Activity-Eigenschaften

Eigenschaft	Zweck
Description	Liefert die benutzerdefinierte Beschreibung der Aktivität oder setzt diese.
Enabled	Liefert einen Wert, der angibt, ob diese Instanz zur Ausführung und Überprüfung freigegeben ist oder setzt diesen Wert.
ExecutionResult	Liefert den Ergebniswert des letzten Versuchs, diese Instanz zu starten, vom Typ der *ActivityExecutionResult*-Enumeration. Folgende Werte sind möglich: *Canceled*, *Compensated*, *Faulted*, *None* und *Succeeded*.
ExecutionStatus	Liefert den Status des Workflows in Gestalt eines Wertes vom Typ der *ActivityExecutionStatus*-Enumeration. Folgende Werte sind möglich: *Canceling*, *Closed*, *Compensating*, *Executing*, *Faulting* und *Initialized*. ▶

Eigenschaft	Zweck
Name	Liefert den Namen dieser Aktivitätsinstanz oder setzt diesen.
Parent	Liefert die Aktivität, welche diese Aktivität umschließt (also die übergeordnete Aktivität).
WorkflowInstanceId	Liefert den Identifizierer der Workflow-Instanz, der mit dieser Aktivität verbunden ist.

Tabelle 4.2 Activity-Methoden

Methode	Zweck
Cancel	Bricht die Ausführung einer Aktivität ab.
Clone	Gibt eine tiefe Kopie (*deep copy*) der Aktivität zurück (»tiefe Kopie« bedeutet, dass die Kopie alle internen Daten der geklonten Aktivität aufweist).
Execute	Startet die Aktivität synchron.
GetActivityByName	Gibt die über den Namen angegebene Aktivität zurück, wenn diese in der zusammengesetzten Aktivität enthalten ist.
Load	Lädt eine Instanz einer Aktivität von einem Stream.
RaiseEvent	Löst ein Ereignis aus, das mit der angegebenen *DependencyProperty* verbunden ist.
RaiseGenericEvent<T>	Löst ein Ereignis aus, das mit der referenzierten *DependencyProperty* verbunden ist. Die Wirkung von *RaiseEvent* und *Raise_GenericEvent* ist die gleiche – es wird ein Ereignis ausgelöst. *RaiseEvent* verwendet die abhängige Eigenschaft direkt, wohingegen *RaiseGenericEvent* die generische (Template-)Version darstellt.
Save	Speichert eine Kopie der Aktivität in einem Stream.

Die Aktivitäts-Methoden sind generell sowohl *virtual* und *protected*. Der Zweck ist es, dass Sie diese überschreiben und dabei spezifische Implementationen erstellen, die den Erfordernissen Ihrer eigenen Aktivitäten genügen. Die bei weitem kritischste Methode ist *Execute*. Diese Methode, sobald sie von der Workflow-Laufzeit aufgerufen wird, stellt *die* Methode dar, in der die entscheidenden Interna Ihrer Aktivität ausgelöst werden.

Aktivitäten können in zwei Gruppen eingeteilt werden: *zusammengesetzte* (*composite*) und *einfache* (*basic*) Aktivitäten. Zusammengesetzte Aktivitäten enthalten andere Aktivitäten. Ein ausgezeichnetes Beispiel dafür ist die sequenzielle Aktivität, die im Buch bislang durchgehend verwendet wurde. In den bisherigen Beispielanwendungen wurden die Workflow-Instanzen in Form sequenzieller Aktivitäten implementiert, die andere Aktivitäten enthielten, etwa *IfElse*, *Delay* und *Code*.

Einfache Aktivitäten, z.B. die eben erwähnten Aktivitäten *Delay* und *Code*, sind die zielgerichteten, aufgabenspezifischen Aktivitäten, die vorhin in diesem Kapitel erwähnt wurden. Letztendlich benötigen Sie diese einfachen Aktivitäten, um bestimmte Arbeitsschritte tatsächlich auszuführen. Zusammengesetzte Aktivitäten können zwar den Fluss von Arbeit und Daten lenken, aber es sind die einfachen Aktivitäten, welche die eigentliche Arbeit verrichten.

Das *ActivityExecutionContext*-Objekt

Viele Methoden des *Activity*-Objekts benötigen ein *ActivityExecutionContext*-Objekt als Eingabe. Dieses Objekt wird erstellt, sobald die Workflow-Laufzeit die Warteschlange für die Ausführung der Workflow-Instanz bildet. Daher gibt es nichts, das Sie selbst direkt erstellen. Die Workflow-Laufzeit erzeugt es für Sie.

Der Zweck des *ActivityExecutionContext*-Objekts liegt darin, die Aktivität mit Methoden und Diensten zu versehen, die an die Workflow-Instanz gebunden sind, etwa für Initialisierung, Zeitgeber und den generellen Ausführungsfluss. Es handelt sich im Wesentlichen um ein Hilfsobjekt. Kapitel 13 beschreibt den Aktivitätskontext etwas detaillierter. Im Moment genügt es jedoch, sich das *ActivityExecutionContext*-Objekt als eine Sammlung von Laufzeiteigenschaften und Hilfsmethoden vorzustellen, welche die Workflow-Laufzeit verwaltet, sodass der gesamte Workflow-Prozess in der Spur bleibt.

> **Hinweis** Wenn Sie mit der ASP.NET-Programmierung vertraut sind – dieses Kontextobjekt dient im Wesentlichen dem gleichen Zweck wie das *System.Web.HttpContext*-Objekt. Programmierer, die in der .NET Framework-Programmierung fit sind, dürften Ähnlichkeiten zwischen dem *ActivityExecutionContext*-Objekt und *System.Threading.Thread.CurrentContext* finden. Das Ziel all dieser Kontextobjekte ist dasselbe – einen Ort zur Verfügung zu stellen, an dem Informationen spezifisch zur derzeit ausgeführten Instanz gespeichert und von diesem einfach wieder aufgerufen werden können. Im Falle des *ActivityExecutionContext*-Objekts handelt es sich um eine Instanz einer ausführenden Aktivität.

Abhängige Eigenschaften

In Tabelle 4.2 sehen Sie außerdem etwas, das als *DependencyProperty* bekannt ist. Wenn Sie sich den Code anschauen, der in den vorangegangenen Kapiteln verwendet wurde, finden Sie über den Workflow-Code verteilt, den Visual Studio für Sie generiert hat, Ereignisse, die auf abhängigen Eigenschaften (*dependency properties*) basieren. Es stellt sich die Frage, um was es sich bei einer *abhängigen Eigenschaft* handelt.

Wenn Sie eine Eigenschaft für eine Klasse anlegen, erstellen Sie normalerweise auch ein Feld innerhalb dieser Klasse, um den Wert der Eigenschaft zu speichern. Solch ein Code sieht üblicherweise etwa so aus:

```
class MyClass
{
    protected Int32 _x = 0;
    ...
    public Int32 X
    {
        get { return _x; }
        set { _x = value; }
    }
}
```

Das Feld *_x* wird etwas formaler auch als Hintergrundspeicher (*backing store*) bezeichnet. Die Klasse in diesem Beispiel stellt einen Hintergrundspeicher für die Eigenschaft *X* zur Verfügung.

Sowohl die WF als auch die Windows Presentation Foundation (WPF) erfordern jedoch recht oft Zugriff auf die Eigenschaften Ihrer Klasse. Die WPF muss die Größe und die Abstände von Steuerelementen innerhalb eines Containers ermitteln, sodass die Elemente optimal dargestellt werden. Die WF benötigt abhängige Eigenschaften, um Aktivitätsbindung (*activity binding*) zu realisieren. Dabei handelt es sich um einen Prozess, der es verschiedenen Aktivitäten erlaubt, auf dieselbe Eigenschaft zu verweisen (und an diese gebunden zu sein). Die WF-Klasse *ActivityBind* ermöglicht Ihnen dieses.

Um die Verkettung und Bindung der Eigenschaften zu realisieren, kann der Hintergrundspeicher für Ihre Klassen-Eigenschaften von Ihrer Klasse zur .NET-Laufzeit selbst verschoben werden. Die Eigenschaftendaten werden weiterhin gespeichert, es verhält sich jetzt aber so, dass .NET diese Speicherung für Sie übernimmt. Sie können sich das in etwa so vorstellen, dass Sie über einen Raum voller Schränke verfügen. Sie bauen dabei weder das Gebäude noch installieren Sie diese Schränke, aber Sie können diese bei Bedarf verwenden. In diesem Fall registrieren Sie Ihre »Schrank-Anfrage« über .NET, und .NET stellt Ihnen gewissermaßen den Schrank zur Verfügung und die Möglichkeit, auf den Inhalt des Schranks zuzugreifen. Diese Schränke sind so gesehen die *abhängigen Eigenschaften*.

Der vorhin gezeigte Code mit der bekannten Realisierung eines Hintergrundspeichers sieht bei Verwendung einer abhängigen Eigenschaft (also unter Verwendung des Typs *DependencyProperty*) für die Eigenschaft *X* folgendermaßen aus:

```
class MyClass
{
    public static DependencyProperty XProperty =
        DependencyProperty.Register("X", typeof(System.Int32),
            typeof(MyClass));
    ...
    public Int32 X
    {
        get { return ((Int32)(base.GetValue(MyClass.XProperty))); }
        set { base.SetValue(MyClass.XProperty, value); }
    }
}
```

Um die Verwendung eines »Schranks« zu registrieren, rufen Sie die statische Methode *Register* des *DependencyProperty*-Objekts auf. Zum Zugriff auf den »Schrank« verwenden Sie die Methoden *GetValue* und *SetValue*, anstelle direkt in das Feld Ihrer Klasse zu schreiben. Diese Methoden greifen auf den darunter liegenden Hintergrundspeicher zu und geben auf diese Weise sowohl Ihnen als auch der .NET-Laufzeit (oder gegebenenfalls der Workflow-Laufzeit) Zugriff auf Ihre Aktivitätseigenschaften. Visual Studio fügt eine Menge solchen Codes ein, wenn Sie die WF verwenden. Im Rahmen der Erstellung Ihrer eigenen benutzerdefinierten Aktivitäten (Kapitel 13) werden Sie ebenso solchen Code schreiben.

Validierung von Aktivitäten

Wenn Sie einmal auf Kapitel 1 zurückschauen, verfügen Aktivitäten häufig über Validierungsfähigkeiten, wie in Abbildung 4.1 gezeigt.

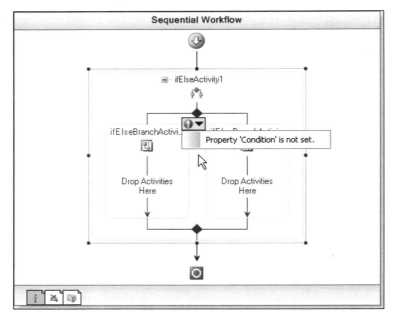

Abbildung 4.1 Beispiel für die Validierungsfähigkeiten von Aktivitäten

In diesem Fall teilt Ihnen die *IfElse*-Aktivität mit, dass Sie keine Bedingung angegeben haben, die bewirkt, dass entweder der eine oder der andere Zweig genommen wird. Andere Aktivitäten implementieren entsprechend anders geartete Validierungsalgorithmen. Unabhängig von der Aktivität, wenn Sie Ihren Code mit Validierungsfehlern kompilieren, wird die Übersetzung fehlschlagen. Sie müssen den fehlerhaften Validierungszustand korrigieren, bevor Sie den Workflow-Code erfolgreich kompilieren und ausführen können.

Workflow-Typen

Da Sie bereits einige Workflow-Anwendungen erstellt haben, haben Sie zwangsläufig das Dialogfeld *Neues Projekt* gesehen. Dabei ist Ihnen sicher nicht entgangen, dass zur Erzeugung von Workflow-Anwendungen verschiedene Typen zur Verfügung stehen. Der Typ der Workflow-Anwendung, den Sie entwickeln, hängt zum großen Teil von der gewählten Hauptaktivität ab.

Obwohl nur zwei Grundtypen von Workflow-Anwendungen im Dialogfeld *Neues Projekt* zu sehen sind, gibt es tatsächlich drei Haupttypen. Sie haben in diesem Buch bereits sequenzielle Workflows erstellt, sodass diese hoffentlich nicht mehr allzu geheimnisvoll erscheinen. Die Aktivitäten werden dabei in der von Ihnen vorgegebenen Reihenfolge ausgeführt.

Der andere Typ eines Workflows, den Sie im Dialogfeld *Neues Projekt* sehen, ist der Zustandsautomat (Einträge *State Machine Workflow Console Application* und *State Machine Workflow Library*). Im Wesentlichen handelt es sich dabei um einen Workflow, der von externen Ereignissen abhängig ist, die den Fluss steuern. Der Zustandsautomat wird in diesem Kapitel noch ausführlicher beschrieben.

Der dritte Workflow-Typ basiert auf einem sequenziellen Workflow, wird aber über Regeln gesteuert (*rules-based*). Anstatt nur die von Ihnen angegebenen Aufgaben durchzuführen, kombiniert der regelbasierte Workflow zwei Arten von Bedingungen, um die Workflow-Tasks mit den spezifizierten Regeln auszuführen: *Policy*-Aktivitäten (Richtlinien) sowie regelbasierte Bedingungen. Kapitel 12 »Richtlinien und Regeln« beschäftigt sich intensiv mit diesem Workflow-Typ. Da dieser Workflow-Typ vom sequenziellen Workflow abstammt, gibt es keinen speziellen Eintrag im Dialogfeld *Neues Projekt* dafür. Stattdessen erstellen Sie einen sequenziellen Workflow und fügen die regelbasierten Aktivitäten hinzu.

Einen Workflow-Typ auswählen

Wann aber eignet sich ein Workflow-Typ besser als ein anderer? Welchen Workflow-Typ sollten Sie für Ihre Aufgabenstellung verwenden? Tabelle 4.3 gibt Ihnen eine grundlegende Entscheidungshilfe.

Tabelle 4.3 Entscheidungshilfe zur Wahl des geeigneten Workflow-Typs

Workflow-Typ	Bedeutung
Sequenziell	Bei diesem Typ werden die Workflow-Tasks autonom ausgeführt. Eine begrenzte Steuerung von außen ist möglich. Der Workflow steuert hauptsächlich die Ausführung der Aufgaben. Eine Interaktion mit dem Anwender (typischerweise im kleinen Stil) ist möglich, aber nicht zwingend erforderlich. Die Hauptaktivität stellt die *SequentialWorkflow*-Aktivität dar.
Zustandsautomat	Hier hängen die Workflow-Tasks in starkem Maße von der Steuerung von außen ab, um die Ausführung zu lenken. Es wird viel Interaktion mit dem Anwender erwartet (oder der Fluss wird von einer anderweitigen externen Steuerung dominiert). Die Hauptaktivität stellt die *StateMachineWorkflow*-Aktivität dar.
Regelbasiert	Dieser Typ basiert auf Regeln, die komplexe Entscheidungen treffen. Eine direkte Steuerung über einen sequenziellen oder auf einem Zustandsautomaten basierenden Workflow findet nicht statt. Ein regelbasierter Workflow hat entweder eine sequenzielle oder auf einem Zustandsautomaten basierende Hauptaktivität.

Sequenzielle Workflows sind ideal für die Implementierung von Geschäftsprozessen. Wenn Sie Daten von einer Quelle lesen, diese Daten verarbeiten, Benachrichtigungen senden und die Ergebnisse in eine andere Datensenke schreiben möchten, ist der sequenzielle Workflow wahrscheinlich die richtige Wahl für Ihre Anforderungen. Das bedeutet aber nicht, dass ein sequenzieller Workflow für Prozesse ungeeignet ist, die von Benutzerinteraktionen in Form der Erteilung oder Ablehnung einer Freigabe bestimmter Aufgaben abhängig sind. Aber eine solche Benutzerinteraktion sollte nicht der Schwerpunkt des Workflows sein.

Benötigen Sie dagegen viel Benutzerinteraktion, ist der Zustandsautomat wahrscheinlich die bessere Alternative. Sendet Ihr Workflow Benachrichtigungen an Anwender anderer Systeme (dafür sind viele Gründe denkbar – zur reinen Information, um eine Freigabe anzufordern oder die Auswahl einer Option zu veranlassen usw.), wird zunächst auf deren Reaktion gewartet. Sobald die Anwender darauf reagieren, bilden ihre Antworten

Ereignisse. Diese Ereignisse bewirken, dass sich der Workflow von einem Verarbeitungszustand in einen anderen Verarbeitungszustand bewegt. Darauf wird etwas später in diesem Kapitel eingegangen und auch das Ganze noch einmal in Kapitel 14 »Zustandsautomaten« vertieft.

Der letzte Workflow-Typ, den Sie sich anschauen werden (in Kapitel 12), ist der regelbasierte Workflow, bei dem die Entscheidungen, ob im Fluss fortgefahren wird und in welcher Richtung dies geschieht, auf Geschäftsregeln basieren. Diese Workflows sind üblicherweise für komplexere Szenarien bestimmt. Angenommen, ein Kunde bestellt maßgeschneiderte Kunststoffkomponenten, etwa zum Einbau in neue Autos. Ihre Aufgabe soll nun darin bestehen, einen Workflow-Task zu erstellen, der die Kundenbestellungen und die Produktion der Komponenten überwacht.

Dabei soll jedoch eine kleine Erschwernis eingebaut werden. Bei Kunststoffen handelt es sich um lange polymere Ketten, die in einem relativ komplexen chemischen Prozess hergestellt werden. In diesem Prozess wird eine Weichmacherverbindung verwendet, durch die es ermöglicht wird, dass die langen polymeren Ketten noch längere Ketten bilden (was den Kunststoff weniger spröde macht). Dieser Weichmacher verdampft leicht, sodass der Prozess in einem Niederdrucksystem verrichtet wird.

Der Kunde bestellt ein Kunststoffteil und Ihr System teilt Ihnen mit, dass genug Weichmacher verfügbar ist, um den Auftrag abzuwickeln. Als Sie jedoch den Tank überprüfen, stellen Sie fest, dass mehr Weichmacher als erwartet verdampft ist (vielleicht auf Grund eines Lecks im Tank), sodass Sie den Auftrag vorerst nicht wie beabsichtigt erfüllen können.

Nehmen Sie dann eine Teillieferung vor und senden die Restlieferung später, wobei darauf verzichtet werden soll, die erforderlichen Zusatzaufwendungen dem Kunden weiterzuberechnen? Oder besteht an dieser Stelle eine Vereinbarung mit dem Kunden, bei Bestellungen abzuwarten, bis sie komplett ausgeführt werden können? Bestellen Sie mehr Weichmacher unter Hinnahme sehr hoher Kosten (Übernachtlieferung), um dem Kundenbedarf entsprechen zu können, obwohl Sie wissen, dass verschiedene Hersteller Schnelllieferungen zu höheren (aber nicht ganz so hohen) Preisen anbieten? Bieten Sie dem Kunden eine Möglichkeit an, an diesem Entscheidungsprozess teilzuhaben?

Was die Regeln bewirken, ist hier nicht wirklich entscheidend. Es ist nur wichtig zu wissen, dass es Regeln gibt und dass diese unter den gegebenen Umständen angewendet werden.

Sie könnten nach dieser Beschreibung nun der Ansicht sein, dass sich alle Workflows mithilfe eines regelgesteuerten Ansatzes erstellen lassen. In der Tat trifft dies für viele Workflows zu. Dennoch kommt dieser Ansatz üblicherweise nicht immer zur Anwendung, da die anderen Workflow-Typen, etwa der sequenzielle Workflow und der Zustandsautomat, weniger Aufwand für Erstellung und Systemtest nach sich ziehen. Regelbasierte Workflows bieten weit weniger interne, automatische Entscheidungen an. Letztendlich läuft es auf Komplexität hinaus. Regelbasierte Workflows sind entsprechend häufig komplex, sodass höhere Kosten für Programmierung und angemessene Tests entstehen. Die anderen Workflow-Typen weisen weniger Komplexität auf, was sich im geringeren Aufwand für Entwicklung und Qualitätskontrolle niederschlägt.

Das Ziel liegt darin, Ihr System unter Verwendung des geeignetsten Workflow-Typs abzubilden. In vielen in der Praxis vorkommenden Szenarien werden Sie sich aber auch für eine Kombination aus allen drei Typen entscheiden.

Die *Sequence*-Aktivität

Sie werden nun etwas tiefer in die sequenzielle zusammengesetzte Aktivität einsteigen. Obwohl Sie diese Aktivität bislang durchgehend in diesem Buch verwendet haben, war es beabsichtigt, nicht allzu viele Worte darüber zu verlieren, was sich aber jetzt ändern soll. Da Sie nun ein Verständnis dafür haben, wie die Workflow-Laufzeit mit Workflow-Instanzen umgeht und wissen, dass Workflow-Instanzen in Wirklichkeit laufende Versionen Ihrer Workflow-Aktivitäten sind, können Sie besser nachvollziehen, was hier geschieht.

Die sequenzielle Durchführung von Aufgaben bedeutet, dass diese in einer bestimmten Reihenfolge ausgeführt werden. Die ersten Aufgaben kommen am Anfang zur Ausführung, die letzten Aufgaben am Ende. Eine sequenzielle Aktivität ist etwas ähnliches wie eine To-do-Liste. Sie vermerken die erste zu erledigende Aufgabe, dann die nächste, wiederum die nächste, bis Sie schließlich Ihre letzte Aufgabe notieren. Wenn diese Aufgaben in einer *Sequence*-Aktivität gespeichert werden, führt die WF jede einzelne Aufgabe exakt in der angegebenen Reihenfolge aus.

> **Hinweis** Zwar wird auf das dynamische Hinzufügen von Aktivitäten in diesem Buch nicht näher eingegangen, aber Sie sollten wissen, dass dies möglich ist. Für die Aufgabenstellungen in diesem Buch werden Sie Visual Studio einsetzen, um die Aktivitäten im Workflow zu verankern und diese statisch auszuführen.

Im Falle von Visual Studio hilft Ihnen der Workflow-Ansicht-Designer, Ihren Workflow anzulegen. Wenn Sie eine sequenzielle Workflow-Anwendung erstellen und dann die Hauptaktivität im Ansicht-Designer öffnen, werden die Aufgaben, die Sie auf der Designerfläche oben platzieren, zuerst ausgeführt. Die Aufgaben in Richtung nach unten gelangen entsprechend später zur Ausführung. Vom optischen Standpunkt betrachtet, wird die Abarbeitungsfolge der Aktivitäten von oben nach unten gebildet. Die *Sequence*-Aktivität ist – natürlich – eine zusammengesetzte Aktivität.

> **Hinweis** Eine spezialisierte Variante der *Sequence*-Aktivität ist die *SequentialWorkflow*-Aktivität, die als Ursprung für sequenzielle Workflows fungiert. Der einzige Unterschied zwischen den beiden Aktivitäten liegt darin, dass die *SequentialWorkflow*-Aktivität Parameter akzeptiert, wenn die Ausführung gestartet wird, was es Ihnen erlaubt, an Ihren Workflow Information zur Laufzeitinitialisierung zu übergeben.

Eine sequenzielle Workflow-Anwendung erstellen

Da Sie bereits einige sequenzielle Workflow-Anwendungen in diesem Buch angefertigt haben, soll deren Erstellung nicht noch einmal im Detail beschrieben werden. Jedoch werden die einzelnen Schritte aus Gründen der Vollständigkeit kurz wiederholt.

Eine sequenzielle Workflow-Anwendung erstellen

1. Öffnen Sie das Windows *Start*-Menü, bewegen Sie den Mauszeiger auf *Alle Programme* und wählen Sie dann das Menü *Microsoft Visual Studio 2005*.

2. Klicken Sie auf den Eintrag *Microsoft Visual Studio 2005*, um das gleichnamige Programm zu starten.

3. Rufen Sie den Menübefehl *Datei/Neu/Projekt* auf, woraufhin das Dialogfeld *Neues Projekt* erscheint.

4. Klicken Sie im Feld *Projekttypen* auf das Pluszeichen (+) vor dem Eintrag *Visual C#*, um den gleichnamigen Knoten zu öffnen und auf diese Weise die Projekttypen für die Programmiersprache C# anzuzeigen.

5. Klicken Sie den Knoten *Workflow* an, der sich eine Ebene unterhalb des *Visual C#*-Knotens befindet, um die Workflow-spezifischen Projektvorlagen sichtbar zu machen.

6. Klicken Sie im Feld *Vorlagen* auf *Sequential Workflow Console Application* oder *Sequential Workflow Library*. Die erste Vorlage legt eine ausführbare Anwendung an, die für das Konsolenfenster bestimmt ist, während Letztere eine Dynamic Link Library (DLL) erzeugt, also eine dynamische Bibliothek, die andere Anwendungen nutzen können.

> **Hinweis** Derzeit gibt es keine direkte Möglichkeit, eine Windows Forms-Anwendung zu erstellen, die einen Workflow enthält. Sollten Sie eine grafische Benutzeroberfläche für Ihren Workflow benötigen, legen Sie eine sequenzielle Workflow-Konsolenanwendung an und fügen die Windows-Fenster und -Elemente hinzu, die Sie benötigen. Alternativ können Sie auch eine typische Windows Forms-Anwendung erzeugen und dann die Workflow-Komponenten hinzufügen, so wie Sie es im vorangegangenen Kapitel in Form einer Bibliotheks-Assembly gemacht haben. Der Autor bevorzugt die Erstellung von Workflows in Gestalt individueller Assemblys, favorisiert also letztere Variante. Grundsätzlich sind aber beide Varianten geeignet.

7. Geben Sie im Feld *Name* den Namen Ihres Projektes oder Ihrer Anwendung ein.

8. Geben Sie im Feld *Speicherort* den Pfad ein, an dem die Projektdateien gespeichert werden sollen.

9. Sollte das Kontrollkästchen *Projektmappenverzeichnis erstellen* nicht bereits aktiviert sein, schalten Sie es ein.

10. Klicken Sie auf *OK*. Daraufhin erstellt Visual Studio 2005 das grundlegende Projekt und zeigt die Benutzeroberfläche des Workflow-Designers an.

An dieser Stelle sind die Voraussetzungen für eine Anwendung erfüllt, die sequenzielle Workflow-Instanzen ausführt. Ziehen Sie nun einfach die gewünschten Aktivitäten von der Toolbox in die Oberfläche des Ansicht-Designers und legen Sie diese dort ab. Stellen Sie dann die jeweiligen Eigenschaften wie benötigt ein und setzen Sie die Entwicklung Ihrer Anwendung fort. Wenn Sie weitere Workflow-Bibliotheksprojekte ergänzen möchten, gehen Sie dazu so vor, wie es im vorangegangenen Kapitel beschrieben wurde, oder fügen Sie einfach neue Workflow-Klassen direkt in Ihre Anwendung ein. Sie werden später noch eine Vielzahl weiterer Beispiele finden, da es sich bei den meisten in diesem Buch vorgestellten Beispielen naturgemäß um sequenzielle Workflows handelt.

Die *State*-Aktivität

Ein Workflow-Typ, den Sie bislang noch nicht in diesem Buch kennen gelernt haben, ist einer, der auf dem Modell des deterministischen *Zustandsautomaten* basiert. Dieser wird auch als »endlicher (Zustands-)Automat« (engl. »(finite) state machine«) bezeichnet. Es handelt sich um ein Modell, das mehr aus der Mathematik, Informatik und Mikroelektronik bekannt ist und in der praktischen Software-Entwicklung nicht unbedingt jedem Programmierer geläufig ist. Möglicherweise ist das Konzept auch für Sie neu. Kapitel 14 ist vollständig der Arbeit mit Workflows in Gestalt von Zustandsautomaten gewidmet, aber das Konzept wird hier eingeführt. Sie werden ebenso einen kleinen Workflow erstellen, der auf einem Zustandsautomaten basiert.

Für Zustandsautomaten gibt es eine eigene Beschreibungssprache, eine spezifische mathematische Notation sowie eine besondere grafische Darstellungsform. Zwar kann an dieser Stelle nicht alles erschöpfend erklärt werden, damit Sie auf Zustandsautomaten basierende Workflows selbst entwickeln können. Sie erhalten aber genügend Informationen, sodass Sie das Konzept verstehen und die später folgenden Beispiele nachvollziehen können.

Tipp   Es gibt viele Quellen im Internet, die das Thema Zustandsautomaten weit ausführlicher beschreiben. Ein empfehlenswerter Artikel findet sich unter *http://de.wikipedia.org/wiki/Endlicher_Automat*.

Wenn der Ausdruck *endlicher Zustandsautomaten* näher betrachtet wird, geben die drei Wörter *endlich*, *Zustand* und *Automat* bereits einigen Aufschluss. *Endlich* bedeutet in diesem Fall, dass es eine begrenzte Anzahl von *Zuständen* gibt, in die Ihre Anwendung übergehen kann. Zustandswechsel werden von Ereignissen ausgelöst. Ein *Automat* – schließlich – ist bekanntlich etwas selbstständig Funktionierendes. Das Ganze soll durch ein Beispiel veranschaulicht werden.

In der Ingenieurausbildung könnten Sie vielleicht dazu aufgefordert werden, einige von unzähligen Systemen zu konstruieren. Die beiden klassischen Beispiele sind ein Münzautomat und eine Waschmaschine. Beim Münzautomaten denken Sie über die Schritte nach, welche dieser durchführen muss, um die entsprechende Ware auszugeben (Sodawasser, Kekse, Snacks usw., welche Waren der Automat auch immer anbietet). Werfen Sie Geldstücke ein, zählt der Automat das Geld, bis Sie mindestens so viel entrichtet haben, damit es für eine der angebotenen Waren ausreicht. Wenn Sie Ihre Entscheidung treffen, überprüft der Automat den Bestand (falls dieser nicht bereits anzeigt, dass bestimmte Warenfächer leer sind). Ist entsprechend Bestand da, wirft er Ihre ausgewählte Ware aus. Bei Überzahlung gibt der Automat außerdem den Restbetrag zurück.

Der Münzautomat kann als endlicher Zustandsautomat abgebildet werden. Für die Darstellung eines endlichen Zustandsautomaten in Form von Diagrammen werden Kreise als Zustände und Pfeile als Übergänge zwischen den Zuständen verwendet. Die Übergänge werden durch Ereignisse ausgelöst. Dabei gibt es einen logischen Startpunkt und einen oder mehrere logische Endpunkte. Wenn irgendwo dazwischen angehalten wird, befindet sich die Anwendung in einem so genannten nicht determinierten oder ungültigen Zustand. Ihre Aufgabe ist es, ungültige Zustände zu verhindern. In Hinblick auf den Getränkeautomaten sind solche Zustände folgende: Herausgabe des Produktes, ohne dass der Käufer Geld bezahlt, das Kassieren eines höheren Preises als angegeben und – der schlimmste und für den Käufer ärgerlichste Fall – die Einbehaltung des eingeworfenen Geldes ohne Warenausgabe.

Stellen Sie sich nun einen vereinfachten Münzautomaten vor. Dabei sollen die Zustände und Ereignisse dargestellt werden, welche die Übergänge zwischen diesen Zuständen lenken. Zustände werden wie bereits erwähnt durch Kreise repräsentiert. Ereignisse, die Ihren Automaten von einem Zustand in einen anderen übergehen lassen, werden durch Pfeile symbolisiert. Beide Arten von Elementen werden benannt, sodass vermittelt wird, welche Zustände und welche Übergänge in Beziehung stehen. Umgesetzt auf den Münzautomaten gibt es sicherlich einen Startzustand, wie es in Abbildung 4.2 zu sehen ist.

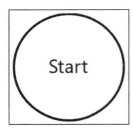

Abbildung 4.2 Das Symbol für den Startzustand des endlichen Zustandsautomaten

Dieser Zustand repräsentiert den Automaten, wie er darauf wartet, dass jemand vorbeikommt und eine Münze einwirft. Angenommen, Letzteres geschieht nun, aber der Betrag reicht (noch) nicht aus, um eine Ware zu kaufen. Dies soll durch einen neuen Zustand simuliert werden, *WaitCoins*, wobei der Zustandsübergang durch das Ereignis *CoinInserted* ausgelöst wird, wie es Abbildung 4.3 zeigt.

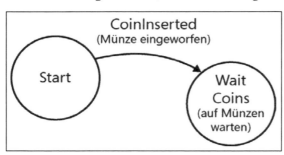

Abbildung 4.3 Der Übergang zum *WaitCoins*-Zustand

Der Automat bleibt im *WaitCoins*-Zustand und akzeptiert *CoinInserted*-Ereignisse, bis genug Geld gesammelt wurde, damit der Kauf einer der Waren abgeschlossen werden kann. Dadurch wird das Ereignis *SufficientCoins* ausgelöst, welches den Automaten in den *WaitSelection*-Zustand übergehen lässt. Der Münzautomat wartet nun geduldig darauf, dass der Käufer eine Auswahl trifft. (Bei einem »echten« Automaten ist es denkbar, dass der Käufer zusätzlich die Möglichkeit hat, sich das Geld jederzeit vor Warenerhalt zurückgeben zu lassen, aber das Beispiel soll weiterhin einfach gehalten werden.)

Sobald der Käufer sich für eine Ware entschieden hat, wird diese ausgeworfen und die Transaktion ist beendet. Der Endzustand wird durch einen Kreis mit Doppellinie angegeben. Das komplette, wenngleich vereinfachte Diagramm eines Münzautomaten finden Sie in Abbildung 4.4.

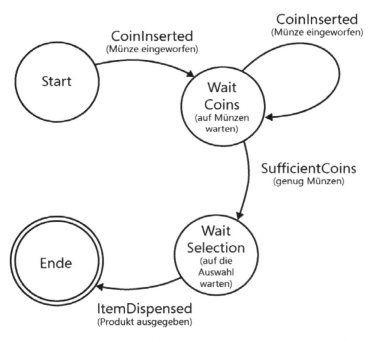

Abbildung 4.4 Ein komplettes Zustandsautomat-Diagramm eines Münzautomaten

Auch wenn dies eine allzu starke Vereinfachung eines echten Münzautomaten sein mag, hat Ihnen diese kurze Beschreibung hoffentlich eine Vorstellung davon gegeben, wie ein Zustandsautomat arbeitet. Wenn Sie einen Zustandsautomaten entwerfen, bestimmen Sie einzelne Zustände oder logische Orte, in denen auf Ereignisse gewartet wird, und Sie bezeichnen dann die Ereignisse, die den Automaten von einem Zustand in den anderen versetzen. Einige Ereignisse bringen den Automaten zurück in den Zustand, mit dem die Verarbeitung begonnen wurde. Andere Ereignisse bewirken den Übergang zu neuen Zuständen mit neuen Ereignissen, die behandelt werden müssen. Es finden grundsätzlich keine Zustandsübergänge ohne Auslösung eines Ereignisses statt, wobei ein Ereignis idealerweise kein unvorhergesehenes Ereignis und auch keine Ausnahme sein sollte.

Dieses Modell unterscheidet sich stark von dem, was bei einem sequenziellen Workflow zum Einsatz kommt. In sequenziellen Workflows werden Aktivitäten in der Reihenfolge ausgeführt, in der sie angegeben wurden. Sobald eine Aktivität in der Kette ihre Arbeit beendet hat, beginnt die nächste Aktivität in der Kette mit ihrer Arbeit. Es mag zwar Ereignisse geben, die in die Workflow-Verarbeitung einbezogen werden, aber diese werden einfach manuell mit dem Workflow-Task verbunden (etwa *Timer*-Ereignisse).

Zustandsautomaten verbringen allerdings viel Zeit mit Warten. Diese warten auf Ereignisse und gehen dann abhängig vom Ereignis von einem Zustand in einen anderen über. Die Zustände selbst lösen keine Ereignisse aus (obwohl Zustände externen Code ins Spiel bringen können, welcher Derartiges leistet). Zustände stellen Ereignishandler dar. Daher warten sie geduldig auf die Ereignisse, die sie benötigen, um die Zustandsübergänge zu vollziehen. Es ist dabei nicht nur möglich, von einem Zustand in genau einen anderen zu wechseln, sondern es kann sich auch um eine beliebige Anzahl verschiedener Zielzustände handeln (also um nicht lineare Zustandsübergänge), die abhängig vom Ereignis angenommen werden. Der Münzautomat, wenn er sich im *WaitCoins*-Zustand befindet, verrichtet z.B. ganz andere Dinge für den Fall, dass er ein *CoinInserted*-Ereignis empfängt, als wenn es sich um ein *RefundRequested*-Ereignis (sofortige Geldrückgabe erbeten) handelt oder gar um ein *ImminentPowerdown*-Ereignis (bevorstehender Abschaltvorgang). Die beiden letztgenannten Ereignisse werden in dem vereinfachten Modell in Abbildung 4.4 zwar nicht gezeigt, aber Sie können sicher nachvollziehen, wie verschiedene Ereignisse den endlichen Zustandsautomaten in unterschiedliche Zustände bringen.

In der WF wird der individuelle Zustand in einem zustandsbasierten Workflow durch die *State*-Aktivität abgebildet. Die *State*-Aktivität stellt eine zusammengesetzte Aktivität dar, erlaubt aber nur bestimmte untergeordnete Aktivitäten. Einen weit tieferen Einblick in zustandsbasierte Workflows gibt Kapitel 14.

Hinweis Genauso wie sequenzielle Workflows eine spezialisierte Version der *Sequence*-Aktivität verwenden, um den gesamten Workflow aufzunehmen, weisen zustandsbasierte Workflows eine spezialisierte Hauptaktivität auf – die *StateMachineWorkflow*-Aktivität, die eine spezialisierte Variante der *State*-Aktivität darstellt. Die Spezialisierung ist erneut notwendig, damit die Hauptaktivität Initialisierungsparameter übernehmen kann, wenn sie gestartet wird.

Eine zustandsbasierte Workflow-Anwendung erstellen

Es stellt sich die Frage, wie Workflows erzeugt werden, die auf einem Zustandsautomaten basieren. Visual Studio bietet Ihnen hierfür eine umfassende Unterstützung an. Das Erzeugen eines zustandsbasierten Workflow-Projekts ist genauso einfach wie die Erstellung eines sequenziellen Workflows. Sie werden nun ein einfaches zustandsbasiertes Workflow-Projekt anlegen, um zu sehen, wie dies funktioniert. Sie werden dem Projekt in diesem Kapitel noch keinen Code hinzufügen, da zunächst noch einiges geklärt werden muss. Aber wenn es soweit ist, wissen Sie bereits, wie das grundsätzliche Anlegen eines Zustandsautomaten vor sich geht.

Eine zustandsbasierte Workflow-Anwendung erstellen

1. Starten Sie wie gewohnt Visual Studio 2005.

2. Öffnen Sie das *Datei*-Menü, wählen Sie *Neu* und dann *Projekt*, woraufhin das Dialogfeld *Neues Projekt* erscheint.

3. Gehen Sie so vor wie typischerweise beim Anlegen neuer Projekte, öffnen Sie also den *Visual C#*-Knoten im Feld *Projekttypen*, woraufhin die Projekttypen angeboten werden, die für die Programmiersprache C# verfügbar sind.

4. Klicken Sie unterhalb des *Visual C#*-Knotens auf den Eintrag *Workflow*, um die Workflow-spezifischen Projektvorlagen anzuzeigen.

5. Klicken Sie im *Vorlagen*-Feld auf einen der Einträge *State Machine Workflow Console Application* oder *State Machine Workflow Library* (Abbildung 4.5). Analog zu einem sequenziellen Workflow erzeugt die erste Vorlage eine Basisanwendung, die für die Verwendung im Konsolenfenster bestimmt ist. Die zweite Vorlage erstellt eine Dynamic Link Library (DLL), also eine dynamische Bibliothek, die Sie aus anderen Workflow-basierten Anwendungen nutzen können.

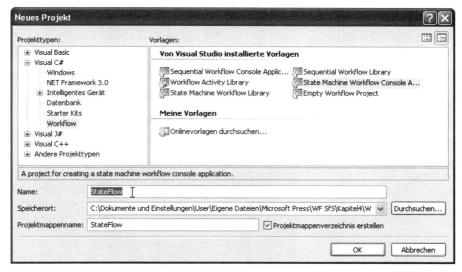

Abbildung 4.5 Anlegen eines Zustandsautomaten. Zur Auswahl stehen eine Konsolenanwendung und eine DLL-Bibliothek

6. Geben Sie im Feld *Name* den Namen Ihres Projektes oder Ihrer Anwendung ein.

7. Tragen Sie im Feld *Speicherort* den Pfad ein, unter dem die Projektdateien gespeichert werden sollen.

8. Sollte das Kontrollkästchen *Projektmappenverzeichnis erstellen* nicht bereits aktiviert sein, schalten Sie es ein.

9. Klicken Sie auf *OK*. Daraufhin erstellt Visual Studio 2005 das grundlegende Projekt und zeigt die Benutzeroberfläche des Workflow-Ansicht-Designers an (Abbildung 4.6).

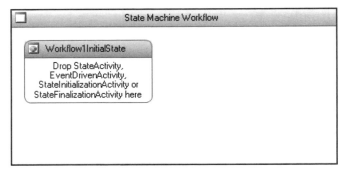

Abbildung 4.6 Der Workflow-Ansicht-Designer im Modus für einen Zustandsautomaten

Analog zu einer sequenziellen Workflow-Anwendung steht Visual Studio nun für Sie bereit, um einen auf einem Zustandsautomaten basierenden Workflow zu erstellen. Bevor es soweit ist, müssen jedoch noch einige Aspekte genauer betrachtet werden. Da Sie Ereignisse auslösen müssen, um die Zustandsübergänge im Workflow zu initiieren, ist ein tieferer Einblick notwendig, wie Workflow-Instanzen mit den dazugehörigen Hostanwendungen kommunizieren, sodass Ihre Hostanwendung die entsprechenden Auslösemechanismen nutzen kann. Die Host- und Workflow-Kommunikation wird in Kapitel 8 »Externe Methoden und Workflows aufrufen« angegangen. Die entscheidenden Grundlagen im Hinblick darauf, wie ein Zustandsautomat gesteuert wird, werden aber in Kapitel 10 »Ereignisspezifische Aktivitäten« vermittelt.

Schnellübersicht

Aufgabe	Aktion
Den geeigneten Workflow-Typ bestimmen	Bilden Sie Ihr System gedanklich ab und schauen Sie sich genau an, was bei der Prozesssteuerung dominiert. Ist es der Workflow selbst, entscheiden Sie sich für einen sequenziellen Workflow. Wenn externe Eingaben überwiegen, greifen Sie auf einen Zustandsautomaten zurück. Muss ein komplexes Verhalten umgesetzt werden, kann eine regelbasierte Lösung die beste Wahl sein. Häufig ist es jedoch erforderlich, eine Kombination verschiedener Workflow-Typen einzusetzen.
Eine sequenzielle Workflow-Anwendung erstellen	Starten Sie Visual Studio und rufen Sie den Menübefehl *Datei/Neu/Projekt* auf, woraufhin das Dialogfeld *Neues Projekt* angezeigt wird. Markieren Sie im Feld *Projekttypen* innerhalb des *Visual C#*-Knotens den Eintrag *Workflow*. Wählen Sie schließlich im *Vorlagen*-Feld entweder den Eintrag *Sequential Workflow Console Application* oder den Eintrag *Sequential Workflow Library* aus.
Eine Workflow-Anwendung erstellen, die auf einem Zustandsautomaten basiert	Folgen Sie zunächst den Schritten für eine sequenzielle Workflow-Anwendung, wählen Sie aber eine der Vorlagen *State Machine Workflow Console Application* oder *State Machine Workflow Library* aus.
Eine regelbasierte Workflow-Anwendung erstellen	Erstellen Sie eine sequenzielle Workflow-Anwendung und arbeiten Sie dann Kapitel 12 durch, um zu erfahren, wie *Policy*-Aktivitäten und die regelbasierten Bedingungen angewendet werden.

Kapitel 5

Ereignisverfolgung

In diesem Kapitel:

Zuschaltbare Dienste (pluggable services)	87
Workflow-Verfolgung	89
Workflow-Ereignisverfolgung mit dem *SqlTrackingService*	89
Den SQL Server für die Verfolgung einrichten	92
Den *SqlTrackingService*-Dienst verwenden	97
Benutzerereignisse verfolgen	107
Eigene Verfolgungsprofile erstellen	108
Verfolgungsinformationen mit dem *WorkflowMonitor* betrachten	112
Schnellübersicht	115

In diesem Kapitel lernen Sie

- was zuschaltbare Dienste im Zusammenhang mit Workflows sind.
- die Erstellung einer Datenbank zur Ereignisverfolgung und das Füllen mit Tabellen und Skripts.
- das Aktivieren des Dienstes zur Ereignisverfolgung.
- die Erstellung eines benutzerdefinierten Verfolgungsprofils.
- die verfolgten Workflow-Daten anzuzeigen.

Bislang haben Sie die grundlegenden Objekte kennen gelernt, aus denen Workflows zusammengesetzt und über die sie gesteuert werden. Sie haben Workflow-Tasks aus Aktivitäten erstellt, die im ausgeführten Zustand von einem *WorkflowInstance*-Objekt verwaltet werden. Workflow-Instanzen werden von der *WorkflowRuntime* in die Warteschlange gestellt und gesteuert. Aber die Workflow Foundation (WF) stellt Ihnen nicht nur Objekte zur Verfügung, sondern auch Dienste, die in Verbindung mit Ihren Objekten arbeiten.

Zuschaltbare Dienste (pluggable services)

Workflow-Dienste sind zusätzliche Softwarefunktionen, die Ihre Workflows nutzen können, um ihre Aufgaben durchzuführen. Einige dieser Dienste sind optional, etwa der Dienst zur Workflow-Verfolgung Dienst (*tracking service*), der Thema dieses Kapitels ist. Andere Dienste werden für Ihren Workflow generell zur Ausführung benötigt.

Workflow-Dienste sind zuschaltbar (*pluggable*). Ein zuschaltbarer Dienst zeichnet sich dadurch aus, dass er sich aus einem Bestand vorgegebener Dienste auswählen lässt, um bestimmte Aufgaben zu verrichten. Beispielsweise gibt es Dienste, die Threading, Verfolgung, Transaktionen usw. verwalten. Sie wählen den Dienst aus, den Sie für Ihren Workflow benötigen. Es ist sogar möglich, eigene zuschaltbare Dienste zu erstellen.

Doch wie sehen diese Dienste aus? Was führen diese für Sie durch? Tabelle 5.1 zeigt die verfügbaren Basisdienste und gibt Ihnen eine gute Vorstellung davon, welche Dienste angeboten werden und was diese leisten. Die meisten dieser Dienste nutzen Sie nicht direkt. Typischerweise werden Sie Dienste einsetzen, die von diesen Basisdiensten abgeleitet wurden.

Tabelle 5.1 Workflow-Basisdienste

Dienst	Zweck
WorkflowPersistenceService	Die abstrakte Basisklasse, von der alle Persistenzdienste abgeleitet werden.
WorkflowQueuingService	Die Basisklasse, die Methoden zur Verfügung stellt, die Sie nutzen können, um die Workflow-Warteschlangen zu verwalten, die einer Workflow-Instanz zugeordnet sind.
WorkflowRuntimeService	Die abstrakte Basisklasse, von der die Hauptdienste (*core services*) der Workflow-Laufzeit abgeleitet sind.
WorkflowSchedulerService	Die Basisklasse für alle Klassen, die Threads erstellen, welche Workflow-Instanzen auf dem Workflow-Laufzeit-Host ausführen.
WorkflowSubscriptionService	Die Basisklasse für Klassen, die Abonnements für eine Workflow-Laufzeit verwalten.
WorkflowTransactionService	Die Basisklasse für alle Transaktionsdienste.
TrackingService	Die abstrakte Basisklasse, welche die grundlegende Schnittstelle zwischen einem Verfolgungsdienst und der Infrastruktur für die Verfolgung bildet.

Wie gesagt, handelt es sich hierbei um *Basisklassen*. Die Dienste, die Sie tatsächlich nutzen, leiten sich von diesen ab. Wenn Sie z.B. eine Workflow-Instanz ausführen, muss etwas einen Thread für diese Instanz erstellen, damit diese verwendet werden kann. Der *DefaultWorkflowSchedulerService*-Dienst verrichtet genau das, wobei er den *WorkflowSchedulerService*-Dienst als Basis verwendet. Möchten Sie aber den Thread selbst bereitstellen, können Sie stattdessen auf den *ManualWorkflowSchedulerService*-Dienst zurückgreifen. In diesem Kapitel dreht sich alles um den Verfolgungsdienst, der vom *SqlTrackingService*-Dienst zur Verfügung gestellt wird und den *TrackingService*-Dienst zur Basisklasse hat.

Der »schaltbare« Teil kommt ins Spiel, wenn Sie bedenken, dass es jederzeit erforderlich werden kann, dass Sie einen Scheduler-Dienst (einer, der Threads für Ihre Workflow-Instanz vorbereitet, damit diese verwendet werden kann), den Laufzeitdienst sowie Warteschlangen- und Abonnementdienste (Timer) hinzuschalten müssen. Jedoch können Sie Persistenz (in diesem Zusammenhang die Speicherung laufender Workflow-Instanzen) und Verfolgung ebenso hinzufügen wie externe Datenkommunikationsdienste. Diese lassen sich alle hinzuschalten und arbeiten zusammen.

Workflow-Verfolgung

In diesem Kapitel liegt der Fokus auf dem Verfolgungsdienst. Andere Kapitel beschäftigen sich mit den anderen verfügbaren Diensten. Hinsichtlich der Verfolgung enthält die WF einen primären Verfolgungsdienst – den *SqlTrackingService*. Es sind aber – wenn Sie Bedarf dafür haben – zwei ergänzende Dienste als Beispiele verfügbar. Diese Dienste, *ConsoleTrackingService* und *SimpleFileTrackingService*, erlauben es Ihnen, Verfolgungsinformationen auf dem Konsolenfenster auszugeben oder in Dateien zu schreiben anstatt in eine Microsoft SQL Server-Datenbank. Diese Dienste werden hier im Buch nicht verwendet, aber Sie wissen jetzt, dass Sie diese nutzen können, wenn sich die Notwendigkeit dafür ergibt.

> **Hinweis** Die erwähnten Beispiele werden im Rahmen des Windows SDK installiert – siehe Kapitel 1 »Einführung in die Microsoft Windows Workflow Foundation« für Installationsanweisungen. Vergleichen Sie außerdem den Abschnitt »Verfolgungsinformationen mit dem *WorkflowMonitor* betrachten« in diesem Kapitel für Hinweise, wie auf die Beispiele zugegriffen wird. Die Verfolgungsdienste, auf die hier Bezug genommen wird, »Console« und »File«, finden sich im Verzeichnis *WFSamples/Technologies/Tracking*.

Workflow-Ereignisverfolgung mit dem *SqlTrackingService*

Um Ihre Workflow-Prozesse zu verfolgen, fügen Sie der Workflow-Laufzeit einen Verfolgungsdienst hinzu – typischerweise den *SqlTrackingService*-Dienst. Wenn Ihre Workflow-Instanz läuft, löst sie selbst Ereignisse aus, ebenso wie einzelne Aktivitäten innerhalb Ihres Workflows. Falls Sie besondere Anforderungen an die Verfolgung haben, können Sie Ihre eigenen benutzerdefinierten Verfolgungsereignisse erstellen. Sollten die Ereignisse, die Sie aufzeichnen, mehr Verfolgungsinformationen liefern, als benötigt wird, lassen sich die Daten entsprechend filtern. Dazu legen Sie ein so genanntes Verfolgungsprofil an.

Sobald verfolgte Ereignisse ausgelöst werden, erstellt die WF Datensätze mit Verfolgungsinformationen und verwaltet diese. Obwohl es nicht zwingend notwendig ist, können Sie auf einfache Weise direkt von der WF auf die Verfolgungsdatensätze zugreifen. Wie bereits angedeutet, werden die Daten auch in der Datenbank aufgezeichnet, sodass ein Auslesen der Daten direkt aus der Datenbank ebenso eine Möglichkeit darstellt. Solche Datenbankabfragen werden im Allgemeinen später durchgeführt, wobei üblicherweise ein externes Tool, ein Tracking-Monitor, eingesetzt wird, z.B. der *WorkflowMonitor* (ein Verfolgungstool, das im Windows SDK als Beispiel mitgeliefert wird, inklusive Quellcode) oder aber ein selbst entworfenes Tool.

Tabelle 5.1 zeigt die Objekte, die Sie typischerweise im Rahmen der WF-Ereignisverfolgung einsetzen. Einige von diesen finden im Laufe dieses Kapitels Verwendung. Wenn Sie lediglich auf die fertigen Ressourcen der WF zur Ereignisverfolgung zurückgreifen, werden Sie zwar viele dieser Objekte nicht direkt einsetzen, aber sie werden von der WF Gewinn bringend verwendet. Möchten Sie jedoch individuelle Ressourcen zur Workflow-Ereignisverfolgung kreieren, ist es gut zu wissen, dass die WF über eine solide Bibliothek mit entsprechenden Objekten verfügt.

Tabelle 5.2 Objekte zur Ereignisverfolgung

Objekt	Zweck
ActivityDataTrackingExtract	Gibt eine Eigenschaft oder ein Feld an, die bzw. das aus einer Aktivität extrahiert werden soll. Diese herausgelöste Information wird zusammen mit einer dazugehörigen Auflistung mit Anmerkungen zum Verfolgungsdienst gesendet, wenn ein Verfolgungspunkt erfüllt ist.
ActivityTrackingCondition	Stellt eine Bedingung dar, die sich aus dem Vergleich eines Wertes einer Aktivitätseigenschaft mit einem angegebenen Wert unter Anwendung des spezifizierten Vergleichsoperators ergibt.
ActivityTrackingLocation	Definiert eine qualifizierte Adresse einer Aktivität, die einem Aktivitäts-Statusereignis innerhalb der ausgeführten Haupt-Workflow-Instanz entspricht.
ActivityTrackingRecord	Enthält die Daten, die von der Laufzeit-Infrastruktur an einen Verfolgungsdienst gesendet werden, wenn ein *ActivityTrackPoint* erfüllt ist.
ActivityTrackPoint	Definiert einen Verfolgungspunkt, der einer Aktivitäts-Ausführungsstatusänderung zugeordnet ist.
SqlTrackingQuery	Stellt Methoden und Eigenschaften zur Verfügung, die Sie verwenden können, um auf verschiedene Arten von Verfolgungsdaten zuzugreifen, die vom *SqlTrackingService* in einer SQL-Datenbank gespeichert wurden.
SqlTrackingQueryOptions	Enthält Eigenschaften, die eingesetzt werden, um die Anzahl der *SqlTrackingWorkflowInstance*-Objekte zu reduzieren, die von der *SqlTrackingQuery.GetWorkflows*-Methode zurückgegeben werden.
SqlTrackingWorkflowInstance	Wird durch einen Aufruf einer der Methoden *SqlTrackingQuery.TryGetWorkflow* oder *SqlTrackingQuery.GetWorkflows* zurückgegeben. Dabei wird ein Zugriff auf die für eine bestimmte Workflow-Instanz vom *SqlTrackingService* in einer SQL-Datenbank erfassten Daten gewährt.
TrackingProfile	Filtert Verfolgungsereignisse und liefert die Datensätze, die auf dieser Filterung basieren, an einen Verfolgungsdienst. Es gibt drei Arten von Verfolgungsereignissen, die gefiltert werden können: Aktivitäts-Statusereignisse, Workflow-Statusereignisse und Benutzerereignisse.
UserTrackingLocation	Gibt eine benutzerdefinierte Adresse an, die einem Benutzerereignis innerhalb der ausgeführten Haupt-Workflow-Instanz entspricht.
UserTrackingRecord	Enthält die Daten, die von der Laufzeit-Infrastruktur an einen Verfolgungsdienst gesendet werden, wenn ein *UserTrackPoint* erfüllt ist.
UserTrackPoint	Definiert einen Verfolgungspunkt, der einem Benutzerereignis zugeordnet wird.

▶

Objekt	Zweck
WorkflowDataTrackingExtract	Gibt eine Eigenschaft oder ein Feld an, die bzw. das aus einem Workflow extrahiert werden soll. Diese herausgelöste Information wird zusammen mit einer dazugehörigen Auflistung mit Anmerkungen zum Verfolgungsdienst gesendet, wenn ein Verfolgungspunkt erfüllt ist.
WorkflowTrackingLocation	Definiert eine qualifizierte Adresse eines Workflows, die einem Workflow-Ereignis innerhalb der ausgeführten Haupt-Workflow-Instanz entspricht.
WorkflowTrackingRecord	Enthält die Daten, die von der Laufzeit-Infrastruktur an einen Verfolgungsdienst gesendet werden, wenn ein *WorkflowTrackPoint* erfüllt ist.
WorkflowTrackPoint	Definiert einen Verfolgungspunkt, der einem Workflow-Ereignis zugeordnet wird.

Diese Objekte lassen sich in zwei Hauptkategorien einteilen: Verfolgungsspezifikation und Rückgewinnung verfolgter Daten. Die Spezifikationsobjekte, etwa die ...*TrackPoint*- und die ...*Location*-Objekte, dienen zur Festlegung, *was* innerhalb Ihres Workflow-Codes verfolgt wird. Die Objekte zur Datenrückgewinnung, z.B. *SqlTrackingQuery*, unterstützen Sie dagegen beim Abruf von Verfolgungsdaten, sobald diese in der Datenbank gespeichert sind.

Die Spezifikationsobjekte wiederum untergliedern sich in drei Hauptgruppen: Aktivitätsereignisse, Workflow-Ereignisse und Benutzerereignisse. Erstere Verfolgungsobjekte, z.B. *ActivityTrackPoint* oder *ActivityTrackingLocation*, sind dafür vorgesehen, aktivitätsspezifische Ereignisinformationen in der Datenbank aufzuzeichnen. Diese Ereignisse schließen Vorgänge ein wie Aktivitätsabbrüche, unbehandelte Ausnahmen und Ausführungsereignisse. Die Workflow-Objekte arbeiten in einer ähnlichen Art und Weise, decken aber entsprechend die Workflow-Ereignisverfolgung ab, etwa das Starten und Anhalten von Workflows, ebenso das Erstellen, das In-den-Leerlauf-gehen und das Beenden von Instanzen und andere ähnliche Dinge. Die Benutzerobjekte schließlich ermöglichen die individuelle Anpassung an die Anforderungen für die Verfolgung eines bestimmten Workflows. Sie können so viele Benutzerereignisse in Ihrem Workflow verfolgen, wie Sie benötigen. Sie werden einige von diesen Objekten im Rahmen der Verfolgungsprofile später in diesem Kapitel kennen lernen.

Die Verfolgungsdatensätze werden mit *Anmerkungen* versehen. Bei den Anmerkungen handelt es sich einfach um Strings, die mit dem Verfolgungsdatensatz in der Datenbank aufgezeichnet werden. Die aktivitäts- und workflowspezifischen Verfolgungsdatensätze bringen bereits eine bewährte Sammlung von Anmerkungen mit, aber Sie möchten eventuell zusätzliche Anmerkungen für eine benutzerspezifische Ereignisverfolgung bereitstellen, was problemlos möglich ist.

Der Begriff *Verfolgung* (*tracking*) in der WF bezeichnet etwas Ähnliches, das anderweitig als *Tracing* bekannt ist. Tracing, zu Deutsch auch *Ablaufverfolgung*, ist bekanntlich ein nützliches Debugging-Werkzeug. ASP.NET und .NET-Client-Technologien – etwa die Windows Presentation Foundation (WPF) und generell Windows-Fenster – verfügen alle über Tracing-Fähigkeiten. Tracing basiert auf dem Konzept von Trace-Levels. Dabei geben Sie an, was getraced werden soll – unter Einbeziehung unterschiedlicher »Schweregrade«, etwa das Tracing bei einem Fehler, das Tracing bei einer Warnung oder das

Erzeugen eines Tracing-Eintrags zur reinen Information. Dies erlaubt es Personen, welche die Tracing-Datensätze betrachten, diese nach bestimmten Wünschen zu filtern. So lassen sich z.B. ausschließlich Tracing-Informationen abrufen, die Ausnahmen enthalten, oder aber sämtliche Tracing-Informationen.

Die Verfolgung in der WF basiert auf einem ähnlichen Konzept, zumindest was die Filterung betrifft. Wie Sie sich gewiss erinnern, erzeugen sowohl aktivitätsspezifische als auch Workflow-spezifische Ereignisse alle möglichen Arten von Datensätzen mit Verfolgungsinformationen. Einige davon halten Sie für interessant (etwa solche für unbehandelte Ausnahmen oder den Leerlaufstatus), andere wiederum nicht.

Um die nicht benötigten Ereignisse auszufiltern, erstellen Sie ein Verfolgungsprofil. Bei diesem handelt es sich um ein XML-Dokument, das bezeichnet, was in die Verfolgung einbezogen und was von dieser ausgenommen werden soll. Im Unterschied zum Tracing bestimmt das Verfolgungsprofil, was tatsächlich in die Datenbank geschrieben werden soll, nicht was aus der Datenbank angezeigt werden soll. Ein weiterer Unterschied zum Tracing liegt darin, dass das Verfolgungsprofil – also das entsprechende XML-Dokument – in der Verfolgungsdatenbank aufgezeichnet und aus dieser wieder aufgerufen wird, wenn der Workflow zur Ausführung gelangt. Beim Tracing dagegen wird alles aufgezeichnet, was für das Tracing vorgesehen ist, aber die Informationen werden kategorisiert, sodass sich diese bei der späteren Ansicht filtern lassen.

Den SQL Server für die Verfolgung einrichten

Obwohl Sie eigene Verfolgungsdienste erstellen können, welche die verfolgten Daten auf unterschiedliche Weise aufzeichnen (z.B. in eine Meldungswarteschlange stellen oder in einer Datendatei ablegen), stehen in diesem Kapitel die Fähigkeiten der WF im Vordergrund, die Ereignisdaten in einer SQL Server-Datenbank speichern zu können. Die WF verfügt hier standardmäßig über eine eingebaute Unterstützung für den SQL Server 2005.

> **Hinweis** Da der SQL Server 2005 und der SQL Server Express beide das SQL Server Management Studio nutzen, sind die folgenden Schritte für beide Datenbanken identisch, zumindest was die Einrichtung der Datenbank für die Ereignisverfolgung selbst betrifft. SQL Server Express enthält zwar kein SQL Server Management Studio, aber Sie können die Express-Version des Management Studios unter folgender Internetadresse herunterladen: *http://www.microsoft.com/downloads/details.aspx?FamilyId=C243A5AE-4BD1-4E3D-94B8-5A0F62BF7796&displaylang=de*

Als Erstes soll eine neue Datenbank im SQL Server Management Studio (oder der Express-Version davon) erstellt werden. Danach ist es erforderlich, einige SQL-Skripts auszuführen, die mit den WinFX-Komponenten ausgeliefert werden (oder die vorgefertigt mit Windows Vista kommen). Diese Skripts erzeugen die Datenbankrollen, die Tabellen und Ansichten sowie die gespeicherten Prozeduren, die notwendig sind, um mit Ihrem Workflow zu kommunizieren. Beginnen Sie also mit dem Anlegen einer neuen Datenbank und der Ausführung der vorbereitenden Skripts. Im Anschluss daran zeichnen Sie die Verfolgungsdaten in der Datenbank auf und verwenden dazu den WF-Verfolgungsdienst.

Hinweis In den folgenden Schritten wird zwar die Bezeichnung *SQL Server Express* verwendet, aber auch wenn Sie die Vollversion des SQL Server einsetzen, können Sie diese Anleitung verwenden. Wenn Sie den Ausdruck *SQL Server Express* lesen, denken Sie sich einfach das *Express* weg.

Eine SQL Server 2005-Datenbank zur Ereignisverfolgung erstellen

1. Öffnen Sie das Windows *Start*-Menü, bewegen Sie den Mauszeiger auf *Alle Programme* und wählen Sie dann das Menü *Microsoft SQL Server 2005*.

2. Klicken Sie auf den Eintrag *SQL Server Management Studio Express*, um das gleichnamige Programm zu starten (haben Sie den SQL Server installiert, klicken Sie stattdessen auf den Eintrag *SQL Server Management Studio*).

3. Sie müssen sich jetzt mit dem gewünschten Datenbankserver verbinden. Dazu dient das Dialogfeld *Verbindung mit Server herstellen* (Abbildung 5.1).

Abbildung 5.1 Mit dem Datenbankserver verbinden

(Wenn das SQL Server Management Studio Express bereits läuft, klicken Sie dort im Fenster *Objekt-Explorer* auf das Symbol (*Objekt-Explorer verbinden*) und wählen Sie dann das Datenbankmodul.) Das Listenfeld *Servertyp* sollte auf den Eintrag *Datenbankmodul* eingestellt sein (der Standardeintrag). Im Listenfeld *Servername* sollte sich der Servername und, getrennt durch das Zeichen »\«, die Instanz des SQL Server 2005 befinden, die Sie auf diesem Server verwenden möchten. In der Abbildung heißt der Server *SOKRATES* und die verwendende Instanz *SQLEXPRESS*. Möchten Sie die standardmäßige Instanz verwenden, geben Sie einfach nur den Servernamen an. Für die *Authentifizierung* sollten Sie die gleiche Authentifizierungsmethode verwenden, die Sie bei der Installation des SQL Server angegeben haben (fragen Sie gegebenenfalls beim Datenbankadministrator nach, wenn Sie diesbezüglich Hilfe benötigen). Klicken Sie auf *Verbinden*, um eine Verbindung zu Ihrem Datenbankserver aufzubauen.

4. Die Benutzeroberfläche des SQL Server Management Studio Express besteht normalerweise aus zwei Fenstern. Das linke Fenster, der *Objekt-Explorer* (Abbildung 5.2), bietet eine Darstellung wie der Windows-Explorer und zeigt die Datenbanken und Dienste, die mit Ihrem Datenbankserver verbunden sind. Sollte der Objekt-Explorer nicht sichtbar sein, aktivieren Sie diesen über den Menübefehl *Ansicht/*

Objekt-Explorer. Beim rechten Fenster handelt es sich um das Arbeitsfenster, indem Sie Skripts eingeben, Tabellenfelder anlegen und bearbeiten usw.

Abbildung 5.2 Der Objekt-Explorer

5. Klicken Sie mit der rechten Maustaste auf den Knoten *Datenbanken*, um das dazugehörige Kontextmenü zu öffnen, und wählen Sie den Eintrag *Neue Datenbank* (Abbildung 5.3).

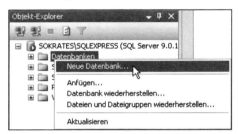

Abbildung 5.3 Erster Schritt beim Anlegen einer neuen Datenbank

6. Daraufhin erscheint das Dialogfeld *Neue Datenbank*. Geben Sie **WorkflowTracking** in das Feld *Datenbankname* ein (Abbildung 5.4) und klicken Sie auf OK.

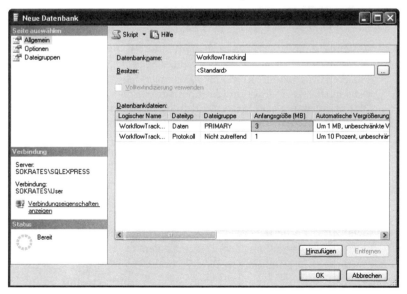

Abbildung 5.4 Benennen der neuen Datenbank

Wenn Sie den *Datenbanken*-Knoten im Objekt-Explorer öffnen, zeigt sich, dass die neue Datenbank *WorkflowTracking* hinzugefügt wurde (Abbildung 5.5).

Abbildung 5.5 Die neuen Datenbank wurde hinzugefügt

7. Als Nächstes müssen die Skripts ausgeführt werden, welche die Windows Workflow Foundation für das Einrichten der Verfolgung bereitstellt, wobei Sie mit dem Schemaskript beginnen. (Dieses legt die Tabellen und Ansichten an sowie erstellt die erforderlichen Datenbankrollen.) Die Skripts befinden sich im Verzeichnis *<%WINDIR%>\Microsoft.NET\Framework\v3.0\Windows Workflow Foundation\SQL\EN*, wobei *<%WINDIR%>* Ihr Windows-Verzeichnis darstellt (normalerweise *C:\Windows*). Öffnen Sie im SQL Server Management Studio Express das Menü *Datei*, wählen Sie *Öffnen* und dann *Datei*, woraufhin das übliche Dialogfeld *Datei öffnen* erscheint. Navigieren Sie zum gerade erwähnten Verzeichnis, in dem Sie mehrere Skripts finden, und wählen Sie das Schemaskript *Tracking_Schema.sql* mit einem Klick aus (Abbildung 5.6). Bestätigen Sie mit einem Klick auf die Schaltfläche *Öffnen*. Beachten Sie, dass Sie aufgefordert werden, sich erneut mit dem Datenbankserver zu verbinden.

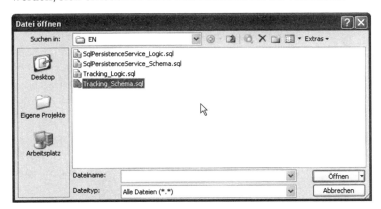

Abbildung 5.6 Auswahl des Schemaskripts, das sich im Lieferumfang der Workflow Foundation befindet

8. Das SQL Server Management Studio Express sollte das Skript in ein neues Fenster geladen haben. Bevor Sie jedoch das Skript ausführen, müssen Sie angeben, auf welche Datenbank das Skript angewendet werden soll. Selbstverständlich soll die *WorkflowTracking*-Datenbank zum Einsatz kommen, die Sie gerade angelegt haben. Scrollen Sie daher über das Listenfeld mit den Datenbanken zur *Workflow-Tracking*-Datenbank und wählen Sie diese als Ziel aus, wie es Abbildung 5.7 zeigt.

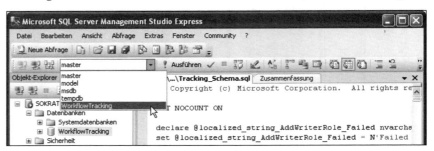

Abbildung 5.7 Auswahl der Datenbank, auf die das Skript angewendet werden soll

> **Achtung** Diesen Schritt sollten Sie keinesfalls vergessen. Ohne die eben beschriebene Auswahl der Datenbank werden die Tabellen, Ansichten und Rollen in der zuletzt im Listenfeld ausgewählten Datenbank erzeugt und landen dann entsprechend in der falschen Datenbank. Sie müssen dann die eingefügten Elemente mühsam per Hand löschen.

9. Das Skript sollte nun geladen und ausführbereit sein und als Ziel die *WorkflowTracking*-Datenbank haben. Führen Sie das Skript mit einem Klick auf die Schaltfläche *Ausführen* in der Symbolleiste aus.

> **Tipp** Das Skript kann alternativ über den Menübefehl *Abfrage/Ausführen* gestartet werden. Eine weitere Möglichkeit besteht darin, die Taste **F5** zu drücken.

10. Wiederholen Sie die Schritte 7 bis 9 mit dem Skript *Tracking_Logic.sql*. Dieses lädt die erforderlichen gespeicherten Prozeduren in die Datenbank. Im Rahmen von Schritt 8 ist es auch jetzt unbedingt erforderlich, noch einmal die *WorkflowTracking*-Datenbank im Listenfeld auszuwählen.

Sie verfügen nun über eine Datenbank, in der Sie die Verfolgungsinformationen aufzeichnen. Es stellt sich die Frage, wie die Daten aufgezeichnet werden und welche Komponenten hierfür erforderlich sind. Darum geht es im Folgenden.

Den *SqlTrackingService*-Dienst verwenden

Es ist jetzt an der Zeit, die Workflow-Datenbank zur Ereignisverfolgung einzusetzen. Dazu erstellen Sie einen neuen Workflow und erfahren, wie Ereignisse verfolgt werden. Sie beginnen mit der Erstellung eines etwas komplexeren Workflows, um ein paar Ereignisse zum Ausprobieren zu haben. Nachdem Sie den grundlegenden Workflow angelegt haben, fügen Sie den notwendigen Verfolgungscode hinzu.

Einen Workflow zur Verfolgung anlegen

1. Um das Nachvollziehen des Beispiels für Sie einfach und bequem zu halten, wurden zwei Versionen der Beispielanwendung *WorkflowTracker* erstellt. (Auch für den Rest des Buches wurde fast ausnahmslos so verfahren.) Die Anwendung liegt dabei sowohl als unvollständige als auch als vollständige Version vor. Die komplette Version stellt die Variante dar, die ohne Einschränkungen lauffähig ist, die Sie also sofort kompilieren und starten können. Sie finden diese im Verzeichnis *\Workflow\Chapter5\WorkflowTracker Completed*. Die unvollständige Version ist die Variante, die Sie im Rahmen der schrittweisen Anleitungen komplettieren. Sie finden diese im Verzeichnis *\Workflow\Chapter5\Workflow Tracker*. Sie können natürlich auch die fertige Datei begleitend zum Text ausprobieren. Welche Variante Sie auch immer wählen, zum Öffnen der Projektmappe gehen Sie wie gewohnt vor, z. B. indem Sie die Projektmappendatei (Dateierweiterung *.sln*) in das Visual Studio-Fenster ziehen oder den Visual Studio-Menübefehl *Datei/Öffnen/Projekt/Projektmappe* aufrufen.

2. Nachdem Sie die *WorkflowTracker*-Projektmappe in Visual Studio geöffnet haben, fügen Sie ein neues Projekt mit einer sequenziellen Workflow-Bibliothek hinzu (Eintrag *Sequential Workflow Library*), wobei Sie wie in Kapitel 3 beschrieben vor gehen, um Ihren neuen Workflow aufzunehmen (vergleiche hierzu Kapitel 3, Abschnitt »Der *WorkflowHost*-Projektmappe ein sequenzielles Workflow-Projekt hinzufügen«). Benennen Sie die neue Workflow-Bibliothek mit **TrackedWorkflow** und speichern Sie diese im Verzeichnis *\Workflow\Chapter5\WorkflowTracker*.

> Hinweis   Dies wirft ein allgemeines Thema auf – das Erstellen eines Workflows, passend zu einer grundlegenden Anwendung. Der Vorteil dieser Vorgehensweise liegt darin, dass Sie auf diese Weise viel Erfahrung mit dem Entwickeln von Workflow-Hostanwendungen sammeln. Wenn Sie es bevorzugen, können Sie aber auch eine Workflow-basierte Konsolenanwendung direkt in Visual Studio anlegen, aber Sie sollten dann nach wie vor eine separate Workflow-Bibliothek erzeugen. Diese Konstellation macht es einfacher, den Workflow zu überwachen, wenn der *WorkflowMonitor* später in diesem Kapitel eingesetzt wird.

3. Nach Durchführung der Schritte zum Hinzufügen der Workflow-Bibliothek wird der Workflow-Ansicht-Designer geöffnet. Ist dies nicht der Fall, steuern Sie die Datei *Workflow1.cs* im Projektmappen-Explorer an und klicken Sie auf das Symbol (*Ansicht-Designer*) in der Symbolleiste.

4. Für diesen Workflow kombinieren Sie einige Aspekte von Workflows, die Sie in diesem Buch erstellt haben. Auf diese Weise erhalten Sie einen etwas komplexeren Workflow, ohne dass Sie sich allzu weit von dem fortbewegen, mit dem Sie bereits gearbeitet haben. Ziehen Sie zunächst eine *IfElse*-Aktivität von der Toolbox auf die Oberfläche des Designers (Abbildung 5.8).

> **Tipp** Die Erstellung dieses Teils des Workflows weist größere Ähnlichkeiten mit der entsprechenden Vorgehensweise in Kapitel 1 auf.

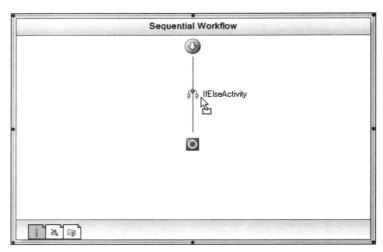

Abbildung 5.8 Hinzufügen einer *IfElse*-Aktivität

5. Klicken Sie auf den linken Zweig, *ifElseBranchActivity1*, um die dazugehörige Eigenschaft im Eigenschaftenfenster von Visual Studio anzuzeigen.

6. Halten Sie nach der Eigenschaft *Condition* Ausschau. Öffnen Sie das dazugehörige Listenfeld und wählen Sie den Eintrag *Code Condition* aus (Abbildung 5.9).

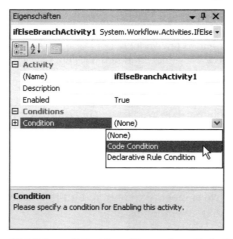

Abbildung 5.9 Hinzufügen einer *Code* Condition

7. Die *Condition*-Eigenschaft sollte nun mit einem führenden Pluszeichen (+) angezeigt werden. Klicken Sie auf dieses Pluszeichen, um die untergeordnete Eigenschaft *Condition*, ein Namensfeld, sichtbar zu machen. (Es sollte Sie nicht weiter irritieren, dass es eine untergeordnete Eigenschaft mit gleichem Namen wie die der Haupteigenschaft gibt). Im Kombinationsfeld geben Sie **QueryDelay** ein (Abbildung 5.10). Die dadurch benannte Methode wird verwendet, um zu entscheiden, welcher Pfad genommen wird, wenn die *IfElse*-Aktivität bei der Ausführung an der Reihe ist.

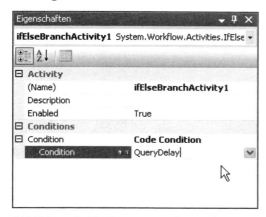

Abbildung 5.10 Benennung der Methode mit der Bedingung

8. Im Anschluss daran fügen Sie dem linken Ast einige Aktivitäten zu (dem Ast, der ausgeführt wird, wenn die Auswertung der Bedingung »wahr« ergibt). Als Erstes ziehen Sie eine *Code*-Aktivität von der Toolbox in den linken *IfElse*-Zweig, *ifElseBranchActivity1* (Abbildung 5.11).

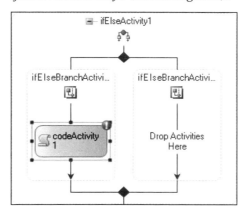

Abbildung 5.11 Hinzugefügte Code-Aktivität

9. Das Ausrufezeichen (!), das in Abbildung 5.11 zu sehen ist, signalisiert, dass noch etwas zu tun ist. Im vorliegenden Fall müssen Sie eine Methode hinzufügen, die aufgerufen wird, wenn die eben abgelegte *Code*-Aktivität ausgeführt wird. Wählen Sie dazu die *ExecuteCode*-Eigenschaft im Eigenschaftenfenster an und geben Sie im dazugehörigen Feld den Namen **PreDelayMessage** ein (Abbildung 5.12).

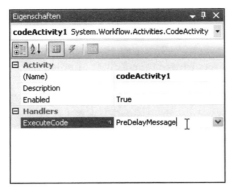

Abbildung 5.12 Benennung der auszuführenden Methode

10. Sie erkennen jetzt sicher die Intention dieser Schritte: Es soll im Wesentlichen der Verzögerungs-Workflow aus Kapitel 3 hinzugefügt werden. Analog zu Kapitel 3 legen Sie eine *Delay*-Aktivität und eine weitere *Code*-Aktivität im *ifElseBranchActivity1*-Ast ab und setzen die dazugehörigen Eigenschaften. Die Verzögerung der *Delay*-Aktivität sollte wie in Kapitel 3 zehn Sekunden betragen (*00:00:10*). Als Name für die von der *Code*-Aktivität ausgeführten Methode verwenden Sie **PostDelayMessage**. Nach Fertigstellung sollte der Workflow-Ansicht-Designer wie in Abbildung 5.13 gezeigt aussehen.

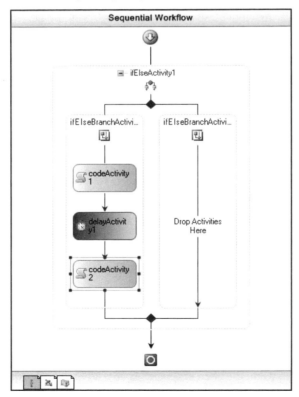

Abbildung 5.13 Von der Designer-Seite fertig gestellter Workflow

11. Nachdem die Arbeit mit dem Workflow-Ansicht-Designer beendet ist, fügen Sie etwas Code hinzu. Klicken Sie zunächst das Symbol ▣ (*Code anzeigen*) in der Symbolleiste des Projektmappen-Explorers an, um den C#-Code der Datei *Workflow1.cs* zur Bearbeitung zu öffnen. Beginnen Sie mit dem Hinzufügen eines Verweises auf die Assembly *System.Windows.Forms* und der dazugehörigen *using*-Direktive in der Datei *Workflow1.cs* ganz oben:

    ```
    using System.Windows.Forms;
    ```

12. Wenn Sie durch die Datei blättern, sollten Sie die drei Ereignishandler sehen, die Visual Studio für Sie als Aktivitätseigenschaften eingefügt hat: *PreDelayMessage*, *PostDelayMessage* und *QueryDelay*. Analog zu Kapitel 3 fügen Sie den *Code*-Aktivitätsmethoden Meldungsfenster hinzu, sodass die Anwendung Sie darüber informiert, sobald der Workflow ausgeführt wird. In der Methode *PreDelayMessage* tragen Sie den folgenden Code ein:

    ```
    MessageBox.Show("Pre-delay code is being executed.");
    ```

    In der Methode *PostDelayMessage* geben Sie diesen Code ein:

    ```
    MessageBox.Show("Post-delay code is being executed.");
    ```

13. Der etwas interessantere Fall ist der Code, den Sie der Methode *QueryDelay* hinzufügen:

    ```
    e.Result = false; // annehmen, dass nicht verzögert wird...
    if (MessageBox.Show("Okay to execute delay in workflow processing?",
        "Query Delay",
        MessageBoxButtons.YesNo,
        MessageBoxIcon.Question) == DialogResult.Yes)
    {
        // Fortschreiten erlauben:
        e.Result = true;

        // Meldung ausgeben:
        Console.WriteLine("Delay path taken...");
    } // if
    else
    {
        // Meldung ausgeben:
        Console.WriteLine("Delay path NOT taken...");
    } // else
    ```

14. Der Workflow ist vollständig, jetzt fehlt noch ein Verweis von Ihrer Hauptanwendung (*WorkflowTracker*) zum Workflow (*TrackedWorkflow*). Das einfachste ist ein projektspezifischer Verweis. Zum Hinzufügen des Verweises klicken Sie im Projektmappen-Explorer mit der rechten Maustaste auf den zum Projekt *WorkflowTracker* gehörigen Ordner *Verweise*. Wählen Sie *Verweis hinzufügen*, woraufhin das Dialogfeld *Verweis hinzufügen* erscheint. Wechseln Sie dort auf die Registerkarte *Projekte*, wählen Sie das *TrackedWorkflow*-Projekt aus der Liste aus und klicken Sie auf *OK*.

15. Öffnen Sie die Datei *Program.cs* aus dem *WorkflowTracker*-Projekt zur Bearbeitung und steuern Sie die folgende Codezeile an:

    ```
    Console.WriteLine("Waiting for workflow completion.");
    ```

16. Um eine Workflow-Instanz zu erzeugen, fügen Sie unterhalb dieser Zeile den folgenden Code ein:

```
// Die Workflow-Instanz erstellen:
WorkflowInstance instance =
    workflowRuntime.CreateWorkflow(typeof(TrackedWorkflow.Workflow1));

// Die Workflow-Instanz starten:
instance.Start();
```

17. Kompilieren Sie die Projektmappe mit einem Druck auf **F6** oder über den Menübefehl *Erstellen/Projektmappe erstellen*. Korrigieren Sie etwaige Kompilierungsfehler.

18. Um die Anwendung auszuführen, drücken Sie **F5** (oder **Strg +F5**) und beantworten Sie die Frage, ob verzögert werden soll, mit Klick auf *Yes*. Die Ausgabe auf der Konsole sollte wie in Abbildung 5.14 gezeigt aussehen.

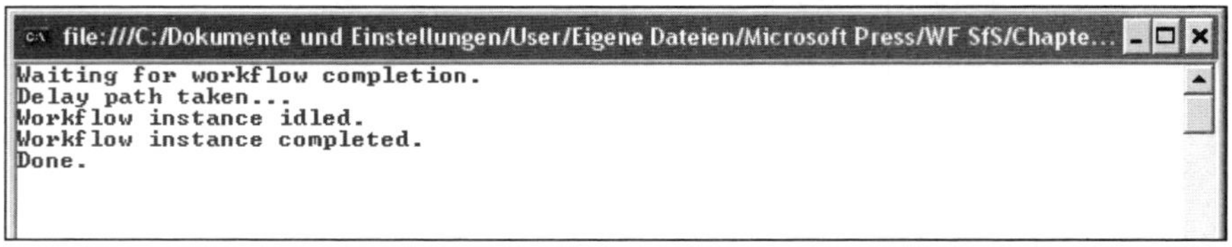

```
Waiting for workflow completion.
Delay path taken...
Workflow instance idled.
Workflow instance completed.
Done.
```

Abbildung 5.14 Ausgabe des *WorkflowTracker*, wenn der Verzögerungspfad genommen wird

Sie verfügen nun über einen grundlegenden Workflow, den Sie zum Experimentieren mit den Möglichkeiten der WF in puncto Verfolgung verwenden können. Im Folgenden fügen Sie entsprechend den Code hinzu, der für die Verfolgung benötigt wird.

Den *SqlTrackingService* dem Workflow hinzufügen

1. Da die WF mit Funktionen für die Verfolgung von Aktivitäts- und Workflow-Ereignissen ausgestattet ist, muss nicht allzu viel unternommen werden, um die Ereignisse zu verfolgen. Nichtsdestotrotz müssen Sie in die Hauptanwendung etwas Logik einbauen. Als Erstes fügen Sie in der *WorkflowTracker*-Anwendung einen Verweis auf die Assembly *System.Configuration* ein. Dieser wird benötigt, um auf die Datenbank-Verbindungszeichenfolge zugreifen zu können, die in der Konfigurationsdatei der Anwendung gespeichert werden soll. Zum Einfügen des Verweises klicken Sie das Projekt *WorkflowTracker* im Projektmappen-Explorer mit der rechten Maustaste an und wählen Sie den Eintrag *Verweis hinzufügen*, woraufhin das Dialogfeld *Verweis hinzufügen* angezeigt wird. Wechseln Sie in diesem auf die Registerkarte *.NET* und wählen Sie den Eintrag *System.Configuration* aus der Liste der verfügbaren .NET-Assemblys aus. Bestätigen Sie mit einem Klick auf *OK*.

2. Als Nächstes ergänzen Sie die *WorkflowTracker*-Anwendung um eine Anwendungskonfigurationsdatei. Zu diesem Zweck klicken Sie das Projekt *WorkflowTracker* im Projektmappen-Explorer mit der rechten Maustaste an und wählen Sie den Eintrag *Hinzufügen* und dann *Neues Element*. Im daraufhin angezeigten Dialogfeld *Neues Element hinzufügen* markieren Sie den Eintrag *Anwendungskonfigura-*

tionsdatei aus der Liste und bestätigen mit Klick auf *OK*. Auf diese Weise wird eine neue Datei *App.config* zu Ihrer Anwendung hinzugefügt.

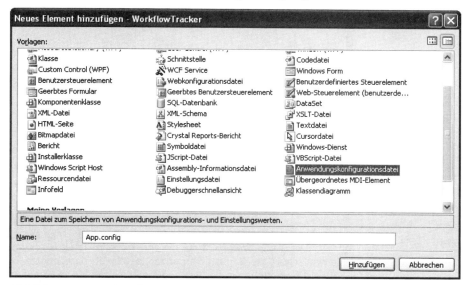

Abbildung 5.15   Hinzufügen einer Anwendungskonfigurationsdatei

3. Daraufhin erzeugt Visual Studio die neue *App.config-Datei* und öffnet diese zur Bearbeitung. Fügen Sie den folgenden XML-Code zwischen dem öffnenden und dem schließenden *configuration*-Tag ein. Beachten Sie, dass das *connectionString*-Attribut hier aus drucktechnischen Gründen in Gestalt mehrerer Zeilen dargestellt wird, Sie es aber als einzelne Zeile eingeben müssen, also ohne Zeilenumbrüche:

```
<connectionStrings>
    <add name="TrackingDatabase"
        connectionString="Data Source=(local)\SQLEXPRESS;
        Initial Catalog=WorkflowTracking;Integrated Security=True;"/>
</connectionStrings>
```

> **Hinweis**   Die abgedruckte Verbindungszeichenfolge muss gegebenenfalls angepasst werden, sonst funktioniert sie nicht. Dies ist z.B. erforderlich, wenn Sie einen anderen Server verwenden oder eine *benannte Instanz*. Ändern Sie dann den *Data Source*-Wert entsprechend. Ähnliches gilt, wenn mit einer *SQL Server-Authentifizierung* gearbeitet wird. In diesem Fall muss der *Integrated Security*-Wert durch die Werte *UID* und *PWD* (bzw. durch *User ID* und *Password*) ersetzt werden, um auf diese Weise den Benutzernamen und das Passwort für den gewünschten SQL-Login anzugeben.

4. Klicken Sie im Projektmappen-Explorer auf die zum Projekt *WorkflowTracker* gehörige Datei *WorkflowFactory.cs* und dann auf das Symbol (*Code anzeigen*).

5. Um IntelliSense nutzen zu können, fügen Sie im oberen Bereich der Datei die folgenden Codezeilen ein, und zwar unterhalb der letzten dort zu findenden *using*-Direktive:

```
using System.Workflow.Runtime.Tracking;
using System.Configuration;
```

6. Scrollen Sie in der Datei nach unten zu der Zeile, an der die *WorkflowRuntime*-Instanz erstellt wird:

```
_workflowRuntime = new WorkflowRuntime();
```

An dieser Stelle muss der Workflow-Laufzeit ein *SqlTrackingService*-Dienst hinzugefügt werden. Geben Sie unterhalb dieser Codezeile den folgenden Code ein:

```
String conn =
    ConfigurationManager.ConnectionStrings["TrackingDatabase"].ConnectionString;
_workflowRuntime.AddService(new SqlTrackingService(conn));
```

Mit dem letzten Schritt haben Sie das Hinzufügen des Codes abgeschlossen, der für die Verfolgung benötigt wird. (Sie werden gleich weiteren Code hinzufügen, um die Ergebnisse der Verfolgung anzuzeigen.) Kompilieren Sie die Anwendung mit dem Menübefehl *Erstellen/Projektmappe erstellen* und führen Sie diese mit **F5** oder **Strg+F5** aus.

Hinweis Sollte das Programm mit einer *ArgumentException*-Ausnahme abstürzen, die Ihnen mitteilt, dass die Laufzeit nicht auf die angegebene Datenbank zugreifen kann, müssen Sie wahrscheinlich den Login ergänzen, der Sie als berechtigten Datenbankanwender ausweist (angegeben in der Verbindungszeichenfolge, die Sie dem Workflow vorhin hinzugefügt haben) oder die Verbindungszeichenfolge anderweitig korrigieren. Sollte es hierbei Schwierigkeiten geben, leistet die Onlinehilfe gute Dienste (http://msdn2.microsoft.com/de-de/library/ms254978(VS.80).aspx). Bitten Sie gegebenenfalls Ihren Datenbankadministrator um Hilfe, falls sich das Problem nicht lösen lässt.

Wenn der Workflow wie erwartet funktioniert, sollten die Tabelle *ActivityInstance* der Datenbank *WorkflowTracking* Einträge enthalten, wie in Abbildung 5.16 zu sehen.

Hinweis Um die Tabelle zur Ansicht zu bringen, starten Sie das SQL Server Management Studio Express (vorausgesetzt, es läuft nicht bereits) und öffnen Sie den Knoten *Datenbanken*. Begeben Sie sich zur Datenbank *WorkflowTracking*. Öffnen Sie auch deren Knoten und den dann sichtbaren *Tabellen*-Knoten. Anschließend klicken Sie mit der rechten Maustaste auf den Knoten *ActivityInstance* und wählen Sie den Menübefehl *Tabelle öffnen* aus dem Kontextmenü.

WorkFlowInsta...	ActivityInstanc...	QualifiedName	ContextGuid	ParentContext...	WorkflowInsta...
1	1	Workflow1	38e26c67-362a-...	38e26c67-362a-...	NULL
1	2	ifElseActivity1	38e26c67-362a-...	38e26c67-362a-...	NULL
1	3	ifElseBranchActi...	38e26c67-362a-...	38e26c67-362a-...	NULL
1	4	codeActivity1	38e26c67-362a-...	38e26c67-362a-...	NULL
1	5	delayActivity1	38e26c67-362a-...	38e26c67-362a-...	NULL
1	6	codeActivity2	38e26c67-362a-...	38e26c67-362a-...	NULL
NULL	NULL	NULL	NULL	NULL	NULL

Abbildung 5.16 Die Tabelle *ActivityInstance*

Wenn Ihre Absicht ausschließlich darin besteht, die Verfolgungsdaten in der Datenbank zu speichern, so haben Sie bereits alles Wesentliche erfahren, um dies durchzuführen. Aber nehmen Sie sich die Zeit und verwenden Sie einige Objekte aus Tabelle 5.2, um die in der Datenbank aufgezeichneten Daten aus Ihrer Anwendung auszulesen.

Die Datensätze mit den verfolgten Daten aus dem Workflow abrufen

1. Laden Sie die gerade erstellte Anwendung, falls erforderlich. Öffnen Sie dann die Datei *Program.cs* aus dem Projekt *WorkflowTracker* zur Bearbeitung.

2. Steuern Sie innerhalb der *Main*-Methode diese Codezeile an:

   ```
   waitHandle.WaitOne();
   ```

3. Fügen Sie unmittelbar unterhalb dieser Zeile diesen Code ein:

   ```
   ShowWorkflowTrackingEvents(instance.InstanceId);
   ShowActivityTrackingEvents(instance.InstanceId);
   ```

4. Da Sie einige Methoden aufgerufen haben, die noch nicht existieren, müssen diese Methoden implementiert werden. Fügen Sie diese Methoden der *Program*-Klasse hinzu:

   ```
   static void ShowActivityTrackingEvents(Guid instanceId)
   {
       SqlTrackingQuery sqlTrackingQuery =
           new SqlTrackingQuery(ConfigurationManager.
           ConnectionStrings["TrackingDatabase"].
           ConnectionString);

       SqlTrackingWorkflowInstance sqlTrackingWorkflowInstance = null;
       sqlTrackingQuery.TryGetWorkflow(instanceId,
           out sqlTrackingWorkflowInstance);
       if (sqlTrackingWorkflowInstance != null)
       {
           Console.WriteLine("\nActivity Tracking Events:\n");
           Console.WriteLine("  Status :: Date/Time :: Qualified ID");

           foreach (ActivityTrackingRecord atr in
               sqlTrackingWorkflowInstance.ActivityEvents)
           {
               Console.WriteLine("  {0} :: {1} :: {2}", atr.ExecutionStatus,
                   atr.EventDateTime, atr.QualifiedName);
           } // foreach
       } // if
   }

   static void ShowWorkflowTrackingEvents(Guid instanceId)
   {
       SqlTrackingQuery sqlTrackingQuery =
           new SqlTrackingQuery(ConfigurationManager.
           ConnectionStrings["TrackingDatabase"].
           ConnectionString);
       SqlTrackingWorkflowInstance sqlTrackingWorkflowInstance = null;
       sqlTrackingQuery.TryGetWorkflow(instanceId,
           out sqlTrackingWorkflowInstance);
       if (sqlTrackingWorkflowInstance != null)
   ```

```
            {
                Console.WriteLine("\nWorkflow Instance Events:\n");
                Console.WriteLine("  Description :: Date/Time");

                foreach (WorkflowTrackingRecord wtr in
                    sqlTrackingWorkflowInstance.WorkflowEvents)
                {
                    Console.WriteLine("  {0} :: {1}", wtr.TrackingWorkflowEvent,
                        wtr.EventDateTime);
                } // foreach
            }
        }
```

Im letzten Schritt wurde viel Code hinzugefügt, aber in Wirklichkeit ist das Ganze nicht weiter kompliziert. Zuerst wurde eine Instanz von *SqlTrackingQuery* erstellt, wobei dieselbe Verbindungszeichenfolge verwendet wird, auf die auch bereits für den *SqlTracking-Service* zurückgegriffen wurde. Dann erfolgt die Datenbankabfrage, bei der die verfolgten Daten Ihrer aktuellen Workflow-Instanz abgerufen werden, wobei Letztere über die Instanz-ID (eine Guid) angegeben wird. Die Abfrage wird mithilfe der Methode *SqlTrackingQuery.TryGetWorkflow* durchgeführt. Wenn die verfolgten Informationen Ihrer Workflow-Instanz in der Datenbank gefunden wurden, werden die zugehörigen Datensätze durchlaufen (die als Auflistung von *WorkflowTrackingRecord*-Ojekten zurückgegeben werden) und die Daten extrahiert, die von Interesse sind. Werden keine Datensätze gefunden, werden entsprechend keine Verfolgungsinformationen auf die Konsole geschrieben. Die Bildschirmausgabe sollte in etwa so aussehen, wie es Abbildung 5.17 zeigt (Sie müssen gegebenenfalls einen Haltepunkt setzen und die Anwendung im Debugmodus ausführen, um die Ausgabe vollständig sehen zu können).

Abbildung 5.17 Anzeige der in der Datenbank gespeicherten Verfolgungsdaten

Benutzerereignisse verfolgen

Der *SqlTrackingService*-Dienst ist dazu in der Lage, Ereignisse zu verfolgen, die von Haus aus Teil der WF sind. Der Grund hierfür ist, dass er selbst zur WF gehört. Das bedeutet, der *SqlTrackingService*-Dienst kann Standardereignisse verfolgen, die von Aktivitäten und Workflow-Instanzen ausgelöst werden. Es stellt sich aber die Frage, wie es mit den Daten aussieht, die Ihr Workflow generiert. Wie werden diese verfolgt?

Zu diesem Zweck unterstützt die *Activity*-Aktivität eine Methode namens *TrackData*. Diese besitzt zwei überladene Versionen: eine, die ein zu speicherndes Objekt erwartet, und eine, die zur Speicherung sowohl einen String in Gestalt eines Schlüssel als auch ein Objekt akzeptiert.

Wenn Sie die *TrackData*-Methode ausführen und die zu verfolgenden Daten übergeben, gewöhnlich ein String, werden die Informationen als Benutzerereignisdaten in der Datenbank gespeichert. Probieren Sie das folgende Verfahren in Verbindung mit dem Projekt *WorkflowTracker* aus, das Sie in diesem Kapitel weiter oben erstellt haben.

Die Datensätze mit den Verfolgungsinformationen Ihres Workflows wieder abrufen

1. Öffnen Sie die C#-Datei *Workflow1.cs* des Projekts *WorkflowTracker* zur Bearbeitung.

2. Scrollen Sie nach unten, bis Sie die Methoden *PreDelayMessage* und *PostDelayMessage* finden, die Sie bei der Erstellung des Workflows hinzugefügt haben.

3. Geben Sie unterhalb des Codes, der in *PreDelayMessage* die Meldungsbox anzeigt, diese Codezeile ein:

```
this.TrackData("Delay commencing");
```

4. Tippen Sie nach demselben Prinzip unterhalb des Codes, der in *PostDelayMessage* das Meldungsfenster zur Anzeige bringt, die nachfolgende Codezeile ein:

```
this.TrackData("Delay completed");
```

5. Drücken Sie **F5** oder **Strg+F5**, um das Programm zu kompilieren und auszuführen. Daraufhin öffnen Sie die Tabelle *UserEvent* aus der Datenbank *WorkflowTracking* und führen Sie die Schritte aus, die im Rahmen der Tabelle *ActivityInstance* (Abbildung 5.16) beschrieben sind. In der Tabelle sollten sich jetzt zwei Datensätze befinden, für jeden Aufruf von *TrackData* in Ihrem Workflow einer, wie in Abbildung 5.18 zu sehen.

Tabelle - dbo.UserEvent | Tabelle - dbo.ActivityInstance | Zusammenfassung

	EventDateTime	UserDataKey	UserDataTypeId	UserData_Str	UserData_Blob	UserDataNonS...
▶	24.02.2007 19:...	*NULL*	6	Delay commencing	<Binärdaten>	False
	24.02.2007 19:...	*NULL*	6	Delay completed	<Binärdaten>	False
*	*NULL*	*NULL*	*NULL*	*NULL*	*NULL*	*NULL*

Abbildung 5.18 Aufgezeichnete Benutzerereignisse

Eigene Verfolgungsprofile erstellen

Verfolgungsprofile wurden bereits einige Male in diesem Kapitel erwähnt, aber bislang wurde bewusst noch nicht ins Detail gegangen. Das wird in diesem Abschnitt nachgeholt. Wie Sie sich vielleicht erinnern, ist ein Verfolgungsprofil ein Mechanismus, um die Anzahl der Informationen zu begrenzen, welche die Verfolgungsarchitektur der WF in der Datenbank speichert. Letztendlich ist ein Verfolgungsprofil nichts anderes als ein XML-Dokument, das vorschreibt, was aus einer bestimmten Workflow-Perspektive eingeschlossen und was ausgeschlossen werden soll.

Um die Code-Erstellung zu erleichtern, gibt es das Objekt *TrackingProfile* sowie die übrigen Objekte, die in Tabelle 5.2 zu sehen sind. Sie können diese Objekte verwenden, um dieses XML-Dokument zu erstellen.

Da es ein Objekt für Verfolgungsprofile gibt, lässt sich annehmen, dass ebenso ein XML-Serialisierer verfügbar ist, der das *TrackingProfile*-Objekt in ein XML-Dokument konvertiert, das Sie für die Speicherung in der Datenbank benötigen. In der Tat existiert solch ein Objekt – *TrackingProfileSerializer*. Zwar bietet die WF von sich aus keine Unterstützung für das Schreiben der XML-Informationen in die Datenbank, sobald diese serialisiert sind, aber dieser Vorgang lässt sich leicht bewerkstelligen, indem typische ADO.NET-Techniken sowie gespeicherte Prozeduren, die Sie in der Verfolgungsdatenbank finden, verwendet werden.

Wenn Sie sich noch einmal Tabelle 5.2 anschauen, finden Sie Objekte, in deren Namen die Begriffe »Location« (zu Deutsch *Adresse*) und »TrackPoint« (zu Deutsch *Verfolgungspunkt*) angehängt sind – jeweils eines für Aktivitäts-, Workflow- und Benutzerereignisse. Es stellt sich die Frage, was in diesem Zusammenhang mit *Adressen* und *Punkten* gemeint ist.

Adressen verweisen auf bestimmte Orte in Ihrem Workflow, an denen Ereignisse auftreten, unabhängig davon, ob diese aktivitäts-, Workflow- oder benutzerbezogen sind (mit »benutzerbezogen« sind Ereignisse gemeint, die Sie in Ihrem Workflow realisieren, nicht etwa die Endanwender Ihrer Workflow-basierenden Anwendungen). Entsprechend beschreiben Adressen die Ereignisse, die verfolgt werden sollen. Unter Verwendung eines der ...*Location*-Objekte können Sie genauer angeben, welche Ereignisse für die Verfolgung eingeschlossen und an welchen Orten in Ihrem Workflow diese Ereignisse berücksichtigt werden sollen. Ebenso lässt sich festlegen, welche Ereignisse von der Verfolgung ausgenommen werden sollen.

Verfolgungspunkte hingegen stellen Sammlungen von Adressen dar und als solche können diese das Verfolgen an einer oder an vielen Stellen in Ihrem Workflow auslösen. Sie können sich einen Verfolgungspunkt vorstellen als eine Zusammenfassung mehrerer zu untersuchender Orte, die sich über Ihren Workflow-Code erstrecken. Abhängig von den Bedingungen und Adressen, die Sie dem Verfolgungspunkt zuweisen, löst dieser entweder eine Verfolgung aus oder er löst sie eben nicht aus.

Der Hintergrund von Adressen und Verfolgungspunkten ist folgender: Wenn Sie ein Verfolgungsprofil einrichten, fügen Sie in Wirklichkeit dem Profilobjekt Verfolgungspunkte und Adressen hinzu, die als Filter für die zu schreibenden Ereignisse dienen. Im Folgenden wenden Sie das Gelernte an, indem Sie im Rahmen der bekannten Beispielanwendung dieses Kapitels ein Verfolgungsprofil anlegen und anwenden.

Ein neues Verfolgungsprofil anlegen

1. Laden Sie zunächst, falls erforderlich, das *WorkflowTracker*-Projekt. Wählen Sie dann die Datei *Program.cs* im Projektmappen-Explorer aus und klicken Sie auf das Symbol (*Code anzeigen*), um die C#-Quellcodedatei mit der Hauptanwendung zur Bearbeitung zu öffnen. Der gesamte Code dieses Abschnitts ist für diese Datei bestimmt.

2. Der hinzuzufügende Code ist nicht notwendigerweise schwierig zu verstehen, aber es handelt sich um recht viel Code. Ergänzen Sie zunächst den Code um die notwendigen *using*-Direktiven, die für die Kompilierung benötigt werden, aber auch, um von IntelliSense profitieren zu können. Fügen Sie die folgenden Zeilen unterhalb der bestehenden *using*-Direktiven von *Program.cs* ein:

```
using System.Data;
using System.Data.SqlClient;
using System.Globalization;
using System.IO;
using System.Workflow.ComponentModel;
```

3. Was den eigentlichen Code betrifft, beginnen Sie zunächst damit, die *Main*-Methode anzusteuern. Tragen Sie dann die unten stehenden Zeilen am Anfang der *Main*-Methode ein, also unmittelbar nach der dazugehörigen öffnenden geschweiften Klammer ({). Denn der Vorgang soll durchgeführt werden, bevor der Code Ihren Workflow anlegt:

```
TrackingProfile profile = CreateProfile();
StoreProfile(profile, ConfigurationManager.
    ConnectionStrings["TrackingDatabase"].
    ConnectionString);
```

4. Den Code, den Sie eben eingegeben haben, ruft zwei Methoden auf, die noch der *Program*-Klasse hinzugefügt werden müssen. Scrollen Sie durch die *Program*-Klasse und ergänzen Sie diese um die Methode *CreateProfile*, die Sie im Folgenden finden:

```
static TrackingProfile CreateProfile()
{
    TrackingProfile profile = new TrackingProfile();

    ActivityTrackingLocation actLoc = new
        ActivityTrackingLocation(typeof(Activity));
    actLoc.MatchDerivedTypes = true;
    actLoc.ExecutionStatusEvents.Add(ActivityExecutionStatus.Executing);

    ActivityTrackPoint actPt = new ActivityTrackPoint();
    actPt.MatchingLocations.Add(actLoc);
    profile.ActivityTrackPoints.Add(actPt);

    WorkflowTrackingLocation wfLoc = new WorkflowTrackingLocation();
    wfLoc.Events.Add(TrackingWorkflowEvent.Started);
    wfLoc.Events.Add(TrackingWorkflowEvent.Idle);

    WorkflowTrackPoint wfPt = new WorkflowTrackPoint();
    wfPt.MatchingLocation = wfLoc;
    profile.WorkflowTrackPoints.Add(wfPt);
```

```
        profile.Version = new Version("1.0.0.0");
        return profile;

    }
```

5. Fügen Sie nach dem gleichen Prinzip die Methode *StoreProfile* hinzu:

```
static void StoreProfile(TrackingProfile profile, string connString)
{
    TrackingProfileSerializer serializer = new TrackingProfileSerializer();
    StringWriter writer = new StringWriter(new StringBuilder(),
        CultureInfo.InvariantCulture);
    serializer.Serialize(writer, profile);

    SqlConnection conn = null;
    try
    {
        if (!String.IsNullOrEmpty(connString))
        {
            conn = new SqlConnection(connString);

            string storedProc = "dbo.UpdateTrackingProfile";

            SqlCommand cmd = new SqlCommand(storedProc, conn);
            cmd.CommandType = CommandType.StoredProcedure;
            SqlParameter parm = new SqlParameter("@TypeFullName",
                SqlDbType.NVarChar, 128);
            parm.Direction = ParameterDirection.Input;
            parm.Value = typeof(TrackedWorkflow.Workflow1).ToString();
            cmd.Parameters.Add(parm);
            parm = new SqlParameter("@AssemblyFullName",
                SqlDbType.NVarChar, 256);
            parm.Direction = ParameterDirection.Input;
            parm.Value =
                typeof(TrackedWorkflow.Workflow1).Assembly.FullName;
            cmd.Parameters.Add(parm);
            parm = new SqlParameter("@Version", SqlDbType.VarChar, 32);
            parm.Direction = ParameterDirection.Input;
            parm.Value = "1.0.0.0";
            cmd.Parameters.Add(parm);
            parm = new SqlParameter("@TrackingProfileXml",
                SqlDbType.NText);
            parm.Direction = ParameterDirection.Input;
            parm.Value = writer.ToString();
            cmd.Parameters.Add(parm);

            conn.Open();
            cmd.ExecuteNonQuery();
        } // if
    } // try
    catch (Exception ex)
    {
        if (ex is SqlException)
        {
            // Überprüfen, ob ein Versionsfehler vorliegt:
            if (ex.Message.Substring(0,24) == "A version already exists")
```

```
            {
                // Version existiert bereits:
                Console.WriteLine("NOTE: a profile with the same version" +
                    " already exists in the database");
            } // if
            else
            {
                // Fehlermeldung schreiben:
                Console.WriteLine("Error writing profile to database: {0}",
                    ex.ToString());
            } // else
        } // if        else
        {
            // Fehlermeldung schreiben:
            Console.WriteLine("Error writing profile to database: {0}",
                ex.ToString());
        } // else
    } // catch
    finally
    {
        if (conn != null)
        {
            conn.Close();
        } // if
    } // finally
}
```

6. Wenn Sie diese Anwendung an dieser Stelle mit **F5** oder **Strg+F5** ausführen, sollte das in *CreateProfile* angelegte Profil generiert und in die Datenbank geschrieben werden. Wenn Sie sich den Code aus Schritt 4 genau anschauen, stellen Sie fest, dass lediglich eine kleine Handvoll von Aktivitäts- und Workflow-Ereignissen verfolgt werden. Daher sollte man erwarten, dass von den Methoden *ShowActivityTrackingEvents* und *ShowWorkflowTrackingEvents* weniger Textzeilen in das Konsolenfenster geschrieben werden. Genau dies geschieht, wie es Abbildung 5.19 zeigt (vergleiche mit Abbildung 5.17).

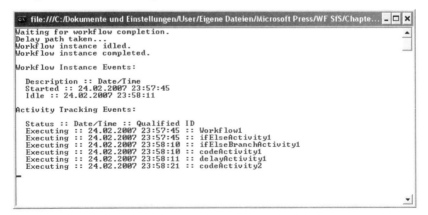

Abbildung 5.19 Ausgabe der verfolgten Ereignisse bei Verwendung eines Verfolgungsprofils

Die Methode *CreateProfile* erstellt ein neues *TrackingProfile*-Objekt und fügt sowohl einen Aktivitäts- als auch einen Workflow-Verfolgungspunkt hinzu. Für jeden Verfolgungspunkt wurde eine Adresse definiert, die vorschreibt, welche Ereignisse verfolgt werden (nicht aufgelistete Ereignisse sind standardmäßig ausgenommen). So sollten nur *Executing*-Ereignisse von Aktivitäten sowie *Started*- und *Idle*-Ereignisse der Workflow-Instanz ausgegeben werden, was Abbildung 5.19 bestätigt.

StoreProfile serialisiert das Verfolgungsprofil in die dazugehörige XML-Form und verwendet dann typische ADO.NET-Techniken, um den XML-Code in der Verfolgungsdatenbank zu speichern. Da es bei der Aktualisierung eines Verfolgungsprofils in der Datenbank zu einem Fehler kommt, wenn das Profil eine bereits verwendete Versionsnummer aufweist, fängt innerhalb von *StoreProfile* ein *catch*-Block eine entsprechende Ausnahme ab. In diesem Fall wird ein Hinweis auf der Konsole ausgegeben. Bei anderen Fehlern wird der komplette Fehlertext angezeigt.

Verfolgungsinformationen mit dem *WorkflowMonitor* betrachten

Es wäre angenehm, ein fertiges Tool zu haben, mit dem sich die Workflow-Ereignisse überwachen ließen. Es ist zwar eine große Hilfe, dass die Datensätze mit den Verfolgungsinformationen ausgegeben werden können, wie es bereits in diesem Kapitel gezeigt wurde, aber eine grafische Benutzeroberfläche würde noch eine weit bessere Arbeit leisten. Erfreulicherweise befindet sich innerhalb der WF-Beispiele aus dem Windows SDK eine Anwendung namens *WorkflowMonitor*.

Das Programm muss zwar erst kompiliert werden und es müssen ein paar Tricks in Verbindung mit den Dateien angewendet werden, aber es lohnt sich. Denn Sie erhalten einen einfachen, aber grafisch orientierten Monitor zur Ereignisverfolgung. Gehen Sie zum Erzeugen der Anwendung wie im Folgenden beschrieben vor.

Den *WorkflowMonitor* kompilieren

1. Der *WorkflowMonitor* ist Teil der Workflow-Beispielbibliothek, die sich im Lieferumfang des Windows Software Development Kit (SDK) befindet. Kopieren Sie die Datei *WFSamples.zip* vom Installationsverzeichnis nach \Workflow\Chapter5 und entpacken Sie die Inhalte. Sie finden die Datei *WFSamples.zip* im folgenden Verzeichnis (ändern Sie falls erforderlich den entsprechenden Laufwerksbuchstaben):

   ```
   C:\Programme\Microsoft SDKs\Windows\v6.0\Samples\WFSamples.zip
   ```

2. Öffnen Sie die Datei *WorkflowMonitor.sln* in Visual Studio mit dem Menübefehl *Datei/Öffnen/Projekt/Projektmappe*. Die Projektmappe ist im folgenden (dekomprimierten) Verzeichnis enthalten:

   ```
   \Workflow\Chapter5\WFSamples\Applications\WorkflowMonitor\CS
   ```

   (Sollten Sie das vom Extrahier-Assistenten vorgeschlagene Verzeichnis geändert haben, kann der komplette Pfad abweichen, die Projektmappe findet sich aber auf jeden Fall in ...*WFSamples\Applications\WorkflowMonitor\CS*).

> **Tipp** Sie müssen die Datei *WFSamples.zip* entpacken (zumindest das komplette darin enthaltene *WorkflowMonitor*-Verzeichnis mit allen Unterverzeichnissen), bevor Sie die Projektmappe in Visual Studio öffnen. Sobald die Datei entpackt ist, können Sie die Projektmappe öffnen, indem Sie mit dem Windows-Explorer zum entsprechenden Verzeichnis navigieren und die Projektmappendatei (Erweiterung *.sln*) mit der Maus in das Visual Studio-Fenster ziehen. Diese Möglichkeit wird zur Alternative – dem Öffnen über das *Datei*-Menü in Visual Studio – vom Autor bevorzugt.

3. Kompilieren Sie die Anwendung mit dem Menübefehl *Erstellen/WorkflowMonitor erstellen*.

Die Anwendung sollte ohne Fehler kompiliert werden, aber Sie können Sie noch nicht erfolgreich ausführen. Der Hintergrund ist folgender: Wenn der *SqlTrackingService* Datensätze mit Verfolgungsinformationen in die Datenbank schreibt, ist der Datentyp des Workflow-Objekts einer der Informationsbestandteile, der aufgezeichnet wird. Ist jedoch der Typ, den Ihr Workflow unterstützt, nicht im Global Assembly Cache (GAC) enthalten, ist der *WorkflowMonitor* nicht dazu in der Lage, die Designer-Ansicht für Ihr Workflow-Objekt zu laden, da nur bestimmte Verzeichnisse durchsucht werden wie etwa der GAC, Ihre Anwendung sich aber in einem anderen Verzeichnis befindet (*WorkflowMonitor* stellt ein Beispiel einer Anwendung dar, die den Workflow-Designer zusätzlich zum Visual Studio hostet). Daher müssen Sie Ihre Workflow-Komponenten, wie etwa *TrackedWorkflow*, in den Global Assembly Cache kopieren oder die dazugehörige DLL-Datei in das gleiche Verzeichnis kopieren, in dem die ausführbare Datei des Programms *WorkflowMonitor* (*WorkflowMonitor.exe*) enthalten ist. Für dieses Beispiel ist es allerdings als weitere Alternative am einfachsten, die Datei *WorkflowMonitor.exe* in dasselbe Verzeichnis wie Ihren ausführbaren Workflow-Code zu kopieren.

Den *WorkflowMonitor* ausführen

1. Kopieren Sie die ausführbare Datei des Programms (*WorkflowMonitor.exe*) in das Verzeichnis

   \Workflow\Chapter5\WorkflowTracker\WorkflowTracker\bin\Debug

   Dieses enthält die ausführbare Datei sowie die Bibliotheksdatei der Anwendung *WorkflowTracker*, die Sie entwickelt haben, um die Anwendung des *SqlTrackingService*-Dienstes zu demonstrieren. Sie sollten die Datei *WorkflowMonitor.exe* im folgenden Verzeichnis finden, davon ausgehend, dass Sie die Debugversion dieser Anwendung erstellt haben:

   \Workflow\Chapter5\WFSamples\Applications\WorkflowMonitor\CS\WorkflowMonitor\bin\Debug\

2. Klicken Sie im Windows-Explorer doppelt auf die Datei *WorkflowMonitor.exe*, um die Anwendung *WorkflowMonitor* auszuführen.

3. Der *WorkflowMonitor* speichert die Konfigurationsdaten in der Konfigurationsdatei *WorkflowMonitor.config*, deren Pfad durch *Application.LocalUserAppDataPath* angegeben ist. (Wenn Sie den SQL Server Express verwenden, wird möglicherweise eine Fehlermeldung angezeigt, wenn der *WorkflowMonitor* versucht, eine Verbindung zum SQL Server aufzubauen. Klicken Sie dann einfach auf *OK*.) Da Sie den *WorkflowMonitor* wahrscheinlich das erste Mal auf Ihrem System einsetzen, existiert die Konfigurationsdatei noch nicht. *WorkflowMonitor* stellt dies fest und zeigt das Dialogfeld *Settings* mit den Einstellungen des Programms an (Abbildung 5.20).

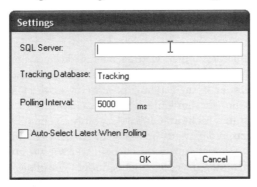

Abbildung 5.20 Beim ersten Start des Programms *WorkflowMonitor* erscheinen automatisch die Einstellungen

4. Die Einstellungsmöglichkeiten umfassen den Namen des Servers, der die Verfolgungsdatenbank hostet, den Namen der Datenbank selbst sowie das Abfrageintervall (*Polling Interval*). Letzteres ist standardmäßig auf fünf Sekunden eingestellt. Ferner ist die Einstellung *Auto-Select Latest When Polling* vorhanden, die bestimmt, ob der derzeit ausgeführte Workflow automatisch ausgewählt wird, wenn der *WorkflowMonitor* initialisiert wird (standardmäßig ausgeschaltet). Im Moment müssen Sie lediglich den Servernamen und den Datenbanknamen festlegen. Der Servername lautet **localhost** (oder **.\SQLExpress**, wenn Sie den SQL Server Express verwenden) und der Datenbankname **WorkflowTracking**. Nach Eingabe dieser Werte klicken Sie auf *OK*.

> **Hinweis** Stellen Sie sicher, dass Sie die korrekten Werte für Ihr System eingeben, wenn sich diese von den hier verwendeten unterscheiden. Falls Sie z.B. für die Datenbank einen abweichenden Namen verwendet haben, setzen Sie entsprechend diesen ein. Beachten Sie außerdem, dass der *WorkflowMonitor* die Verbindungszeichenfolge anhand des im Dialogfeld *Settings* angegebenen Server- und Datenbanknamens erzeugt. Es wird vorausgesetzt, dass die Windows-Authentifizierung für die Verbindung zur Datenbank verwendet wird. Wenn Sie dagegen die SQL Server-Authentifizierung verwenden, müssen Sie den Programmcode, der die Verbindungszeichenfolge erzeugt, entsprechend ändern. Sie finden diesen Code in der Datei *DatabaseService.cs*.

5. Daraufhin sollte der *WorkflowMonitor* eine Verbindung zur Verfolgungsdatenbank aufbauen und die dazugehörigen Datensätze auslesen. Wenn Typinformationen vorhanden sind, wird der Ansicht-Designer für die gefundenen Workflows angezeigt. In diesem Fall sollte lediglich der Workflow *TrackedWorkflow* gefunden werden, aber wenn Sie weitere Workflows erstellen, werden entsprechend weitere angezeigt. Abbildung 5.21 zeigt die Benutzeroberfläche des Programms.

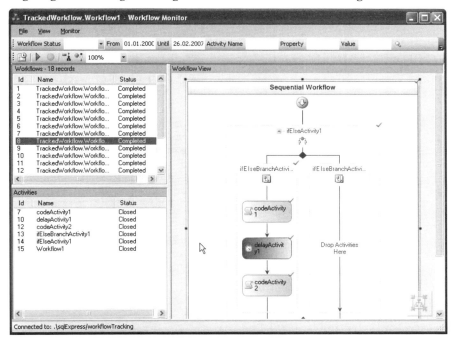

Abbildung 5.21 Die Oberfläche des *WorkflowMonitors*

In Kapitel 6 werden Sie den SQL Server erneut nutzen und sich dem Thema Persistenz und dem Zurückladen dauerhaft gesicherter Workflows widmen.

Schnellübersicht

Aufgabe	Aktion
Die Workflow-Verfolgungsdatenbank erstellen	Nachdem Sie eine Datenbank für den Workflow angelegt haben, führen Sie innerhalb des SQL Server Management Studio Express die SQL-Skripts aus, die Sie in *<%WINDIR%>\Microsoft.NET\Framework\v3.0\Windows Workflow Foundation\SQL\EN* finden. Es müssen dabei zwei Skripts gestartet werden: *Tracking_Schema.sql* und *Tracking_Logic.sql*.
Den *SqlTrackingService*-Dienst nutzen	Nachdem Sie eine Instanz von *WorkflowRuntime* erstellt haben, aber noch vor dem Aufruf der dazugehörigen *StartRuntime*-Methode, fügen Sie den Laufzeitdiensten mithilfe der Methode *WorkflowRuntime.AddService* eine neue Instanz des *SqlTrackingService*-Dienstes hinzu. ▶

Aufgabe	Aktion
Verfolgte Ereignisse filtern, um die Anzahl und die Arten der einbezogenen Ereignisse zu reduzieren	Erstellen Sie ein *TrackingProfile*-Objekt (oder den gleichwertigen XML-Code), fügen je nach Bedarf ein- sowie auszuschließende Ereignisse hinzu und schreiben Sie dann den XML-Stream in die Datenbank. In dieser Beziehung kann der *TrackingProfileSerializer* aus einem *TrackingProfile*-Objekt einen XML-Stream erstellen. Die gespeicherte Prozedur *UpdateTrackingProfile* (in der Verfolgungsdatenbank) dient dazu, den XML-Code in der dazugehörigen Tabelle zu speichern.
Ihren Workflow überwachen	Kompilieren und starten Sie den *WorkflowMonitor*. Der Quellcode des Programms befindet sich in den Workflow-Beispielen, die im Rahmen des Windows SDK installiert werden. Beachten Sie, dass Ihre Workflow-Assemblys in den Global Assembly Cache kopiert oder die DLL-Dateien Ihres Workflows im gleichen Verzeichnis wie die Datei *WorkflowMonitor.exe* untergebracht werden müssen. Dies ist erforderlich, damit der WorkflowMonitor den Ansicht-Designer für die Workflows, die in der Verfolgungsdatenbank gefunden werden, anzeigen kann.

Kapitel 6

Laden und Entfernen von Instanzen

In diesem Kapitel:

Workflow-Instanzen persistent machen 118
Den SQL Server für Persistenz einrichten. 120
Einführung in den *SqlWorkflowPersistenceService*-Dienst 123
Instanzen aus dem Arbeitsspeicher entfernen. 125
Instanzen laden 136
Im Leerlauf befindliche Instanzen laden und entfernen. 139
Schnellübersicht. 142

In diesem Kapitel lernen Sie

- was es mit dem Entfernen von Workflow-Instanzen und dem späteren Zurückladen auf sich hat.
- wie Workflow-Instanzen persistent gemacht werden und welche Anwendungsmöglichkeiten sich daraus ergeben.
- den SQL Server 2005 so einzurichten, dass Workflow-Persistenz in Verbindung mit der WF verwendet werden kann.
- den *SqlWorkflowPersistenceService*-Dienst zu nutzen.
- das manuelle Entfernen von Workflow-Instanzen aus dem Arbeitsspeicher und das spätere Zurückladen.
- den Persistenzdienst so zu konfigurieren, dass er automatisch in den Leerlauf gegangene Workflow-Instanzen aus dem Arbeitsspeicher entfernt und später wieder automatisch zurücklädt.

Wenn Sie sich einen Moment Zeit nehmen und darüber nachdenken, welche Möglichkeiten es gibt, die Windows Workflow Foundation (WF) und Workflow-Verarbeitung in Ihren Anwendungen einzusetzen, können Sie sich wahrscheinlich eine Vielzahl an Situationen vorstellen, die zu Prozessen führen, die über einen langen Zeitraum laufen. Immerhin besteht das wesentliche Wirkungsfeld von Geschäftssoftware in der Simulierung und Ausführung von Geschäftsprozessen. Viele dieser Prozesse beziehen Mitarbeiter, Geschäftspartner sowie externe Lieferanten ein und kümmern sich um Vorgänge wie Bestellabwicklung, Auslieferung, Ablaufkoordination und vieles mehr. Menschen können aber bei automatisierten Prozessen nicht immer sofort, schon gar nicht innerhalb von Sekundenbruchteilen antworten, obwohl es auf den in der Regel intensiv genutzten Servern im Prinzip auf Mikrosekunden ankommt. Server sind kostenintensive, aktive Ressourcen. Laufen auf diesen primär Threads, die Minuten, Stunden oder gar Tage oder Wochen nichts anderes verrichten, als zu warten, ist dies aus vielen Gründen nicht akzeptabel und nicht effektiv.

Daher war es den Entwicklern der WF klar, dass es einen Mechanismus geben muss, der im Leerlauf befindliche Workflows vorübergehend offline nimmt und auf das Fortsetzen eines lang laufenden Tasks wartet. Man entschied sich in dieser Beziehung, den Microsoft SQL Server als optionales Speichermedium einzubeziehen, da Datenbanken eine sehr gute Möglichkeit darstellen, wertvolle Daten sicher zu speichern. Ebenso wurde ein weiterer zuschaltbarer Dienst entwickelt, den Sie leicht in Ihre Workflows einbinden können, um einen Persistenzmechanismus zu implementieren. Wie dies funktioniert und was alles damit zusammenhängt, ist Thema dieses Kapitels.

Workflow-Instanzen persistent machen

Wussten Sie, dass sich im Kern moderner Microsoft Windows-Betriebssysteme ein sehr spezieller Teil einer Software befindet, der dafür verantwortlich ist, Zeit für die verschiedenen Threads beim Prozessor des Computers zu reservieren, welche diese anfordern? Wenn ein einzelner Thread den Prozessor für eine unangemessen lange Zeit in Beschlag nimmt, würden andere Threads ohne solch eine Einrichtung gewissermaßen »verhungern« und das System würde den Eindruck machen, hängen geblieben zu sein. Daher verschiebt dieser Betriebssystembestandteil, der so genannte Task-Scheduler (wörtlich übersetzt »Zeitplaner für Tasks«), Threads in den Ausführungs-Stack des Prozessors und aus diesem wieder hinaus, sodass alle Threads Ausführungszeit erhalten.

In gewisser Hinsicht verhalten sich Workflows ähnlich. Wenn Sie über sehr viele lang laufende Workflows verfügen, die alle in einem Computer um Prozessorzeit und Ressourcen konkurrieren, wird das System möglicherweise durch die unverarbeiteten Workflows abgebremst. Es gibt dann entsprechend keine Skalierbarkeit. Tatsächlich ist die WF sehr effizient, was die Aufrechterhaltung der Workflow-Warteschlange angeht, aber auch diese hat zwangsläufig physische Grenzen. Daher ist das Auslagern von im Leerlauf befindlichen, lang laufenden Workflows, sodass diese keinen aktiven ausführenden Status mehr aufweisen, eine gute Idee.

Es stellt sich ferner die Frage, was geschieht, wenn ein System plötzlich heruntergefahren wird. Denn Workflows werden ausschließlich im Arbeitsspeicher verarbeitet, solange Sie keine Schritte unternehmen, diese aus dem Arbeitsspeicher zu entfernen und persistent zu machen, also von einem flüchtigen Medium, wie es der Arbeitsspeicher darstellt, auf ein nicht flüchtiges – dauerhaftes – Medium zu bringen. Wenn Sie aber nicht vorausplanen und nicht die damit verbundenen Risiken erkennen, werden Sie die ausführenden Workflow-Instanzen garantiert verlieren. Wenn diese lang laufenden Workflows kritische Prozesse verwalten, stellt sich die Frage, ob man es in Kauf nehmen kann, auf diese Prozesse zu verzichten. Meistens ist dies sicher nicht der Fall, daher wird man Maßnahmen ergreifen, damit diese Prozesse erhalten bleiben.

Erfreulicherweise stellt die WF nicht nur eine Möglichkeit zum Entladen und späteren Zurückladen von Workflow-Instanzen zur Verfügung, sondern bietet mit *SqlWorkflowPersistenceService* auch einen Dienst an, der dazu konzipiert ist, Workflow-

Instanzen in eine SQL Server-Datenbank zu serialisieren. Wenn Sie das letzte Kapitel durchgearbeitet haben, sind Sie wahrscheinlich bereits mit dem Schreiben von Daten aus Workflow-Instanzen in eine Datenbank vertraut. Im vorliegenden Fall dreht es sich aber um andere Informationen und auch die Situationen, in denen Informationen geschrieben und wieder aufgerufen werden, unterscheiden sich von denen in Kapitel 5, wenngleich das generelle Konzept im Wesentlichen das gleiche ist.

Wann aber werden Workflow-Instanzen aus dem Arbeitsspeicher entfernt und, wenn dies geschehen ist, wie werden diese persistent gemacht? Workflow-Instanzen werden in ganz bestimmten Konstellationen während der Ausführung entfernt. In den meisten Fällen geschieht das Entfernen aus dem Arbeitsspeicher automatisch, aus den vorhin erwähnten Gründen: Die WF belässt keine lang laufenden Workflows im Arbeitsspeicher, um einen unnötigen Verbrauch an Ressourcen und Prozessorzeit zu vermeiden. Dennoch haben Sie selbst auch eine gewisse Einflussnahme. Im Folgenden finden Sie eine Auflistung der Situationen, an denen ein Entfernen von Workflow-Instanzen aus dem Arbeitsspeicher geschieht bzw. unterstützt wird. Wenn eine Persistenzmachung möglich ist, wird es ausdrücklich erwähnt):

1. Nachdem ein *ActivityExecutionContext* beendet und geschlossen wird (es wird entladen). *ActivityExecutionContext*-Objekte wurden bereits in Kapitel 4 »Einführung in Aktivitäten und Workflow-Typen« kurz erwähnt.

2. Wenn eine Aktivität in den Leerlaufzustand geht (optionales Entladen und optionale Persistenz), vorausgesetzt, Sie haben dieses Merkmal eingeschaltet (mehr dazu später in diesem Kapitel).

3. Sobald eine *TransactionScopeActivity* abgeschlossen ist (es wird entladen). Diese Aktivität wird in Kapitel 15 »Workflows und Transaktionen« beschrieben.

4. Sobald eine Aktivität, die mit dem *PersistOnCloseAttribute*-Atribut versehen ist, beendet wird (es wird entladen, optionale Persistenz).

5. Wenn Sie ausdrücklich eine der Methoden *WorkflowInstance.Unload* oder *WorkflowInstance.TryUnload* aufrufen (der Workflow wird entladen und persistent gemacht).

Sie können beeinflussen, wann Workflow-Instanzen persistent gemacht werden, indem Sie bestimmte Methoden des *WorkflowInstance*-Objekts aufrufen oder Ihrem Workflow erlauben, in den Leerlaufzustand zu gehen, indem Sie eine *Delay*-Aktivität einsetzen. Im Falle der Verzögerung nehmen Sie auf die automatische Persistenz Einfluss, indem Sie dem Konstruktor des Persistenzdienstes einen entsprechenden Parameter übergeben. Die Workflow-Instanz bleibt dann so lange persistent, bis die angegebene Bedingung erfüllt und die Verzögerungszeit abgelaufen ist.

Hinweis Das Anhalten einer Workflow-Instanz ist nicht das Gleiche wie das Verzögern. Beim Einsatz einer *Delay*-Aktivität wird die Workflow-Instanz automatisch in eine Datenbank geschrieben (vorausgesetzt, Sie verwenden den *SqlWorkflowPersistenceService*-Dienst und haben diesen entsprechend konfiguriert, wie es im letzten Abschnitt dieses Kapitels gezeigt wird). Das Anhalten dagegen entbindet den Workflow nur von der aktiven Verarbeitung. Sie haben dann die Möglichkeit, den Workflow mithilfe der Methoden *Unload* oder *TryUnload* manuell in die Datenbank zu schreiben.

Die WF realisiert dies durch Verwendung des *SqlWorkflowPersistenceService*-Dienstes in Kombination mit einer Datenbank, die speziell für diesen Workflow-Task erstellt wird (eine sehr ähnliche Datenbank wie die, welche Sie für die Ereignisverfolgung im letzten Kapitel angelegt haben). Windows Vista und auch .NET 3.0 enthalten Skripts, die Sie verwenden können, um sowohl das Datenbankschema anzulegen (die Tabellen und Ansichten) als auch die notwendige Logik, um die Persistenz durchzuführen (die gespeicherten Prozeduren). Im Folgenden bereiten Sie als Erstes die Datenbank vor.

Den SQL Server für Persistenz einrichten

Analog zum letzten Kapitel beginnen Sie mit der Erstellung einer neuen Datenbank im SQL Server Management Studio Express. Im Anschluss daran rufen Sie einige SQL-Skripts auf, die in den .NET 3.0-Komponenten enthalten sind (herunterladbar als separate Installation bzw. im Lieferumfang von Windows Vista enthalten). Wie auch im Rahmen der Ereignisverfolgung legen diese Skripts die Datenbankrollen, Tabellen und Ansichten sowie die gespeicherten Prozeduren an, die notwendig sind, um Workflow-Instanzen persistent zu machen.

Eine SQL Server 2005-Persistenzdatenbank erstellen

1. Rufen Sie das Programm *SQL Server Management Studio Express* auf.

> **Hinweis** Die folgenden Schritte weisen mit denen aus dem vorangegangenen Kapitel (Abschnitt »Eine SQL Server 2005-Datenbank zur Ereignisverfolgung erstellen«) große Gemeinsamkeiten auf. Der Hauptunterschied liegt darin, dass die Skripts, die Sie hier ausführen, zur Speicherung ausgeführter Workflows bestimmt sind und nicht zur Protokollierung ihrer Vorgänge.

2. Sie müssen sich erneut mit dem gewünschten Datenbankmodul verbinden. Dazu dient das Dialogfeld *Verbindung mit Server herstellen* (Abbildung 6.1).

Abbildung 6.1 Mit dem Datenbankserver verbinden

3. Blenden Sie den Objekt-Explorer (Abbildung 6.2) ein, falls dieser nicht bereits sichtbar ist. Dazu rufen Sie den Menübefehl *Ansicht/Objekt-Explorer* auf.

Kapitel 6: Laden und Entfernen von Instanzen

Abbildung 6.2 Der Objekt-Explorer

4. Klicken Sie mit der rechten Maustaste auf den Knoten *Datenbanken*, um das dazugehörige Kontextmenü zu öffnen, und wählen Sie den Eintrag *Neue Datenbank* (Abbildung 6.3).

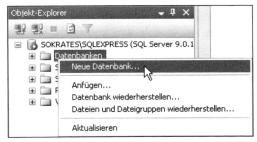

Abbildung 6.3 Erster Schritt beim Anlegen einer neuen Datenbank

5. Daraufhin erscheint das Dialogfeld *Neue Datenbank*. Geben Sie **WorkflowStore** in das Feld *Datenbankname* ein (Abbildung 6.4) und klicken Sie auf OK.

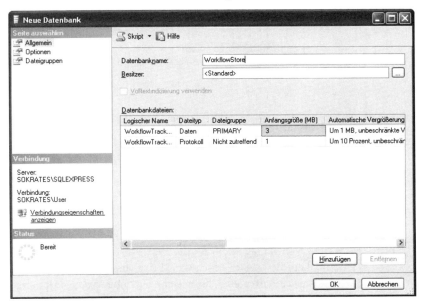

Abbildung 6.4 Benennen der neuen Datenbank

6. Nach Öffnung des *Datenbanken*-Knotens im Objekt-Explorer zeigt sich, dass die neue Datenbank *WorkflowStore* hinzugefügt wurde (Abbildung 6.5).

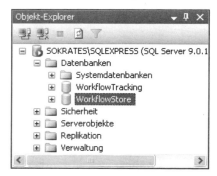

Abbildung 6.5 Die neue Datenbank wurde hinzugefügt

7. Als Nächstes müssen die erwähnten Skripts ausgeführt werden, die .NET 3.0 für die Persistenz zur Verfügung stellt, wobei Sie mit dem Schemaskript beginnen. Die Skripts befinden sich im Verzeichnis *<%WINDIR%>\Microsoft.NET\Framework\ v3.0\Windows Workflow Foundation\SQL\EN*, wobei *<%WINDIR%>* Ihr Windows-Verzeichnis darstellt (normalerweise *C:\Windows*). Öffnen Sie im SQL Server Management Studio Express das Menü *Datei*, wählen Sie *Öffnen* und dann *Datei*, woraufhin das übliche Dialogfeld *Datei öffnen* erscheint. Navigieren Sie zum gerade erwähnten Verzeichnis, in dem Sie mehrere Skripts finden, und wählen Sie das Schemaskript *SqlPersistenceService_Schema.sql* mit einem Klick aus (Abbildung 6.6). Bestätigen Sie mit einem Klick auf die Schaltfläche *Öffnen*. BeachtenSie, dass Sie aufgefordert werden, sich erneut mit dem Datenbankserver zu verbinden.

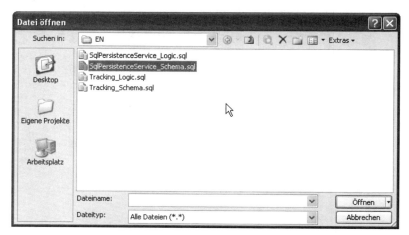

Abbildung 6.6 Auswahl des Schemaskripts

8. Das SQL Server Management Studio Express sollte das Skript in ein neues Fenster geladen haben. Bevor Sie jedoch das Skript ausführen, muss unbedingt angegeben werden – Sie erinnern sich –, auf welche Datenbank das Skript angewendet werden soll. Selbstverständlich soll die *WorkflowStore*-Datenbank zum Einsatz kommen, die

Sie gerade angelegt haben. Scrollen Sie daher über das Listenfeld mit den Datenbanken zur *WorkflowStore*-Datenbank und wählen Sie diese als Ziel aus, wie es Abbildung 6.7 zeigt.

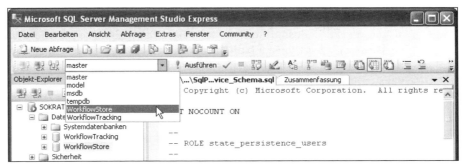

Abbildung 6.7 Auswahl der Datenbank, auf die das Skript angewendet werden soll

9. Das Skript sollte nun geladen und ausführbereit sein und als Ziel die *WorkflowStore*-Datenbank haben. Führen Sie das Skript mit einem Klick auf die Schaltfläche *Ausführen* in der Symbolleiste aus.

10. Wiederholen Sie die Schritte 7 bis 9 mit dem Skript *SqlPersistenceService_Logic.sql*. Dieses lädt die erforderlichen gespeicherten Prozeduren in die Datenbank. Im Rahmen von Schritt 8 ist es auch jetzt unbedingt erforderlich, noch einmal die *WorkflowStore*-Datenbank im Listenfeld auszuwählen.

Wenn alles ordnungsgemäß funktioniert hat, verfügen Sie über eine Datenbank, die für die Speicherung von Workflow-Instanzen bereitsteht. Es ist nun an der Zeit, den *SqlWorkflowPersistenceService*-Dienst im Rahmen der Workflow-Verarbeitung zu aktivieren, sodass Sie die gerade angelegte Datenbank verwenden können.

Einführung in den *SqlWorkflowPersistence-Service*-Dienst

Wenn es notwendig wird, einen ausführenden Workflow persistent zu machen, muss etwas diesen Vorgang tatsächlich ausführen. Jedoch ist das Speichern und Wiederherstellen von Workflow-Instanzen optional. Sie müssen Workflow-Instanzen nicht auf einem nicht flüchtigen Speichermedium unterbringen (wie eben einer Datenbank), wenn Sie dies nicht wünschen. Dies ist wohl auch der Grund dafür, dass die Persistenz als zuschaltbarer Dienst implementiert ist. Das *WorkflowInstance*-Objekt arbeitet mit dem *SqlWorkflowPersistenceService*-Dienst zusammen, sofern Letzterer bei laufender Workflow-Instanz präsent ist, um Tasks zu sichern und wiederherzustellen.

Oberflächlich betrachtet klingt dies relativ einfach. Wenn Sie die Workflow-Instanz in die Datenbank auslagern möchten, weisen Sie den Persistenzdienst an, diese Speicherung durchzuführen. Was aber geschieht, wenn Sie eine einzelne Datenbank einsetzen, um Workflows, die unterschiedlich weit fortgeschritten sind, persistent zu machen? Wie werden Workflow-Instanzen tatsächlich angehalten und neu gestartet, wenn sich diese mitten in der Ausführung befinden?

Es ist nicht unüblich, nur eine einzige Datenbank einzusetzen, um Workflow-Instanzen zu speichern. Aber die Instanzen könnten auf verschiedenen Computern ausgeführt werden und möglicherweise auf jedem Computer unterschiedlich weit fortgeschritten sein. Wenn eine Workflow-Instanz gespeichert und später zurückgeladen wird, muss es einen Weg geben, auch den Systemstatus wiederherzustellen, der zum Zeitpunkt vorlag, als die Workflow-Instanz ausgeführt wurde. Beispielsweise speichert der *SqlWorkflowPersistenceService*-Dienst, ob die Instanz blockiert wurde (auf etwas gewartet hat), den dazugehörigen Ausführungsstatus (ausführend, im Leerlauf usw.) sowie die verschiedensten Informationen, etwa serialisierte Instanzdaten sowie die Benutzerkennung. All diese Daten sind notwendig, um der Instanz zu einem späteren Zeitpunkt ihren Ausführungsstatus zurückzugeben.

Sie können diese Persistenz mithilfe dreier Methoden des *WorkflowInstance*-Objekts beeinflussen, die in Tabelle 6.1 zu sehen sind.

Tabelle 6.1 Weitere *WorkflowInstance*-Methoden

Methode	Zweck
Load	Lädt eine vorübergehend entfernte (persistente) Workflow-Instanz.
TryUnload	Versucht, die Workflow-Instanz aus dem Arbeitsspeicher zu entfernen (diese also persistent zu machen). Im Unterschied zum Aufruf von *Unload* verursacht *TryUnload* keine Blockierung (ein Aufrechterhalten der Ausführung), falls die Workflow-Instanz nicht sofort entfernt werden kann.
Unload	Entfernt die Workflow-Instanz aus dem Arbeitsspeicher (macht diese also persistent). Beachten Sie, dass diese Methode den derzeit ausgeführten Thread, der diese Anweisung zum Entladen initiiert hat, so lange blockiert, bis die Workflow-Instanz tatsächlich entfernt werden kann. Dies kann zu einer langwierigen Operation führen, abhängig vom individuellen Workflow-Task.

Wie Tabelle 6.1 zeigt, gibt es zwei Methoden, um eine Workflow-Instanz zu entfernen und persistent zu machen. Welche Methode Sie verwenden, hängt davon ab, was Sie mit dem Code genau durchführen möchten. Die Methode *Unload* wartet auf die Workflow-Instanz, bis diese so weit ist, dass sie persistent werden kann. Wenn dies lange dauert, wartet der Thread, der die *Unload*-Operation ausführt, ebenso lange. Dagegen reagiert die Methode *TryUnload* unmittelbar nach der Anweisung, mit der eine ausführende Workflow-Instanz aus dem Arbeitsspeicher entfernt werden soll. Aber es gibt keine Garantie, dass die Workflow-Instanz tatsächlich entfernt und in der Datenbank persistent gemacht wird. Um dies zu untersuchen, sollten Sie sich den Rückgabewert von *TryUnload* anschauen. Wenn der Wert *true* ist, wurde die Workflow-Instanz entladen und persistent gemacht. Ist der Wert dagegen *false*, ist dies gescheitert. Der Vorteil von *TryUnload* liegt darin, dass verhindert wird, dass Ihr Thread in eine Wartestellung übergeht. Der Nachteil aber ist natürlich, dass Sie *TryUnload* möglicherweise mehrfach aufrufen müssen, bis die ausführende Workflow-Instanz tatsächlich entladen werden kann.

Instanzen aus dem Arbeitsspeicher entfernen

Obwohl es besondere Zeitpunkte gibt, an denen die WF Ihre Workflow-Instanz aus dem Arbeitsspeicher entfernt und persistent macht, möchten Sie in bestimmten Fällen selbst die Kontrolle darüber übernehmen. Für diese Situationen stehen die Methoden *WorkflowInstance.Unload* und *WorkflowInstance.TryUnload* zur Verfügung.

Wenn Sie eine der beiden Methoden aufrufen, ohne zunächst den *SqlWorkflowPersistenceService*-Dienst hinzuzuschalten, löst die WF eine Ausnahme aus. Natürlich werden auch im Falle von bestimmten Datenbankfehlern Ausnahmen verursacht. Daher ist es eine gute Vorgehensweise, solche Methodenaufrufe in *try...catch*-Blöcke zu setzen, um einen Absturz der gesamten Anwendung zu verhindern. (Beachten Sie, dass dies nicht heißen soll, dass Sie sich in allen Fällen um Ausnahmen kümmern müssen, manchmal möchte man diese auch einfach nur ignorieren.)

Im Folgenden werden Sie nun das Entfernen von Instanzen aus dem Arbeitsspeicher ausprobieren. Dabei werden Sie eine kleine grafische Benutzeroberfläche entwerfen, die Schaltflächen zur Verfügung stellt, mit denen Sie ein bestimmtes Verhalten der Anwendung forcieren können. Die Komplexität der Anwendung wird nun etwas größer, aber es werden jetzt auch realistischere Anwendungen in Angriff genommen.

Die Anwendung, die Sie hier erstellen, ist aber noch relativ einfach. Diese verfügt nur über einige wenige Schaltflächen, die Sie zu bestimmten Zeitpunkten anklicken können, um eine Workflow-Instanz zu entladen. (Im nächsten Abschnitt laden Sie diese wieder.) Dabei wird bewusst ein lang laufender Workflow als Grundlage genommen, aber im Unterschied zu den Workflows, die Sie bis jetzt verwendet haben, wird keine *Delay*-Aktivität eingesetzt. Der Grund hierfür ist, wie Sie wahrscheinlich bereits vermuten, dass *Delay*-Aktivitäten speziell sind und bereits mit eigenen Persistenzfähigkeiten ausgestattet sind. Stattdessen soll *Ihre* Workflow-Instanz aus dem Arbeitsspeicher entfernt werden und eben nicht dafür auf einen Automatismus zurückgegriffen werden, wie ihn eine *Delay*-Aktivität bietet. Die *Delay*-Aktivitäten und ihre Fähigkeiten werden später beschrieben – im Abschnitt »Im Leerlauf befindliche Instanzen laden und entfernen«. In dieser Anwendung wird der Workflow-Thread angewiesen, zehn Sekunden zu pausieren, was entsprechend ausreichend viel Zeit ist, um eine der Schaltflächen der Anwendung anklicken zu können.

Eine neue Hostanwendung erstellen

1. Starten Sie Visual Studio wie gewohnt, um ein neues Anwendungsprojekt anzulegen. Entscheiden Sie sich jedoch dabei nicht für eine *Konsolenanwendung*, sondern wählen Sie eine *Windows-Anwendung* (Abbildung 6.8). Geben Sie dieser den Namen **WorkflowPersister**. Stellen Sie sicher, dass die Anwendung im Verzeichnis **\Workflow\Chapter6** untergebracht wird. Folgen Sie den Schritten aus den nachstehenden Abschnitten von Kapitel 2: »Die Verweise auf die Workflow-Assemblys hinzufügen«, »Das *WorkflowRuntime*-Factory-Objekt erstellen«, »Die Workflow-Laufzeit starten«, »Die Workflow-Laufzeit anhalten«, »Das Factory-Objekt der Workflow-Laufzeit verwenden« und »Ereignisse der Workflow-Laufzeit behandeln«. Ignorieren Sie dabei alle Eingaben und Änderungen in *Program.cs*. Fügen Sie schließlich eine *App.config*-Datei hinzu, wobei Sie den Schritten 1 und 2 aus dem Abschnitt »Den *SqlTrackingService* dem Workflow hinzu-

fügen« des vorangegangenen Kapitels folgen. (Vergessen Sie außerdem nicht, einen Verweis auf die Assembly *System.Configuration* einzufügen.)

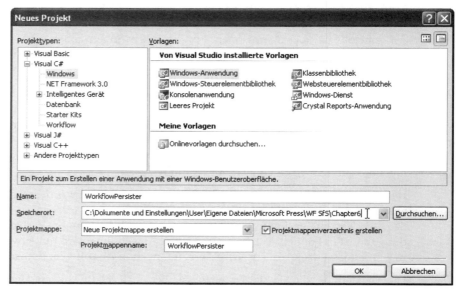

Abbildung 6.8 Erstellen der Windows-Anwendung WorkflowPersister

2. Fügen Sie der Datei *App.config* eine geeignete Verbindungszeichenfolge hinzu, welche die zu verwendende Datenbank widerspiegelt (zur Erinnerung, die Datenbank heißt *WorkflowStore*). Beachten Sie, dass das *connectionString*-Attribut innerhalb des XML-Elements hier aus drucktechnischen Gründen in Gestalt mehrerer Zeilen dargestellt wird, Sie es aber als einzelne Zeile eingeben müssen, also ohne Zeilenumbrüche:

```xml
<connectionStrings>
    <add name="StorageDatabase"
        connectionString="Data Source=(local)\SQLEXPRESS;
        Initial Catalog=WorkflowStore;Integrated Security=True;"/>
</connectionStrings>
```

3. Sobald Sie das Projekt *WorkflowPersister* angelegt haben, zeigt Visual Studio den Windows Forms-Ansicht-Designer an. Der vorangegangene Schritt führte Sie zum Code-Editor, über den Sie die Datei *App.config* geändert haben. Gehen Sie zurück zum Windows Forms-Ansicht-Designer, indem Sie die Datei *Form1.cs* im Projektmappen-Explorer wählen und auf das Symbol (*Ansicht-Designer*) der Symbolleiste klicken. Die Arbeit mit dem Windows Forms-Ansicht-Designer funktioniert sehr ähnlich wie mit dem Workflow-Ansicht-Designer: Sie ziehen Windows-Steuerelemente auf die Designer-Oberfläche, legen diese dort ab, stellen die dazugehörigen Eigenschaften ein und verankern die Ereignishandler. Als Erstes bewegen Sie den Mauszeiger auf die Toolbox, wählen Sie das Steuerelement *Button* und ziehen es auf die Oberfläche des Designers (Abbildung 6.9).

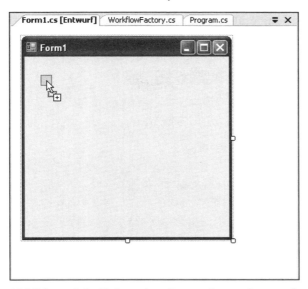

Abbildung 6.9 Ziehen eines Button-Steuerelements in das Fenster

Legen Sie das Steuerelement ab, um die Schaltfläche in Ihrem Fenster einzufügen (Abbildung 6.10).

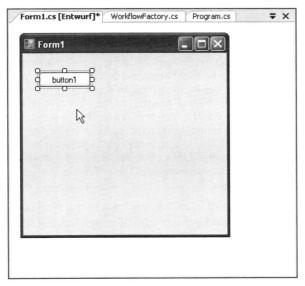

Abbildung 6.10 Das Button-Steuerelement wurde eingefügt

4. Als Nächstes soll auf der Schaltfläche ein etwas aussagekräftigerer Text angebracht werden, sodass klar ist, für was die Schaltfläche steht. (Der vorgegebene Text *button1* ist wenig geeignet.) Achten Sie darauf, dass die Schaltfläche markiert

ist (die Anfasspunkte, also die kleinen Quadrate, sind sichtbar), wählen Sie die Eigenschaft *Text* der Schaltfläche im Eigenschaftenfenster aus und ändern Sie den Text in **Start Workflow** (Abbildung 6.11).

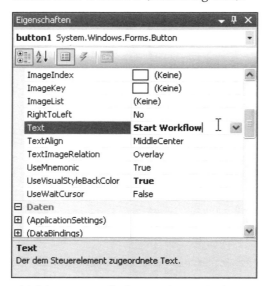

Abbildung 6.11 Änderung der Beschriftung der Schaltfläche

> **Hinweis** Im Allgemeinen ist es eine gute Idee, auch die Variablennamen zu ändern, die Visual Studio den Steuerelementen zuweist. Wenn Sie sehr viele Steuerelemente in Ihrem Fenster haben, werden automatisch generierte Namen wie »button1« aus Sicht des Programmcodes schnell nichts sagend. Hier müssen Sie sich aber diesbezüglich keine Sorgen machen, denn es werden nur wenige Schaltflächen benötigt, aber in »echten« Anwendungen sollten Sie die vorgegebenen Namen durch sinnvolle ersetzen. In diesem Beispiel belassen Sie die Variablennamen bei den von Visual Studio vorgegebenen Werten, sodass Sie den später hinzuzufügenden Code ohne Änderungen verwenden können, denn dieser arbeitet mit den Vorgabewerten.

5. Erwartungsgemäß soll eine Aktion ausgeführt werden, wenn die Schaltfläche angeklickt wird. Dazu müssen Sie einen *Click*-Ereignishandler für die Schaltfläche einbauen. Klicken Sie im Eigenschaftenfenster auf das Blitz-Symbol (*Ereignisse*) der Symbolleiste und fügen Sie den Ereignishandler mit einem doppelten Klick auf das *Click*-Ereignis hinzu (Abbildung 6.12). Visual Studio schaltet daraufhin automatisch in die Code-Ansicht, wechseln Sie daher für den nächsten Schritt in den Ansicht-Designer zurück. Denn der Code für den Ereignishandler soll in einem späteren Schritt ergänzt werden.

Abbildung 6.12 Der *Click*-Ereignishandler wurde hinzugefügt

6. Der Text, den Sie hinzugefügt haben, ist höchstwahrscheinlich zu breit für die von Visual Studio erzeugte Schaltfläche, sodass die Schaltfläche ein wenig gestreckt werden sollte. Aktivieren Sie hierfür zunächst die Schaltfläche mit einem Klick innerhalb der Oberfläche des Ansicht-Designers (falls die Schaltfläche nicht bereits markiert ist) und ziehen Sie den Anfasserpunkt, der sich in der Mitte der rechten Schaltflächenbegrenzung befindet, nach rechts. Die Breite der Schaltfläche wird auf diese Weise entsprechend erhöht (Abbildung 6.13).

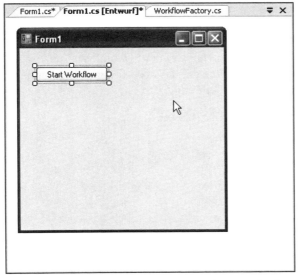

Abbildung 6.13 Die Schaltfläche wurde etwas breiter aufgezogen

130 Teil A: Einführung in die Windows Workflow Foundation (WF)

7. Wiederholen Sie die Schritte 3 bis 5, um zwei weitere Schaltflächen hinzuzufügen, eine mit der Beschriftung **Unload Workflow** und die andere mit der Beschriftung **Load Workflow**, wie es in Abbildung 6.14 zu sehen ist. (Auch die Variablennamen der beiden zusätzlichen Schaltflächen müssen für dieses einfache Beispiel nicht geändert werden.)

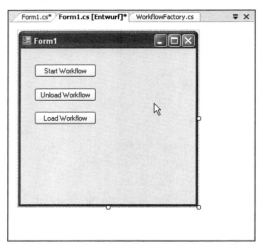

Abbildung 6.14 Die Schaltflächen sind nun komplett

8. Ihre Benutzeroberfläche ist nun vom optischen Standpunkt für die Testzwecke fertig gestellt. Es ist daher jetzt Zeit, den Code für einige interne Vorgänge zu erstellen, die als Antwort auf die Ereignisse der Anwendung durchgeführt werden. Dabei müssen zunächst im Rahmen des Ladevorgangs der Anwendung einige Dinge initialisiert werden. Eine ausgezeichnete Stelle dafür ist der *Load*-Ereignishandler des Hauptanwendungsfensters. Klicken Sie die Titelleiste des Fensters im Ansicht-Designer an, um die Eigenschaften des Fensters sichtbar zu machen, und dann auf das Symbol ⚡ (*Ereignisse*) der Symbolleiste (analog zu den drei Schaltflächen). Ein doppelter Klick auf das *Load*-Ereignis fügt schließlich den *Load*-Ereignishandler hinzu (Abbildung 6.15).

Abbildung 6.15 Der Ereignishandler für das Laden des Fensters wurde hinzugefügt

9. Nachdem der *Load*-Ereignishandler ergänzt wurde, schaltet Visual Studio in die Code-Ansicht für das Fenster der Hauptanwendung, sodass Sie gleich den benötigten Initialisierungscode eingeben können. Platzieren Sie den Code dabei innerhalb der *Form1_Load*-Ereignismethode:

   ```
   _runtime = WorkflowFactory.GetWorkflowRuntime();
   _runtime.WorkflowCompleted +=
       new EventHandler<WorkflowCompletedEventArgs>(Runtime_WorkflowCompleted);
   _runtime.WorkflowTerminated +=
       new EventHandler<WorkflowTerminatedEventArgs>(Runtime_WorkflowTerminated);
   ```

   Sie haben bereits im Rahmen dieses Buches Code dieser Art gesehen. Der Code erstellt die Workflow-Laufzeit und integriert einige der wichtigsten Ereignisse, die abgefangen werden sollen.

10. Irgendwo muss das *_runtime*-Feld deklariert werden. Begeben Sie sich daher zur öffnenden geschweiften Klammer ({) der *Form1*-Klasse. Unmittelbar unterhalb dieser Klammer tragen Sie den folgenden Code ein:

    ```
    protected WorkflowRuntime _runtime = null;
    protected WorkflowInstance _instance = null;
    ```

11. Wenn Sie an dieser Stelle versuchen, die Anwendung zu kompilieren, wird die Übersetzung scheitern. Sie müssen noch analog zu den vorangegangenen Kapiteln Verweise auf die Windows Workflow Foundation-Assemblys hinzufügen. Dieser Vorgang ist der gleiche – unabhängig davon, ob Sie eine Anwendung mit grafischer Benutzeroberfläche oder eine Konsolenanwendung erstellen. Fügen Sie daher Verweise auf die Workflow-Assemblys *System.Workflow.Runtime*, *System.Workflow.ComponentModel* und *System.Workflow.Activity* ein. Ergänzen Sie anschließend die folgende *using*-Direktive im Quellcode oben:

    ```
    using System.Workflow.Runtime;
    ```

12. Obwohl Sie nun über eine Anwendung verfügen, welche die Workflow-Laufzeit hostet, verrichtet diese noch nicht wirklich etwas. Um die Anwendung funktionsfähig zu machen, muss den Ereignishandlern für die Schaltfläche etwas Code hinzugefügt werden, wobei Sie mit *button1_Click* beginnen. Scrollen Sie durch die Quellcodedatei des Fensters und halten Sie nach *button1_Click* Ausschau. Geben Sie dort den folgenden Code ein:

    ```
    button2.Enabled = true;
    button1.Enabled = false;
    _instance = _runtime.CreateWorkflow(typeof(PersistedWorkflow.Workflow1));
    _instance.Start();
    ```

    Dieser Code deaktiviert die Schaltfläche *Start Workflow*, aktiviert die Schaltfläche *Unload Workflow* und startet dann eine neue Workflow-Instanz. (Der Workflow, der hier zur Ausführung gelangt, wird in Kürze hinzugefügt.)

13. Als Nächstes steuern Sie den Ereignishandler der *Unload Workflow*-Schaltfläche an, *button2_Click*, und geben Sie den folgenden Code ein. Hier wird die *WorkflowInstance.Unload*-Method verwendet, um die Workflow-Instanz aus dem Arbeitsspeicher zu entfernen und in die Datenbank zu schreiben. Nachdem die Workflow-Instanz entfernt wurde, aktivieren Sie die Schaltfläche *Load Workflow* (der Code hierfür wird im nächsten Abschnitt ergänzt). Beachten Sie hierbei

Folgendes: Kommt es beim Entfernen der Workflow-Instanz zu einer Ausnahme, wird die *Load Workflow*-Schaltfläche nicht eingeschaltet. Dies ergibt Sinn, denn es gibt natürlich nichts zu laden, wenn der Entladevorgang gescheitert ist:

```
button2.Enabled = false;
try
{
    _instance.Unload();
    button3.Enabled = true;
} // try
catch (Exception ex)
{
    MessageBox.Show(String.Format("Exception while unloading workflow" +
        " instance: '{0}'",ex.Message));
} // catch
```

> **Hinweis** Es wurde zwar bereits in diesem Kapitel erwähnt, aber es ist ein wichtiger Punkt: Beachten Sie, dass *WorkflowInstance.Unload* synchron arbeitet. Das bedeutet, dass der Thread, der den Versuch unternimmt, die Workflow-Instanz aus dem Arbeitsspeicher zu entfernen, blockiert wird, also in Wartestellung geht, und erst dann fortgesetzt wird, wenn die Operation beendet ist (die Instanz entfernt wurde oder das Entfernen gescheitert ist). Dies ist genau das Verhalten, das hier erwünscht ist, da der Vorgang nicht mehrfach wiederholt werden soll, bis die Instanz schließlich aus dem Arbeitsspeicher entfernt wurde. Aber in einigen Fällen möchten Sie sicher auf die bereits erwähnte nicht blockierende Alternative zurückreifen: *WorkflowInstance.TryUnload*. Später, wenn Sie die letzten Codebestandteile hinzugefügt haben, die Anwendung starten und auf die Schaltfläche *Unload Workflow* klicken, werden Sie – wenn Sie ganz genau hinschauen – feststellen, dass die Anwendung kurz »eingefroren« wird, da auf das Entfernen des Workflows gewartet wird.

14. Richten Sie Ihre Aufmerksamkeit nun auf die Workflow-Ereignishandler *Runtime_WorkflowCompleted* und *Runtime_WorkflowTerminated*. Beide führen in Wirklichkeit dieselbe Aktion durch, nämlich die Anwendung zurückzusetzen, um sie für eine weitere Ausführung einer Workflow-Instanz vorzubereiten. Fügen Sie diese Methoden unterhalb des *Click*-Ereignishandlers für *button2* hinzu (die Methode, die den Code enthält, wird im nächsten Schritt implementiert):

```
void Runtime_WorkflowCompleted(object sender, WorkflowCompletedEventArgs e)
{
    WorkflowCompleted();
}

void Runtime_WorkflowTerminated(object sender, WorkflowTerminatedEventArgs e)
{
    WorkflowCompleted();
}
```

15. Nun muss die Methode *WorkflowCompleted* erstellt werden. Wenn Sie mit der Windows-Programmierung vertraut sind, kennen Sie sicher eine Einschränkung, die bereits seit den frühen Ursprüngen von Windows existiert. Diese besteht darin, dass Sie den Status eines Fenster-Steuerelements nur auf dem Thread ändern

können, der das Fenster-Steuerelement erstellt hat, und auf keinem anderen Thread. Wenn Sie z.B. die Beschriftung eines Steuerelements (*Text*-Eigenschaft) modifizieren möchten, müssen Sie diese Zuordnung auf dem gleichen Thread durchführen, der auch das Steuerelement angelegt hat. Die Verwendung eines anderen Threads dagegen führt höchstwahrscheinlich dazu, dass Ihre Anwendung abstürzt. Möglicherweise wirkt der gleich hinzuzufügende Code auf Sie etwas seltsam, aber dieser stellt lediglich sicher, dass beim Aktivieren und Deaktivieren der Schaltfläche nur der ursprüngliche Thread zum Einsatz kommt, also der Thread, der die Schaltfläche erstellt hat. (Ereignishandler werden fast immer auf unterschiedlichen Threads aufgerufen.) Wenn Sie dagegen die Schaltflächen direkt innerhalb der Ereignishandler aktivieren, arbeitet die Anwendung möglicherweise, aber es ist wahrscheinlicher, dass sie abstürzt oder hängen bleibt. Übernehmen Sie den Code eins zu eins und fügen Sie diesen am Ende der Quellcodedatei hinzu, einfach oberhalb der schließenden geschweiften Klammer (}) der *Form1*-Klasse. Der Code sollte dann einwandfrei funktionieren:

```
private delegate void WorkflowCompletedDelegate();
private void WorkflowCompleted()
{
    if (this.InvokeRequired)
    {
        // Falscher Thread, schalte daher in den UI-Thread...
        WorkflowCompletedDelegate d = delegate() { WorkflowCompleted(); };
        this.Invoke(d);
    } // if
    else
    {
        button1.Enabled = true;
        button2.Enabled = false;
        button3.Enabled = false;
    } // else
}
```

> **Tipp** Um mehr über die threadsichere Windows Forms-Programmierung zu erfahren, empfiehlt sich der Artikel »Gewusst wie: Threadsicheres Aufrufen von Windows Forms-Steuerelementen«, den Sie unter der folgenden Internetadresse finden: *http://msdn2.microsoft.com/de-de/library/ms171728(VS.80).aspx*.

16. Der letzte Punkt, der erforderlich ist, bevor der Workflow erstellt werden kann, ist eine Änderung der *WorkflowFactory*-Klasse. Wenn Sie allen Schritten aus Kapitel 5 zur Erstellung und Änderung der *WorkflowFactory* genau gefolgt sind (»Den *SqlTrackingService* dem Workflow hinzufügen«), sind Sie in der Lage, ein *Factory*-Objekt zu erstellen, das den Ereignisverfolgungsdienst zur Workflow-Laufzeit zur Verfügung steht. Mit einigen kleineren Anpassungen arbeitet der gleiche Code auch hier. Ändern Sie den Dienst von *SqlTrackingService* in *SqlWorkflowPersistenceService* und die *using*-Direktive von *System.Workflow.Runtime.Tracking* in *System.Workflow.Runtime.Hosting*. Öffnen Sie zunächst die Datei *WorkflowFactory.cs* zur Bearbeitung.

17. Als Ersatz für die *using*-Direktive für *System.Workflow.Runtime.Tracking* geben Sie Folgendes ein:

```
using System.Workflow.Runtime.Hosting;
using System.Configuration;
```

18. Fügen Sie schließlich der Laufzeit den Persistenzdienst hinzu, indem Sie den folgenden Code unterhalb der Stelle eingeben, an welcher das Objekt der Workflow-Laufzeit erstellt wird:

```
String conn = ConfigurationManager.
    ConnectionStrings["StorageDatabase"].
    ConnectionString;
_workflowRuntime.AddService(new SqlWorkflowPersistenceService(conn));
```

> **Hinweis** Da Sie Code eingefügt haben, der eine Workflow-Instanz aus dem *PersistedWorkflow.Workflow1*-Typ erstellt (Schritt 12), lässt sich die Hostanwendung derzeit noch nicht kompilieren und ausführen. Die notwendigen Ergänzungen folgen im nächsten Abschnitt.

Nun ist es so weit. Sie verfügen über eine grafische Windows-Benutzeroberfläche und eine Hostanwendung, die Sie zum Hosten Ihres Workflows verwenden können. Was den Workflow angeht: Dieser muss natürlich jetzt erstellt und ausgeführt werden. Darum geht es jetzt.

Einen neuen Workflow erstellen, der persistent gemacht werden kann

1. Im Folgenden fügen Sie Ihrem Projekt eine neue sequenzielle Workflow-Bibliothek hinzu, so wie es bereits in den vorangegangenen Kapiteln gezeigt wurde. Rufen Sie den Menübefehl *Datei/Hinzufügen/Neues Projekt* auf, woraufhin das Dialogfeld *Neues Projekt hinzufügen* angezeigt wird. Entscheiden Sie sich für die Vorlage *Sequential Workflow Library* und benennen Sie das Projekt mit **PersistedWorkflow**.

2. Nachdem das neue Projekt erstellt und in die Projektmappe aufgenommen wurde, erscheint der Workflow-Ansicht-Designer. Wählen Sie eine *Code*-Aktivität von der Toolbox aus und ziehen Sie diese auf die Designer-Oberfläche. Belegen Sie im Eigenschaftenfenster der *Code*-Aktivität die Eigenschaft *ExecuteCode* mit **PreUnload** und bestätigen Sie mit der Taste **Eingabe**.

3. Visual Studio schaltet automatisch in die Quellcodedatei des Workflows. Geben Sie dort, in der gerade eingefügten Methode *PreUnload*, den folgenden Code ein:

```
_started = DateTime.Now;
System.Diagnostics.Trace.WriteLine(
    String.Format("*** Workflow {0} started: {1}",
    WorkflowInstanceId.ToString(),
    _started.ToString("MM/dd/yyyy hh:mm:ss.fff")));
System.Threading.Thread.Sleep(10000); // 10 Sekunden
```

4. Damit Sie die Zeitdauer, die der Workflow benötigt, berechnen können (zumindest die Zeit, die zwischen der Ausführung der beiden Code-Aktivitäten vergangen ist), wird die Startzeit in einem Feld namens *_started* gespeichert. Fügen Sie dieses Feld in den Quellcode oberhalb des Konstruktors ein:

```
private DateTime _started = DateTime.MinValue;
```

5. Schalten Sie in die Designer-Ansicht zurück und ergänzen Sie den Workflow mit einer zweiten *Code*-Aktivität. Fügen Sie in der *ExecuteCode-Eigenschaft* der Aktivität eine Methode namens **PostUnload** hinzu. Die Anzeige des Designers sollte nun wie in Abbildung 6.16 gezeigt aussehen.

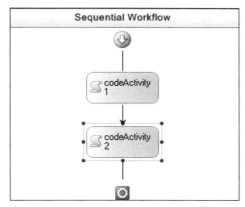

Abbildung 6.16 Workflow mit zwei *Code*-Aktivitäten

6. Analog zum Hinzufügen der *PostUnload*-Methode über die *Code*-Aktivität-Eigenschaft *ExecuteCode* schaltet Visual Studio erneut in den Quellcode Ihres Workflows. Fügen Sie dort den Code hinzu, der für die Methode *PostUnload* benötigt wird:

```
DateTime ended = DateTime.Now;
TimeSpan duration = ended.Subtract(_started);
System.Diagnostics.Trace.WriteLine(String.Format(
    "*** Workflow {0} completed: {1}, duration: {2}",
WorkflowInstanceId.ToString(),
    ended.ToString("MM/dd/yyyy hh:mm:ss.fff"), duration.ToString()));
```

> **Hinweis** Sie haben vielleicht bemerkt, dass Informationen in das Trace-Ausgabe-Fenster (Ablaufverfolgung) geschrieben werden. Dies ist zweckmäßig, da es sich hier um eine Windows-Anwendung und nicht um eine Konsolenanwendung handelt. Das bedeutet aber auch, dass Sie ein Trace-Ausgabe-Fenster öffnen müssen, um die Ausgabe Ihrer ausgeführten Anwendung zu sehen. Die einfachste Möglichkeit hierfür besteht darin, die Anwendung im Visual Studio-Debugger laufen zu lassen und das *Ausgabe*-Fenster von Visual Studio zu betrachten. Ersatzweise können Sie das Programm *DBMon.exe* verwenden, das Sie im Windows SDK im folgenden Verzeichnis finden: *<%ProgramFiles%>\Microsoft SDKs\Windows\v6.0\Bin*, gegebenenfalls auch im Verzeichnis *<%ProgramFiles%>\ Microsoft Visual Studio 8\Common7\Tools\Bin\winnt* (*<%ProgramFiles%>* steht für das standardmäßige Programm-Verzeichnis von Windows, typischerweise *C:\Programme*). DBMon dient dazu, Informationen zur Ablaufverfolgung von allen derzeit auf Ihrem Computer laufenden Anwendungen abzufangen und anzuzeigen.

7. Der letzte erforderliche Schritt besteht darin, der Hauptanwendung einen projekt-spezifischen Verweis auf den Workflow hinzuzufügen, so wie Sie aus den vorangegangenen Kapiteln kennen. Klicken Sie hierfür mit der rechten Maustaste auf

den Projekteintrag *WorkflowPersister* im Projektmappen-Explorer und rufen Sie *Verweis hinzufügen* auf. Sobald das Dialogfeld *Verweis hinzufügen* erscheint, wechseln Sie auf die Registerkarte *Projekte* und wählen Sie den Eintrag *PersistedWorkflow* aus der Liste aus. Bestätigen Sie mit einem Klick auf *OK*.

> **Hinweis** Sie könnten nun in Versuchung kommen, die Anwendung zu starten, aber Sie sollten noch warten. Wenn Sie die Anwendung ausführen und auf die Schaltfläche *Start Workflow* klicken, aber auf eine Verwendung der Schaltfläche *Unload Workflow* verzichten, sollte die Anwendung zwar fehlerfrei laufen. Da Sie aber noch nicht den Code hinzugefügt haben, der die persistente Workflow-Instanz zurücklädt, sollten Sie abwarten, bis der entsprechende Code im nächsten Abschnitt ergänzt wurde.

Die Absicht hier ist folgende: Der Workflow beginnt mit der Ausführung und unmittelbar danach wird dessen Thread von der ersten *Code*-Aktivität für zehn Sekunden pausiert. Während dieser Zeitspanne können Sie die Schaltfläche *Unload Workflow* anklicken, um das Entladen des Workflows zu initiieren. Nach Ablauf der Restzeit (anders ausgedrückt, zehn Sekunden nach Start des Workflows) wird der Workflow dann aus dem Arbeitsspeicher entfernt und persistent gemacht. Der Workflow befindet sich dann in der Datenbank und wartet darauf, zurückgeladen zu werden. Im Folgenden erfahren Sie, wie dies funktioniert.

Instanzen laden

Das *WorkflowInstance*-Objekt bietet zwei Methode zum Entladen an – *Unload* und *TryUnload* –, wohingegen es nur eine Methode zum Laden gibt, nämlich *Load*. Es spielt dabei keine Rolle, mit welcher der beiden Methoden die Workflow-Instanz entladen wurde. Sobald diese gespeichert ist, verwenden Sie die Methode *WorkflowInstance.Load*, um ihr den Ausführungsstatus zurückzugeben. Um dies in der Anwendung *WorkflowPersister* zu ermöglichen, fügen Sie wie nachfolgend beschrieben, den entsprechenden Code hinzu.

Einen persistent gemachten Workflow laden

1. Öffnen Sie innerhalb der Anwendung *WorkflowPersister* die Quellcodedatei des Hauptformulars zur Bearbeitung und steuern Sie den Ereignishandler *button3_Click* an.

2. Fügen Sie dem Ereignishandler *button3_Click* folgenden Code hinzu:

```
button3.Enabled = false;
try
{
    _instance.Load();
} // try
catch (Exception ex)
{
    MessageBox.Show(String.Format("Exception while loading workflow" +
        " instance: '{0}'", ex.Message));
} // catch

button1.Enabled = true;
```

Überprüfen Sie nun, ob alles tatsächlich funktioniert. Sie starten dabei zwei Workflows – einen, der bis zur ordnungsgemäßen Beendigung läuft und einen, der persistent gemacht wird. Danach vergleichen Sie die Ausführungszeiträume und schauen in die SQL Server-Datenbank, um festzustellen, was dort aufgezeichnet wurde.

Die Anwendung *WorkflowPersister* testen

1. Öffnen Sie die Anwendung *WorkflowPersister*, falls erforderlich. Danach drücken Sie **F5** oder wählen Sie den Menübefehl *Debuggen/Debuggen starten*, um die Anwendung auszuführen. Beseitigen Sie etwaig aufgetretene Kompilierungsfehler. Beachten Sie, dass für diesen Test Trace-Informationen in das *Ausgabe*-Fenster geschrieben werden. Öffnen Sie daher dieses Fenster über den Menübefehl *Ansicht/Ausgabe*, falls noch nicht geschehen.

2. Klicken Sie auf die Schaltfläche *Start Workflow*, um eine Workflow-Instanz zu erstellen und zu starten. Die Schaltfläche *Start Workflow* sollte jetzt deaktiviert werden, während die Schaltfläche *Unload Workflow* aktiviert wird. Da festgelegt wurde, dass der Workflow-Thread für zehn Sekunden pausiert wird, sollte die Schaltfläche *Unload Workflow* nach Ablauf dieser zehn Sekunden deaktiviert und die Schaltfläche *Start Workflow* erneut eingeschaltet werden. In diesem Test lief der Workflow bis zur regulären Beendigung. Die Zeitdauer der Workflow-Ausführung sollte sich auf zehn Sekunden belaufen.

3. Klicken Sie erneut auf die Schaltfläche *Start Workflow*. Dieses Mal jedoch entfernen Sie den Workflow innerhalb der zehnsekündigen Pausierung mit einem Klick auf die Schaltfläche *Unload Workflow* vorzeitig. Die Schaltfläche wird daraufhin deaktiviert. Nach Ablauf der restlichen Zeit (also nach zehn Sekunden, seitdem der Workflow gestartet wurde) wird die Schaltfläche *Load Workflow* eingeschaltet. Der Workflow ist ab sofort persistent und wartet darauf, dass er wieder geladen wird.

4. Bevor Sie jedoch die Workflow-Instanz zurückladen, starten Sie wie gewohnt das SQL Server Management Studio Express. Öffnen Sie die Datenbank *WorkflowStore* und dann den Knoten *Tabellen*. Klicken Sie anschließend mit der rechten Maustaste auf die Tabelle *InstanceState* und wählen Sie *Tabelle öffnen* aus dem Kontextmenü, um die Tabelle im Bearbeitungsmodus anzuzeigen. In der Tabelle sollte sich genau ein Datensatz befinden. Dieser Datensatz stellt Ihre persistent gemachte Workflow-Instanz dar.

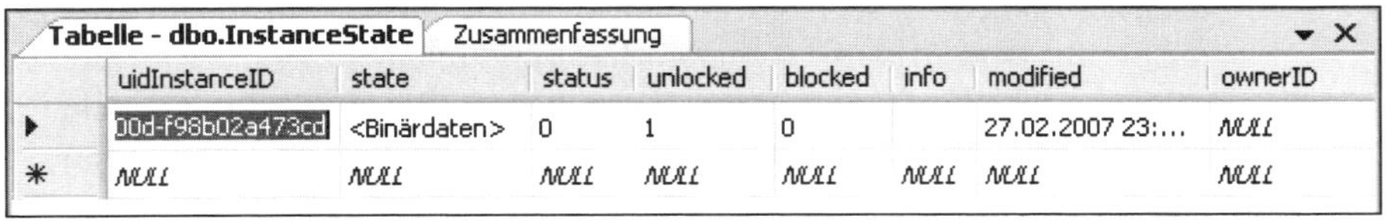

uidInstanceID	state	status	unlocked	blocked	info	modified	ownerID
00d-f98b02a473cd	<Binärdaten>	0	1	0		27.02.2007 23:...	NULL
NULL	NULL	NULL	NULL	NULL	NULL	NULL	NULL

Abbildung 6.17 Tabelle mit dem Datensatz Ihrer Workflow-Instanz

5. Schauen Sie sich die Tabelle in aller Ruhe an. Wenn Sie damit fertig sind, wechseln Sie in die – weiterhin ausgeführte – *WorkflowPersister*-Anwendung zurück und klicken Sie dort auf die Schaltfläche *Load Workflow*. Daraufhin wird die Schaltfläche *Load Workflow* deaktiviert, wohingegen die Schaltfläche *Start Workflow* eingeschaltet wird.

6. Schließen Sie die Anwendung *WorkflowPersister*, indem Sie das »x"«-Symbol in der rechten oberen Fensterecke anklicken oder **Alt+F4** drücken. Die Anwendung wird daraufhin beendet.

7. Das *Ausgabe*-Fenster von Visual Studio sollte jetzt Informationen bezüglich der beiden vorhin ausgeführten Workflows anzeigen (da im Rahmen der Ausführung der beiden Workflow-Instanzen jeweils Trace-Informationen in das Fenster geschrieben wurden). Aktivieren Sie das *Ausgabe*-Fenster, indem Sie im unteren Bereich des Visual Studio-Fensters das *Ausgabe*-Register anklicken.

> **Hinweis** Selbstverständlich erlaubt es Visual Studio, Fenster wie *Ausgabe* frei zu platzieren und an bestimmten Stellen anzudocken. Haben Sie das *Ausgabe*-Fenster an einer anderen Stelle als am unteren Fensterbereich des Visual Studio-Fensters angedockt, aktivieren Sie es entsprechend dort.

8. Scrollen Sie zum Ende des Inhalts des *Ausgabe*-Fensters und halten Sie nach den Texten Ausschau, die als Tracing-Informationen vom Programm *WorkflowPersister* geschrieben wurden. Die Texte sind leicht zu sehen, da sie mit drei Sternchen (***) versehen wurden. Die Ausgabe sollte in etwa wie in Abbildung 6.18 gezeigt aussehen.

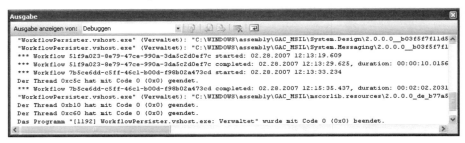

Abbildung 6.18 Ausgabe-Fenster mit den Tracing-Informationen

Wenn Sie die Tabelle *InstanceState* (Abbildung 6.17) betrachten und dort die ID der Workflow-Instanz mit der zweiten Workflow-Instanz-ID im *Ausgabe*-Fenster von Visual Studio vergleichen, sollte es sich jeweils um dieselbe ID handeln, im Beispiel 7b5ce6dd-c5ff-46c1-b00d-f98b02a473cd. Diese Instanz wurde hier über zwei Minuten ausgeführt, wohingegen die erste Workflow-Instanz (ID 51f9a023-8e79-47ce-990a-3da5c2d0ef7c) wie erwartet exakt zehn Sekunden lief. Ihre IDs und die Zeiträume weichen im Detail von diesen Angaben ab, sollten aber dem gleichen Muster entsprechen: Workflow-Instanzen, die Sie aus dem Arbeitsspeicher entfernt und in einer SQL Server-Datenbank persistent gemacht haben, sollten auch bei Ihnen länger als zehn Sekunden laufen und die IDs aus der Tabelle *InstanceState* und dem *Ausgabe*-Fenster von Visual Studio sollten identisch sein.

Um den Datensatz einer persistenten Workflow-Instanz zu betrachten, rufen Sie das SQL Server Management Studio (Express oder andere Version) auf und öffnen die Datenbank *WorkflowStore* (schlagen Sie gegebenenfalls in Kapitel 5, Abschnitt »Den *SqlTrackingService* dem Workflow hinzufügen« nach, wenn Sie Unterstützung beim Öffnen von Datenbanken und dem Betrachten von Tabellen benötigen). Anschließend öffnen Sie die Tabelle *InstanceState*. Sie sollten nun einen Datensatz mit dem persistenten Workflow finden. Falls die

Tabelle leer ist, liegt dies daran, dass derzeit keine Workflow-Instanz entladen ist, denn beim Zurückladen wird der jeweilige Datensatz aus der Datenbank gelöscht.

Im Leerlauf befindliche Instanzen laden und entfernen

Wie bereits früher in diesem Kapitel erwähnt, wird für den Workflow der Testanwendung die Methode *System.Threading.Thread.Sleep* anstelle einer *Delay*-Aktivität verwendet, um eine Verzögerung in der Workflow-Verarbeitung zu erreichen. Die Intention war, wie bereits erwähnt, dass die *Delay*-Aktivität besondere Verarbeitungsfähigkeiten besitzt, was die Persistenz betrifft, aber die manuelle Vorgehensweise demonstriert werden sollte. Es soll nun kurz betrachtet werden, was die *Delay*-Aktivität genau verrichtet.

Wenn Sie eine *Delay*-Aktivität in Ihren Workflow integrieren, ist die Absicht eindeutig: Die Verarbeitung soll für eine bestimmte Zeit angehalten werden, etwa eine kurze Zeitspanne in Sekunden oder aber auch fünf Tage.

Sobald eine *Delay*-Aktivität ausgeführt wird, macht die Workflow-Laufzeit automatisch die Workflow-Instanz persistent und lädt diese zurück, sobald die Verzögerungszeit abgelaufen ist. Voraussetzung für diese automatische Persistenz ist, dass die Workflow-Laufzeit den *SqlWorkflowPersistenceService*-Dienst hinzuschaltet und die automatische Persistenz aktiviert. Beachten Sie, dass das Zurückladen auch dann erfolgt, wenn das System, auf welchem die Workflow-Laufzeit betrieben wird, vorübergehend abgeschaltet, ein Reboot durchgeführt oder sogar in der Zwischenzeit durch neue Hardware ersetzt wurde. (Es wird aber natürlich vorausgesetzt, dass irgendwo ein System eingesetzt wird, auf dem die Workflow-Laufzeit mit aktiviertem Persistenzdienst ausgeführt wird.) Um diese automatische Persistenz zu aktivieren, fügen Sie dem *SqlWorkflowPersistenceService*-Dienst einen besonderen Konstruktorparameter hinzu, wenn Sie die Workflow-Laufzeit einrichten. (Das vorangegangene Beispiel verzichtet darauf und weist entsprechend keine automatische Workflow-Persistenz auf.)

Der erwähnte Konstruktorparameter bewirkt, dass die interne Methode *UnloadOnIdle* des *SqlWorkflowPersistenceService*-Dienstes zur Ausführung kommt, sobald die Workflow-Instanz in den Leerlaufzustand (*idle*) geht. Die Methode wird im Normalfall nicht aufgerufen. Sie müssen den Aufrufautomatismus ausdrücklich durch den Einsatz eines überladenen *SqlWorkflowPersistenceService*-Konstruktors aktivieren. Im folgenden Beispiel wird eine Auflistung benannter Parameter verwendet, da nur die Verbindungszeichenfolge und das Entladen-bei-Leerlauf-Flag verwendet werden soll. Es gibt weitere Konstruktoren, die sogar noch weit flexibler sind (einer wird im Anschluss an das folgende Beispiel beschrieben). Im Folgenden lernen Sie ein Beispiel kennen, in dem ein Workflow automatisch persistent gemacht wird.

Einen Workflow erstellen, der im Leerlauf automatisch persistent gemacht wird

1. In diesem Beispiel greifen Sie auf eine einfache Konsolenanwendung zurück, sodass Sie schnell einen Eindruck davon erhalten, wie eine leerlaufbasierte Persistenz arbeitet. Erstellen Sie analog zu Kapitel 2 ein neues *Windows*-Projekt vom Typ *Konso-*

lenanwendung, das Sie mit **WorkflowIdler** benennen. Wie im vorangegangenen Beispiel speichern Sie die Anwendung im Verzeichnis \Workflow\Chapter6. Folgen Sie den Schritten aus den nachstehenden Abschnitten von Kapitel 2: »Die Verweise auf die Workflow-Assemblys hinzufügen«, »Die Workflow-Laufzeit hosten«, »Das *WorkflowRuntime*-Factory-Objekt erstellen«, »Die Workflow-Laufzeit starten«, »Die Workflow-Laufzeit anhalten«, »Das Factory-Objekt der Workflow-Laufzeit verwenden« und »Ereignisse der Workflow-Laufzeit behandeln«.

2. Ändern Sie die *WorkflowFactory*-Klasse analog zu den Schritten 16 und 17 aus dem vorangegangenen Beispiel »Eine neue Hostanwendung erstellen«. Jedoch sind einige zusätzliche Änderungen notwendig. Ergänzen Sie als Erstes diese *using*-Direktive:

```
using System.Collections.Specialized;
```

3. Anschließend fügen Sie den Persistenzdienst unterhalb der Stelle ein, an der das Laufzeitobjekt selbst erstellt wird. Die Art und Weise ist dabei eine ähnliche wie in Schritt 18 aus dem Abschnitt »Eine neue Hostanwendung erstellen«:

```
NameValueCollection parms = new NameValueCollection();
parms.Add("UnloadOnIdle", "true");
parms.Add("ConnectionString", ConfigurationManager.
    ConnectionStrings["StorageDatabase"].
    ConnectionString);
_workflowRuntime.AddService(new SqlWorkflowPersistenceService(parms));
```

4. Nehmen Sie analog zum vorangegangenen Beispiel eine Anwendungskonfigurationsdatei in das Projekt auf (die Verbindungszeichenfolge bleibt gleich). Folgen Sie den Schritten 1 und 2 aus dem Abschnitt »Den *SqlTrackingService* dem Workflow hinzufügen« aus dem Kapitel 5, was das Hinzufügen der *App.config*-Datei angeht.

5. Erstellen Sie wie in Kapitel 3 ein separates Projekt mit einer sequenziellen Workflow-Bibliothek, um den neuen Workflow zu hosten (siehe hierzu Kapitel 3, Abschnitt »Der *WorkflowHost*-Projektmappe ein sequenzielles Workflow-Projekt hinzufügen«). Benennen Sie diese Workflow-Bibliothek mit **IdledWorkflow**.

6. Wiederholen Sie den Schritt 2 sowie die Schritte 4 bis 6 aus dem vorangegangenen Beispiel im Abschnitt »Einen neuen Workflow erstellen, der persistent gemacht werden kann«. Dabei werden zwei *Code*-Aktivitäten in Ihren Workflow aufgenommen.

7. Beim Hinzufügen der zweiten *Code*-Aktivität im vorigen Schritt gelangen Sie in den Code-Editor. Fügen Sie den folgenden Code in der *PreUnload*-Methode ein (der Code für die *PostUnload*-Methode wurde bereits durch den oben stehenden Schritt ergänzt):

```
_started = DateTime.Now;
System.Diagnostics.Trace.WriteLine(
    String.Format("*** Workflow {0} started: {1}",
    WorkflowInstanceId.ToString(),
    _started.ToString("MM/dd/yyyy hh:mm:ss.fff")));
```

8. Wechseln Sie zurück in den Workflow-Ansicht-Designer. Ziehen Sie eine *Delay*-Aktivität auf die Designer-Oberfläche und legen Sie diese zwischen den beiden Code-Aktivitäten ab (Abbildung 6.19).

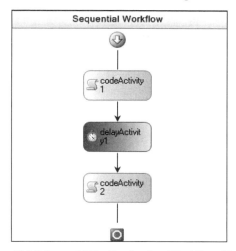

Abbildung 6.19 Der fertige Workflow für die automatische Persistenz

9. Weisen Sie der Eigenschaft *TimeoutDuration* der *Delay*-Aktivität einen Wert von 30 Sekunden zu. Dies sollte genug Zeit sein, um die *InstanceState*-Tabelle aus der Datenbank *WorkflowStore* betrachten zu können.

10. Der Workflow ist nun fertig gestellt. Fügen Sie als Nächstes von der *Workflow-Idler*-Anwendung einen Verweis auf den Workflow ein. Klicken Sie dazu den Knoten *WorkflowIdler* im Projektmappen-Explorer mit der rechten Maustaste an und wählen Sie *Verweis hinzufügen*. Sobald das Dialogfeld Verweis *hinzufügen* erscheint, wechseln Sie auf die Registerkarte *Projekte*. Wählen Sie den Eintrag Id*ledWorkflow* aus der Liste aus und bestätigen Sie mit einem Klick auf *OK*. Fügen Sie des Weiteren noch Verweise auf die Assemblys *System.Workflow.Activities* und *System.Workflow.ComponentModel* ein.

11. Öffnen Sie die Datei *Program.cs* aus dem *WorkflowIdler*-Projekt zur Bearbeitung. Steuern Sie diese Codezeile an:

```
Console.WriteLine("Waiting for workflow completion.");
```

12. Natürlich wartet die Anwendung nicht auf den Abschluss des Workflows, solange kein Workflow gestartet wurde. Um eine Workflow-Instanz zu erstellen, geben Sie den folgenden Code unterhalb der gerade angewählten Zeile ein:

```
// Die Workflow-Instanz erstellen:
WorkflowInstance instance =
    workflowRuntime.CreateWorkflow(typeof(IdledWorkflow.Workflow1));

// Die Workflow-Instanz starten:
instance.Start();
```

13. Kompilieren Sie die Projektmappe mit **F6** oder dem Menübefehl *Erstellen/Projektmappe erstellen*. Korrigieren Sie etwaige Kompilierungsfehler.

Wenn Sie nun die Anwendung *WorkflowIdler* ausführen, veranlasst die *Delay*-Aktivität, dass die Workflow-Instanz in der Datenbank persistent gemacht wird. Jedoch kann es sein, dass Sie länger als 30 Sekunden (bis zu zwei Minuten) warten müssen, bis die Instanz zurückgeladen wird. Der Grund dafür liegt darin, dass die Datenbank nicht kontinuierlich, sondern unter Verwendung eines bestimmten Abfrageintervalls nach im Leerlauf befindlichen und persistenten Workflows, die auf Timer-Ereignisse warten, überprüft werden (die *Delay*-Aktivität verwendet einen Timer). Das standardmäßige Abfrageintervall liegt bei zwei Minuten.

> **Hinweis** Sie können dieses standardmäßige Abfrageintervall ändern, indem Sie dem *SqlWorkflowPersistenceService*-Dienst ein *TimeSpan*-Objekt übergeben und dabei auf den Konstruktor mit vier Parametern zurückgreifen: Verbindungszeichenfolge, das Flag zum Rückladen im Falle eines Leerlaufs, ein *TimeSpan*-Objekt (das angibt, wie lange Sperren auf Leerlauf-Workflows aufrechterhalten werden) und ein *TimeSpan*-Objekt mit dem gewünschten Datenbank-Abfrageintervall.

Im nächsten Kapitel geht es um die grundlegenden Operationen von Aktivitäten. Dabei werden Sie einige der wichtigsten Aktivitäten der WF kennen lernen.

Schnellübersicht

Aufgabe	Aktion
Eine Workflow-Datenbank erstellen	Nach dem Anlegen der Datenbank für den gewünschten Workflow-Task führen Sie die entsprechenden SQL-Skripts über das SQL Server Management Studio Express aus. Die Skripts finden sich im Verzeichnis *<%WINDIR%>\Microsoft.NET\Framework\v3.0\Windows Workflow Foundation\SQL\EN*. Es müssen dabei zwei Skripts gestartet werden: *SqlPersistenceService_Schema.sql* und *SqlPersistenceService_Logic.sql*.
Den *SqlWorkflowPersistenceService*-Dienst verwenden	Nachdem Sie eine Instanz des *WorkflowRuntime*-Objektes erstellt haben, aber noch vor Aufruf der dazugehörigen *StartRuntime*-Methode, fügen Sie den Laufzeitdiensten eine neue Instanz des *SqlWorkflowPersistenceService*-Dienstes hinzu. Dazu verwenden Sie die Methode *WorkflowRuntime.AddService*.
Eine Instanz manuell aus dem Arbeitsspeicher entfernen und persistent machen	Rufen Sie eine der Methoden *WorkflowInstance.Unload* oder *WorkflowInstance.TryUnload* auf. Beachten Sie, dass *Unload* synchron arbeitet und Ihren Thread blockiert, bis die Entladeoperation abgeschlossen ist oder eine Ausnahme auslöst.
Eine vorher persistent gemachte Instanz zurückladen	Rufen Sie die Methode *WorkflowInstance.Load* auf.
Dafür sorgen, dass eine Workflow-Instanz bei Bedarf automatisch aus dem Arbeitsspeicher entfernt sowie persistent gemacht und nach Ablauf der Verzögerungszeit entsprechend automatisch wieder zurückgeladen wird.	Integrieren Sie eine *Delay*-Aktivität in Ihre Workflow-Verarbeitung und starten Sie den *SqlWorkflowPersistence-Service*-Dienst bei gesetztem Entladen-bei-Leerlauf-Flag. Wenn die *Delay*-Aktivität mit der Ausführung beginnt, erhält die Instanz den Leerlaufstatus. Zu diesem Zeitpunkt entfernt der *SqlWorkflowPersistenceService*-Dienst automatisch Ihren Workflow aus dem Arbeitsspeicher und serialisiert diesen in die Datenbank. Später, nach Ablauf der Verzögerungszeit, wird die Instanz zurückgeladen und wieder in den Ausführungszustand versetzt.

Teil B

Mit Aktivitäten arbeiten

In diesem Teil:

Grundlegende Operationen mit Aktivitäten	145
Externe Methoden und Workflows aufrufen	173
Aktivitäten für Bedingungen und Schleifen	207
Ereignisspezifische Aktivitäten	239
Aktivitäten für parallele Verarbeitung	277
Richtlinien und Regeln	313
Benutzerdefinierte Aktivitäten erstellen	345

Kapitel 7

Grundlegende Operationen mit Aktivitäten

In diesem Kapitel:

Das *Sequence*-Aktivitätsobjekt verwenden 146
Die *Code*-Aktivität verwenden 150
Die *Throw*-Aktivität verwenden. 150
Die *FaultHandler*-Aktivität verwenden 157
Die *Suspend*-Aktivität verwenden 166
Die *Terminate*-Aktivität verwenden. 169
Schnellübersicht 172

In diesem Kapitel lernen Sie

- die Anwendung der *Sequence*-Aktivität.
- die *Code*-Aktivität einzusetzen.
- wie Ausnahmen in Workflows ausgelöst und behandelt werden.
- wie Sie Workflow-Instanzen aus Ihrem Workflow-Code anhalten und beenden.

Bis jetzt haben Sie die Grundlagen kennen gelernt. Sie haben ein wenig mit der Workflow-Laufzeit gearbeitet, welche den Workflow-Prozess verwaltet. Sie haben einen Blick auf die Workflow-Instanz geworfen, die einen ausführenden Workflow darstellt. Ebenso haben Sie sich mit einigen zuschaltbaren Diensten beschäftigt, etwa für die Ereignisverfolgung und für die Persistenz.

Nun ist es Zeit, die wichtigsten Bausteine zum Thema Workflow näher zu betrachten, die *Aktivitäten*. Die Windows Workflow Foundation (WF) wird mit einem großen Satz an Aktivitäten ausgeliefert, die Sie gleich nach der Installation der WF nutzen können, um Workflow-Verarbeitung in Ihren Anwendungen zu ermöglichen. Mit der großen Vielfalt an Aktivitäten lassen sich alle Arten von Anwendungen mit Workflow-Elementen ausstatten, nicht nur solche, die zur Kommunikation mit Anwendern bestimmt sind.

In diesem Kapitel blicken Sie noch einmal zurück und es werden einige Aktivitäten formal eingeführt, mit denen Sie bereits in Kontakt gekommen sind – *Sequence* und *Code*. Der größte Teil des Kapitels widmet sich aber der Fehlerbehandlung. Denn in jeder gut konzipierten und ordentlich implementierten Software ist eine angemessene

Fehlerbehandlung ein entscheidender Bestandteil. Daher soll erläutert werden, wie Sie Ausnahmen in Verbindung mit Aktivitäten auslösen, wie Sie Ausnahmen abfangen sowie auch Workflows anhalten und beenden. Begonnen wird mit der *Sequence*-Aktivität.

Das *Sequence*-Aktivitätsobjekt verwenden

Eigentlich ist es nicht ganz korrekt, zu sagen, dass Sie bereits mit der *Sequence*-Aktivität in Kontakt gekommen sind. Die Workflow-Anwendungen, die bislang erstellt wurden, basieren in Wirklichkeit auf der *SequentialWorkflow*-Aktivität. Das generelle Konzept ist aber das gleiche – eine Aktivität enthält andere Aktivitäten, die der Reihe nach ausgeführt werden. Das Gegenstück dazu ist eine gleichzeitige Ausführung, auf die Sie im Rahmen der parallelen Aktivitäten zurückgreifen können. Auf diese wird in Kapitel 11 »Aktivitäten für parallele Verarbeitung« näher eingegangen.

Wenn Sie etwas in einer bestimmten Reihenfolge ausführen, verrichten Sie Dinge *sequenziell*. Dies ist in der Praxis häufig notwendig, Stellen Sie sich z.B. vor, Sie bereiten einen gegrillten Käsetoast zu. Sie nehmen eine Bratpfanne und stellen diese auf den Herd. Dann holen Sie Weißbrot aus der Speisekammer, nehmen zwei Scheiben aus der Packung und bestreichen jeweils eine Seite mit Butter. Anschließend holen Sie Scheiblettenkäse aus dem Kühlschrank und legen ein oder zwei Scheiben davon auf eine der beiden Brotscheiben, die Sie mit der Butterseite nach unten in die Pfanne geben. Die andere Brotscheibe legen Sie mit der Butterseite nach oben darauf. Daraufhin braten Sie jede Seite, bis sie jeweils goldbraun ist und der Käse schmilzt (was entscheidend ist). Auch wenn Sie Ihren Käsetoast anders zubereiten sollten, der Punkt ist der, dass es einen gesetzmäßigen Ablauf der Schritte gibt, um die Aufgabe zu bewältigen.

Genau genommen, wenn Sie eine Aufgabe in der Form beschreiben »*Als Erstes* verrichte ich dies, *dann* erledige ich das, ... *und am Ende* führe ich jenen Schritt aus«, benötigen Sie dafür die *Sequence*-Aktivität. (Umgekehrt, wenn sich etwas so ausdrücken lässt »Ich kann etwas verrichten, *während* ich etwas anderes ausführe«, hilft Ihnen Kapitel 11 weiter, in dem es um die parallele Ausführung von Aktivitäten geht). Immer, wenn Sie sicherstellen müssen, dass die Schritte in der Workflow-Verarbeitung in einer bestimmten Reihenfolge ausgeführt werden, sollten Sie in Betracht ziehen, die jeweiligen Aktivitäten in einer *Sequence*-Aktivität zu platzieren.

Die *Sequence*-Aktivität stellt eine zusammengesetzte Aktivität dar, was bereits kurz in Kapitel 4 »Einführung in Aktivitäten und Workflow-Typen« erörtert wurde. Konkret enthält diese andere Aktivitäten und sorgt dafür, dass diese Aktivitäten in der entsprechenden Reihenfolge zur Ausführung gelangen. Es ist aber möglich, weitere zusammengesetzte Aktivitäten in einer übergeordneten *Sequence*-Aktivität abzulegen, auch parallele Aktivitäten. Allerdings werden auch dann die untergeordneten Aktivitäten nacheinander in der gegebenen Reihenfolge ausgeführt, selbst dann, wenn diese untergeordneten Aktivitäten eine parallele Ausführung bewirken.

Im Folgenden erstellen Sie einen einfachen Workflow, der auf einer *Sequence*-Aktivität basiert. Dabei setzen Sie wieder Vertrautes ein, die *Code*-Aktivität, auf die im nächsten Abschnitt (»Die *Code*-Aktivität verwenden«) noch genauer eingegangen wird. Um ein bestimmtes Verhalten der Workflow-Aktivitäten zu erreichen, wird für die Beispiele im weiteren Verlauf dieses Buches in der Regel wieder zur Konsolenanwendung zurückgekehrt. Denn in Verbindung mit Konsolenanwendungen müssen Sie meist weniger Code schreiben, da keine Benutzeroberfläche verwaltet werden muss. (Es werden in diesem Buch aber dennoch einige weitere Anwendungen mit grafischer Benutzeroberfläche erstellt.)

Einen Workflow erstellen, der auf der *Sequence*-Aktivität basiert

1. Um das Vorgehen zu erleichtern, finden Sie in den heruntergeladenen Beispielen sowohl eine Ausgangsanwendung als auch die fertige Version. Die komplette Version, die im Verzeichnis \Workflow\Chapter7\Sequencer Completed enthalten ist, ist startbereit. Öffnen Sie diese einfach, schauen Sie sich im Rahmen der schrittweisen Anleitung den Code an und führen Sie die Anwendung aus. Wenn Sie jedoch den Code selbst eingeben und den Workflow wie hier beschrieben erstellen möchten, öffnen Sie das Beispiel im Verzeichnis \Workflow\Chapter7\Sequencer. Zum Öffnen einer der beiden Versionen ziehen Sie die entsprechende Projektmappendatei (Dateierweiterung .sln) in ein Visual Studio-Fenster.

2. Sobald die *Sequencer*-Anwendung geöffnet ist und zur Bearbeitung bereitsteht, fügen Sie ein neues Projekt in Gestalt einer sequenziellen Workflow-Bibliothek hinzu. Dazu rufen Sie den Menübefehl *Datei/Hinzufügen/Neues Projekt* auf, woraufhin das Dialogfeld *Neues Projekt hinzufügen* erscheint. Wählen Sie dort unter *Projekttypen* den Eintrag *Workflow* und unter *Vorlagen* den Eintrag *Sequential Workflow Library*. Benennen Sie das Projekt mit **SequencerFlow**. Daraufhin fügt Visual Studio dieses neue Bibliotheksprojekt ein und öffnet den Workflow-Ansicht-Designer zur Bearbeitung.

3. Ziehen Sie die *Sequence*-Aktivität von der Toolbox auf die Designer-Oberfläche und legen Sie diese dort ab (Abbildung 7.1).

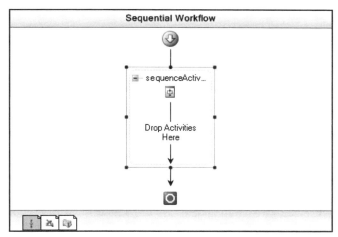

Abbildung 7.1 Die *Sequence*-Aktivität wurde abgelegt

4. Als Nächstes ziehen Sie eine *Code*-Aktivität von der Toolbox auf die Designer-Oberfläche und legen Sie diese auf der eben platzierten *Sequence*-Aktivität ab (Abbildung 7.2).

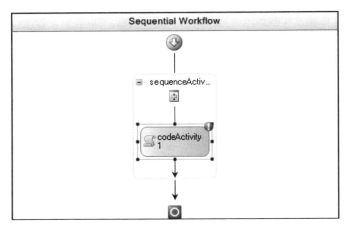

Abbildung 7.2 Eine *Code*-Aktivität wurde innerhalb der *Sequence*-Aktivität platziert

5. Geben Sie in der Eigenschaft *ExecuteCode* den Methodennamen **DoTaskOne** ein und drücken Sie die Taste **Eingabe** (Abbildung 7.3).

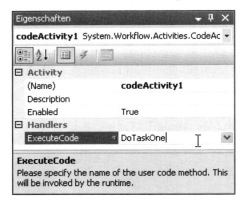

Abbildung 7.3 Ablegen der *Sequence*-Aktivität

6. Visual Studio schaltet daraufhin automatisch in den Code-Editor. Steuern Sie die Methode *DoTaskOne* an, die von Visual Studio eben eingefügt wurde, und geben Sie innerhalb dieser Methode den folgenden Code ein:

```
Console.WriteLine("Executing Task One...");
```

7. Wiederholen Sie die Schritte 4, 5 und 6 weitere zwei Mal, wobei Sie als Methodennamen **DoTaskTwo** und **DoTaskThree** verwenden und den *WriteLine*-Code nach demselben Muster anpassen. Der Workflow-Ansicht-Designer sollte danach wie in Abbildung 7.4 gezeigt aussehen.

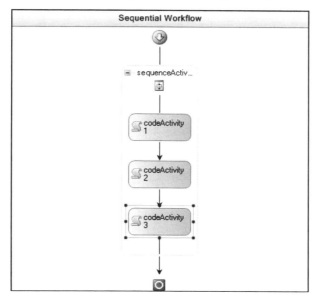

Abbildung 7.4 Der Workflow umfasst jetzt drei *Code*-Aktivitäten

8. Wechseln Sie zurück zur Hauptanwendung, öffnen Sie die Datei *Program.cs* zur Bearbeitung und steuern Sie die *Main*-Methode an. Halten Sie in der *Main*-Methode nach folgenden Codezeilen Ausschau:

```
// Print banner.
Console.WriteLine("Waiting for workflow completion.");
```

9. Fügen Sie unmittelbar unterhalb diesen Code hinzu:

```
WorkflowInstance instance =
    workflowRuntime.CreateWorkflow(typeof(SequencerFlow.Workflow1));

instance.Start();
```

10. Natürlich muss noch von der Hauptanwendung auf das Projekt mit der Bibliothek *SequencerFlow* verwiesen werden. Das Hinzufügen eines Verweises auf Projektebene, wie Sie es in den vorangegangenen Kapiteln durchgeführt haben, ist hier völlig ausreichend.

11. Kompilieren Sie die Anwendung und korrigieren Sie etwaige Kompilierungsfehler. Drücken Sie **F5** oder **Strg+F5**, um die Anwendung zu starten. Setzen Sie einen Haltepunkt oder führen Sie die Anwendung aus der Konsole aus, damit Sie die Ausgabe betrachten können. Die Ausgabe sollte wie in Abbildung 7.5 gezeigt aussehen.

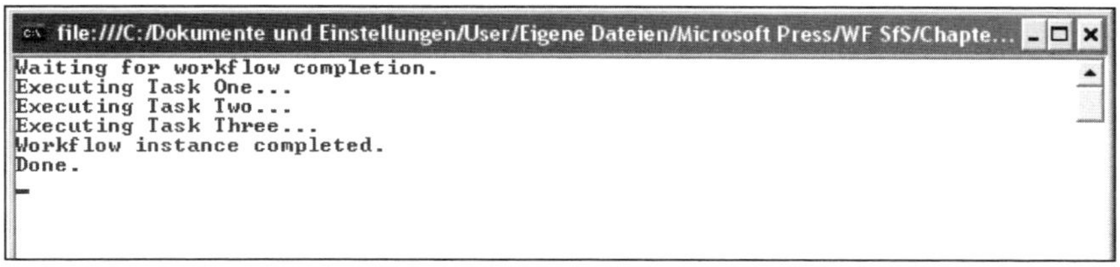

```
Waiting for workflow completion.
Executing Task One...
Executing Task Two...
Executing Task Three...
Workflow instance completed.
Done.
```

Abbildung 7.5 Ausgabe des Beispiels. Die Reihenfolge sieht wie erwartet aus

Wie Abbildung 7.5 zeigt, werden die Tasks in der erwarteten Reihenfolge ausgeführt. Dabei sollen noch einmal zwei Aspekte festgehalten werden: Die *Sequence*-Aktivität stellt eine zusammengesetzte Aktivität dar (ein Container für andere Aktivitäten) und sie führt die enthaltenen Elemente sequenziell aus.

Die *Code*-Aktivität verwenden

Bei der anderen Aktivität, die Sie bereits häufig in diesem Buch eingesetzt haben, handelt es sich um die *Code*-Aktivität. Diese dient dazu, selbst geschriebenen Code, den Sie für die Ausführung hinterlegen, innerhalb Ihres Workflows auszuführen. (Es gibt eine Möglichkeit, externe Methoden aufzurufen, worauf im nächsten Kapitel eingegangen wird.)

Nachdem Sie die *Code-Aktivität* in Ihrem Workflow platziert haben, setzen Sie die Eigenschaft *ExecuteCode* auf den Namen der Methode, den die Workflow-Laufzeit aufrufen soll.

Wenn Sie aber den Code genauer betrachten, den Visual Studio eingefügt hat, als Sie die *ExecuteCode*-Eigenschaft der eben fertig gestellten *Sequencer*-Awendung gesetzt haben, findet sich dort keine gewöhnliche Methode, die aufgerufen wird, sondern es handelt sich vielmehr um einen Ereignishandler. Die Methode, die Sie für *DoTaskOne* eingefügt haben, sieht beispielsweise folgendermaßen aus:

```
private void DoTaskOne(object sender, EventArgs e)
{
    Console.WriteLine("Executing Task One...");
}
```

Wie Sie erkennen, wird für den Fall, dass die Workflow-Laufzeit Ihre *Code*-Aktivität ausführt, ein Ereignis ausgelöst, das mit dem Wert benannt ist, den Sie in der *Execute-Code*-Eigenschaft vorgegeben haben. Die drei *Code*-Aktivitäten in der Beispielanwendung *Sequencer* demonstrieren dies. Wie Sie sich sicher vorstellen können, wird die *Code*-Aktivität im weiteren Verlauf dieses Buches sehr häufig verwendet.

Die *Throw*-Aktivität verwenden

Zwar wurde es bereits sehr früh in diesem Buch erwähnt, aber dieses grundlegende Konzept wurde noch nicht wirklich vertieft – die Modellierung des Workflow-Prozesses. In der Praxis muss eine große Bandbreite an Situationen aus dem wirklichen Leben abgebildet werden. Dazu gehört auch der Fall, dass eine Ausnahme ausgelöst werden muss. Nehmen Sie einmal an, dass etwas im Programmfluss nicht so funktioniert hat, wie es eigentlich gedacht war, und dass die Software diese Situation nur durch das Auslösen einer Ausnahme bereinigen kann. Sie könnten in diesem Zusammenhang einfach mithilfe des C#-Schlüsselwortes *throw* eine Ausnahme auslösen. Es gibt aber für das Auslösen von Ausnahmen auch eine spezielle Aktivität, die *Throw*-Aktivität. Eine mit dieser Aktivität ausgelöste Ausnahme kann dann wiederum mit einer eigens dafür geschaffenen Aktivität behandelt werden. Letzteres wird im nächsten Abschnitt noch gezeigt. Wenn Sie dagegen auf das C#-Schlüsselwort *throw* zurückgreifen, »schluckt« die Workflow-Laufzeit die Ausnahme und führt keine Benachrichtigung durch.

Dieses Verhalten ist der Grund für die *Throw*-Aktivität. Trifft die Workflow-Laufzeit auf die *Throw*-Aktivität, löst die Workflow-Laufzeit das Ereignis *WorkflowTerminated* aus, falls der Aktivität kein Fehlerhandler (*fault handler*) zugeordnet ist. Das *WorkflowTerminated*-Ereignis führt jedoch dazu, dass die Workflow-Instanz beendet und die Workflow-Laufzeit angehalten wird. In diesem Fall ist es viel zu spät, Versuche zu unternehmen, diesen außerplanmäßigen Zustand noch zu korrigieren. Sie können dann nur die Workflow-Laufzeit neu starten und eine neue Workflow-Instanz anstoßen. Wenn Sie die Ausnahmen früher behandeln möchten, benötigen Sie die eben angesprochene Kombination aus den Aktivitäten *Throw* und *FaultHandler*.

> **Hinweis** Es wird empfohlen, diese Kombination von *Throw*- und *FaultHandler*-Aktivität einer alleinigen Verwendung der *Throw*-Aktivität vorzuziehen. Letztere entspricht nämlich lediglich dem Einsatz des C#-Schlüsselwortes *throw* ohne Ausnahmehandler. In diesem Abschnitt kommt dennoch die *Throw*-Aktivität alleine zur Anwendung, aber vor allem, um zu demonstrieren, was dabei genau geschieht. Im nächsten Abschnitt werden dann *Throw*- und *FaultHandler*-Aktivität kombiniert, um zu erläutern, wie diese zusammenarbeiten.

Richten Sie Ihre Aufmerksamkeit auf die *Throw*-Aktivität. Nachdem Sie diese auf der Designer-Oberfläche abgelegt haben, finden Sie dort zwei Eigenschaften, die gesetzt werden müssen. Bei der ersten handelt es sich um die Eigenschaft *FaultType*, über die Sie die *Throw*-Aktivität über den Typ der Ausnahme unterrichten, und bei der zweiten um die Eigenschaft *Fault*, welche die Ausnahme selbst darstellt (falls diese zum Zeitpunkt, zu dem die Ausnahme ausgelöst werden soll, nicht *null* ist).

Die Eigenschaft *FaultType* bedarf wohl keiner großen Erklärung. Diese teilt der Workflow-Instanz einfach mit, welcher Typ einer Ausnahme ausgelöst werden soll. Aber bereits die reine Existenz dieser Eigenschaft gibt logischerweise an, dass Sie für die spezifischen Typen von Ausnahmen, die Sie auslösen möchten, jeweils eine eigene *Throw*-Aktivität zur Verfügung stellen müssen. Ausnahmen, die Sie nicht zielgerichtet auslösen (und später behandeln, falls gewünscht), werden von der Workflow-Laufzeit behandelt und damit ignoriert.

Aber was verbirgt sich hinter der *Fault*-Eigenschaft? Diese stellt – vorausgesetzt, sie ist gesetzt – einfach die tatsächliche Ausnahme dar, welche die *Throw*-Aktivität verwendet. Wenn diese *null* ist, löst die *Throw*-Aktivität weiterhin eine Ausnahme vom Typ *FaultType* aus, aber es handelt sich dann um eine neue Ausnahme ohne eine definierte Meldung, also ohne *Message*-Eigenschaft (die *Message*-Eigenschaft teilt Ihnen schließlich etwas über den Fehler mit und sagt somit weit mehr aus als nur der reine Ausnahmetyp).

> **Hinweis** Genau genommen hat die *Message*-Eigenschaft der Ausnahme auch in solchen Fällen einen Wert, aber es handelt sich lediglich um etwas in der – wenig inhaltsreichen Form – »Exception of type 'System.Exception' was thrown.«. Wenn eine Ausnahme ausgelöst wird, variiert die standardmäßige Meldung (die sich darauf bezieht, dass keine *Message*-Eigenschaft für den Ausnahmetyp gesetzt ist), falls die Ausnahme über den standardmäßigen Konstruktor erzeugt wird. Das Entscheidende dabei ist, dass die Ausnahmemeldung von der Ausnahme abhängt und nicht von etwas, das die WF verrichtet oder nicht verrichtet.

Wenn Sie möchten, dass die *Throw*-Aktivität eine von Ihnen eingerichtete Ausnahme auslöst, inklusive einer aussagekräftigen *Message*-Eigenschaft, müssen Sie eine Instanz der Ausnahme mithilfe des *new*-Operators erstellen und diese derselben Eigenschaft zuweisen, die Sie an die *Throw*-Aktivität gebunden haben.

Dies soll noch auf eine etwas andere Weise ausgeführt werden: Die *Throw*-Aktivität und, spezieller die dazugehörige *Fault*-Eigenschaft, ist an eine Eigenschaft des gleichen Ausnahmetyps einer in Ihrem Workflow vorhandenen Aktivität gebunden (die Hauptaktivität eingeschlossen). Das bedeutet, wenn Sie über eine *Throw*-Aktivität verfügen, die eine *NullReferenceException* auslöst, und diese verwenden möchten, müssen Sie eine Eigenschaft in einer zu Ihrem Workflow gehörigen Aktivität zur Verfügung stellen, die eben von diesem Typ *NullReferenceException* ist. Die *Throw*-Aktivität wird dann an diese Eigenschaft der Aktivität gebunden, sodass sie dieselbe Ausnahme verwenden kann, die Sie über den *new*-Operator zugewiesen haben (oder zuweisen sollten).

Bei dieser Gelegenheit sollten Sie etwas Code schreiben und dies ausprobieren. Dabei erstellen Sie einen kleinen Workflow, der eine *Throw*-Aktivität enthält, und erfahren, wie dies funktioniert.

Einen Workflow mit integrierter *Throw*-Aktivität erstellen

1. Das Beispiel *ErrorThrower* liegt analog zum vorangegangenen *Sequencer*-Beispiel in zwei Varianten vor. Wenn Sie mit der vollständigen Version arbeiten wollen, öffnen Sie die Projektmappe im Verzeichnis \Workflow\Chapter7\ErrorThrower Completed. Möchten Sie dagegen den Workflow selbst erstellen, öffnen Sie die Projektmappe im Verzeichnis \Workflow\Chapter7\ErrorThrower. Zum Öffnen einer der beiden Versionen ziehen Sie die entsprechende Projektmappendatei (Dateierweiterung .sln) in ein Visual Studio-Fenster.

2. Sobald die *ErrorThrower*-Anwendung geöffnet ist und zur Bearbeitung bereitsteht, fügen Sie ein neues Projekt in Gestalt einer sequenziellen Workflow-Bibliothek hinzu. Dazu rufen Sie den Menübefehl *Datei/Hinzufügen/Neues Projekt* auf, woraufhin das Dialogfeld *Neues Projekt hinzufügen* erscheint. Wählen Sie dort unter *Projekttypen* den Eintrag *Workflow* und unter *Vorlagen* den Eintrag *Sequential Workflow Library*. Benennen Sie das Projekt mit **ErrorFlow**. Daraufhin fügt Visual Studio dieses neue Bibliotheksprojekt ein und öffnet den Workflow-Ansicht-Designer zur Bearbeitung.

3. Ziehen Sie die *Code*-Aktivität von der Toolbox auf die Designer-Oberfläche und legen Sie diese dort ab. Weisen Sie der dazugehörigen Eigenschaft *ExecuteCode* den Wert **PreThrow** zu.

4. Als Nächstes ziehen Sie die *Throw*-Aktivität von der Toolbox auf die Designer-Oberfläche und legen Sie diese unterhalb der eben platzierten *Code*-Aktivität ab (Abbildung 7.6).

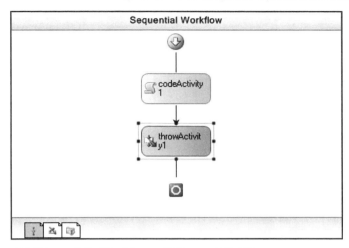

Abbildung 7.6 Workflow mit *Throw*-Aktivität

5. Die *Throw*-Aktivität sollte nun platziert und ausgewählt sein. Betrachten Sie die Eigenschaften der *Throw*-Aktivität. Wählen Sie die Eigenschaft *FaultType* und klicken Sie auf die Schaltfläche »...« (die drei Punkte bedeuten »Durchsuchen«), wie es Abbildung 7.7 zeigt.

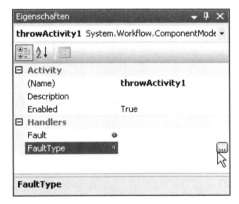

Abbildung 7.7 Die Eigenschaft *FaultType* mit der Schaltfläche zum Durchsuchen

6. Daraufhin wird das Dialogfeld *Browse and Select a .NET Type* aufgerufen. Hier wählen Sie den Typ der Ausnahme aus, den die *Throw*-Aktivität abbilden soll. Dabei soll hier auf einen einfachen *Exception*-Typ zurückgegriffen werden. Öffnen Sie bei aktiver Registerkarte *Type* den Ast *mscorlib* in der Baumdarstellung links und klicken Sie auf *System*. Auf diese Weise werden im rechten Feld alle Ausnahmetypen des Namespaces *System* (dem primären .NET-Namespace) aufgelistet. Scrollen Sie nach unten, bis Sie auf den Eintrag *Exception* stoßen, und wählen Sie diesen aus, woraufhin der Text *System.Exception* in das Eingabefeld *Type Name* kopiert wird (Abbildung 7.8). Bestätigen Sie mit einem Klick auf *OK*.

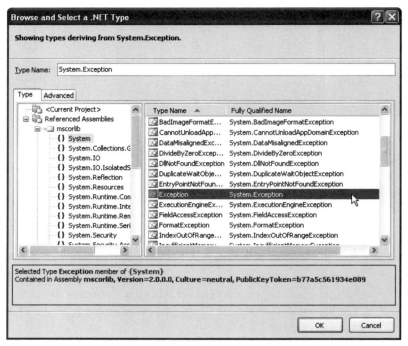

Abbildung 7.8 Auswahl des abzubildenden Ausnahmetyps

7. Sie haben nun erreicht, dass Sie mit dem Ausnahmetyp *System.Exception* in dieser *Throw*-Aktivität umgehen können, aber Sie haben noch nicht die Eigenschaft *Fault* gesetzt. Kehren Sie daher zum Eigenschaftenfenster dieser *Throw*-Aktivität zurück, wählen Sie die *Fault*-Eigenschaft an und klicken Sie auf die Schaltfläche »...« innerhalb der *Fault*-Eigenschaft (Abbildung 7.9).

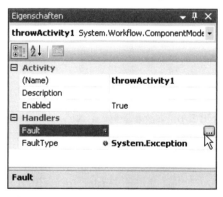

Abbildung 7.9 Setzen der *Fault*-Eigenschaft

> **Hinweis** Wird das Setzen der *Fault*-Eigenschaft oder gar der *FaultType*-Eigenschaft versäumt, führt dies nicht zu einem Kompilierungsfehler. Jedoch wird der Typ auf den Standardwert *System.Exception* mit der Meldung »Property Fault not set.« gesetzt.

8. Daraufhin erscheint das Dialogfeld *Bind 'Fault' to an activity's property*. Da Sie selbst keinen Fehlercode hinzugefügt haben, wechseln Sie auf die Registerkarte *Bind to a new member* und geben Sie in das Eingabefeld *New member name* den Text **WorkflowException** ein (Abbildung 7.10). Bestätigen Sie mit Klick auf *OK*. Dadurch wird die Eigenschaft *WorkflowException* zu Ihrer Hauptaktivität hinzugefügt.

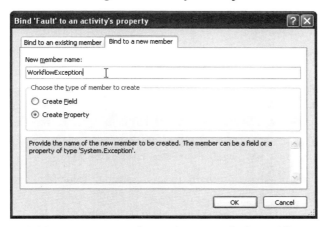

Abbildung 7.10 Hinzufügen der Eigenschaft *WorkflowException*

9. Ergänzen Sie den Workflow um eine zweite *Code*-Aktivität und weisen Sie der dazugehörigen Eigenschaft *ExecuteCode* den Wert **PostThrow** zu. Der Ansicht-Designer sollte nun wie in Abbildung 7.11 gezeigt aussehen.

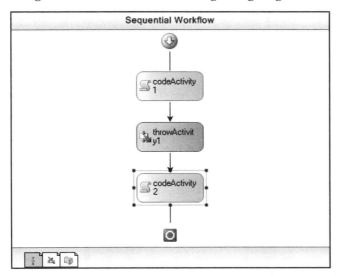

Abbildung 7.11 Der vom visuellen Standpunkt fertige Workflow

10. Ihr Workflow ist nun eingerichtet, sodass es Zeit ist, etwas Code hinzuzufügen. Nachdem Sie den vorangegangenen Schritt abgeschlossen haben, öffnet Visual Studio die Datei *Workflow1.cs* zur Bearbeitung im Code-Editor. Scrollen Sie durch den

Code nach unten, bis Sie den Ereignishandler für *PreThrow* finden. Fügen Sie dort diesen Code hinzu:

```
Console.WriteLine("Pre-throwing the exception...");
WorkflowException =
    new Exception("This exception thrown for test and evaluation purposes...");
```

11. Steuern Sie auf die gleiche Weise den Ereignishandler für *PostThrow* an und tragen Sie diesen Code ein:

```
Console.WriteLine("Post-throwing the exception... (You won't see this output!)");
```

12. Der Workflow selbst ist nun fertig gestellt, sodass Sie die Arbeit in der Hauptanwendung fortsetzen können. Öffnen Sie die Datei *Program.cs* zur Bearbeitung und begeben Sie sich zur Methode *Main*, in der Sie den folgenden Code finden:

```
// Print banner.
Console.WriteLine("Waiting for workflow completion.");
```

13. Geben Sie unmittelbar unterhalb dieses Codes den folgenden Programmcode ein:

```
WorkflowInstance instance =
    workflowRuntime.CreateWorkflow(typeof(ErrorFlow.Workflow1));
instance.Start();
```

14. Jetzt fehlt, sicher nicht überraschend, noch ein Verweis von der Hauptanwendung auf die Workflow-Bibliothek. Fügen Sie entsprechend wie gewohnt einen Verweis auf Projektebene vom Projekt *ErrorThrower* auf das Projekt *ErrorFlow* ein.

15. Kompilieren Sie die Anwendung und korrigieren Sie etwaige Kompilierungsfehler. Drücken Sie **F5** oder **Strg+F5**, um die Anwendung zu starten. Die Ausgabe sollte wie in Abbildung 7.12 gezeigt aussehen.

Abbildung 7.12 Die Ausgabe der Anwendung *ErrorThrower*

Wenn Sie sich die Ausgabe genau anschauen, stellen Sie fest, dass der *WorkflowTermination*-Ereignishandler aufgerufen wurde und Ihnen den Grund für die Beendigung anzeigt – eine Ausnahme. Diese weist eine *Message*-Eigenschaft auf, die dem Text des *Exception*-Objekts entspricht, den Sie der *WorkflowException*-Eigenschaft in Schritt 10 übergeben haben.

Hinweis Beim Hinzufügen neuer Eigenschaften, so wie Sie es in Schritt 8 (vergleiche auch Abbildung 7.10) durchgeführt haben, werden diese Eigenschaften von Visual Studio als abhängige Eigenschaften eingefügt (siehe Kapitel 4). Das Aufnehmen neuer Felder dagegen (Optionsschaltfläche *Create Field*) fügt typische Feldwerte ein (keine abhängigen Eigenschaften). Bei der *Exception*-Eigenschaft, die Sie definiert haben, handelt es sich um eine abhängige Eigenschaft.

Da Sie inzwischen gesehen haben, wie Ausnahmen in der WF abgebildet werden, stellt sich die Frage, wie das Abfangen von Ausnahmen gehandhabt wird.

Schließlich ist die Behandlung im Ereignishandler, der für die Beendigung des Workflows zuständig ist, häufig viel zu spät, um noch irgendeinen Wert für Sie zu haben. Wie Sie vielleicht erwarten, stellt Ihnen die WF eine praktische Aktivität – *FaultHandler* –zur Verfügung. Diese wird im Folgenden vorgestellt.

Die *FaultHandler*-Aktivität verwenden

Bei näherem Hinsehen spielt eine *Throw*-Aktivität erst dann das volle Potenzial aus, wenn sie in Verbindung mit einem Gegenstück eingesetzt wird – eine Aktivität, die dazu konzipiert ist, die Ausnahme zu behandeln. Genau dies ist der Zweck der *FaultHandler*-Aktivität. Die *FaultHandler*-Aktivität wird in einer etwas anderen Art und Weise verwendet als alle anderen Aktivitäten, die bislang vorgestellt wurden. Aus diesem Grund ist es Zeit, einen kleinen Ausflug zu unternehmen und den Ansicht-Designer genauer anzuschauen. Denn es gibt für Fehlerhandler eine eigene Oberfläche, die sich von der bekannten Oberfläche unterscheidet (und es existiert noch eine dritte Oberfläche für den Verarbeitungsabbruch, die hier ebenso kurz betrachtet werden soll).

> **Hinweis** In Kapitel 15 »Workflows und Transaktionen« werfen Sie einen Blick auf klassische Transaktionen und auf die weiterentwickelte Form, die kompensierten Transaktionen. Die Behandlung von Fehlern ist ein Teil davon. Wie der Begriff »kompensieren« bereits vermuten lässt, können Sie dabei etwas »ausgleichen«, was bedeutet, nach dem Auslösen einer Ausnahme Aktionen zurückzunehmen, um Fehlfunktionen zu vermeiden oder etwaige andere negative Auswirkungen zumindest zu reduzieren.

Eine kurze Tour durch den Workflow Visual Designer

Sie haben inzwischen einige Beispiel-Workflows im Rahmen dieses Buches erstellt und Sie sind wahrscheinlich von dem visuellen Konzept überzeugt, das hinter allem steht: Die Aktivitäten werden per Ziehen und Ablegen auf der Designer-Oberfläche platziert, dann werden die dazugehörigen Eigenschaften gesetzt und schließlich der Workflow-Code kompiliert und ausgeführt. Es gibt aber einige Punkte, auf die bislang noch nicht eingegangen wurde. Die entsprechenden Erläuterungen wurden bewusst zurückgehalten, ganz einfach, da der Fokus jeweils auf unterschiedliche Aspekte der Workflow-Programmierung gelegt wurde – und zwar, wie Workflow-Programme prinzipiell geschrieben und ausgeführt werden.

Da Sie nun einige Erfahrung in der Entwicklung von Workflows und in der Verwendung von Visual Studio als Workflow-Autorensystem haben, ist es an der Zeit, sich näher anzuschauen, was Visual Studio an weiteren Hilfestellungen in puncto visueller Workflow-Unterstützung bietet. Es gibt zwei hauptsächliche Gebiete, die kurz beschrieben werden sollen: weitere visuelle Oberflächen sowie Debugging.

Weitere Benutzeroberflächen im Ansicht-Designer

Bei einem kurzen Blick zurück auf die ersten sechs Kapitel kristallisiert sich ein bestimmtes Muster heraus, was den Ansicht-Designer angeht: In jeder Beispielanwendung haben Sie Elemente von der Toolbox auf die Designer-Oberfläche gezogen und dort abgelegt. Vielleicht sind Ihnen an dieser Stelle bereits die drei kleinen Symbole in der linken unteren Ecke des Designer-Fensters aufgefallen. Abbildung 7.13 (ein Auszug von Abbildung 7.1 aus dem Anfang des Kapitels, Abschnitt »Einen Workflow erstellen, der auf der *Sequence*-Aktivität basiert«) zeigt diese.

Abbildung 7.13 Über diese Schaltflächen wechseln Sie zwischen verschiedenen Oberflächen im Ansicht-Designer

Das Symbol ganz links aktiviert den standardmäßigen Workflow-Ansicht-Designer, den Sie bislang verwendet haben. Mit dem mittleren Symbol gelangen Sie in eine Ansicht, die es erlaubt, Code für einen Workflow-Abbruch (*Workflow Cancellation*) zu erstellen (Abbildung 7.14). Das rechte Symbol wechselt schließlich in die Fehlerhandler-Ansicht, die mit *Workflow Exceptions* bezeichnet ist (Abbildung 7.15).

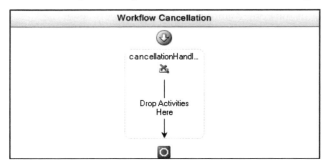

Abbildung 7.14 Die Oberfläche für einen Workflow-Abbruch

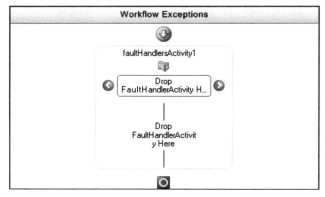

Abbildung 7.15 Die Oberfläche für Fehlerhandler

Hinweis Diese Ansichten dienen mehr als nur der Bequemlichkeit, denn es steckt weit mehr dahinter. Ein Beispiel: Wenn Sie die *FaultHandler*-Aktivität von der Toolbox auf die Workflow-Designer-Oberfläche ziehen (also die standardmäßige, bislang verwendete Benutzeroberfläche), werden Sie feststellen, dass Sie diese dort nicht ablegen können. Denn *FaultHandler*-Aktivitäten lassen sich nur auf der Fehlerhandler-Oberfläche platzieren.

Gelegentlich benötigen Sie zudem Zugriff auf zusätzliche Designer-Oberflächen. Hierzu dienen die so genannten Smart Tags, die sich unterhalb der Namen einiger Aktivitäten befinden. Wie Abbildung 7.16 zeigt, ist ein Smart Tag ein kleines Rechteck, hier unterhalb des Buchstabens »S« im Begriff »Sequential« der Designer-Titelleiste. In diesem Fall werden zwar über die Smart Tags nur die bekannten drei Oberflächen angeboten (Workflow, Workflow-Abbruch und Workflow-Ausnahmen), die auch über die drei vorhin erwähnten Schaltflächen im linken unteren Oberflächenbereich zugänglich sind. Aber einige Aktivitäten, etwa die *EventHandlingScope*-Aktivität (Kapitel 10), weisen weitere Oberflächen auf.

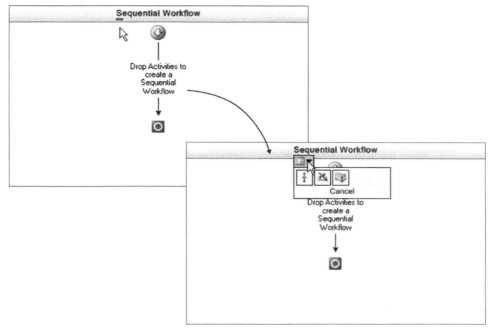

Abbildung 7.16 Auf zusätzliche Designer-Oberflächen via Smart Tag zugreifen

Es ist sicher nicht überraschend, dass die Workflow-Aktivitäten, die Sie auf der Oberfläche für den Workflow-Abbruch (Abbildung 7.14) ablegen, ausgeführt werden, wenn die Workflow-Instanz abgebrochen wird. Auf diese Weise erhalten Sie eine Möglichkeit, einige Aufräum- oder Benachrichtigungsaufgaben vorzunehmen, bevor die Workflow-Instanz tatsächlich die Ausführung beendet.

Die Fehlerhandler-Oberfläche dient dazu, die einzelnen Fehlerhandler aufzunehmen. Jeder Fehlerhandler behandelt dabei einen – genau einen – Ausnahmetyp. Es kann beispielsweise nur einen *NullReferenceException*-Handler für die Aktivität geben, mit welcher der Fehlerhandler verbunden wurde. Zusammengesetzte Aktivitäten enthalten im Allgemeinen Fehlerhandler und erlauben es den untergeordneten Aktivitäten – falls gewünscht–, die Fehler selbst zu behandeln, ohne diese an die übergeordnete Aktivität weiterzuleiten. Ein Blick zurück auf Abbildung 7.15 zeigt zwei Pfeilsymbole, die in blaue Kreise gesetzt sind. Die Fehlerhandler-Aktivitäten werden zwischen diesen beiden Pfeilen abgelegt und erscheinen dann nebeneinander. Die Pfeile dienen dazu, zwischen den Handlern zu scrollen, für den Fall, dass nicht alle Handler Platz haben und daher entsprechend herausgescrollt sind. Der Bereich unterhalb der Pfeilsymbole stellt eine weitere Workflow-Oberfläche dar, die für Aktivitäten dient, die mit der Ausnahmebehandlung verbunden sind. Es ist hier üblich, eine *Code*-Aktivität abzulegen und darüber alle möglichen Aufräumarbeiten durchzuführen oder andere Aktionen zu initiieren, die durch den Fehlerzustand notwendig geworden sind. Sie werden einige Erfahrung mit dieser Designer-Oberfläche erlangen, nachdem Sie sich ein wenig mit dem Debugging des Workflow-Ansicht-Designers beschäftigt haben.

Debugging im Workflow-Designer

Kein Software-Entwickler kommt ohne Debugger aus. Es ist der absolute Ausnahmefall, dass ein Programm oder ein Teil davon bereits beim ersten Versuch einwandfrei läuft und kein Debuggen erforderlich ist. Sie haben sicher im Rahmen der bislang vorgestellten Beispiele hier und da einen Haltepunkt im Workflow-Code gesetzt.

Aber was Ihnen vielleicht noch nicht bekannt ist, Sie können auch Haltepunkte innerhalb des Workflow-Ansicht-Designers anbringen. Dies erlaubt es Ihnen, die Workflow-Abarbeitung Aktivität für Aktivität zu verfolgen (und eben nicht per Quellcode, Zeile für Zeile).

Um einen Haltepunkt im Workflow-Ansicht-Designer zu setzen, klicken Sie mit der rechten Maustaste auf die Aktivität, welche mit dem Haltepunkt versehen werden soll, bewegen Sie den Mauszeiger auf *Haltepunkt* und klicken Sie dann den Untereintrag *Insert Breakpoint* an (Abbildung 7.17).

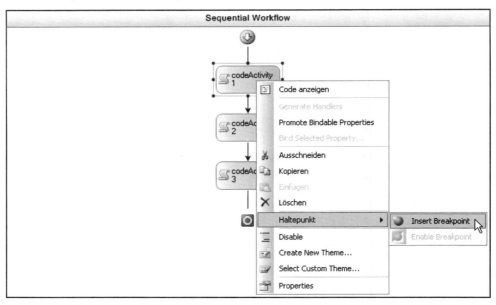

Abbildung 7.17 Einen Haltepunkt mit dem Workflow-Ansicht-Designer setzen

Im Anschluss daran platziert der Workflow-Ansicht-Designer die bekannte rote Kugel innerhalb der grafischen Darstellung der Aktivität (Abbildung 7.18), so wie auch eine Codezeile mit einer roten Kugel versehen wird, wenn Sie an dieser einen Haltepunkt anbringen. Um einen Haltepunkt zu entfernen, wählen Sie im Kontextmenü der Aktivität den Menüeintrag *Haltepunkt* und dann *Delete Breakpoint*. Eine andere Möglichkeit stellt das *Debug*-Menü der Menüleiste von Visual Studio dar: Der Menübefehl *Haltepunkt umschalten* entfernt den Haltepunkt der momentan markierten Aktivität (Sie können diesen Menübefehl auch zum Setzen eines Haltepunktes verwenden). Der Menübefehl *Alle Haltepunkte löschen* dagegen entfernt alle Haltepunkte (auch solche, die zeilenweise im Programmcode angebracht sind).

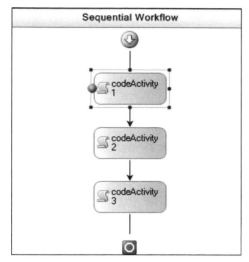

Abbildung 7.18 Aktivität mit gesetztem Haltepunkt

Ausgestattet mit diesem Wissen können Sie nun eine *FaultHandler*-Aktivität in Ihren Workflow einfügen.

Die *FaultHandler*-Aktivität im Workflow verwenden

1. Öffnen Sie die Projektmappe *ErrorThrower*, falls erforderlich. Wählen Sie die Datei *Workflow1.cs* des Projekts *ErrorFlow* und klicken Sie auf das Symbol (*Ansicht-Designer*), um in den Workflow-Ansicht-Designer zu wechseln. Der generelle Workflow ist bereits eingerichtet, sodass hier nichts verändert werden muss. (Auch wenn Sie mit der Anwendung *ErrorThrower* weiterarbeiten können, finden Sie eine Projektmappe für diesen Abschnitt. So können Sie auch für den Fall, dass Sie die zurückliegenden Schritte dieses Kapitels nicht ausgeführt haben, direkt hier einsteigen, indem Sie die Projektmappe im Verzeichnis \Workflow\Chapter7\ ErrorHandler öffnen. Wie gewohnt steht es Ihnen auch offen, die fertig gestellte Version im Verzeichnis \Workflow\Chapter7\ErrorHandler Completed begleitend zum Text zu verwenden.)

2. Klicken Sie auf das Symbol (*View Fault Handlers*) in der Symbolleiste im linken unteren Bereich des Ansicht-Designers, um in die Fehlerhandler-Ansicht (*Workflow Exceptions*) des Workflow-Designers zu schalten (Abbildung 7.19).

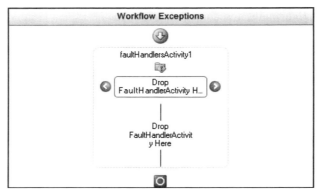

Abbildung 7.19 Es wurde in die Oberfläche für Fehlerhandler geschaltet

3. Wählen Sie die *FaultHandler*-Aktivität von der Toolbox aus, ziehen Sie diese auf die Designer-Oberfläche und legen Sie diese zwischen den beiden blauen Kreise ab (Abbildung 7.21).

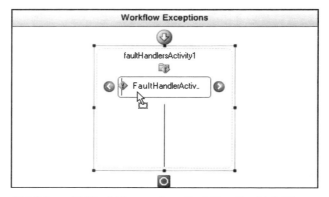

Abbildung 7.20 Ablegen einer *FaultHandler*-Aktivität

Die Designer-Oberfläche sollte nun wie in Abbildung 7.21 dargestellt aussehen:

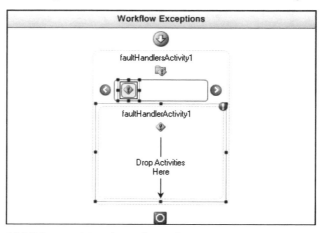

Abbildung 7.21 Die *FaultHandler*-Aktivität wurde abgelegt

4. Analog zu anderen Aktivitäten stehen einige Eigenschaft zur Verfügung, die sich setzen lassen, um den Fehlerhandler voll funktionsfähig zu machen. Die erste Eigenschaft, die Sie definieren, ist die Eigenschaft *FaultType*. Wählen Sie diese im Eigenschaftenfenster aus und klicken Sie auf die Schaltfläche »...« (Abbildung 7.22), um das Dialogfeld *Browse and Select a .NET Type* aufzurufen.

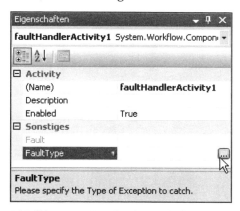

Abbildung 7.22 Die Eigenschaften zum *Fehlerhandler*

5. Wechseln Sie im Dialogfeld *Browse and Select a .NET Type* auf die Registerkarte *Type*, falls erforderlich, und öffnen Sie dann den Knoten *mscorlib* in der Baumdarstellung links. Klicken Sie dort auf *System* (für die *System*-Assembly) und scrollen Sie in der daraufhin im rechten Fensterbereich angezeigten Liste nach unten, bis Sie den Eintrag *Exception* in der Spalte *Type Name* sehen. Wählen Sie diesen mit einem Klick aus, woraufhin der Text *System.Exception* in das Eingabefeld *Type Name* kopiert wird (Abbildung 7.23). Klicken Sie auf *OK*, um *System.Exception* als Ausnahmetyp zu übernehmen und das Dialogfeld zu schließen. Der Eigenschaft *FaultType* sollte jetzt der Wert *System.Exception* zugeordnet sein (Abbildung 7.24).

> **Hinweis** Es ist kein Zufall, dass der Ausnahmetyp, welcher der *FaultHandler*-Aktivität zugeordnet wurde, der gleiche ist wie der, welcher von der *Throw*-Aktivität ausgelöst wird (Letzterer wurde bereits früher in diesem Kapitel hinzugefügt). Beide bilden eine zusammengehörige Gruppe. Wenn Sie in Verbindung mit einer *Throw-Aktivität* nicht über einen solch ergänzenden Fehlerhandler in Ihrem Workflow verfügen, führt – wie bereits an früherer Stelle erwähnt – eine zur Laufzeit ausgelöste Ausnahme dazu, dass ein *WorkflowTerminated*-Ereignis erzeugt wird. Wenn Sie also nicht wünschen, dass Ihr Workflow beendet wird, fügen Sie eine geeignete *FaultHandler*-Aktivität hinzu.

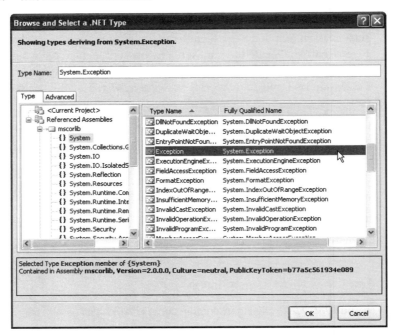

Abbildung 7.23 Der Ausnahmetyp System.Exception wurde für den Fehlerhandler ausgewählt

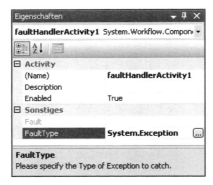

Abbildung 7.24 Der Ausnahmetyp wurde zugewiesen

> **Hinweis** Auch wenn in Abbildung 7.24 die *Fault*-Eigenschaft zu sehen ist, sollte Sie das nicht irritieren. Die Eigenschaft ist nämlich deaktiviert und kann daher nicht gesetzt werden.

6. Bislang haben Sie eine *FaultHandler*-Aktivität hinzugefügt und angegeben, welchen Ausnahmetyp diese behandeln soll, aber Sie haben noch keinen Code hinterlegt, um mit der ausgelösten Ausnahme umzugehen. Dazu ziehen Sie die *Code*-Aktivität von der Toolbox auf die Designer-Oberfläche und legen Sie diese im Bereich unterhalb der Stelle ab, an Sie die *FaultHandler*-Aktivität selbst platziert haben. Dieser Bereich, der mit dem Namen *faultHandlerActivity1* gekennzeichnet ist, stellt eine Art miniaturisierter Workflow-Ansicht-Designer dar, wie es

Abbildung 7.25 zeigt (damit wurden gewissermaßen verschiedene Arten von Workflow-Ansicht-Designern gemischt). Der Bereich verarbeitet folglich ohne weiteres *Code*-Aktivitäten. Analog zu anderen Instanzen der *Code*-Aktivität weisen Sie der dazugehörigen *ExecuteCode*-Eigenschaft einen Wert zu. In diesem Fall geben Sie **OnException** ein und bestätigen Sie mit Druck auf die Taste **Eingabe**.

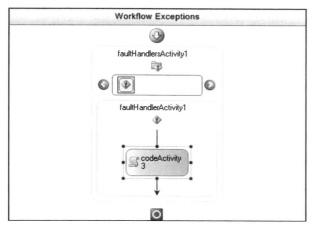

Abbildung 7.25 Der Bereich, in dem die *Code*-Aktivität für den Fehlerhandler abgelegt wurde, verhält sich wie ein eigener Workflow-Designer

7. Daraufhin fügt Visual Studio den *OnException*-Ereignishandler in der Datei *Workflow1.cs* ein und öffnet den Code-Editor zur Bearbeitung. Ergänzen Sie den Ereignishandler mit diesem Code:

```
Console.WriteLine(
    "Exception handled within the workflow! The exception was: '{0}'",
    WorkflowException != null ? WorkflowException.Message :
    "Exception property not set, generic exception thrown");
```

> **Hinweis** Wieder einmal ist es kein Zufall, dass die gleiche *WorkflowException*-Eigenschaft zum Einsatz kommt, wie die, welche in der *Throw*-Aktivität verwendet wird. Wenn die *WorkflowException*-Eigenschaft *null* ist, weisen Sie die *Throw*-Aktivität einfach an, eine neue Instanz von *System.Exception* auszulösen. Andernfalls enthält *WorkflowException* die auszulösende Ausnahme.

8. Kompilieren Sie nun den Code und führen Sie diesen aus. Die Bildschirmausgabe sollte wie in Abbildung 7.26 gezeigt aussehen.

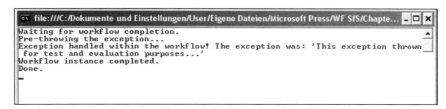

Abbildung 7.26 Mithilfe der *FaultHandler*-Aktivität kann die Ausnahme jetzt verarbeitet werden

Durch den Einsatz der *FaultHandler*-Aktivität sind Sie in der Lage, die Ausnahme zu verarbeiten (wenn die Notwendigkeit dafür besteht) und beliebige erforderliche Aktionen durchzuführen.

> **Hinweis** Durch Auslösen und Behandeln von Ausnahmen auf dieser Ebene wird Ihre Workflow-Instanz im Wesentlichen weiterhin angehalten. Der Vorteil aber ist, dass Ihr Workflow diese Ausnahme verarbeiten kann und diese eben nicht die Workflow-Laufzeit erreicht, sodass Letztere damit umgehen muss. Wenn Sie die Verarbeitung fortsetzen möchten, nachdem bestimmte Ausnahmen ausgelöst wurden (Ausnahmen, bei denen Sie wissen, dass die Stabilität Ihres Workflows erhalten werden kann), sollten Sie keine *Throw*- und *FaultHandler*-Aktivitäten verwenden, um mit diesen umzugehen. Verwenden Sie stattdessen *try...catch*-Blöcke innerhalb des Codes von Aktivitäten, sodass die Ausnahmen diese nicht verlassen und somit nicht die Laufzeit bemühen. Wenn Sie keine adäquate interne Behandlung (das heißt per *try...catch*) gewährleisten können, sollten Sie dagegen die Aktivitäten *Throw* und *FaultHandler* einsetzen.

Die *Suspend*-Aktivität verwenden

Mit der *Suspend*-Aktivität gibt es eine weitere Aktivität zur Verwaltung der Workflow-Instanz, die unter bestimmten Umständen nützlich sein kann. Genau genommen liegt eine verbreitete Anwendung darin, einen Fehler mit der *FaultHandler*-Aktivität zu behandeln und dann die Verarbeitung mithilfe der *Suspend*-Aktivität anzuhalten, um zu signalisieren, dass ein Eingriff seitens des Anwendereingriffs erforderlich ist.

Beim Einsatz der *Suspend*-Aktivität übergeben Sie dieser einen Fehlerstring über deren *Error*-Eigenschaft. Diese Eigenschaft kann an eine abhängige Eigenschaft gebunden werden (etwa die *Throw*-Aktivität), eine einfache Klasseneigenschaft, ein einfaches Klassenfeld oder sogar an ein Stringliteral (was im folgenden Beispiel gezeigt wird). Wenn die *Suspend*-Aktivität zur Ausführung gelangt, löst die Workflow-Laufzeit das *WorkflowSuspended*-Ereignis aus und stellt Ihnen diesen Fehlerstring in den Ereignis-Argumenten zur Verfügung.

Das Versetzen einer Workflow-Instanz in einen angehaltenen Zustand führt dazu, dass die Instanz zwar derzeit nicht ausgeführt wird, aber auch nicht aus dem Arbeitsspeicher entfernt wird. Die Instanz ist in einer Halteposition und wartet auf entsprechende von Ihnen durchzuführende Maßnahmen. Anzumerken ist ferner, dass die Instanz sich auch nicht im Leerlauf befindet, sodass hier keine automatische Persistenz ins Spiel kommt. Der Einsatz der *Suspend*-Aktivität ist relativ einfach, wie Sie gleich sehen werden.

> **Hinweis** In einem angehaltenen Zustand existiert Ihre Workflow-Instanz weiter, wenngleich diese vorübergehend nichts mehr verrichtet. Es ist eine gute Idee, das *WorkflowSuspended*-Ereignis in Ihre Workflow-spezifischen Anwendungen zu verankern, da Sie dann darauf reagieren können, sobald Workflow-Instanzen in den angehaltenen Zustand gelangen. Zumindest werden Sie darüber unterrichtet, wenn Workflow-Instanzen angehalten werden, und Sie können diese entfernen, fortsetzen oder neu starten.

Kapitel 7: Grundlegende Operationen mit Aktivitäten   167

Die *Suspend*-Aktivität im Workflow nutzen

1. Öffnen Sie die Projektmappe ErrorThrower, falls erforderlich. Wählen Sie die Datei *Workflow1.cs* des Projekts *ErrorFlow* und klicken Sie auf das Symbol (*Ansicht-Designer*), um in den Workflow-Ansicht-Designer zu wechseln. (Auch dieses Mal finden Sie eine eigene Projektmappe, welche speziell auf diesen Abschnitt zugeschnitten wurde. Wenn Sie die Schritte aus den vergangenen Abschnitten umgesetzt haben, arbeiten Sie mit dem letzten Stand der Anwendung *ErrorThrower* weiter. Andernfalls können Sie auch direkt hier einsteigen, indem Sie die Projektmappe im Verzeichnis *\Workflow\Chapter7\ErrorSuspender* öffnen. Wie gewohnt steht es Ihnen auch offen, die fertig gestellte Version im Verzeichnis *\Workflow\Chapter7\ErrorSuspender Completed* begleitend zum Text zu verwenden.) Da im Folgenden eine *Suspend*-Aktivität in die vorhin eingebaute *Fault-Handler*-Aktivität (mit dem Ausnahmetyp *System.Exception*) eingefügt werden soll, schalten Sie in die Fehlerhandler-Ansicht (*Workflow Exceptions*) des Workflow-Designers, indem Sie das Symbol (*View Fault Handlers*) in der Symbolleiste im linken unteren Bereich des Ansicht-Designers anklicken.

2. Wählen Sie aus der Toolbox die *Suspend*-Aktivität aus, ziehen Sie diese auf die Oberfläche des Fehlerhandler-Designers und legen Sie diese unterhalb der bestehenden *Code*-Aktivität ab, wie in Abbildung 7.27 zu sehen.

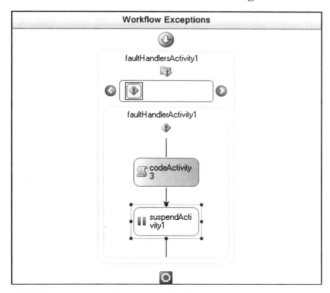

Abbildung 7.27   Die *Suspend*-Aktivität wurde platziert

3. Markieren Sie die *Suspend*-Aktivität, falls erforderlich. Wählen Sie dann die dazugehörige *Error*-Eigenschaft aus und tippen Sie den Text "**This is an example suspension error...**" (die Anführungszeichen eingeschlossen) in das Eingabefeld ein (Abbildung 7.28).

168   Teil B: Mit Aktivitäten arbeiten

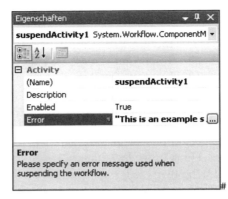

Abbildung 7.28 Die *Error*-Eigenschaft wurde mit einem Fehlertext belegt

> **Tipp** Die Eingabe eines Stringliterals, wie es hier gemacht wurde, ist völlig akzeptabel. Jedoch können Sie den Text auch an eine stringbasierte abhängige Eigenschaft binden, die sich einfacher ändern lässt, während Ihr Workflow ausgeführt wird. Ein Klick auf die Schaltfläche »...« (die in Abbildung 7.28 zu sehen ist) ruft das Dialogfeld zur Herstellung einer Bindung auf, das Sie bereits aus dem Schritt 7 des Abschnitts »Einen Workflow mit integrierter *Throw*-Aktivität erstellen« kennen. Folgen Sie dort einfach noch einmal den gleichen grundlegenden Schritten.

4. Da sich in Ihrer Hauptanwendung kein *WorkflowSuspended*-Ereignishandler befindet, muss ein solcher hinzugefügt werden. Dazu bearbeiten Sie die Datei *Program.cs* der Hauptanwendung. Steuern Sie innerhalb der *Main*-Methode den Code an, der die vorhandenen Ereignishandler verankert, und ergänzen Sie den folgenden Code:

```
workflowRuntime.WorkflowSuspended +=
    new EventHandler<WorkflowSuspendedEventArgs>(workflowSuspended);
```

5. Da Sie einen Ereignishandler mit dem Namen *workflowSuspended* verwenden, muss folgender Code eingegeben werden:

```
static void workflowSuspended(object sender, WorkflowSuspendedEventArgs e)
{
    Console.WriteLine("Workflow instance suspended, error: '{0}'.",
        e.Error);
    waitHandle.Set();
}
```

6. Kompilieren Sie die Anwendung über den Menübefehl *Erstellen/Projektmappe erstellen*. Drücken Sie **F5** oder **Strg+F5**, um die Anwendung zu starten (nach einer etwaig erforderlichen Beseitigung von Kompilierungsfehlern). Die Ausgabe sollte wie in Abbildung 7.29 gezeigt aussehen.

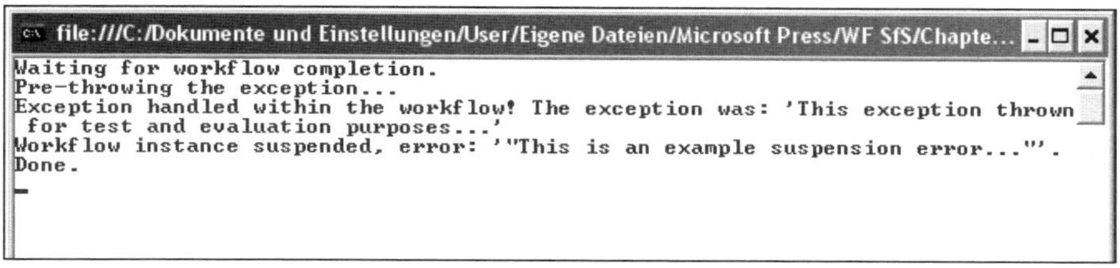

```
file:///C:/Dokumente und Einstellungen/User/Eigene Dateien/Microsoft Press/WF SfS/Chapte...
Waiting for workflow completion.
Pre-throwing the exception...
Exception handled within the workflow! The exception was: 'This exception thrown
 for test and evaluation purposes...'
Workflow instance suspended, error: '"This is an example suspension error..."'.
Done.
```

Abbildung 7.29 Ausgabe des Programms *ErrorSuspender*

Nach dem Start der Anwendung sollten Sie die Konsolenausgabe sehen, die vom *WorkflowSuspended*-Ereignishandler Ihrer Hauptanwendung erzeugt wurde. Aber es lässt sich weit mehr erzielen, als nur einfach einen Text auf die Konsole zu schreiben. Sie können jede andere Operation durchführen, die für Ihren Prozessablauf geeignet ist. Obwohl Sie hier die Verarbeitung der Workflow-Instanz fortsetzen könnten, wird dies im Allgemeinen nicht empfohlen. Zunächst einmal wird dann die gesamte Aktivität, die zuletzt verarbeitet wurde, übersprungen und vorerst in diesem Zustand belassen. Bei einer Wiederaufnahme ist die Folge, dass der Einstieg an einem weiter hinten liegenden Punkt erfolgt, was wahrscheinlich keine gute Idee ist (was wurde übersprungen und wie weisen Sie das nach?). Zumindest können Sie jedoch die Workflow-Instanz sauber von der Verarbeitung entbinden und beliebigen Code anbringen, der entsprechende Aufräumarbeiten durchführt.

Als ob Ausnahmen und angehaltene Workflow-Instanzen noch nicht genug wären, können Sie bei Bedarf Ihre Workflow-Instanz beenden. Wie dies funktioniert, wird im Folgenden beschrieben.

Die *Terminate*-Aktivität verwenden

Manchmal gehen Dinge derart schief, dass Sie keine andere Wahl haben, als die Workflow-Instanz zu beenden. Gründe gibt es viele: Vielleicht erhalten Sie von einem externen Prozess Daten in einem falschen Format oder anderweitig fehlberechnete Daten. Oder der Datenbankserver ist nicht mehr erreichbar und Sie können daher an dieser Stelle nicht mehr sinnvoll weitermachen. Die Auflistung könnte natürlich noch unbegrenzt fortgesetzt werden.

Die WF stellt Ihnen mit der *Terminate*-Aktivität eine fertige Möglichkeit zur Verfügung, um Workflow-Instanzen zu beenden. Die *Terminate*-Aktivität wird exakt so wie die *Suspend*-Aktivität eingesetzt und tatsächlich sind die jeweiligen Eigenschaften identisch. Der Unterschied liegt darin, dass nach Ausführung der *Terminate*-Aktivität die Workflow-Instanz grundsätzlich nicht mehr fortgesetzt werden kann.

Sobald die *Terminate*-Aktivität zur Ausführung gelangt, löst die Workflow-Laufzeit das *WorkflowTerminated*-Ereignis aus, genauso, als hätte es eine unbehandelte Ausnahme gegeben. Es ist schwierig, diese beiden Situationen auseinander zu halten, sobald das *WorkflowTerminated*-Ereignis verarbeitet wird. Alles, was Sie tatsächlich unternehmen können, ist das *WorkflowTerminatedEventArgs*-Objekt zu untersuchen und die *Exception*-Eigenschaft zu betrachten. Wenn die Workflow-Instanz über die *Terminate*-Aktivität beendet wurde, wird es sich beim Ausnahmetyp um *System.Workflow.ComponentModel.WorkflowTerminatedException* handeln und nicht um einen anderen (wahrscheinlich allgemeineren) Ausnahmetyp.

Im Folgenden erfahren Sie, wie die *Terminate*-Aktivität im Workflow-Code eingesetzt wird.

Die *Terminate*-Aktivität im Workflow nutzen

1. Auch dieses Mal wird wieder mit der Anwendung *ErrorThrower* weitergearbeitet. (Wenn Sie die zurückliegenden Schritte dieses Kapitels nicht vollständig ausgeführt haben, können Sie hier direkt einsteigen, indem Sie auf die Projektmappe im Verzeichnis *\Workflow\Chapter7\ErrorTerminator* zurückgreifen. Wie gewohnt steht es Ihnen auch offen, die fertig gestellte Version im Verzeichnis *\Workflow\Chapter7\ErrorTerminator Completed* begleitend zum Text zu verwenden.) Wählen Sie wiederum die Datei *Workflow1.cs* des Projekts *ErrorFlow* aus und klicken Sie auf das Symbol (*Ansicht-Designer*), um in den Workflow-Ansicht-Designer zu wechseln. Schalten Sie mit einem Klick auf das Symbol (*View Fault Handlers*) in die Fehlerhandler-Ansicht (*Workflow Exceptions*) des Workflow-Designers, falls notwendig. Zunächst muss die *Suspend*-Aktivität, die Sie im vorangegangenen Abschnitt hinzugefügt haben, entfernt werden. Klicken Sie diese dazu an und betätigen Sie die Taste **Entf**.

2. Wählen Sie aus der Toolbox die *Terminate*-Aktivität aus, ziehen Sie diese auf die Oberfläche des Fehlerhandler-Designers und legen Sie diese unterhalb der bestehenden *Code*-Aktivität ab, wie in Abbildung 7.30 zu sehen.

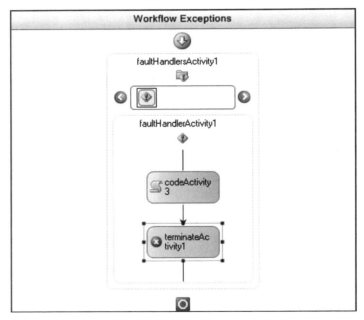

Abbildung 7.30 Die Terminate-Aktivität wurde abgelegt

3. Markieren Sie die *Terminate*-Aktivität, falls erforderlich. Wählen Sie dann die dazugehörige *Error*-Eigenschaft aus und tippen Sie den Text "**This is an example termination error...**" (wieder in Anführungszeichen) in das Eingabefeld ein (Abbildung 7.31).

> **Hinweis** Der Tipp aus dem vorangegangenen Abschnitt gilt auch hier. Sie können ein Stringliteral verwenden, wie es hier gemacht wurde, oder den String an ein Feld, an eine Eigenschaft oder an eine abhängige Eigenschaft einer Aktivität binden.

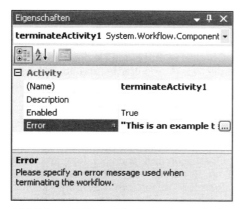

Abbildung 7.31 Die *Error*-Eigenschaft wurde erneut mit einem Fehlertext belegt

Kompilieren Sie die Anwendung über den Menübefehl *Erstellen/Projektmappe erstellen*. Nachdem Sie etwaige Kompilierungsfehler beseitigt haben, drücken Sie **F5** oder **Strg+F5**, um die Anwendung zu starten. Wenn alles wie erwartet funktioniert, sollte die Ausgabe etwa so wie in Abbildung 7.32 aussehen.

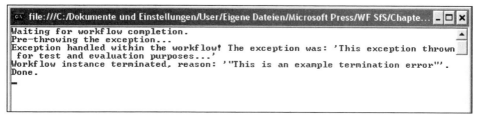

Abbildung 7.32 Ausgabe des Programms *ErrorTerminator*

Die *Terminate*-Aktivität, wie auch die *Suspend*-Aktivität, ist eine ziemlich einfache Aktivität, aber eine nicht minder leistungsfähige. Sie werden diese zwar nicht häufig benötigen, aber wenn bei der Workflow-Verarbeitung so viel schief läuft, dass Ihr Workflow nicht fortgesetzt werden kann, stellt die *Terminate*-Aktivität die beste Lösung dar.

Schnellübersicht

Aufgabe	Aktion
Die *Sequence*-Aktivität verwenden	*SequenceActivity* ist eine zusammengesetzte Aktivität und als solche fungiert sie als Bereich, in dem sich andere Aktivitäten ablegen lassen. Ziehen Sie einfach eine Instanz der *Sequence*-Aktivität auf den Workflow-Ansicht-Designer. Ziehen Sie dann die anderen Aktivitäten in die *Sequence*-Aktivität, die notwendig sind, um den Workflow zu vervollständigen. Diese Aktivitäten werden in der Reihenfolge ausgeführt, in der sie im Designer angezeigt werden, von oben nach unten.
Die *Code*-Aktivität verwenden	Aktivieren Sie zunächst den Workflow-Ansicht-Designer, falls erforderlich. Ziehen Sie dann eine Instanz der *Code*-Aktivität auf die Designer-Oberfläche und legen Sie diese an einer geeigneten Stelle innerhalb der Workflow-Verarbeitung ab. Definieren Sie anschließend unter *ExecuteCode* einen Methodennamen im Eigenschaftenfenster. Versehen Sie schließlich die Methode mit dem gewünschten auszuführenden Code.
Die *Throw*-Aktivität verwenden	Aktivieren Sie zunächst den Workflow-Ansicht-Designer, falls erforderlich. Ziehen Sie dann eine Instanz der *Throw*-Aktivität auf die Designer-Oberfläche und legen Sie diese an einer geeigneten Stelle innerhalb der Workflow-Verarbeitung ab. Definieren Sie die *Fault*- und *FaultType*-Eigenschaft, um die *Throw*-Aktivität mit der auszulösenden Ausnahme zu versehen sowie den erwarteten Ausnahmetyp festzulegen.
Die *FaultHandler*-Aktivität verwenden	Aktivieren Sie zunächst den Workflow-Ansicht-Designer und wechseln Sie in die Fehlerhandler-Ansicht (*Workflow Exceptions*), falls erforderlich. Ziehen Sie dann eine Instanz der *FaultHandler*-Aktivität auf die Designer-Oberfläche und legen Sie diese an einer geeigneten Stelle innerhalb der Workflow-Verarbeitung ab. Weisen Sie schließlich der *FaultType*-Eigenschaft den Ausnahmetyp zu, der behandelt werden soll.
Die *Suspend*-Aktivität verwenden	Aktivieren Sie zunächst den Workflow-Ansicht-Designer und wechseln Sie in die Fehlerhandler-Ansicht (*Workflow Exceptions*), falls erforderlich. Ziehen Sie dann eine Instanz der *Suspend*-Aktivität auf die Designer-Oberfläche und legen Sie diese an einer geeigneten Stelle innerhalb der Workflow-Verarbeitung ab. Weisen Sie schließlich der *Error*-Eigenschaft den Fehlerstring zu, welcher der Workflow-Laufzeit über das *WorkflowSuspended*-Ereignis gemeldet wird.
Die *Terminate*-Aktivität verwenden	Aktivieren Sie zunächst den Workflow-Ansicht-Designer und wechseln Sie in die Fehlerhandler-Ansicht (*Workflow Exceptions*), falls erforderlich. Ziehen Sie dann eine Instanz der *Terminate*-Aktivität auf die Designer-Oberfläche und legen Sie diese an einer geeigneten Stelle innerhalb der Workflow-Verarbeitung ab. Weisen Sie schließlich der *Error*-Eigenschaft den Fehlerstring zu, welcher der Workflow-Laufzeit über das *WorkflowTerminated*-Ereignis gemeldet wird.

Kapitel 8

Externe Methoden und Workflows aufrufen

In diesem Kapitel:

Einen *ExternalDataService*-Dienst erstellen	174
Die Anwendung zur Kfz-Datenüberprüfung	177
Dienstschnittstellen erstellen	179
Das *ExternalDataExchange*-Attribut verwenden	180
Die *ExternalDataEventArgs*-Klasse verwenden	181
Externe Datendienste erstellen	183
Die *CallExternalMethod*-Aktivität	192
Eigene externe Datendienst-Aktivitäten erstellen und verwenden	193
Die Workflow-Daten innerhalb der Hostanwendung empfangen	198
Externe Workflows mit der *InvokeWorkflow*-Aktivität aufrufen	200
Schnellübersicht	205

In diesem Kapitel lernen Sie

- die Erstellung und den Aufruf lokaler Datendienste, die sich außerhalb Ihres Workflows befinden.
- wie Schnittstellen verwendet werden, um zwischen dem Hostprozess und Ihrem Workflow zu kommunizieren.
- die Anwendung externer Methoden, die dazu konzipiert sind, Daten zwischen Ihrem Workflow und der Hostanwendung zu übertragen.
- den Aufruf zusätzlicher Workflows aus einem ausführenden Workflow.

Jetzt ist es Zeit geworden, die Rückgabe »echter« Daten an die Hostanwendung anzugehen. Denn so interessant Workflows auch sind, solange keine realistischen Daten an die ausführende Anwendung übergeben werden, bleibt das Potenzial von Workflows und den Aktivitäten weit hinter den Möglichkeiten zurück. Es mag zwar sicherlich eine fast unendliche Anzahl aufschlussreicher Workflow-Beispiele geben, bei der nur Initialisierungsdaten verarbeitet werden (etwa das Postleitzahlenbeispiel aus Kapitel 1 »Einführung in die Microsoft Windows Workflow Foundation«). Aber das Ganze wird weit interessanter und auch erheblich realistischer, wenn ein Workflow Daten von externen Quellen aufspürt, die Daten verarbeitet und an Ihre Anwendung übergibt.

Was spricht also dagegen, ein Objekt zu erstellen und mit dem Senden von Daten in einen ausführenden Workflow oder von einem ausführenden Workflow in die Hostanwendung zu beginnen? Im Prinzip können Sie dies mit bestehender Technologie außerhalb der Windows Workflow Foundation (WF) durchführen, indem Sie eine Form von Marshalling-Kommunikation einsetzen, etwa .NET Remoting oder einen XML-Webdienst. *Marshalling*, das manchmal auch als *Serialisierung* bezeichnet wird, ist ein Vorgang, bei dem Daten von ihrer ursprünglichen Form in eine Form konvertiert werden, die für eine Übertragung zwischen verschiedenen Prozessen und sogar zwischen verschiedenen Computern geeignet ist.

Es stellt sich die Frage, warum an dieser Stelle das Thema Marshalling angesprochen wird. Dies liegt ganz einfach daran, dass Ihr Workflow auf einem anderen Thread ausgeführt wird als Ihr Hostprozess. Die Übergabe von Daten zwischen Threads ohne ordentliches Marshalling bedeutet das sichere Scheitern dieses Vorgangs. Die Gründe hierfür würden den Rahmen dieses Kapitel sprengen. Vielmehr kann sich Ihr Thread zu dem Zeitpunkt, an dem Sie diesem Daten senden möchten, in einem persistenten Zustand befinden. Er läuft dann nicht auf einem anderen Thread, die Problematik ist die, dass er in diesem Fall nicht einmal ausgeführt wird.

Wäre aber eine .NET-Remoteverbindung oder ein XML-Webdienst nicht etwas übertrieben, wenn Sie lediglich Daten zwischen dem Workflow und dem Hostprozess, der das Ganze steuert, übertragen möchten? Dies ist in der Tat der Fall. Entsprechend ist die Grundvoraussetzung für dieses Kapitel, wie eine *lokale* Kommunikation realisiert werden kann. Dabei wird im Folgenden das System so eingerichtet, dass Daten-Marshalling auf Threadbasis ermöglicht wird. Andere (noch leistungsfähigere) Technologien, die mehr für Datenübertragungen von Computer zu Computer und von Prozess zu Prozess konzipiert sind, sollen dagegen nicht ins Spiel gebracht werden.

Einen *ExternalDataService*-Dienst erstellen

Wenn ein Workflow mit der dazugehörigen Hostanwendung kommuniziert und speziell wenn er Daten sendet und empfängt, verwendet der Workflow Warteschlangen und Meldungen. Wie dies durchgeführt wird, sind Interna der WF, was nicht zwangsläufig ein Nachteil sein muss. Auch wenn es schön wäre, zu wissen, welche spezifischen Mechanismen dabei zum Einsatz kommen, das Entscheidende ist, dass Sie Anwendungen entwickeln und Software ausliefern müssen. Denn je mehr die WF für Sie an Arbeit übernimmt, desto mehr können Sie sich auf die anwendungsspezifischen Aufgaben konzentrieren. Aber es ist wichtig, das Gesamtbild zu verstehen, sodass die folgenden Abschnitte mehr Sinn ergeben.

Workflow-Intraprozess-Kommunikation

Um die Kommunikation zu vereinfachen, verwendet die WF eine *Abstraktionsschicht*, um einen Puffer zwischen dem Workflow und dem Host zu schaffen. Eine Abstraktionsschicht ist eine Art Blackbox. Sie geben Daten in die Box, diese führt damit etwas auf »wundersame« Weise aus und auf der anderen Seite fließen die Informationen wieder heraus. Natürlich ist daran nichts Magisches, aber die Beschreibung trifft den Kern: Sie wissen nicht, wie die Blackbox die Arbeit verrichtet, sie verrichtet diese einfach.

In diesem Fall bildet der *lokale Kommunikationsdienst* die Blackbox. Wie diverse andere WF-Dienste auch ist dieser zunächst einmal ein zuschaltbarer Dienst. Der Unterschied liegt aber darin, dass *Sie* dabei einen Teil des Dienstes selbst schreiben und eben keinen fertigen WF-Dienst nutzen. Der Grund liegt darin, dass die Daten, die Sie zwischen Ihrer Hostanwendung und Ihrem Workflow übertragen, von Ihrer Anwendung abhängen. Darüber hinaus können Sie verschiedene Datenübertragungsmethoden erstellen. Auf diese Weise ist Ihre Hostanwendung in der Lage, Daten unter Verwendung einer Vielzahl von Methoden an den Workflow zu senden und von diesem zu empfangen.

> **Hinweis** Hierbei müssen Sie aber beim Austausch von Auflistungen und Objekten Folgendes beachten: Da die Hostanwendung und die Workflow-Laufzeit innerhalb derselben AppDomain ausgeführt werden, werden die auf Referenzen basierenden Objekte und Auflistungen per Referenz und nicht per Wert übergeben. Das bedeutet, dass sowohl die Hostanwendung als auch die Workflow-Instanz zeitgleich auf dieselben Objekte zugreifen können, was die Möglichkeit von Multithreading-Bugs und Problemen durch gleichzeitigen Datenzugriff in sich birgt. Wenn es Ihr Workflow- und Anwendungsdesign erfordert, Objekte zu übertragen, und es dabei dazu kommen kann, dass sowohl der Workflow als auch die Hostanwendung die Objekte gleichzeitig verwenden, sollten Sie in Erwägung ziehen, eine Kopie des Objekts oder der Auflistung zu übergeben, etwa durch Implementation der Schnittstelle *ICloneable*, oder darüber nachdenken, das Objekt bzw. die Auflistung zu serialisieren und dann die serialisierte Version zu übertragen.

Den lokalen Dienst kann man sich dabei wie einen »Stecker« vorstellen: Sie schreiben den Dienst, »schließen« diesen an Ihren Workflow an, öffnen die Verbindung und senden Ihre Daten. Bei den Daten kann es sich um Strings, *DataSet*-Objekte oder sogar um eigene Objekte handeln. Grundsätzlich kann alles verwendet werden, das serialisierbar ist. Auch wenn es in diesem Kapitel nicht gezeigt wird, die Kommunikation kann auch bidirektional sein. (In diesem Kapitel werden lediglich Daten vom Workflow zurück an die ausführende Anwendung übergeben.) Mithilfe eines Tools werden Sie Aktivitäten anlegen, die dazu konzipiert sind, Daten aus der Workflow-Perspektive zu empfangen und zu versenden. Aus der Sicht der Hostanwendung macht sich der Empfang von Daten in einem Ereignis bemerkbar, wohingegen das Senden von Daten einfach ein Methodenaufruf des Dienstobjektes darstellt.

> **Hinweis** Das Konzept der bidirektionalen Datenübertragung wird aber bei Gelegenheit noch näher betrachtet, nachdem einige weitere Aktivitäten in späteren Kapiteln erläutert wurden. Die Workflow-Aktivität, mit der sich Daten von der Hostanwendung an den Workflow übertragen lassen, basiert auf der *HandleExternalEvent*-Aktivität, die in Kapitel 10 »Ereignisspezifische Aktivitäten« beschrieben wird. Es ist außerdem notwendig, tiefer in das Konzept der Korrelation einzusteigen, das in Kapitel 17 »Korrelation und lokale Hostkommunikation« an der Reihe ist. Vorerst werden Sie lediglich komplexe Daten an den Host zurückgeben, sobald die Workflow-Instanz ihre Arbeit verrichtet hat.

Auch wenn noch mehr erforderlich ist, letztendlich müssen Sie den *ExternalDataService*-Dienst Ihrer Workflow-Laufzeit hinzufügen. Der *ExternalDataService* stellt einen zuschaltbaren Dienst dar, der die Übertragung serialisierbarer Daten zwischen der Workflow-Instanz und der Hostanwendung ermöglicht. Der Code für den Dienst, den Sie in den folgenden Abschnitten entwickeln, verrichtet genau dies, aber auch noch mehr. Um zu erfahren, was Sie hier konkret erwartet, erhalten Sie im Folgenden einen Überblick über den kompletten Entwicklungsprozess.

Workflow-Intraprozesskommunikation konzipieren und implementieren

Sie beginnen mit der Bestimmung, welche Daten übertragen werden sollen. Handelt es sich um *DataSet*-Objekte? Ein fest in der Programmiersprache eingebautes Objekt, etwa ein Integer oder einen String? Oder wird es ein selbst konzipiertes Objekt sein? Um was es sich auch immer handelt, Sie werden dann eine Schnittstelle entwerfen, an die der *ExternalDataService* gebunden werden kann. Die Schnittstelle wird selbst entwickelte Methoden enthalten, die dazu konzipiert werden können, Daten zu senden und auch zu empfangen – sowohl aus Sicht der Workflow-Instanz als auch aus der Perspektive des Hosts. Die Daten, die Sie übermitteln, werden mithilfe dieser Methoden aus dieser Schnittstelle vor- und zurückübertragen.

Sie müssen anschließend etwas Code schreiben – Ihr Anteil am externen Datendienst –, der den Verbindungs- oder *Brückencode* darstellt, den der Host und der Workflow verwenden, um mit dem von der WF zur Verfügung gestellten *ExternalDataService*-Dienst zu kommunizieren. Wenn Sie den XML-Webdienst einsetzen, kann Visual Studio zwar automatisch Stellvertretercode für Sie herstellen. Es gibt jedoch für Workflows kein solches Tool, sodass Sie diesen Brückencode selbst entwickeln müssen. Die »Brücke«, die hier verwendet wird, besteht eigentlich/tatsächlich/sogar aus zwei Klassen: einer *Connector*-Klasse und einer *Service*-(Dienst-)Klasse Sie können diese beliebig nennen, die Namen haben also keinen Einfluss darauf, was die WF aufruft. Die hier zugrunde liegende Namensvergabe geschieht aus traditionellen Gründen: Die *Connector*-Klasse verwaltet die Verbindung selbst, während die *Service*-Klasse direkt vom Host und vom Workflow genutzt wird, um die Daten auszutauschen.

Mit der entsprechend erstellten Schnittstelle in der Hand führen Sie das Generatortool *Workflow Communication Activity (WCA)* aus. Dieses findet sich unter dem Dateinamen *Wca.exe* und ist typischerweise im folgenden Verzeichnis enthalten: <%ProgramFiles%>\ *Microsoft SDKs\Windows\v6.0\Bin*. Dabei übergeben Sie dem Tool die Schnittstelle, woraufhin es zwei Aktivitäten erzeugt, die Sie verwenden können, um die Schnittstelle an Ihre Workflow-Instanz zu binden: eine für das Senden der Daten, den *Aufrufer* (*invoker*), und eine für das Empfangen von Daten, die *Senke* (*sink*). Sobald diese erstellt sind und ein klein wenig bearbeitet wurden, können Sie diese von der Visual Studio-Toolbox in den Workflow-Ansicht-Designer ziehen und mit diesen so arbeiten wie mit beliebig anderen Workflow-Aktivitäten auch. Auch wenn, wie vorhin erwähnt, kein Tool existiert, um den Code für die Verbindungsbrücke zu erzeugen, hilft das WCA-Tool auf jeden Fall auf der Workflow-Seite weiter.

> **Tipp** Bei der Frage nach der Projektaufteilung neigt der Autor dazu, den Code für die Hostanwendung in einem eigenen Projekt oder einer Gruppe von verbundenen Projekten (abhängige Assemblys) unterzubringen, den Code für die Schnittstelle und die Verbindungsbrücke in einem zweiten Projekt und den Workflow-Code in einem dritten Projekt. Dies erlaubt es auf einfache Weise, sowohl von der Hostanwendung als auch vom Workflow aus auf die Schnittstelle und die Brückenklassen zu verweisen, obwohl die Funktionalität geschickt unter den Assemblys aufgeteilt wird.

Sie verfügen dann über die Bestandteile, die Sie benötigen, um die Kommunikation zwischen Ihrem Workflow und Ihrer Hostanwendung zu »verdrahten«. Der komplette Prozess wird während der Ausführung vom *ExternalDataService*-Dienst unterstützt, der aber auch auf selbst erstellten Code angewiesen ist. Im Folgenden werfen Sie einen kurzen Blick auf die wesentliche Beispielanwendung dieses Kapitels (da diese weit komplexer ist als die bislang vorgestellten Anwendungen) und beginnen dann mit der Erstellung des benötigten Codes für die externe Workflow-Datenkommunikation.

Die Anwendung zur Kfz-Datenüberprüfung

Die Beispielanwendung dieses Kapitels, *Workflow-Based Motor Vehicle Query*, ist eine Windows Forms-Anwendung, mit der sich Kfz-Daten für festgelegte Fahrzeughalter abrufen lassen und die über eine integrierte Verkehrssünderdatei verfügt (frei nach einer »echten« Anwendung, die ebenso vom Autor stammt). Die Anwendung an sich ist charakteristisch genug, sodass nicht jedes Detail bei der Erzeugung wiedergegeben werden muss. Stattdessen sollten Sie den Beispielcode, der für dieses Kapitel bereitgestellt wurde, als Ausgangspunkt verwenden. Dennoch wird gezeigt, wie die Workflow-Komponenten eingebunden werden. Sollten Sie sich wundern, die Anwendung verwendet fiktive Fahrzeughalter und Daten, sodass alles, was in Verbindung mit einer ausschweifenden Anzahl an Verkehrsverstößen steht, anonym bleibt.

Die hauptsächliche Benutzeroberfläche ist ein Fenster, das in Abbildung 8.1 zu sehen ist. Das Listenfeld enthält die Namen der drei Fahrzeughalter. Durch Auswahl eines Fahrzeughalters wird dessen Name an eine neue Instanz eines Workflows gesendet, die dazu dient, die Kfz-Daten abzurufen und ein komplettes *DataSet* zurückzugeben. Das *DataSet* wird dann an die beiden *ListView*-Steuerelemente gebunden – eines für die Kfz-Daten und eines für die Verkehrverstöße, falls solche vorliegen.

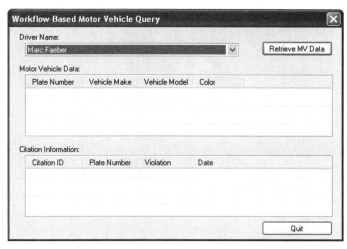

Abbildung 8.1 Die primäre Benutzeroberfläche des Programms *MVDataChecker*

Nach Klick auf die Schaltfläche *Retrieve MV Data* initiieren Sie eine Workflow-Instanz. Die Benutzeroberfläche deaktiviert dann sowohl die *Retrieve MV Data*-Schaltfläche als auch die Funktionsleiste mit den Fahrzeughaltern und zeigt dann den Hinweis »Searching« an, wie Abbildung 8.2 zeigt. Das Steuerelement am unteren Fensterrand, das als

Fortschrittsbalken fungiert, ist eine *PictureBox*, in der eine animierte Grafik dargestellt wird. Die Anwendung blendet das *Label* mit dem genannten Suchhinweis und die *PictureBox* einfach nach Bedarf ein und aus.

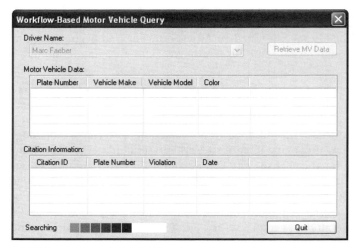

Abbildung 8.2 Die Bildschirmdarstellung während einer Suche

Nachdem die Workflow-Instanz die Arbeit abgeschlossen hat, verwendet sie eine (noch zu erstellende) Aktivität, die ein Ereignis auslöst, welches die Hostanwendung abfängt und das dieser mitteilt, dass die Daten verfügbar sind. Da Windows Forms-*ListView*-Steuerelemente nicht direkt an *DataTable*-Objekte gebunden werden können, müssen Sie die Tabellendaten selbst durchlaufen und die Datensätze in die *ListView*-Steuerelemente einfügen, nachdem die Daten vom Workflow empfangen wurden. Abbildung 8.3 zeigt die beiden *ListView*-Steuerelemente, nachdem diese gefüllt wurden.

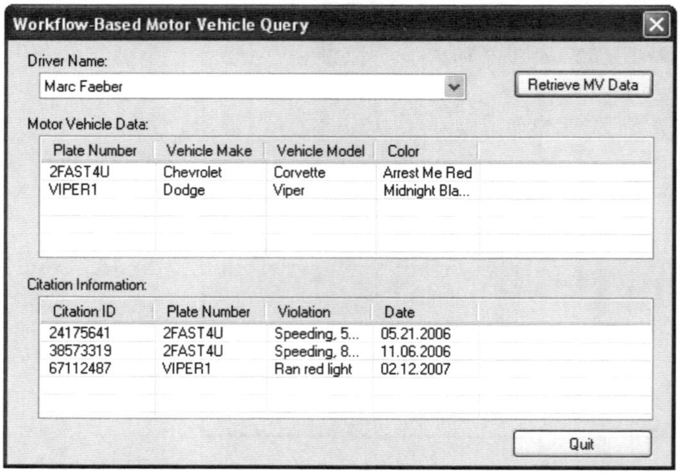

Abbildung 8.3 Die Bildschirmdarstellung, nachdem die Daten empfangen wurden

Sie können jetzt entweder die Daten eines weiteren Fahrzeughalters abrufen oder die Anwendung beenden. Entscheiden Sie sich für Letzteres, während eine Suche läuft, wird die aktiv ausführende Workflow-Instanz vorzeitig beendet.

Damit soll die kurze Tour durch die Anwendung beendet sein. Im Folgenden richten Sie das Augenmerk auf den zu schreibenden Code, der erforderlich ist, um die komplette Arbeit abzudecken – beginnend mit der Schnittstelle, die Sie für die WF benötigen, sodass Letztere das erwähnte Ereignis »Daten verfügbar« auslösen kann.

Dienstschnittstellen erstellen

Die Schnittstelle für den Dienst muss vollständig von Ihnen entwickelt werden und sollte auf den Daten basieren, die Sie bei der Kommunikation zwischen Ihrer Workflow-Instanz und Ihrer Hostanwendung übertragen möchten. Für diese Beispielanwendung stellen Sie sich einmal Folgendes vor: Sie müssen einen Workflow anfertigen, der die Fahrzeughalterinformationen aus unterschiedlichen Quellen abruft und die kollationierten (das heißt zusammengestellten und verglichenen Daten) in eine einzige Datenstruktur bringt – ein *DataSet* mit mehreren Tabellen: eine Tabelle für die Kfz-Daten und eine Tabelle für die Verkehrsverstöße. In der Praxis müssen Sie die Daten tatsächlich von mehreren Quellen holen oder von einer ganzen Reihe an verschiedenen Quellen, aber der Einfachheit halber sollen hier imaginäre Daten verwendet werden, damit der Vorgang mehr auf den Workflow selbst fokussiert wird. In der Hostanwendung zeigen Sie diese (erfundenen) Daten dann in Gestalt zweier *ListView*-Steuerelemente an.

Sie übergeben der Workflow-Instanz den Namen des Fahrzeughalters, der von dieser verwendet wird, um die Fahrzeughalter- und Fahrzeugdaten in Erfahrung zu bringen. Ausgestattet mit diesen Daten benachrichtigt die Workflow-Instanz die Hostanwendung, dass die Daten bereitliegen, woraufhin die Hostanwendung die Informationen liest und anzeigt.

Daher benötigen Sie tatsächlich nur eine einzige Methode in Ihrer Schnittstelle: *MVDataUpdate*. Sie wissen, dass Sie ein *DataSet* senden möchten, sodass Sie ein solches der Methode *MVDataUpdate* als Parameter übergeben.

Eine Schnittstelle zur Workflow-Datenkommunikation erstellen (Teil 1)

1. Die Beispielanwendung, *MVDataChecker*, liegt in zwei Varianten vor: einer unvollständigen und einer vollständigen. Dabei enthält das Verzeichnis \Workflow\Chapter8\MVDataChecker die unvollständige Anwendung, in der Sie im Rahmen der schrittweisen Anleitungen dieses Kapitels den fehlenden Code ergänzen. Dagegen stellt die vollständige Version im Verzeichnis \Workflow\Chapter8\MVData-Checker Completed eine voll funktionsfähige Anwendung dar, die Sie ersatzweise ebenso begleitend zum Text verwenden können. Zögern Sie nicht, beide Versionen zu vergleichen, arbeiten Sie sich von vorne nach hinten durch oder auch umgekehrt. Verwenden Sie die vollständige Version als Vorlage, wenn Sie möchten. Um eine der beiden Versionen zu öffnen, ziehen Sie die entsprechende Projektmappendatei (Dateierweiterung *.sln*) in ein Visual Studio-Fenster.

2. In der Projektmappe sollten sich drei Projekte befinden. Öffnen Sie im Projektmappen-Explorer das Projekt *MVDataService* und begeben Sie sich zur Bearbeitung in die Datei *IMVDataService.cs*.

3. Steuern Sie die Namespace-Definition an. Fügen Sie den folgenden Code unterhalb der öffnenden geschweiften Klammer ({) des Namespaces *MVDataService* ein und speichern Sie dann die Datei:

```
public interface IMVDataService
{
    void MVDataUpdate (DataSet mvData);
}
```

Dies war in dieser Hinsicht bereits alles, was für die Erstellung einer Schnittstelle erforderlich ist. Jedoch müssen Sie noch ein Attribut hinzufügen, um diese Schnittstelle im Rahmen der WF einsetzbar zu machen. Darum geht es im Folgenden.

Das *ExternalDataExchange*-Attribut verwenden

Obgleich Sie über eine Schnittstelle verfügen, *IMVDataService*, reicht dies noch nicht aus, um diese der WF zur Verfügung stellen zu können, sodass die WF die Schnittstelle tatsächlich für die Datenkommunikation verwendet. Um dies zu realisieren, müssen Sie ein *ExternalDataExchange*-Attribut hinzufügen.

> **Hinweis** Später werden Sie auch Attribute hinzufügen, die mit *Korrelation* verbunden sind. Sie erfahren Näheres über Korrelationsattribute in Kapitel 17 »Korrelation und lokale Hostkommunikation«. Im Moment stellen Sie sich Korrelation einfach als eine Möglichkeit vor, um abweichende Datenabfragen, die zu einer unerwünschten Vermengung von Daten führen würden, auszusortieren. Dieser Punkt findet hier Erwähnung, da Ihre Datenkommunikationsschnittstelle der Ort ist, an dem Sie korrelierte Datenwerte angeben.

Das *ExternalDataExchange*-Attribut stellt einfach eine Kennzeichnung dar, welche die WF zur Identifizierung von Schnittstellen verwendet, die für lokale Kommunikationsdienste geeignet sind. Ein weiteres Beispiel ist das vorhin erwähnte Tool *Wca.exe*. Sowohl dieses Tool als auch Visual Studio greifen auf dieses Attribut zurück, um zu erkennen, ob es sich um eine Schnittstelle handelt, die Ihre Workflow-Instanz einsetzen kann. Fügen Sie nun das Attribut hinzu, zusammen mit den benötigtem Korrelationsattributen.

> **Hinweis** Der Hinweis mit dem »Attribut zur Kennzeichnung« mag vielleicht unscheinbar klingen und könnte einen zur Annahme verleiten, dass das *ExternalDataExchange*-Attribut keine kritische Komponente darstellt. Doch die Kennzeichnung ist garantiert kritisch. Die Workflow-Laufzeit hält nämlich beim Versuch, externe Datenübertragungen durchzuführen, nach diesem Attribut Ausschau. Ohne Attribut ist keine Datenübertragung zwischen Workflow und Host möglich.

Eine Schnittstelle zur Workflow-Datenkommunikation erstellen (Teil 2, Ende)

1. Öffnen Sie die Datei *IMVDataService.cs* zur Bearbeitung, sollten Sie diese inzwischen geschlossen haben.

2. Geben Sie die folgende Codezeile unmittelbar oberhalb der Schnittstellendefinition ein:

   ```
   [ExternalDataExchange]
   ```

Die komplette *IMVDataService*-Schnittstelle sollte wie in Listing 8.1 gezeigt aussehen. Es sollte Sie nicht irritieren, dass sich derzeit die Anwendung noch nicht kompilieren lässt. Denn es muss noch weiterer Code hinzugefügt werden, bevor die Anwendung fehlerfrei übersetzt werden kann.

Listing 8.1 Komplettierte Datei *IMVDataService.cs*

```
using System;
using System.Collections.Generic;
using System.Text;
using System.Workflow.Activities;
using System.Workflow.Runtime;
using System.Data;

namespace MVDataService
{
    [ExternalDataExchange]
    public interface IMVDataService
    {
        void MVDataUpdate(DataSet mvData);
    }
}
```

Die *ExternalDataEventArgs-Klasse* verwenden

Wie bereits zu einem früheren Zeitpunkt erwähnt, äußert sich aus Sicht der Hostanwendung eine vom ausführenden Workflow ausgehende Kommunikation als Ereignis. Die Hostanwendung kann im Voraus nicht genau wissen, wann die Workflow-Instanz über die Daten verfügt, und eine Datenabfrage in Intervallen wäre sehr ineffizient. Daher verwendet die WF das asynchrone Modell, das auch .NET selbst nutzt und löst Ereignisse aus, sobald die Daten abrufbereit sind. Die Hostanwendung hängt sich in diese Ereignisse ein und liest die Daten.

Da Sie Informationen an den Empfänger des Ereignisses senden möchten, müssen Sie eine eigene Ereignisargumentklasse anlegen. Wenn Sie eine solche Klasse schon einmal erstellt haben, haben Sie wahrscheinlich *System.EventArgs* als Basisklasse verwendet.

Externe Datenereignisse der WF erfordern jedoch eine andere Argumentbasisklasse, wenn auch nur aus dem einen Grund, um die Instanz-ID der Workflow-Instanz, die das Ereignis auslöst, mitzuübertragen. Bei der Basisklasse, die Sie für externe Datenereignisse verwenden, handelt es sich um *ExternalDataEventArgs*, die sich selbst von *System.EventArgs* ableitet, sodass Sie sich auf bekanntem Terrain bewegen. Außerdem gibt es noch zwei weitere

Teil B: Mit Aktivitäten arbeiten

Anforderungen: Zum einen müssen Sie einen Konstruktor zur Verfügung stellen, der die Instanz-ID (eine Guid) entgegennimmt, der wiederum die Instanz-ID an den Basiskonstruktor weiterreicht. Zum anderen müssen Sie die Argumentklasse mithilfe des *Serializable*-Attributs als serialisierbar kennzeichnen. Im Folgenden erstellen Sie die benötigte externe Datenereignisargumentklasse.

Die Workflow-Datenereignisargumentklasse erstellen

1. Öffnen Sie die Datei *MVDataAvailableArgs.cs* innerhalb des Projekts *MVDataService* zur Bearbeitung.

2. Sie sollten in dieser Datei nur *using*-Direktiven sowie die Namespace-Definition vorfinden. Geben Sie unterhalb der öffnenden geschweiften Klammer ({) der Namespace-Definition die folgenden Codezeilen ein:

```
[Serializable]
public class MVDataAvailableArgs : ExternalDataEventArgs
{

}
```

3. Schließlich muss der erforderliche Konstruktor hinzugefügt werden, der die Basisklasse mit der Workflow-Instanz-ID versieht:

```
public MVDataAvailableArgs(Guid instanceId)
    : base(instanceId)
{
}
```

Die komplette Ereignisargumentklasse entnehmen Sie Listing 8.2.

Listing 8.2   Komplettierte Datei *MVDataAvailableArgs*.cs

```
using System;
using System.Collections.Generic;
using System.Text;
using System.Workflow.Activities;
using System.Workflow.Runtime;

namespace MVDataService
{
    [Serializable]
    public class MVDataAvailableArgs : ExternalDataEventArgs
    {
        public MVDataAvailableArgs(Guid instanceId)
            : base(instanceId)
        {
        }
    }
}
```

Externe Datendienste erstellen

Nun erreichen Sie einen etwas schwierigeren Abschnitt. Ihre Aufgabe ist es nämlich, den Brückencode für den externen Datendienst zu erstellen. Der Host muss über entsprechenden Code verfügen, mit dem er auf die Daten zugreifen kann, welche die Workflow-Instanz versucht, zu übertragen. Sie werden zwar ein Tool einsetzen, um die Aktivitäten für den Workflow zu generieren (im nächsten Abschnitt), aber es gibt kein Tool für die Seite der Kommunikationsverbindung, auf der sich der Host befindet.

Im Folgenden werden Sie eine geringfügig vereinfachte Version einer vollwertigen Verbindungsbrückenarchitektur entwickeln. Diese Version unterstützt nur eine Kommunikation vom Workflow zum Host, aber nicht in die andere Richtung. (Sie werden aber eine universale bidirektionale Brücke in Kapitel 17 entwickeln, die Sie später für weitere, eigene Anwendungen wiederverwenden können.) Die zu erstellende Verbindungsbrücke ist in zwei Teile untergliedert: den *Connector*, der die Schnittstelle implementiert, die Sie vorhin entwickelt haben, und den *Service*, also den Dienst, der unter anderem für das Auslösen des »Daten verfügbar«-Ereignisses verantwortlich ist und auch die Methode zum Lesen der Daten vom Workflow enthält.

> **Tipp** Es handelt sich hier um Code, den Sie zur Verfügung stellen müssen, nicht die WF. Der Ansatz, der hier beim Schreiben des lokalen Datenaustauschdienstes vorgestellt wird, sieht vielleicht anders aus, als wenn Sie den Code ohne diese Anleitung selbst entwickeln würden. Dies stellt aber kein Problem dar. Die einzige Voraussetzung liegt darin, dass der lokale Datenaustauschdienst die Kommunikationsschnittstelle implementiert und einen Mechanismus für den Abruf der auszutauschenden Daten bereitstellt.

Warum diese Komplexität? Im Unterschied zu herkömmlichen .NET-Objekten werden Workflow-Instanzen innerhalb der Grenzen der Workflow-Laufzeit ausgeführt. So werden Ereignisse, die in die Workflow-Instanz hinein und aus dieser heraus gelangen, von der Workflow-Laufzeit vermittelt. Die Workflow-Laufzeit muss hier die Kontrolle übernehmen, da Ihre Hostanwendung sonst versuchen könnte, Daten an eine Workflow-Instanz zu senden, die persistent gemacht und daher von der aktiven Ausführung entbunden wurde.

Zurück zur Brücke: Die Verbindungsklasse verwaltet ein Feld, das der Workflow mit den zurückgegebenen Daten füllt. Für diese Beispielanwendung werden keine gleichzeitigen Workflow-Instanzen erlaubt, aber das dient lediglich der Bequemlichkeit. Es hält Sie nichts davon ab, allgemein mehrere Workflow-Instanzen gleichzeitig auszuführen, wie in Kapitel 17 noch erläutert wird.

Naturgemäß wird jede Workflow-Instanz wahrscheinlich andere Daten zurückgeben, zumindest wenn ein anderer Fahrzeughalter übergeben wurde. Die Verantwortung liegt bei der Verbindungsklasse, die Hostseite der entwickelten Schnittstelle zu implementieren und auch dafür Sorge zu tragen, dass die Daten nicht verfälscht werden. Wenn der Host Daten anfordert, stellt die Verbindungsklasse sicher, dass das korrekte *DataSet* zurückgeliefert wird, mit der Workflow-Instanz-ID, die übergeben wurde.

Die Dienstklasse führt einige Aufgaben für Sie durch. Zunächst registriert sie den *ExternalDataService*-Dienst bei der Workflow-Laufzeit, sodass Sie zwischen Host und Workflow-Instanz kommunizieren können. Die Klasse verwaltet eine Singleton-Kopie der Verbindungsklasse und bindet sich als Dienst-Provider an die Klasse. Die Dienstklasse fungiert auch als Factory-Objekt, um sicherzustellen, dass nur genau eine Verbindungsklasse existiert. Außerdem stellt sie die Lesemethode zur Verfügung, die Sie verwenden, um die Daten von der Workflow-Instanz abzuholen. (Für den Fall, dass eine bidirektionale Schnittstelle implementiert wird, würde die Dienstklasse auch die Schreibmethode bereitstellen.) Im Folgenden erstellen Sie die entsprechenden Klassen.

Die Brückenverbindungsklasse erstellen

1. Öffnen Sie die Datei MVDataConnector.cs innerhalb des Projekts MVDataService zur Bearbeitung.

2. Sie sollten in dieser Datei nur *using*-Direktiven sowie die Namespace-Definition vorfinden. Unterhalb der öffnenden geschweiften Klammer ({) der Namespace-Definition fügen Sie die folgenden Codezeilen ein::

   ```
   public sealed class MVDataConnector : IMVDataService
   {
       private DataSet _dataValue = null;
       private static WorkflowMVDataService _service = null;
       private static object _syncLock = new object();

   }
   ```

   Das Feld *_dataValue* hält die Daten, die von der Workflow-Instanz generiert wurden, und das Feld *_service* die Singleton-Instanz des Datendienstobjektes. Das Objekt *_syncLock* schließlich wird ausschließlich für die Threadsynchronisation während
   der Wertezuweisung in statischen Methoden verwendet.

3. Unterhalb der Felder fügen Sie eine statische Eigenschaft hinzu, um auf das Singleton-Dienstobjekt zugreifen zu können. Der Code lautet folgendermaßen:

   ```
   public static WorkflowMVDataService MVDataService
   {
       get { return _service; }
       set
       {
           if (value != null)
           {
               lock (_syncLock)
               {
                   // Noch einmal überprüfen, dass der Dienst nicht null ist,
                   // jetzt, wo wir gesperrt sind ...
                   if (value != null)
                   {
                       _service = value;
                   } // if
                   else
                   {
                       throw new InvalidOperationException(
                           "You must provide a service instance.");
                   } // else
   ```

```
                } // lock
            } // if
            else
            {
                throw new InvalidOperationException(
                    "You must provide a service instance.");
            } // else
        }
    }
```

4. Da die Accessor-Eigenschaft für diesen Dienst gespiegelt wird, müssen Sie eine Eigenschaft hinzufügen, um auf die Daten zugreifen zu können. Geben Sie diesen Code unterhalb des Codes aus dem vorangegangenen Schritt ein:

    ```
    public DataSet MVData
    {
        get { return _dataValue; }
    }
    ```

5. Da sich die Verbindungsklasse vom *IMVDataService*-Dienst ableitet, ist die Implementation der Methode *MVDataUpdate* notwendig:

    ```
    public void MVDataUpdate(DataSet mvData)
    {
        // Das Feld zuweisen für späteren Wiederaufruf:
        _dataValue = mvData;

        // Das Ereignis auslösen, um das Lesen durch den Host anzustoßen:
        _service.RaiseMVDataUpdateEvent();
    }
    ```

Der Workflow verwendet diese Methode, um das *DataSet* in dem Datenwertfeld zu speichern. Die Methode löst das Ereignis aus, um dem Host zu signalisieren, dass die Daten verfügbar sind. Listing 8.3 zeigt die vollständige Brückenverbindungsklasse. Beachten Sie, dass die gesamte Anwendung noch nicht kompiliert werden kann, da noch ein wenig mehr Code hinzugefügt werden muss.

Listing 8.3 Komplettierte Datei *MVDataConnector*.cs

```
using System;
using System.Collections.Generic;
using System.Text;
using System.Workflow.Activities;
using System.Workflow.Runtime;
using System.Data;

namespace MVDataService
{
    public sealed class MVDataConnector : IMVDataService
    {
        private DataSet _dataValue = null;
        private static WorkflowMVDataService _service = null;
        private static object _syncLock = new object();

        public static WorkflowMVDataService MVDataService
        {
            get { return _service; }
```

```csharp
        set
        {
            if (value != null)
            {
                lock (_syncLock)
                {
                    // Noch einmal überprüfen, dass der Dienst nicht null ist,
                    // jetzt, wo wir gesperrt sind ...
                    if (value != null)
                    {
                        _service = value;
                    } // if
                    else
                    {
                        throw new InvalidOperationException(
                            "You must provide a service instance.");
                    } // else
                } // lock
            } // if
            else
            {
                throw new InvalidOperationException(
                    "You must provide a service instance.");
            } // else
        }
    }

    public DataSet MVData
    {
        get { return _dataValue; }
    }

    // Kommunikationsmethode Workflow zum Host
    public void MVDataUpdate(DataSet mvData)
    {
        // Das Feld zuweisen für späteren Wiederaufruf:
        _dataValue = mvData;

        // Das Ereignis auslösen, um das Lesen durch den Host anzustoßen:
        _service.RaiseMVDataUpdateEvent();
    }
    }
}
```

Die Brückendienstklasse erstellen

1. Öffnen Sie die Datei *WorkflowMVDataService.cs* innerhalb des Projekts *MVDataService* zur Bearbeitung.

2. Analog zur Klasse *MVDataConnector* müssen Sie die Klassendefinition und Klassenfelder hinzufügen. Kopieren Sie entsprechend den folgenden Code in die Datei *WorkflowMVDataService.cs* unterhalb der öffnenden geschweiften Klammer ({) des Namespaces:

```csharp
public class WorkflowMVDataService
{
    static WorkflowRuntime _workflowRuntime = null;
```

```
              static ExternalDataExchangeService _dataExchangeService = null;
              static MVDataConnector _dataConnector = null;
              static object _syncLock = new object();

              public event EventHandler<MVDataAvailableArgs> MVDataUpdate;

              private Guid _instanceID = Guid.Empty;
       }
```

3. Da auf das Feld *instanceID* außerhalb der Klasse zugegriffen werden muss, ergänzen Sie die folgende Eigenschaft:

```
public Guid InstanceID
{
    get { return _instanceID; }
    set { _instanceID = value; }
}
```

4. Als Nächstes fügen Sie eine statische Factory-Methode hinzu, die zur Erstellung von Instanzen dieser Klasse verwendet wird. Dies wird so gehandhabt, damit alle wichtigen Verwaltungsarbeiten bei der Erstellung von Instanzen dieses Brückendienstes durchgeführt werden. Sie müssen z.B. sicherstellen, dass der *ExternalDataService*-Dienst der Workflow-Laufzeit hinzugeschaltet wird. Außerdem müssen Sie die eben erstellte Brückenverbindungsklasse in Gestalt eines zuschaltbaren Dienstes hinzufügen, damit der Workflow Zugriff auf die Datenverbindungsklasse hat. Geben Sie daher die folgende Methode unterhalb der Eigenschaft aus Schritt 3 ein:

```
public static WorkflowMVDataService CreateDataService(Guid instanceID,
    WorkflowRuntime workflowRuntime)
{
    lock (_syncLock)
    {
        // Wenn wir gerade gestartet sind, eine Kopie der
        // Workflow-Laufzeit-Referenz speichern:
        if (_workflowRuntime == null)
        {
            // Die Instanz der Workflow-Laufzeit sichern:
            _workflowRuntime = workflowRuntime;
        } // if
        // Wenn wir gerade gestartet sind, den ExternalDataExchange-Dienst
        // hinzuschalten
        if (_dataExchangeService == null)
        {
            // Datenaustauschdienst nicht registriert, daher eine
            // Instanz erstellen und registrieren:
            _dataExchangeService = new ExternalDataExchangeService();
            _workflowRuntime.AddService(_dataExchangeService);
        } // if

        // Prüfen, ob wir bereits diesen Datenaustauschdienst hinzugefügt
        // haben:
        MVDataConnector dataConnector = (MVDataConnector)workflowRuntime.
            GetService(typeof(MVDataConnector));
        if (dataConnector == null)
        {
```

```
            // Erster Durchgang, daher den Connector erstellen
            // und als Dienst bei der Workflow-Laufzeit registrieren.
            _dataConnector = new MVDataConnector();
            _dataExchangeService.AddService(_dataConnector);
        } // if
        else
        {
            // Den erhaltenen Daten-Connector verwenden:
            _dataConnector = dataConnector;
        } // else

        // Die Dienstinstanz abholen, die wir beim Verbindungsobjekt
        // registriert haben:
        WorkflowMVDataService workflowDataService =
            MVDataConnector.MVDataService;
        if (workflowDataService == null)
        {
            // Erster Durchgang, daher den Datendienst erstellen und
            // diesem den Connector übergeben:
            workflowDataService = new WorkflowMVDataService(instanceID);
            MVDataConnector.MVDataService = workflowDataService;
        } // if
        else
        {
            // Der Datendienst ist statisch und bereits bei der
            // Workflow-Laufzeit registriert. Die Instanz-ID, die bei der
            // Registrierung vorlag, ist für diesen Durchlauf ungültig und muss
            // aktualisiert werden:
            workflowDataService.InstanceID = instanceID;
        } // else

        return workflowDataService;
    } // lock
}
```

5. Das Verbindungsobjekt, das im vorangegangenen Abschnitt erstellt wurde (»Die Brückenverbindungsklasse erstellen«), enthält eine Instanz des Brückenobjekts aus Schritt 4. Sie fügen nun eine statische Hilfsmethode hinzu, um die Brückendienstinstanz zurückzugeben. Zwar könnte jetzt der Eindruck entstehen, dies wäre nicht notwendig. Später jedoch, wenn Sie sich dem Thema Korrelation widmen, wird offensichtlich, warum das Ganze auf diese Art durchgeführt wird:

```
public static WorkflowMVDataService
    GetRegisteredWorkflowDataService(Guid instanceID)
{
    lock (_syncLock)
    {
        WorkflowMVDataService workflowDataService =
            MVDataConnector.MVDataService;

        if (workflowDataService == null)
        {
            throw new Exception("Error configuring data service..." +
                "service cannot be null.");
        } // if
```

```
        return workflowDataService;
    } // lock
}
```

6. Anschließend fügen Sie einen Konstruktor (vom Zugriffstyp *private*) und einen Dekonstruktor hinzu. Wie bei der Brückenverbindungsklasse müssen Sie sicherstellen, die Zirkelbezüge aufzulösen, die Sie zwischen dem Brückenverbindungsobjekt und dem Brückendienstobjekt aufgebaut haben. Die benötigten Zeilen sehen so aus:

```
private WorkflowMVDataService(Guid instanceID)
{
    _instanceID = instanceID;
    MVDataConnector.MVDataService = this;
}

~WorkflowMVDataService()
{
    // Aufräumen:
    _workflowRuntime = null;
    _dataExchangeService = null;
    _dataConnector = null;
}
```

7. Obwohl Sie der Brückendienstklasse einige wichtige Dinge hinzugefügt haben, nicht zuletzt die Integration des *ExternalDataService*-Dienstes in die Workflow-Laufzeit, fehlt noch Code, der einen bedeutenden funktionalen Aspekt abdeckt – die Fähigkeit, die Daten zu lesen und diese der Hostanwendung zurückzugeben. Das Brückenverbindungsobjekt verwaltet zwar den Verbindungsstatus (die Daten), aber der Host verwendet diesen Dienst, um Zugang zu den Daten zu erhalten. Die Lesemethode sieht folgendermaßen aus:

```
public DataSet Read()
{
    return _dataConnector.MVData;
}
```

8. Der letzte funktionale Block, den Sie dem Brückendienst hinzufügen, ist eine Methode, die das »Daten verfügbar«-Ereignis auslöst. Der Workflow verwendet diese Methode, um eine Benachrichtigung an den Host zu senden, die signalisiert, dass die Daten zur Abholung bereitstehen:

```
public void RaiseMVDataUpdateEvent()
{
    if (_workflowRuntime == null)
        _workflowRuntime = new WorkflowRuntime();

    // Persistente Workflow-Instanz laden:
    _workflowRuntime.GetWorkflow(_instanceID);
    if (MVDataUpdate != null)
    {
        MVDataUpdate(this, new MVDataAvailableArgs(_instanceID));
    } // if
}
```

Listing 8.4 zeigt den vollständigen Brückendienst.

Listing 8.4 Komplettierte Datei *WorkflowMVDataService*.cs

```csharp
using System;
using System.Collections.Generic;
using System.Text;
using System.Workflow.Activities;
using System.Workflow.Runtime;
using System.Data;

namespace MVDataService
{
    public class WorkflowMVDataService
    {
        static WorkflowRuntime _workflowRuntime = null;
        static ExternalDataExchangeService _dataExchangeService = null;
        static MVDataConnector _dataConnector = null;
        static object _syncLock = new object();

        public event EventHandler<MVDataAvailableArgs> MVDataUpdate;

        private Guid _instanceID = Guid.Empty;

        public Guid InstanceID
        {
            get { return _instanceID; }
            set { _instanceID = value; }
        }

        public static WorkflowMVDataService CreateDataService(Guid instanceID,
            WorkflowRuntime workflowRuntime)
        {
            lock (_syncLock)
            {
                // Wenn wir gerade gestartet sind, eine Kopie der
                // Workflow-Laufzeit-Referenz speichern:
                if (_workflowRuntime == null)
                {
                    // Die Instanz der Workflow-Laufzeit sichern:
                    _workflowRuntime = workflowRuntime;
                } // if
                // Wenn wir gerade gestartet sind, den ExternalDataExchange-Dienst
                    hinzuschalten
                if (_dataExchangeService == null)
                {
                    // Datenaustauschdienst nicht registriert, daher eine
                    // Instanz erstellen und registrieren:
                    _dataExchangeService = new ExternalDataExchangeService();
                    _workflowRuntime.AddService(_dataExchangeService);
                } // if

                // Prüfen, ob wir bereits diesen Datenaustauschdienst hinzugefügt
                // haben:
                MVDataConnector dataConnector = (MVDataConnector)workflowRuntime.
                    GetService(typeof(MVDataConnector));
                if (dataConnector == null)
                {
                    // Erster Durchgang, daher den Connector erstellen
                    // und als Dienst bei der Workflow-Laufzeit registrieren.
```

Kapitel 8: Externe Methoden und Workflows aufrufen

```csharp
            _dataConnector = new MVDataConnector();
            _dataExchangeService.AddService(_dataConnector);
        } // if
        else
        {
            // Den erhaltenen Daten-Connector verwenden:
            _dataConnector = dataConnector;
        } // else

        // Die Dienstinstanz abholen, die wir beim Verbindungsobjekt
        // registriert haben:
        WorkflowMVDataService workflowDataService =
            MVDataConnector.MVDataService;
        if (workflowDataService == null)
        {
            // Erster Durchgang, daher den Datendienst erstellen und
            // diesem den Connector übergeben:
            workflowDataService = new WorkflowMVDataService(instanceID);
            MVDataConnector.MVDataService = workflowDataService;
        } // if
        else
        {
            // Der Datendienst ist statisch und bereits bei der
            // Workflow-Laufzeit registriert. Die Instanz-ID, die bei der
            // Registrierung vorlag, ist für diesen Durchlauf ungültig und muss
            // aktualisiert werden:
            workflowDataService.InstanceID = instanceID;
        } // else

        return workflowDataService;
    } // lock
}

public static WorkflowMVDataService
    GetRegisteredWorkflowDataService(Guid instanceID)
{
    lock (_syncLock)
    {
        WorkflowMVDataService workflowDataService =
            MVDataConnector.MVDataService;

        if (workflowDataService == null)
        {
            throw new Exception("Error configuring data service..." +
                "service cannot be null.");
        } // if

        return workflowDataService;
    } // lock
}

private WorkflowMVDataService(Guid instanceID)
{
    _instanceID = instanceID;
    MVDataConnector.MVDataService = this;
}

~WorkflowMVDataService()
```

```
        {
            // Aufräumen:
            _workflowRuntime = null;
            _dataExchangeService = null;
            _dataConnector = null;
        }

        public DataSet Read()
        {
            return _dataConnector.MVData;
        }

        public void RaiseMVDataUpdateEvent()
        {
            if (_workflowRuntime == null)
                _workflowRuntime = new WorkflowRuntime();

            // Persistente Workflow-Instanz laden:
            _workflowRuntime.GetWorkflow(_instanceID);
            if (MVDataUpdate != null)
            {
                MVDataUpdate(this, new MVDataAvailableArgs(_instanceID));
            } // if
        }
    }
}
```

Die *CallExternalMethod*-Aktivität

Der gesamte Code, den Sie bislang in diesem Kapitel gesehen haben, muss eine bestimmte WF-Aktivität unterstützen – die *CallExternalMethod*-Aktivität. Diese Aktivität ist dazu bestimmt, eine Schnittstelle entgegenzunehmen sowie eine Methode, die von dieser Schnittstelle unterstützt wird, und die Methode aufzurufen.

Es stellt sich die Frage, wer diese Methode implementiert. Man könnte zu dem Ergebnis kommen, dass die Hostanwendung dafür zuständig ist, aber dies ist nicht ganz korrekt. Wenn Sie in den vorhergehenden Abschnitt zurückschauen »Die Brückenverbindungsklasse erstellen«, finden Sie dort die Methode. Der Daten-Connector, der an den *ExternalDataService*-Dienst gebunden ist, implementiert diese Methode. Der Datendienst wiederum konvertiert diesen Methodenaufruf in ein Ereignis, welches die Hostanwendung abfängt.

Es ist möglich, die *CallExternalMethod*-Aktivität direkt zu verwenden und Sie können sogar Teile des Dienstcodes umgehen, den Sie eben in Ihre Anwendung eingefügt haben. Allerdings wirft eine Umgehung des Dienstcodes einige Probleme auf. Denn Ihre Hostanwendung und Ihre Workflow-Instanz sind miteinander verbunden. Die Verwendung des Datendienstes, wie es hier gemacht wurde, ist zwar zunächst nur eine mäßige Verbesserung, aber wenn Sie den Datendienst und Korrelation verbinden, kann es viele Anwendungsinstanzen geben, die auf Daten von vielen Workflow-Instanzen zugreifen. Ein solcher Zugriff funktioniert aber nicht, wenn der Datendienst außer Acht gelassen wird.

Was die *CallExternalMethod*-Aktivität angeht, ist es häufig besser, diese nicht direkt zu verwenden, sondern eigene Aktivitäten anzufertigen, welche die externe Methode für Sie aufrufen. Solange es sich nicht um vollständige Aktivitäten handeln soll, die von Grund auf neu geschrieben werden, können Sie ein Tool einsetzen, das Ihre Datenübertragungsschnittstelle auswertet und solche Aktivitäten erzeugt. Diese Aktivitäten, die von *CallExternalMethod* abgeleitet werden, weisen geeignetere Namen auf und verfügen bereits über konfigurierte Eigenschaften (Schnittstelle und Methodenname). Im Folgenden erfahren Sie, wie dieses Tool genutzt wird.

Eigene externe Datendienst-Aktivitäten erstellen und verwenden

Ein Blick zurück zeigt, dass eben mehr Code erstellt wurde als bislang im ganzen Buch zusammen. Der Grund dafür ist, dass die WF nicht im Voraus wissen kann, welche Daten Ihre Workflows mit Ihren Hostanwendungen austauschen, sodass sicher einige Arbeit notwendig ist, um diese Lücke zu schließen.

Jedoch weiß die WF alles über Workflow-Aktivitäten und glücklicherweise gibt es ein Tool, das Sie verwenden können, um Ihre Datenübertragungsschnittstelle, die mit einem *ExternalDataExchange*-Attribut gekennzeichnet ist, zu interpretieren und daraus automatisch WF-Aktivitäten zu generieren.

Die Anwendung, die Sie in diesem Kapitel erstellen, sendet Daten vom Workflow zur Hostanwendung. Die Datenübertragung ist folglich unidirektional. Diese Einschränkung ist gewollt, da vor der Umsetzung einer bidirektionalen Übertragung noch einige Themen angegangen werden müssen. Das Tool *Workflow Communication Activity* (*Wca.exe*), das hier zum Einsatz kommt, ist jedoch uneingeschränkt in der Lage, Aktivitäten zu erzeugen, die Hostdaten senden und empfangen. Daher wird im Folgenden eine der beiden Aktivitäten, die das Tool generiert, für diese Beispielanwendung verworfen, da diese nicht benötig wird. (Tatsächlich ist diese Aktivität nicht funktionsfähig, da Ihre Schnittstelle keine Host-zu-Workflow-Kommunikation beschreibt. Letztere ist Thema von Kapitel 10.)

In Anbetracht dessen führen Sie *Wca.exe* aus und erstellen eine Aktivität, die Sie zum Senden der Daten an Ihre Hostanwendung verwenden können.

Die Kommunikationsaktivitäten erzeugen

1. Damit das Tool *Wca.exe* den gewünschten Aktivitätscode erzeugen kann, müssen Sie gewährleisten, dass es eine Schnittstelle erhält, gegen die es die Aktivität abbilden kann. Dazu stellen Sie sicher, dass das Projekt *MVDataService* ohne Fehler kompiliert und die *MVDataService*-Assembly erzeugt (in Form der Datei *MVDataService.dll*) wird. (Klicken Sie das Projekt im Projektmappen-Explorer mit der rechten Maustaste an und wählen Sie *Erstellen*. Versuchen Sie nicht, die komplette Projektmappe zu kompilieren.) Korrigieren Sie etwaige Kompilierungsfehler, bevor Sie mit dem nächsten Punkt fortfahren.

2. Öffnen Sie das *Start*-Menü von Windows und klicken Sie auf *Ausführen*, um das gleichnamige Dialogfeld aufzurufen. Falls Sie Windows Vista einsetzen und das

Ausführen-Kommando nicht im *Start*-Menü installiert haben, wählen Sie im *Start*-Menü den Menübefehl *Alle Programme/Zubehör/Eingabeaufforderung* (der nächste Schritt entfällt dann).

3. Geben Sie im Eingabefeld *Öffnen* den Befehl **cmd** ein und klicken Sie auf *OK*. Auf diese Weise wird ein Windows-Kommandozeilenfenster geöffnet.

4. Wechseln Sie das Verzeichnis, sodass Sie direkten Zugriff auf die eben erstellte *MVDataService*-Assembly haben. Typischerweise lautet das entsprechende Kommando folgendermaßen:

```
cd "\Workflow\Chapter8\MVDataChecker\MVDataService\bin\Debug"
```

5. Jedoch kann Ihr konkretes Verzeichnis variieren. Außerdem muss das »\Workflow«-Verzeichnis, das stellvertretend für das Verzeichnis steht, in dem die Beispielanwendungen für dieses Buch abgelegt werden, durch den vollständigen Pfad ersetzt werden.

6. Das Tool *Wca.exe* wird standardmäßig im Verzeichnis *c:\Programme\Windows SDKs* installiert. (Passen Sie das Verzeichnis beim folgenden Kommando entsprechend an, sollten Sie bei der Installation ein anderes Verzeichnis ausgewählt haben.) Um das Tool auszuführen, geben Sie das folgende Kommando in der Eingabeaufforderung ein (inklusive der Anführungszeichen):

```
"C:\Programme\Microsoft SDKs\Windows\v6.0\Bin\Wca.exe" MVDataService.dll
```

Drücken Sie die Taste **Eingabe**. Die Ausgabe des Tools sollte in etwas so aussehen, wie es Abbildung 8.4 zeigt.

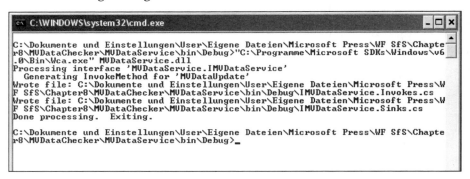

Abbildung 8.4 *Wca.exe* wurde ausgeführt

7. Geben Sie das Kommando **dir** in der Eingabeaufforderung ein, um festzustellen, welche Dateien von *Wca.exe* erzeugt wurden (Abbildung 8.5).

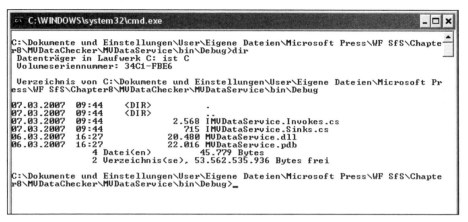

Abbildung 8.5 *Wca.exe* hat zwei Dateien erzeugt (die oberen beiden der aufgelisteten Dateien)

8. Die Datei *IMVDataService.Sinks.cs* ist unnötig und kann ignoriert oder sogar gelöscht werden, da die Datei nur Direktiven und keinen Code enthält. (In Ihrer Kommunikationsschnittstelle wurden keine Ereignisse definiert.) Diese Datei findet im Rahmen von Kapitel 10 Anwendung. Die andere generierte Datei, *IMVDataService.Invokes.cs*, ist eine Datei, die weiterverwendet werden soll. Die Datei enthält den Quellcode für die neue Aktivität, die Sie in Ihrem Workflow einsetzen können, um Daten an die Hostanwendung zu senden. Dazu geben Sie der Datei zunächst einen sinnvolleren Namen. Tippen Sie dazu das Kommando **ren IMVDataService.Invokes.cs MVDataUpdate.cs** in der Eingabeaufforderung ein und bestätigen Sie mit einem Druck auf **Eingabe**, um die Datei umzubenennen.

9. Da die eben umbenannte Datei eine Workflow-Aktivität darstellt, müssen Sie die Datei von ihrem aktuellen Verzeichnis in das Verzeichnis MVWorkflow verschieben, um sie kompilieren und verwenden zu können. Geben Sie in der Eingabeaufforderung das Kommando **move MVDataUpdate.cs ..\..\..\MVWorkflow** ein und drücken Sie **Eingabe**.

10. Nachdem Sie in das Visual Studio-Fenster zurückgekehrt sind, müssen Sie die neu erzeugte Datei *MVDataUpdate.cs* in Ihr Workflow-Projekt aufnehmen. Klicken Sie dazu im Projektmappen-Explorer mit der rechten Maustaste den Knoten *MVWorkflow* an, um das Kontextmenü anzuzeigen. Rufen Sie dort den Menübefehl *Hinzufügen/Vorhandenes Element* auf, woraufhin das Dialogfeld *Vorhandenes Element hinzufügen* erscheint. Wählen Sie die Datei *MVDataUpdate.cs* aus der Liste aus (Abbildung 8.6) und klicken Sie dann auf die Schaltfläche *Hinzufügen*. Die Datei wird daraufhin dem Projekt *MVWorkflow* hinzugefügt.

196   Teil B: Mit Aktivitäten arbeiten

Abbildung 8.6 Aufnahme der vom Tool *Wca.exe* erzeugten Datei in das Projekt

11. Kompilieren Sie das Projekt *MVWorkflow*, indem Sie **Umschalt+F6** drücken oder den Menübefehl *Erstellen/MVWorkflow erstellen* aufrufen. Beseitigen Sie etwaig aufgetretene Kompilierungsfehler. Nach einer erfolgreichen Kompilierung überprüfen Sie, ob die *MVDataUpdate*-Aktivität der Visual Studio-Toolbox hinzugefügt wurde. Dazu öffnen Sie die Datei *Workflow1.cs* im Ansicht-Designer, indem Sie die Datei *Workflow1.cs* im Projektmappen-Explorer auswählen und das Symbol ▦ (*Ansicht-Designer*) anklicken. Sobald die Datei *Workflow1.cs* im Ansicht-Designer geöffnet ist, öffnen Sie die Toolbox und halten Sie nach der Aktivität *MVDataUpdate* Ausschau. (Diese findet sich typischerweise in der Toolbox oben.)

> **Hinweis** Sollte aus irgendwelchen Gründen die Aktivität *MVDataUpdate* nicht der Visual Studio-Toolbox hinzugefügt worden sein, schließen Sie die Projektmappe und öffnen Sie diese erneut. Das Schließen und das daraufhin folgende Öffnen der *MVDataChecker*-Projektmappe, nachdem die *MVWorkflow*-Assembly erfolgreich erzeugt wurde, bewirkt, dass die *MVDataUpdate*-Aktivität automatisch in der Toolbox installiert wird.

Sie verfügen nun über eine fertige Aktivität, die Sie verwenden können, um Daten an Ihre Hostanwendung zu senden. Bei der Basisklasse der Aktivität handelt es sich um *CallExternalMethod*. Diese ist dazu konzipiert, Aufrufe außerhalb der ausführenden Workflow-Umgebung auszulösen. Im Folgenden legen Sie die Aktivität in Ihrem Workflow ab und setzen diese ein.

Die Kommunikations-Workflow-Aktivität hinzufügen und konfigurieren

1. Es ist notwendig, den Workflow-Prozess zu öffnen und zu bearbeiten. Wählen Sie die Datei *Workflow1.cs* des Projektes *MVWorkflow* im Projektmappen-Explorer aus und klicken Sie auf das Symbol ▦ (*Ansicht-Designer*), um diese in den Workflow-Ansicht-Designer zu laden. Der Workflow enthält bereits zwei Aktivitäten: Die *Delay*-Aktivität wird dazu verwendet, die mit einem Datenabruf verbundene Wartezeit zu simulieren. Die zweite Aktivität, die *Code*-Aktivität, erstellt ein *DataSet*, das auf dem Namen des angefragten Fahrzeughalters basiert, und füllt dieses.

2. Öffnen Sie die Visual Studio-Toolbox und steuern Sie die *MVDataUpdate*-Aktivität an (Abbildung 8.7).

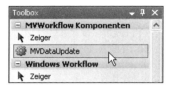

Abbildung 8.7 Auswahl der *MVDataUpdate*-Aktivität aus der Toolbox

3. Ziehen Sie die Aktivität auf die Oberfläche des Workflow-Ansicht-Designers und legen Sie diese unterhalb der *Code*-Aktivität ab (Abbildung 8.8), sodass diese sequenziell nach der *Code*-Aktivität ausgeführt wird.

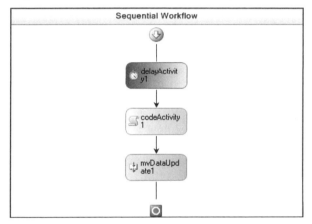

Abbildung 8.8 Die *MVDataUpdate*-Aktivität wurde im Workflow abgelegt

4. Ihr Workflow ist nun aus der Sicht des Workflow-Ansicht-Designers fertig gestellt. Es ist nun Zeit, ein klein wenig Code zu schreiben, um einige Dinge zu verbinden. Wählen Sie die Datei *Workflow1.cs* im *MVWorkflow*-Projekt aus und klicken Sie auf das Symbol (*Code anzeigen*) der Symbolleiste. Halten Sie in der Klasse *Workflow1* nach der Methode *GenerateMVData* Ausschau. Bei dieser handelt es sich um die Methode, welche von der Aktivität *codeActivity1* ausgeführt wird, und Sie sehen hier die Aufrufe der Hilfsmethoden *GenerateVehicleTable* und *GenerateViolationTable,* um das zurückzugebende *DataSet* zu erzeugen und zu füllen. (In der Praxis würden Sie hier einen externen Dienst aufrufen, um die Fahrzeughalter-Informationen in Erfahrung zu bringen, aber das soll hier simuliert werden.) Unterhalb der Stellen, an denen das *DataSet* erstellt wird, müssen Sie die folgenden Codezeilen hinzufügen, um das *DataSet* an den Host zurückzuliefern:

```
// Das eben erstellte DataSet (das die Hostdaten enthält) zuweisen
mvDataUpdate1.mvData = ds;
```

Mit der Zuweisung des zurückzugebenden *DataSet* ist sowohl die Entwicklung des Workflows abgeschlossen als auch der Einsatz der Hilfsmittel, um das *DataSet* an die Hostanwendung zu liefern. Aber was benötigt Ihre Hostanwendung, um die Daten zu empfangen? Darum geht es im Folgenden.

Die Workflow-Daten innerhalb der Hostanwendung empfangen

Zurück zur Hauptanwendung: Die grundlegende Verwaltung des Workflows, die Sie bislang in diesem Buch gesehen haben, wurde bereits zu dem Beispiel hinzugefügt, aus dem einfachen Grund, da Sie diese schon ausreichend kennen gelernt haben und das Kapitel sonst ausufern würde, wenn die Anwendung bei Null begonnen werden würde. Stattdessen soll die Konzentration auf den Workflow-Aspekten liegen, die Sie in diesem Kapitel betrachten. Die Workflow-Factory erstellt konkret eine Instanz der Workflow-Laufzeit und auch der Start einer Workflow-Instanz für den Fall, dass die Schaltfläche *Retrieve MV Data* angeklickt wird, ist bereits eingebaut. Was jetzt noch fehlt, ist eine Änderung in der Anwendung, sodass diese die Brückenklassen verwendet, die Sie im Abschnitt »Einen *ExternalDataService*-Dienst erstellen« angelegt haben.

> **Hinweis** Zögern Sie dennoch nicht, sich den Anwendungscode anzuschauen. Obwohl die Anwendung nur ein vereinfachtes Beispiel darstellt, ist sie dennoch eine vollständige Windows Forms-Anwendung und zeigt, wie ein Workflow behandelt wird und Multithread-Operationen durchgeführt werden (etwa bei der Aktualisierung von Steuerelementen).

Um das *DataSet* zu erhalten, das der Workflow an Ihre Benutzeroberfläche zurückgibt, müssen Sie Ihre Workflow-Instanz bei der Connector-Klasse in Ihrem Brückencode registrieren (sodass Sie das korrekte *DataSet* zurückerhalten). Außerdem müssen Sie das *MVDataUpdate*-Ereignis integrieren, sodass Ihre Anwendung darüber informiert wird, dass Daten zum Empfang anstehen. Um dies zu ermöglichen, ergänzen Sie den Ereignishandler der Schaltfläche *Retrieve MV Data* mit etwas Code und fügen einen neuen Ereignishandler für *MVDataUpdate* hinzu.

> **Hinweis** Wenn Sie noch nicht mit anonymen Methoden vertraut sind, stellt dies eine gute Gelegenheit dar, sich die Thematik noch einmal kurz anzuschauen, denn Sie werden in Kürze anonyme Methoden benötigen. Hilfreich ist in dieser Hinsicht der folgende Artikel: *http://msdn2.microsoft.com/de-de/library/0yw3tz5k(VS.80).aspx*.

Den externen Workflow-Datendienst der Hostanwendung hinzufügen

1. Öffnen Sie die Datei *Form1.cs* im Code-Editor. Dazu wählen Sie die Datei *Form1.cs* im Projektmappen-Explorer an und klicken Sie auf das Symbol 🗏 (*Code anzeigen*) der Symbolleiste.

2. Scrollen Sie durch den Quellcode nach unten, bis Sie auf die Methode *cmdRetrieve_Click* stoßen. In dieser befindet sich bereits Code, der als Reaktion auf einen Schaltflächenklick eine Workflow-Instanz initiiert. Sie müssen aber noch einigen Code einfügen, und zwar zwischen der Stelle, an der die Workflow-Instanz erstellt wird, und der Stelle, an der diese gestartet wird. Fügen Sie dabei unterhalb des Aufrufes von *_workflowRuntime.CreateWorkflow* die folgenden Codezeilen ein:

Kapitel 8: Externe Methoden und Workflows aufrufen 199

```
// Das Ereignis für "Daten zurückgegeben" integrieren:
MVDataService.WorkflowMVDataService dataService =
    MVDataService.WorkflowMVDataService.CreateDataService(
    _workflowInstance.InstanceId,
    _workflowRuntime);
dataService.MVDataUpdate +=
    new EventHandler<MVDataService.MVDataAvailableArgs>(
    dataService_MVDataUpdate);
```

3. Der eben eingegebene Code referenziert das Ereignis *WorkflowMVDataService MVDataUpdate*, indem ein neuer Ereignishandler hinzugefügt wird. Ergänzen Sie in der *Form1*-Klasse den Ereignishandler *dataService_MVDataUpdate* (Visual Studio hat beim Eintippen des Codes bereits einen Dummyereignishandler eingefügt, in dem Sie den »not implemented«-Hinweis mit dem folgenden Code überschreiben. Beachten Sie auch die anonyme Methode, die sicherstellt, dass die *ListView*-Steuerelemente auf dem richtigen Thread aktualisiert werden):

```
IAsyncResult result = this.BeginInvoke(
    new EventHandler(
        delegate
        {
            // Die Verbindung abrufen. Beachten Sie, wir könnten einfach den
            // Sender als unseren Datendienst casten, aber es soll
            // sichergestellt werden, dass die empfangenen Daten für diese
            // spezifische Workflow-Instanz gedacht sind.
            MVDataService.WorkflowMVDataService dataService =
                MVDataService.WorkflowMVDataService.
                GetRegisteredWorkflowDataService(e.InstanceId);

            // Die Fahrzeugdaten lesen:
            DataSet ds = dataService.Read();

            // Die Fahrzeugdatenliste an die Fahrzeugdatentabelle binden:
            ListViewItem lvi = null;
            foreach (DataRow row in ds.Tables["Vehicles"].Rows)
            {
                // Das String-Array erstellen:
                string[] items = new string[4];
                items[0] = (string)row["Plate"];
                items[1] = (string)row["Make"];
                items[2] = (string)row["Model"];
                items[3] = (string)row["Color"];

                // Einen Listeneintrag erstellen:
                lvi = new ListViewItem(items);

                // Der Liste hinzufügen:
                lvVehicles.Items.Add(lvi);
            } // foreach

            // Die Verkehrsverstößeliste an die Verkehrsverstößetabelle
            // binden:
            foreach (DataRow row in ds.Tables["Violations"].Rows)
            {
                // Das String-Array erstellen:
                string[] items = new string[4];
```

```
                    items[0] = (string)row["ID"];
                    items[1] = (string)row["Plate"];
                    items[2] = (string)row["Violation"];
                    items[3] =
                       ((DateTime)row["Date"]).ToString("MM/dd/yyyy");

                    // Einen Listeneintrag erstellen:
                    lvi = new ListViewItem(items);

                    // Der Liste hinzufügen:
                    lvviolations.Items.Add(lvi);                } // foreach
             } // delegate
         ), null, null
);   // BeginInvoke
this.EndInvoke(result);
// Zurücksetzen für die nächste Abfrage:
workflowCompleted();
```

Damit sind Sie nun am Ziel, die Anwendung ist fertig gestellt. Drücken Sie **F6** oder verwenden Sie den Menübefehl *Erstellen/Projektmappe erstellen*, um die Anwendung zu kompilieren. Führen Sie die Anwendung mit **F5** aus. Wenn Sie auf die Schaltfläche *Retrieve MV Data* klicken, wird der Name des ausgewählten Fahrzeughalters an die Workflow-Instanz übergeben. Nachdem das *DataSet* erzeugt wurde, löst die Workflow-Instanz ein *MVDataUpdate*-Ereignis aus. Der Code der Hostanwendung fängt das Ereignis ab, ruft die Daten ab und bindet diese an die *ListView*-Steuerelemente.

Eine kritische Sache, die noch hinsichtlich des Codes für den letzten Schritt anzumerken ist, liegt darin, dass die statische Methode *GetRegisteredWorkflowDataService* des *WorkflowMVDataService*-Dienstes aufgerufen wird, um den Datendienst zu empfangen, der das *DataSet* enthält. Danach wird die *Read*-Methode des Datendienstes verwendet, um das *DataSet* in die ausführende Umgebung der Hostanwendung zu transportieren, sodass die Datenbindung durchgeführt werden kann.

Externe Workflows mit der *InvokeWorkflow*-Aktivität aufrufen

Eine interessante Frage ist, ob ein ausführender Workflow einen weiteren Workflow ausführen kann. Die Antwort ist ja. Es gibt eine Aktivität, *InvokeWorkflow*, die verwendet werden kann, um einen weiteren, untergeordneten Workflow zu starten. Diese Aktivität soll im Folgenden im Rahmen eines Beispiels kurz angeschaut werden. Sie erzeugen dabei eine neue Beispiel-Konsolenanwendung, die einen Workflow startet, der lediglich eine Meldung auf der Konsole ausgibt. Im Anschluss daran startet die Workflow-Instanz eine zweite Workflow-Instanz, die ebenso eine Meldung ausgibt, sodass optisch demonstriert wird, dass beide Workflows zur Ausführung gelangen.

Einen weiteren, untergeordneten Workflow aufrufen

1. Obwohl Sie eine optisch ansprechende Beispielanwendung erstellen könnten, wird im Folgenden wieder zur simplen Konsolenanwendung zurückgekehrt, so wie in den vorangegangenen Kapiteln verfahren wurde. Wie gewohnt haben Sie die Wahl, ob Sie die komplette Anwendung begleitend zum Text verwenden oder aber den

Workflow selbst erstellen möchten. Im letzteren Fall steht Ihnen eine Anwendung zur Verfügung, deren Entwicklung zwar begonnen wurde, die aber noch fertig gestellt werden muss. Die kom-plette Version der Anwendung *WorkflowInvoker* finden Sie im Verzeichnis *\Workflow\Chapter8\WorkflowInvoker Completed*, während die unvollständige Version im Verzeichnis *\Workflow\Chapter8\WorkflowInvoker* enthalten ist. Um eine der beiden Versionen zu öffnen, ziehen Sie die entsprechende Projektmappendatei (Dateierweiterung *.sln*) in ein Visual Studio-Fenster, woraufhin die Projektmappe zur Bearbeitung geladen wird.

2. Nachdem die *WorkflowInvoker*-Projektmappe bereitsteht, fügen Sie dieser ein neues Projekt vom Typ sequenzielle Workflow-Bibliothek hinzu. Dazu rufen Sie den Menübefehl *Datei/Hinzufügen/Neues Projekt* auf, woraufhin das Dialogfeld *Neues Projekt hinzufügen* erscheint. Anschließend wählen Sie unter *Projekttypen* den Eintrag *Workflow* und unter *Vorlagen* den Eintrag *Sequential Workflow Library*. Geben Sie dem Projekt den Namen **Workflow1**. Visual Studio fügt das neue Bibliotheksprojekt hinzu und öffnet den Workflow-Ansicht-Designer zur Bearbeitung. Stellen Sie sicher, dass das neue Workflow-Projekt im Verzeichnis *\Workflow\Chapter8\WorkflowInvoker* gespeichert wird.

3. Wählen Sie als Nächstes eine *Code*-Aktivität in der Toolbox aus und ziehen Sie diese auf die Oberfläche des Workflow-Designers. In der dazugehörigen Eigenschaft *ExecuteCode* geben Sie **SayHello** ein und drücken Sie **Eingabe**.

4. Visual Studio schaltet daraufhin automatisch in den Code-Editor. Steuern Sie die eben von Visual Studio eingefügte Methode *SayHello* an und geben Sie innerhalb dieser Methode den folgenden Code ein:

```
// Ausgabetext für die Konsole:
Console.WriteLine("Hello from Workflow1!");
```

5. Nun muss der zweite auszuführende Workflow hinzugefügt werden. Wiederholen Sie entsprechend Schritt 2, verwenden aber als Projektnamen **Workflow2**. Führen Sie ebenso die Schritte 3 und 4 ein weiteres Mal durch, ersetzen Sie jedoch die Meldung »Hello from Workflow1!« durch »Hello from Workflow2!«. Ändern Sie den Namen der Workflow-Quellcodedatei von *workflow1.cs* in *workflow2.cs*, um eine spätere Verwechslung der beiden Workflows zu vermeiden.

6. Der erste Workflow soll den zweiten aufrufen. Damit dies erreicht wird, müssen Sie einen Verweis auf den zweiten Workflow hinzufügen. Bevor Sie dies durchführen können, müssen Sie das Projekt *Workflow1* kompilieren. Ein Druck auf **F6** oder der Menübefehl *Erstellen/Projektmappe erstellen* kompiliert die komplette Projektmappe.

7. Wählen Sie das Projekt *Workflow1* im Projektmappen-Explorer aus und fügen Sie einen Verweis auf das Projekt *Workflow2* auf Projektebene hinzu.

8. Kehren Sie in den Workflow-Ansicht-Designer für das Projekt *Workflow1* zurück und öffnen Sie erneut die Toolbox. Jetzt aber ziehen Sie eine Instanz der *Invoke-Workflow*-Aktivität auf die Designer-Oberfläche des sequenziellen Workflows (Abbildung 8.9).

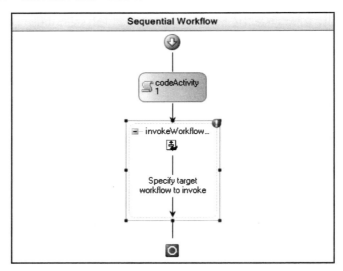

Abbildung 8.9 Die *InvokeWorkflow*-Aktivität wurde abgelegt

9. Wenn Sie die Eigenschaften dieser neuen Aktivität betrachten, finden Sie eine Eigenschaft *TargetWorkflow*, die gesetzt werden muss. Klicken Sie auf diese Eigenschaft, um sie zu aktivieren, und dann auf die Schaltfläche »...« (Abbildung 8.10).

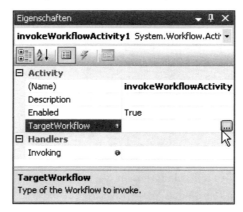

Abbildung 8.10 Eigenschaft *TargetWorkflow*

10. Auf diese Weise wird das Dialogfeld *Browse and Select a .NET Type* aufgerufen. Wählen Sie im linken Feld den Eintrag *Workflow2*, woraufhin der Typ *Workflow2* im rechten Feld erscheint. Wählen Sie den Typ *Workflow2* im rechten Feld aus (*Workflow2.Workflow2* ist der voll qualifizierte Name) und bestätigen Sie mit einem Klick auf *OK* (Abbildung 8.11).

Kapitel 8: Externe Methoden und Workflows aufrufen 203

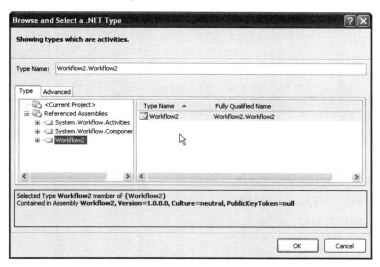

Abbildung 8.11 Auswahl des Workflow-Typs, der aufgerufen werden soll

11. Visual Studio untersucht dann den *Workflow2*-Workflow und zeigt im Workflow-Ansicht-Designer dessen grafische Repräsentation innerhalb der *InvokeWorkflow*-Aktivität an (Abbildung 8.12).

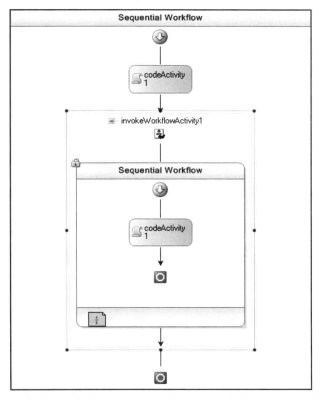

Abbildung 8.12 Der zweite Workflow wird jetzt innerhalb der *InvokeWorkflow*-Aktivität angezeigt

12. Die Workflow-Implementierungen sind nun komplett, sodass Sie diese als Verweise der Hauptanwendung *WorkflowInvoker* hinzufügen können. Klicken Sie im Projektmappen-Explorer das Projekt *WorkflowInvoker* mit der rechten Maustaste an und rufen Sie den Menübefehl *Verweis hinzufügen* auf, woraufhin das Dialogfeld *Verweis hinzufügen* angezeigt wird. Wechseln Sie auf das Register *Projekte*, wählen Sie beide Einträge *Workflow1* und *Workflow 2* gleichzeitig aus der Liste aus und klicken Sie auf *OK*.

13. Als Nächstes fügen Sie den Code zum Erstellen und Starten der Instanz hinzu. Steuern Sie die folgende Codezeile in der Datei *Program.cs* an:

    ```
    Console.WriteLine("Waiting for workflow completion.");
    ```

14. Geben Sie unterhalb dieser Codezeile den folgenden Code ein:

    ```
    // Die Workflow-Instanz erstellen:
    WorkflowInstance instance =
        workflowRuntime.CreateWorkflow(typeof(Workflow1.Workflow1));

    // Die Workflow-Instanz starten:
    instance.Start();
    ```

15. Im Folgenden fügen Sie eine kleine Codemenge in die Hostanwendung ein. Der Zweck ist einfach der, dass die Anwendung Ihnen mitteilt, sobald ein Workflow fertig gestellt wird. Geben Sie konkret den folgenden Code in den Ereignishandler für das Ereignis *WorkflowCompleted* ein:

    ```
    if (e.WorkflowDefinition is Workflow1.Workflow1)
        Console.WriteLine("Workflow 1 completed.");
    else
        Console.WriteLine("Workflow 2 completed.");
    waitHandle.Set();
    ```

Der erste fertig zu stellende Workflow setzt den *AutoResetEvent*, der verwendet wird, die Anwendung anzuweisen, auf die Fertigstellung des Workflows zu warten. Sie könnten zwar Code hinzufügen, der die Anwendung dazu bewegt, auf beide Workflows zu warten, aber zu Demonstrationszwecken sollte dies ausreichen. Wenn Sie die *WorkflowInvoker*-Anwendung kompilieren und ausführen, sollte die Konsolenausgabe ähnlich wie in Abbildung 8.13 aussehen. Sollten die Meldungen in einer etwas anderen Reihenfolge erscheinen, sollte Sie dies nicht irritieren. Das liegt in der Natur der Multithread-Programmierung.

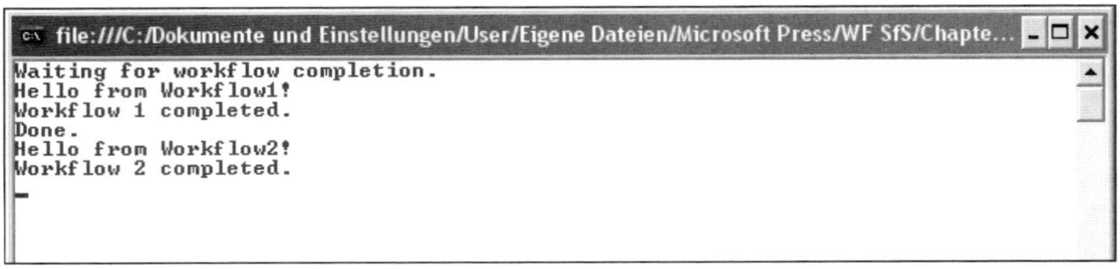

```
Waiting for workflow completion.
Hello from Workflow1!
Workflow 1 completed.
Done.
Hello from Workflow2!
Workflow 2 completed.
```

Abbildung 8.13 Die Konsolenausgabe der Anwendung *WorkflowInvoker*

Es ist die eine Sache, Zahlen nur zu verarbeiten, aber es werden ebenso Werkzeuge benötigt, um Entscheidungen zu treffen. Dies ist das Thema des nächsten Kapitels 9 »Aktivitäten für Bedingungen und Schleifen«.

Schnellübersicht

Aufgabe	Aktion
Datenübertragungen zwischen Workflow und Host konzipieren	Erstellen Sie eine Schnittstelle mit Methoden, die dazu bestimmt sind, die Daten vor- und zurückzuübertragen. Stellen Sie sicher, dass sowohl das *ExternalDataExchange*-Attribut als auch die Korrelationsattribute hinzugefügt werden, so wie es in den Beispielanwendungen gemacht wurde.
Ereignisargumente für »Daten verfügbar« erstellen	Leiten Sie eine Ereignisargumentklasse von *ExternalDataEventArgs* ab und versehen Sie diese mit Informationen, die Sie zum Vor- und Zurückübertragen benötigen.
Den externen Datendienst erstellen	Hierin liegt eine etwas komplexe Aufgabe, da Sie viel Code selbst schreiben müssen, um die Daten zu verwalten (die von beliebig vielen Workflow-Instanzen kommen können). Aber im Allgemeinen erstellen Sie die Klasse (den *Connector*), welche die Daten verwaltet (und welche der Workflow-Laufzeit hinzugeschaltet wird, da diese den Workflow-Status verwaltet) und eine andere Klasse (den *Dienst*), die die Hostanwendung (oder der aufrufende Workflow) verwendet, um das »Daten verfügbar«-Ereignis zu integrieren und die Daten zu lesen (und zu schreiben).
Die kommunikationsspezifischen Aktivitäten erstellen	Mit der Schnittstelle in der Hand rufen Sie *Wca.exe* auf. Dieses Tool generiert für Sie zwei Aktivitäten: Eine zum Senden der Daten zum externen (Workflow)-Prozess und eine zum Empfangen der Daten. In diesem Kapitel wurde nur das Senden von Daten betrachtet, aber in Kapitel 17 steht dieses Thema noch einmal auf der Tagesordnung, wobei dann eine bidirektionale Schnittstelle erzeugt wird.
Die Daten in der Hostanwendung (oder dem aufrufenden Workflow) empfangen	Unter Anwendung der von Ihnen erstellten Dienstklasse integrieren Sie das »Daten verfügbar«-Ereignis und rufen Sie die Lesemethode des Dienstes auf.
Einen weiteren, untergeordneten Workflow hinzufügen	Fügen Sie eine Instanz der *InvokeWorkflow*-Aktivität Ihrem Workflow-Prozess hinzu und stellen Sie den Datentyp des aufzurufenden Workflows zur Verfügung. Beachten Sie, das Sie einen Verweis auf den untergeordneten Workflow hinzufügen müssen, um dies zu erreichen.

Kapitel 9

Aktivitäten für Bedingungen und Schleifen

In diesem Kapitel:

Bedingungen und bedingte Verarbeitung 207
Die Anwendung *Questioner* 208
Die *IfElse*-Aktivität verwenden 210
Die *While*-Aktivität verwenden 222
Die *Replicator*-Aktivität verwenden 227
Schnellübersicht 238

In diesem Kapitel lernen Sie

- wie bedingte Ausdrücke mithilfe der *IfElse*-Aktivität erzeugt werden.
- wie eine *While*-Aktivität eingesetzt wird, um Schleifen zu durchlaufen.
- auf welche Art und Weise die *Replicator*-Aktivität eine *for*-Schleife simuliert und wie diese eingesetzt wird.

Zunächst einmal sollen kurz einige der kritischen Komponenten zusammengefügt werden, die zur Erstellung praxisnaher Workflows notwendig sind: Sie haben erfahren, wie Code ausgeführt wird – sowohl innerhalb als auch außerhalb Ihrer Workflow-Instanzen –, Sie wissen, wie Ausnahmen behandelt werden, wie die Verarbeitung angehalten wird und sogar, wie Sie den Workflow beenden, wenn Dinge außer Kontrolle geraten. Aber eine Hauptkomponente für jedes Rechnersystem ist sicherlich die Fähigkeit, Entscheidungen zu treffen, die auf Bedingungen zur Laufzeit basieren. Genau darum geht es in diesem Kapitel. Dabei werden Workflow-Aktivitäten beschrieben, die Wenn-dann-Szenarien abdecken und mit denen sich grundlegende Schleifen bilden lassen.

Bedingungen und bedingte Verarbeitung

Mittlerweile wird es Sie wahrscheinlich kaum mehr überraschen, dass die Windows Workflow Foundation (WF) Aktivitäten für die logische Steuerung des Prozessflusses, basierend auf Laufzeit-Bedingungen, zur Verfügung stellt. Schließlich gibt es Aktivitäten zum Auslösen und Abfangen von Ausnahmen, sodass es nur konsequent erscheint, dass auch Aktivitäten verfügbar sind, die Abfragen im Hinblick auf die Zustände des ausführenden Workflows erlauben und abhängig von diesen Resultaten Entscheidungen treffen.

Bei den Aktivitäten, um die es sich in diesem Kapitel dreht, handelt es sich um die Aktivitäten *IfElse*, *While* und *Replicator*. Die *IfElse*-Aktivität dient dazu, eine Bedingung zu prüfen, und abhängig vom Ergebnis dieser Überprüfung einen von zwei Workflow-Zweigen auszuführen. (Genau genommen wurde diese Aktivität bereits in Kapitel 1 »Einführung in die Microsoft Windows Workflow Foundation« eingesetzt, als eine übergebene Postleitzahl mithilfe eines regulären Ausdrucks auf syntaktische Korrektheit getestet wurde.) Die *While*-Aktivität, wohl keine allzu große Überraschung, wird zur Bildung einer *while*-Schleife verwendet. So etwas wie eine *for*-Schleife ist auch vorhanden, in Gestalt der *Replicator*-Aktivität. Zunächst aber soll die Beispielanwendung des Kapitels betrachtet werden.

Hinweis Die bedingte Verarbeitung in diesem Kapitel basiert auf der *Code Condition*, was bedeutet, dass Sie C#-Code schreiben, um die bedingten Ausdrücke zu formulieren. In Kapitel 12 »Richtlinien und Regeln« werden Sie die *Declarative Rule Condition* verwenden, die auf WF-regelbasierter Verarbeitung für die Auswertung der bedingten Ausdrücke gestützt ist. Beide sind ebenso gültig. Die *Declarative Rule Condition* wurde lediglich aus Gründen der besseren thematischen Zusammengehörigkeit in dem Kapitel untergebracht, in dem es um regelbasierte Verarbeitung im Allgemeinen geht.

Die Anwendung *Questioner*

Bei der Beispielanwendung dieses Kapitels handelt es sich um eine Windows Forms-Anwendung, die Ihnen drei Fragen stellt. Den Wortlaut dieser Fragetexte können Sie beliebig ändern. (Der Fragetext wird in den Einstellungen der Anwendung gespeichert.) Sie können auch angeben, ob die Fragen voneinander abhängig oder aber voneinander unabhängig sein sollen. Dabei übergeben Sie die Fragen und den Abhängigkeitsstatus, während der Workflow mit der Ausführung beginnt.

Abhängige Fragen werden nur dann gestellt, wenn die vorherige Frage bejaht wurden. Ein Beispiel: Wenn Sie gefragt werden »Haben Sie das fragliche Dokument gesehen?« und das trifft nicht zu, ergibt die Folgefrage »Haben Sie dieses Dokument freigegeben?« keinen Sinn mehr. Sind die voneinander abhängig, führt die erste verneinende Antwort dazu, dass die übrigen Fragen nicht mehr gestellt und automatisch verneint werden.

Unabhängige Fragen werden immer gestellt, unbeschadet davon, wie die vorangegangenen Antworten aussehen. Die Frage »Essen Sie gerne Eis?« etwa hat keinen Bezug zur Frage »Regnet es derzeit?«. Ob Sie generell Eiscreme mögen oder nicht, hat nichts mit dem Wetter zu tun. Es wird also im Rahmen von unabhängigen Fragen grundsätzlich weitergefragt, ohne Rücksicht darauf, ob eine frühere Frage verneint wurde oder nicht.

Die Benutzeroberfläche der Anwendung ist aus Abbildung 9.1 ersichtlich. Wenn Sie den Fragetext einer oder mehrerer Fragen ändern, werden die Änderungen automatisch in den Einstellungen der Anwendung gespeichert. (Das gilt auch für den Fragetyp, also ob die Fragen voneinander abhängig oder unabhängig sind.) Die Fragen sind dafür vorgesehen, Ja-Nein-Antworten zu erzeugen, sodass der Workflow die Antworten an die Hostanwendung als Array mit booleschen Werten zurückgibt.

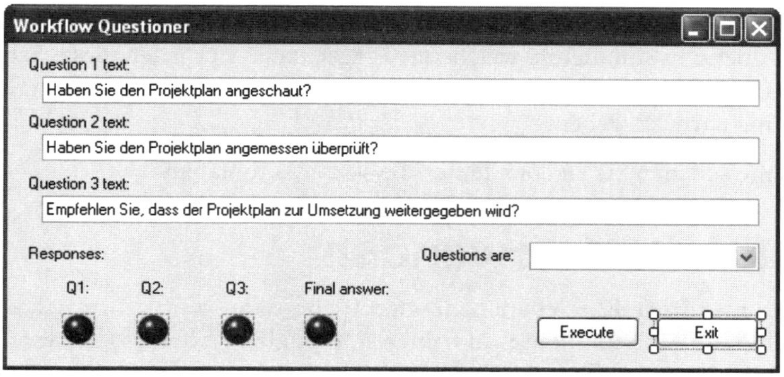

Kapitel 9: Aktivitäten für Bedingungen und Schleifen

Abbildung 9.1 Die primäre Benutzeroberfläche der Anwendung *Questioner*

Wenn Sie die Schaltfläche *Execute* anklicken, erscheinen die Fragen der Reihe nach in Gestalt von Meldungsfenstern mit *Ja*- und *Nein*-Schaltflächen. Nachdem der Workflow alle Fragen verarbeitet hat, gibt er ein boolesches Array an die Hostanwendung zurück. Die Hostanwendung untersucht dann das Array, um die Benutzeroberfläche entsprechend anzupassen.

Während der Workflow ausgeführt wird, werden die Antworten als blaue Kugeln angezeigt (Abbildung 9.1). Nach Fertigstellung des Workflows erscheinen positive Antworten in Form grüner Kugeln und negative Antworten als rote Kugeln. Wenn alle Fragen bejaht wurden, wird auch die abschließende Antwort (beschriftet mit *Final answer*) in Gestalt einer grünen Kugel dargestellt. Wird jedoch eine der drei Fragen verneint, wird die abschließende Antwort als schwarze Kugel mit dem Aufdruck »8« repräsentiert. Abbildung 9.2 zeigt die Anwendung in Aktion.

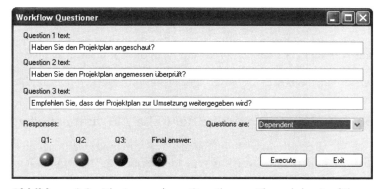

Abbildung 9.2 Die Anwendung *Questioner* während der Ausführung (nach Beantwortung der Fragen)

Die Absicht liegt darin, diese Anwendung zum Test der drei genannten Aktivitäten in diesem Kapitel zu verwenden. Die Anwendung wird dabei auf unterschiedliche Arten aufgebaut. Zunächst wird die Anwendung über *IfElse*-Aktivitäten realisiert. Die *IfElse*-Aktivität wird dabei vom *Questioner* genutzt, um zu entscheiden, welcher Zweig ausgeführt werden soll (abhängig von der Beantwortung der Frage; ob die nächste Frage gestellt wird, hängt von der Abhängigkeitseinstellung ab, falls die aktuelle Frage verneint wurde). Im nächsten Schritt wird die Anwendung stattdessen unter Zuhilfenahme einer *While*-Aktivität aufgebaut. Diese stellt so lange Fragen, wie noch offene Fragen vorhanden sind.

In der dritten Variante der Anwendung wird dagegen eine *Replicator*-Aktivität eingesetzt, um eine *for*-Schleife zu simulieren, welche die Fragen stellt. Für jeden dieser Schritte verwenden Sie die Technik aus dem vorangegangenen Kapitel, um die Antwort an die Hostanwendung zurückzugeben.

In diesem Sinne schauen Sie sich als Erstes die *IfElse*-Aktivität an.

Die *IfElse*-Aktivität verwenden

Die *IfElse*-Aktivität dient dazu, einen bedingten Wenn-dann-sonst-Ausdruck zu simulieren. Sie haben diese Aktivität bereits in früheren Kapiteln verwendet (insbesondere in Kapitel 1, in dem der Workflow darüber zu entscheiden hatte, ob eine übergebene Postleitzahl syntaktisch gültig war).

Die Aktivität erfordert die Zurverfügungstellung eines bedingten Ausdrucks, der in Wirklichkeit als Ereignishandler implementiert wird. Die Ereignisargumente, vom Typ *ConditionalEventArgs*, weisen eine boolesche *Result*-Eigenschaft auf. Um die Ergebnisse des bedingten Ausdrucks anzugeben, den Sie in den Ereignishandler integriert haben, setzen Sie diese Eigenschaft.

Abhängig vom *Result*-Wert, leitet die *IfElse*-Aktivität die Workflow-Ausführung in einen von zwei Zweigen. Vom visuellen Standpunkt, also bezogen auf den Workflow-Ansicht-Designer, führt ein »wahres« Ergebnis den linken Zweig aus und ein »falsches« Ergebnis den rechten Zweig. Beide Zweige sind Container für andere Aktivitäten, wodurch es ermöglicht wird, beliebige Aktivitäten einzufügen, die benötigt werden, um den Informations- bzw. Anwendungsfluss abhängig vom booleschen Ergebnis zu gestalten. Im Folgenden legen Sie einige dieser *IfElse*-Aktivitäten in Ihrer Beispielanwendung ab und probieren das Ganze aus.

> **Hinweis** Sie werden wahrscheinlich nach dem Durcharbeiten dieses Abschnittes zu dem Ergebnis kommen, dass die *IfElse*-Aktivität nicht die optimale Aktivität darstellt, um diesen Workflow abzubilden. Im weiteren Verlauf dieses Kapitels werden Sie Aktivitäten kennen lernen, die besser für diesen speziellen Workflow geeignet sind.

Den *QuestionFlow*-Workflow mithilfe der *IfElse*-Aktivität erstellen

1. Starten Sie Visual Studio und öffnen Sie die Projektmappe *Questioner* aus den Buchbeispielen. Sie finden diese Projektmappe im Verzeichnis \Workflow\Chapter 9\IfElse Questioner. Rufen Sie den Menübefehl *Datei/Öffnen/Projekt/Projektmappe* auf, woraufhin das Dialogfeld *Projekt öffnen* erscheint. Navigieren Sie durch das Dateisystem, bis Sie die Datei *Questioner.sln* erreicht haben, wählen Sie diese Datei aus und klicken Sie auf *Öffnen*.

2. Wenn Sie die Darstellung des Projektmappen-Explorers betrachten, erkennen Sie eine Projektstruktur, die ähnlich wie die aus dem letzten Kapitel aufgebaut ist. Die Dateien der Hauptanwendung befinden sich im Projekt *Questioner*, während die Dateien des Hostkommunikationsdienstes im Projekt *QuestionService* zu finden sind. So können Sie sich auf die Workflow-Aspekte dieser Anwendung konzentrieren. Es wurde bereits eine Dienstschnittstelle erstellt, *IQuestionService*, und auch

das Tool *Wca.exe* wurde schon ausgeführt, um die notwendige Kommunikationsaktivität, *SendReponseDataToHost*, zu erzeugen. Um zu beginnen, steuern Sie das *QuestionFlow*-Projekt an und öffnen Sie die Datei *Workflow1.cs* im Workflow-Ansicht-Designer zur Bearbeitung. Dazu wählen Sie diese Datei im Projektmappen-Explorer aus und klicken Sie auf das Symbol (*Ansicht-Designer*) der Symbolleiste, ganz so wie in den vorherigen Kapiteln.

3. Sobald der *Workflow1* zur Bearbeitung im Workflow-Ansicht-Designer bereitsteht, ziehen Sie eine *IfElse*-Aktivität von der Toolbox auf die Designer-Oberfläche und legen Sie diese dort ab (Abbildung 9.3). Auf diese Weise wird ein Exemplar einer *IfElse*-Aktivität in Ihren Workflow eingefügt.

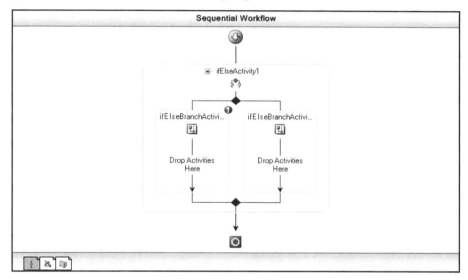

Abbildung 9.3 Eine *IfElse*-Aktivität wurde in den Workflow eingefügt

4. Das rot eingekreiste Ausrufezeichen (!) teilt Ihnen mit, dass noch Informationen ergänzt werden müssen, um den Workflow kompilieren zu können. Tatsächlich fehlt der bedingte Ausdruck selbst. Markieren Sie den linken Zweig der mit *ifElse-Activity1* bezeichneten Aktivität, um die Eigenschaften der Aktivität im Eigenschaftenfenster anzuzeigen. Aktivieren Sie die Eigenschaft *Condition* mit einem Klick, um das Listenfeld einzublenden, und wählen Sie den Eintrag *Code Condition* aus der Liste aus (Abbildung 9.4).

212   Teil B: Mit Aktivitäten arbeiten

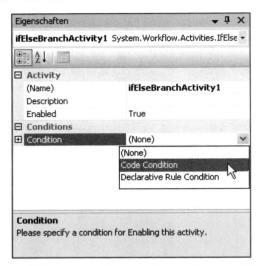

Abbildung 9.4 Eigenschaft *Condition* der *IfElse*-Aktivität

> **Hinweis** Für bedingte Ausdrücke stehen zwei Auswahlmöglichkeiten zur Verfügung: code- und regelbasiert. Hier wird der codebasierte bedingte Ausdruck verwendet. Die regelbasierte Variante ist in Kapitel 12 »Richtlinien und Regeln« an der Reihe.

5. Öffnen Sie die Eigenschaft *Condition*, geben Sie den Text **AskQuestion1** ein (Abbildung 9.5) und drücken Sie auf **Eingabe**. Visual Studio fügt daraufhin den *AskQuestion1*-Ereignishandler für Sie ein und schaltet in die Code-Ansicht um. Kehren Sie aber zunächst zum Workflow-Ansicht-Designer zurück, sodass Sie weitere Aktivitäten in Ihren Workflow integrieren können.

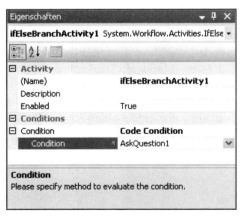

Abbildung 9.5 Der Name für den Ereignishandler der *IfElse*-Aktivität wird festgelegt

6. Ziehen Sie eine *Code*-Aktivität auf die Designer-Oberfläche und legen Sie diese im rechten Zweig von *IfElseActivity1* ab (Abbildung 9.6).

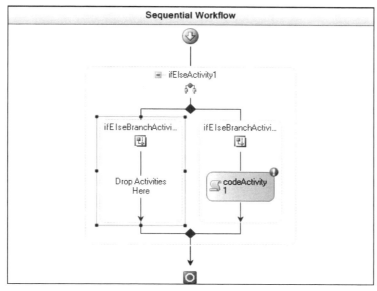

Abbildung 9.6 Die *Code*-Aktivität wurde im rechten Zweig abgelegt

7. Weisen Sie der Eigenschaft *ExecuteCode* der Aktivität den Wert **NegateQ1** zu (Abbildung 9.7). Sobald Visual Studio den *NegateQ1*-Ereignishandler eingefügt hat und in den Code-Editor umschaltet, kehren Sie erneut zum Workflow-Ansicht-Designer zurück, um noch eine weitere Aktivität auf der Designer-Oberfläche abzulegen.

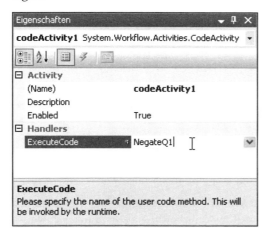

Abbildung 9.7 Der Name für den Ereignishandler der *Code*-Aktivität wird festgelegt

8. Wiederholen Sie die Schritte 6 und 7, legen Sie aber dieses Mal die *Code*-Aktivität im linken Zweig von *IfElseActivity1* ab (Abbildung 9.8).

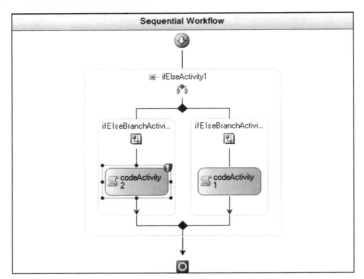

Abbildung 9.8 Auch der linke Zweig verfügt jetzt über eine *Code*-Aktivität

Tragen Sie für die *ExecuteCode*-Eigenschaft den Wert **AffirmQ1** ein (Abbildung 9.9). Nachdem Visual Studio den *AffirmQ1*-Ereignishandler eingefügt hat, schalten Sie jedoch dieses Mal nicht zum Workflow-Ansicht-Designer zurück. Stattdessen ist es Zeit, etwas Code einzugeben.

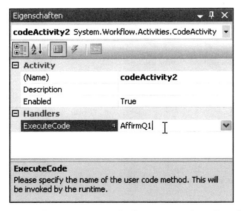

Abbildung 9.9 Auch der Ereignishandler der zweiten Code-Aktivität wird festgelegt

9. Es ist erforderlich, der Workflow-Klasse einige Eigenschaften hinzuzufügen, die Sie beim Start der Workflow-Verarbeitung als Parameter zuweisen können. Geben Sie unterhalb des *Workflow1*-Konstruktors die folgenden Codezeilen ein, um die Aufnahme der drei Fragen vorzubereiten, die der Workflow stellt:

```
private string[] _questions = null;

public string[] Questions
{
    get { return _questions; }
    set { _questions = value; }
}
```

10. Ferner muss ebenso die *Dependent*-Eigenschaft eingefügt werden, die angibt, ob die Fragen voneinander abhängig sind. Ergänzen Sie unterhalb des Codes, den Sie im vorherigen Schritt eingegeben haben, den folgenden Code:

```
private bool _dependent = true;

public bool Dependent
{
    get { return _dependent; }
    set { _dependent = value; }
}
```

11. Die Antworten auf die Fragen, die als boolesche Werte vorliegen, müssen irgendwo gespeichert werden, bevor sie an die Hostanwendung zurückgegeben werden. Fügen Sie daher unterhalb der gerade eingegebenen *Dependent*-Eigenschaft dieses Feld ein:

```
private bool[] _response = null;
```

12. Das *_response*-Feld ist noch nicht initialisiert. Steuern Sie daher den *Workflow1*-Konstruktor an und geben Sie diesen Code unterhalb des Aufrufs der Methode *InitializeComponent* ein:

```
// Rückgabevektor initialisieren:
_response = new bool[3];
_response[0] = false;
_response[1] = false;
_response[2] = false;
```

13. Scrollen Sie den Code nach unten, bis Sie auf den Ereignishandler *AskQuestion1* stoßen, den Visual Studio hinzugefügt hat. Geben Sie innerhalb dieses Ereignishandlers die folgenden Codezeilen ein:

```
// Die Frage stellen:
DialogResult result = MessageBox.Show(Questions[0], "Questioner:",
    MessageBoxButtons.YesNo, MessageBoxIcon.Question);
e.Result = (result == DialogResult.Yes);
```

14. Fügen Sie im Ereignishandler *NegateQ1* den folgenden Code hinzu:

```
// Antwort verneinen:
_response[0] = false;

if (Dependent)
{
    // Die verbliebenen Antworten verneinen:
    _response[1] = false;
    _response[2] = false;
}
```

15. Steuern Sie als Nächstes den Ereignishandler *AffirmQ1* an und ergänzen Sie diesen Code:

```
// Antwort bejahen:
_response[0] = true;
```

16. Sie haben eben die Workflow-Komponenten hinzugefügt, die für das Stellen der ersten Frage bestimmt sind. Jedoch verbleiben noch zwei weitere Fragen. Wieder-

holen Sie für die zweite Frage die Schritte 3 bis 8, um dem Workflow eine weitere *IfElse*-Aktivität unterhalb der bestehenden hinzuzufügen, wobei Sie alle Bezüge auf die Frage 1 durch entsprechende Bezüge auf die Frage 2 ersetzen. Auf diese Weise werden die Ereignishandler *AskQuestion2*, *NegateQ2* und *AffirmQ2* erzeugt. Der Workflow-Ansicht-Designer sollte jetzt wie in Abbildung 9.10 zu sehen dargestellt werden.

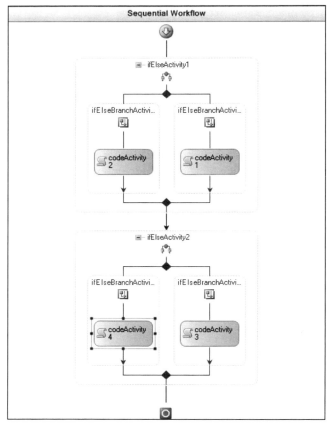

Abbildung 9.10 Die zweite *IfElse*-Aktivität wurde hinzugefügt

17. Halten Sie nach dem Ereignishandler *AskQuestion2* Ausschau und geben Sie die folgenden Codezeilen ein:

```
if (_response[0] == false && Dependent)
{
    // Nicht notwendig, zu fragen:
    e.Result = false;
}
else
{
    // Die Frage stellen:
    DialogResult result = MessageBox.Show(Questions[1], "Questioner:",
        MessageBoxButtons.YesNo, MessageBoxIcon.Question);
    e.Result = (result == DialogResult.Yes);
}
```

18. Fügen Sie im Ereignishandler *NegateQ2* diesen Code hinzu:

```
// Antwort verneinen:
_response[1] = false;

if (Dependent)
{
    // Die verbliebene Antwort verneinen:
    _response[2] = false;
}
```

19. Geben Sie schließlich im Ereignishandler *AffirmQ2* diesen Code ein:

```
// Antwort bejahen:
_response[1] = true;
```

20. Wiederholen Sie noch einmal die Schritte 3 bis 8, um die *IfElse*-Aktivität für die dritte Frage hinzuzufügen, wobei Sie alle Bezüge auf die Frage 1 durch entsprechende Bezüge auf die Frage 3 ersetzen. Auf diese Weise werden die Ereignishandler *AskQuestion3*, *NegateQ3* und *AffirmQ3* erzeugt. Der Workflow-Ansicht-Designer sollte jetzt wie in Abbildung 9.11 aussehen.

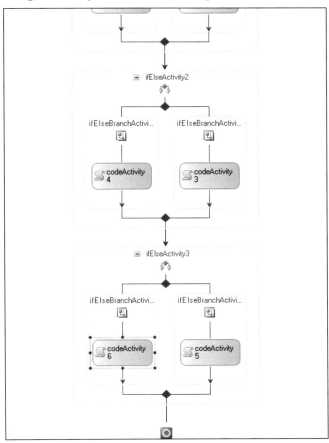

Abbildung 9.11 Die dritte und letzte *IfElse*-Aktivität wurde eingefügt

21. Steuern Sie den *AskQuestion3*-Ereignishandler an und fügen Sie diese Codezeilen ein:

    ```
    if (_response[1] == false && Dependent)
    {
        // Nicht notwendig, zu fragen:
        e.Result = false;
    }
    else
    {
        // Die Frage stellen:
        DialogResult result = MessageBox.Show(Questions[2], "Questioner:",
            MessageBoxButtons.YesNo, MessageBoxIcon.Question);
        e.Result = (result == DialogResult.Yes);
    }
    ```

22. Geben Sie im *NegateQ3*-Ereignishandler den folgenden Code ein:

    ```
    // Antwort verneinen:
    _response[2] = false;
    ```

23. Fügen Sie dem *AffirmQ3*- Ereignishandler folgenden Code hinzu:

    ```
    // Antwort bejahen:
    _response[2] = true;
    ```

24. Kehren Sie zum Workflow-Ansicht-Designer zurück. Sie sollten in der Toolbox eine benutzerdefinierte Aktivität namens *SendResponseDataToHost* finden, wie Abbildung 9.12 zeigt. (Falls diese Aktivität nicht in der Toolbox enthalten sein sollte, kompilieren Sie das Projekt.)

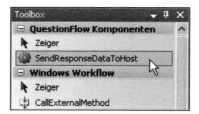

Abbildung 9.12 Die benutzerdefinierte Aktivität *SendResponseDataToHost*

25. Ziehen Sie eine Instanz von *SendResponseDataToHost* in den Workflow-Ansicht-Designer und legen Sie diese unterhalb der *IfElse*-Aktivität für die dritte Frage (*ifElseActivity3*) ab, wie Abbildung 9.13 zeigt.

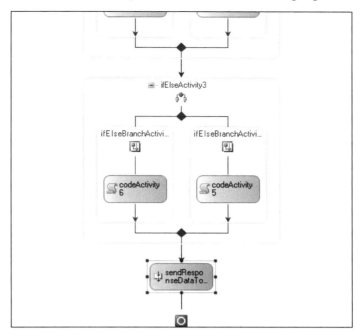

Abbildung 9.13 Die benutzerdefinierte Aktivität wurde eingefügt

26. Da die zurückzugebenden Daten einfach ein Array von Werttypen darstellen (boolesche Werte), unterscheidet sich der Rückgabevorgang etwas von dem im vorangegangenen Kapitel. Anstatt zur Aufnahme des booleschen Arrays eine abhängige Eigenschaft hinzuzufügen, bewahrt die *SendResponseDataToHost*-Aktivität die Daten als Feld auf. Die Benutzeroberfläche zur Erstellung des Felds weicht etwas von der Benutzeroberfläche aus Kapitel 7 ab (im Schritt 8 des Abschnitts »Einen Workflow mit integrierter *Throw*-Aktivität erstellen«). Wählen Sie die *responses*-Eigenschaft im Eigenschaftenfenster aus und klicken Sie auf die Schaltfläche »…« (Abbildung 9.14).

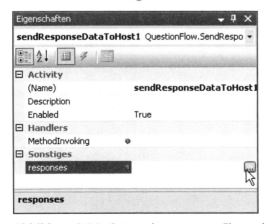

Abbildung 9.14 Setzen der *responses*-Eigenschaft

Daraufhin erscheint das Dialogfeld *Boolean-Auflistungs-Editor* (Abbildung 9.15).

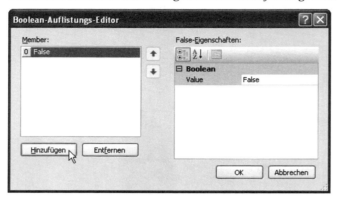

Abbildung 9.15 Der *Boolean*-Auflistungs-Editor

27. Klicken Sie dreimal auf die Schaltfläche *Hinzufügen*, belassen Sie die vorgegebenen Werte bei *False* und klicken Sie dann auf *OK*. Visual Studio fügt daraufhin ein boolesches Array mit drei Elementen in den Code der Datei *Workflow1.designer.cs* ein.

> **Hinweis** Im folgenden Schritt 28 fügen Sie eine *Code*-Aktivität hinzu, um das _response-Feld, das Sie in den *Workflow1* (in Schritt 11) aufgenommen haben, dem booleschen Array zuzuweisen. Letzteres haben Sie eben für diese Instanz der *SendResponseDataToHost*-Aktivität erstellt. Sie könnten jedoch auch die *responses*-Eigenschaft der *SendResponseDataToHost*-Aktivität direkt verwenden, da diese nun erstellt wurde. Hier wird aber so vorgegangen, da dies mehr Sinn ergibt (von einem veranschaulichenden Standpunkt aus gesehen), um zu zeigen, wie *IfElse*-Aktivitäten hinzugefügt werden und wie mit diesen gearbeitet wird, bevor die Aktivität zur Hostkommunikation ins Spiel kommt.

28. Sie müssen das _response-Array, das Sie für die Antworten auf die Fragen einsetzen, mit dem Wert verknüpfen, den die *SendResponseDataToHost*-Aktivität verwendet (die Eigenschaft, die Sie im Rahmen der Schritte 26 und 27 erstellt haben). Dazu ziehen Sie eine *Code*-Aktivität auf den Workflow-Ansicht-Designer und legen diese zwischen der dritten *IfElse*-Aktivität (*ifElseActivity3*) und der *SendResponseDataToHost*-Aktivität (*sendResponseDataToHost1*) ab, wie in Abbildung 9.16 zu sehen.

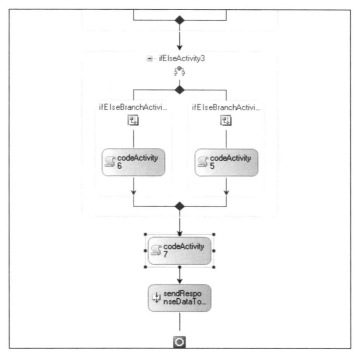

Abbildung 9.16 Die *Code*-Aktivität zum Zuweisen der ausgehenden Daten wurde hinzugefügt

29. Geben Sie für die Eigenschaft *ExecuteCode* der *Code*-Aktivität den Text **CopyResponse** ein.

30. Sobald Visual Studio den *CopyResponse*-Ereignishandler eingefügt und den Code-Editor aktiviert hat, ergänzen Sie diesen Code:

```
// Ausgehende Daten zuweisen:
sendResponseDataToHost1.responses = _response;
```

31. Kompilieren Sie die komplette Projektmappe mit einem Druck auf **F6** oder mithilfe des Menübefehls *Erstellen/Projektmappe erstellen* und korrigieren Sie etwaige Kompilierungsfehler.

Die Datei für die Hostanwendung wurde bereits erstellt und der entsprechende Code, der für die Ausführung des hier erzeugten Workflows notwendig ist, wurde ebenso schon eingefügt. Drücken Sie einfach **F5**, um die Anwendung zu starten. Hat das Verändern der *Dependency*-Eigenschaft der Frage einen Effekt, wenn die gestellten Fragen verneint werden?

Die *While*-Aktivität verwenden

Wenn Sie auf den vorangegangenen Abschnitt zurückblicken, werden Sie mindestens zwei Dinge feststellen. Zunächst haben Sie sicherlich etwas Erfahrung mit der Verwendung von *IfElse*-Aktivitäten gesammelt. Der zweite Punkt aber ist, dass 31 Schritte notwendig waren, um den Workflow-Prozess zu erstellen. Es gibt zwar einige programmtechnische Aufgabenstellungen, die sich für eine Wenn-dann-sonst-Verarbeitung eignen, aber bei dieser besonderen Anwendung ist es sinnvoller, wenn die Fragen mithilfe einer Schleifenkonstruktion gestellt werden. Genau darum geht es im Folgenden. Dabei ersetzen Sie den eben erstellten Workflow durch einen anderen, der mit einer *while*-Schleife arbeitet.

Die *While*-Aktivität der WF basiert auf einer ähnlichen Überprüfung wie die *IfElse*-Aktivität, was die Verarbeitung bedingter Ausdrücke angeht. Die *While*-Aktivität löst ein Ereignis aus, um eine Erlaubnis zu erhalten, mit der Schleife fortzusetzen, und verwendet *ConditionalEventArgs*, um die Entscheidung zurückzugeben (wobei wieder die *Result*-Eigenschaft zum Einsatz kommt).

Während das Setzen von *Result* bei der *IfElse*-Aktivität den Ausschlag gibt, welcher Zweig abgearbeitet werden soll, legt dies bei der *While*-Aktivität fest, ob die Schleife fortgesetzt wird oder nicht. Erhält *Result* dabei den Wert *true*, wird die Schleife wiederholt. Bei *false* dagegen erfolgt ein Schleifenabbruch. Im Folgenden sehen Sie, wie sich der Workflow vereinfachen lässt, wenn die bedingte Verarbeitung von einer Wenn-dann-sonst-Abfrage auf eine *while*-Schleife umgestellt wird.

Den *QuestionFlow*-Workflow mithilfe der *While*-Aktivität erstellen

1. Starten Sie Visual Studio und öffnen Sie erneut die Projektmappe *Questioner* aus den Buchbeispielen, wobei Sie dieses Mal die Projektmappe des Verzeichnis *\Workflow\Chapter 9\While Questioner* verwenden. Rufen Sie den Menübefehl *Datei/Öffnen/Projekt/Projektmappe* auf, woraufhin das Dialogfeld *Projekt öffnen* erscheint. Navigieren Sie erneut durch das Dateisystem, bis Sie die Datei *Questioner.sln* erreicht haben, wählen Sie diese Datei aus und klicken Sie auf *Öffnen*.

2. Analog zum vorangegangenen Abschnitt ist die Anwendung im Wesentlichen komplett, einschließlich der Erzeugung der *SendResponseDataToHost*-Aktivität. Was bleibt, ist die Fertigstellung der Workflow-Verarbeitung selbst. Halten Sie im Projektmappen-Explorer nach der Datei *Workflow1.cs* Ausschau, die Sie im Projekt *QuestionFlow* finden. Wählen Sie die Datei aus und klicken Sie auf das Symbol ▦ (*Ansicht-Designer*) der Symbolleiste, um diese in den Workflow-Ansicht-Designer zu laden.

3. Sobald *Workflow1* zur Bearbeitung im Workflow-Ansicht-Designer bereitsteht, ziehen Sie eine Instanz der *While*-Aktivität von der Toolbox auf die Designer-Oberfläche und legen Sie diese dort ab. Abbildung 9.17 zeigt die auf diese Weise in den Workflow eingefügte *While*-Aktivität.

Kapitel 9: Aktivitäten für Bedingungen und Schleifen 223

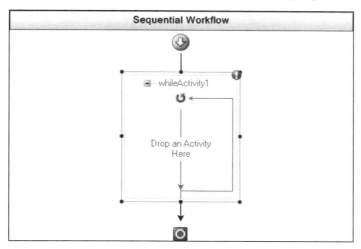

Abbildung 9.17 Es wurde eine *While*-Aktivität abgelegt

4. Auf eine ähnliche Weise wie bei der *IfElse*-Aktivität wählen Sie die *Condition*-Eigenschaft der *whileActivity1*-Aktivität aus, um das dazugehörige Listenfeld sichtbar zu machen. Entscheiden Sie sich dort für den Eintrag *Code Condition* (Abbildung 9.18).

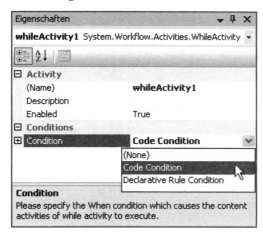

Abbildung 9.18 Auch bei der *While*-Aktivität wählen Sie den Eintrag *Code Condition*

5. Öffnen Sie die Eigenschaft *Condition*, geben Sie **TestComplete** ein und drücken Sie **Eingabe**, um den *TestComplete*-Ereignishandler Ihrem Workflow-Code hinzuzufügen (Abbildung 9.19). Nachdem Visual Studio den Ereignishandler erstellt und in den Code-Editor umgeschaltet hat, kehren Sie zum Workflow-Ansicht-Designer zurück.

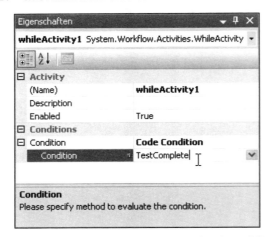

Abbildung 9.19 Der Ereignishandler der *While*-Aktivität wird benannt

6. Ziehen Sie eine Instanz der *Code*-Aktivität auf die Designer-Oberfläche und legen Sie diese in der Mitte der Aktivität *whileActivity1* ab (Abbildung 9.20). Weisen Sie der *ExecuteCode*-Eigenschaft den Wert **AskQuestion** zu und kehren Sie zum Workflow-Ansicht-Designer zurück, nachdem der *AskQuestion*-Ereignishandler hinzugefügt wurde.

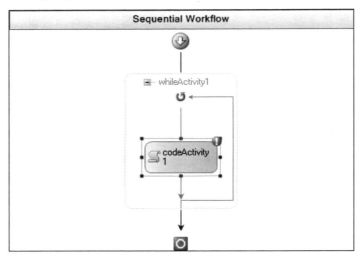

Abbildung 9.20 Es wurde eine *Code*-Aktivität innerhalb einer *While*-Aktivität abgelegt

7. Um das boolesche Array mit den Antworten auf die Fragen der Hostanwendung zurückgeben zu können, folgen Sie den Schritten 24 und 25 aus dem vorangegangenen Abschnitt, um eine Instanz der *SendResponseDataToHost*-Aktivität einzufügen. (Analog zum letzten Abschnitt kompilieren Sie zuerst die Anwendung, sollte die *SendResponseDataToHost*-Aktivität nicht in der Toolbar enthalten sein.) Legen Sie dabei die *SendResponseDataToHost*-Aktivität unterhalb der *whileActivity1*-Aktivität ab, sodass diese nach der *while*-Schleife ausgeführt wird (Abbildung 9.21).

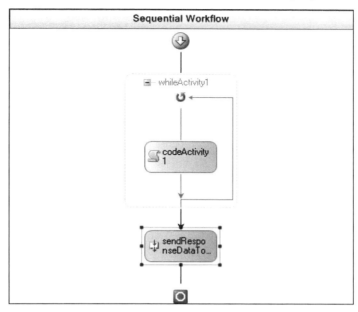

Abbildung 9.21 Die *SendResponseDataToHost*-Aktivität wird nach der *while*-Schleife ausgeführt

8. Wiederholen Sie ebenso die Schritte 9 bis 12 aus dem vorangegangenen Abschnitt, um die Eigenschaften für die Fragen und die Abhängigkeitseigenschaft einzufügen sowie das *_response*- Array zu erstellen und zu initialisieren.

9. Geben Sie unterhalb der Deklaration des *_response*-Arrays den folgenden Code ein, der den Schleifenzähler aufnimmt:

```
private Int32 _qNum = 0;
```

10. Fügen Sie den bedingten Prüfcode hinzu, der benötigt wird, um zu entscheiden, ob die Schleifenverarbeitung fortgesetzt oder beendet werden soll. Scrollen Sie durch den Code, bis Sie auf den Ereignishandler *TestComplete* treffen und geben Sie in diesem Folgendes ein:

```
// Auf Fertigstellung überprüfen:
if (_qNum >= Questions.Length)
{
    // Ausgehende Daten zuweisen:
    sendResponseDataToHost1.responses = _response;
    // Fertig gestellt, jetzt Schleife verlassen:
    e.Result = false;
}
else
{
    // Nicht fertig gestellt, daher Schleife fortsetzen:
    e.Result = true;
}
```

11. Das letzte bisschen Code, das noch benötigt wird, ist der Code, um die Frage zu stellen. In der Datei *Workflow1.cs* sollten Sie den *AskQuestion*-Ereignishandler finden. Fügen Sie den folgenden Code diesem Ereignishandler hinzu. Der Code arbeitet so: Wenn die Antwort auf eine Frage »nein« ist und die *Dependent*-Eigenschaft den Wert *true* aufweist, werden alle verbliebenen Fragen verneint und der Schleifenzähler wird so erhöht, dass die nächste Prüfung auf Fertigstellung (in *TestComplete*) zur Folge hat, dass die *while*-Schleife verlassen wird:

```
// Die Frage stellen:
DialogResult result = MessageBox.Show(Questions[_qNum], "Questioner:",
    MessageBoxButtons.YesNo, MessageBoxIcon.Question);
_response[_qNum] = (result == DialogResult.Yes);

// Überprüfen, ob die aktuelle Frage verneint wurde und die
// Abhängigkeitseigenschaft gesetzt wurde:
if (!_response[_qNum] && Dependent)
{
    // Verbleibende Fragen verneinen:
    while (_qNum < Questions.Length)
    {
        // Diese Frage verneinen:
        _response[_qNum] = false;

        // Nächste Frage:
        ++_qNum;
    } // while
} // if
else
{
    // Nächsten Durchlauf vorbereiten:
    ++_qNum;
} // else
```

12. Wiederholen Sie die Schritte 28 bis 30 aus dem vorangegangenen Abschnitt, um eine *Code*-Aktivität zu integrieren, die Sie zur Zuweisung des zurückzugebenen Werte-Arrays verwenden. (Legen Sie die *Code*-Aktivität zwischen der *While1*-Aktivität und der *SendResponseDataToHost1*-Aktivität ab.)

13. Kompilieren Sie die Projektmappe mit einem Druck auf **F6** oder mithilfe des Menübefehls *Erstellen/Projektmappe erstellen*. Korrigieren Sie etwaige Kompilierungsfehler und wiederholen Sie in diesem Fall die Kompilierung.

Nehmen Sie sich einen Moment Zeit und vergleichen Sie die Abbildung aus Schritt 7 (Abbildung 9.21) aus diesem Abschnitt mit der Abbildung aus Schritt 28 im vorherigen Abschnitt (Abbildung 9.16). Dabei lässt sich leicht erkennen, dass der Einsatz der *While*-Aktivität die Workflow-Verarbeitung beträchtlich vereinfacht (zumindest für diese Aufgabenstellung). Der komplette Workflow aus Schritt 28 ist so umfangreich, dass in der Abbildung nur ein Ausschnitt gezeigt werden kann.

Wenn es eine Workflow-Entsprechung der *while*-Schleife gibt, könnte es dann nicht auch ein Workflow-Pendant zur *for*-Schleife geben? Tatsächlich gibt es etwas Ähnliches. Dabei handelt es sich um die *Replicator*-Aktivität, um die es im folgenden Abschnitt geht.

Die *Replicator*-Aktivität verwenden

Es wäre nicht korrekt, die *Replicator*-Aktivität als exaktes Äquivalent einer *for*-Schleife im Sinne der Programmiersprache C# zu bezeichnen. Die C#-Sprachenspezifikation 1.2 legt für die *for*-Schleife die folgende Syntax fest:

```
for (Initialisierung ; Bedingung ; Aktualisierung ) eingebetteter Code
```

Die *for*-Schleife arbeitet konkret bekanntlich folgendermaßen: Zunächst wird beim Schleifeneintritt einmalig die *Initialisierung* ausgeführt. Dann wird die *Bedingung* überprüft. Im Falle, dass die Bedingung als *true* ausgewertet wird (wird keine angegeben, wird diese als *true* angenommen), wird der *eingebettete Code* ausgeführt, andernfalls die Schleife beendet. Als Nächstes wird der *Aktualisierungsteil* abgearbeitet. Dann beginnt das Ganze wieder von vorne, also mit der Überprüfung der Bedingung. Es gibt damit *nichts*, was einer Replikation gleichkommt, auch nicht in Gestalt anderer C#-Anweisungen. Denn mit Replikation verbindet man etwas, das exakte Kopien des Originalcodes erzeugt. Man spricht dabei auch vom *Cookie-Cutter-Konzept*, da gewissermaßen Codebestandteile durch »Ausstechen« erstellt werden – wie bei der Produktion von Plätzchen mit einer *Plätzchenausstechform* (so auch die wörtliche Übersetzung von *cookie cutter*).

Tatsächlich kommt das WF-Äquivalent der *for*-Schleife, die *Replicator*-Aktivität, dem Cookie-Cutter-Konzept recht nahe. Wenn Sie mit ASP.NET vertraut sind, haben Sie vielleicht schon einmal das *Repeater*-Steuerelement verwendet (ein Favorit des Autors). Dieses verarbeitet eine Elementvorlage (*ItemTemplate*) – ersatzweise auch eine Vorlage mit wechselnden Elementen (*AlternatingItemTemplate*) – und repliziert diese so oft wie erforderlich, abhängig von der Anzahl der Elemente im Datenobjekt, an die es gebunden ist.

Die *Replicator*-Aktivität arbeitet insofern ähnlich wie das ASP.NET-*Repeater*-Steuerelement, als dass sie an eine *IList*-basierte Datenquelle gebunden wird und die eingebundene untergeordnete Aktivität repliziert, auf Basis genau einer Instanz einer untergeordneten Aktivität pro Element der *IList*-basierten Datenquelle. Nichtsdestotrotz weist die *Replicator*-Aktivität in gewisser Hinsicht Ähnlichkeiten mit der *for*-Anweisung von C# auf, da sie ein Ereignis zur Schleifeninitialisierung ermöglicht (ähnlich wie die *for*-Initialisierung), ebenso ein Ereignis zur Überprüfung der Schleifenbedingung (entspricht dem Vergleichen der *for*-Aktualisierung mit der *for*-Bedingung) sowie ein Ereignis zur Schleifenfortsetzung (ähnlich wie die *for*-Bedingung). Die *Replicator*-Aktivität stellt Ereignisse zur Verfügung, um die Erstellung einer replizierten untergeordneten Aktivität zu signalisieren (diese nimmt gewissermaßen die Rolle des eingebetteten Codes ein), sodass Sie die Datenbindung individuell gestalten können, und sie löst ein Ereignis aus, um anzugeben, dass die Ausführung der untergeordneten Aktivität beendet ist, sodass Sie für jede Instanz einer untergeordneten Aktivität Aufräum- und Verwaltungsarbeiten durchführen können.

Kurz gesagt, die *Replicator*-Aktivität nimmt eine einzelne untergeordnete Aktivität auf (genauer, erwartet diese), die eine zusammengesetzte Aktivität sein kann (etwa die *Sequence*-Aktivität), und löst ein Initialisierungsereignis aus, um Dinge anzustoßen. Während des Initialisierungsereignisses können Sie eine *IList*-basierte Auflistung an die *InitialChildData*-Eigenschaft der *Replicator*-Aktivität binden.

Die *Replicator*-Aktivität repliziert dann die zur Verfügung gestellte untergeordnete Aktivität gemäß der Anzahl an Elementen in Ihrer *IList*-basierten Auflistung. Diese Instanzen untergeordneter Aktivitäten können dann sequenziell oder parallel ausgeführt werden (indem die *ExecutionType*-Eigenschaft entsprechend gesetzt wird). Das *UntilCondition*-Ereignis wird vor dem Ausführen jeder untergeordneten Aktivität ausgelöst. Sie weisen dabei bei der Behandlung dieses Ereignisses die *Replicator*-Aktivität an, die Ausführung fortzusetzen, indem Sie die *ConditionalEventArgs*-Eigenschaft *Result* auf *false* setzen (*true* beendet dagegen die Schleife). Hinsichtlich des Einsatzes der *Replicator*-Aktivität in Ihren Workflows geben die beiden Tabellen einen Überblick über die Eigenschaften (Tabelle 9.1) und die zu behandelnden Ereignisse (Tabelle 9.2).

Tabelle 9.1 Eigenschaften der *Replicator*-Aktivität

Eigenschaft	Zweck
ExecutionType	Ruft den Ausführungstyp für die *Replicator*-Aktivität ab oder setzt diesen. Die *ExecutionType*-Enumeration enthält die Werte *Parallel* (für eine parallele Ausführung) und *Sequence* (sequenzielle Ausführung).
InitialChildData	Ruft eine Liste der Daten untergeordneter Aktivitäten ab oder setzt diese. Die Eigenschaft weist Ähnlichkeiten mit den Datenbindungseigenschaften anderer .NET-Technologien auf und tatsächlich muss das Objekt, das dieser Eigenschaft zugeordnet ist, auf *IList* basieren. Die *Replicator*-Aktivität erzeugt für jedes Element in der *IList*-basierten Auflistung, die dieser Eigenschaft zugeordnet ist, eine Instanz einer untergeordneten Aktivität.

Tabelle 9.2 Ereignisse der *Replicator*-Aktivität

Ereignis	Zweck
ChildCompletedEvent	Wird ausgelöst, wenn die Ausführung der Instanz einer der *Replicator*-Aktivität untergeordneten Aktivität beendet ist. Das Ereignis wird einmal für jede replizierte Aktivität ausgelöst.
ChildInitializedEvent	Wird ausgelöst, wenn die Instanz einer der *Replicator*-Aktivität untergeordneten Aktivität initialisiert wurde. Das Ereignis wird für jede replizierte Aktivität einmal ausgelöst.
CompletedEvent	Wird ausgelöst, wenn die *Replicator*-Aktivität ihre Ausführung beendet hat (das heißt, wenn alle replizierten Instanzen der untergeordneten Aktivität die Ausführung abgeschlossen haben).
InitializedEvent	Wird ausgelöst, wenn die *Replicator*-Aktivität mit der Ausführung beginnt. Dieses Ereignis wird nur einmal ausgelöst, und zwar vor jeglicher Ausführung von untergeordneten Aktivitäten.
UntilCondition	Obwohl *UntilCondition* in vielen WF-Dokumentationen als Eigenschaft bezeichnet wird, stellt *UntilCondition* in Wirklichkeit einen Ereignishandler dar – ebenso wie die *ExecuteCode*-Eigenschaft ein Ereignishandler ist, der den mit der *Code*-Aktivität verbundenen Code ausführt. Das *UntilCondition*-Ereignis wird vor der Ausführung jeder Instanz einer untergeordneten Aktivität ausgelöst. Ob die Ausführung der Schleife fortgesetzt werden soll, wird über die *ConditionalEventArgs*-Ereignisargumente bestimmt. Erhält *Result* dabei den Wert *false*, gelangt die nächste untergeordnete Aktivität zur Ausführung. Wird dagegen *Result* der Wert *true* zugewiesen, bricht die *Replicator*-Aktivität die Ausführung aller nachfolgenden untergeordneten Aktivitäten ab.

Obwohl die beiden Tabellen 9.1 und 9.2 einen guten Überblick darüber geben, welche Eigenschaften und Ereignisse die *Replicator*-Aktivität anbietet und was diese genau bedeuten, soll die Funktionsweise der *Replicator*-Aktivität zusätzlich mit einem Flussdiagramm unterstrichen werden (Abbildung 9.22). Aus diesem geht besonders gut hervor, welche Ereignisse wann ausgelöst werden.

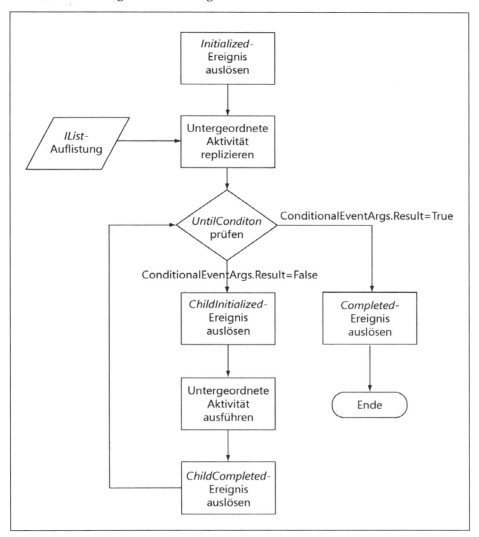

Abbildung 9.22 Funktionsweise der *Replicator*-Aktivität als Flussdiagramm

Die *IList*-basierte Auflistung aus Abbildung 9.22 wird der Eigenschaft *InitialChildData* zugewiesen, entweder vor oder während der Verarbeitung des Ereignisses *Initialized*. Was aus dem Flussdiagramm ebenfalls nicht hervorgeht, ist die Tatsache, dass die replizierten untergeordneten Aktivitäten (eine für jedes Element in der *IList*-basierten Auflistung in *InitialChildData*) sequenziell oder parallel ausgeführt werden können – abhängig von der Einstellung der *ExecutionType*-Eigenschaft.

Es stellt sich die Frage, wie die *Replicator*-Aktivität tatsächlich eingesetzt wird. Die vorangegangene Beschreibung erweckt den Eindruck, dass die Implementierung um einiges komplizierter ist, als es tatsächlich der Fall ist. Vielmehr unterscheiden sich die Mechanismen nicht besonders von denen anderer Aktivitäten. Sie ziehen im Workflow-Ansicht-Designer eine Instanz der *Replicator*-Aktivität in Ihren Workflow, weisen die Werte für die verschiedenen Ereignishandler zu und legen eine untergeordnete Aktivität in der Mitte der *Replicator*-Aktivität ab. Bei der untergeordneten Aktivität kann es sich um einen Container handeln (etwa um eine *Sequence*-Aktivität), sodass faktisch mehr als eine Aktivität ausgeführt werden kann (die *Replicator*-Aktivität ist selbst auch ein Container). Mit den Tabellen und dem Flussdiagramm im Hinterkopf bauen Sie im Folgenden die *Questioner*-Anwendung unter Verwendung einer *Replicator*-Aktivität nach.

Den *QuestionFlow*-Workflow mithilfe der *Replicator*-Aktivität erstellen

1. Starten Sie Visual Studio, falls notwendig, und öffnen Sie die Projektmappe *Questioner*, wobei Sie diese im Verzeichnis *\Workflow\Chapter 9\Replicator Questioner* finden. Rufen Sie den Menübefehl *Datei/Öffnen/Projekt/Projektmappe* auf, woraufhin das Dialogfeld *Projekt öffnen* erscheint. Navigieren Sie durch das Dateisystem, bis Sie die Datei *Questioner.sln* erreicht haben, wählen Sie diese Datei aus und klicken Sie auf *Öffnen*.

2. Analog zu den beiden vorangegangenen Abschnitten ist die Anwendung im Wesentlichen komplett, sodass Sie sich auf die Workflow-Aspekte konzentrieren können. Halten Sie im Projektmappen-Explorer nach der Datei *Workflow1.cs* Ausschau, wählen Sie die Datei aus und klicken Sie auf das Symbol ▦ (*Ansicht-Designer*) der Symbolleiste, um diese in den Workflow-Ansicht-Designer zu laden.

3. Sobald der *Workflow1* zur Bearbeitung im Workflow-Ansicht-Designer bereitsteht, ziehen Sie eine Instanz der *Replicator*-Aktivität von der Toolbox auf die Designer-Oberfläche und legen Sie diese dort ab. Auf diese Weise wird – natürlich – eine Instanz der *Replicator*-Aktivität in Ihren Workflow eingefügt (Abbildung 9.23).

Kapitel 9: Aktivitäten für Bedingungen und Schleifen

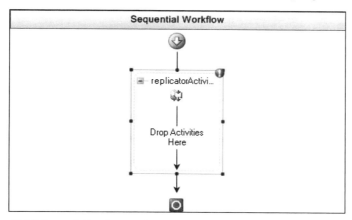

Abbildung 9.23 Es wurde eine *Replicator*-Aktivität in den Workflow integriert

4. Wählen Sie im Eigenschaftenfenster die *Initialized*-Eigenschaft aus und geben Sie **InitializeLoop** ein (Abbildung 9.24). Daraufhin fügt Visual Studio den Ereignishandler in Ihren Code ein und schaltet in den Code-Editor um. Kehren Sie zum Workflow-Ansicht-Designer zurück, um weitere Eigenschaften zu setzen.

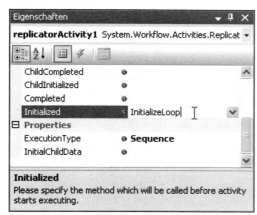

Abbildung 9.24 Einfügen des *Initialized*-Ereignishandlers

5. Geben Sie für die Eigenschaft *Completed* den Namen **LoopCompleted** ein (Abbildung 9.25), um den *LoopCompleted*-Ereignishandler Ihrem Workflow-Code hinzuzufügen. Kehren Sie erneut zum Workflow-Ansicht-Designer zurück.

232   Teil B: Mit Aktivitäten arbeiten

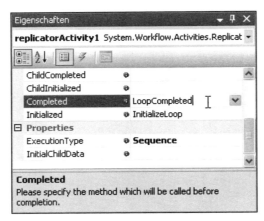

Abbildung 9.25 Einfügen des *Completed*-Ereignishandlers

6. Geben Sie im Textfeld der *ChildInitialized*-Eigenschaft den Namen **PrepareQuestion** ein (Abbildung 9.26). Daraufhin wird der *PrepareQuestion*-Ereignishandler der Codebasis von *Workflow1* hinzugefügt. Kehren Sie wiederum zum Workflow-Ansicht-Designer zurück.

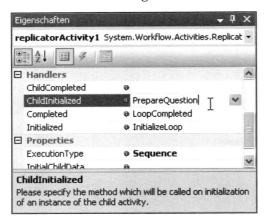

Abbildung 9.26 Einfügen des *ChildInitialized*-Ereignishandlers

7. Als Nächstes richten Sie den *ChildCompleted*-Ereignishandler ein, indem Sie den Namen **QuestionAsked** für die *ChildCompleted*-Eigenschaft eingeben (Abbildung 9.27). Daraufhin wechseln Sie in den Workflow-Ansicht-Designer zurück.

Kapitel 9: Aktivitäten für Bedingungen und Schleifen 233

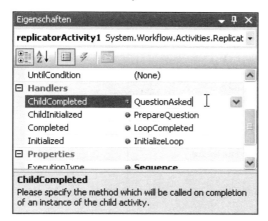

Abbildung 9.27 Einfügen des *ChildCompleted*-Ereignishandlers

8. Damit die Schleife beendet wird, nachdem alle Fragen gestellt wurden (oder der Anwender die aktuelle Frage negativ beantwortet und die Fragen gleichzeitig voneinander abhängig sind), fügen Sie einen *UntilCondition*-Ereignishandler hinzu. Dazu klicken Sie die *UntilCondition*-Eigenschaft an, öffnen das Listenfeld und wählen Sie den Eintrag *Code Condition* aus (Abbildung 9.28).

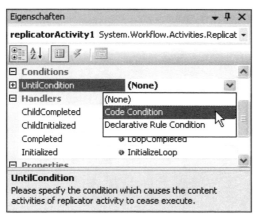

Abbildung 9.28 Der *UntilCondition*-Ereignishandler wird eingerichtet

9. Geben Sie für die *Condition*-Eigenschaft des *UntilCondition*-Ereignishandlers den Namen **TestContinue** ein (Abbildung 9.29). Kehren Sie ein weiteres Mal in den Workflow-Ansicht-Designer zurück.

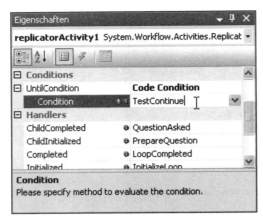

Abbildung 9.29 Die *Condition*-Eigenschaft des *UntilCondition*-Ereignishandlers wird gesetzt

10. Die *Replicator*-Aktivität *replicatorActivity1* benötigt eine untergeordnete Aktivität. Dazu ziehen Sie eine *Code*-Aktivität von der Toolbox auf die Designer-Oberfläche und legen Sie diese auf der *replicatorActivity1*-Aktivität ab (Abbildung 9.30). Tragen Sie für die *ExecuteCode*-Eigenschaft der *Code*-Aktivität den Text **AskQuestion** ein.

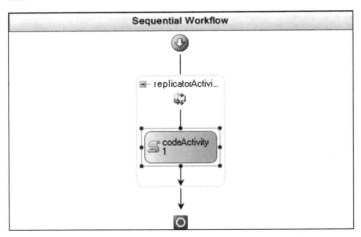

Abbildung 9.30 Die untergeordnete Aktivität wurde hinzugefügt

11. Für den letzten Schritt im Workflow-Ansicht-Designer ziehen Sie eine Instanz der *SendResponseDataToHost*-Aktivität auf die Designer-Oberfläche und legen Sie diese unterhalb der *replicatorActivity1*-Aktivität ab (Abbildung 9.31). Folgen Sie den Schritten 24 bis 30 im Abschnitt »Den *QuestionFlow-Workflow* mithilfe der *IfElse-Aktivität* erstellen«, um die Aktivität ordnungsgemäß zu konfigurieren (wie auch beim letzten Mal müssen Sie die Anwendung möglicherweise kompilieren, damit die *SendResponseDataToHost*-Aktivität in der Toolbox auftaucht).

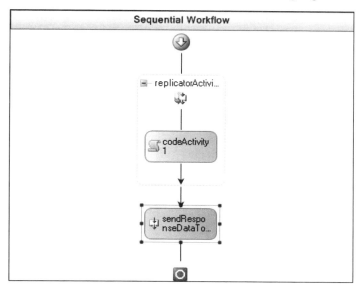

Abbildung 9.31 Die Aktivität *SendResponseDataToHost* wurde in den Workflow integriert

12. An dieser Stelle sollte die *Workflow1*-Quellcodedatei zur Bearbeitung geöffnet sein. Falls nicht, wählen Sie die Datei im Projektmappen-Explorer aus und klicken Sie auf das Symbol 🗒 (*Code anzeigen*) der Symbolleiste.

13. Da Sie verschiedene *replicatorActivity1*-Eigenschaften verändert haben, hat Visual Studio einige Ereignishandler hinzugefügt. Es ist Zeit, sowohl diese zu vervollständigen als auch den anderen unterstützenden Code, den der Workflow benötigt, zur Verfügung zu stellen. Folgen Sie zunächst den Schritten 9 bis 12 des Abschnitts »Den *QuestionFlow*-Workflow mithilfe der *IfElse*-Aktivität erstellen«, um die grundlegenden Eigenschaften hinzuzufügen, die notwendig sind, damit der Workflow mit der Verarbeitung der Fragen beginnen kann.

14. Die *Replicator*-Aktivität erfordert eine *IList*-basierte Auflistung mit Elementen, auf die sich die Replikation der untergeordneten Aktivität stützt. Sie verfügen über ein Array aus Fragen, das Sie verwenden könnten, da der elementare Array-Typ auf *IList* basiert. Wenn Sie jedoch einfach der replizierten Aktivität den Fragetext übergeben, wie bekommen Sie dann das Ergebnis zurück? Denn es gibt keine direkte Verbindung zwischen dem Fragetext und der Fragenummer. Ohne diese können Sie den booleschen Rückgabewert nicht innerhalb des zurückgegebenen Arrays zuweisen. Daher müssen die Variablen ein wenig umstrukturiert werden. Dabei erstellen Sie ein neues Array – ein Array mit Integerwerten, das Element-Offsets in das Fragetext-Array repräsentiert. Dieses Integer-Array wird dann der *Replicator*-Aktivität übergeben. Die replizierte untergeordnete Aktivität hat dann Zugriff auf die Nummer der Frage, die sie stellt, indem ihr ein Index übergeben wird, der sowohl innerhalb des Fragetext-Arrays als auch innerhalb des booleschen Antwort-Arrays die entsprechende zugehörige Position der Frage bzw. Antwort angibt.

```
private Int32[] _qNums = null;
```

236   Teil B: Mit Aktivitäten arbeiten

> **Hinweis**   Die Eigenschaft *ExecutionType* der Replicator-*Aktivität* ist auf *Sequence* voreingestellt, was sich in diesem Fall als vorteilhaft auswirkt. Denn die hier verwendete Technik würde nicht funktionieren, wenn die Fragen parallel gestellt werden würden. (Die Fragen könnten in einer anderen, nicht vorhersehbaren Reihenfolge erscheinen.)

15. Das *_qNums*-Array ist noch nicht initialisiert, was an einer sinnvollen Stelle nachgeholt werden muss. Der beste Platz hierfür ist der Ort, an dem die Fragen an den Workflow geliefert werden. Steuern Sie den Code für die *Questions*-Eigenschaft an und ändern Sie den *set*-Accessor, sodass dieser folgendermaßen aussieht:

    ```
    public string[] Questions
    {
        get { return _questions; }
        set
        {
            // Die Fragewerte speichern:
            _questions = value;

            // Ein neues Fragenummer-Array anlegen:
            _qNums = new Int32[_questions.Length];
            for (Int32 i = 0; i < _questions.Length; i++)
            {
                // Die Fragenummer dem Array zuweisen:
                _qNums[i] = i;
            } // for
        }
    }
    ```

16. Um die Anwendung aller Ereignisse der *Replicator*-Aktivität zu demonstrieren, fügen Sie die folgenden Codezeilen unterhalb der Deklaration des *_qNums*-Arrays ein:

    ```
    private Int32 _currentQuestion = -1;

    private bool _currentQuestionResponse = false;
    ```

17. Mit dem unterstützenden Code an Ort und Stelle scrollen Sie durch den Code, bis Sie den *InitializeLoop*-Ereignishandler gefunden haben und fügen diesen Code hinzu, um die Eigenschaft *InitialChildData* zu initialisieren:

    ```
    replicatorActivity1.InitialChildData = _qNums;
    ```

> **Hinweis**   Sie hätten *InitialChildData* direkt mithilfe des Workflow-Ansicht-Designers zuweisen können, wenn es eine *Workflow1*-Eigenschaft geben würde, an die eine Bindung erfolgen könnte. Da jedoch die *Replicator*-Aktivität ein intern generiertes Array verwendet (*_qNums*), müssen Sie wie hier gezeigt *InitialChildData* innerhalb des *InitializeLoop*-Ereignishandlers zuweisen.

18. Geben Sie innerhalb des *LoopCompleted*-Ereignishandlers diese Codezeile ein, um die Antworten auf die Fragen zurückzugeben:

    ```
    sendResponseDataToHost1.responses = _response;
    ```

Kapitel 9: Aktivitäten für Bedingungen und Schleifen

19. Richten Sie nun Ihre Aufmerksamkeit auf die untergeordnete *Code*-Aktivität, die so oft ausgeführt wird, wie Fragen zu stellen sind. Bevor eine der Fragen gestellt wird, löst die *Replicator*-Aktivität das *ChildInitialized*-Ereignis aus. Sie behandeln das Ereignis und entnehmen den Ereignisargumenten die Nummer der zu stellenden Frage. Wenn die *Code*-Aktivität später ausgeführt wird, stellt sie die derzeit aktive Frage gemäß der hier erfolgten Zuweisung. Fügen Sie dazu der *PrepareQuestion*-Methode (der Ereignishandler für das *ChildInitialized*-Ereignis) den folgenden Code hinzu:

    ```
    _currentQuestion = (Int32)e.InstanceData;
    ```

20. Um die Antwort der untergeordneten *Code*-Aktivität zu speichern, greifen Sie auf eine ähnliche Vorgehensweise zurück. Begeben Sie sich zum *QuestionAsked*-Ereignishandler (der das *ChildCompleted*-Ereignis der *Replicator*-Aktivität behandelt) und geben Sie diesen Code ein:

    ```
    _response[_currentQuestion] = _currentQuestionResponse;
    ```

21. Als Nächstes steht die Bearbeitung des *UntilCondition*-Ereignisses der *Replicator*-Aktivität auf dem Plan. Suchen Sie die *TestContinue*-Methode und geben Sie den hier abgedruckten Code ein. Diese Methode stellt die Methode dar, in welcher die *Dependent*-Eigenschaft untersucht wird. Wenn keine Fragen mehr vorhanden sind, wird die Schleife beendet. Aber für den Fall, dass die Fragen als voneinander abhängig gekennzeichnet sind und die zuletzt gegebene Antwort negativ ist, werden alle verbleibenden Fragen als verneint gekennzeichnet und die Schleife beendet:

```
if (_currentQuestion >= 0)
{
    // Abhängigkeit überprüfen:
    if (!_response[_currentQuestion] && Dependent)
    {
        // Verbleibende Fragen verneinen:
        for (Int32 i = _currentQuestion + 1; i < Questions.Length; i++)
        {
            // Diese Frage verneinen:
            _response[i] = false;
        } // for

        // Verarbeitung anhalten:
        e.Result = true;
    } // if
    else
    {
        // Auf Fertigstellung der Schleife überprüfen:
        if (_currentQuestion == _qNums[Questions.Length - 1])
        {
            // Ende:
            e.Result = true;
        } // if
        else
```

```
            {
                // Verarbeitung fortsetzen:
                e.Result = false;
            } // else
        } // else
    } // if
```

22. Irgendwo auf dem ganzen Weg stellt, wie zu erwarten, der Workflow schlussendlich die Frage, und jetzt ist der Zeitpunkt gekommen, um diesen Code zu ergänzen. Durchsuchen Sie die Codedatei nach der *AskQuestion*-Methode, die Visual Studio für Sie hinzugefügt hat, und geben Sie diesen Code ein:

```
// Die Frage stellen:
DialogResult result = MessageBox.Show(Questions[_currentQuestion],
    "Questioner:", MessageBoxButtons.YesNo, MessageBoxIcon.Question);
_currentQuestionResponse = (result == DialogResult.Yes);
```

23. Kompilieren Sie die komplette Projektmappe mit einem Druck auf **F6** oder unter Zuhilfenahme des Menübefehls *Erstellen/Projektmappe erstellen* und korrigieren Sie etwaig aufgetretene Kompilierungsfehler.

Wenn Sie **F5** drücken, um die Anwendung zu starten und deren Verhalten mit dem der beiden vorangegangenen Implementationen vergleichen, sollten Sie feststellen, dass das Verhalten exakt dasselbe ist, zumindest auf der Ebene der Benutzeroberfläche.

Im nächsten Kapitel 10 »Ereignisspezifische Aktivitäten« geht es um das Erstellen und Auslösen von Ereignissen und die Ereignisbehandlung.

Schnellübersicht

Aufgabe	Aktion
Wenn-dann-sonst-Szenarien als bedingte Verzweigung verarbeiten	Legen Sie eine Instanz einer *IfElse*-Aktivität in Ihrem Workflow-Prozess ab. Weisen Sie der Aktivität einen bedingten Ereignishandler sowie jeweils eine Aktivität für den *true*- und *false*-Zweig zu.
Workflow-Aktivitäten verarbeiten, solange eine angegebene Bedingung »wahr« ist	Ziehen Sie die *While*-Aktivität in Betracht. Wenn diese geeignet ist, legen Sie diese in Ihrem Workflow ab. Stellen Sie sicher, dass Sie einen bedingten Ereignishandler hinzufügen. Denken Sie daran, dass eine Zuweisung des Wertes *false* an die *ConditionalEventArgs*-Eigenschaft *Result* die Schleife beendet.
Aktivitäten replizieren, um diese in einem for-next-Szenario zu verarbeiten	Fügen Sie eine Instanz der *Replicator*-Aktivität in Ihren Workflow ein. Bei deren untergeordneter Aktivität kann es sich um eine *Container*-Aktivität handeln (was es Ihnen erlaubt, mehr als eine Aktivität in Ihrer Schleifenkonstruktion zu verarbeiten). Beachten Sie, dass Sie der *Replicator*-Aktivität eine *IList*-basierte Auflistung mit Elementen zur Verfügung stellen müssen, welche die *Replicator*-Aktivität verwendet, um die untergeordneten Aktivitäten zu replizieren. Dabei wird genau eine Instanz einer untergeordneten Aktivität für jedes Element der *IList*-basierten Auflistung erzeugt.

Kapitel 10

Ereignisspezifische Aktivitäten

In diesem Kapitel:

Die *HandleExternalEvent*-Aktivität verwenden	240
Die *Delay*-Aktivität verwenden	242
Die *EventDriven*-Aktivität verwenden	243
Die *Listen*-Aktivität verwenden	243
Die *EventHandlingScope*-Aktivität verwenden	244
Kommunikation vom Host zum Workflow	244
Schnellübersicht	275

In diesem Kapitel lernen Sie

- die Erstellung spezifischer Ereignishandler unter Verwendung der *HandleExternalEvent*-Aktivität.
- wie Sie mithilfe der *Delay*-Aktivität Verzögerungen im Workflow bewirken.
- die Einbindung ereignisgesteuerter Aktivitäten in Ihren Workflow mithilfe der *EventDriven*-Aktivität.
- wie Sie die *Listen*-Aktivität einsetzen, um mehrere Ereignishandler zu vereinen.
- zu verstehen, auf welche Art und Weise die *EventHandlingScope*-Aktivität die gleichzeitige Ausführung von Aktivitäten erlaubt, während auf Ereignisse gewartet wird.

In Kapitel 8 »Externe Methoden und Workflows aufrufen« haben Sie gesehen, wie ein Workflow mithilfe der *CallExternalMethod*-Aktivität mit der Hostanwendung kommuniziert. Wenn der Workflow eine externe Methode aufruft, unter Verwendung eines von Ihnen zur Verfügung gestellten lokalen Kommunikationsdienstes, empfängt die Hostanwendung ein Ereignis. Der Host verarbeitet dann die Daten und führt entsprechende Aktionen aus.

Der umgekehrte Prozess erfordert es, dass die Hostanwendung ein Ereignis auslöst, das vom Workflow behandelt wird (obwohl Workflow-Ereignisverarbeitung für einen weitaus größeren Anwendungsbereich eingesetzt werden kann als nur für die Hostkommunikation). In Kapitel 8 wurde angekündigt, dass das Thema Host-Workflow-Kommunikation wieder aufgegriffen wird, nachdem die Aktivitäten beschrieben wurden, die in Workflows zur Behandlung von Events eingesetzt werden. In diesem Kapitel ist es soweit, beide Themen, sowohl die Ereignisse als auch die Host-Workflow-Kommunikation, stehen auf dem Programm.

Im Unterschied zu vorangegangenen Kapiteln, in denen eine einzelne Workflow-Aktivität erläutert und dann eine kleine Anwendung vorgestellt wurde, um die Aktivität in Aktion zu zeigen, erklärt dieses Kapitel mehrere Aktivitäten und stellt dann eine einzelne Beispielanwendung vor. Der Grund hierfür ist, dass die hier beleuchteten Aktivitäten miteinander verwandt und voneinander abhängig sind. Konkret kann nicht die eine Aktivität besprochen werden, ohne die jeweiligen anderen Aktivitäten zu zeigen: Die *Listen*-Aktivität stellt einen Container dar, in dem *EventDriven*-Aktivitäten untergebracht werden. Innerhalb einer *EventDriven*-Aktivität werden einzelne *HandleExternalEvent*-Aktivitäten erwartet usw. Daher werden zunächst die Aktivitäten selbst beschrieben und erst dann – gegen Ende des Kapitels – wird eine einzelne Anwendung entwickelt. Der Abschnitt »Kommunikation vom Host zum Workflow« bindet dann alles zusammen. Zunächst ist die Aktivität an der Reihe, welche letztendlich für die Ereignisbehandlung zuständig ist, die *HandleExternalEvent*-Aktivität.

Die *HandleExternalEvent*-Aktivität verwenden

Es spielt keine Rolle, an welcher Stelle Sie in Ihrem Workflow ein Ereignis behandeln, und es macht auch keinen Unterschied, in welcher zusammengesetzten Aktivität die Workflow-Ausführung momentan stattfindet, sobald ein Ereignis eintritt, kümmert sich letzten Endes die *HandleExternalEvent*-Aktivität um dieses. Unter den vielen leistungsfähigen Merkmalen von .NET ist die Fähigkeit, Ereignisse auszulösen und zu behandeln, sicher eine der bedeutendsten. Die Ereignisse in Workflow-Prozessen sind ähnlich mächtig.

Die *HandleExternalEvent*-Aktivität spricht auf Workflow-Ereignisse an, die auf der *IEventActivity*-Schnittstelle basieren, die über drei primäre Mitglieder verfügt: die Eigenschaft *QueueName* sowie die Methoden *Subscribe* und *Unsubscribe*. Dabei gibt *QueueName* den Namen der Workflow-Warteschlange zurück, die auf das Ereignis wartet, wohingegen die Methoden *Subscribe* und *Unsubscribe* dazu eingesetzt werden, der Workflow-Laufzeit mitzuteilen, dass Ihr Ereignishandler Instanzen dieses bestimmten Ereignisses annehmen soll (diese also gewissermaßen abonnieren soll) oder diese eben nicht mehr annehmen soll, diese also abbestellt werden sollen.

Die Aktivität *HandleExternalEvent* wurde konzipiert, um sie in Verbindung mit der *CallExternalMethod*-Aktivität einzusetzen (mit der Sie bereits in Kapitel 8 gearbeitet haben). Während der Workflow auf die *CallExternalMethod*-Aktivität zugreifen kann, um Daten an die Hostanwendung zu senden, wird *HandleExternalEvent* vom Workflow eingesetzt, wenn Daten vom Host gesendet werden, während der Workflow ausgeführt wird.

Hinweis Bedenken Sie, dass der externe Datenaustausch nicht die einzige Möglichkeit darstellt, mit der Ihre Hostanwendung Daten an den Workflow senden kann. Sie können auch bei der Erstellung der Workflow-Instanz Initialisierungsdaten übergeben und auf diese Weise Daten an den Workflow übermitteln. Der externe Datenaustausch ist aber der einzige Mechanismus, der für direkte, lokale Kommunikation mit Ihrer Hostanwendung zur Verfügung steht, sobald der Workflow erst einmal ausgeführt wird, von anderen, indirekten Techniken wie einer Übertragung via FTP (File Transfer Protocol) oder den Aufruf eines Webdienstes einmal abgesehen.

Tabelle 10.1 und Tabelle 10.2 zeigen die wichtigsten Eigenschaften und Methoden (genau genommen ist es nur eine einzige Methode), die Sie bei der Arbeit mit der *HandleExternalEvent*-Aktivität benötigen. Beachten Sie, dass zusätzlich auch noch die Eigenschaften und Methoden zur Verfügung stehen, die in allen Aktivitäten vorhanden sind (diese sind in Kapitel 4 »Einführung in Aktivitäten und Workflow-Typen« in den Tabellen 4.1 und 4.2 zu finden). Die hier aufgelisteten Eigenschaften und Methoden sind sicherlich nicht vollständig (auch nicht unter Einbeziehung des gerade erwähnten Kapitels 4), aber es handelt sich um die Eigenschaften und Methoden, die in Verbindung mit der *HandleExternalEvent*-Aktivität üblicherweise eingesetzt werden.

Tabelle 10.1 Die wichtigsten Eigenschaften der *HandleExternalEvent*-Aktivität

Eigenschaft	Zweck
CorrelationToken	Ruft die Bindung mit einem Korrelationstoken ab oder legt diese fest. Das Thema Korrelation wird in Kapitel 17 »Korrelation und lokale Hostkommunikation« beschrieben.
EventName	Das Ereignis, das die Aktivität behandeln soll. Hierbei ist zu beachten: Ist diese Eigenschaft nicht gesetzt, berücksichtigt die Aktivität keine Ereignisse und es ist keine Hostkommunikation möglich. Etwas merkwürdig ist, dass kein Validierungsfehler gemeldet wird, wenn das Zuweisen dieser Eigenschaft unterbleibt.
InterfaceType	Ruft den Typ der Schnittstelle ab, die für die Kommunikation verwendet wird, oder legt diesen fest. Die Schnittstelle muss mit dem *ExternalDataExchange*-Attribut versehen werden. (Wie Ihnen vielleicht noch aus Kapitel 8 geläufig ist, handelt es sich um dieselbe Schnittstelle, die Sie für die *CallExternalMethod*-Aktivität zur Verfügung stellen.)

Tabelle 10.2 Die wichtigste Methode der *HandleExternalEvent*-Aktivität

Methode	Zweck
OnInvoked	Diese Methode vom Zugriffstyp *protected* ist nützlich, um Werte, die in den Ereignisargumenten enthalten sind, an Felder oder abhängige Eigenschaften innerhalb Ihres Workflows zu binden. Ein Überschreiben dieser Methode (oder eine Behandlung des Ereignisses, die sie auslöst) stellt den primären Mechanismus dar, um Daten aus den Ereignisargumenten abzufragen, wenn die Daten vom Host eingehen. Üblicherweise erstellen Sie ein benutzerdefiniertes Ereignisargument mit den eingebetteten Daten im Argumentobjekt selbst.

Obwohl Sie die *HandleExternalEvent*-Aktivität aus der Visual Studio-Toolbox direkt verwenden können, ist es in der Praxis üblicher, das Tool *Wca.exe* (Kapitel 8) einzusetzen, um von *HandleExternalEvent* abgeleitete Klassen zu erstellen, die auf die von Ihnen verwendete Kommunikationsschnittstelle abgestimmt sind. Haben Sie z.B. in Ihrer Schnittstelle ein Ereignis namens *SendDataToHost* definiert, erstellt *Wca.exe* eine neue Aktivität mit eben diesem Namen *SendDataToHost* (abgeleitet von *HandleExternalEvent*) und weist für Sie sowohl die Eigenschaften *EventName* und *InterfaceType* zu als auch die Datenbindungen, so wie diese über die Ereignisargumente angegeben wurden, die Sie zur Nutzung in Verbindung mit dem *SendDataToHost*-Ereignisses erstellt haben. Ein Beispiel hierzu wird später in diesem Kapitel vorgestellt.

Der Einsatz von *HandleExternalEvent* ist nicht weiter schwer. Platzieren Sie einfach eine Instanz dieser Aktivität in ihrem Workflow, weisen die Schnittstelle und den Ereignisnamen zu, stellen bei Bedarf einen Ereignishandler für das *Invoked*-Ereignis zur Verfügung und führen Sie dann den Workflow aus. Wenn Sie *Wca.exe* einsetzen, erhalten Sie Aktivitäten, die von *HandleExternalEvent* abgeleitet sind. Sie können die Aktivitäten direkt auf Ihrem Workflow ablegen und die Daten in den Ereignisargumenten über das Eigenschaftenfenster an lokal definierte Felder oder abhängige Eigenschaften binden.

Befindet sich eine *HandleExternalEvent*-Aktivität in Ihrem Workflow, wird die komplette sequenzielle Verarbeitung angehalten, während auf das Ereignis gewartet wird. In gewisser Hinsicht verhält sich die Integration dieser Aktivität in Ihrem Workflow so wie ein *AutoResetEvent* bei der .NET Framework-Programmierung. Im Unterschied zum *AutoResetEvent* wird der verarbeitende Thread aber nicht angehalten (die Workflow-Warteschlangenverarbeitung wird angehalten), aber er steuert den Fluss in Ihrem Workflow in etwa der gleichen Weise, wie *AutoResetEvent* die Verarbeitung anhält, bis das Ereignis ausgelöst wird. Man kann sich das wie eine Tür vorstellen, welche die Fortsetzung der sequenziellen Workflow-Verarbeitung erst dann erlaubt, wenn das Ereignis ausgelöst wird.

Die *Delay*-Aktivität verwenden

Sie haben die *Delay*-Aktivität bereits einige Male in diesem Buch gesehen und eingesetzt, aber eine formale Beschreibung erhalten Sie erst in diesem Abschnitt. Der Grund dafür ist, dass die *Delay*-Aktivität die *IEventActivity*-Schnittstelle implementiert. Damit wird sie ebenso als ereignisbasierte Aktivität der Windows Workflow Foundation (WF) eingestuft.

Die Voraussetzung ist einfach: Die Delay-Aktivität erhält ein *TimeSpan*-Objekt, woraufhin diese den Programmfluss für die angegebene Zeit pausiert. Nach Ablauf dieser Zeitspanne löst sie ein Ereignis aus. Diese Zeitspanne initialisieren Sie, indem Sie die entsprechende Eigenschaft (*TimeoutDuration*) über den Workflow-Ansicht-Designer oder programmgesteuert setzen. Sie können außerdem einen Ereignishandler (*InitializeTimeoutDuration*) zur Verfügung stellen, der bei Initialisierung der *Delay*-Aktivität aufgerufen wird und die entsprechende Zeitdauer abfragt.

> **Tipp** Ein Verzögerungsereignis weist Gemeinsamkeiten mit einem Timerereignis auf. Eine Verzögerung wird einmal ausgelöst und dann beendet, während ein Timer kontinuierlich Ereignisse auslöst, bis die Verzögerungszeit abgelaufen ist und der Timer beendet wird. Die WF verfügt zwar nicht über eine eingebaute Timer-Aktivität, aber Sie können eine solche simulieren, indem Sie die *Delay*-Aktivität mit der *While*-Aktivität kombinieren – so wie es auch bei der Beispielanwendung dieses Kapitels gemacht wird.

HandleExternalEvent und *Delay* sind einfache Aktivitäten, im Unterschied zu zusammengesetzten Aktivitäten. Das bedeutet, *HandleExternalEvent* und *Delay* führen beide jeweils eine einzelne Funktion aus und fungieren nicht als Container für andere Aktivitäten. Eine typische Verwendung dieser Aktivitäten liegt darin, wie Sie vielleicht bereits erwarten, eine Sequenz von Aktivitäten anzustoßen, die auf einem einzelnen Ereignis basieren. Wie würden Sie bestimmen, um welche Sequenz von Ereignissen es sich handelt? Die Antwort ist: durch die Verwendung einer anderen WF-Aktivität – der *EventDriven*-Aktivität.

Die *EventDriven*-Aktivität verwenden

Die *EventDriven*-Aktivität arbeitet wie eine sequenzielle Aktivität in dem Sinne, dass es sich um eine zusammengesetzte Aktivität handelt, welche die enthaltenen Aktivitäten in einer sequenziellen Art und Weise ausführt. Das wiederum bedeutet aber nicht, dass Sie keine *Parallel*-Aktivität in den Container legen können, aber die Aktivitäten, die vor und nach einer *Parallel*-Aktivität eingefügt werden, gelangen in einer sequenziellen Reihenfolge zur Ausführung. Die einzige Vorschrift für die Aktivitäten im Container ist, dass die erste Aktivität im Ausführungspfad ein Ereignis behandelt, das auf *IEventActivity* basiert (*HandleExternalEvent* und *Delay* sind die beiden WF-Aktivitäten, die hierfür infrage kommen). Neben den Eigenschaften und Methoden, welche die *Activity*-Basisklasse zur Verfügung stellt, weist *EventDriven* keine weiteren auf, die verwendet werden können. (Es handelt sich einfach um einen Container.)

Im Unterschied zu einer sequenziellen Aktivität erlaubt es die *EventDriven*-Aktivität den enthaltenen Aktivitäten nicht, mit der Ausführung zu beginnen, bevor nicht das Ereignis ausgelöst und von der ersten Aktivität behandelt wurde. (Sie erinnern sich, die erste Aktivität muss *IEventActivity* behandeln.)

EventDriven liegt eine weitere Vorschrift zugrunde: Bei der übergeordneten Aktivität muss es sich entweder um *Listen*, *State* oder *StateMachineWorkflow* handeln. Sie können demzufolge nicht irgendwo in Ihrem Workflow eine Instanz der *EventDriven*-Aktivität ablegen. Das Einfügen muss in einem der drei genannten Container erfolgen. Die Aktivitäten *State* und *StateMachineWorkflow* werden in Kapitel 14 »Zustandsautomaten« beschrieben. Jetzt aber ist ein guter Zeitpunkt, einen Blick auf die *Listen*-Aktivität zu werfen.

Die *Listen*-Aktivität verwenden

Wenn die Aussage, dass die *EventDriven*-Aktivität wie eine sequenzielle Aktivität arbeitet, als erwähnenswert erachtet wird, ist es ebenso angemessen zu sagen, dass die *Listen*-Aktivität sich wie eine parallele Aktivität verhält. Die *Listen*-Aktivität bildet einen Container für zwei oder mehr *EventDriven*-Aktivitäten. Welche der beiden (oder mehr) Pfade der *EventDriven*-Aktivitäten genommen werden, hängt ganz davon ab, welche als Erstes ein Ereignis empfängt. Sobald eine Aktivität ein Ereignis behandelt, gelangt *keiner* der anderen parallelen Pfade der *EventDriven*-Aktivität zur Ausführung. Die entsprechenden Aktivitäten beenden dann das Warten auf die erwarteten Ereignisse, und der sequenzielle Ausführungspfad fährt mit der *EventDriven*-Aktivität fort, die das Ereignis behandelt hat. Analog zur *EventDriven*-Aktivität gibt es neben den von der *Activity*-Basisklasse angebotenen Eigenschaften und Methoden keine weiteren interessanten Eigenschaften oder Methoden.

Beachten Sie, dass sich mindestens zwei *EventDriven*-Aktivitätsobjekte innerhalb der *Listen*-Aktivität befinden müssen und dass nur *EventDriven*-Aktivitätsobjekte direkt in einer *Listen*-Aktivität platziert werden können. Darüber hinaus kann *Listen* nicht in Verbindung mit einem Workflow verwendet werden, der auf einem Zustandsautomaten basiert. Es stellt sich die Frage, wie sich diese Regeln begründen.

Die Auflösung: Wenn es die WF erlauben würde, genau eine ereignisgesteuerte untergeordnete Aktivität zu verwenden, würde der Nutzen der *Listen*-Aktivität fragwürdig erscheinen. Denn in diesem Falle wären Sie besser damit bedient, die *EventDriven*-Aktivität direkt zu verwenden. Ebenso sinnlos ist es, wenn es möglich wäre, *Listen*-Aktivitäten ohne ereignisgesteuerte Aktivitäten zuzulassen, denn dann könnten Sie nicht einmal Ereignisse empfangen.

Der Ausschluss der *Listen*-Aktivität von einem Workflow, der auf einem Zustandsautomaten basiert, mag den Eindruck einer seltsamen Vorschrift erwecken, aber nur so lange, bis die Möglichkeit von Kreisprozessen einbezogen wird. Ein Kreisprozess ist beim Zustandsautomaten eine Folge von Ereignissen, die wechselseitig voneinander abhängen, damit diese ausgelöst werden können. In gewissem Sinne ist dieser Zustand mit einer Verklemmung (*deadlock*) in Multithreadsystemen vergleichbar. Wenn ein Ereignis A vom Auslösen eines Ereignisses B abhängig ist, aber das Ereignis B auf das Auslösen von Ereignis A wartet, liegt ein Kreisprozess vor. Das Verbot paralleler Ereignishandler ist eine Maßnahme, welche die WF-Entwickler ergriffen haben, um das Potenzial für solche Kreisprozesse in Zustandsautomaten zu reduzieren.

Die *EventHandlingScope*-Aktivität verwenden

Ein Blick zurück auf die Aktivitäten, die Sie bislang kennen gelernt haben, offenbart folgende Aktivitäten: eine einfache Aktivität, die Ereignisse behandelt, eine Aktivität für Verzögerungen, die Ereignisse auslöst, eine zusammengesetzte Aktivität, die einen sequenziellen Fluss erlaubt, sowie eine zusammengesetzte Aktivität, die auf einem parallelen Fluss basiert. Halten Sie es für möglich, dass eine ereignisbezogene Aktivität existiert, die sequenzielles und paralleles Verhalten kombiniert? Es gibt eine solche – die *EventHandlingScope*-Aktivität.

Bei dieser handelt es sich um eine zusammengesetzte Aktivität, die dazu konzipiert ist, sowohl eine *EventHandler*-Aktivität aufzunehmen (die selbst ein Container für *IEventActivity*-Objekte darstellt) als auch eine einzelne andere, nicht ereignisbasierte zusammengesetzte Aktivität, etwa *Sequence* oder *Parallel*. Die nicht ereignisbasierende zusammengesetzte Aktivität setzt die Ausführung so lange fort, bis alle Ereignisse, die in der *EventHandler*-Aktivität vereint sind, behandelt wurden. Sobald dies geschehen ist, gibt die *EventHandlingScope*-Aktivität die Kontrolle an die nächste Aktivität im Workflow ab.

Kommunikation vom Host zum Workflow

Nachdem die Aktivitäten eingeführt wurden, die sich in der WF mit Ereignissen befassen, kann nun die Ankündigung wahr gemacht werden, Ihnen die verbleibende Hälfte des Workflow-Host-Kommunikationsschemas zu zeigen. Wie Ihnen sicher aus Kapitel 8 noch in Erinnerung ist, wird die *CallExternalMethod*-Aktivität von der Workflow-Instanz verwendet, um Daten an den Hostprozess zu senden. Diese »externe Methode«, die aufgerufen wird, ist tatsächlich eine Methode, die Sie dem von Ihnen entwickelten lokalen Kommunikationsdienst zur Verfügung stellen. Der Dienst nimmt dann die für den Host bestimmten Daten auf und löst ein Ereignis aus. Das Ereignis signalisiert die Verfügbarkeit von Daten und der Host kann Maßnahmen ergreifen, die Daten von dem Dienst zu lesen (der die Daten nach dem Empfang durch den Workflow gecacht hat).

Der umgekehrte Prozess, bei dem der Host Daten an einen bereits ausführenden Workflow sendet, bezieht ebenso den lokalen Kommunikationsdienst ein, aber auch Ereignisse sowie die Ereignishandler, die für das Behandeln dieser Ereignisse zuständig sind. Wenn Sie die Schnittstelle entwickeln, die für die Kommunikation zwischen Host und Workflow verwendet werden soll (wie in Kapitel 8, Abschnitt »Dienstschnittstellen erstellen«, gezeigt), dienen die von Ihnen der Schnittstelle hinzugefügten Methoden dem Workflow dazu, die Daten an den Host zu senden. Das Hinzufügen von Ereignissen zu Ihrer Schnittstelle erlaubt es dem Host, Daten an den Workflow zu senden, nachdem dieser mit der Ausführung begonnen hat.

Die Beispielanwendung dieses Kapitels verwendet alle Aktivitäten, die hier beschrieben wurden. Eine *EventHandlingScope*-Aktivität wird dabei das Ereignis zum Anhalten der Verarbeitung behandeln. Während auf dieses Ereignis gewartet wird, läuft in einer *Sequence*-Aktivität ein Workflow-Prozess ab, der Kursbewegungen auf dem Aktienmarkt simuliert. Sobald die Kurse aktualisiert wurden, werden die neuen Werte an den Host übergeben, um etwaig geänderte Kurswerte auch in der Anzeige der Benutzeroberfläche zu berücksichtigen (Abbildung 10.1). Die Anwendung, *eBroker*, überprüft nicht wirklich die einzelnen Kurswerte der Aktien, die durch Tickersymbole (Spalte *Ticker*) repräsentiert werden (dabei handelt es sich um Kürzel aus drei oder vier Buchstaben, die für die Firma stehen, welche die Aktien emittiert). Stattdessen werden die neuen Werte über eine einfache Monte Carlo-Simulation berechnet. Bei Letzterer handelt es sich um eine Methode, bei der bestimmte Problemstellungen unter Zuhilfenahme einer großen Zahl an Zufallsexperimenten gelöst werden. Diese Herbeiführung zufälliger Ereignisse kann man sich so vorstellen, dass Entscheidungen gewissermaßen durch »Würfeln« getroffen werden. Auf eine echte Aktienkursabfrage wird verzichtet, da es hier in erster Linie darum gehen soll, die Kommunikation zwischen Workflows und Hostanwendungen zu demonstrieren.

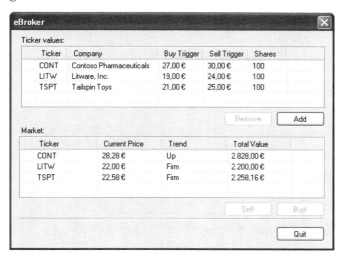

Abbildung 10.1 Die primäre Benutzeroberfläche der Anwendung *eBroker*. Die Tickerliste oben zeigt den eigenen Aktienbestand (die zu überwachenden Aktien), während die Aktienmarktliste im unteren Bereich die aktuellen Kurse und Kursbewegungen abbildet.

Die Anwendung *eBroker* ist dazu in der Lage, dem Workflow mitzuteilen, dass neue Aktien berücksichtigt werden oder dass derzeit in die Abfrage einbezogene Aktien entfernt werden sollen. Dazu stehen entsprechende Schaltflächen zur Verfügung, mit denen sich der Simulation Aktien hinzufügen (Schaltfläche *Add*) oder aus dieser entfernen lassen (Schaltfläche *Remove*). Nach einem Klick auf die Schaltfläche *Add* erscheint ein Dialogfeld (Abbildung 10.2). Nachdem die entsprechenden Parameter eingegeben und das Dialogfeld mit einem Klick auf *OK* geschlossen wurde, wird die neue Aktie der aktuellen Liste überwachter Aktien hinzugefügt.

Abbildung 10.2 Eine neue zu überwachende Aktie hinzufügen

Nach einer Auswahl eines Eintrags in der Tickerliste (*Ticker values*) wird die *Remove*-Schaltfläche eingeblendet (Abbildung 10.3). Ein Klick auf diese Schaltfläche entfernt den derzeit ausgewählten Eintrag. Die beobachteten Aktien werden in der Anwendungskonfigurationsdatei gespeichert (XML-Format). Daher sind die Aktien auch beim nächsten Start der Anwendung wieder verfügbar.

Abbildung 10.3 Auswahl einer beobachteten Aktie, um diese zu löschen

In Abbildung 10.2 ist zu sehen, dass die Anwendung wissen muss, wie viele Aktien Sie derzeit besitzen, um den Gesamtwert Ihrer Wertpapiere berechnen zu können. Wenn Sie später Ihre Anzahl an Aktien verändern möchten (durch Kauf oder Verkauf), wählen Sie die gewünschte Aktie in der Kursliste (*Market*) aus und klicken Sie entweder auf die Schaltfläche *Buy!* oder die Schaltfläche *Sell!*. Das Dialogfeld in Abbildung 10.4 fragt die Anzahl der Aktien ab, die Sie kaufen oder verkaufen möchten.

Kapitel 10: Ereignisspezifische Aktivitäten 247

Abbildung 10.4 Sie werden gefragt, wie viele Aktien Sie kaufen oder verkaufen möchten

Das *Add Ticker*-Dialogfeld aus Abbildung 10.2 zeigt, dass neben den anderen Parametern auch ein Verkaufauslösewert (*Sell value*) bzw. ein Kaufauslösewert (*Buy well*) abgefragt wird. Der Workflow verwendet Programmlogik, welche diese Werte berücksichtigt, um Sie darauf hinzuweisen, wenn ein Aufstocken Ihres Depots oder ein Abstoßen von Papieren sinnvoll ist. Dazu werden dann Kennzeichnungen in Form roter und grüner Fahnen in der Kursliste angebracht: Wenn der momentane Aktienpreis den Verkaufsauslösewert überschreitet, wird der entsprechende Eintrag in der Kursliste mit einer rote Fahne markiert (Verkaufsempfehlung). Wenn dagegen der momentane Aktienpreis den Kaufauslösewert unterschreitet, erscheint entsprechend eine grüne Fahne (Kaufempfehlung). Sie können aber jederzeit Aktien verkaufen oder kaufen – die Kennzeichnungen haben lediglich optischen Charakter. Abbildung 10.5 zeigt einige dieser Kennzeichnungen.

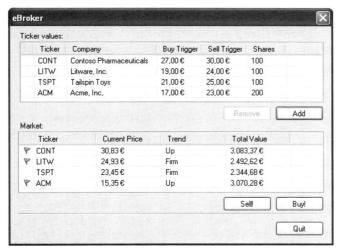

Abbildung 10.5 Der *eBroker* gibt durch die Kennzeichnungen in Form grüner bzw. roter Fahnen Kauf- und Verkaufsempfehlungen

> **Hinweis** Auch wenn es schon einmal angedeutet wurde, soll noch einmal darauf hingewiesen werden: Die hier gezeigte Simulation ist reine Fiktion und bildet keinerlei reale Aktienmärkte oder Firmen ab. Alle Aktienpapiere und Firmennamen sind frei erfunden bzw. können beliebig vergeben werden. Die Simulation dient nur zu Demonstrationszwecken.

Jede dieser vier Schaltflächen (*Add*, *Remove*, *Buy!* und *Sell!*) sendet ein Ereignis an den Workflow, wobei die entsprechenden Daten mitgeliefert werden – das beobachtete Wertpapier, das hinzugefügt oder entfernt werden soll, bzw. die Anzahl zu kaufender bzw. verkaufender Aktien (sodass jeweils der Gesamtwert in der Kursliste korrekt angezeigt wird). Es gibt noch ein fünftes Ereignis, *Stop*, das verwendet wird, um die Ausführung der Simulation abzubrechen. Dieses Ereignis wird durch die Schaltfläche *Quit* ausgelöst.

Der größte Teil der Anwendung wurde bereits für Sie fertig gestellt, sodass Sie sich ganz um die Workflow-bezogenen Aspekte kümmern können. Konkret werden folgende Schritte durchgeführt: Als Erstes komplettieren Sie die Schnittstelle, welche der Workflow und der Host für die Kommunikation verwenden. Dann setzen Sie das Tool *Wca.exe* ein, um die Aktivitäten zu erzeugen, die auf der *CallExternalMethod*-Aktivität und der *HandleExternalEvent*-Aktivität basieren. Mit diesen Bestandteilen in der Hand entwickeln Sie den eigentlichen Workflow, wobei Sie alle hier in diesem Kapitel vorgestellten Aktivitäten einsetzen. Sie erfahren, wie der lokale Kommunikationsdienst die Hostanwendung und den Workflow-Kommunkationsprozess miteinander verbindet. Schließlich wird die Benutzeroberfläche des *eBroker* kurz untersucht und der entsprechende Code hinzugefügt, sodass diese mit dem Workflow kommunizieren kann.

Die Kommunikationsschnittstelle erstellen

Sie benötigen eine einzelne Methode *MarketUpdate*, welche die Marktdaten zur Benutzeroberfläche zurücküberträgt sowie fünf Ereignisse. Die Ereignisse – *AddTicker*, *RemoveTicker*, *BuyStock*, *SellStock* und *Stop* – dienen dazu, den Workflow zu steuern. Die einzelne Methode und die fünf Ereignisse werden in eine Schnittstelle eingebaut, die als Erstes entwickelt werden soll. Alles, was mit dem lokalen Kommunikationsdienst verbunden ist, hängt von dieser Schnittstelle ab.

Eine Workflow-Datenkommunikationsschnittstelle erzeugen

1. Starten Sie Visual Studio und öffnen Sie die Projektmappe *eBroker* aus den Buchbeispielen. Sie finden diese Projektmappe im Verzeichnis \Workflow\Chapter10. Rufen Sie den Menübefehl *Datei/Öffnen/Projekt/Projektmappe* auf, woraufhin das Dialogfeld *Projekt öffnen* erscheint. Navigieren Sie durch das Dateisystem und wählen Sie die Projektmappendatei aus.

> **Hinweis** Wie die meisten Beispiele dieses Buches liegt auch die Anwendung *eBroker* in zwei Versionen vor: einer vollständigen und einer nicht vollständigen. Die können in Verbindung mit der nicht vollständigen Version den Beschreibungen folgen und den Code ergänzen. Eine andere Möglichkeit ist, dass Sie die vollständige Version begleitend zum Text verwenden und die hier besprochenen Codeteile mit den Quellcodes im Programm vergleichen.

2. In der Projektmappe finden sich drei Projekte. Wählen Sie im Projektmappen-Explorer das Projekt *eBrokerService* an und öffnen Sie die Datei *IWFBroker.cs* zur Bearbeitung.

3. Steuern Sie die Namespace-Definition an, fügen Sie unterhalb der öffnenden geschweiften Klammer ({) des Namespaces *eBrokerService* den folgenden Code hinzu und speichern Sie dann die Datei:

```
[ExternalDataExchange]
public interface IWFBroker
```

```
    {
        void MarketUpdate(string xmlMarketValues);

        event EventHandler<TickerActionEventArgs> AddTicker;
        event EventHandler<TickerActionEventArgs> RemoveTicker;
        event EventHandler<SharesActionEventArgs> BuyStock;
        event EventHandler<SharesActionEventArgs> SellStock;
        event EventHandler<StopActionEventArgs> Stop;
    }
```

4. Kompilieren Sie das Projekt mit einem Druck auf **Umschalt+F6** oder mithilfe des Menübefehls *Erstellen/eBrokerService erstellen*. Korrigieren Sie etwaige Kompilierungsfehler.

5. Vergessen Sie nicht, das Attribut *ExternalDataExchange* hinzuzufügen. Ohne dieses können Sie in Verbindung mit dem hier beschriebenen Datenübertragungsmechanismus nicht erfolgreich Daten zwischen dem Workflow und dem Host übermitteln.

Bevor Sie die Kommunikationsaktivitäten erstellen (unter Verwendung von *Wca.exe*), nehmen Sie sich einen Augenblick Zeit, um die Ereignisargumente, die im Projekt *eBrokerService* zu finden sind, zu öffnen und kurz zu überfliegen. Bei *MarketUpdateEventArgs* handelt es sich tatsächlich nicht um mehr als eine streng typisierte Version von *System.Workflow.ExternalDataEventArgs*, wie auch bei *StopActionEventArgs*. Diese Ereignisargumentklassen führen keine Daten. Dagegen transportieren *TickerActionEventArgs* und *SharesActionEventArgs* beide Daten an den Workflow. *TickerActionEventArgs* überträgt XML-Code, der die hinzuzufügende oder zu entfernende Aktie repräsentiert, während *SharesActionEventArgs* das Tickersymbol als primären Schlüssel übermittelt sowie die Anzahl der zu kaufenden respektive zu verkaufenden Wertpapiere.

> **Tipp** Das Festlegen der Ereignisargumente ist wichtig, da diese Daten vom Host an den Workflow transportieren. Außerdem untersucht *Wca.exe* die Ereignisargumente und erzeugt Bindungen in die abgeleiteten Klassen, was es Ihnen erlaubt, auf die Daten über die Ereignisargumente zuzugreifen, als wären die Daten in der abgeleiteten Aktivität fest eingebaut. Anders ausgedrückt, wenn das Ereignisargument eine Eigenschaft mit der Bezeichnung *OrderNumber* aufweist, hat die von *Wca.exe* erzeugte Klasse eine Eigenschaft namens *OrderNumber*. Deren Wert stammt von dem zugrundeliegenden Ereignisargument des Ereignisses und wird automatisch für Sie zugewiesen.

Im Folgenden setzen Sie das Tool *Wca.exe* ein, um die Kommunikationsaktivitäten zu generieren.

Die Kommunikationsaktivitäten erstellen

1. Öffnen Sie das *Start*-Menü von Windows und klicken Sie auf *Ausführen*, um das gleichnamige Dialogfeld aufzurufen. Falls Sie Windows Vista einsetzen und das *Ausführen*-Kommando nicht im *Start*-Menü installiert haben, wählen Sie im *Start*-Menü den Menübefehl *Alle Programme/Zubehör/Eingabeaufforderung* (der nächste Schritt entfällt dann).

2. Geben Sie im Eingabefeld *Öffnen* den Befehl **cmd** ein und klicken Sie auf *OK*. Auf diese Weise wird ein Windows-Kommandozeilenfenster geöffnet.

3. Wechseln Sie das Verzeichnis, sodass Sie direkten Zugriff auf die *eBrokerService*-Assembly aus den Beispielen dieses Buches haben. Typischerweise lautet das entsprechende Kommando folgendermaßen: **cd "\Workflow\Chapter10\eBroker\ eBrokerService\bin\Debug"**. Jedoch kann Ihr konkretes Verzeichnis variieren.

4. Analog zu Kapitel 8 geben Sie das folgende Kommando in der Eingabeaufforderung ein (inklusive der Anführungszeichen): **"%ProgramFiles%\Microsoft SDKs\ Windows\v6.0\Bin\Wca.exe" /n:eBrokerFlow eBrokerService.dll** (beachten Sie, dass *%ProgramFiles%* für das standardmäßige Programmverzeichnis von Windows steht. Sie können *%ProgramFiles%* direkt eintippen, da es sich um eine Umgebungsvariable des Betriebssystems handelt. Sollte dies nicht funktionieren, ersetzen Sie die Angabe durch den tatsächlichen Verzeichnisnamen, im Normalfall *C:\Programme*). Drücken Sie abschließend die Taste **Eingabe**.

5. *Wca.exe* lädt daraufhin die Assembly *eBrokerService.dll* und durchsucht die Schnittstellen nach einer, die mit dem *ExternalDataExchange*-Attribut versehen ist, wobei es sich in diesem Fall um *IWFBroker* handelt. Die Methoden werden analysiert und in Klassen umgewandelt, die von der *CallExternalMethod*-Aktivität abgeleitet sind, und in der Datei *IWFBroker.Invokes.cs* gespeichert. Die Ereignisse werden auf ähnliche Weise in Klassen umgesetzt, die von der *HandleExternalEvent*-Aktivität abgeleitet sind, und in der Datei *IWFBroker.Sinks.cs* abgelegt. Benennen Sie die *Invokes*-Datei, also den »Aufrufer«, mithilfe des folgenden Kommandos in der Eingabeaufforderung um: **ren IWFBroker.Invokes.cs ExternalMethodActivities.cs**.

6. Versehen Sie die *Sinks*-Datei, also die »Datensenke«, unter Zuhilfenahme des folgenden Kommandos in der Eingabeaufforderung mit einem neuen Namen: **ren IWFBroker.Sinks.cs ExternalEventHandlers.cs**.

7. Verschieben Sie die beiden Dateien vom aktuellen Verzeichnis in das Workflow-Projektverzeichnis unter Verwendung des folgenden Kommandos: **move External*.cs ..\..\..\eBrokerFlow**.

8. Kehren Sie in Visual Studio zurück und fügen dem *eBrokerFlow*-Workflow-Projekt die eben erstellten Dateien hinzu. Dazu klicken Sie den *eBrokerFlow*-Projektnamen mit der rechten Maustaste im Projektmappen-Explorer an und rufen Sie den Menübefehl *Hinzufügen/Vorhandenes Element* auf. Wählen Sie im Dialogfeld *Vorhandenes Element hinzufügen* die aufzunehmenden Dateien aus und klicken Sie dann auf die Schaltfläche *Hinzufügen*. Stellen Sie sicher, dass das Projekt um beide Dateien, also *ExternalMethodActivities.cs* und *ExternalEventHandlers.cs*, ergänzt wird.

9. Kompilieren Sie das *eBrokerFlow*-Projekt mit der Tastenkombination **Umschalt+F6** und beseitigen Sie etwaige aufgetretene Kompilierungsfehler. Sobald die Kompilierung erfolgreich verlaufen ist. überprüfen Sie, ob Visual Studio die benutzerdefinierten Aktivitäten (die sich in den gerade geladenen C#-Dateien befinden) in der Toolbox platziert hat. Dazu öffnen Sie die Datei *Workflow1.cs* zur Bearbeitung im

Workflow-Ansicht-Designer, indem Sie die Datei im Projektmappen-Explorer auswählen und dann das Symbol 🗐 (*Ansicht-Designer*) der Symbolleiste anklicken. Sobald der Workflow im Workflow-Ansicht-Designer erscheint, öffnen Sie, falls notwendig, die Toolbox und halten Sie nach den benutzerdefinierten Ereignissen Ausschau. Sie sollten im oberen Bereich der Toolbox die Einträge *AddTicker*, *BuyStock* usw. finden.

> **Hinweis** Zur Erinnerung: Sollten die neuen Aktivitäten nach der Kompilierung nicht in der Toolbox auftauchen, hilft es, die Projektmappe *eBroker* zu schließen und wieder neu zu öffnen. Dies ist wichtig, denn Sie benötigen die Aktivitäten im nächsten Abschnitt.

Den Broker-Workflow erstellen

1. Falls Sie im *eBrokerFlow*-Projekt noch nicht die Datei *Workflow1.cs* zur Bearbeitung im Workflow-Ansicht-Designer geöffnet haben, holen Sie dies jetzt nach. Zu diesem Zweck wählen Sie die Datei im Projektmappen-Explorer aus und klicken Sie auf das Symbol 🗐 (*Ansicht-Designer*) der Symbolleiste.

2. Um mit dem Workflow zu beginnen, fügen Sie eine *Code*-Aktivität ein, die zur Zuweisung der gewünschten Zeitdauer an die *Delay*-Aktivität (die Sie später hinzufügen) und auch zur Initialisierung einiger interner Datenstrukturen verwendet wird. Ziehen Sie eine Instanz der *Code*-Aktivität auf die Oberfläche des Workflow-Ansicht-Designers und legen Sie diese dort ab (Abbildung 10.6). Daraufhin geben Sie in der Eigenschaft *ExecuteCode* den Namen **Initialize** ein, um den *Initialize*-Ereignishandler im Workflow-Code zu erstellen. Nachdem Visual Studio den Ereignishandler eingefügt hat, kehren Sie zum Workflow-Ansicht-Designer zurück, um mit dem Hinzufügen weiterer Aktivitäten fortzufahren.

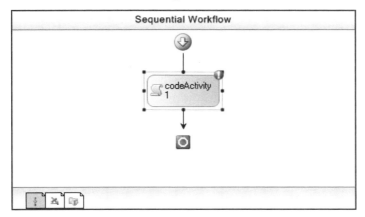

Abbildung 10.6 Es wurde eine *Code*-Aktivität abgelegt

> **Hinweis** Obwohl es die Benutzeroberfläche der Beispielanwendung nicht erlaubt, diesen Wert zu ändern, gibt es eine Einstellung für die Verzögerung im Workflow, der die *Delay*-Aktivität diesbezüglich steuert. Dieser Verzögerungswert repräsentiert die Zeitdauer zwischen aufeinanderfolgenden Aktienkursabfragen. In der Praxis wird man die Abfrage nicht häufiger als alle 15 oder 20 Minuten durchführen, wenn überhaupt. Aber damit Sie die Kursbewegungen in der Aktienmarktsimulation sehen können, ohne zu lange warten zu müssen, werden die Aktienkurse alle sieben Sekunden abgefragt. Der Verzögerungswert wird in *Settings*, also in den Einstellungen der Anwendung, gespeichert.

3. Als Nächstes ziehen Sie eine Instanz der *EventHandlingScope*-Aktivität auf die Oberfläche des Workflow-Ansicht-Designers und legen diese unterhalb der *Code*-Aktivität ab (Abbildung 10.7).

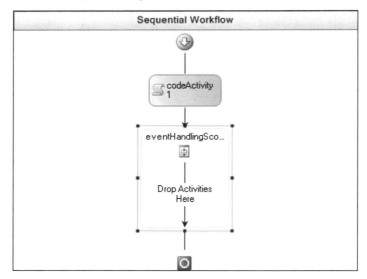

Abbildung 10.7 Der Workflow mit abgelegter *EventHandlingScope*-Aktivität

4. Beachten Sie, dass Sie der *EventHandlingScope*-Aktivität sowohl einen Ereignishandler als auch eine untergeordnete Aktivität zur Verfügung stellen müssen, die ausgeführt wird, während auf das Ereignis gewartet wird. Zunächst richten Sie den Ereignishandler ein. Um auf die Ereignishandler zuzugreifen, bewegen Sie den Mauszeiger auf das kleine rechteckige Symbol unterhalb des Buchstabens *e* im Namen *eventHandlingScope1* ganz links (dieses Rechteck wird als *Smart Tag* bezeichnet), wie in Abbildung 10.8 zu sehen.

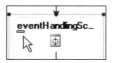

Abbildung 10.8 Der Smart Tag wird sichtbar

Der Smart Tag wird jetzt als größeres Rechteck mit einem integrierten Dreiecksymbol dargestellt (Abbildung 10.9).

Abbildung 10.9 Mit dem Dreiecksymbol des Smart Tags lässt sich ein Auswahlmenü öffnen

Klicken Sie auf das Dreiecksymbol, woraufhin ein kleines Auswahlmenü mit vier Symbolen erscheint: *View EventHandlingScope*, *View Cancel Handler*, *View Fault Handlers* und *View Event Handlers* (Abbildung 10.10).

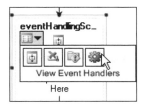

Abbildung 10.10 Aufruf der Ereignishandler-Ansicht

Klicken Sie auf das Symbol ganz rechts, um die Ereignishandler-Ansicht zu aktivieren. Die Benutzeroberfläche sieht jetzt ähnlich aus wie die Fehlerhandler-Ansicht aus Kapitel 7 »Grundlegende Operationen mit Aktivitäten« (Abbildung 10.11).

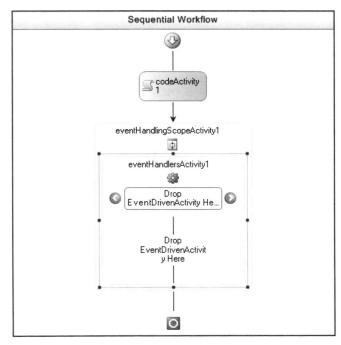

Abbildung 10.11 Der Bereich für die Ereignishandler der *EventHandling-Scope*-Aktivität wird sichtbar

Ziehen Sie eine Instanz der *EventDriven*-Aktivität auf die Oberfläche des Workflow-Ansicht-Designers und legen Sie diese im inneren Rechteck ab (in dem der Text *Drop EventDrivenActivity Here* angezeigt wird), wie in Abbildung 10.12 zu sehen.

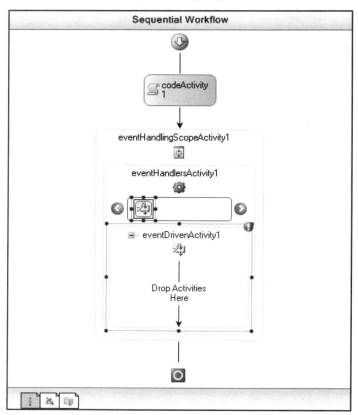

Abbildung 10.12 Es wurde eine *EventDriven*-Aktivität im Ereignishandler-Bereich eingefügt

5. Kehren Sie zur Toolbox zurück und halten Sie nach der *Stop*-Aktivität in der Rubrik *eBrokerFlow Komponenten*-Ausschau. Ziehen Sie eine Instanz dieser Aktivität auf die Oberfläche des Workflow-Ansicht-Designers und legen Sie diese in der *EventDriven*-Aktivität ab (Abbildung 10.13), die Sie im vorherigen Schritt hinzugefügt haben. Wenn Sie auf mehrere Ereignisse warten möchten, können Sie diese ebenfalls jetzt dort ablegen. Im vorliegenden Fall wird jedoch nur das *Stop*-Ereignis benötigt.

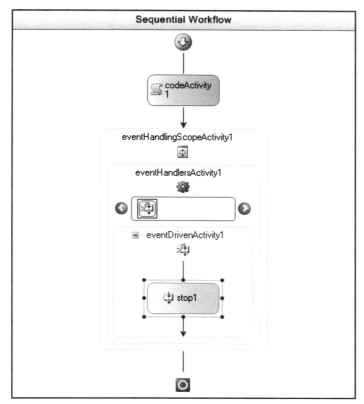

Abbildung 10.13 Das *Stop*-Ereignis wurde abgelegt

6. Sie haben eben das Ereignis hinzugefügt, auf das die *EventHandlingScope*-Aktivität wartet, um die Ausführung zu beenden (gewöhnlich mit *Stop* bezeichnet). Als Nächstes ist es erforderlich, die untergeordnete Aktivität hinzuzufügen, welche die *EventHandlingScope*-Aktivität ausführt, während auf das Auslösen der *Stop*-Aktivität gewartet wird. Hierfür müssen Sie zur ursprünglichen Ansicht der Aktivität *EventHandlingScopeActivity1* zurückkehren, indem Sie den ersten Teil von Schritt 4 wiederholen. Anstelle des Symbols ganz rechts klicken Sie jedoch das Symbol ganz links an (Abbildung 10.14).

Abbildung 10.14 Zurückschalten in die ursprüngliche Ansicht der *EventHandlingScope*-Aktivität

7. Sobald Sie das Symbol ganz links angeklickt haben (*View EventHandlingScope*) und die Benutzeroberfläche der containerbasierten *EventHandlingScope*-Aktivität wieder sichtbar wird, ziehen Sie eine Instanz der *While*-Aktivität auf die Oberfläche des Workflow-Ansicht-Designers und legen Sie diese in der Mitte der *EventHandlingScope*-Aktivität ab (Abbildung 10.15).

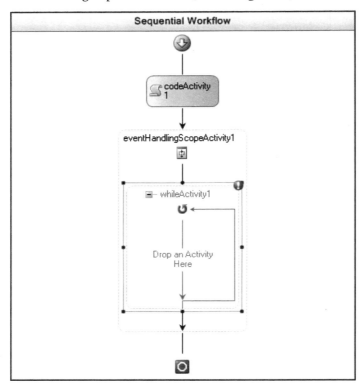

Abbildung 10.15 Es wurde eine *While*-Aktivität innerhalb der *EventHandlingScope*-Aktivität abgelegt

8. Weisen Sie der dazugehörigen *Condition*-Eigenschaft den Wert *Code Condition* zu, und eben keine *Declarative Rule Condition*, und geben Sie für den Ereignishandler den Namen **TestContinue** ein (Abbildung 10.16). Sobald Visual Studio den *TestContinue*-Ereignishandler hinzugefügt hat, kehren Sie zum Workflow-Ansicht-Designer zurück, um weitere Aktivitäten in Ihren Workflow aufzunehmen.

Kapitel 10: Ereignisspezifische Aktivitäten 257

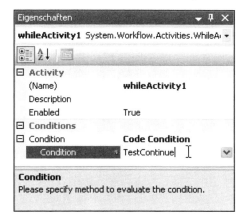

Abbildung 10.16 Benennung des Ereignishandlers der *While*-Aktivität

9. Die *While*-Aktivität akzeptiert nur eine einzelne untergeordnete Aktivität. Legen Sie eine Instanz der *Sequence*-Aktivität in der eben platzierten *While*-Aktivität ab (Abbildung 10.17).

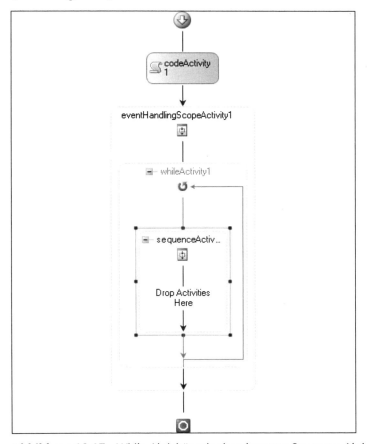

Abbildung 10.17 *While*-Aktivität mit eingebetteter *Sequence*-Aktivität

258   Teil B: Mit Aktivitäten arbeiten

10. Sie benötigen an dieser Stelle eine *Code*-Aktivität, um die Monte Carlo-Aktienkurssimulation durchführen zu können. Ziehen Sie daher eine Instanz der *Code*-Aktivität auf die Designer-Oberfläche und legen Sie diese in der *Sequence*-Aktivität ab, die Sie im vorangegangenen Schritt hinzugefügt haben (Abbildung 10.18). Verwenden Sie das Eigenschaftenfenster, um die *Code*-Aktivität in **updateMarket** umzubenennen.

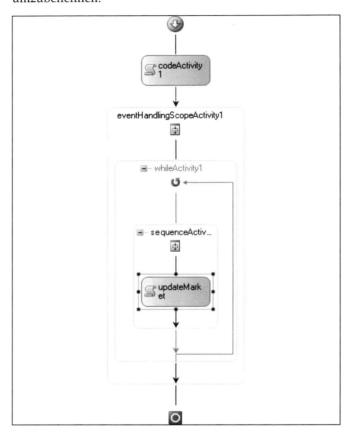

Abbildung 10.18   Die *Code*-Aktivität wurde abgelegt und umbenannt

11. Weisen Sie der Eigenschaft *ExecuteCode* der *Code*-Aktivität *updateMarket* den Namen **UpdateMarketValues** zu. Nachdem Visual Studio die Methode hinzugefügt und in den Code-Editor umgeschaltet hat, kehren Sie zum Workflow-Ansicht-Designer zurück, um das Workflow-Design weiter zu ergänzen.

12. Nachdem die Ergebnisse der Simulation an sich komplett sind (vom Standpunkt des Workflow-Ansicht-Designers betrachtet; natürlich muss später noch der Code hinzugefügt werden, der die Simulation durchführt), müssen Sie die möglicherweise aktualisierten Werte an die Hostanwendung übertragen. Zu diesem Zweck bewegen Sie den Mauszeiger in die Toolbox und steuern Sie die *MarketUpdate*-Aktivität

an, die Sie aus dem *IWFBroker* erstellt haben und ziehen Sie diese auf die Designer-Oberfläche. Legen Sie diese abschließend innerhalb der *Sequence*-Aktivität ab, und zwar unterhalb der im vorletzten Schritt hinzugefügten *Code*-Aktivität ein (Abbildung 10.19).

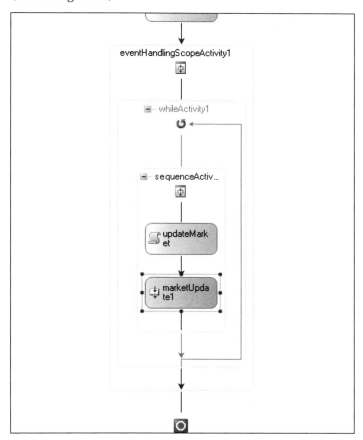

Abbildung 10.19 Die *MarketUpdate*-Aktivität wurde platziert

13. Die *MarketUpdate*-Aktivität muss einen kleinen XML-Schnipsel an den Host senden. Dazu ist es erforderlich, diese an das Feld oder die Eigenschaft zu binden, das bzw. die derzeit den weiterzuleitenden XML-Code enthält. Hierfür wählen Sie die *xmlMarketValues*-Eigenschaft im Visual Studio-Eigenschaftenfenster aus und klicken Sie auf die Schaltfläche »...«, um das Dialogfeld *Bind 'xmlMarketValues' to an activity's property* zu öffnen. Wechseln Sie auf die Registerkarte *Bind to a new member*, aktivieren Sie die Optionsschaltfläche *Create Property* und geben Sie im Feld *New Member name* den Namen **Updates** ein (Abbildung 10.20). Bestätigen Sie mit einem Klick auf *OK*, woraufhin Visual Studio die abhängige Eigenschaft *Updates* hinzufügt.

260 Teil B: Mit Aktivitäten arbeiten

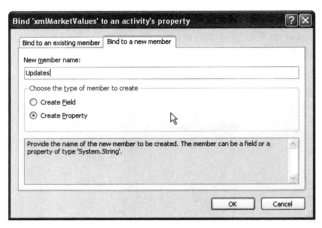

Abbildung 10.20 Erstellung der abhängigen Eigenschaft *Updates*

14. Da Sie nun die Ereignisse, die vom Host kommen, bearbeiten können, ziehen Sie eine Instanz der *Listen*-Aktivität auf die Designer-Oberfläche und legen Sie diese innerhalb der *Sequence*-Aktivität ganz unten ab (Abbildung 10.21).

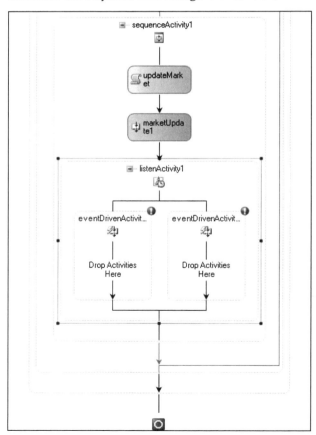

Abbildung 10.21 Der Workflow nach aufgenommener *Listen*-Aktivität

15. Wie bereits erwähnt, spezifiziert die Schnittstelle *IWFBroker* fünf Ereignisse. Eines von diesen, *Stop*, haben Sie bereits berücksichtigt, womit noch vier zu behandelnde Ereignisse übrig bleiben. Die *Listen*-Aktivität weist zwar standardmäßig nur zwei Container für *EventDriven*-Aktivitäten auf, aber das Hinzufügen zusätzlicher Container ist einfach möglich. Dazu ziehen Sie einfach drei weitere Instanzen von *EventDriven*-Aktivitäten in die *Listen*-Aktivität, die Sie im vorangegangenen Schritt platziert haben (Abbildung 10.22). Warum aber drei weitere Aktivitäten und nicht nur zwei? Der Grund liegt darin, dass der fünften *EventDriven*-Aktivität (gleich im Anschluss) eine *Delay*-Aktivität zugewiesen wird, die als Timer agiert. Sobald die Verzögerung abgelaufen ist, gibt die *Listen*-Aktivität den Workflow-Thread frei. Die *While*-Aktivität überprüft dann die Bedingung, die später derart gesetzt wird, dass sie stets *true* zurückgibt, wodurch die *While*-Schleife endlos weiterläuft. Die Kurswerte werden anschließend aktualisiert und an den Host übertragen. Daraufhin wartet die *Listen*-Aktivität auf die nächste Runde von Host-Ereignissen.

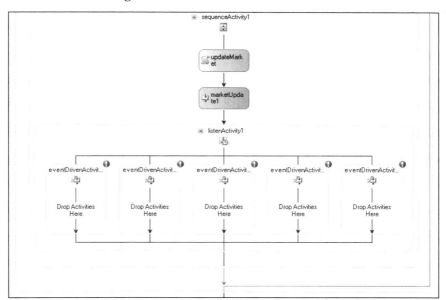

Abbildung 10.22 In der *Listen*-Aktivität befinden sich jetzt fünf Ereignishandler

16. Ziehen Sie eine *Delay*-Aktivität in die ganz rechts befindliche *EventDriven*-Aktivität und legen Sie diese dort ab (Abbildung 10.23). Benennen Sie die Aktivität unter Zuhilfenahme des Eigenschaftenfensters mit **updateDelay**.

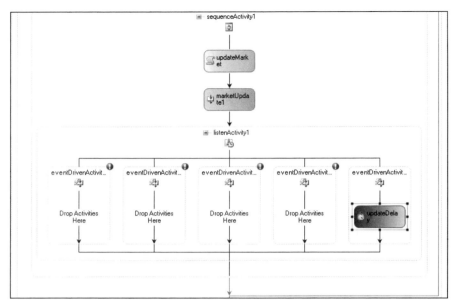

Abbildung 10.23 Es wurde eine *Delay*-Aktivität hinzugefügt und umbenannt

17. Als Nächstes ziehen Sie eine Instanz von *SellStock*, aus der Toolbox-Rubrik *eBrokerFlow Komponenten*, auf die Designer-Oberfläche und legen Sie diese in der zweiten *EventDriven*-Aktivität von rechts ab (Abbildung 10.24).

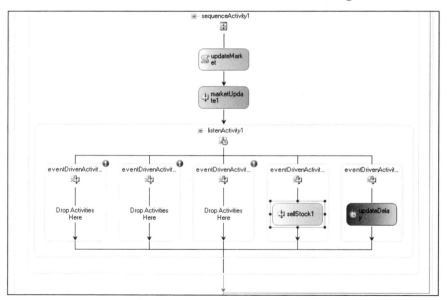

Abbildung 10.24 Die SellStock-Aktivität aus den eBrokerFlow Komponenten wurde aufgenommen

18. Wählen Sie die Eigenschaft *NumberOfShares* im Visual Studio-Eigenschaftenfenster aus und klicken Sie auf die Schaltfläche »...«, um erneut das Dialogfeld *Bind 'NumberOfShares' to an activity's property* aufzurufen. Wechseln Sie auf die

Registerkarte *Bind to a new member*, aktivieren Sie die Optionsschaltfläche *Create Field* und geben Sie in das Feld *New member name* den Namen **_sharesToSell** ein (Abbildung 10.25). Bestätigen Sie mit einem Klick auf *OK*, woraufhin Visual Studio das Feld *_sharesToSell* hinzufügt.

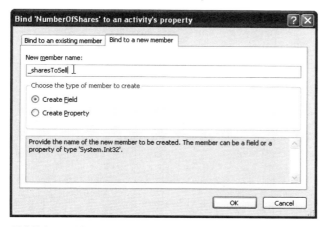

Abbildung 10.25   Erzeugen des Feldes *_sharesToSell*

> **Hinweis**   Hier wurde das Member (*_sharesToSell*) als Feld und nicht als abhängige Eigenschaft kreiert, aus dem einfachen Grund, da auf das Feld grundsätzlich nicht von außerhalb der Klasse *Workflow1* zugegriffen wird. Die XML-basierten Aktienmarktwerte werden dagegen an den Host übertragen und sollten daher für den Zugriff von außen freigegeben werden.

19. Die *Symbol*-Eigenschaft muss ebenso gebunden werden. Folgen Sie der Prozedur aus dem vorangegangenen Schritt, benennen Sie aber das Feld mit **_tickerToSell** (Abbildung 10.26).

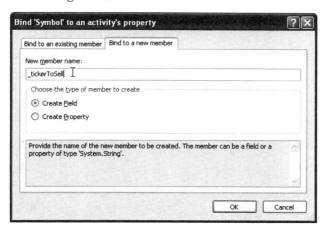

Abbildung 10.26   Erstellung des Feldes *_tickerToSell*

20. Um einen Aktienverkauf durchzuführen, ziehen Sie eine Instanz der *Code*-Aktivität auf die Workflow-Oberfläche und legen Sie diese unterhalb des

SellStock-Ereignishandlers ab (Abbildung 10.27). Geben Sie in die dazugehörige *ExecuteCode*-Eigenschaft den Namen **SellStock** ein. Sobald der Code für *SellStock* hinzugefügt wurde, kehren Sie in den Workflow-Ansicht-Designer zurück.

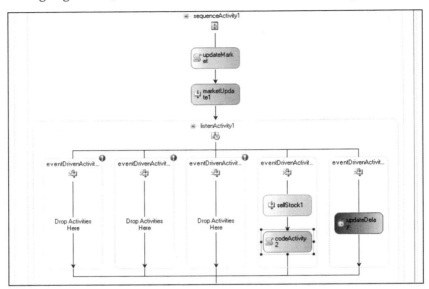

Abbildung 10.27 Die für den Aktienverkauf zuständige *Code*-Aktivität wurde hinzugefügt

21. Jetzt ist der Aktienkauf an der Reihe. Ziehen Sie eine *BuyStock*-Ereignishandler-Aktivität (erneut aus der Rubrik *eBrokerFlow Komponenten*) auf die Designer-Oberfläche und legen Sie diese in der mittleren *EventDriven*-Aktivität ab (Abbildung 10.28).

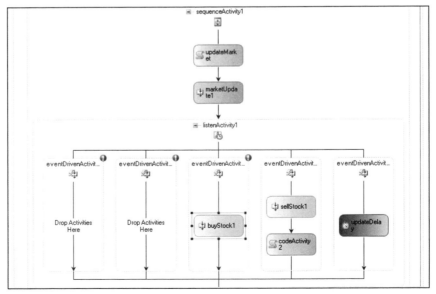

Abbildung 10.28 Die *BuyStock*-Aktivität wurde ergänzt

22. Binden Sie die Eigenschaft *NumberOfShares* der Aktivität *BuyStock* an ein neues Feld, *_sharesToBuy*, wobei Sie so vorgehen wie in Schritt 18 beschrieben. Des Weiteren binden Sie die *Symbol*-Eigenschaft an ein neues Feld, *_tickerToBuy*, wie es in Schritt 19 dargelegt ist.

23. So wie Sie eine *Code*-Aktivität zum Aktienverkauf benötigen, ist auch eine *Code*-Aktivität zum Aktienkauf erforderlich. Wiederholen Sie hierfür Schritt 20 und fügen Sie eine neue *Code*-Aktivität hinzu, deren *ExecuteCode*-Methode Sie mit **BuyStock** benennen (Abbildung 10.29).

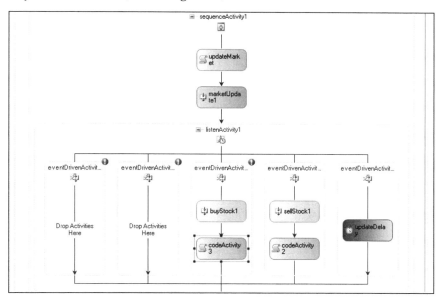

Abbildung 10.29 Die *Code*-Aktivität für den Aktienkauf wurde hinzugefügt

24. Wiederholen Sie die Schritte 17 bis 20 zwei weitere Male, wobei Sie der *Listen*-Aktivität die Ereignisse *RemoveTicker* und *AddTicker* hinzufügen. Die Eigenschaft *TickerXML* der *RemoveTicker*-Aktivität sollte an ein neues Feld namens **_ticker-ToRemove** gebunden werden, während die *ExecuteCode*-Eigenschaft der für das *RemoveTicker*-Ereignis zuständigen *Code*-Aktivität den Namen **RemoveTicker** erhalten sollte. Nach dem gleichen Prinzip wird die *TickerXML*-Eigenschaft von *AddTicker* an das neue Feld **_tickerToAdd** gebunden und die *ExecuteCode*-Eigenschaft der dazugehörigen *Code*-Aktivität mit **AddTicker** benannt. Abbildung 10.30 zeigt die fertig gestellte *Listen*-Aktivität.

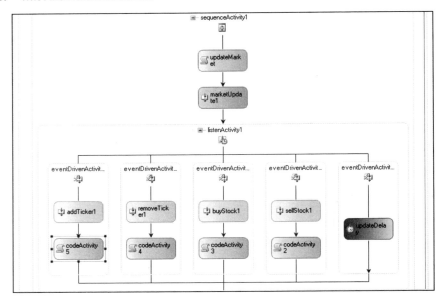

Abbildung 10.30 Der Workflow ist aus der Designer-Perspektive fertig gestellt

25. Kompilieren Sie Ihren Workflow mit der Tastenkombination **Umschalt+F6** und korrigieren Sie etwaige Fehler, bevor Sie Code hinzufügen. Die visuellen Aspekte der Workflow-Entwicklung sind nun abgeschlossen.

26. Öffnen Sie die Datei *Workflow1.cs* zur Bearbeitung.

27. Visual Studio hat bereits für Sie einiges an Code hinzugefügt. Als Erstes steuern Sie den *Workflow1*-Konstruktor an und geben den folgenden Code unterhalb des Konstruktors ein. Den einzufügenden Code haben Sie wahrscheinlich als Initialisierungscode erkannt. Sobald der Workflow gestartet wurde, übergeben Sie diesem ein *Dictionary* mit den beobachteten Aktien, die in einer Auflistung von *Tickers*-Elementen enthalten sind und über das Aktientickersymbol, z.B. CONT, adressiert werden. Sie müssen außerdem das Abfrageintervall angeben, das die Zeitspanne darstellt, in welcher der Workflow wartet, bevor die Aktienkurse erneut überprüft werden.

```
private Dictionary<string, eBrokerService.Ticker> _items =
    new Dictionary<string, eBrokerService.Ticker>();

private string _tickersXML = null;

public string TickersXML
{
    get { return _tickersXML; }
    set { _tickersXML = value; }
}
private TimeSpan _interval = TimeSpan.FromSeconds(7);

public TimeSpan PollInterval
{
```

```
        get { return _interval; }
        set { _interval = value; }
    }
}
```

28. Begeben Sie sich im Anschluss daran in den *Initialize*-Ereignishandler, den Visual Studio für Sie erstellt hat, als Sie die erste *Code*-Aktivität hinzugefügt hatten (Schritt 2). Geben Sie diesen Code ein:

```
// Den Timeout für die Aktienkursaktualisierung einrichten:
updateDelay.TimeoutDuration = PollInterval;

// Die bekannten Aktienwerte im Dictionary speichern, damit sie später
// für die Aktienkursaktualisierung wieder aufgerufen werden können:
eBrokerService.Tickers tickers = null;
using (StringReader rdr = new StringReader(TickersXML))
{
    XmlSerializer serializer =
        new XmlSerializer(typeof(eBrokerService.Tickers));
    tickers = (eBrokerService.Tickers)serializer.Deserialize(rdr);
} // using
foreach (eBrokerService.Ticker ticker in tickers.Items)
{
    // Die Aktie dem Dictionary hinzufügen:
    _items.Add(ticker.Symbol, ticker);
} // foreach
```

> **Tipp** Die *TimeoutDuration*-Eigenschaft der *Delay*-Aktivität wird der Einfachheit halber in dieser Initialisierungsmethode zugewiesen. Sie könnten diese Zuweisung jedoch auch in der *InitializeTimeoutDuration*-Methode der *Delay*-Aktivität vornehmen.

29. Scrollen Sie durch die Codedatei nach unten, bis Sie auf den *TestContinue*-Ereignishandler stoßen. Diesen verwendet die *While*-Aktivität, um zu entscheiden, ob die Schleife fortgesetzt werden soll. Geben Sie den folgenden Code ein, damit die *While*-Aktivität die Schleife endlos wiederholt (lassen Sie sich davon nicht irritieren, die Schleife wird irgendwann beendet):

```
// Endlos fortsetzen...
e.Result = true;
```

30. Der nächste einzufügende Codeblock ist sehr lang, da dieser die relativ aufwändige Monte Carlo-Simulation realisiert, die zur Aktualisierung der Aktienkurse verwendet wird. Suchen Sie den Ereignishandler *UpdateMarketValues*, der mit der *Code*-Aktivität *updateMarket* (wie in Schritt 10 gezeigt) verbunden ist, und geben Sie diesen Code ein:

```
// Jedes Element des Dictionary durchlaufen und entscheiden,
// wie hoch der aktuelle Kurs sein soll. Normalerweise werden für die
// einzelnen beobachteten Werte externe Dienste genutzt.
// Aber zu Demonstrationszwecken werden hier einfach zufällige Werte verwendet.
Random rand = new Random(DateTime.Now.Millisecond);
eBrokerService.UpdateCollection updates =
    new eBrokerService.UpdateCollection();
foreach (string key in _items.Keys)
```

```csharp
{
    // Das Element ermitteln:
    eBrokerService.Ticker item = _items[key];

    // Beim Start gibt es keinen aktuellen Wert,
    // daher wird der Wert exakt in der Mitte zwischen den
    // Kauf- und Verkaufsauslösern festgelegt:
    if (item.LastPrice <= 0.0m)
    {
        // Einen Wert zuweisen...
        decimal delta = (item.SellTrigger - item.BuyTrigger) / 2.0m;

        // Der Wert muss positiv sein, daher muss die Differenz dem
        // kleineren Wert hinzugefügt werden:
        if (delta >= 0.0m)
        {
            // Differenz dem Kaufauslöser hinzufügen:
            item.LastPrice = item.BuyTrigger + delta;
        } // if
        else
        {
            // Umgekehrter Fall:
            // Differenz dem Verkaufsauslöser hinzufügen:
            item.LastPrice = item.SellTrigger + delta;
        } // else
    } // if

    // Die Simulation einrichten:
    decimal newPrice = item.LastPrice;
    decimal onePercent = item.LastPrice * 0.1m;
    Int32 multiplier = 0; // keine Änderung

    // Erzeugen einiger Zufallszahlen. Erste Zufallszahl:
    // Soll sich der Aktienkurs ändern? 0-79: nein; 80-99: ja.
    if (rand.Next(0, 99) >= 80)
    {
        // Ja, Kurs aktualisieren. Nächste Zufallszahl:
        // Soll der Wert erhöht oder verringert werden?
        // 0-49: erhöhen; 50-99: verringern.
        multiplier = 1;
        if (rand.Next(0, 99) >= 50)
        {
            // Den Kurs verringern:
            multiplier = -1;
        } // if

        // Nächste Zufallszahl. Um wie viel? Die Berechnung
        // erfolgt in Prozent vom derzeitigen Aktienkurs.
        // 0-74: 1% Änderung; 75-89: 2% Änderung;
        // 90-97: 3% Änderung; 98-99: 4% Änderung.
        Int32 roll = rand.Next(0, 99);
        if (roll < 75)
        {
            // 1% Änderung:
            newPrice = item.LastPrice + (onePercent * multiplier * 0.1m);
        } // if
        else if (roll < 90)
```

```
                {
                    // 2% Änderung:
                    newPrice = item.LastPrice + (onePercent * multiplier * 0.2m);
                } // else if

                else if (roll < 98)
                {
                    // 3% Änderung:
                    newPrice = item.LastPrice + (onePercent * multiplier * 0.3m);
                } // else if
                else
                {
                    // 4% Änderung:
                    newPrice = item.LastPrice + (onePercent * multiplier * 0.4m);
                } // else if
            } // if
            else
            {
                // Keine Kursänderung:
                newPrice = item.LastPrice;
            } // else

            // Nun die Aktualisierung für die Aktie vornehmen:
            eBrokerService.Update update = new eBrokerService.Update();
            update.Symbol = item.Symbol;
            update.LastPrice = item.LastPrice;
            update.NewPrice = newPrice;
            update.Trend = multiplier > 0 ? "Up" :
                (multiplier == 0 ? "Firm" : "Down");
            update.Action = newPrice > item.SellTrigger ? "Sell" :
                (newPrice < item.BuyTrigger ? "Buy" : "Hold");
            update.TotalValue = newPrice * item.NumberOfShares;
            updates.Add(update);

            // Den aktualisierten Wert speichern:
            item.LastPrice = newPrice;
        } // foreach

        // Die Daten serialisieren:
        StringBuilder sb = new StringBuilder();
        using (StringWriter wtr = new StringWriter(sb))
        {
            XmlSerializer serializer =
                new XmlSerializer(typeof(eBrokerService.UpdateCollection));
            serializer.Serialize(wtr, updates);
        } // using

        // Die Daten zurückübertragen...
        Updates = sb.ToString();
```

Im Wesentlichen funktioniert die Simulation folgendermaßen: Für jeden Aktualisierungsdurchgang gibt es eine 20-prozentige Wahrscheinlichkeit, dass sich der Kurswert ändert. Wenn der Kurswert modifiziert werden muss, erhöht sich dieser in der Hälfte der Fälle und in der anderen Hälfte sinkt er. Die Änderung beträgt in 75 Prozent der Fälle 1 Prozent des derzeitigen Kurswertes. In 15 Prozent der Fälle erfolgt eine Änderung um 2 Prozent, in 7 Prozent der Fälle um 3 Prozent und in 3 Prozent der Fälle um 4 Prozent. In jedem Schleifendurchgang werden alle überwachten Werte aktualisiert, auch wenn sich für den jeweiligen Wert keine Kursänderung ergeben hat. Bei den Daten, die an den Host zum Zwecke der Anzeige zurückgesendet werden, handelt es sich um einen XML-String, der die Tickersymbole enthält, die dazugehörigen Kurswerte sowie die Gesamtwerte, die aus der Anzahl der gekauften Aktien resultieren, die Trends (nach oben oder unten) und gegebenenfalls Kaufs- oder Verkaufsempfehlungen. Letztere führen zur Anzeige der entsprechenden Fahne (rot oder grün), wie Sie in Abbildung 10.5 gesehen haben.

31. Jetzt ist der Augenblick gekommen, den Code in die externen Ereignishandler einzufügen. Dabei wird mit *SellStock* begonnen. Steuern Sie diesen Ereignishandler an und geben Sie folgenden Code ein:

```
// Die Stückzahl für die angegebene Aktie reduzieren:
try
{
    // Die Aktie auffinden:
    eBrokerService.Ticker item = _items[_tickerToSell];
    if (item != null)
    {
        // Die Stückzahl reduzieren:
        item.NumberOfShares = item.NumberOfShares - _sharesToSell >= 0 ?
            item.NumberOfShares - _sharesToSell : 0;
    } // if
} // try
catch
{
    // Nichts unternehmen... Ausnahmefehler: Verkaufen der Aktie nicht möglich.
} // catch
```

32. Scrollen Sie ein weiteres Mal nach unten, bis Sie auf den *BuyStock*-Ereignishandler stoßen, und fügen Sie den folgenden Code hinzu:

```
// Die Stückzahl für die angegebene Aktie erhöhen:
try
{
    // Die Aktie auffinden:
    eBrokerService.Ticker item = _items[_tickerToBuy];
    if (item != null)
    {
        // Die Stückzahl erhöhen:
        item.NumberOfShares += _sharesToBuy;
    } // if
} // try
catch
{
    // Nichts unternehmen... Ausnahmefehler: Kaufen der Aktie nicht möglich.
} // catch
```

33. Der Ereignishandler *RemoveTicker* ist als Nächstes an der Reihe. Steuern Sie diesen an und geben Sie folgenden Code ein:

```
// Die angegebenen Aktien von der Beobachtungsliste entfernen:
try
{
    // Deserialisieren:
    eBrokerService.Ticker ticker = null;
    using (StringReader rdr = new StringReader(_tickerToRemove))
```

```
        {
            XmlSerializer serializer =
                new XmlSerializer(typeof(eBrokerService.Ticker));
            ticker = (eBrokerService.Ticker)serializer.Deserialize(rdr);
        } // using

        // Die Aktie finden:
        if (_items.ContainsKey(ticker.Symbol))
        {
            // Entfernen:
            _items.Remove(ticker.Symbol);
        } // if
    } // try
    catch
    {
        // Nichts unternehmen... Ausnahmefehler: Entfernen der Aktie nicht möglich.
    } // catch
```

34. Fügen Sie schließlich im Ereignishandler *AddTicker* den folgenden Code ein:

```
try
{
    // Deserialisieren
    eBrokerService.Ticker ticker = null;
    using (StringReader rdr = new StringReader(_tickerToAdd))
    {
        XmlSerializer serializer =
            new XmlSerializer(typeof(eBrokerService.Ticker));
        ticker = (eBrokerService.Ticker)serializer.Deserialize(rdr);
    } // using

    // Das Element hinzufügen, wenn es nicht bereits existiert:
    if (!_items.ContainsKey(ticker.Symbol))
    {
        // Hinzufügen:
        _items.Add(ticker.Symbol, ticker);
    } // if
} // try
catch
{
    // Nichts unternehmen... Ausnahmefehler: Hinzufügen der Aktie nicht möglich.
} // catch
```

Wenn Sie **Umschalt+F6** drücken, sollte das Workflow-Projekt ohne Fehler kompiliert werden. Mit dem fertig gestellten Workflow richten Sie nun Ihre Aufmerksamkeit auf den lokalen Kommunikationsdienst und die Hostintegration. Da beide Themen in weiten Teilen bereits in Kapitel 8 behandelt wurden, sollen die Abläufe nicht noch einmal in vollem Umfang wiederholt werden. Beim Öffnen der entsprechenden Dateien dieses Beispiels finden Sie Code vor, der ähnlich wie der aus Kapitel 8 gestaltet ist.

Teil B: Mit Aktivitäten arbeiten

> **Hinweis** Dieser Hinweis wurde zwar schon in Kapitel 8 gegeben, aber es handelt sich um eine wichtige Problematik, die noch einmal verstärkt ins Bewusstsein gebracht werden sollte: Wenn Sie Objekte oder Sammlungen von Objekten zwischen dem Workflow und der Hostanwendung austauschen, riskieren Sie Fehler beim Multithreading-Datenzugriff, da sich der Workflow und die Hostanwendung Referenzen auf die gleichen Objekte teilen. Wenn dies ein Problem für Ihre Anwendung darstellt, sollten Sie darüber nachdenken, die Objekte während des Verschiebens zwischen Workflow und Host zu klonen (durch Implementation von *ICloneable* innerhalb Ihrer Datenklasse) oder Serialisierungstechniken einzusetzen. Für diese Anwendung wurde auf XML-Serialisierung zurückgegriffen.

Jedoch soll kurz ein Teil des Codes der Connector-Klasse erwähnt werden, *BrokerDataConnector*. Die *IWFBroker*-Schnittstelle unterscheidet sich auf Grund der Ereignisse, die *IWFBroker* enthält, von der Beispielschnittstelle aus Kapitel 8. Da die Connector-Klasse diese Schnittstelle implementieren muss (*BrokerDataConnector* implementiert in diesem Fall *IWFBroker*), ist es erforderlich, dass der Connector auch Ereignisse auslöst. Allerdings weisen diese Ereignisimplementationen keine Besonderheiten auf, wie Listing 10.1 zeigt. Am Ende des Listings finden Sie typische Ereignisimplementationen, die weitgehend so aussehen dürften wie entsprechende Ereignisimplementationen, die Sie möglicherweise bereits selbst geschrieben haben.

Listing 10.1 Die fertig gestellte Klasse *BrokerDataConnector.cs*

```
using System;
using System.Collections.Generic;
using System.Text;
using System.Threading;
using System.Workflow.Activities;
using System.Workflow.Runtime;
using System.Data;

namespace eBrokerService
{
    public sealed class BrokerDataConnector : IWFBroker
    {
        private string _dataValue = null;
        private static WorkflowBrokerDataService _service = null;
        private static object _syncLock = new object();

        public static WorkflowBrokerDataService BrokerDataService
        {
            get { return _service; }
            set
            {
                if (value != null)
                {
                    lock (_syncLock)
                    {
                        // Noch einmal überprüfen, dass der Dienst nicht null ist,
                        // jetzt, wo wir gesperrt sind ...
                        if (value != null)
                        {
                            _service = value;
                        } // if
```

```csharp
                else
                {
                    throw new InvalidOperationException(
                        "You must provide a service instance.");
                } // else
            } // lock
        } // if
        else
        {
            throw new InvalidOperationException(
                "You must provide a service instance.");
        } // else
    }
}

public string MarketData
{
    get { return _dataValue; }
}

// Kommunikationsmethode Workflow zum Host:
public void MarketUpdate(string xmlMarketValues)
{
    // Das Feld zuweisen für späteren Wiederaufruf:
    _dataValue = xmlMarketValues;

    // Das Ereignis auslösen, um das Lesen durch den Host anzustoßen:
    _service.RaiseMarketUpdatedEvent();
}

// Ereignisse vom Host zum Workflow
public event EventHandler<TickerActionEventArgs> AddTicker;
public event EventHandler<TickerActionEventArgs> RemoveTicker;
public event EventHandler<SharesActionEventArgs> BuyStock;
public event EventHandler<SharesActionEventArgs> SellStock;
public event EventHandler<StopActionEventArgs> Stop;
public void RaiseAddTicker(Guid instanceID, string tickerXML)
{
    if (AddTicker != null)
    {
        // Ereignis auslösen:
        AddTicker(null,
            new TickerActionEventArgs(instanceID, tickerXML));
    } // if
}

public void RaiseRemoveTicker(Guid instanceID, string tickerXML)
{
    if (RemoveTicker != null)
    {
        // Ereignis auslösen:
        RemoveTicker(null,
            new TickerActionEventArgs(instanceID, tickerXML));
    } // if
}
public void RaiseBuyStock(Guid instanceID,
    string symbol,
    Int32 numShares)
```

```csharp
{
    if (BuyStock != null)
    {
        // Ereignis auslösen:
        BuyStock(null,
            new SharesActionEventArgs(instanceID,
                symbol,
                numShares));
    } // if
}

public void RaiseSellStock(Guid instanceID,
    string symbol,
    Int32 numShares)
{
    if (SellStock != null)
    {
        // Ereignis auslösen:
        SellStock(null,
            new SharesActionEventArgs(instanceID,
                symbol,
                numShares));
    } // if
}

public void RaiseStop(Guid instanceID)
{
    if (Stop != null)
    {
        // Ereignis auslösen:
        Stop(null, new StopActionEventArgs(instanceID));
    } // if
}
    }
}
```

Der Workflow führt die Connector-Methode *MarketUpdate* aus, während der Host die *Raise...*-Methoden zur Ausführung bringt, um die verschiedenen, auf Anwendereingaben basierenden Ereignisse auszulösen. Kapitel 8 beschreibt den Mechanismus, den der Workflow verwendet, um die *MarketUpdate*-Methode aufzurufen. Um nachzuvollziehen, wie der Host ein Ereignis auslöst, das an den Workflow weitergetragen wird – und das Daten in den Ereignisargumenten transportieren kann –, schauen Sie sich diesen Codeschnipsel an. Dieser Code wird von der Schaltfläche *Quit* verwendet, um die Anwendung zu verlassen:

```csharp
private void cmdQuit_Click(object sender, EventArgs e)
{
    // Verarbeitung anhalten
    // Vom Workflow entfernen
    eBrokerService.BrokerDataConnector dataConnector =
        (eBrokerService.BrokerDataConnector)_workflowRuntime.GetService(
            typeof(eBrokerService.BrokerDataConnector));
    dataConnector.RaiseStop(_workflowInstance.InstanceId);

    // Einfach beenden...
    Application.Exit();
}
```

Um die Ereignisse auszulösen, die Daten an den Workflow übermitteln, rufen Sie als Erstes den Connector ab, indem Sie die *GetService*-Methode der Workflow-Laufzeit verwenden. Beachten Sie, dass der Dienst in den geeigneten Typ gecastet wird, sodass die *Raise...*-Methoden bekannt und verfügbar sind. Sobald der Dienst zur Verfügung steht, rufen Sie einfach die entsprechende *Raise...*-Methode mit den Informationen auf, die notwendig sind, um die jeweiligen Ereignisargumente zu erstellen.

Im folgenden Kapitel 11 werfen Sie einen Blick auf die Aktivitäten zur parallelen Verarbeitung.

Schnellübersicht

Aufgabe	Aktion
Ein externes Ereignis behandeln, etwa eines von der Hostanwendung	Legen Sie eine Instanz der *HandleExternalEvent*-Aktivität in Ihrem Workflow ab. Wenn Sie es bevorzugen, können Sie das Tool *Wca.exe* verwenden, um Klassen zu erzeugen, die von *HandleExternalEvent* abgeleitet sind. Die so erzeugten Klassen haben grundlegende Einstellungen und Eigenschaften, die für Sie zugewiesen wurden (via Code, den *Wca.exe* beim Erzeugen der neuen Klassen einbaut).
Eine Verzögerung im Workflow erreichen	Legen Sie eine Instanz der *Delay*-Aktivität in ihrem Workflow ab und setzen Sie den dazugehörigen *TimeoutDuration*-Wert auf die gewünschte Zeitdauer, um die verzögert werden soll.
Ein Ereignis verwenden, um die Workflow-Ausführung zu steuern	Die *EventDriven*-Aktivität ist für diese Aufgabenstellung prädestiniert. Wenn das Ereignis die Ereignishandler-Aktivität auslöst, die Sie in der *EventDriven*-Aktivität platziert haben, gelangen die nachfolgenden Aktivitäten zur Ausführung. Wenn das Ereignis nie ausgelöst wird, werden die nachfolgenden Aktivitäten nie ausgeführt.
Mehrere Ereignisse simultan behandeln	Verwenden Sie die *Listen*-Aktivität. Diese vereint Ereignishandler (zwei oder mehr) und erlaubt es dem Code des ersten behandelten Ereignisses, den Workflow-Ausführungspfad zu steuern. Wenn ein Ereignis nie ausgelöst wird, wird der jeweilige Pfad nie ausgeführt. Noch einmal zur Verdeutlichung: Das erste ausgelöste Ereignis schreibt den Workflow-Ausführungspfad vor. Andere Ereignisse, wenn erst einmal das erste Ereignis ausgelöst wurde, werden ignoriert.
Ereignis behandeln, während andere untergeordnete Aktivität verarbeitet werden	Erwägen Sie den Einsatz der *EventhandlingScope*-Aktivität. Diese wartet darauf, bis alle Ereignisse ausgelöst wurden, bevor die Aktivität beendet wird. In der Zwischenzeit kann eine einzelne untergeordnete Aktivität frei ausgeführt werden. Bedenken Sie, dass alle Ereignisse ausgelöst werden müssen, um die *EventHandlingScope*-Aktivität zu veranlassen, den Thread freizugeben, sodass andere Aktivitäten des Workflows verarbeitet werden können.
Daten zwischen dem Hostprozess und dem Workflow übertragen	Erstellen Sie einen lokalen Kommunikationsdienst, der auf einer von Ihnen entwickelten Schnittstelle basiert. Diese Schnittstelle sollte Ereignisse aufweisen. Der Host löst diese Ereignisse aus, wobei die Daten in Form von benutzerdefinierten Ereignisargumenten übertragen werden. Ereignishandler im Workflow lesen die Daten aus den Ereignisargumenten und führen den entsprechenden Code aus.

Kapitel 11

Aktivitäten für parallele Verarbeitung

In diesem Kapitel:

Die *Parallel*-Aktivität verwenden................................. 275
Die *SynchronizationScope*-Aktivität verwenden.................... 283
Die *ConditionedActivityGroup* (CAG)-Aktivität verwenden........... 294
Schnellübersicht.. 311

In diesem Kapitel lernen Sie

- wie *Parallel*-Aktivitäten in einer Workflow-Umgebung ausgeführt und wie diese in der Praxis eingesetzt werden.

- die Synchronisierung von Datenzugriffen und kritischen Codeabschnitten innerhalb paralleler Ausführungspfade.

- die Anwendung der *ConditionedActivityGroup*-Aktivität, um Aktivitäten parallel auszuführen. Die Aktivitäten sind an bedingte Ausdrücke geknüpft, die vor jeder parallelen Ausführung überprüft werden.

Bis zu dieser Stelle im Buch haben Sie ausschließlich mit sequenziellen Prozessen gearbeitet: Eine Aktivität A wird ausgeführt und übergibt den Ausführungskontext an eine Aktivität B usw. Bis jetzt wurde die parallele Ausführung und die damit typischerweise verbundene Komplexität noch nicht betrachtet. In diesem Kapitel ist es aber soweit. Sie werden sich mit paralleler Ausführung von Aktivitäten befassen und erfahren, wie der Zugriff gemeinsam genutzter Daten zwischen parallelen Ausführungspfaden synchronisiert wird.

Die *Parallel*-Aktivität verwenden

Sie haben es bestimmt schon oft erlebt: Ihnen ist in der Küche etwas ausgegangen und Sie gehen schnell in den Supermarkt. Ärgerlicherweise ist mal wieder nur eine Kasse geöffnet. Alle Kunden müssen an dieser einen Kasse vorbei, was entsprechend lange dauert. Die anderen Kassen sind unbesetzt, weil kein Personal vorhanden ist. In den seltenen Fällen, in denen tatsächlich zwei oder mehr Kassen geöffnet sind, werden die Kunden weit schneller bedient, da sie nun *parallel* abgefertigt werden.

In gewissem Sinne können Sie Vergleichbares, also eine parallele Verarbeitung, auch in Verbindung mit Workflow-Aktivitäten erreichen. Es gibt jedoch Situationen, bei denen eine Verarbeitung außerhalb der Reihe oder gar in zufälliger Reihenfolge nicht möglich bzw. sinnvoll ist. In solchen Fällen müssen Sie auf eine *Sequence*-Aktivität zurückgreifen, um Ihren Workflow unterzubringen. In anderen Konstellationen können Sie jedoch Workflow-Prozesse so gestalten, dass diese zur selben Zeit ausgeführt werden (genau genommen fast zur gleichen Zeit, wie Sie noch sehen werden). Für solche Fälle ist die *Parallel*-Aktivität die richtige Wahl.

Die *Parallel*-Aktivität stellt zwar eine zusammengesetzte Aktivität dar, aber als untergeordnete Aktivitäten werden ausschließlich *Sequence*-Aktivitäten unterstützt. (Natürlich können Sie innerhalb dieser *Sequence*-Aktivitäten beliebige Aktivitäten platzieren.) Dabei liegt das Minimum bei zwei *Sequence*-Aktivitäten.

Die untergeordneten *Sequence*-Aktivitäten werden nicht auf separaten Threads, sondern nur auf einem einzigen ausgeführt, sodass die *Parallel*-Aktivität keine multithreadbasierte Aktivität darstellt. Die Windows Workflow Foundation (WF) verarbeitet die in einer *Parallel*-Aktivität befindlichen, untergeordneten Aktivitäten folgendermaßen: Es wird genau eine einzelne Aktivität in genau einem der in der *Parallel*-Aktivität vorhandenen Pfade ausgeführt. Wenn die Ausführung dieser Aktivität abgeschlossen ist, wird zu einer Aktivität in einem weiteren parallelen Ausführungspfad gewechselt usw. Was nicht im Voraus feststeht, ist die Reihenfolge, in der die parallelen Zweige abgearbeitet werden.

Die Auswirkung ist, dass parallele Ausführungspfade nicht wirklich gleichzeitig zur Ausführung kommen, sodass sie nicht parallel im Multithreading-Sinn sind. (Man spricht in diesem Zusammenhang vom *kooperativem Multithreading*, das bei den Microsoft-Betriebssystemen zuletzt in Windows 3.11 zum Einsatz kam (dort als ausschließliche »parallele« Ausführungstechnologie), obgleich das *kooperative Multithreading* (bzw. *Multitasking*) in vielen heute eingesetzten Steuersystemen noch weit verbreitet ist.) Auch wenn die Pfade einer parallelen Aktivität in Wirklichkeit keiner gleichzeitigen Verarbeitung unterliegen, hat es aber nach außen den Anschein, als würden diese simultan laufen, sodass man diese Form der Ausführung auch als parallele sehen sollte. Die Ausführung kann (und sie tut es auch) zwischen den parallelen Pfaden nach vorne und hinten wechseln. Es ist daher das Beste, die *Parallel*-Aktivität als eine Aktivität zu betrachten, welche die Aktivitäten gleichzeitig ausführt. Sie sollten konkret parallele Aktivitäten so behandeln, als würde es sich um »echte« Multithreading-Prozesse handeln.

> **Hinweis** Wenn Sie die Reihenfolge der parallelen Ausführungspfade festlegen möchten, sollten Sie den Einsatz der *SynchronizationScope*-Aktivität in Erwägung ziehen. Wie dies funktioniert, wird später in diesem Kapitel gezeigt.

Eine gute Frage an dieser Stelle ist die Rolle von *Delay*-Aktivitäten in puncto paralleler Ausführung. Wie Sie wissen, halten *Delay*-Aktivitäten die Ausführung in einem sequenziellen Workflow für die Dauer der per *TimeoutDuration* festgelegten Zeitdauer an. Es stellt sich die Frage, ob dadurch auch die Verarbeitung einer *Parallel*-Aktivität angehalten wird. Die Antwort ist nein. Die Verzögerung bewirkt, dass der jeweilige sequenzielle Workflow-Pfad angehalten wird, aber die Verarbeitung anderer, paralleler Pfade wird normal fortgesetzt.

Auf Grund der ganzen Warnungen hinsichtlich des Multithreadings könnte man zu der Auffassung gelangen, dass der Einsatz der *Parallel*-Aktivität eine Herausforderung darstellt. In Wahrheit ist die Anwendung jedoch sehr einfach. Die Aktivität erinnert im Workflow-Ansicht-Designer stark an die *Listen*-Aktivität (die in Kapitel 10 »Ereignisspezifische Aktivitäten« beschrieben wurde). Anstelle von *EventDriven*-Aktivitäten werden zwar *Sequence*-Aktivitäten verwendet, aber die visuelle Darstellung ist ähnlich. Im Folgenden wird ein einfaches Beispiel erstellt, um die *Parallel*-Aktivität in Aktion zu zeigen.

Eine neue Workflow-Anwendung mit paralleler Ausführung erstellen

1. Um die *Parallel*-Aktivität schnell zu demonstrieren, wird in diesem Beispiel auf eine Windows-Konsolenanwendung zurückgegriffen. Wieder einmal finden Sie zwei Versionen vor, mit denen Sie mit der *Parallel*-Aktivität experimentieren können: eine vollständige Version und eine nicht vollständige Version. Beide Varianten sind im Verzeichnis *\Workflow\Chapter11* enthalten. Die Anwendung *ParallelHelloWorld* ist zwar nicht vollständig, benötigt aber nur noch die Workflow-Definition. Die Anwendung *ParallelHelloWorld completed* ist dagegen bereits lauffähig. Wenn Sie der schrittweisen Anleitung folgen möchten, sollten Sie die unvollständige Version öffnen. Möchten Sie sich stattdessen zwar die einzelnen Schritte anschauen, aber keinen Code eingeben und keine Aktivitäten im Workflow-Ansicht-Designer ablegen, laden Sie die vollständige Version. Um eine der beiden Versionen zu öffnen, ziehen Sie die Projektmappendatei, also die Datei mit der Dateierweiterung *.sln*, in ein Visual Studio-Fenster.

2. Nachdem Visual Studio die Projektmappe *ParallelHelloWorld* geöffnet hat, halten Sie nach dem *Workflow1*-Workflow Ausschau und öffnen diesen im Workflow-Ansicht-Designer zur Bearbeitung. Dazu wählen Sie die Datei *Workflow1.cs* im Projektmappen-Explorer aus und klicken Sie auf das Symbol (*Ansicht-Designer*). Daraufhin erscheint der Workflow-Ansicht-Designer und Sie können mit dem Hinzufügen von Aktivitäten beginnen.

3. Öffnen Sie die Toolbox, falls notwendig, und ziehen Sie eine Instanz der *Parallel*-Aktivität auf die Designer-Oberfläche und legen Sie diese dort ab (Abbildung 11.1).

280 Teil B: Mit Aktivitäten arbeiten

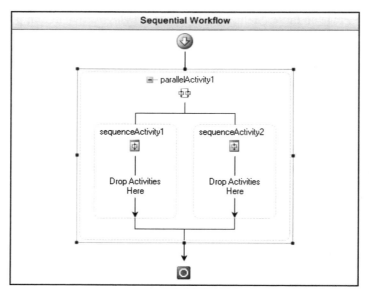

Abbildung 11.1 Es wurde eine *Parallel*-Aktivität abgelegt

4. Werden Instanzen einer *Parallel*-Aktivität auf der Oberfläche des Workflow-Ansicht-Designers abgelegt, werden diese automatisch mit zwei *Sequence*-Aktivitäten ausgestattet. Ziehen Sie eine *Code*-Aktivität in die linke *Sequence*-Aktivität und legen Sie diese dort ab (Abbildung 11.2). Benennen Sie diese im Eigenschaftenfenster mit **msg1** und weisen Sie der *ExecuteCode*-Eigenschaft den Namen **Message1** zu.

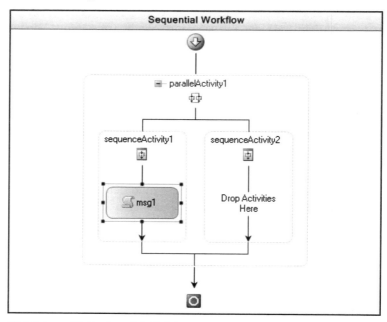

Abbildung 11.2 *Parallel*-Aktivität mit *Code*-Aktivität im linken Zweig

Kapitel 11: Aktivitäten für parallele Verarbeitung 281

> **Hinweis** Es ist zwar nicht möglich, in einer *Parallel*-Aktivität weniger als zwei parallele Ausführungspfade zu verwenden, aber es hält Sie nichts davon ab, mehr als zwei Ausführungspfade einzurichten. Wenn Sie drei oder mehr parallele Ausführungspfade benötigen, ziehen Sie einfach weitere Kopien der *Sequence*-Aktivität auf die Designer-Oberfläche und legen Sie diese innerhalb der *Parallel*-Aktivität ab.

5. Visual Studio schaltet in den Code-Editor um, sodass Sie die Implementation für *Message1* zur Verfügung stellen können. Schreiben Sie den folgenden Code innerhalb des *Message1*-Ereignishandlers und kehren Sie dann zum Workflow-Ansicht-Designer zurück:

   ```
   Console.WriteLine("Hello,");
   ```

6. Ziehen Sie eine zweite *Code*-Aktivität in die linke *Sequence*-Aktivität und legen Sie diese unterhalb der *Code*-Aktivität *msg1* ab (Abbildung 11.3). Benennen Sie diese mit **msg2** und geben Sie den Namen **Message2** für die Eigenschaft *ExecuteCode* ein.

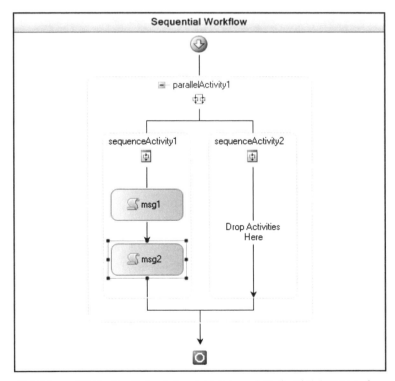

Abbildung 11.3 Der linke Ast weist jetzt zwei *Code*-Aktivitäten auf

7. Sobald Visual Studio den Code-Editor aktiviert hat, geben Sie diesen Code innerhalb des *Message2*-Ereignishandlers ein und schalten Sie in den Workflow-Ansicht-Designer zurück:

   ```
   Console.WriteLine(" World!");
   ```

8. Ziehen Sie eine weitere *Code*-Aktivität auf die Designer-Oberfläche, legen Sie diese aber jetzt in der rechten *Sequence*-Aktivität ab (Abbildung 11.4). Benennen Sie diese mit **msg3** und geben Sie **Message3** für die *ExecuteCode*-Eigenschaft ein.

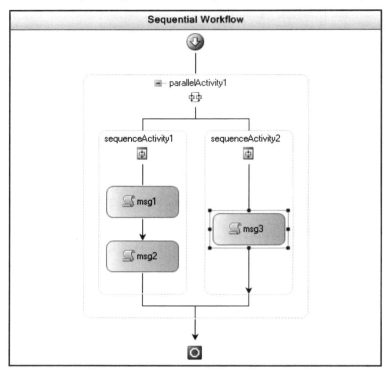

Abbildung 11.4 Der rechte Ast wurde mit einer *Code*-Aktivität versehen

9. Analog zu den vorangegangenen beiden *Code*-Aktivitäten geben Sie diesen Code in den *Message3*-Ereignishandler ein:

```
Console.WriteLine("The quick brown fox");
```

10. Wechseln Sie zurück in den Workflow-Ansicht-Designer und ziehen Sie eine vierte Instanz der *Code*-Aktivität auf die Designer-Oberfläche und legen Sie diese in der rechten *Sequence*-Aktivität ab, und zwar unterhalb der im vorigen Schritt eingefügten *Code*-Aktivität (Abbildung 11.5). Als Name sollte **msg4** vergeben werden und für die *ExecuteCode*-Eigenschaft der Text **Message4**.

Kapitel 11: Aktivitäten für parallele Verarbeitung 283

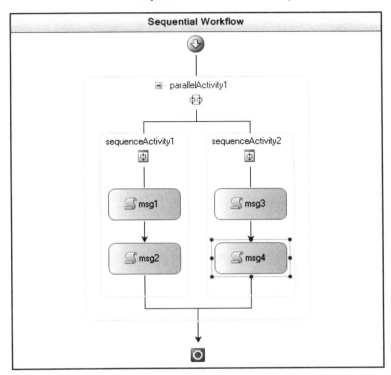

Abbildung 11.5 Die *Parallel*-Aktivität ist nun mit vier *Code*-Aktivitäten komplett

11. Im dazugehörigen *Message4*-Ereignishandler fügen Sie den folgenden Code ein:

    ```
    Console.WriteLine(" jumps over the lazy dog.");
    ```

12. Der Workflow ist nun fertig gestellt. Fügen Sie einen Verweis von den *Parallel-HelloWorld*-Anwendung auf den Workflow ein. Dazu klicken Sie den *ParallelHelloWorld*-Zweig im Projektmappen-Explorer mit der rechten Maustaste an und rufen Sie den Menübefehl *Verweis hinzufügen* auf. Daraufhin erscheint das Dialogfeld *Verweis hinzufügen*, in dem Sie auf die Registerkarte *Projekte* wechseln, den Eintrag *ParallelFlow* aus der Liste auswählen und mit einem Klick auf *OK* bestätigen.

13. Öffnen Sie die Datei *Program.cs* des *ParallelHelloWorld*-Projekts zur Bearbeitung und steuern Sie diese Codezeile an:

    ```
    Console.WriteLine("Waiting for workflow completion.");
    ```

14. Um eine Workflow-Instanz zu erstellen, fügen Sie den folgenden Code unterhalb der gerade angewählten Codezeile hinzu:

    ```
    // Die Workflow-Instanz erstellen:
    WorkflowInstance instance =
        workflowRuntime.CreateWorkflow(typeof(ParallelFlow.Workflow1));

    // Die Workflow-Instanz starten:
    instance.Start();
    ```

15. Kompilieren Sie die Projektmappe mit einem Druck auf **F6** und korrigieren Sie etwaige aufgetretene Kompilierungsfehler.

16. Führen Sie die Anwendung mit der Taste **F5** (oder **Strg+F5**) aus (Abbildung 11.6). Beachten Sie, dass Sie gegebenenfalls einen Haltepunkt in *Program.cs* (in der *Main*-Methode) setzen müssen, um die Ausgabe vollständig sehen zu können.

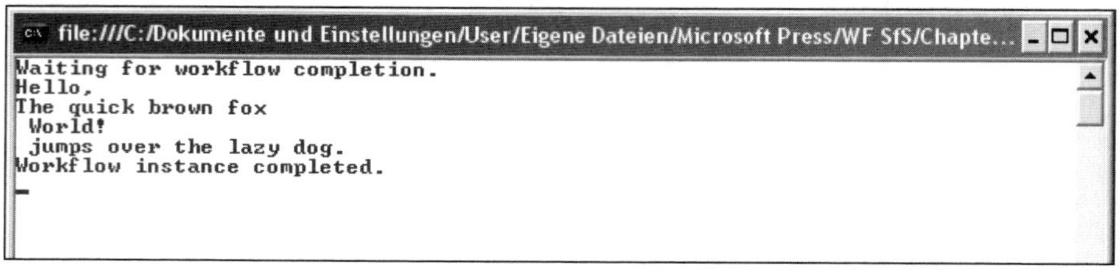

```
Waiting for workflow completion.
Hello,
The quick brown fox
 World!
  jumps over the lazy dog.
Workflow instance completed.
```

Abbildung 11.6 Ausgabe der Anwendung *ParallelHelloWorld*

Wie die Bildschirmabbildung zeigt (Abbildung 11.5), sind die Meldungen durcheinander geraten. Ginge die Abarbeitung der linken *Sequence*-Aktivität ohne Unterbrechung vonstatten, würde in der Ausgabe der Text »Hello«, gefolgt von »World!«, zu sehen sein. Der zweite Text, der aus dem rechten Zweig resultiert, wäre ebenfalls nicht in zwei Teile aufgeteilt und würde »The quick brown fox jumps over the lazy dog« lauten. (Dieser Text, zu Deutsch »Der schnelle braune Fuchs springt über den faulen Hund«, wurde übrigens von der Firma Western Union kreiert, um Fernschreiber zu testen. Der Clou an dem Text ist, dass alle 26 Buchstaben des lateinischen Alphabets vorkommen, sodass er sich sehr gut für Tests eignet, bei denen die Funktionsweise oder die Optik aller Buchstaben überprüft werden soll.) Dies ist ein gutes Zeichen, denn die Reihenfolge der von den *Code*-Aktivitäten initiierten Meldungen zeigt, dass die Ausführung *parallel* stattfindet.

Wenn Sie genau hinsehen, stellen Sie fest, dass die einzelnen *Code*-Aktivitäten jeweils komplett abgearbeitet werden, bevor der Ausführungskontext an eine andere *Code*-Aktivität übergeben wird. Des Weiteren fällt auf, dass die Ausführung mit der linken *Sequence*-Aktivität beginnt und mit der rechten *Sequence*-Aktivität fortgesetzt wird. Die derzeitige Implementation der *Parallel*-Aktivität gleicht in Hinblick auf die Ausführungsreihenfolge einem Pseudo-Zufallsgenerator: Wenn Sie immer denselben Startwert für die Initialisierung verwenden, sind die Zufallszahlen in Wirklichkeit nicht zufällig. Die Zufallszahlen werden auf eine vorhersehbare Art erzeugt. Im Falle der *Parallel*-Aktivität findet die Verarbeitung immer auf die gezeigte Weise statt, von links nach rechts und von oben nach unten. Die Ausführungsreihenfolge ist folglich (derzeit) vorhersehbar.

Sie sollten jedoch *keinesfalls* dieses Verhalten in Ihre Programmlogik mit einbeziehen. Wie zu einem früheren Zeitpunkt erwähnt, sollten Sie die *Parallel*-Aktivität als Aktivität ansehen, die wirklich parallel arbeitet. Sie müssen annehmen, dass die parallelen Ausführungspfade in zufälliger Reihenfolge zur Ausführung gelangen. Es ist wahrscheinlich, dass einzelne Aktivitäten immer komplett abgearbeitet werden, bevor der Ausführungskontext gewechselt wird. Wenn jedoch die WF irgendwann von dieser Systematik abkommt, funktioniert der interne Code von Aktivitäten nicht mehr, wenn dieser nicht für Multithread-Operationen vorgesehen ist. Dies stellt natürlich ein Problem dar.

Entsprechend liegt hier eine Frage nahe: Wie koordinieren Sie parallele Ausführungspfade und wo liegt der Sinn darin? Dies ist eine exzellente Frage, die Sie auch gleich zum nächsten Thema führt – zur Synchronisierung.

Die *SynchronizationScope*-Aktivität verwenden

Jeder, der schon einmal Multithread-Anwendungen entwickelt hat, weiß, dass Thread-Synchronisierung eine kritische Angelegenheit darstellt. Der Task-Scheduler, der von modernen Windows-Betriebssystemen zur Steuerung der Thread-Ausführung auf dem Computerprozessor verwendet wird, kann einem ausführenden Thread jederzeit die Kontrolle entziehen, auch inmitten kritischer Operationen, wenn Sie nicht entsprechend Vorsicht walten lassen. Auch der Autor machte mit einem Multithreading-Bug im frühen Entwicklungsstadium der Anwendungen dieses Buchs leidvolle Erfahrungen.

Es gibt viele Hilfsmittel, die im Rahmen der Entwicklung von Windows-basierten Anwendungen verfügbar sind – Mutex, das Kernel-Ereignis, kritische Abschnitte, Semaphore usw. Letztendlich müssen aber zwei Dinge kontrolliert werden: die komplette Abarbeitung von kritischem Code ohne zwischenzeitliche Umschaltung in einen anderen Thread-Kontext und der Zugriff auf Shared Memory, also gemeinsam benutztem Speicher (etwa auf Variablen, die flüchtige Daten enthalten).

> **Hinweis** Der Ausdruck *flüchtig* wird in diesem Sinne bewusst verwendet. Damit ist gemeint, das die Daten sich ändern können und es keine Garantie dafür gibt, dass die Daten für eine bestimmte Zeitdauer einen bestimmten Wert behalten.

Die WF stellt für beide Situationen die *SynchronizationScope*-Aktivität zur Verfügung. Im Unterschied zur herkömmlichen Multithreading-Programmierung müssen Sie nicht auf viele verschiedene Hilfsmittel zurückgreifen (was es erfordern würde, zu verstehen, wann und wie jedes Hilfsmittel genau genutzt wird). Stattdessen dient diese eine Aktivität dazu, beide Fälle abzudecken: die vollständige Abarbeitung kritischer Codeabschnitte und der Zugriff auf flüchtigen Speicher.

Wenn Sie eine Instanz der *SynchronizationScope*-Aktivität in Ihrem Workflow platzieren, garantiert die WF dafür, dass alle Aktivitäten innerhalb dieser zusammengesetzten Aktivität komplett abgearbeitet werden, bevor der Ausführungskontext an einen anderen parallelen Pfad abgegeben wird. Das bedeutet, dass Sie innerhalb der *SynchronizationScope*-Aktivität auf flüchtigen Speicher zugreifen können und kritische Codesequenzen nutzen können, die auf eine komplette Abarbeitung angewiesen sind.

Der von der *SynchronizationScope*-Aktivität verwendete Mechanismus ähnelt dem eines Mutex. (Tatsächlich könnte die Implementation auf einem kritischen Abschnitt oder einer Sperre (*lock*) basieren, da der Synchronisierungseffekt keine AppDomains umschließt, aber es gibt keinen Weg, das sicher in Erfahrung zu bringen, ohne die Implementation innerhalb der WF sehen zu können.) In der herkömmlichen Windows-Programmierung ist ein Mutex ein Objekt, das einen wechselseitigen Ausschluss ermöglicht (hierin liegt die Bedeutung des Kunstwortes *Mutex*, es steht für »MUTual EXclusion«, zu Deutsch »wechselseitiger Ausschluss«). In gewissem Sinne verhält sich ein Mutex wie ein Token, also ein Kurzzeichen, das als Schlüssel fungiert. Man kann sich das in etwa wie einen Schlüssel für eine Räumlichkeit vorstellen, die nur von einer Person gleichzeitig benutzt werden darf, etwa einer (Einzel-)Toilette, der genau einmal vorhanden ist und bei Bedarf ausgehändigt wird. Das bedeutet, wenn ein Thread den Mutex anfordert, wird der Zugriff auf den Mutex nur dann gewährt, wenn nicht schon ein anderer Thread diesen in Anspruch genommen hat. Wenn bereits ein anderer Thread den Mutex verwendet, wird der zweite Thread blockiert und wartet, bis der erste Thread seine Arbeit beendet hat und den Mutex freigibt.

Mutex-Objekte werden typischerweise *benannt*. Bei dem Namen eines Mutex handelt es sich um nichts weiteres als einen String und dieser kann einen beliebigen Text enthalten. Jedoch müssen Threads, die auf denselben Mutex zugreifen, auch denselben String verwenden.

Die *SynchronizationScope*-Aktivität weist ein ähnliches Merkmal auf, das von der dazugehörigen *SynchronizationHandles*-Eigenschaft unterstützt wird. Bei dieser Eigenschaft handelt es sich in Wirklichkeit um eine Auflistung von Strings, von denen jeder dafür vorgesehen ist, ein *SynchronizationScope*-Objekt anzugeben, mit dem eine Synchronisierung erfolgen soll. Obwohl Sie keine Fehlermeldung von Visual Studio erhalten, arbeitet die *SynchronizationScope*-Aktivität nicht, wenn Sie nicht mindestens einen *SynchronizationHandles*-String zuweisen. Wie bei einem Mutex müssen alle *SynchronizationScope*-Aktivitäten, die synchronisiert werden sollen, denselben *SynchronizationHandles*-String verwenden. Konkret, wenn zwei oder mehr *SynchronizationScope*-Objekte sich den gleichen *SynchronizationHandles*-String teilen, werden diese in einer seriellen Weise ausgeführt, also jeweils als Ganzes abgearbeitet und nicht durch Wechsel zwischen den Ausführungspfaden unterbrochen.

Gleich im Anschluss wird ein Beispiel vorgestellt, aber vorher sollten Sie sich noch einmal die Ausgabe der letzten Beispielanwendung anschauen (Abbildung 11.6 im vorangegangenen Abschnitt.) Sie erinnern sich an die durcheinander geratenen Meldungen. Dies ist eine direkte Auswirkung, wenn das Wechseln des Ausführungskontextes während der Verarbeitung inmitten einzelner paralleler Ausführungspfade erlaubt wird. Im Folgenden wird die *SynchronizationScope*-Aktivität in Verbindung mit der vorigen Beispielanwendung eingesetzt, um zu erreichen, dass die Meldungen in der korrekten Reihenfolge ausgegeben werden. Genau genommen wird erzwungen, dass kritische Codeabschnitte komplett ausgeführt werden, bevor der Ausführungskontext gewechselt wird. Aber es wird auch flüchtiger Arbeitsspeicher verwendet, um zu zeigen, dass Zugriffe auf diesen mithilfe geeigneter Synchronisierung auch in geordneten Bahnen möglich sind.

Eine neue Workflow-Anwendung mit synchronisierter paralleler Ausführung erstellen

1. In diesem Beispiel, wird erneut eine Windows-Konsolenanwendung eingesetzt, die sehr ähnlich wie das vorangegangene Beispiel aufgebaut ist. Wie auch zuvor finden Sie sowohl eine vollständige als auch eine unvollständige Version des Beispiels *SynchronizedHelloWorld*, die beide im Verzeichnis *\Workflow\Chapter11* enthalten sind. Wenn Sie die Beispiele begleitend zum Text verwenden möchten, aber keinen Code editieren möchten, öffnen Sie die komplette Version *SynchronizedHelloWorld Completed*. Möchten Sie dagegen die einzelnen Schritte selbst nachvollziehen, greifen Sie stattdessen auf die unvollständige Version *SynchronizedHelloWorld* zurück. Um eine der beiden Versionen zu öffnen, ziehen Sie die Projektmappendatei, also die Datei mit der Dateierweiterung *.sln*, in ein Visual Studio-Fenster.

2. Nachdem Sie das Projekt *SynchronizedFlow* angewählt und den *Workflow1*-Workflow zur Bearbeitung im Workflow-Ansicht-Designer geöffnet haben, ziehen Sie eine Instanz der *Parallel*-Aktivität auf die Designer-Oberfläche und legen Sie diese dort ab (Abbildung 11.7).

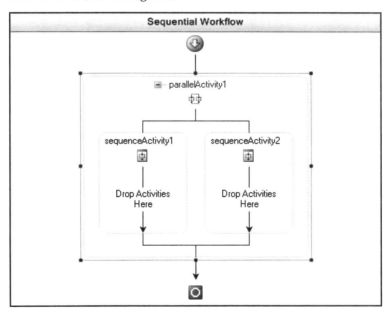

Abbildung 11.7 Es wurde eine *Parallel*-Aktivität abgelegt

3. Als Nächstes ziehen Sie eine Instanz der *SynchronizationScope*-Aktivität auf die Designer-Oberfläche und legen Sie diese in der linken Sequence-Aktivität ab (Abbildung 11.8).

288 Teil B: Mit Aktivitäten arbeiten

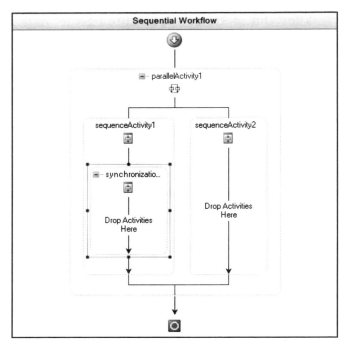

Abbildung 11.8 Der linke Zweig weist eine *SynchronizationScope*-Aktivität auf

4. Weisen Sie der *SynchronizationHandles*-Eigenschaft der gerade in den Workflow hinzugefügten *SynchronizationScope*-Aktivität den Wert **SyncLock** zu (Abbildung 11.9).

Abbildung 11.9 Setzen der Eigenschaft *SynchronizationHandles*

Hinweis Wie der genaue String lautet, den Sie in der *SynchronizationHandles*-Eigenschaft eingeben, spielt keine Rolle. Es ist allerdings entscheidend, dass alle *SynchronizationScope*-Aktivitäten, die synchronisiert werden sollen, denselben String verwenden.

5. Ziehen Sie eine *Code*-Aktivität in die *SynchronizationScope*-Aktivität und legen Sie diese dort ab (Abbildung 11.10). Benennen Sie die *Code*-Aktivität im Eigenschaftenfenster mit **msg1** und geben Sie für die *ExecuteCode*-Eigenschaft den Text **Message1** ein.

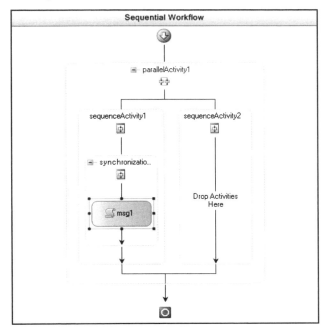

Abbildung 11.10 Der linke Zweig weist jetzt eine in einer *SynchronizationScope*-Aktivität verschachtelte *Code*-Aktivität auf

6. Visual Studio schaltet in den Code-Editor um, in dem Sie eine Implementation für *Message1* vornehmen. Geben Sie diesen Code im *Message1*-Ereignishandler ein:

```
_msg = "Hello,";
PrintMessage();
```

7. Während Sie im Code-Editor sind, sollten Sie gleich die Gelegenheit nutzen, das erforderliche _msg-Feld und die ebenso benötigte *PrintMessage*-Methode einzugeben. Scrollen Sie durch den *Workflow1*-Quellcode, bis Sie auf den Konstruktor stoßen. Unterhalb des Konstruktors fügen Sie folgenden Code ein:

```
private string _msg = String.Empty;

private void PrintMessage()
{
    // Die Meldung auf dem Bildschirm ausgeben:
    Console.Write(_msg);
}
```

8. Ziehen Sie eine zweite *Code*-Aktivität in die *SynchronizationScope*-Aktivität und legen Sie diese unterhalb der Code-Aktivität *msg1* ab (Abbildung 11.11). Benennen Sie die neue *Code*-Aktivität mit **msg2** und geben Sie **Message2** in die dazugehörige *ExecuteCode*-Eigenschaft ein.

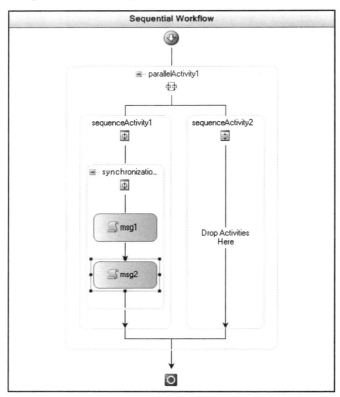

Abbildung 11.11 Die *SynchronizationScope*-Aktivität des linken Astes ist mit zwei *Code*-Aktivitäten jetzt komplett

9. Nachdem Visual Studio in den Code-Editor umgeschaltet hat, geben Sie den folgenden Code in den *Message2*-Ereignishandler ein:

```
_msg = " World!\n";
PrintMessage();
```

10. Ziehen Sie eine Instanz der *SynchronizationScope*-Aktivität in die rechte *Sequence*-Aktivität und legen Sie diese dort ab (Abbildung 11.12).

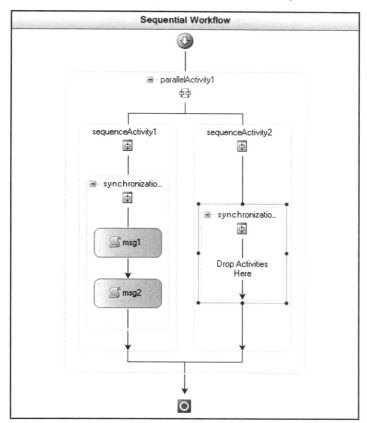

Abbildung 11.12 Auch im rechten Zweig wurde eine *SynchronizationScope*-Aktivität abgelegt

11. Damit diese *SynchronizationScope*-Aktivität mit der in Schritt 4 eingefügten synchronisiert wird, geben Sie für die *SynchronizationHandles*-Eigenschaft den Text **SyncLock** ein.

12. Ziehen Sie eine *Code*-Aktivität auf die Designer-Oberfläche und legen Sie diese innerhalb der gerade platzierten *SynchronizationScope*-Aktivität ab (Abbildung 11.13). Benennen Sie die *Code*-Aktivität mit **msg3** und geben Sie **Message3** für die *ExecuteCode*-Eigenschaft ein.

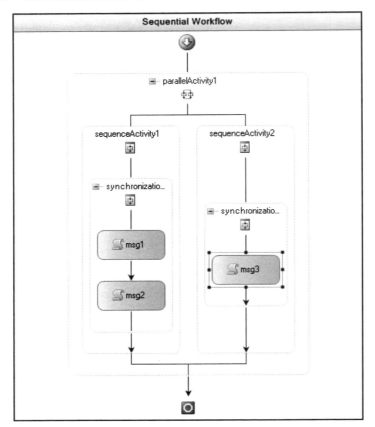

Abbildung 11.13 Die zweite *SynchronizationScope*-Aktivität wurde mit einer *Code*-Aktivität versehen

13. Tragen Sie diesen Code in den *Message3*-Ereignishandler ein:

    ```
    _msg = "The quick brown fox";
    PrintMessage();
    ```

14. Ziehen Sie schließlich eine vierte Instanz der *Code*-Aktivität auf die Designer-Oberfläche und legen Sie diese unterhalb der vorhin eingefügten *Code*-Aktivität in der rechten *SynchronizationScope*-Aktivität ab (Abbildung 11.14). Benennen Sie die *Code*-Aktivität mit **msg4** und geben Sie **Message4** in das Feld für die *ExecuteCode*-Eigenschaft ein.

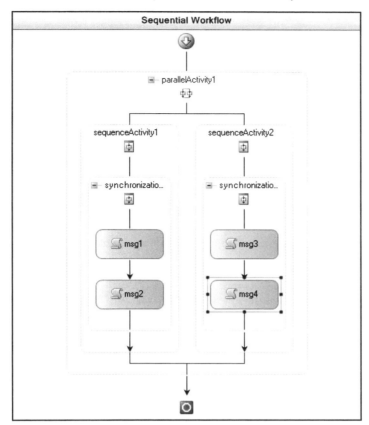

Abbildung 11.14 Der Workflow ist vom visuellen Standpunkt aus gesehen nun fertig gestellt

15. Fügen Sie im dadurch angelegten *Message4*-Ereignishandler den folgenden Code ein:

```
_msg = " jumps over the lazy dog.\n";
PrintMessage();
```

16. Mit der vierten Code-Aktivität ist der Workflow nun komplett. Fügen Sie einen Verweis auf Projektebene von der *SynchronizedHelloWorld*-Anwendung auf den Workflow ein, wobei Sie so vorgehen wie in Schritt 12 des vorangegangenen Abschnitts »Eine neue Workflow-Anwendung mit paralleler Ausführung erstellen«.

17. Öffnen Sie die Datei *Program.cs* im Projekt *SynchronizedHelloWorld* zur Bearbeitung und halten Sie nach folgender Codezeile Ausschau:

```
Console.WriteLine("Waiting for workflow completion.");
```

18. Fügen Sie unterhalb dieser Codezeile den folgenden Code ein, um eine Workflow-Instanz zu erstellen:

```
// Die Workflow-Instanz erstellen:
WorkflowInstance instance = 
    workflowRuntime.CreateWorkflow(typeof(SynchronizedFlow.Workflow1));

// Die Workflow-Instanz starten:
instance.Start();
```

19. Kompilieren Sie die Projektmappe mit einem Druck auf **F6** und korrigieren Sie etwaige aufgetretene Kompilierungsfehler.

20. Führen Sie die Anwendung mit **F5** (wenn Sie den Debugmodus verwenden) oder **Strg+F5** aus (Abbildung 11.15). Wenn Sie die Anwendung nicht aus einem geöffneten Kommandozeilenfenster starten, müssen Sie einen Haltepunkt in *Main* einfügen, um die Ausgabe vollständig sehen zu können. Sollten die beiden Meldungen immer noch durcheinander angezeigt werden, überprüfen Sie, ob Sie dieselben Stringwerte in der *SynchronizationHandles*-Eigenschaft für die beiden *SynchronizationScope*-Aktivitäten eingegeben haben (Schritte 4 und 11 weiter oben).

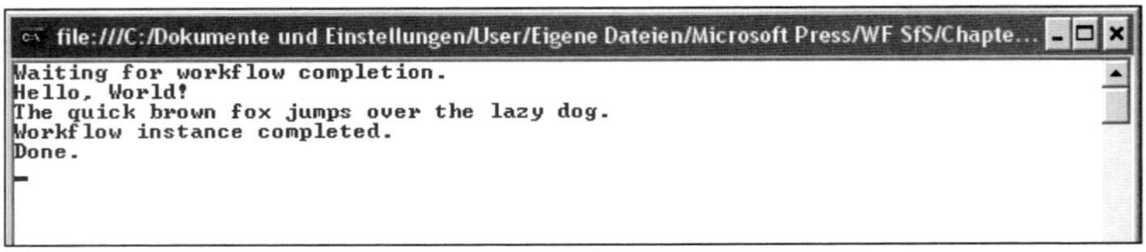

Abbildung 11.15 Die »synchronisierte« Ausgabe der Anwendung *Synchronized-HelloWorld*

Die letzte in diesem Kapitel zu behandelnde Aktivität unterscheidet sich etwas von allen bereits vorgestellten (und noch vorzustellenden) Aktivitäten, die fertig mit der WF ausgeliefert werden. Die Aktivität heißt *ConditionedActivityGroup*-Aktivität und sie verfügt sowohl über ein paralleles als auch über ein schleifenspezifisches Verhalten. Im Folgenden werden Sie diese verwenden.

Die *ConditionedActivityGroup* (CAG)-Aktivität verwenden

In wenigen Worten, die *ConditionedActivityGroup*-Aktivität oder *CAG*, wie diese häufig abgekürzt wird, ist eine zusammengesetzte Aktivität, die Ihnen erlaubt, bei der Festlegung teilzuhaben, welche parallel untergeordneten Aktivitäten wann zur Ausführung gelangen. Die CAG als Ganzes läuft, bis eine von Ihnen angegebene Bedingung *true* wird oder alle untergeordneten Aktivitäten melden, dass die Arbeit vollständig verrichtet wurde, falls Sie keine solche Bedingung angewendet haben. Diese Bedingung wird als *Until-Bedingung* der CAG bezeichnet.

Untergeordnete Aktivitäten werden parallel ausgeführt. Eine untergeordnete Aktivität gelangt nur dann zur Ausführung, wenn die für sie angegebene Bedingung erfüllt ist. Diese wird als *When*-Bedingung für die untergeordnete Aktivität bezeichnet. Wenn keine der *When*-Bedingungen zutrifft, werden keine untergeordneten Aktivitäten ausgeführt und die

CAG-Aktivität wird beendet, ausgenommen, es wird mithilfe der bereits erwähnten *Until*-Bedingung eine Fortsetzung der CAG-Aktivität initiiert. Wenn eine oder mehrere *When*-Bedingungen von untergeordneten Aktivitäten erfüllt sind, werden diese parallel ausgeführt. Die anderen untergeordneten Aktivitäten, deren *When*-Bedingungen nicht zutreffen, bleiben im Leerlauf. Sie können damit die Ausführung untergeordneter Aktivitäten gezielt steuern, indem Sie die *When*-Bedingungen wohl überlegt vergeben.

Die CAG-Aktivität beginnt die Ausführung mit der Überprüfung der dazugehörigen *Until*-Bedingung. Wenn der Test ergibt, dass die Ausführung fortzusetzen ist, wird bei jeder untergeordneten Aktivität deren verknüpfte *When*-Bedingung überprüft. Die untergeordneten Aktivitäten, deren *When*-Bedingungen erfüllt sind, werden zur Ausführung vorgesehen. Wenn mehr als eine Aktivität für die Ausführung auf dem Plan steht, wird die Ausführungsreihenfolge durch die Reihenfolge festgelegt, in welcher die jeweiligen Aktivitäten in der übergeordneten CAG-Aktivität platziert sind.

Nachdem jede untergeordnete Aktivität die Ausführung beendet hat, wird die *Until*-Bedingung der CAG erneut überprüft sowie auch die *When*-Bedingungen untergeordneter Aktivitäten. Der Grund hierfür liegt darin, dass eine ausführende Aktivität, wenn sie ihre Aufgabe verrichtet hat, die Ausführungsreihenfolge anderer untergeordneter Aktivitäten oder sogar die CAG-Aktivität als Ganzes tangieren kann.

Die Verwendung der CAG-Aktivität im Workflow-Ansicht-Designer unterscheidet sich ebenfalls etwas von den bekannten Aktivitäten. Die dazugehörige Benutzeroberfläche (Abbildung 11.16) erinnert an die Oberfläche zum Einfügen von Fehlerhandlern anderer Aktivitäten. Sie ziehen dabei einzelne untergeordnete Aktivitäten auf die CAG-Designoberfläche und legen diese zwischen die beiden Pfeilsymbole im Rechteck ab (oberhalb des Wortes *Editing*), wie in Abbildung 11.16 gezeigt wird. Sobald Sie untergeordnete Aktivitäten in diesem Rechteck platzieren, erscheinen im Fenster darunter die dazugehörenden grafischen Designer-Darstellungen. In Abbildung 11.16 sehen Sie eine Aktivität namens *setLevel1*, die aus der Beispielanwendung stammt, die Sie in Kürze entwickeln werden.

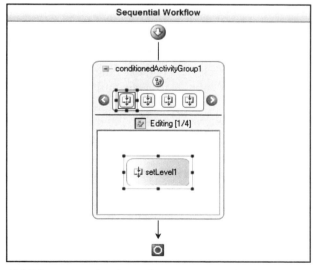

Abbildung 11.16 Die Designer-Benutzeroberfläche der *ConditionedActivityGroup*-Aktivität

Die untergeordneten Aktivitäten, sobald diese in der CAG-Aktivität abgelegt wurden, befinden sich entweder in einem Vorschaumodus (signalisiert durch den Text *Preview*) oder in einem Bearbeitungsmodus (*Editing*). Abbildung 11.16 zeigt den Bearbeitungsmodus. In diesem Modus können Sie die Eigenschaft der untergeordneten Aktivität setzen, etwa eine *When*-Bedingung hinzufügen. Im Vorschaumodus dagegen können Sie lediglich die grafische Darstellung der Aktivität betrachten. Die angezeigten Einstellungen betreffen dann nur die CAG-Aktivität selbst. Um zwischen dem Bearbeitungs- und Vorschaumodus umzuschalten, klicken Sie auf das kleine quadratische Symbol unmittelbar links neben dem Wort *Editing* (Abbildung 11.16) oder klicken Sie doppelt auf die untergeordnete Aktivität im CAG-Fenster.

Es können nur Einzel-Aktivitäten (also nicht mehrere hintereinander geschaltete Aktivitäten) in der CAG-Aktivität als untergeordnete Aktivitäten aufgenommen werden. Allerdings stellt es kein Problem dar, wenn die untergeordneten Aktivitäten mehr als eine Funktion ausführen sollen, etwa das Behandeln eines Ereignisses mit der Ausführung einer *Code*-Aktivität als Reaktion darauf. In diesem Fall legen Sie eine *Sequence*-Aktivität als direkte untergeordnete Aktivität in der CAG-Aktivität ab und platzieren die gewünschten Aktivitäten in der *Sequence*-Aktivität.

Es stellt sich die Frage, in welchen Fällen der Einsatz einer Aktivität wie die CAG-Aktivität Sinn ergibt. Die CAG-Aktivität ist sicher eine Aktivität, die in der Praxis eher selten eingesetzt wird, aber wenn sie in ein bestimmtes Prozessmodell passt, gestalten sich Dinge mit deren Hilfe erheblicher einfacher.

Stellen Sie sich z.B. einen Workflow-Prozess vor, der die Füllstände chemischer Substanzen oder eines anderen Materials überwacht. Wenn Sie zu viel Flüssigkeit in den Tank geben, würde der Workflow automatisch wieder Flüssigkeit in einen Überlauftank ablassen, um ein Überfüllen des Tankes zu verhindern. Geht der Tankinhalt dem Ende zu, wird dies bei der Füllstandsüberwachung festgestellt und – bei Unterschreiten eines bestimmten Wertes – ein Alarm ausgegeben. Dessen ungeachtet setzt der Workflow die Überwachung des Füllstandes kontinuierlich fort, auch wenn keine wirkliche Aktion zu unternehmen ist.

Wird dies in die Systematik der CAG-Aktivität übersetzt, bedeutet dies, dass die CAG so lange läuft, bis Sie sich dafür entscheiden, dass keine Überwachung mehr notwendig ist. Eine untergeordnete Aktivität erzeugt einen Alarm, wenn der Füllstand zu gering wird, während eine andere den Überlauftank freigibt, wenn der Füllstand den angegebenen Maximalwert überschreitet. Sie könnten zwar das Gleiche mithilfe von verschachtelten *IfElse*-Aktivitäten erreichen, die in einer *While*-Aktivität untergebracht sind, aber die CAG-Aktivität ist die ideale Lösung für diese Aufgabenstellung. (Es ließe sich auch so argumentieren, dass der Einsatz der CAG-Aktivität ebenso die elegantere Lösung darstellt.)

Um die CAG-Aktivität zu demonstrieren, finden Sie als Beispiel eine Anwendung, die sich an die erwähnte »echte« Tankanwendung anlehnt – die Anwendung *TankMonitor*. Diese verwendet einen Workflow, um die Füllstände einer Flüssigkeit in dem simulierten Tank zu überwachen, und verfügt über eine einfache animierte Steuerung. Abbildung 11.17 zeigt die Anwendung bei leerem Tank.

Abbildung 11.17 Die Benutzeroberfläche der Anwendung *TankMonitor* mit einem leeren Tank

In Abbildung 11.18 ist dagegen ein etwa halbvoller Tank zu sehen, während in Abbildung 11.19 das Szenario eines übervollen Tanks visualisiert wird. Um den Füllstand des Tankes zu ändern, ziehen Sie einfach den Schieberegler nach oben oder unten. Während dieses Vorgangs zeigt der Text im unteren Fensterbereich gegebenenfalls einen Alarm an oder aber eine Meldung, dass alles in Ordnung ist. Entscheidend hierbei ist, dass dieser Text vollständig durch die Reaktion des Workflows gesteuert wird, nicht direkt durch die Bewegung des Schiebereglers.

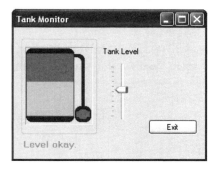

Abbildung 11.18 Der Tank ist etwa halbvoll

Abbildung 11.19 Der Tank ist übervoll

Im Folgenden erfahren Sie, wie ein Workflow unter Einsatz der CAG-Aktivität die beschriebene Tanküberwachung durchführt.

Teil B: Mit Aktivitäten arbeiten

Die *ConditionedActivityGroup*-Aktivität im Workflow verwenden

1. Im Verzeichnis *\Workflow\Chapter11* finden Sie eine Anwendung namens *Tank-Monitor*. Tastsächlich gibt es zwei Versionen der Anwendung *TankMonitor*, so wie es auch jeweils zwei Anwendungen im Rahmen der beiden vorigen Beispiele (mit der parallelen und synchronisierten parallelen Ausführung) gab – eine ist nicht vollständig, *Tank Monitor*, während die andere Anwendung, *TankMonitor Completed*, vollständig und sofort lauffähig ist. Wenn Sie die folgenden Schritte nachvollziehen und den Workflow selbst erstellen möchten, öffnen Sie die Anwendung *TankMonitor* zur Bearbeitung. Im anderen Fall greifen Sie begleitend zum Text auf die vollständige Version zurück. Um eine der beiden Versionen zu öffnen, ziehen Sie die Projektmappendatei, also die Datei mit der Dateierweiterung *.sln*, in ein Visual Studio-Fenster.

2. Sobald Visual Studio die ausgewählte Projektmappe geladen hat, öffnen Sie die Datei *Workflow1.cs* zur Bearbeitung im Workflow-Ansicht-Designer, indem Sie diese Datei auswählen und anschließend das Symbol (*Ansicht-Designer*) der Symbolleiste des Projektmappen-Explorers anklicken. Wenn Sie die komplette Anwendung verwenden, ist der Workflow bereits erzeugt und Sie können dem weiteren Text folgen. Haben Sie jedoch die nicht vollständige Version geöffnet, führen Sie die verbleibenden Schritte in diesem Abschnitt durch, um den Workflow und die ausführbare Anwendung zu erstellen.

3. Ziehen Sie eine Instanz der *ConditionedActivityGroup*-Aktivität auf die Oberfläche des Workflow-Ansicht-Designers und legen Sie diese dort ab (Abbildung 11.20).

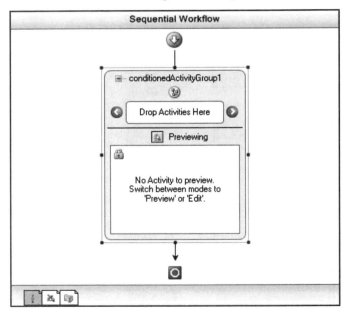

Abbildung 11.20 Sie haben eine *ConditionedActivityGroup*-Aktivität in Ihrem Workflow platziert

4. Daraufhin erscheinen die Eigenschaften der *conditionedActivityGroup1*-Aktivität im Visual Studio-Eigenschaftenfenster. Wählen Sie die Eigenschaft *UntilCondition* aus, um das *v*-Symbol des Listenfeldes einzublenden. Klicken Sie auf dieses Symbol, um die Liste zu öffnen, und wählen Sie aus dieser den Eintrag *Code Condition* aus (Abbildung 11.21).

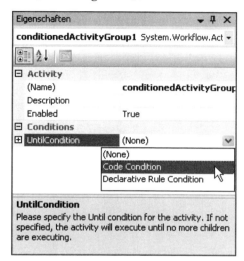

Abbildung 11.21 Auswahl des Eintrags *Code Condition*

5. Geben Sie **CheckContinue** in das Feld der *Condition*-Eigenschaft ein, nachdem Sie zunächst das Pluszeichen (+) angeklickt haben, um die *UntilCondition*-Eigenschaft zu öffnen (Abbildung 11.22). Sobald Visual Studio den Ereignishandler hinzugefügt und in den Code-Editor umgeschaltet hat, kehren Sie in den Workflow-Ansicht-Designer zurück.

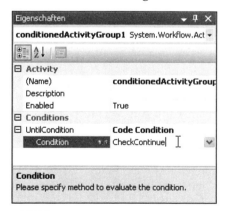

Abbildung 11.22 Benennung des Ereignishandlers

6. Kompilieren Sie die Projektmappe (durch einen Druck auf **F6**), sodass die benutzerdefinierten Aktivitäten des Projekts in der Toolbox sichtbar werden. Im Folgenden platzieren Sie die erste untergeordnete Aktivität in der CAG-Aktivität. Dazu wählen Sie aus der Visual Studio-Toolbox eine Kopie der benutzerdefinier-

ten *SetLevel*-Aktivität aus, ziehen Sie diese auf die Oberfläche des Workflow-Ansicht-Designers und legen Sie diese innerhalb der CAG-Aktivität ab, rechts neben dem Symbol < in dem rechteckigen Bereich. Daraufhin erscheint die *set-Level1*-Aktivität im Hauptanzeigebereich der CAG-Aktivität (Abbildung 11.23).

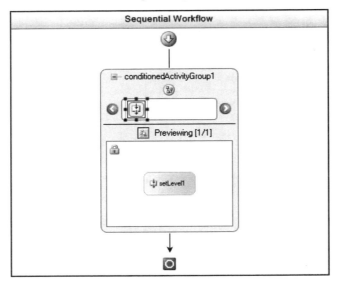

Abbildung 11.23 CAG-Aktivität mit benutzerdefinierter untergeordneter *SetLevel*-Aktivität

> **Hinweis** Das Symbol 🔒 im Hauptanzeigebereich der CAG-Aktivität gibt an, dass sich die untergeordnete Aktivität im Vorschaumodus befindet. (Dies wird zusätzlich durch den darüber befindlichen Text *Previewing* signalisiert.) Obwohl Sie die Eigenschaften der untergeordneten Aktivität *setLevel1* ändern können, indem Sie den Bearbeitungsmodus aktivieren, besteht auch die Möglichkeit, im Vorschaumodus zu arbeiten, indem Sie das Symbol der *setLevel1*-Aktivität im rechteckigen Feld rechts neben dem Symbol < anklicken.

7. Schalten Sie in den Bearbeitungsmodus der CAG-Aktivität um. Dazu klicken Sie auf die kleine quadratische Schaltfläche neben dem Wort *Previewing*. Diese Schaltfläche hat die Funktion eines Ein-Aus-Schalters, sodass eine erneute Anwahl wieder in den Vorschaumodus der CAG-Aktivität zurückschaltet.

8. Bei aktiviertem Bearbeitungsmodus der CAG-Aktivität haben Sie Zugriff auf die Eigenschaften der untergeordneten Aktivität, indem Sie die Aktivität im Hauptanzeigefenster der CAG-Aktivität markieren. Dazu klicken Sie auf das Symbol der Aktivität, hier im Beispiel das leicht abgerundete Rechteck mit der Beschriftung *setLevel1* (Abbildung 11.24).

Kapitel 11: Aktivitäten für parallele Verarbeitung 301

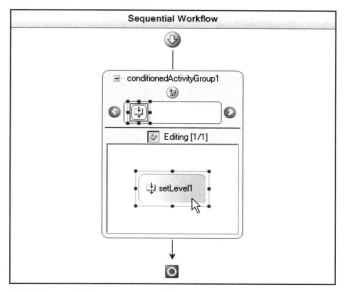

Abbildung 11.24 Der Bearbeitungsmodus wurde aktiviert

9. Wählen Sie die *WhenCondition*-Eigenschaft der *setLevel1*-Aktivität aus, um das v-Symbol des Listenfelds einzublenden, klicken Sie auf dieses Symbol und wählen Sie dann den Eintrag *Code Condition* aus der Liste aus (Abbildung 11.25).

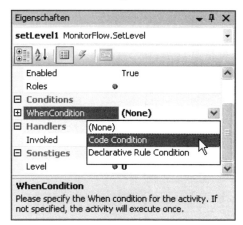

Abbildung 11.25 Auswahl des Eintrags *Code Condition* für die *setLevel1*-Aktivität

10. Öffnen Sie die *WhenCondition*-Eigenschaft und geben Sie den Text **Always Execute** in das Feld der *Condition*-Eigenschaft ein (Abbildung 11.26). Visual Studio legt erneut die Methode für Sie an und aktiviert den Code-Editor. Begeben Sie sich in den Workflow-Ansicht-Designer zurück, um weitere Eigenschaften der *setLevel1*-Aktivität zu konfigurieren.

302   Teil B: Mit Aktivitäten arbeiten

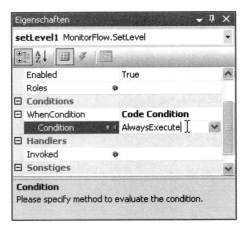

Abbildung 11.26   Erzeugen der Methode, welche die Bedingung bildet

11. Geben Sie **OnSetLevel** für die *Invoked*-Eigenschaft der *setLevel1*-Aktivität ein (Abbildung 11.27) und bestätigen Sie mit der Taste **Eingabe**. Visual Studio fügt im Anschluss daran der *Workflow1*-Codebasis den *OnSetLevel*-Ereignishandler hinzu und schaltet in den Code-Editor um. Kehren Sie ein weiteres Mal in den Workflow-Ansicht-Designer zurück.

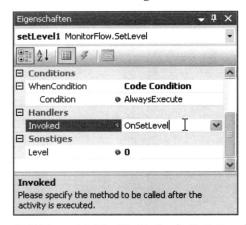

Abbildung 11.27   Die Methode *OnSetLevel* wird angelegt

12. Die letzte Eigenschaft der *setLevel1*-Aktivität, um die Sie sich hier kümmern müssen, ist die *Level*-Eigenschaft. Klicken Sie auf diese Eigenschaft, um die Schaltfläche »...« einzublenden und dann auf diese Schaltfläche. Daraufhin erscheint das Dialogfeld *Bind 'Level' to an activity's property*, in dem Sie auf die Registerkarte *Bind to a new member* wechseln. Geben Sie den Namen **TankLevel** im Feld *New member name* ein (Abbildung 11.28). Nachdem Sie zunächst sichergestellt haben, dass die Optionsschaltfläche *Create Property* aktiviert ist, bestätigen Sie mit einem Klick auf *OK*.

Kapitel 11: Aktivitäten für parallele Verarbeitung

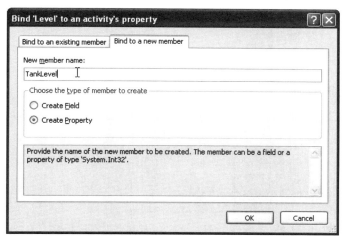

Abbildung 11.28 Erzeugen der Eigenschaft *TankLevel*

13. Es kann nun eine weitere untergeordnete Aktivität in der CAG-Aktivität platziert werden. Ziehen Sie eine Kopie der benutzerdefinierten *Stop*-Aktivität von der Toolbox auf die Designer-Oberfläche und legen Sie diese in dem rechteckigen Feld (das sich zwischen den Symbolen < und > findet) rechts neben der vorhandenen *setLevel1*-Aktivität ab (Abbildung 11.29).

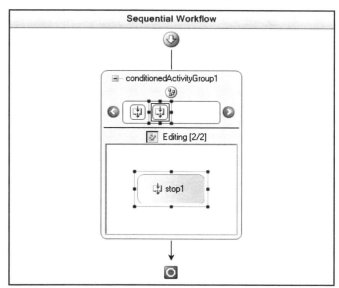

Abbildung 11.29 Die zweite untergeordnete Aktivität wurde abgelegt

14. Die Eigenschaften der *stop1*-Aktivität stehen nun für die Bearbeitung im Eigenschaftenfenster bereit. Wählen Sie die dazugehörige *WhenCondition* aus, um das v-Symbol des Listenfelds zu aktivieren und wählen Sie den Eintrag *Code Condition* aus der Liste aus (Abbildung 11.30).

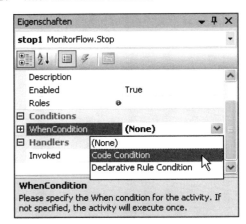

Abbildung 11.30 Auswahl der *Code Condition* für die *stop1*-Aktivität

15. Klicken Sie auf das Pluszeichen (+), das sich an der *WhenCondition*-Eigenschaft befindet, um die *Condition*-Eigenschaft sichtbar zu machen. In diesem Fall können Sie die bedingte Überprüfung mit der *setLevel1*-Aktivität gemeinsam benutzen. Klicken Sie daher in die *Condition*-Eigenschaft, um das dazugehörige v-Symbol des Listenfelds zu aktivieren, klicken Sie auf dieses Symbol und wählen Sie den Eintrag *AlwaysExecute* aus der Liste der verfügbaren bedingten Überprüfungsmethoden aus (Abbildung 11.31).

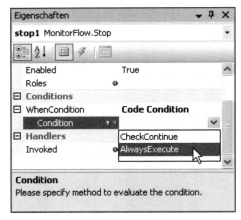

Abbildung 11.31 Die *stop1*-Aktivität benutzt die Überprüfungsmethode der *setLevel1*-Aktivität mit

16. Als Nächstes wählen Sie die *Invoked*-Eigenschaft der *stop1*-Aktivität aus und geben Sie den Namen **OnStop** in das dazugehörige Feld ein (Abbildung 11.32). Wie zu erwarten, wird auf diese Weise die *OnStop*-Methode erstellt. Kehren Sie in den Workflow-Ansicht-Designer zurück, sobald die Methode hinzugefügt wurde.

Kapitel 11: Aktivitäten für parallele Verarbeitung 305

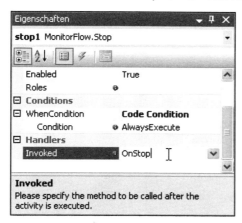

Abbildung 11.32 Erstellung der *OnStop*-Methode

17. Die *Stop*-Aktivität ist jetzt vollständig konfiguriert. Fügen Sie der CAG-Aktivität eine dritte untergeordnete Aktivität hinzu. Dieses Mal ziehen Sie eine Instanz der benutzerdefinierten *UnderfillAlert*-Aktivität auf die Designer-Oberfläche und legen Sie diese innerhalb der CAG-Aktivität rechts neben der bestehenden *stop1*-Aktivität ab (Abbildung 11.33).

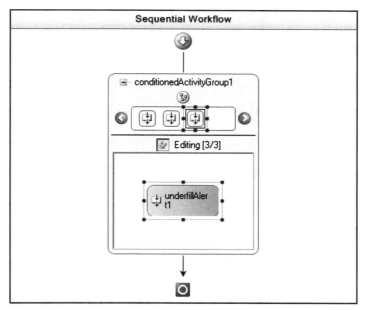

Abbildung 11.33 Die CAG-Aktivität verfügt jetzt über drei untergeordnete Aktivitäten

18. Begeben Sie sich zu den Eigenschaften der *underfillAlert1*-Aktivität, klicken Sie die dazugehörige *WhenCondition* an, um das v-Symbol des Listenfelds zu aktivieren, klicken Sie auf dieses Symbol und wählen Sie den Eintrag *Code Condition* aus der Liste aus (Abbildung 11.34).

306   Teil B: Mit Aktivitäten arbeiten

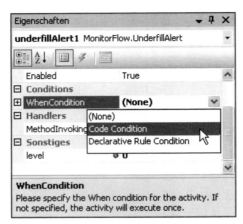

Abbildung 11.34 Auch die dritte untergeordnete Aktivität basiert auf der *Code Condition*

19. Öffnen Sie die *WhenCondition*-Eigenschaft, indem Sie das Pluszeichen (+) anklicken, und geben Sie den Namen **CheckEmpty** in das *Condition*-Textfeld ein (Abbildung 11.35). Dadurch wird die *CheckEmpty*-Methode zu Ihrem Workflow hinzugefügt. Begeben Sie sich wieder in den Workflow-Ansicht-Designer.

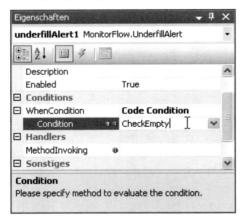

Abbildung 11.35 Die Überprüfungsmethode für die *underfillAlert1*-Aktivität wird erstellt

20. Als Nächstes müssen Sie die *level*-Eigenschaft der *underfillAlert1*-Aktivität an die *TankLevel*-Eigenschaft binden, die Sie in Schritt 12 erstellt haben. Aktivieren Sie dazu die *level*-Eigenschaft mit einem Klick, um die Schaltfläche (...) sichtbar zu machen. Klicken Sie auf diese Schaltfläche, woraufhin das Dialogfeld *Bind 'level' to an activity's property* erscheint. Dieses Mal jedoch existiert die Eigenschaft bereits, an die Sie binden möchten. Wählen Sie daher einfach den Eintrag *TankLevel* aus der Liste der verfügbaren Eigenschaften aus (Abbildung 11.36) und klicken Sie auf *OK*.

Kapitel 11: Aktivitäten für parallele Verarbeitung   307

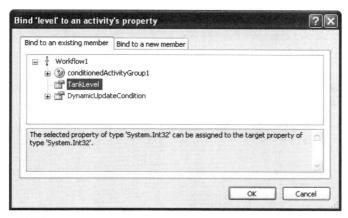

Abbildung 11.36 Auswahl der vorhandenen Eigenschaft *TankLevel*

21. Die Aktivität *underfillAlert1* ist nun vollständig konfiguriert. Daher ist es jetzt Zeit, der CAG-Aktivität die letzte Aktivität dieser Beispielanwendung hinzuzufügen. Ziehen Sie eine Kopie der benutzerdefinierten *OverfillRelease*-Aktivität auf die Designer-Oberfläche und legen Sie diese innerhalb der CAG-Aktivität rechts neben den anderen, bereits vorhandenen Aktivitäten ab (Abbildung 11.37).

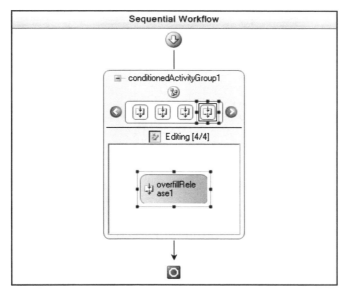

Abbildung 11.37 Die letzte untergeordnete Aktivität, *OverfillRelease*, wurde in der CAG-Aktivität platziert

22. Sie müssen erneut eine *WhenCondition* anbringen. Klicken Sie entsprechend auf die *WhenCondition*-Eigenschaft der *overfillRelease1*-Aktivität und wählen Sie den Eintrag *Code Condition* aus der Liste aus (Abbildung 11.38).

Teil B: Mit Aktivitäten arbeiten

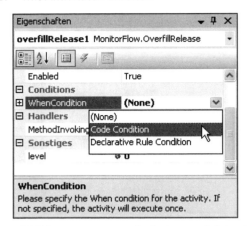

Abbildung 11.38 Auch die letzte Aktivität basiert auf der *Code Condition*

23. Klicken Sie auf das Pluszeichen (+) der Eigenschaft *WhenCondition*, um die Eigenschaft *Condition* sichtbar zu machen. Geben Sie innerhalb der *Condition*-Eigenschaft den Text **CheckOverfill** ein (Abbildung 11.39), wodurch die Methode *CheckOverfill* hinzugefügt und der Code-Editor aktiviert wird. Kehren Sie in den Workflow-Ansicht-Designer zurück.

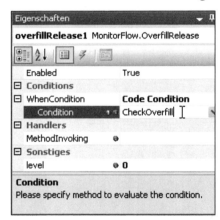

Abbildung 11.39 Die Methode *CheckOverfill* wird angelegt

24. Im Anschluss daran binden Sie die *level*-Eigenschaft der *overfillRelease1*-Aktivität an die *TankLevel*-Eigenschaft, wobei Sie analog zur *underfillAlert*-Aktivität in Schritt 20 vorgehen: Aktivieren Sie die Eigenschaft *level* mit einem Klick, um die Schaltfläche »...« einzublenden. Klicken Sie diese Schaltfläche an, um das Dialogfeld *Bind 'level' to an activity's property* aufzurufen. Wählen Sie den Eintrag *TankLevel* aus der Liste der vorhandenen Eigenschaften aus und klicken Sie auf *OK*.

25. Der Workflow ist aus der visuellen Perspektive jetzt fertig gestellt. Schalten Sie daher in den Code-Editor, um in der Datei *Workflow1.cs* Code hinzuzufügen. Dazu wählen Sie diese Datei im Projektmappen-Explorer aus und klicken Sie auf das Symbol (*Code anzeigen*) der Symbolleiste.

26. Der Code-Editor sollte nun aktiv sein und den Code der Datei *Workflow1.cs* anzeigen. Durchsuchen Sie die Quellcodedatei nach dem Konstruktor *Workflow1*. Fügen Sie unterhalb dieses Konstruktors den folgenden Code ein. Dabei ist es erforderlich, die minimalen und maximalen Füllstände für den Start des Workflows einzurichten:

    ```
    private bool _stop = false;
    private Int32 _min = -1;
    private Int32 _max = -1;
    private bool _notificationIssued = false;

    public Int32 TankMinimum
    {
        get { return _min; }
        set { _min = value; }
    }

    public Int32 TankMaximum
    {
        get { return _max; }
        set { _max = value; }
    }
    ```

27. Bei der nächsten Methode, die jetzt zu sehen sein sollte, handelt es sich um die *CheckContinue*-Methode, die Sie als *UntilCondition* für die CAG-Aktivität hinzugefügt haben. Diese Methode stellt in Wirklichkeit einen Ereignishandler dar und *ConditionalEventArgs* enthält eine *Result*-Eigenschaft, die Sie entsprechend zuweisen, um die Verarbeitung der CAG-Aktivität fortzusetzen oder zu beenden. Ein Setzen von *Result* auf *true* hält die Verarbeitung an, während *false* diese fortsetzt. Geben Sie diese einzelne Codezeile innerhalb der *CheckContinue*-Methode ein (*_stop* ist ein Flag, das im *OnStop*-Ereignishandler gesetzt wird):

    ```
    e.Result = _stop;
    ```

28. Zwei der CAG-Aktivitäten, *setLevel1* und *stop1*, sollten immer laufen. Die Methode, die an deren *WhenCondition* verknüpft ist, ist als nächste zur Bearbeitung an der Reihe. Fügen Sie der Methode *AlwaysExecute* diese einzelne Codezeile hinzu:

    ```
    e.Result = true;
    ```

29. Scrollen Sie in der Quellcodedatei weiter nach unten, bis Sie auf die *OnSetLevel*-Methode stoßen, die aufgerufen wird, wenn das *SetLevel*-Ereignis behandelt wird. Der gegenwärtige Tankfüllstand wird automatisch durch die WF für Sie gesetzt, da Sie die *Level*-Eigenschaft der Aktivität *setLevel1* an die abhängige Eigenschaft *TankLevel* gebunden haben. Der Code, den Sie hier eingeben, setzt alle Alarmbenachrichtigungen zurück, was es den für einen zu geringen oder zu hohen Füllstand verantwortlichen Aktivitäten erlaubt, entsprechende Benachrichtigungen zu senden, wenn der neue Füllstand den zulässigen Rahmen verlässt:

    ```
    _notificationIssued = false;
    ```

30. Wenn das *Stop*-Ereignis eintritt, liegt die Intention darin, die *UntilCondition* der CAG-Aktivität auszulösen, um die Verarbeitung anzuhalten. Scrollen Sie innerhalb der Datei *Workflow1.cs* weiter nach unten, halten Sie nach der Methode *OnStop* Ausschau und fügen Sie der Methode diese beiden Codezeilen hinzu:

```
// Das Stopp-Flag setzen
_stop = true;
```

31. Steuern Sie als Nächstes die *CheckEmpty*-Methode an, welche die *underfillAlert1*-Aktivität für die dazugehörige *WhenCondition* verwendet. Obwohl Sie möchten, dass die Bedingung jedes Mal überprüft wird, wenn die CAG-Aktivität die When-Bedingungen der untergeordneten Aktivitäten testet, ist es nicht beabsichtigt, dass die Benachrichtigungen laufend an die Benutzeroberfläche gesendet werden, da dies eine hohe Prozessorlast verursacht. Stattdessen soll die Benachrichtigung nur ein einziges Mal erfolgen, und zwar dann, wenn der Füllstand eben geändert wurde. Der folgende Code verrichtet genau dies für Sie. Fügen Sie der Methode *CheckEmpty* diese Codezeilen hinzu:

```
// Wenn Füllstand zu gering, Folgendes ausführen:
e.Result = false;
if (TankLevel <= TankMinimum)
{
    e.Result = !_notificationIssued;
    _notificationIssued = e.Result;
} // if
```

32. Bei der Aktivität *overfillRelease1* muss ebenso deren *WhenCondition* überprüft werden. Begeben Sie sich zur *CheckOverfill*-Methode und fügen Sie diesen ähnlichen Benachrichtigungscode hinzu:

```
// Wenn Füllstand zu hoch, Folgendes ausführen:
e.Result = false;
if (TankLevel >= TankMaximum)
{
    e.Result = !_notificationIssued;
    _notificationIssued = e.Result;
} // if
```

33. Speichern Sie alle geöffneten Dateien und kompilieren Sie die Projektmappe mit einem Druck auf die Taste **F6** oder mithilfe des Menübefehls *Erstellen/Projektmappe erstellen*.

34. Um die Anwendung auszuführen, drücken Sie **F5**, wenn Sie im Debugmodus arbeiten, oder **Umschalt+F5**, wenn Sie eine Release-Version erstellt haben. Bewegen Sie den Schieberegler nach oben und unten, wodurch das Auffüllen und Leeren des Tanks simuliert wird, und beobachten Sie den Text im unteren Bereich, der entsprechend verändert wird, wenn die Füllstände die festgelegten Grenzen über- oder unterschreiten oder wieder ein zulässiges Maß erreichen.

> **Hinweis** Eine CAG-Aktivität weist große Gemeinsamkeiten mit einem Zustandsautomaten auf. Wenn Sie einen sequenziellen Workflow entwickeln und den Eindruck gewinnen, dass ein Hauch einer zustandsautomatenbasierten Verarbeitung in einem bestimmten Prozess sinnvoll ist, stellt die CAG-Aktivität möglicherweise eine exzellente Wahl dar, um eine schnell implementierbare und einfache Alternative zu einem Zustandsautomaten zu erhalten.

Inzwischen haben Sie bereits genug über Workflow-Verarbeitung erfahren, sodass Sie eine große Anzahl Workflow-spezifischer Aufgaben lösen können. Die verbleibenden Kapitel behandeln Themen, die Ihnen ein tieferes Verständnis für die WF vermitteln. Im nächsten Kapitel 12 »Richtlinien und Regeln« lernen Sie, wie Regeln im Rahmen der Workflow-Verarbeitung angewendet werden.

Schnellübersicht

Aufgabe	Aktion
Workflow-Aktivitäten parallel (gleichzeitig) ausführen	Platzieren Sie eine Instanz der *Parallel*-Aktivität in Ihren Workflow und legen Sie Aktivitäten in den parallelen Zweigen ab (innerhalb der zur Verfügung gestellten *Sequence*-Aktivitäten).
Workflow-Aktivitäten synchronisieren, entweder um einen Zugriff auf flüchtigen Speicher zu sperren oder um sicherzustellen, dass bestimmte Aktivitäten ihre Arbeit beenden, bevor Ihr Workflow den Ausführungskontext wechselt	Fassen Sie die zu synchronisierenden Aktivitäten zusammen, indem Sie diese innerhalb von *SynchronizationScope*-Aktivitäten platzieren. Verwenden Sie identische *SynchronizationHandle*-Werte für alle *Synchronization Scope*-Aktivitäten, die synchronisiert werden sollen.
Aktivitäten parallel (gleichzeitig) ausführen auf Basis von bedingten Prüfungen	Erwägen Sie den Einsatz einer *ConditionedActivityGroup*-Aktivität (CAG). Jede untergeordnete Aktivität wird jedes Mal über die dazugehörige *WhenCondition* auf Ausführung überprüft, bevor die parallelen Pfade ausgeführt werden. Die CAG-Aktivität als Ganzes kann ebenso über die dazugehörige *UntilCondition* bedingt ausgeführt werden.

Kapitel 12

Richtlinien und Regeln

In diesem Kapitel:

Richtlinien und Regeln	314
Regelbasierte Bedingungen	319
Vorwärtsverkettung	326
Die *Policy*-Aktivität verwenden	331
Schnellübersicht	344

In diesem Kapitel lernen Sie

- wie Richtlinien und Regeln bei der Workflow-Verarbeitung behandelt werden.
- was Vorwärtsverkettung bedeutet und wie diese die regelbasierte Workflow-Verarbeitung beeinflusst.
- das Erzeugen von Regeln für die Workflow-Verarbeitung.
- den Einsatz von Regeln in Verbindung mit der *Policy*-Aktivität.

Die meisten Software-Entwickler sind wohl mit der *imperativen* Programmierung sehr zufrieden. Bei imperativem Code (aus dem Lateinischen, »impero« = »Befehle erteilen«) handelt es sich um C#-Code, der Prozesse über programmatische Konstruktionen implementiert – etwa das Lesen aus einer Datenbanktabelle, das Hinzufügen von Werten in einigen Spalten dieser Tabelle und das anschließende Schreiben aller Daten in eine andere Tabelle.

In diesem Kapitel geht es jedoch um *Regeln*, die ebenso Mechanismen für die Steuerung bei der Workflow-Ausführung sind, die aber als *deklarativ* angesehen werden. Deklarativer Code (aus dem Lateinischen, »declaro = »Erklärung abgeben«) ist im Allgemeinen ein Code, der nicht kompiliert in den Assemblys abgelegt wird, sondern bei der Ausführung der Anwendung interpretiert wird. Viele der neuen Leistungsmerkmale von ASP.NET 2.0 sind deklarativ, inklusive der Datenbindung und der erweiterten Vorlagensteuerelemente (*templated controls*). Diese erlauben es Ihnen, ASP.NET-Anwendungen zu schreiben, ohne C#-Code entwickeln zu müssen, der Datenbindungen oder andere komplexe Rendering-Arbeiten im Zusammenhang mit Steuerelementen durchführt.

Die Windows Workflow Foundation (WF) weist auch deklarative Merkmale auf, jedoch für die Bindung Regeln (rule) und Richtlinien (policy) anstatt Daten. Die Regeln werden natürlich nicht über HTML oder ASP.NET-Konstrukte deklariert, aber die damit verbundenen Konzepte sind ähnlich.

Es stellt sich die Frage, was in diesem Zusammenhang unter einer Regel und unter einer Richtlinie zu verstehen ist.

Richtlinien und Regeln

Beim Schreiben eines Programms, das Daten oder einen Prozess einbezieht, wird normalerweise das Verständnis dafür als Code umgesetzt, den der Computer ausführt. Betrachten Sie beispielsweise die folgende Logik im Zusammenhang mit einem Bankkonto: »Wenn der Wert der Tabellenspalte *AvailableBalance* (für ein verfügbares Guthaben) kleiner ist als der abzubuchende Betrag (*requestedValue*), dann soll eine *OverdraftException*-Ausnahme ausgelöst werden, die eine Überziehung des Kontos signalisiert. Dies klingt sehr einfach. Der folgende Pseudocode bildet dieses Verhalten ab:

```
IF (requestedValue > AvailableBalance) THEN
    throw new OverdraftException("Insufficient funds.")
```

Was aber ist, wenn der Bankkunde einen Überziehungsschutz hat, sodass für den Fall, dass das Guthaben auf dem ersten Konto nicht ausreichend ist, dann auf ein zweites Konto zugegriffen wird? Wie verhält es sich, wenn der Kunde zwar keinen Überziehungsschutz, aber einen automatischen Kreditrahmen für die Deckung der Überziehung besitzt? Sollte der Kunde gar beides haben, welches wird dann verwendet?

Wie Sie sich vorstellen können, kann der Code, um all diese Einzelfälle abzudecken, anwachsen und sowohl komplex werden als auch Spaghetticodecharakter annehmen. Schlimmer noch, der Code kann nicht gut auf andere Prozesse portiert werden und ist wahrscheinlich schwierig zu warten.

Wird das Beispiel ein wenig weiter analysiert, zeigt sich jedoch, dass hier nicht nur Daten verarbeitet werden müssen, sondern dass es auch Beziehungen zwischen den Daten gibt. Im Code werden prozedurale Verarbeitungsmethoden auf die Prozesse angewendet, die auf Beziehungen basieren und die häufig in Form vieler verschachtelter *if*-Anweisungen, *switch*-Anweisungen und Schleifen abgebildet werden müssen. Sie haben sicher nicht nur einmal Code geschrieben, der auf eine Vielzahl an *if*-Anweisungen zurückgreift, um alle möglichen Fälle zu berücksichtigen, bevor die eigentliche Verarbeitung erfolgt, und sich wahrscheinlich gefragt, ob es dafür nicht eine bessere Lösung gibt.

Zumindest in der WF wird ein besserer Weg angeboten. Sie können dabei deklarative Regeln aufstellen und eine *Regel-Engine* verwenden, um diese zu verarbeiten. Deklarative Regeln beschreiben Beziehungen und sind gut geeignet, Prioritäten für mögliche Entscheidungen zu setzen.

WF wird, wie gerade angedeutet, mit einer Regel-Engine ausgeliefert. Diese verarbeitet XML-kodierte Regeln und wendet diese Regeln auf Methoden und Felder in Ihrem Workflow an. In der WF können Sie imperativen (prozeduralen) Code mit deklarativen Regeln kombinieren und auf diese Weise eine Gesamtlösung entwickeln.

Die Verarbeitung von Regeln in der WF findet sich an zwei hauptsächlichen Orten – im Rahmen der bedingten Verarbeitung sowie in Gestalt von Richtlinien (*policy*). Die bedingte Verarbeitung ist Teil der Aktivitäten *IfElse*, *While*, *Replicator* und *ConditionedActivityGroup*. Wenn Sie sich an Kapitel 9 »Aktivitäten für Bedingungen und Schleifen« und Kapitel 11 »Aktivitäten für parallele Verarbeitung« zurückerinnern, in denen diese

Aktivitäten beschrieben und im Einsatz gezeigt wurden, kam durchgehend die *Code Condition* zum Einsatz, um den Prozessfluss an Bedingungen zu knüpfen. Wie bekannt ist, stellt die Implementation einer *Code Condition* einen Ereignishandler innerhalb Ihrer Workflow-Verarbeitungsklasse dar (der an eine *CodeCondition*-Klasse gebunden ist, welche die WF zur Verfügung stellt). Jedoch werden Sie in diesem Kapitel damit beginnen, stattdessen die *Declarative Rule Condition* zu verwenden. Richtlinien haben in diesem Buch bislang noch keine Rolle gespielt, aber werden ebenso in diesem Kapitel im Rahmen der Einführung der *Policy*-Aktivität angegangen.

> **Hinweis** Die regelbasierte Verarbeitung der WF ist so umfangreich, dass dafür nicht einmal ein eigenes Buch ausreichen würde. Daher kann in einem einzigen Kapitel nicht auf alles eingegangen werden. Ein realistisches Ziel aber liegt darin, verschiedene Schlüsselkonzepte vorzustellen, die möglicherweise neu für Sie sind und Ihnen einige WF-basierte Anwendungen an die Hand zu geben, welche die spezifischen Aspekte der regelbasierten Verarbeitung demonstrieren. Wenn dieses Thema Ihr Interesse geweckt hat, wird unbedingt empfohlen, per Google (http://www.google.de) nach weiteren Informationen zu suchen. Artikel und Informationen in puncto Implementation von Geschäftsprozessen in Workflow-basierten Systemen finden sich auf sehr vielen Websites.

In der WF wird eine Regel durch eine Bedingung repräsentiert, die einen booleschen Wert zurückgibt und an eine oder mehrere auszuführende Aktionen gekoppelt ist. Der Aufbau von Regeln orientiert sich bei der WF an einer If...then...else-Systematik. Die Regel-Engine prüft die Bedingung und steuert dann die Workflow-Ausführung abhängig vom Ergebnis der bedingten Verarbeitung. In gewisser Hinsicht gleichen die Regeln einem Code einer Skriptsprache, wobei die Regel-Engine die Skriptausführungsumgebung zur Verfügung stellt. Der Vorteil der Verwendung von Regeln gegenüber dem Einsatz von imperativem Code liegt darin, dass sich die Regeln leicht ändern lassen, sodass sich Teile Ihres Geschäftsprozesses leichter auf geänderte Bedingungen anpassen lassen.

Richtlinien sind in der WF Auflistungen von Regeln, die in einem *RuleSet* enthalten sind. Dies erleichtert die so genannte *Vorwärtsverkettung*, ein Ausdruck, der einen Mechanismus bezeichnet, bei dem eine derzeit verarbeitete Regel Änderungen durchführt, die ein erneutes Überprüfen bereits angewendeter Regeln erforderlich macht.

Regeln implementieren

Regeln basieren auf XML, wobei der XML-Code als Ressource kompiliert wird, wenn Ihr Workflow in Microsoft Visual Studio erzeugt wird. Viele WF-basierte Klassen setzen für bestimmte Aspekte ihrer Arbeit den Einsatz von Regeln voraus, die alle ihren Ursprung in *System.Workflow.Activities.Rules* haben. Diese Klassen arbeiten mit dem XML-Code zusammen, um die in einer Skriptsprache vorliegenden Regeln auszuführen. Das Ergebnis ist letztendlich immer ein bedingter Ausdruck, der *true* oder *false* annehmen kann, den Ihre Workflow-Logik zur Steuerung des Prozessflusses verwendet.

Die Arbeit mit Regeln in Visual Studio geschieht über zwei hauptsächliche Benutzeroberflächen. Zur einfachen Bearbeitung von Regeln, etwa der bedingten Überprüfung in flussbasierenden Aktivitäten (die in den Kapiteln 9 und 11 beschrieben ist), verwenden Sie eine Benutzeroberfläche, in der Sie die Regel als Text eingeben. Innerhalb dieser

Regel kombinieren Sie relationale Operatoren (Tabelle 12.1), arithmetische Operatoren (Tabelle 12.2), logische Operatoren (Tabelle 12.3), Schlüsselwörter (Tabelle 12.4) sowie Felder, Eigenschaft und Methoden Ihres Workflows, um den bedingten Ausdruck für die Aktivität zu formulieren.

Um auf Felder oder Eigenschaften Ihres Workflows zu verweisen, schreiben Sie das Schlüsselwort *this*, gefolgt von einem Punkt (.) in den Editor. Nachdem der Punkt eingegeben wurde, erscheint eine Liste mit Feldern und Eigenschaften Ihres Workflows. Die Felder und Eigenschaften lassen sich auf diese Weise einfach zur Verwendung einfügen. (Natürlich können Sie alternativ den Feld- oder Eigenschaftsnamen auch direkt eintippen.) Wenn das Feld oder die Eigenschaft eine Klasse darstellt, ist es möglich, die Aufrufe in der Klasse zu verschachteln, indem entsprechend mehr Punkte eingegeben werden, etwa in der Form *this.Customer.Name*.

Sie können ebenso Methoden aufrufen, statische Methoden eingeschlossen. In Verbindung mit statischen Methoden schreiben Sie den Klassennamen gefolgt vom Methodennamen, genauso, als würden Sie imperativen Code erstellen.

Tabelle 12.1 Relationale Operatoren für Regeln

Operator	Überprüft auf...
== *oder* =	gleich
>	größer
>=	größer gleich
<	kleiner
<=	kleiner gleich

Tabelle 12.2 Arithmetische Operatoren für Regeln

Operator	Bedeutung
+	Addition
-	Subtraktion
*	Multiplikation
/	Division
MOD	Modulo (Divisionsrestwert)

Tabelle 12.3 Logische Operatoren für Regeln

Operator	Bedeutung
AND *oder* &&	Logisches Und
OR *oder* ||	Logisches Oder
NOT *oder* !	Logische Negation
&	Bitweises Und
|	Bitweises Oder

Tabelle 12.4 Schlüsselwörter für Regeln

Schlüsselwort	Bedeutung
IF	Leitet eine bedingte Überprüfung ein.
THEN	Leitet den Pfad ein, der genommen wird, wenn der bedingte Ausdruck als *true* ausgewertet wird.
ELSE	Leitet den Pfad ein, der genommen wird, wenn der bedingte Ausdruck als *false* ausgewertet wird.
HALT	Beendet die Verarbeitung der Regeln und gibt die Kontrolle an die dazugehörige Aktivität zurück. Dies kommt aber nicht dem Einsatz der *Terminate*-Aktivität gleich, die Workflow-Verarbeitung wird also nicht abgebrochen, sondern nur die Verarbeitung der jeweiligen Bedingung.
Update	Teilt der Regel-Engine mit, dass sich ein bestimmtes Feld oder eine bestimmte Eigenschaft geändert hat (was die Überprüfung von Abhängigkeiten im Zusammenhang mit der Vorwärtsverkettung erleichtert, die später in diesem Kapitel beschrieben wird).

Für Richtlinien verwenden Sie einen speziellen Editor, den *Rule Set Editor*, um Ihr *RuleSet* zu bearbeiten (Abbildung 12.1). In diesem können mehrere Gruppen von Regeln bearbeitet und kombiniert werden. Dabei geben Sie beim Anlegen von Regeln deren Prioritäten an, des Weiteren, wie Regeln erneut überprüft werden, wenn sich die Zustände ändern, sowie den anzuwendenden spezifischen Mechanismus für die Vorwärtsverkettung. Die Festlegungen können später jederzeit geändert werden.

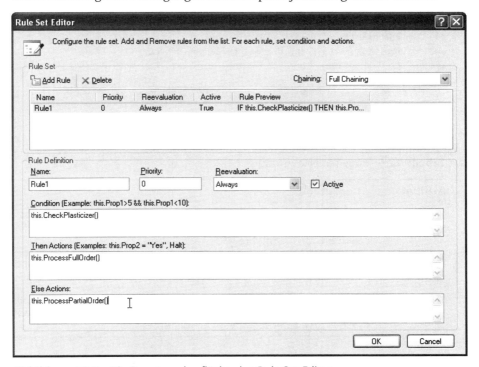

Abbildung 12.1 Die Benutzeroberfläche des *Rule Set Editor*

Attribute für Regeln

Wenn Ihre Workflow-Methoden von Regeln aufgerufen werden, kann es Abhängigkeiten geben, von denen die Regel-Engine keine Kenntnis hat. Regeln können *abhängig* werden, wenn diese Workflow-Felder und -Eigenschaft gemeinsam nutzen. Manchmal ist die Abhängigkeit offensichtlich, aber eben nicht immer. Stellen Sie sich z. B. vor, dass beim Kauf einer bestimmten Menge von Produkten die Lieferung frei Haus erfolgt, aber weiterhin eine Bearbeitungsgebühr veranschlagt wird. Betrachten Sie diese Regeln:

```
IF this.PurchasedQuantity >= this.DiscountQuantity THEN this.DiscountShipping(1.0)
```

und

```
IF this.HandlingCost > 0 THEN
    this.OrderCost = this.OrderCost + this.HandlingCost
```

Die erste Regel gibt an, dass wenn die Anzahl der gekauften Waren den Schwellenwert überschreitet, die Liefergebühren erlassen werden (anders ausgedrückt werden hier 100 Prozent der Liefergebühren abgezogen; beachten Sie, dass hier eine Methode aufgerufen wird, um den Wert zu setzen). Die zweite Regel, die in einem völlig anderen Teil des Workflows ausgeführt wird, addiert die Bearbeitungsgebühr zur Gesamtsumme. Wenn auf die Liefergebühren verzichtet wird, entfallen üblicherweise auch die Bearbeitungsgebühren, aber die beiden Regeln wirken hier separat. Wenn der Aufruf von *DiscountShipping* einen Wert in die *HandlingCost*-Eigenschaft schreibt und dieser Schreibvorgang zur Folge hat, dass die zweite Regel später im Prozess aufgerufen wird, sollten Sie der Regel-Engine mitteilen, dass es hier eine Abhängigkeit gibt. Hierfür verwenden Sie spezielle regelbasierte Workflow-Attribute, die in Tabelle 12.5 aufgelistet werden. Der folgende Code zeigt eines dieser Attribute im Einsatz:

```
[RuleWrite("HandlingCost")]
public void DiscountShipping(decimal percentageDiscount)
{
    ...
    // Reserviert für Code, um die Bearbeitungsgebühr zu aktualisieren
    ...
}
```

Diese Attribute kommen ins Spiel, wenn die Vorwärtsverkettung behandelt wird.

Tabelle 12.5 Regelbasierte Attribute

Attribut	Bedeutung
RuleRead	Der Standardwert. Dieses Attribut teilt der Regel-Engine mit, dass die Methode nur lesend auf die Workflow-Instanz-Eigenschaften und -Felder zugreift, aber nicht ihre Werte aktualisiert.
RuleWrite	Gibt an, dass die Methode den Wert eines möglicherweise abhängigen Feldes bzw. einer möglicherweise abhängigen Eigenschaft aktualisiert.
RuleInvoke	Gibt an, dass die Methode, die mit diesem Attribut versehen ist, eine oder mehrere andere Methoden aufruft, die ebenso möglicherweise abhängige Felder bzw. Eigenschaften aktualisieren.

Die *Update*-Anweisung

Tabelle 12.4 zeigt die regelbasierten Schlüsselwörter, die Ihnen zur Verfügung stehen. Diese sollten sich weitgehend selbst erklären, mit einer Ausnahme, der Anweisung *Update*. Wie auch bei den regelbasierten Attributen wird die *Update*-Anweisung später im Rahmen des Themas Vorwärtsverkettung vertieft, aber es soll hier kurz darauf eingegangen werden: Die Idee hinter der Update-Anweisung ist, der Regel-Engine zu signalisieren, dass Ihre Regel ausdrücklich ein Feld oder eine Eigenschaft aktualisiert, sodass andere abhängige Regeln auf die Änderung aufmerksam gemacht werden (die *Update*-Anweisung ändert also trotz ihres Namens selbst kein Feld und keine Eigenschaft, sondern teilt die Änderung nur mit).

Update nimmt einen einzelnen Stringwert auf, der den Namen des Feldes bzw. der Eigenschaft repräsentiert und diesen verwendet, um die Regel-Engine darüber zu unterrichten, dass abhängige Felder bzw. Eigenschaften möglicherweise einer erneuten Prüfung unterzogen werden müssen. Obwohl der bessere Weg darin liegt, regelbasierte Attribute einzusetzen, gibt es Fälle, bei denen die Verwendung von *Update* angebracht ist. Ein gutes Beispiel hierfür ist, wenn Sie eine Eigenschaft einer Workflow-Assembly ändern, die Sie nicht selbst geschrieben haben (und die keine regelbasierten Attribute aufweist und bei der Sie den Quellcode nicht überarbeiten können, um die notwendigen Attribute einzufügen).

Wahrscheinlich ist der beste Weg, zu verstehen, wie Regeln in der Workflow-Verarbeitung eingesetzt werden, etwas Code zu schreiben und diese auszuprobieren. Dabei wird mit der *Declarative Rule Condition* begonnen, dem Gegenstück zur *Code Condition* aus Kapitel 9.

Regelbasierte Bedingungen

Bei den WF-Aktivitäten, die bedingte Ausdrücke überprüfen, handelt es sich um die Aktivitäten *IfElse*, *While*, *Replicator* und *ConditionedActivityGroup*. Jede von diesen Aktivitäten erfordert es, dass Sie eine *true/false*-Entscheidung verankern. In Kapitel 9 haben Sie hierfür die *Code Condition* im Eigenschaftenfenster der jeweiligen Aktivität verwendet, die Visual Studio dazu veranlasst, einen Ereignishandler in Ihren Workflow-Code einzufügen. Die Ereignisargumente, die vom Typ *ConditionalEventArgs* sind, enthalten eine *Result*-Eigenschaft, die Sie abhängig von der Entscheidung auf *true* oder *false* setzen.

Jedoch besteht die Möglichkeit, für jede dieser bedingten Entscheidungen stattdessen eine *Declarative Rule Condition* zu verwenden, also eine regelbasierte Bedingung. Regelbasierte Bedingungen sind Regeln, die bei der Überprüfung zu *true* oder *false* führen. Ein Beispiel für eine solche Bedingung ist »Die Anzahl bestellter Produkte überschreitet den Schwellwert für eine Frei-Haus-Lieferung«. Um dies ein wenig zu verdeutlichen, finden Sie im Folgenden eine Beispielanwendung, die auf einer *Declarative Rule Condition* basiert.

Eine neue Workflow-Anwendung mit einer *Declarative Rule Condition* erstellen

1. Die Beispielanwendung *RuleQuestioner* liegt in zwei Formen vor, wie auch die Beispiele aus den vorangegangenen Kapiteln. Die komplette Version, die Sie im Verzeichnis *\Workflow\Chapter12\RuleQuestioner Completed* finden, eignet sich sehr gut, wenn Sie dem Text folgen möchten, ohne etwas eingeben zu müssen, denn diese ist sofort lauffähig. Wenn Sie dagegen die Anwendung selbst erstellen möchten, öffnen Sie die entsprechende Projektmappe im Verzeichnis *\Workflow\Chapter12\RuleQuestioner*. Mit dieser Version wurde bereits begonnen und Sie ergänzen anhand der Schritt-für-Schritt-Anleitung den Programmcode und erstellen den Workflow. Um eine der beiden Versionen zu öffnen, ziehen Sie die Projektmappendatei, also die Datei mit der Dateierweiterung *.sln*, in ein Visual Studio-Fenster.

2. Vorausgesetzt, die Projektmappe wurde geladen und steht zur Bearbeitung zur Verfügung, legen Sie ein separates sequenzielles Workflow-Bibliotheksprojekt an, wobei Sie so vorgehen wie in Kapitel 3 »Workflow-Instanzen«, Abschnitt »Der *WorkflowHost*-Projektmappe ein sequenzielles Workflow-Projekt hinzufügen«. Benennen Sie diese Workflow-Bibliothek mit **RuleFlow** und speichern Sie diese im Verzeichnis *\Workflow\Chapter12\RuleQuestioner*.

3. Nachdem Visual Studio das *RuleFlow*-Projekt hinzugefügt hat, wird der *Workflow1*-Workflow im Workflow-Ansicht-Designer zur Bearbeitung geöffnet. Öffnen Sie die Toolbox, falls notwendig, und ziehen Sie eine Instanz der *Code*-Aktivität auf die Designer-Oberfläche und legen Sie diese dort ab (Abbildung 12.2). Für die dazugehörige *ExecuteCode*-Eigenschaft geben Sie **AskQuestion** ein.

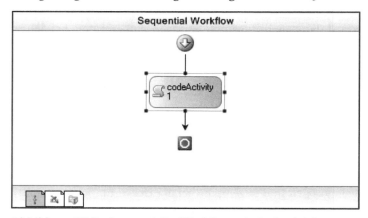

Abbildung 12.2 Sequenzieller Workflow mit *Code*-Aktivität

4. Visual Studio erstellt die *AskQuestion*-Methode und schaltet in den Code-Editor um. Geben Sie in dieser Methode den folgenden Programmcode ein:

```
// Die Frage stellen, ob heute Dienstag ist
DialogResult res = MessageBox.Show("Is today Tuesday?", "RuleFlow",
    MessageBoxButtons.YesNo, MessageBoxIcon.Question);
_bAnswer = res == DialogResult.Yes;
```

5. Halten Sie nach dem *Workflow1*-Konstruktor Ausschau und geben Sie unterhalb des Konstruktors den folgenden Code ein:

```
private bool _bAnswer = false;
```

6. Scrollen Sie weiter nach oben, bis Sie auf die *using*-Anweisungen treffen. Tragen Sie am Ende der bestehenden Liste diese Zeile ein:

```
using System.Windows.Forms;
```

7. Da die *MessageBox*-Klasse von *System.Windows.Forms* unterstützt wird und diese keine Assembly darstellt, der beim Anlegen eines Projektes vom Typ sequenzieller Workflow automatisch ein Verweis hinzugefügt wird, müssen Sie dies manuell nachholen. Zu diesem Zweck klicken Sie in der Baumdarstellung des Projektmappen-Explorers den Knoten *Verweise* innerhalb des *RuleFlow*-Projekts mit der rechten Maustaste an und wählen Sie den Eintrag *Verweis hinzufügen* aus dem Kontextmenü aus. Wechseln Sie auf die Registerkarte *.NET*, falls notwendig, und steuern Sie den Eintrag *System.Windows.Forms* aus der Liste an. Wählen Sie diesen aus und bestätigen Sie mit einem Klick auf *OK*.

8. Wechseln Sie zurück in den Workflow-Ansicht-Designer. Ziehen Sie eine *IfElse*-Aktivität auf die Designer-Oberfläche und legen Sie diese unterhalb der eben platzierten *Code*-Aktivität ab (Abbildung 12.3). Das rot eingekreiste Ausrufezeichen (!) zeigt an, dass noch zusätzliche Arbeiten notwendig sind. In diesem Fall bedeutet dies, dass die Bedingung hinzugefügt werden muss, die den Workflow veranlasst, den linken Pfad (bei *true*) oder den rechten Pfad (bei *false*) zu nehmen.

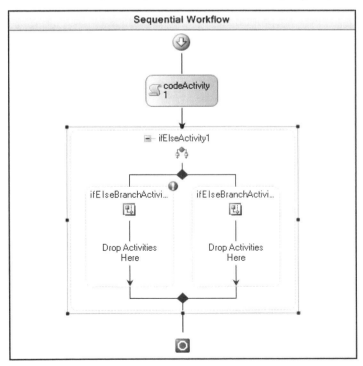

Abbildung 12.3 Workflow mit abgelegter *IfElse*-Aktivität

9. Wählen Sie im Workflow-Ansicht-Designer den linken Zweig an, *ifElseBranchActivity1*, woraufhin die dazugehörigen Eigenschaften im Eigenschaftenfenster von Visual Studio angezeigt werden.

10. Wählen Sie die *Condition*-Eigenschaft aus und klicken Sie auf das v-Symbol, um die Auswahlliste mit den verfügbaren Optionen für bedingte Optionen zu öffnen. Entscheiden Sie sich dabei für den Eintrag *Declarative Rule Condition* (Abbildung 12.4).

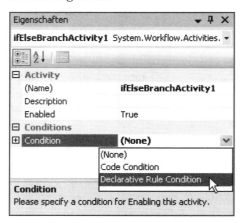

Abbildung 12.4 Auswahl der *Declarative Rule Condition*

11. Öffnen Sie die *Condition*-Eigenschaft mit einem Klick auf das daneben befindliche Pluszeichen (+), woraufhin die untergeordnete Eigenschaft *ConditionName* sichtbar wird. Wählen Sie diese mit einem Klick an, um die Schaltfläche »...« einzublenden, und klicken Sie diese an (Abbildung 12.5).

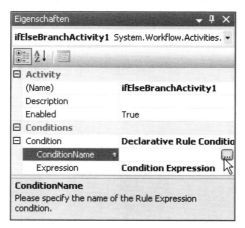

Abbildung 12.5 Mit dieser Schaltfläche wird das Dialogfeld *Select Condition* aufgerufen

12. Auf diese Weise wird das Dialogfeld *Select Condition* aufgerufen. Klicken Sie die Schaltfläche *New* an (Abbildung 12.6).

Kapitel 12: Richtlinien und Regeln 323

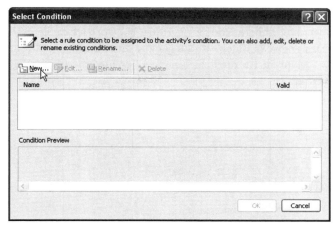

Abbildung 12.6 Das Dialogfeld Select Condition

13. Dadurch wird das Dialogfeld *Rule Condition Editor* aufgerufen. Geben Sie im Feld *Condition* die Bedingung **System.DateTime.Now.DayOfWeek == System.DayOfWeek.Tuesday** ein und bestätigen Sie mit einem Klick auf *OK* (Abbildung 12.7).

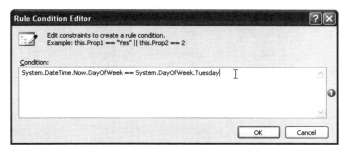

Abbildung 12.7 Eingabe der Bedingung

14. Die Bedingung *Condition1* wird jetzt in der Liste angezeigt (Abbildung 12.8). Klicken Sie auf *OK*, um das Dialogfeld *Select Condition* zu schließen.

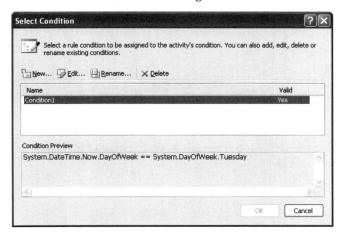

Abbildung 12.8 Die Bedingung wird in der Liste der Bedingungen angezeigt

15. Die *IfElse*-Aktivität verfügt nun über eine Bedingung, die verarbeitet werden kann, aber es wird kein Code ausgeführt. Hierfür ziehen Sie eine *Code*-Aktivität auf die Designer-Oberfläche und legen Sie diese im linken Zweig ab (Abbildung 12.9). Vergeben Sie für die dazugehörige *ExecuteCode*-Eigenschaft den Namen **ShowTuesday**.

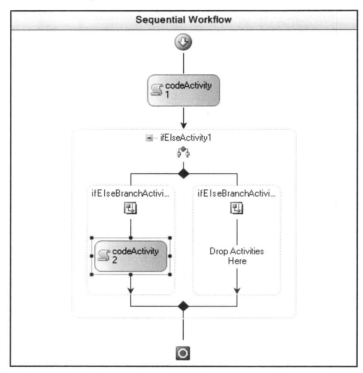

Abbildung 12.9 Die Aktivität für den auszuführenden Code wurde im linken Zweig platziert

16. Visual Studio wechselt in den Code-Editor, in dem Sie die Implementation für *ShowTuesday* zur Verfügung stellen. Geben Sie den folgenden Code innerhalb des *ShowTuesday*-Ereignishandlers ein und kehren Sie dann in den Workflow-Ansicht-Designer zurück:

```
string msg = _bAnswer ?
   "The workflow agrees, it is Tuesday!" :
   "Sorry, but today IS Tuesday!";
MessageBox.Show(msg);
```

17. Platzieren Sie eine zweite *Code*-Aktivität im rechten Zweig der *IfElse*-Aktivität (Abbildung 12.10). Geben Sie **ShowNotTuesday** in die dazugehörige *ExecuteCode*-Eigenschaft ein.

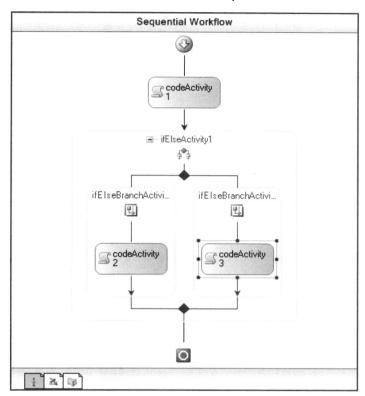

Abbildung 12.10 Die *IfElse*-Aktivität verfügt jetzt über beide erforderlichen *Code*-Aktivitäten

18. Nachdem Visual Studio für Sie den Code-Editor aktiviert hat, tragen Sie den folgenden Code in den *ShowNotTuesday-Ereignishandler* ein und schalten Sie zurück in den Workflow-Ansicht-Designer:

```
string msg = !_bAnswer ?
    "The workflow agrees, it is not Tuesday!" :
    "Sorry, but today is NOT Tuesday!";
MessageBox.Show(msg);
```

19. Der Workflow ist nun fertig gestellt. Als Nächstes fügen Sie einen Verweis von der *RuleQuestioner*-Anwendung zum Workflow ein. Zu diesem Zweck klicken Sie den Zweig *RuleQuestioner* im Projektmappen-Explorer mit der rechten Maustaste an und rufen Sie den Eintrag *Verweis hinzufügen* auf. Als Reaktion darauf wird das Dialogfeld *Verweis hinzufügen* angezeigt, in dem Sie auf die Registerkarte *Projekte* wechseln. Wählen Sie den Eintrag *RuleFlow* aus der Liste aus und klicken Sie auf *OK*.

20. Öffnen Sie die Datei *Program.cs* im *RuleQuestioner*-Projekt zur Bearbeitung und halten Sie nach der folgenden Codezeile Ausschau:

```
// Print banner.
Console.WriteLine("Waiting for workflow completion.");
```

21. Um eine Workflow-Instanz zu erstellen, fügen Sie den folgenden Code unterhalb der gerade angesteuerten Codezeile ein:

    ```
    // Die Workflow-Instanz erstellen:
    WorkflowInstance instance =
        workflowRuntime.CreateWorkflow(typeof(RuleFlow.Workflow1));

    // Die Workflow-Instanz starten:
    instance.Start();
    ```

22. Kompilieren Sie die Projektmappe mit einem Druck auf **F6** oder mithilfe des Menübefehls *Erstellen/Projektmappe erstellen*. Korrigieren Sie etwaige aufgetretene Kompilierungsfehler.

23. Führen Sie die Anwendung mit der Taste **F5** (oder **Strg+F5**) aus.

Wenn Sie sich den Schritt 13 genau anschauen, wird die hinzugefügte Regel nicht durch die Antwort des Benutzers auf die Frage, ob heute Dienstag ist, beeinflusst. Die Regel überprüft vielmehr, ob der aktuelle Tag gemäß der Echtzeituhr des Computers ein Dienstag ist. Nichtsdestotrotz hätte die Benutzereingabe berücksichtigt werden können. (In diesem Fall müsste this._bAnswer der Regel hinzugefügt werden, um auf den booleschen Wert zuzugreifen.)

Vielleicht fragen Sie sich jetzt, warum diese Vorgehensweise besser sein soll als der Einsatz einer *Code Condition*. Tatsächlich verhält es sich nicht so, dass eine der Implementierungen der anderen überlegen ist (*Code Condition* versus *Declarative Rule Condition*). Das Ergebnis ist das gleiche. Was sich geändert hat, ist die Entscheidung, die über *gespeicherte Regeln* getroffen wurde, die zur Laufzeit durch andere Regeln ausgetauscht werden können. Dies ist ein sehr leistungsfähiges Konzept. Dieses wird sogar noch mächtiger, wenn mehr als eine Regel einbezogen wird, was bei Richtlinien der Fall ist. Aber bevor Richtlinien erläutert werden, muss noch ein Blick auf die Vorwärtsverkettung geworfen werden.

Vorwärtsverkettung

Wenn Sie schon einmal beobachtet haben, wie Autos in einer modernen Fabrik montiert werden, waren Sie sicherlich beeindruckt über die vielen komplexen Vorgänge. Ist das Innere eines Autos schon alles andere als einfach aufgebaut, liegt die Komplexität eines Montageprozesses zwangsläufig noch erheblich darüber. Fest verwoben mit dem Montageprozess ist das Konzept einer Option. Autos weisen optionale Komponenten auf. Möglicherweise erhalten einige ein Satellitenradio, andere werden mit GPS-Empfängern (Global Positioning System) ausgestattet, sodass der Fahrer sein Ziel mit elektronischer Unterstützung findet. Nicht jedes Auto innerhalb der Montagestraße hat jede Option.

Kommt ein Auto an die Reihe, für das mehr Optionen als für ein anderes vorgesehen sind, ist häufig eine Änderung im Montageprozess notwendig. Einige Optionen erfordern bereits in einem sehr frühen Montagestadium eine abweichende Verkabelung. Denkbar ist es auch, dass eine leistungsstärkere Autobatterie verwendet werden muss oder divergierende Motorkomponenten.

Der Punkt ist, dass der Montageprozess auf einer »je Auto«-Basis basiert, also bei jedem anstehenden Montagevorgang eine Änderung erfahren kann. An jeder Montagestation wird den Arbeitern (oder Robotern) mitgeteilt, welche Teile einzubauen sind. Den Prozess, der diese darüber unterrichtet, könnte man sich leicht als Workflow-Prozess vorstellen, der auf einem regelbasierten Ansatz basiert. Dazu kommt, dass Entscheidungen, die früh gefällt wurden, Auswirkungen darauf haben können, wie Entscheidungen später getroffen werden. Einige Optionen sind nicht mit anderen kompatibel, sodass der Montageprozess geändert werden muss, sobald ein bestimmtes Auto bei einem Montagevorgang an der Reihe ist.

Dies ist das Wesen der Vorwärtsverkettung. Regeln sind unauflöslich miteinander verbunden, oder verkettet, etwa solche Regeln, deren Entscheidung einen Einfluss darauf hat, wie Regeln, die zu einem späteren Zeitpunkt angewendet werden, überprüft werden. Wenn Sie mit mehr als einer Regel konfrontiert werden, was beim Einsatz von Richtlinien der Fall ist, müssen Sie sich mit Regelabhängigkeiten und der Frage, wie Vorwärtsverkettung gehandhabt werden soll, beschäftigen.

> **Hinweis** Der Ausdruck »Abhängigkeiten zwischen Regeln« bedeutet, dass sich zwei oder mehr Regeln ein gemeinsames Feld oder eine gemeinsame Eigenschaft eines Workflows teilen. Trifft dies nicht zu, existiert entsprechend keine Abhängigkeit zwischen diesen Regeln. Bei vorhandenen Abhängigkeiten liegt das Problem darin, dass es Fälle geben kann, in denen die Regel-Engine keine Kenntnis über etwaige Abhängigkeiten hat. Entsprechend muss die Regel-Engine über die Existenz von Abhängigkeiten unterrichtet werden. (Darauf wird in diesem Abschnitt noch eingegangen.)

Wie bereits früher in diesem Kapitel erwähnt, werden Regeln in einem *RuleSet* zusammengefasst. Regeln innerhalb eines *RuleSet* können Prioritäten zugewiesen werden und Sie können angeben, ob diese zu einem bestimmten Zeitpunkt aktiv sein sollen (verwandt mit einer Enabled-Eigenschaft). Wenn mehr als eine Regel vorhanden ist, werden die Regeln nach der folgenden Art und Weise verarbeitet:

1. Die Liste aktiver Regeln wird ermittelt.
2. Die Regel mit der höchsten Priorität (oder eine Gruppe von Regeln) wird festgestellt.
3. Die Regel (oder die Regeln) wird überprüft und deren Then- und Else-Aktionen ausgeführt, je nach Notwendigkeit.
4. Wenn eine Regel ein Feld oder eine Eigenschaft eines Workflows aktualisiert, das bzw. die von einer vorangegangenen, mit einer höheren Priorität versehenen Regel in der Liste verwendet wird, wird die vorangegangene Regel erneut überprüft und deren Aktionen gelangen erneut zur Ausführung, falls notwendig.
5. Der Prozess wird fortgesetzt, bis alle Regeln in dem *RuleSet* überprüft, bzw. – falls notwendig – erneut überprüft wurden.

Regeln können als Ergebnis von drei Situationen eine Vorwärtsverkettung aufweisen: implizite Verkettung, attributive Verkettung oder explizite Verkettung. Das heißt, Regeln können miteinander verbunden sein und Abhängigkeiten untereinander aufweisen, wenn dies die Workflow-Laufzeit selbst festgestellt hat (implizite Verkettung), Sie eines der regelbasierten Attribute an einer Methode angebracht haben (attributive Verkettung) oder Sie die *Update*-Anweisung verwendet haben (explizite Verkettung). Im Folgenden wird jede Verkettungsart kurz betrachtet.

Implizite Verkettung

Implizite Verkettung kommt zustande, wenn Felder und Eigenschaften durch eine Regel aktualisiert werden und diese Felder und Eigenschaften eindeutig von anderen Regeln ausgelesen werden. Betrachten Sie z. B. folgende Regeln:

```
IF this.OrderQuantity > 500 THEN this.Discount = 0.1
```

und

```
IF this.Discount > 0 && this.Customer == "Contoso"
THEN this.ShippingCost = 0
```

Die erste Regel wendet einen Rabatt an, wenn die Bestellmenge 500 Einheiten überschreitet. Die zweite Regel legt fest, dass für den Fall, dass es sich bei dem Kunden um die Firma »Contoso« handelt, diesem die Liefergebühren erlassen werden, wenn gleichzeitig ein Rabatt vergeben wurde. Die zweite Regel muss hier möglicherweise erneut überprüft und ausgeführt werden, wenn die erste Regel ins Spiel kommt.

Attributive Verkettung

Da Methoden in Ihrem Workflow Felder und Eigenschaft aktualisieren können, ohne die Regel-Engine darüber in Kenntnis zu setzen, stellt die WF die regelbasierten Attribute zur Verfügung, die bereits früher in diesem Kapitel angesprochen wurden. Schauen Sie sich diesbezüglich noch einmal das vorige Beispiel an, bei dem jetzt die Regeln etwas verändert wurden. Die attributive Verkettung könnte etwa folgendermaßen aussehen:

```
IF this.OrderQuantity > 500 THEN this.SetDiscount(0.1)
```

und

```
IF this.Discount > 0 && this.Customer == "Contoso"
THEN this.ShippingCost = 0
```

Hier ruft die erste Regel eine Methode der Workflow-Klasse auf, *SetDiscount*, welche die *Discount*-Eigenschaft aktualisiert. Die Regel-Engine kann nicht wissen, dass *SetDiscount* den Wert von *Discount* verändert. Daher sollten Sie bei der Erstellung der *SetDiscount*-Methode das Attribut *RuleWrite* (oder *RuleInvoke*) verwenden:

```
[RuleWrite("Discount")]
private void SetDiscount(decimal discountValue)
{
    ...
}
```

Das Attribut *RuleWrite* informiert hier die Regel-Engine, dass ein Aufruf von *SetDiscount* zur Folge hat, dass die *Discount*-Eigenschaft aktualisiert wird. Da dies eine Abhängigkeit darstellt, werden die Regeln nach Aufruf der *SetDiscount*-Methode erneut überprüft.

Explizite Verkettung

Die letzte Art der Vorwärtsverkettung ist die explizite. Dabei verwendet Ihre Regel die *Update*-Anweisung, um der Regel-Engine mitzuteilen, dass sich der Wert eines Feldes oder einer Eigenschaft geändert hat. Die Auswirkung der *Update*-Anweisung ist die gleiche wie eine Anwendung des *RuleWrite*-Attributs. Wenn eine Workflow-Methode aufgerufen wird, kann die Regel-Engine keine Kenntnis darüber haben, ob die Methode ein Feld oder eine Eigenschaft aktualisiert hat, von dem die Regel abhängt. Jedoch wissen Sie dies. In diesem Fall rufen Sie die Workflow-Methode mit nachfolgender *Update*-Anweisung auf, um die Regel-Engine über diese Abhängigkeit zu unterrichten (und die Änderung der zugrundeliegenden Daten, auf denen die Entscheidungen der Regel-Engine basieren).

Dies mag etwas sonderbar klingen, hat aber eine Bedeutung. Wenn Sie Ihre eigenen Workflows entwickeln, sollten Sie die regelbasierten Attribute verwenden. Da jedoch die Popularität von Workflow-basierender Software zunimmt und Entwickler damit beginnen, Workflows anderer Anbieter zu nutzen, kann sich herausstellen, dass die regelbasierten Attribute nicht an die verschiedenen Workflow-Methoden angebracht wurden. In diesem Fall sollte die *Update*-Anweisung verwendet werden, um einen ordnungsgemäßen Zustand des Workflows aufrechtzuerhalten und die Rule-Engine weiterhin zu synchronisieren. Die regelbasierten Attribute unterliegen einer deklarativen Änderung, während die *Update*-Anweisung einen imperativen Charakter hat. Sie benötigen eine imperative Lösung, wenn Sie mit vorkompilierter Software anderer Anbieter arbeiten.

Zurück zum vorangegangenen Beispiel. Angenommen, die *SetDiscount*-Methode verfügt nicht über ein *RuleWrite*-Attribut. Die beiden Regeln könnten dann folgendermaßen aussehen:

```
IF this.OrderQuantity > 500 THEN this.SetDiscount(0.1)
Update(this.Discount)
```

und

```
IF this.Discount > 0 && this.Customer == "Contoso"
THEN this.ShippingCost = 0
```

Ausgestattet mit dieser Information hat die Regel-Engine Kenntnis darüber, dass die *Discount*-Eigenschaft aktualisiert wurde und wird dementsprechend die Regeln der Anwendung erneut überprüfen.

Vorwärtsverkettung beeinflussen

Möglicherweise entsteht jetzt der Eindruck, dass Sie die Kontrolle abgeben, wenn Sie die regelbasierte Workflow-Ausführung erst einmal ausgelöst haben, und der Regel-Engine erlauben, alle Entscheidungen selbst zu treffen. Obwohl dies in den meisten Fällen exakt das ist, das Sie beabsichtigen, haben Sie weiterhin Einflussmöglichkeiten in Hinblick darauf, wie Regelabhängigkeiten und Vorwärtsverkettung gehandhabt werden.

Tabelle 12.6 zeigt die drei Arten der Einflussmöglichkeiten bei der Vorwärtsverkettung.

Tabelle 12.6 Steuerungsmöglichkeiten für die Vorwärtsverkettung

Aktion	Zweck
Full Chaining (uneingeschränkte Verkettung)	Der Standard. Erlaubt es der Regel-Engine, die Regeln zu verarbeiten und diese erneut zu überprüfen, wenn dies für notwendig erachtet wird.
Explicit Update Only (explizite Verkettung)	Beschränkt die Vorwärtsverkettung auf die Regeln, die eine Update-Anweisung aufweisen.
Sequential (sequenziell)	Schaltet die Vorwärtsverkettung ab. Es werden keinerlei Abhängigkeiten überprüft und Regeln werden der Reihe nach angewendet, jede genau einmal.

Die *uneingeschränkte Verkettung* (Option *Full Chaining*) erlaubt der Regel-Engine, die Regeln so zu verarbeiten, wie es angegeben wurde, einschließlich impliziten und attributiven Neuüberprüfungen, falls diese notwendig sind.

Die *explizite Verkettung* (Option *Explicit Update Only*) deaktiviert implizite und attributive Vorwärtsverkettung und überträgt die Verantwortung, die Regel-Engine über Abhängigkeiten zu informieren, voll und ganz an Sie. Dort, wo die *Update*-Anweisung verwendet wird, haben Sie die totale Kontrolle über die Regelabhängigkeiten und erneute Überprüfungen. An den Stellen, an denen auf die *Update*-Anweisung verzichtet wird, unternimmt die Regel-Engine keinen Versuch, zu ermitteln, ob Abhängigkeiten existieren, was zur Folge hat, dass Regeln nicht erneut überprüft werden, selbst wenn es tatsächlich Abhängigkeiten gibt. Diese explizite Verkettung geht auf Kosten entsprechend hinzufügender *Update*-Anweisungen in Ihren Regeln. In der Praxis werden Sie möglicherweise darauf zurückgreifen, um die Performance zu erhöhen (da die Regel-Engine dann keine unnötigen Regelüberprüfungen mehr vornimmt) oder um zyklische Abhängigkeiten in Ihren Regeln zu beseitigen.

Die *sequenzielle* Verkettung (Option *Sequential*) schaltet jegliche Form von Vorwärtsverkettung ab. Die Regeln werden von oben nach unten in einem einzelnen Durchgang überprüft. Wenn Abhängigkeiten vorhanden sind, werden diese Abhängigkeiten komplett ignoriert.

Tipp Die wohl überlegte Verwendung von Prioritäten kann häufig die Vorwärtsverkettung genauso wirksam beeinflussen. Regeln mit höherer Priorität werden zuerst ausgeführt, sodass die Aktualisierung von Feldern und Eigenschaften innerhalb von Regeln mit höherer Priorität die Werte festsetzt, die dann Regeln mit geringerer Priorität vorfinden, wenn diese zur Ausführung kommen. Wie bereits erwähnt, legen Sie die Prioritäten in derselben Visual Studio-Benutzeroberfläche fest, über die Sie auch die Regeln anlegen.

Die Neuüberprüfung von Regeln beeinflussen

Sie haben auch die Kontrolle darüber, wie Regeln erneut überprüft werden. Tabelle 12.7 zeigt die einzelnen Modi an. Eine wichtige Angelegenheit, die nicht vergessen werden sollte, liegt darin, dass die Modi für die Regel-Neuüberprüfung auf Regelebene angewendet werden, also für jede Regel individuell festgelegt werden können.

Tabelle 12.7 Modi für die Regel-Neuüberprüfungen

Aktion	Zweck
Always	Der Standard. Dieser Modus erlaubt es der Regel-Engine, Regeln neu zu überprüfen, falls notwendig.
Never	Die Regel wird nur ein einziges Mal angewendet, es finden also grundsätzlich keine Neuüberprüfungen statt.

Indem erlaubt wird, dass Regeln immer neu überprüft werden, trifft die Regel-Engine Entscheidungen, die das Endergebnis der Regelverarbeitung anhand zwischenzeitlicher Zustandsänderungen beeinflussen kann. Während abhängige Felder und Eigenschaften verändert werden, kann die Regel-Engine Regeln falls notwendig erneut überprüfen, um diese Änderungen zu berücksichtigen.

Jedoch ist dies nicht immer erwünscht. In solchen Fällen wählen Sie *Never* als Modus für die Neuüberprüfung. Es stellt sich die Frage, wann *Never* verwendet werden soll. Ein Beispiel hierfür könnte das folgende sein:

```
IF this.Handling < 5.0 && this.OrderQuantity > 500 THEN this.Handling = 0
```

Diese Regel besagt »Wenn die Bearbeitungsgebühr geringer als 5 EUR ist und die Bestellmenge 500 Einheiten übersteigt, dann soll überhaupt keine Bearbeitungsgebühr berechnet werden«. Aber was geschieht, wenn die Regelkriterien erfüllt werden und die Bearbeitungsgebühr auf 0 gesetzt wird? Da in diesem Fall die abhängige Eigenschaft *Handling* aktualisiert wurde, gelangt die Regel erneut zur Anwendung. Wenn Sie vermuten, dass diese Regel eine Endlosschleife darstellt, dann haben Sie Recht. In diesem Fall ergibt die Anwendung des Modus *Never* Sinn. Nachdem die Bearbeitungsgebühr auf 0 gesetzt wurde, ist eine erneute Überprüfung nicht geboten (und hätte hier auch unerwünschte Auswirkungen). Obgleich es andere Wege geben mag, diese Regel so zu formulieren, dass eine Endlosschleife verhindert wird, ist hier entscheidend, dass Sie diesen Modus als Werkzeug in Ihrem Workflow-Autorensystem zur Verfügung haben und das Problem nicht unbedingt auf Skriptebene lösen müssen.

Die *Policy*-Aktivität verwenden

Die Vorwärtsverkettung ist eine Situation, die eintritt, wenn mehr als eine Regel verarbeitet werden muss. In Verbindung mit der *Declarative Rule Condition* ist dies niemals der Fall, da es nur eine Regel gibt. Genau genommen handelt es sich nicht einmal um eine komplette Regel, sondern nur um einen booleschen Ausdruck. Jedoch verhält es sich bei der *Policy*-Aktivität völlig anders. Mit dieser Aktivität haben Sie die Möglichkeit, mehrere Regeln miteinander zu kombinieren. Dabei werden Sie auch mit den Auswirkungen einer Vorwärtsverkettung konfrontiert.

Beim Einsatz der *Policy*-Aktivität werden Regeln in einer Auflistung zusammengefasst und diese Auflistung wird vom *RuleSet*-Objekt der WF verwaltet. Wenn Sie eine Instanz der *Policy*-Aktivität in Ihrem Workflow ablegen, müssen Sie ein *RuleSet*-Objekt erstellen und in dieses Ihre Regeln einfügen sowie die Modi für die Kontrolle der Vorwärtsverkettung und die Regelneuüberprüfung anbringen, falls notwendig. Visual Studio ist Ihnen dabei mit einer Benutzeroberfläche behilflich, die zur Einrichtung und Verwaltung von Regeln dient, analog zu der bekannten Oberfläche, die zur Erstellung und Bearbeitung einzelner Regeln dient.

Um die *Policy*-Aktivität zu demonstrieren, soll das Szenario, das in Kapitel 4, Abschnitt »Einen Workflow-Typ auswählen« beschrieben wurde, noch einmal betrachtet werden. Dabei sollen zwar nicht alle dort beschriebenen Regeln implementiert werden, aber es kommen ausreichend Regeln zum Einsatz, um die *Policy*-Aktivität im Einsatz zu zeigen. Die grundlegenden Regeln schauen bei diesem Beispiel folgendermaßen aus:

1. Wenn Sie eine Bestellung erhalten, überprüfen Sie die nominale Menge des Weichmachers, den Sie vorrätig haben sollten. Wenn Sie der Auffassung sind, dass die Menge ausreichend ist, versuchen Sie, den kompletten Auftrag zu erfüllen. Wenn nicht, unternehmen Sie den Versuch, einen Teilauftrag zu generieren.

2. Falls Sie einen Teilauftrag erstellen möchten, überprüfen Sie, ob der Auftraggeber Teilaufträge akzeptiert oder Sie warten müssen, bis Sie eine Komplettlieferung leisten können.

3. Sind Sie im Begriff, eine Komplettlieferung vorzubereiten, überprüfen Sie den derzeitigen Füllstand des Weichmachers im Tank (ein Teil davon könnte verdampft sein). Wenn die Menge des Weichmachers für eine Komplettlieferung ausreicht, führen Sie eine solche durch.

4. Ist nicht genug Weichmacher vorhanden, um eine Komplettlieferung verrichten zu können, führen Sie eine Teillieferung durch (siehe unter der zweiten Regel.)

5. Auch wenn man davon ausgehen kann, dass eine kompetente Kunststofffirma den wahren Tankfüllstand kennt, ist dies ein gutes Beispiel, da hier viele Bedingungen ins Spiel kommen. Wenn ein Auftrag eingeht und bekannt ist, dass dieser nicht erfüllt werden kann, wird festgestellt, ob eine Teillieferung ausgeführt werden kann (was davon abhängt, welche Vereinbarungen mit dem Kunden getroffen wurden). Dabei könnte immer versucht werden, Aufträge, deren Erfüllbarkeit angenommen wird, abzuwickeln, aber wie verhält es sich, wenn die angenommene Menge an Weichmacher von der tatsächlich im Tank vorhandenen abweicht und die Differenz zu einer Teillieferung führen würde? Hierbei handelt es sich um ein Szenario, das als Beispiel besonders interessant ist, da es die Verarbeitung der Regeln sehr gut zeigt.

6. Stellen Sie sich vor, Sie sind der Kunststoffhersteller und Sie haben zwei Hauptkunden, die *Tailspin Toys* und *Wingtip Toys* heißen sollen. Die erste Firma, Tailspin Toys, hat Ihnen mitgeteilt, dass sie Teillieferungen akzeptiert, Wingtip Toys dagegen besteht auf Komplettlieferungen. Ihr Workflow setzt die *Policy*-Aktivität ein, um die hier dargelegten Regeln auf die von den Kunden eingehenden Bestellungen sowie die Menge an Rohmaterial, die vorhanden ist und die zur Erfüllung der Bestellung entweder ausreicht oder eben nicht ausreicht, anzuwenden. Im Folgenden sehen Sie diese Aktivität in Aktion.

Eine neue Workflow-Anwendung mit einer *Policy*-Aktivität erstellen

1. Die Anwendung *PlasticPolicy* steht Ihnen wiederum in zwei Versionen zur Verfügung: einer vollständigen und einer unvollständigen Version. Die komplette Version können Sie begleitend zum Text verwenden. Sie finden diese im Verzeichnis *Workflow\Chapter12\PlasticPolicy Completed*. Die nicht vollständige Variante erfordert es, dass Sie die einzelnen Schritte der folgenden Anleitung durcharbeiten und in Visual Studio nachvollziehen. Diese Version ist im Verzeichnis *Workflow\ Chapter12\PlasticPolicy* enthalten. Um eine der beiden Versionen zu öffnen, ziehen Sie die Projektmappendatei, also die Datei mit der Dateierweiterung *.sln*, in ein Visual Studio-Fenster.

2. Sobald Visual Studio die Projektmappe *PlasticPolicy* geladen hat und diese zur Bearbeitung zur Verfügung steht, legen Sie ein separates sequenzielles Workflow-Bibliotheksprojekt an, wie es in Kapitel 3, Abschnitt »Der *WorkflowHost*-Projektmappe ein sequenzielles Workflow-Projekt hinzufügen«, beschrieben ist. Geben

Sie der Workflow-Bibliothek den Namen **PlasticFlow** und speichern Sie diese im Verzeichnis \Workflow\Chapter12\ PlasticPolicy.

3. Nachdem Visual Studio das *PlasticFlow*-Projekt hinzugefügt hat, wird der *Workflow1*-Workflow zur Bearbeitung im Workflow-Ansicht-Designer geöffnet. Öffnen Sie die Toolbox, falls notwendig, ziehen Sie eine Instanz der *Policy*-Aktivität auf die Designer-Oberfläche und legen Sie diese ab (Abbildung 12.11).

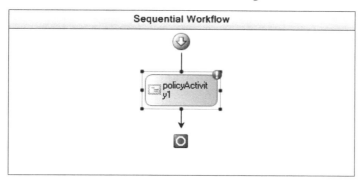

Abbildung 12.11 Workflow mit abgelegter *Policy*-Aktivität

4. Bevor Sie tatsächlich die Regeln erstellen, die mit der gerade verankerten *Policy*-Aktivität einhergehen sollen, müssen Sie etwas Initialisierungscode sowie Hilfsmethoden hinzufügen. Um damit zu beginnen, öffnen Sie die Datei *Workflow1.cs* im Code-Editor, indem Sie diese im Projektmappen-Explorer anwählen und dann das Symbol (*Code anzeigen*) in der Symbolleiste anklicken. Geben Sie oberhalb des Konstruktors den folgenden Code ein:

```
private enum Shipping { Hold, Partial };
private decimal _plasticizer = 14592.7m;
private decimal _plasticizerActual = 12879.2m;
private decimal _plasticizerRatio = 27.4m; // Menge an Weichmacher, die für eine
                                           // Einheit benötigt wird
private Dictionary<string, Shipping> _shipping = null;

// Speicher für Ergebnisse:
private bool _shipPartial = false;
private Int32 _shipQty = 0;

// Bestellmenge:
private Int32 _orderQty = 0;
public Int32 OrderQuantity
{
    get { return _orderQty; }
    set
    {
        // Kann nicht kleiner als Null sein:
        if (value < 0) _orderQty = 0;
        else _orderQty = value;
    }
}

// Kunde:
private string _customer = String.Empty;
```

```
public string Customer
{
    get { return _customer; }
    set { _customer = value; }
}
```

5. Scrollen Sie in der Quellcodedatei nach oben und fügen Sie diese *using*-Anweisung der Liste vorhandener *using*-Anweisungen hinzu:

```
using System.Collections.Generic;
```

6. Blättern Sie nach unten und halten Sie erneut nach dem *Workflow1*-Konstruktor Ausschau. Geben Sie innerhalb dieses Konstruktors, unmittelbar unterhalb des Aufrufs von *InitializeComponent*, diesen Code ein:

```
// Lieferungen für bekannte Kunden einrichten:
this._shipping = new Dictionary<string, Shipping>();
this._shipping.Add("Tailspin", Shipping.Partial);
this._shipping.Add("Tailspin Toys", Shipping.Partial);
this._shipping.Add("Wingtip", Shipping.Hold);
this._shipping.Add("Wingtip Toys", Shipping.Hold);
```

7. Fügen Sie unterhalb des Konstruktors die folgenden Hilfsmethoden hinzu:

```
private bool CheckPlasticizer()
{
    // Überprüfen, ob genug Weichmacher vorhanden ist:
    return _plasticizer - (OrderQuantity * _plasticizerRatio) > 0.0m;
}
private bool CheckActualPlasticizer()
{
    // Überprüfen, ob tatsächlich genug Weichmacher vorhanden ist:
    return _plasticizerActual - (OrderQuantity * _plasticizerRatio) > 0.0m;
}

[RuleWrite("_shipQty")]
private void ProcessFullOrder()
{
    // Die Liefermenge mit der Bestellmenge gleichsetzen:
    _shipQty = OrderQuantity;
}

[RuleWrite("_shipQty")]
private void ProcessPartialOrder()
{
    // Es kann nur so viel ausgeliefert werden, wie derzeit hergestellt werden kann:
    _shipQty = (Int32)Math.Floor(_plasticizerActual / _plasticizerRatio);
}
```

8. Damit Sie die Ausgabe der Regelverarbeitung sehen können, aktivieren Sie den Workflow-Ansicht-Designer und klicken Sie den Hintergrund des sequenziellen Haupt-Workflows an. Auf diese Weise wird das Eigenschaftenfenster für die Haupt-Workflow-Aktivität eingeblendet. Klicken Sie im Eigenschaftenfenster auf das Blitz-Symbol (*Ereignisse*) und tragen Sie im Feld für das *Completed*-Ereignis den Namen *ProcessingComplete* ein (Abbildung 12.12). Damit wird ein Ereignishandler für das *WorkflowCompleted*-Ereignis in Ihren Workflow-Code

eingefügt, woraufhin in den Code-Editor gewechselt und die *Workflow1*-Klasse zur Bearbeitung angezeigt wird.

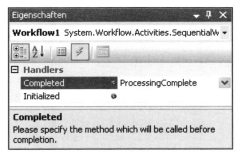

Abbildung 12.12 Erzeugen des Ereignishandlers für das *WorkflowCompleted*-Ereignis

9. Steuern Sie die Methode *ProcessingComplete* an, die Visual Studio eben hinzugefügt hat, und geben Sie diesen Code ein:

```
Console.WriteLine("Order for {0} {1} be completed.", _customer,
    OrderQuantity == _shipQty ? "can" : "cannot");
Console.WriteLine("Order will be {0}", OrderQuantity == _shipQty ?
    "processed and shipped" : _shipPartial ?
    "partially shipped" : "held");
```

10. Wechseln Sie in den Workflow-Ansicht-Designer zurück. Es ist Zeit, ein paar Regeln einzufügen. Um damit zu beginnen, wählen Sie das *policyActivity1*-Objekt an, um das dazugehörige Eigenschaftenfenster zu aktivieren. Klicken Sie das Eingabefeld *RuleSetReference* an, um die Schaltfläche »...« einzublenden (Abbildung 12.13).

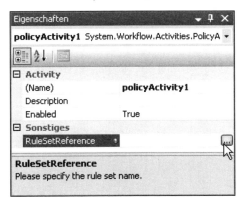

Abbildung 12.13 Aufruf des Dialogfelds *Select Rule Set*

11. Klicken Sie auf die Schaltfläche »...«, um das Dialogfeld *Select Rule Set* aufzurufen. Sobald das Dialogfeld angezeigt wird, klicken Sie auf die Schaltfläche *New* (Abbildung 12.14).

336　Teil B:　Mit Aktivitäten arbeiten

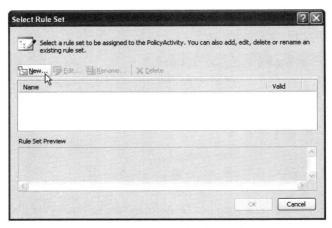

Abbildung 12.14　Das Dialogfeld *Select Rule Set*

12. Daraufhin erscheint das Dialogfeld *Rule Set Editor* (Abbildung 12.15). Klicken Sie auf *Add Rule*, um eine neue Regel zu erstellen und die Eingabefelder des Dialogfelds zu aktivieren.

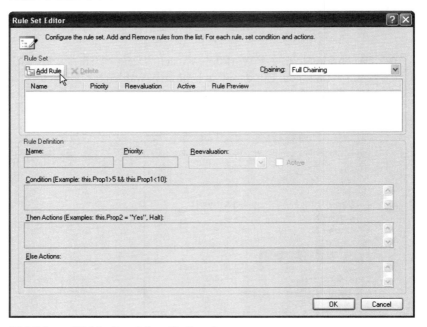

Abbildung 12.15　Der Editor für Regeln

13. Sie beginnen mit dem Hinzufügen der ersten von drei Regeln. Jede Regel besteht aus drei Bestandteilen: *Condition* (Bedingung), *Then Actions* (Dann-Zweig) und *Else Actions* (Sonst-Zweig). Letzterer ist optional. Geben Sie in das Feld *Condition* die Bedingung **this.CheckPlasticizer()** ein. (Beachten Sie, dass es sich hierbei um einen Methodenaufruf handelt, daher sind die runden Klammern erforderlich.) Tragen Sie in das Feld *Then Actions* den Code **this.ProcessFullOrder()** ein. Tippen Sie schließlich in das Feld *Else Actions* den Code **this.ProcessPartialOrder()** ein (Abbildung 12.16).

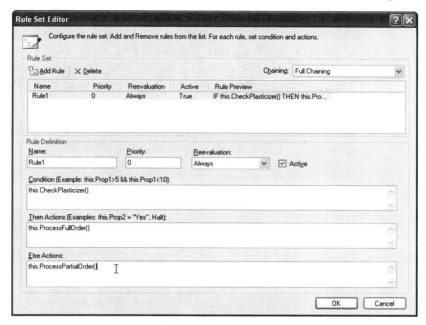

Abbildung 12.16   Die erste Regel wird formuliert

14. Klicken Sie erneut auf *Add Rule*, wodurch dem *RuleSet* eine zweite Regel hinzugefügt wird. Geben Sie in das Feld *Condition* die Bedingung **this.CheckActualPlasticizer()** ein. Tragen Sie anschließend im Feld *Then Actions* den Code **this.ProcessFullOrder()** und im Feld *Else Actions* den Code **this.ProcessPartialOrder()** ein (Abbildung 12.17).

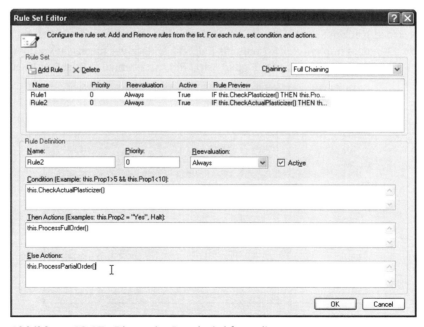

Abbildung 12.17   Die zweite Regel wird formuliert

15. Um eine dritte Regel einzufügen, klicken Sie erneut auf *Add Rule*. Geben Sie im Feld *Condition* die Bedingung **this._shipping[this._customer] == PlasticFlow.Workflow1.Shipping.Hold && this._shipQty != this.OrderQuantity** ein. Tragen Sie anschließend im Feld *Then Actions* den Code **this._shipPartial = False** und im Feld *Else Actions* den Code **this._shipPartial = True** ein (Abbildung 12.18).

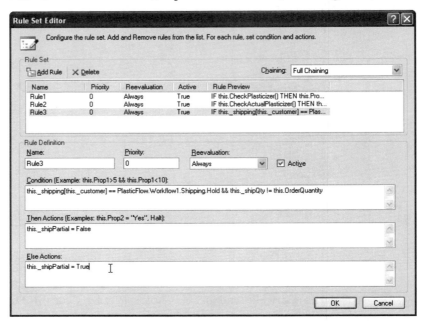

Abbildung 12.18 Die dritte und letzte Regel wird formuliert

16. Klicken Sie auf *OK*, um das Dialogfeld *Rule Set Editor* zu schließen. Beachten Sie, dass nun ein *RuleSet* namens *RuleSet1* in der Liste angezeigt wird (Abbildung 12.19). Schließen Sie das Dialogfeld *Select Rule Set* ebenfalls mit einem Klick auf *OK*.

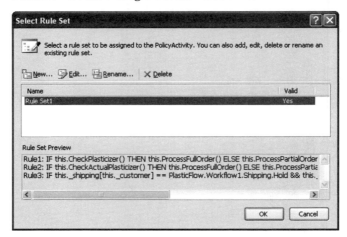

Abbildung 12.19 Das erstellte *RuleSet* mit den drei Regeln wird aufgelistet

17. Ihr Workflow ist nun komplett. Es mag zwar ein wenig seltsam erscheinen, dass der ganze Workflow in einer einzelnen Aktivität untergebracht ist. Allerdings haben Sie mithilfe der definierten Regeln den Workflow angewiesen, was dieser unternehmen soll. In jedem Fall muss noch ein Verweis von der *PlasticPolicy*-Anwendung auf den Workflow eingefügt werden. Zu diesem Zweck klicken Sie den Zweig *PlasticPolicy* im Projektmappen-Explorer mit der rechten Maustaste an und rufen Sie den Eintrag *Verweis hinzufügen* auf. Als Reaktion darauf wird das Dialogfeld *Verweis hinzufügen* angezeigt, in dem Sie auf die Registerkarte *Projekte* wechseln. Wählen Sie den Eintrag *PlasticFlow* aus der Liste aus und klicken Sie auf *OK*.

18. Öffnen Sie die Datei *Program.cs* des *PlasticPolicy*-Projekts zur Bearbeitung und halten Sie nach der *Main*-Methode Ausschau. Geben Sie unterhalb der öffnenden geschweiften Klammer ({), die den Anfang von *Main* markiert, den folgenden Code ein:

    ```
    // Die Kommandozeilenargumente analysieren
    string company = String.Empty;
    Int32 quantity = -1;
    try
    {
        // Versuch, die Kommandozeilenargumente zu analysieren...
        GetArgs(ref company, ref quantity, args);
    } // try
    catch
    {
        // Einfach verlassen...
        return;
    } // catch
    ```

19. Suchen Sie nach dieser Codezeile, die sich ein wenig weiter unten in *Main* befindet:

    ```
    // Print banner.
    Console.WriteLine("Waiting for workflow completion.");
    ```

20. Fügen Sie diesen Code unmittelbar unterhalb des gerade angesteuerten Codezeile ein:

    ```
    // Das Argument erstellen:
    Dictionary<string, object> parms = new Dictionary<string, object>();
    parms.Add("Customer", company);
    parms.Add("OrderQuantity", quantity);

    // Die Workflow-Instanz erstellen:
    WorkflowInstance instance =
        workflowRuntime.CreateWorkflow(typeof(PlasticFlow.Workflow1), parms);

    // Die Workflow-Instanz starten:
    instance.Start();
    ```

Teil B: Mit Aktivitäten arbeiten

21. In Schritt 18 haben Sie Code eingegeben, der eine Methode zur Interpretierung der Kommandozeilenparameter aufruft. Jetzt müssen Sie diese Methode hinzufügen. Scrollen Sie an das Ende der Quellcodedatei *Program.cs* und geben Sie diese Methode ein:

```csharp
static void GetArgs(ref string company, ref Int32 quantity, string[] args)
{
    // Voreingestellte Anzahl...
    quantity = -1;

    try
    {
        // Die Argumente analysieren... Wir benötigen sowohl eine Firma
        // als auch eine Anzahl:
        for (Int32 i = 0; i < args.Length; i++)
        {
            // Dieses Argument überprüfen... Es müssen mindestens
            // zwei Zeichen vorhanden sein, "/c" oder "/q" oder sogar"/?".
            if (args[i].Length < 2)
                throw new Exception();

            if (args[i].ToLower()[1] == 'c')
            {
                // Firma... Die Firma beginnt bei
                // Zeichenposition Nummer 3 und
                // geht bis zum Ende des Strings:
                company = args[i].Substring(3);
            } // if
            else if (args[i].ToLower()[1] == 'q')
            {
                // Anzahl... Die Anzahl beginnt bei
                // Zeichenposition Nummer 3 und geht bis
                // zum Ende des Strings. Beachten Sie, dass Parse
                // eine Ausnahme auslöst, wenn der Anwender
                // keinen Integerwert angibt:
                quantity = Int32.Parse(args[i].Substring(3));
            } // else if
            else
            {
                // "/?" oder nicht erkannt:
                throw new Exception();
            } // else
        } // for

        // Sicherstellen, dass sowohl eine Firma als auch
        // eine Anzahl angegeben wurde:
        if (String.IsNullOrEmpty(company) || quantity == -1)
            throw new Exception();
    } // try
    catch
    {
        // Bedienungshinweise anzeigen:
        Console.WriteLine("\nPlasticPolicy.exe -");
        Console.WriteLine("\tTests Windows Workflow Foundation " +
                          "rules-based processing\n");
```

```
                Console.WriteLine("PlasticPolicy.exe /c: /q:\n");
                Console.WriteLine("\t- Required Arguments -\n");
                Console.WriteLine("/c:<company>\n\tCompany placing order\n");
                Console.WriteLine("/q:<quantity>\n\tOrder quantity\n");
                throw;
            } // catch
    }
```

22. Kompilieren Sie die Projektmappe mit einem Druck auf **F6** und korrigieren Sie etwaige aufgetretene Kompilierungsfehler.

Sie wenden nun die Beispielanwendung auf vier Szenarien an. Beim ersten Szenario handelt es sich bereits um einen der heikleren Fälle für die Regel-Engine: Die Firma Tailspin Toys bestellt 500 Einheiten. Dies ist eine signifikante Anzahl, da der angenommene Vorrat an Weichmacher 14.592,7 Liter beträgt (eine absolut frei erfundene Zahl für dieses Beispiel), während der tatsächliche Vorrat bei 12.879,2 Litern liegt (ebenso eine Phantasiezahl). Da pro bestelltes Stück 27,4 Einheiten an Weichmacher benötigt werden (ein weiterer willkürlicher Wert, der durch _plasticizerRatio in Workflow1 repräsentiert wird), fällt die Bestellung in einen Bereich, bei dem zuerst oberflächlich angenommen werden kann, dass sich die Bestellung komplett abwickeln lässt, aber in Wirklichkeit nicht genug Weichmacher vorhanden ist. Das bedeutet, zunächst wird davon ausgegangen, der Weichmacher reicht zur Herstellung von 532 Stück (14.592,7 dividiert durch 27,4), aber nach Untersuchung des tatsächlichen Tankfüllstandes steht fest, dass nur 470 Einheiten gefertigt werden können (12.879,2 geteilt durch 27,4). Schließlich muss eine Teillieferung generiert werden.

Wenn Sie die Anwendung aufrufen und dabei »Tailspin Toys« als Firmenname angeben und »500« als Bestellmenge (Kommandozeile: **PlasticPolicy.exe /c:"Tailspin Toys" /q:500**) ist die in Abbildung 12.20 gezeigte Ausgabe die Folge, die wie erwartet ausfällt. Überdies ist bekannt, dass Tailspin Toys Teillieferungen akzeptiert, was der Workflow ebenso korrekt berücksichtigt.

Hinweis Da die Anwendung *PlasticPolicy* mit Kommandozeilenparameter arbeitet, gibt es zwei Möglichkeiten, die Anwendung zu starten. Bei der ersten geben Sie die Parameter über die Projekteigenschaften von Visual Studio an und führen anschließend die Anwendung im Debugmodus aus. Bei der anderen öffnen Sie ein Kommandozeilenfenster, wechseln Sie in das Verzeichnis, das die Datei *PlasticPolicy.exe* enthält, und rufen Sie dann die Anwendung von der Eingabeaufforderung auf.

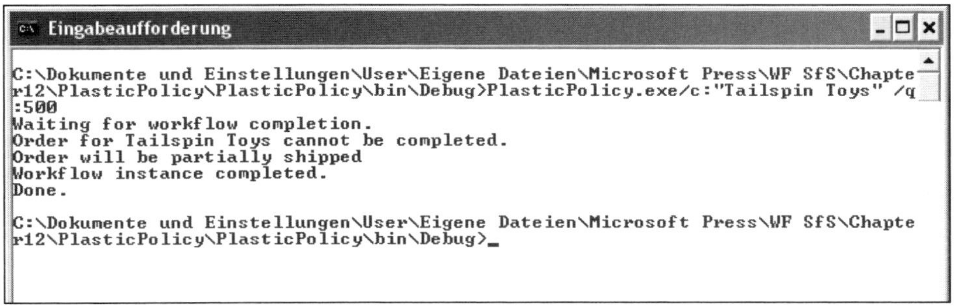

Abbildung 12.20 Aufruf der Beispielanwendung unter Angabe der Firma *Tailspin Toys* und einer Bestellmenge von 500 Einheiten. Es wird eine Teillieferung generiert.

Wird der Workflow aber auch korrekt ausgeführt, wenn Tailspin Toys 200 Einheiten in Auftrag gibt? Finden Sie es heraus, indem Sie das Programm mit dem folgenden Kommandozeilenaufruf starten: **PlasticPolicy.exe /c:"Tailspin Toys" /q:200**. Das Ergebnis wird in Abbildung 12.21 gezeigt.

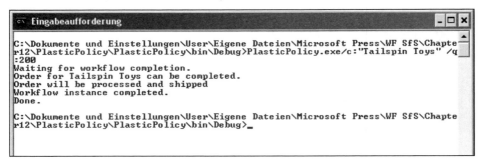

Abbildung 12.21 Dieselbe Firma, aber jetzt wurden 200 Stück bestellt. Es kann eine Komplettlieferung durchgeführt werden

Tailspin Toys ist als Firma vermerkt, die Teillieferungen akzeptiert. Wingtip Toys dagegen wünscht, dass bei Bestellungen, die derzeit nicht als Ganzes abgewickelt werden können, abgewartet wird, bis eine Komplettlieferung geleistet werden kann. Behandelt der Workflow die Firma Wingtip Toys auch korrekt? Es stellt sich außerdem die Frage, wie es sich verhält, wenn die Bestellung in einen Bereich fällt, bei dem zunächst angenommen wird, dass die Menge an vorhandenem Weichmacher ausreicht, dies sich aber letztendlich nicht bewahrheitet? Um dies festzustellen, probieren Sie folgendes Kommando aus: **PlasticPolicy.exe /c:"Wingtip Toys" /q:500**. Wie Abbildung 12.22 zeigt, kann die Bestellung nur in Gestalt einer Teillieferung erfolgen. Ferner ergibt ein Zugriff auf die Daten mit den Kundenvereinbarungen, dass die Bestellung zunächst zurückgehalten werden muss.

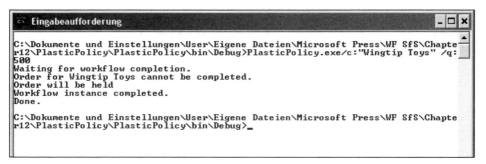

Abbildung 12.22 Wingtip Toys gestattet nur Komplettlieferungen, die Bestellung wird daher zurückgehalten

Um das letzte Szenario zu testen, eines, bei dem Sie der Anforderung von Wingtip Toys nachkommen können, ohne dass der tatsächliche Vorrat an Weichmacher eine Rolle spielt, tragen Sie in der Eingabeaufforderung folgendes Kommando ein: **PlasticPolicy.exe**

/c:"Wingtip Toys" /q:200. Wingtip Toys hat jetzt 200 Einheiten in Auftrag gegeben und tatsächlich, wie Abbildung 12.23 signalisiert, kann die Bestellung als Ganzes ausgeliefert werden.

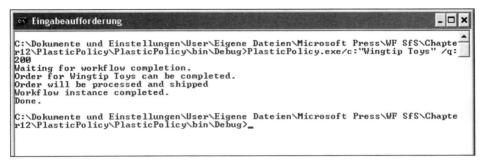

Abbildung 12.23 Es kann eine Gesamtlieferung geleistet werden

Die Stärke eines regelbasierten Lösungsansatzes liegt darin, dass – wie zu erwarten – *Regeln* verarbeitet werden. Stellen Sie sich einmal vor, das *PlasticPolicy*-Beispiel wäre imperativ mit dem Workflow-Ansicht-Designer erstellt worden und würde sich aus verschiedenen verschachtelten *IfElse*-Aktivitäten zusammensetzen, die gegebenenfalls an eine *ConditionedActivityGroup*-Aktivität gekoppelt sind. (Die *ConditionedActivityGroup*-Aktivität würde dann eingesetzt werden, um die erforderliche Neuüberprüfung der Regel zu berücksichtigen, wenn Sie den Vorrat an Weichmacher im Tank ermitteln.) Bedenkt man die vielen verschachtelten *IfElse*-Aktivitäten, die sicher nicht zur Transparenz beitragen, sowie die zu berücksichtigenden Prioritäten, wird klar, dass sich das imperative Modell für diese Aufgabenstellung nicht besonders gut eignet.

Ein regelbasierter Ansatz dagegen vereinfacht das Prozessmodell, denn es werden viele verschachtelte Aktivitäten in einer zusammengefasst. Ein weiterer Vorteil ergibt sich aus der Tatsache, dass Regeln Ressourcen darstellen, die sich schnell und einfach durch andere Regeln austauschen lassen. Der dafür notwendige Aufwand ist im Allgemeinen geringer als die Erstellung neuer Assemblys, wie es bei imperativen Lösungen meist notwendig ist.

Man kann hier zu der – sicherlich richtigen – Erkenntnis gelangen, dass Workflows in typischen Anwendungen, wie sie in der Praxis anfallen, Kombinationen aus imperativen und regelbasierenden Ansätzen darstellen. Das Ziel liegt aber darin, das geeignete Werkzeug für die Rahmenbedingungen auszuwählen, die für Ihren Workflow gelten. Die Lösung kann entsprechend eine imperative sein, eine regelbasierte oder eine Mischung aus beiden Konzepten.

Im nächsten Kapitel 13 »Benutzerdefinierte Aktivitäten erstellen« erfahren Sie, wie Sie eigene Aktivitäten anfertigen.

Schnellübersicht

Aufgabe	Aktion
Eine *Declarative Rule Condition* anstelle einer *Code Condition* verwenden	Markieren Sie die *Condition*-Eigenschaft für die jeweilige bedingte Aktivität, wählen Sie den Eintrag *Declarative Rule Condition* aus und geben Sie die Regel an.
Richtlinien in Ihrem Workflow verwenden	Platzieren Sie eine Instanz der *Policy*-Aktivität in Ihrem Workflow und bearbeiten Sie das *RuleSet* gemäß der Anforderungen an die Verarbeitung.
Abhängigkeiten zwischen Regeln angeben	Abhängigkeiten zwischen Regeln entstehen, wenn Felder und Eigenschaften vorhanden sind, auf die von mehreren Regeln zugegriffen wird. Um Abhängigkeiten anzugeben, die nicht automatisch von der Regel-Engine erkannt werden, verwenden Sie eines der regelbezogenen Attribute (*RuleRead*, *RuleWrite* und *RuleInvoke*) oder setzen Sie explizit die *Update*-Anweisung ein.
Vorwärtsverkettung deaktivieren	Setzen Sie die Verkettung auf *Sequential*, was zur Folge hat, dass jede Regel genau einmal in der gespeicherten Reihenfolge verarbeitet wird.
Der Regel-Engine der WF die Kontrolle in Hinblick auf die Vorwärtsverkettung entziehen	Setzen Sie die Verkettung auf *Explicit Update Only* und verwenden Sie die *Update*-Anweisung an den Stellen, an denen Felder und Eigenschaften geändert werden.
Beeinflussen, wie einzelne Regeln erneut überprüft werden	Setzen Sie den Modus für die erneute Überprüfung von Regeln (im *Rule Set Editor* zu finden) auf *Always* oder *Never*. Der Eintrag *Always* erlaubt es der Regel-Engine, die Regel erneut zu überprüfen, wenn notwendig. *Never* bewirkt dagegen, dass die Regel nur genau einmal verarbeitet und grundsätzlich nicht erneut überprüft wird.

Kapitel 13

Benutzerdefinierte Aktivitäten erstellen

In diesem Kapitel:

Mehr über Aktivitäten.	346
Eine FTP-Aktivität erstellen.	350
Einen benutzerdefinierten *ActivityValidator* erstellen	362
Eine Toolbox-Bitmap zur Verfügung stellen	366
Das Erscheinungsbild von Aktivitäten im Workflow-Designer individuell anpassen.	367
Schnellübersicht.	379

In diesem Kapitel lernen Sie

- welche Komponenten notwendig sind, um eine vollwertige benutzerdefinierte Workflow-Aktivität zu erstellen.
- wie Sie eine einfache benutzerdefinierte Workflow-Aktivität entwickeln.
- Validierungsregeln an eine einfache benutzerdefinierte Workflow-Aktivität anzuwenden.
- eine einfache benutzerdefinierte Workflow-Aktivität in den Workflow-Ansicht-Designer und die Toolbox zu integrieren

So mächtig und funktional die Windows Workflow Foundation (WF) auch ist, kann sie nicht alles abdecken, was im Workflow zur Realisierung von Problemlösungen benötigt wird. Obwohl die WF ein recht neuer Zweig in der Entwicklergemeinschaft ist, sind bereits viele freie zusätzliche Aktivitäten verfügbar und es wird mit Sicherheit auch demnächst kommerzielle Aktivitäten geben.

In diesem Kapitel werfen Sie einen Blick auf die Interna der WF, indem Sie eine neue Workflow-Aktivität erstellen, die eine Datei von einem FTP-Server (File Transfer Protocol) empfängt. Sie erfahren, welche Bestandteile dafür erforderlich sind und was an Extras beim Erzeugen Ihrer eigenen Aktivitäten noch wünschenswert sein kann. Außerdem lernen Sie etwas darüber, wie Aktivitäten mit der Workflow-Laufzeit kommunizieren.

Hinweis Es ist nicht möglich, auf jedes Nuance der Entwicklung von benutzerdefinierten Aktivitäten in nur einem einzigen Kapitel einzugehen. Dafür gibt es zu viele

> Details. Allerdings ist es bei der Erstellung vollwertiger Aktivität erfreulicherweise nicht notwendig, alle Feinheiten zu kennen. Nichtsdestotrotz finden Sie an Stellen, an denen entsprechende Hintergrundinformationen hilfreich sein können, Internetadressen mit Artikeln zu weiterführenden Themen.

Mehr über Aktivitäten

In Kapitel 4 »Einführung in Aktivitäten und Workflow-Typen« haben Sie einen ersten Blick auf Aktivitäten geworfen und es wurden Themen beschrieben wie der *ActivityExecutionContext*, der zur Speicherung von Informationen über ausführende Aktivitäten verwendet wird, auf welche die Workflow-Laufzeit von Zeit zu Zeit zugreifen muss. Die WF-Aktivitäten werden im Folgenden etwas genauer betrachtet.

Virtuelle Methoden von Aktivitäten

Beim Erstellen von benutzerdefinierten Aktivitäten ist es zunächst erforderlich zu wissen, was die Basisklasse Ihnen in Gestalt virtueller Methoden zur Verfügung stellt. Tabelle 13.1 zeigt die gebräuchlichen überschriebenen Methoden für die Klasse *Activity*.

Tabelle 13.1 Die gebräuchlichen überschriebenen Methoden für die Klasse *Activity*

Methode	Zweck
Cancel	Wird aufgerufen, wenn der Workflow abgebrochen wird.
Compensate	Diese Methode wird zwar nicht von der *Activity*-Basisklasse implementiert, aber stattdessen von der *ICompensatableActivity*-Schnittstelle benötigt, von der sich viele Aktivitäten ableiten. Folglich handelt es sich im Grunde genommen doch um eine Methode von *Activity*. Sie implementieren diese Methode, um gescheiterte Transaktionen zu kompensieren.
Execute	Die primäre Methode einer Aktivität, welche diese zur Ausführung bringt und die Arbeit verrichtet, für welche die Aktivität entwickelt wurde.
HandleFault	Wird aufgerufen, wenn ein interner Code der Aktivität eine unbehandelte Ausnahme auslöst. Beachten Sie, dass es keine Möglichkeit gibt, die Aktivität neu zu starten, sobald diese Methode einmal zum Aufruf gelangt ist.
Initialize	Wird aufgerufen, wenn die Aktivität initialisiert wird.
OnActivityExecutionContextLoad	Wird aufgerufen, wenn die Aktivität den *ActivityExecutionContext* für die Verarbeitung erhält.
OnActivityExecutionContextUnload	Wird aufgerufen, wenn die Aktivität ihre Workflow-Verarbeitung beendet hat. Der aktuelle Ausführungskontext wird an eine andere Aktivität übertragen.
Uninitialize	Wird aufgerufen, wenn die Aktivität deinitialisiert wird.

Wenn Sie einige bestimmte Arbeiten durchführen möchten, nachdem Ihre Aktivität in die Workflow-Laufzeit geladen wurde, aber sich noch nicht im Ausführungsstadium befindet, stellt die *Initialize*-Methode hierfür einen sehr guten Ort dar. Mithilfe der *Uninitialize*-Methode, dem Gegenstück, können Sie Vergleichbares in Verbindung mit abschließenden Arbeiten unternehmen.

Die Methoden *OnActivityExecutionContextLoad* und *OnActivityExecutionContextUnload* geben an, dass die Aktivität in die Workflow-Laufzeit geladen bzw. wieder aus dieser entfernt wird. Bevor die *OnActivityExecutionContextLoad*-Methode aufgerufen wird und nachdem die *OnActivityExecutionContextUnload*-Methode zum Aufruf gelangt ist, befindet sich die Aktivität aus Sicht der WF in einem nicht geladenen Zustand. Die Aktivität kann dabei in einer Warteschlange serialisiert, in einer Datenbank gespeichert oder sogar auf Platte ausgelagert sein und auf ein Zurückladen warten. Entscheidend ist aber, dass die Aktivität nicht in der Workflow-Laufzeit existiert, bevor bzw. nachdem diese Methoden aufgerufen wurden.

Die Methoden *Cancel*, *HandleFault* und *Compensate* gelangen zum Aufruf, wenn die entsprechenden Zustände eintreten, die sich aus dem Namen der Methoden ergeben (also Abbruch, Fehler oder Kompensieren). Der hauptsächliche Zweck dieser Methoden liegt darin, bei Bedarf beliebige zusätzliche Arbeiten durchzuführen (etwa das Protokollieren), wenngleich *Compensate* die Stelle darstellt, in der Sie tatsächlich die Transaktionskompensation implementieren (siehe Kapitel 15 »Workflows und Transaktionen«). Beachten Sie aber, dass zu dem Zeitpunkt, an dem die Methoden aufgerufen werden, der Vorgang an sich nicht mehr zurückgenommen werden kann und entsprechend viele Arbeiten nicht mehr möglich sind. Sie können z. B. keine Transaktion aufheben, wenn Ihre Aktivität aufgefordert wurde, bei einem aufgetretenen Fehler eine Kompensation durchzuführen. Ebenso ist es nicht möglich, eine unbehandelte Ausnahme zurückzunehmen oder einen angeforderten Abbruch zurückzuweisen. Das Einzige, das sich noch unternehmen lässt, sind Aufräumarbeiten oder andere Arbeiten, wenn der Bedarf dafür besteht, und im Falle von *Compensate* die tatsächliche Zurverfügungstellung der Kompensation für die fehlgeschlagene Transaktion.

Bei *Execute* handelt es sich wahrscheinlich um die am häufigsten überschriebene virtuelle *Activity*-Methode, wenn auch nur deswegen, weil diese die wichtigste Methode darstellt, welche die Aktivität schlussendlich zur Ausführung bringt und die ihr auferlegten Aufgaben verrichtet.

Aktivitätskomponenten

Obwohl es sicherlich richtig ist, dass Sie bei der Entwicklung einer benutzerdefinierten Aktivität den Code für die Aktivität an sich schreiben müssen, bringen vollwertige WF-Aktivitäten zusätzlichen Code mit, der nicht Workflow-bezogenes Verhalten unterstützt. Meistens liegt der Zweck darin, eine umfangreichere Entwicklungsunterstützung im Workflow-Ansicht-Designer zu ermöglichen. Beispielsweise ist es denkbar, dass Sie ein Validierungsobjekt zur Verfügung stellen, das ungeeignete Konfigurationen einer Aktivität erkennt und entsprechend eine Fehlermeldung auslöst. Es ist aber auch möglich, ein *ToolboxItem* oder eine *ToolboxBitmap* zu verwenden, um eine bessere Integration innerhalb der Visual Studio-Toolbox zu erzielen. Dies geht noch weiter: Sie können nicht nur das Aussehen in der Toolbox festlegen, sondern sogar bestimmen, wie die

Aktivität angezeigt wird, wenn sie im Workflow-Ansicht-Designer abgelegt wird, indem Modifikationen an dem so genannten Aktivitäts-Thema vorgenommen werden, mit dem Sie unter Verwendung einer spezialisierten Designerklasse arbeiten. Die Beispielanwendung dieses Kapitels implementiert all dies, um die Anwendungsmöglichkeiten in der Praxis zu demonstrieren.

Ausführungskontexte

Wie Ihnen bekannt ist, gibt es zwei Arten von Aktivitäten: die einfache (für einen einzelnen Zweck) und die zusammengesetzte Aktivität (Container). Sie könnten jetzt der Auffassung sein, dass der Hauptunterschied zwischen diesen beiden Varianten darin liegt, dass die erstgenannte Aktivität für sich alleine steht und dass die anderen Aktivitäten eingebettete Aktivitäten enthalten.

Dies ist sicherlich richtig, aber es gibt noch andere wichtige Abweichungen. Nicht zuletzt spielt es eine Rolle, wie eine Aktivität mit einem Ausführungskontext umgeht. Die Ausführungskontexte von Aktivitäten, die in Kapitel 4 eingeführt wurden, sind einfach ein Weg für die WF, wichtigen Dingen nachzugehen, etwa in Bezug auf Informationen, aus welcher Workflow-Warteschlange eine bestimmte Aktivität stammt. Ein Ausführungskontext stellt außerdem einen Mechanismus zur Kontrolle von Aktivitäten zur Verfügung sowie eine Möglichkeit für die WF, Regeln zwischen Aktivitäten während der Ausführung anzuwenden. Ein interessanter Aspekt der Ausführungskontexte liegt darin, dass der Kontext, mit dem Ihre Workflow-Instanz startet, nicht der Kontext sein muss, der innerhalb Ihrer benutzerdefinierten Aktivität verwendet wird. Denn Ausführungskontexte von Aktivitäten können geklont und an untergeordnete Aktivitäten abgegeben werden, was bei iterativen Aktivitäten grundsätzlich geschieht.

Aber für den hier verfolgten Zweck liegen die wahrscheinlich wichtigsten Aspekte bei der Herstellung benutzerdefinierter Aktivitäten, zumindest hinsichtlich des Ausführungskontextes von Aktivitäten, darin, dass der Ausführungskontext den aktuellen Ausführungsstatus verwaltet und dass für den Fall, wenn Sie die virtuellen, in *System.Workflow.Activity* zu findenden, Methoden überschreiben, nur bestimmte Statuswerte gültig sind. Tabelle 13.2 zeigt, welche Ausführungsstatuswerte für die überschriebenen *System.Workflow.Activity*-Methoden gelten. *Compensate* ist hier ein wenig eine Ausnahme, denn es handelt sich hierbei nicht um eine virtuelle Methode aus *System.Workflow.Activity*. Vielmehr ist es die einzige Methode der Schnittstelle *ICompensatableActivity*, die von Aktivitäten implementiert wird. Jedoch ist die Regel bezüglich des zurückgegebenen Statuswertes auch für *Compensate* gültig. Die Rückgabe eines ungültigen Statuswertes (z. B. von *ActivityExecutionStatus.Faulting* aus *Execute*) hat zur Folge, dass die Laufzeit eine *InvalidOperationException* auslöst.

Tabelle 13.2 Gültige Rückgabewerte für den Ausführungsstatus

Überschriebene Methode	Gültige Rückgabewerte
Cancel	*ActivityExecutionStatus.Canceling* und *ActivityExecutionStatus.Closed*
Compensate	*ActivityExecutionStatus.Compensating* und *ActivityExecutionStatus.Closed*
Execute	*ActivityExecutionStatus.Executing* und *ActivityExecutionStatus.Closed* ▶

Überschriebene Methode	Gültige Rückgabewerte
HandleFault	*ActivityExecutionStatus.Faulting* und *ActivityExecutionStatus.Closed*
Initialize	*ActivityExecutionStatus.Initialized*. Im Unterschied zu den anderen Statuswerten gibt es zu dem Zeitpunkt, zu dem die Workflow-Aktivität initialisiert wird, nichts zu schließen, sodass die Rückgabe von *ActivityExecutionStatus.Closed* keine Option darstellt.

Im Allgemeinen möchten Sie die vorliegende Aufgabe behandeln und geben daher für jede dieser virtuellen Methoden *ActivityExecutionStatus.Closed* zurück. Die Rückgabe der anderen gültigen Statuswerte gibt an, dass weitere Aktionen notwendig sind, entweder von der Workflow-Laufzeit oder einer eingekapselten Aktivität. Hat Ihre Aktivität z. B. untergeordnete Aktivitäten, die ihre Arbeit nicht abgeschlossen haben, als die *Execute*-Methode Ihrer Hauptaktivität beendet wurde, sollte Letztere *ActivityExecutionStatus.Executing* zurückgeben, andernfalls *ActivityExecutionStatus.Closed*.

Lebensdauer einer Aktivität

Es stellt sich die Frage, wann diese Methoden von Workflow-Laufzeit ausgeführt werden. Die Ausführungsreihenfolge der Methoden aus Tabelle 13.1 sieht folgendermaßen aus:

1. *OnActivityExecutionContextLoad*
2. *Initialize*
3. *Execute*
4. *Uninitialize*
5. *OnActivityExecutionContextUnload*
6. *Dispose*

Die Methoden *OnActivityExecutionContextLoad* und *OnActivityExecutionContextUnload* definieren die Lebensdauer der Aktivität aus Sicht der Workflow-Laufzeit. Die Methode *OnActivityExecutionContextLoad* wird gleich nach dem Laden einer Aktivität in den Speicher der Laufzeit aufgerufen, wohingegen die Methode *OnActivityExecutionContextUnload* kurz vor der Entfernung aus der Laufzeit zum Aufruf kommt.

> **Hinweis** Aktivitäten werden allgemein aus einem Deserialisierungsprozess erstellt und eben nicht durch die Workflow-Laufzeit über einen direkten Aufruf der dazugehörigen Konstruktoren. Wenn Sie Ressourcen zuweisen müssen, sobald die Aktivität erstellt wird, ist daher *OnActivityContextLoad* die beste Stelle dafür, nicht der Konstruktor.

Während *OnActivityExecutionContextLoad* und *OnActivityExecutionContextUnload* die Erstellung der Aktivität aus Sicht des Arbeitsspeichers kennzeichnen, geben *Initialize* und *Uninitialize* die ausführende Lebensdauer der Aktivität innerhalb der Workflow-Laufzeit an. Sobald die Workflow-Laufzeit die *Initialize*-Methode aufruft, steht Ihre Aktivität bereit. Gelangt *Uninitialize* zur Ausführung, wurde Ihre Aktivität aus der Sicht der Workflow-Laufzeit beendet und steht dafür bereit, aus dem Arbeitsspeicher entfernt zu werden. *Dispose*, die standardmäßige .NET-Methode zur Auflösung von Objekten, ist nützlich für die Freigabe statischer Ressourcen.

Natürlich kann der Workflow nicht immer die Ausführung aller Methoden kontrollieren. Die Methode *Compensate* wird beispielsweise nur dann aufgerufen, wenn eine kompensierbare Transaktion gescheitert ist. Die verbleibenden Methoden werden, während *Execute* läuft, zum Aufruf gebracht, ohne dass der Zeitpunkt genau vorhersehbar ist.

Eine FTP-Aktivität erstellen

Um einiges davon zu demonstrieren, was bislang in diesem Kapitel beschrieben wurde, wurde eine Aktivität ausgewählt, die viele Entwickler von Geschäftsprozesssoftware (hoffentlich) nützlich finden werden – eine FTP-Aktivität. Diese Aktivität, *FtpGetFileActivity*, empfängt Dateien von einem Remote-FTP-Server unter Verwendung der eingebauten .NET-webbasierten FTP-Klassen. Es ist möglich, dieselben Klassen auch für das Senden von Dateien an den Remote-FTP-Server einzusetzen. Eine entsprechende Aktivität zum Senden wird hier aber nicht vorgestellt, aber Sie können diese als Übung selbst entwickeln, wenn Sie möchten.

> **Hinweis** Es wird vorausgesetzt, dass Ihnen ein FTP-Server zur Verfügung steht, dessen Zugangsdaten bekannt sind und der korrekt konfiguriert ist, sodass Sie diesen zum Test verwenden können. Für die weitere Beschreibung wird die allgemein bekannte IP-Adresse (Internet Protocol) 127.0.0.1 als Adresse für den FTP-Server angenommen. (Diese Adresse steht natürlich für *localhost*.) Zögern Sie nicht, diese IP-Adresse mit einer beliebigen anderen gültigen FTP-Server-Adresse (IP-Adresse oder Hostname) zu ersetzen, die Sie verwenden möchten. Es würde den Rahmen dieses Kapitels sprengen, auf etwaige FTP-Sicherheitsaspekte oder die Serverkonfiguration einzugehen. Wenn Sie den IIS (Microsoft Internet Information Services) einsetzen und mehr Informationen bezüglich der FTP-Konfiguration benötigen, ist die folgende Seite hilfreich: *http://msdn2.microsoft.com/de-de/library/6ws081sa(VS.80).aspx*.

Um die FTP-Aktivität zu hosten, wurde für Sie eine Beispielanwendung namens *FileGrabber* vorbereitet (Abbildung 13.1). Diese stellt ein FTP-Benutzerkonto, das sich aus dem Benutzernamen und dem dazugehörigen Kennwort zusammensetzt, zur Verfügung und fragt die FTP-Ressource ab, die empfangen werden soll. Die Ressource, die hier im Beispiel heruntergeladen wird, ist eine Grafikdatei, die eine Saturn V-Rakete zeigt, wie sie in Startposition gebracht wird. Diese Grafikdatei finden Sie auch in den Beispielen zu diesem Buch, die Sie heruntergeladen haben, sodass Sie diese zum Ausprobieren verwenden und auf dem FTP-Server platzieren können. Angenommen, Ihr FTP-Server läuft auf Ihrem eigenen Computer und die Grafik wurde in dessen Stammverzeichnis platziert, dann lautet der URL für die Grafikdatei in aller Regel *ftp://127.0.0.1/SaturnV.jpg*. Wenn Sie nicht diese Grafik verwenden möchten, müssen Sie den Dateinamen im URL entsprechend ändern und eine Datei angeben, die tatsächlich auf dem lokalen Server vorhanden ist. Ersatzweise können Sie auch einen beliebig anderen gültigen URL verwenden, von einem FTP-Server, von dem Sie grundsätzlich Dateien empfangen können. Passen Sie dann entsprechend den URL an (IP-Adresse bzw. Hostname, Verzeichnis und Dateiname).

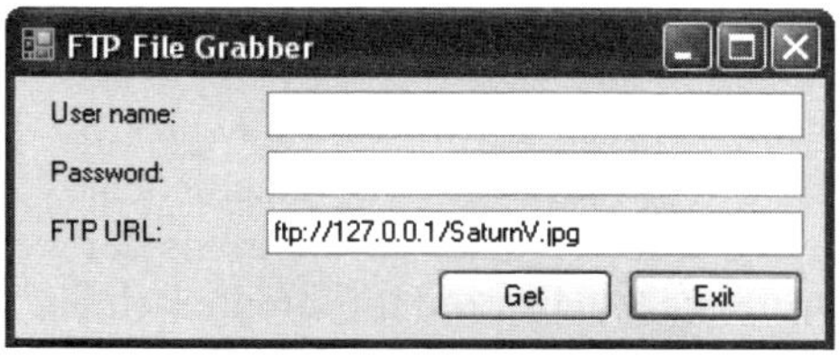

Kapitel 13: Benutzerdefinierte Aktivitäten erstellen

Abbildung 13.1 Die Benutzeroberfläche der Anwendung *FileGrabber*, mit der sich Dateien per FTP empfangen lassen

Wie Ihnen eventuell bekannt ist, erfordern nicht alle FTP-Server die Angabe eines individuellen Benutzernamens mit dazugehörigem Kennwort. Einige erlauben einen anonymen Zugang, wobei dann als Benutzername *anonymous* angegeben wird. Ein Kennwort ist dann nicht erforderlich, es gehört aber zum guten Ton, die eigene E-Mail-Adresse als Kennwort zu verwenden. Die FTP-Aktivität ist so konfiguriert, dass wenn Sie beim FTP-Konto eine oder beide Angaben weglassen, der Benutzername automatisch auf *anonymous* und das Kennwort auf *someone@example.com* gesetzt wird.

Da die Beispielanwendung eine Windows Forms-Anwendung darstellt, sollte die Anwendung nicht gesperrt werden, während der Workflow die Datei herunterlädt. Da aber die Workflow-Instanz auf einem anderen Thread ausgeführt wird, sollte die Benutzeroberfläche ohnehin dazu in der Lage sein, weiterhin zu reagieren. Jedoch werden im Folgenden einige Steuerelemente bewusst abgeschaltet, während andere aktiv bleiben. Während der Dateiübertragung wird ein Status-Steuerelement angezeigt. Nachdem der Dateiempfang beendet wurde, wird dieses Steuerelement ausgeblendet. Sollte der Anwender versuchen, die Anwendung zu verlassen, während eine Dateiübertragung läuft, muss der Vorgang mit einer Sicherheitsabfrage bestätigt werden. Wenn der Benutzer diese bejaht, wird die Workflow-Instanz abgebrochen und die Anwendung verlassen. Die Benutzeroberfläche der Anwendung während eines Dateiempfangs ist in Abbildung 13.2 zu sehen.

Abbildung 13.2 Der *FileGrabber* beim Herunterladen einer Datei

Die *FileGrabber*-Anwendung wurde bereits vorbereitet, damit Sie bei der Entwicklung Zeit sparen. Es fehlt lediglich etwas Code, um den Workflow zu konfigurieren und zu starten. Die FTP-Aktivität selbst ist jedoch noch nicht vorhanden, ebenso wenig der Workflow, der die Aktivität ausführt. Im Folgenden werden Sie zunächst die FTP-Aktivität erstellen. Im Verlauf des Kapitels wird die Aktivität ausgebaut und diese schließlich im Workflow abgelegt, sodass der *FileGrabber* ausgeführt werden kann, um eine Datei zu empfangen.

Eine neue FTP-Workflow-Aktivität erstellen

1. Die Anwendung *FileGrabber* ist im Verzeichnis *\Workflow\Chapter13\FileGrabber* zu finden. Wie Sie vermutlich erwarten, sind dort zwei verschiedene Versionen enthalten – eine unvollständige und eine vollständige. Wenn Sie der weiteren Beschreibung folgen, aber die Schritte nicht selbst durchführen möchten, öffnen Sie die Projektmappendatei mit der kompletten Version. (Diese ist im Verzeichnis *FileGrabber Completed* enthalten.) Die einzelnen Schritte führen Sie durch die Erstellung der FTP-Aktivität und des Workflows. Wenn Sie diese Schritte selbst nachvollziehen möchten, greifen Sie auf die nicht vollständige Variante zurück. Um eine der beiden Versionen zu öffnen, ziehen Sie die Projektmappendatei, also die Datei mit der Dateierweiterung *.sln*, in ein Visual Studio-Fenster.

2. Die Projektmappe *FileGrabber* enthält ein einzelnes Projekt (für die Windows Forms-Anwendung). Sie fügen im Folgenden ein zweites Projekt hinzu, das für die Erstellung der FTP-Aktivität Verwendung findet. Hierfür klicken Sie den Projektmappennamen im Projektmappen-Explorer mit der rechten Maustaste an und rufen Sie den Menübefehl *Hinzufügen/Neues Projekt* auf. Öffnen Sie in der Baumdarstellung den Knoten *Visual C#*, falls notwendig, und markieren Sie den Eintrag *Windows*. Daraufhin wählen Sie den Eintrag *Klassenbibliothek* aus. Geben Sie im Feld *Name* den Text **FtpActivity** ein (Abbildung 13.3) und klicken Sie auf *OK*. Im Anschluss daran wird Ihrer Projektmappe ein neues Projekt mit der Bezeichnung *FtpActivity* hinzugefügt.

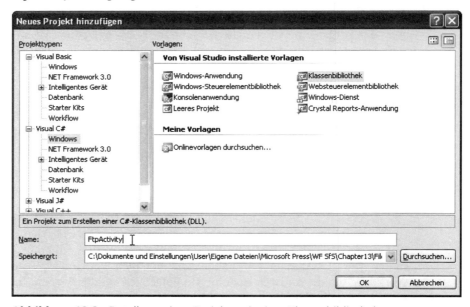

Abbildung 13.3 Erstellung eines Projekts mit einer Klassenbibliothek

3. Nachdem das neue *FtpActivity*-Projekt eingefügt wurde, öffnet Visual Studio automatisch die Datei *Class1.cs*, die zusammen mit diesem Projekt angelegt wurde. Führen Sie als Erstes einige Verwaltungsarbeiten durch. Benennen Sie die Datei von *Class1.cs* in *FtpGetFileActivity.cs* um, indem Sie die Datei mit der rechten

Maustaste im Projektmappen-Explorer anklicken und den Menübefehl *Umbenennen* anwählen. Daraufhin geben Sie den Namen *FtpGetFileActivity.cs* im Dateinamenfeld ein. Wenn Visual Studio Sie fragt, ob auch die Verweise auf *Class1* umbenannt werden sollen, klicken Sie auf *Ja*. Auf diese Weise wird zusätzlich der Name der Klasse von *Class1* in *FtpGetFileActivity* geändert – eine nützliche Funktion in Visual Studio.

4. Natürlich erstellen Sie eine WF-Aktivität. Jedoch werden Sie ohne das Hinzufügen von Verweisen auf die WF nicht weit kommen. Beim Ergänzen der WF-Verweise soll die Gelegenheit gleich genutzt werden, andere Verweise aufzunehmen, die für zusätzliche in diesem Kapitel durchzuführende Aufgaben erforderlich sind. Klicken Sie daher das *FtpActivity*-Projekt im Projektmappen-Explorer mit der rechten Maustaste an und rufen Sie den Menübefehl *Verweis hinzufügen* auf. Sobald das gleichnamige Dialogfeld erscheint, wählen Sie die folgenden Assemblys auf der Registerkarte *.NET* aus und bestätigen Sie mit einem Klick auf *OK*:

   ❑ System.Drawing

   ❑ System.Windows.Forms

   ❑ System.Workflow.Activities

   ❑ System.Workflow.ComponentModel

   ❑ System.Workflow.Runtime

5. Jetzt können Sie die benötigten *using*-Anweisungen ergänzen. Geben Sie unterhalb der Liste mit den bereits vorhandenen *using*-Anweisungen, die Visual Studio beim Anlegen der Quellcodedatei für Sie hinzugefügt hat, die Folgenden ein:

   ```
   using System.IO;
   using System.Net;
   using System.ComponentModel;
   using System.ComponentModel.Design;
   using System.Workflow.ComponentModel;
   using System.Workflow.ComponentModel.Compiler;
   using System.Workflow.ComponentModel.Design;
   using System.Workflow.Activities;
   using System.Drawing;
   ```

6. Da Sie eine Aktivität erstellen, müssen Sie *FtpGetFileActivity* von der entsprechenden Basisklasse ableiten. Ändern Sie entsprechend die bestehende Klassendefinition in die Folgende:

   ```
   public sealed class FtpGetFileActivity :
       System.Workflow.ComponentModel.Activity
   ```

> **Hinweis** Da hier eine einfache Aktivität angefertigt wird, leitet sich die FTP-Aktivität von *System.Workflow.ComponentModel.Activity* ab. Für den Fall, dass Sie eine zusammengesetzte Aktivität entwickeln, müssen Sie auf *System.Workflow.ComponentModel.CompositeActivity* zurückgreifen.

7. In diesem Beispiel bildet die *FtpGetFileActivity*-Aktivität drei Eigenschaften ab: *FtpUrl*, *FtpUser* und *FtpPassword*. Bei den Eigenschaften von Aktivitäten handelt es sich fast immer um abhängige Eigenschaften. Daher fügen Sie entsprechend drei abhängige Eigenschaften hinzu, beginnend mit *FtpUrl*. Geben Sie den folgenden Code in die *FtpGetFileActivity*-Klasse unterhalb der öffnenden geschweiften Klammer ({) der Klasse ein (zu diesem Zeitpunkt enthält die Klasse keinen anderen Code):

```
public static DependencyProperty FtpUrlProperty =
    DependencyProperty.Register("FtpUrl", typeof(System.String),
    typeof(FtpGetFileActivity));

[Description ("Please provide the full URL for the file to download.")]
[DesignerSerializationVisibility(DesignerSerializationVisibility.Visible)]
[ValidationOption(ValidationOption.Required)]
[Browsable(true)]
[Category("FTP Parameters")]
public string FtpUrl
{
    get
    {
        return ((string)
            (base.GetValue(FtpGetFileActivity.FtpUrlProperty)));
    }
    set
    {
        Uri tempUri = null;
        if (Uri.TryCreate(value, UriKind.Absolute, out tempUri))
        {
            if (tempUri.Scheme == Uri.UriSchemeFtp)
            {
                base.SetValue(FtpGetFileActivity.FtpUrlProperty,
                    tempUri.AbsoluteUri);
            }
        }
        else
        {
            // Kein gültiger FTP-URI...
            throw new ArgumentException("The value assigned to the" +
                " FtpUrl property is not a valid FTP URI.");
        };
    }
}
```

> **Hinweis** Es würde weit über den Rahmen dieses Kapitels hinausgehen, alle Designer-Attribute vollständig zu beschreiben und zu erklären, wie diese es der *FtpGetFileActivity*-Aktivität erlauben, innerhalb des Workflow-Ansicht-Designers gehostet zu werden. Jedoch soll kurz gesagt werden, dass das *Description*-Attribut eine Beschreibung in Gestalt eines kurzen Textes darstellt, der im Visual Studio Eigenschaftenfenster erscheint, wenn die entsprechende Eigenschaft ausgewählt wird. Das *DesignerSerializationVisibility*-Attribut legt dagegen fest, wie die Eigenschaft kodiert werden soll, wenn der Designer den Code hinzufügt. (In diesem Fall wird die Eigenschaft selbst kodiert.) Das *Browsable*-Attribut weist Visual Studio an, diese Eigenschaft im Editor anzuzeigen. Das *Category*-Attribut schließlich gibt vor, an welcher Stelle die Eigenschaft innerhalb der Eigenschaftenauflistung angezeigt werden soll (in diesem Fall in einer benutzerdefinierten Kategorie). Das *ValidationOption*-Attribut ist WF-spezifisch und teilt dem Workflow-Ansicht-Designer mit, ob die Validierung der Eigenschaft optional oder nicht optional ist. (In diesem Fall ist die FTP-URL nicht optional.) Sie benötigen dieses Attribut später, wenn Sie einen benutzerdefinierten Aktivitätsvalidator hinzufügen. *http://msdn2.microsoft.com/de-de/library/a19191fh(VS.80).aspx* gibt Ihnen einen Überblick über die Designer-Attribute sowie deren Einsatz und hält auch Links zu weiteren Informationen bereit.

8. Als Nächstes fügen Sie den Code für die *FtpUser*-Eigenschaft ein. Platzieren Sie diesen Code unterhalb des *FtpUrl*-Codes, den Sie im vorangegangen Schritt eingegeben haben:

```
public static DependencyProperty FtpUserProperty =
    DependencyProperty.Register("FtpUser", typeof(System.String),
    typeof(FtpGetFileActivity));

[Description("Please provide the FTP user account name.")]
[DesignerSerializationVisibility(DesignerSerializationVisibility.Visible)]
[ValidationOption(ValidationOption.Optional)]
[Browsable(true)]
[Category("FTP Parameters")]
public string FtpUser
{
    get
    {
        return ((string)(
            base.GetValue(FtpGetFileActivity.FtpUserProperty)));
    }
    set
    {
        base.SetValue(FtpGetFileActivity.FtpUserProperty, value);
    }
}
```

9. Tragen Sie die letzte Eigenschaft, *FtpPassword*, unterhalb des gerade eingefügten *FtpUser*-Codes ein:

```
public static DependencyProperty FtpPasswordProperty =
    DependencyProperty.Register("FtpPassword", typeof(System.String),
    typeof(FtpGetFileActivity));
```

```
[Description("Please provide the FTP user account password.")]
[DesignerSerializationVisibility(DesignerSerializationVisibility.Visible)]
[ValidationOption(ValidationOption.Optional)]
[Browsable(true)]
[Category("FTP Parameters")]
public string FtpPassword
{
    get
    {
        return ((string)(
            base.GetValue(FtpGetFileActivity.FtpPasswordProperty)));
    }
    set
    {
        base.SetValue(FtpGetFileActivity.FtpPasswordProperty, value);
    }
}
```

10. Wie bereits vorhin erwähnt, gestatten einige FTP-Server einen anonymen Zugriff. Während viele FTP-Server voraussetzen, dass die Anwender für den FTP-Server über ein entsprechendes Benutzerkonto verfügen, sind andere FTP-Server öffentlich, sodass diese von jedermann genutzt werden können. Im Falle dieses öffentlichen Zugriffs lautet der Benutzername traditionell *anonymous* und als Kennwort wird die E-Mail-Adresse angegeben (wahrscheinlich zum Zwecke der Rückverfolgung). In Verbindung mit der *FtpGetFileActivity*-Aktivität wird die Angabe eines FTP-URL erwartet, aber der Benutzername und das Kennwort sind aus Sicht der Anwendung optional. Aus der FTP-Perspektive müssen diese Anmeldedaten aber verwendet werden. Zu diesem Zweck erstellen Sie jetzt konstante Strings, auf die später zurückgegriffen wird, wenn Sie den Code für die FTP-Authentifizierung schreiben. Fügen Sie unterhalb der eben eingegebenen *FtpPassword*-Eigenschaft diese konstanten Strings hinzu:

```
private const string AnonymousUser = "anonymous";
private const string AnonymousPassword = "someone@example.com";
```

11. Abhängig davon, was Sie mit Ihrer benutzerdefinierten Aktivität an Arbeiten durchführen möchten, überschreiben Sie typischerweise eine oder mehrere der virtuellen Methoden, welche die Basisklasse *Activity* abbildet. Obwohl es nicht unbedingt erforderlich ist, werden Sie wahrscheinlich zumindest die Methode *Execute* überschreiben, da es sich um die Methode handelt, in der die eigentliche Arbeit verrichtet wird. Geben Sie unterhalb der eben hinzugefügten konstanten Strings folgenden Code ein, um *Execute* zu überschreiben:

```
protected override ActivityExecutionStatus Execute(
    ActivityExecutionContext executionContext)
{
    // Die Datei empfangen:
    GetFile();

    // Arbeit beendet, daher schließen:
    return ActivityExecutionStatus.Closed;
}
```

Kapitel 13: Benutzerdefinierte Aktivitäten erstellen 357

12. Die Methode *Execute* ruft die *GetFile*-Methode. Geben Sie daher diese Methode ein:

```
private void GetFile()
{
    // Erstellt den URI. Dabei wird die Gültigkeit erneut überprüft,
    // auch wenn diese bereits in dem set-Accessor der Eigenschaft
    // überprüft wurde, da inzwischen eine Bindung stattgefunden haben
    // könnte. Die Bindung überträgt den neuen Wert direkt in die
    // abhängige Eigenschaft und überspringt die lokale
    // get/set-Logik. Beachten Sie, wenn der URL
    // syntaktisch nicht korrekt ist, löst der URI-Konstruktor
    // eine Ausnahme aus.
    Uri requestUri = new Uri(FtpUrl);
    if (requestUri.Scheme != Uri.UriSchemeFtp)
    {
        // Kein gültiger FTP-URI...
        throw new ArgumentException("The value assigned to the" +
          "FtpUrl property is not a valid FTP URI.");
    } // if

    string fileName =
        Path.GetFileName(requestUri.AbsolutePath);

    if (String.IsNullOrEmpty(fileName))
    {
        // Keine Datei zu empfangen:
        return;
    } // if

    Stream bitStream = null;
    FileStream fileStream = null;
    StreamReader reader = null;
    try
    {
        // Die Verbindung öffnen:
        FtpWebRequest request =
            (FtpWebRequest)WebRequest.Create(requestUri);

        // Die Berechtigungsnachweise für die Authentifizierung einrichten:
        if (!String.IsNullOrEmpty(FtpUser))
        {
            request.Credentials =
                new NetworkCredential(FtpUser, FtpPassword);
        } // if
        else
        {
            request.Credentials =
                new NetworkCredential(AnonymousUser,
                  !String.IsNullOrEmpty(FtpPassword) ?
                  FtpPassword : AnonymousPassword);
        } // else
        // Die Abfrage durchführen und den Antwortstream empfangen:
        FtpWebResponse response =
            (FtpWebResponse)request.GetResponse();
        bitStream = response.GetResponseStream();
```

```
            // Die lokale Datei anlegen:
            fileStream = File.Create(fileName);

            // Den Stream lesen und die Bits in die lokale Datei schreiben:
            byte[] buffer = new byte[1024];
            Int32 bytesRead = 0;
            while ((bytesRead = bitStream.Read(buffer, 0, buffer.Length)) > 0)
            {
                fileStream.Write(buffer, 0, bytesRead);
            } // while
        } // try
        finally
        {
            // Den Antwort-Stream schließen:
            if (reader != null) reader.Close();
            else if (bitStream != null) bitStream.Close();

            // Die Datei schließen:
            if (fileStream != null) fileStream.Close();
        } // finally
    }
```

> **Hinweis** Die meisten Programmierer handeln wohl nach dem Grundsatz, wenn sich frei verfügbarer Code finden lässt, der die gewünschten Arbeiten durchführt, die benötigt werden, wird dieser als Vorlage genommen, anstatt den Code von Anfang an neu zu entwickeln. Tatsächlich handelt es sich bei dem hier vorgestellten Code größtenteils um wiederverwendeten Code eines Microsoft-Beispiels. Dies wird erwähnt, da Sie eventuell das Gegenstück, nämlich die Aktivität zum Senden von Dateien an den FTP-Server, selbst entwickeln möchten. Denkbar sind noch weitere Funktionen, etwa zum Löschen von Dateien auf dem FTP-Server. (Code für solche Vorgänge sind ebenso in dem Microsoft-Beispiel enthalten.) Sie finden dieses Beispiel unter der Internetadresse *http://msdn2.microsoft.com/de-de/library/system.net.ftpwebrequest (VS.80).aspx*.

13. Drücken Sie **Umschalt+F6** oder rufen Sie den Menübefehl *Erstellen/ FtpActivity erstellen* auf, um das *FtpActivity*-Projekt zu kompilieren. Dabei sollten keine Kompilierungsfehler auftreten. Andernfalls sollten Sie diese jetzt beseitigen.

Die FTP-Aktivität, so wie sie zum derzeitigen Stand aussieht, wird noch einmal als kompletter Quellcode in Listing 13.1 gezeigt. Bereits zum jetzigen Zeitpunkt verfügen Sie über eine uneingeschränkt funktionsfähige FTP-Aktivität. Es ist zwar noch zusätzliche Arbeit notwendig, um die Aktivität besser in den Workflow-Ansicht-Designer zu integrieren, aber Sie können die Aktivität bereits jetzt in Ihren Workflows einsetzen.

Listing 13.1 Die fertig gestellte Quellcodedatei *FtpActivity.cs*

```
using System;
using System.Collections.Generic;
using System.Text;
using System.IO;
using System.Net;
using System.ComponentModel;
using System.ComponentModel.Design;
```

Kapitel 13: Benutzerdefinierte Aktivitäten erstellen 359

```csharp
using System.Workflow.ComponentModel;
using System.Workflow.ComponentModel.Compiler;
using System.Workflow.ComponentModel.Design;
using System.Workflow.Activities;
using System.Drawing;

namespace FtpActivity
{
    public sealed class FtpGetFileActivity :
        System.Workflow.ComponentModel.Activity
    {
        public static DependencyProperty FtpUrlProperty =
            DependencyProperty.Register("FtpUrl", typeof(System.String),
            typeof(FtpGetFileActivity));

        [Description("Please provide the full URL for the file to download.")]
        [DesignerSerializationVisibility(DesignerSerializationVisibility.Visible)]
        [ValidationOption(ValidationOption.Required)]
        [Browsable(true)]
        [Category("FTP Parameters")]
        public string FtpUrl
        {
            get
            {
                return ((string)
(base.GetValue(FtpGetFileActivity.FtpUrlProperty)));
            }
            set
            {
                Uri tempUri = null;
                if (Uri.TryCreate(value, UriKind.Absolute, out tempUri))
                {
                    if (tempUri.Scheme == Uri.UriSchemeFtp)
                    {
                        base.SetValue(FtpGetFileActivity.FtpUrlProperty,
                            tempUri.AbsoluteUri);
                    }
                }
                else
                {
                    // Kein gültiger FTP-URI...
                    throw new ArgumentException("The value assigned to the" +
                        " FtpUrl property is not a valid FTP URI.");
                };
            }
        }

        public static DependencyProperty FtpUserProperty =
            DependencyProperty.Register("FtpUser", typeof(System.String),
            typeof(FtpGetFileActivity));

        [Description("Please provide the FTP user account name.")]
        [DesignerSerializationVisibility(DesignerSerializationVisibility.Visible)]
        [ValidationOption(ValidationOption.Optional)]
        [Browsable(true)]
        [Category("FTP Parameters")]
        public string FtpUser
```

```csharp
    {
        get
        {
            return ((string)(
                base.GetValue(FtpGetFileActivity.FtpUserProperty)));
        }
        set
        {
            base.SetValue(FtpGetFileActivity.FtpUserProperty, value);
        }
    }

    public static DependencyProperty FtpPasswordProperty =
        DependencyProperty.Register("FtpPassword", typeof(System.String),
        typeof(FtpGetFileActivity));

    [Description("Please provide the FTP user account password.")]
    [DesignerSerializationVisibility(DesignerSerializationVisibility.Visible)]
    [ValidationOption(ValidationOption.Optional)]
    [Browsable(true)]
    [Category("FTP Parameters")]
    public string FtpPassword
    {
        get
        {
            return ((string)(
                base.GetValue(FtpGetFileActivity.FtpPasswordProperty)));
        }
        set
        {
            base.SetValue(FtpGetFileActivity.FtpPasswordProperty, value);
        }
    }

    private const string AnonymousUser = "anonymous";
    private const string AnonymousPassword = "someone@example.com";

    protected override ActivityExecutionStatus Execute(
        ActivityExecutionContext executionContext)
    {
        // Die Datei empfangen:
        GetFile();

        // Arbeit beendet, daher schließen:
        return ActivityExecutionStatus.Closed;
    }

    private void GetFile()
    {
        // Erstellt den URI. Dabei wird die Gültigkeit erneut überprüft,
        // auch wenn diese bereits in dem set-Accessor der Eigenschaft
        // überprüft wurde, da inzwischen eine Bindung stattgefunden haben
        // könnte. Die Bindung überträgt den neuen Wert direkt in die
        // abhängige Eigenschaft und überspringt die lokale
        // get/set-Logik. Beachten Sie, wenn der URL
        // syntaktisch nicht korrekt ist, löst der URI-Konstruktor
        // eine Ausnahme aus.
```

```csharp
Uri requestUri = new Uri(FtpUrl);
if (requestUri.Scheme != Uri.UriSchemeFtp)
{
    // Kein gültiger FTP-URI...
    throw new ArgumentException("The value assigned to the" +
      "FtpUrl property is not a valid FTP URI.");
} // if

string fileName =
    Path.GetFileName(requestUri.AbsolutePath);

if (String.IsNullOrEmpty(fileName))
{
    // Keine Datei zu empfangen:
    return;
} // if

Stream bitStream = null;
FileStream fileStream = null;
StreamReader reader = null;
try
{
    // Die Verbindung öffnen:
    FtpWebRequest request =
        (FtpWebRequest)WebRequest.Create(requestUri);

    // Die Berechtigungsnachweise für die Authentifizierung einrichten:
    if (!String.IsNullOrEmpty(FtpUser))
    {
        request.Credentials =
            new NetworkCredential(FtpUser, FtpPassword);
    } // if
    else
    {
        request.Credentials =
            new NetworkCredential(AnonymousUser,
            !String.IsNullOrEmpty(FtpPassword) ?
            FtpPassword : AnonymousPassword);
    } // else
    // Die Abfrage durchführen und den Antwortstream empfangen:
    FtpWebResponse response =
        (FtpWebResponse)request.GetResponse();
    bitStream = response.GetResponseStream();

    // Die lokale Datei anlegen:
    fileStream = File.Create(fileName);

    // Den Stream lesen und die Bits in die lokale Datei schreiben:
    byte[] buffer = new byte[1024];
    Int32 bytesRead = 0;
    while ((bytesRead = bitStream.Read(buffer, 0, buffer.Length)) > 0)
    {
        fileStream.Write(buffer, 0, bytesRead);
    } // while
} // try
finally
```

```
            {
                // Den Antwort-Stream schließen:
                if (reader != null) reader.Close();
                else if (bitStream != null) bitStream.Close();

                // Die Datei schließen:
                if (fileStream != null) fileStream.Close();
            } // finally
        }
    }
}
```

Eine der wichtigeren Aufgaben, die noch ausstehen, ist die Erstellung eines benutzerdefinierten Validators. Obwohl Sie die FTP-Aktivität in der jetzigen Form bereits nutzen könnten, ist sie noch nicht komplett im Workflow-Ansicht-Designer integriert. Was noch fehlt, ist eine Eigenschaftenvalidierung. Im Folgenden erfahren Sie, wie das Hinzufügen eines Validators funktioniert.

Einen benutzerdefinierten *ActivityValidator* erstellen

Sie haben mit Sicherheit schon einmal das rot umrandete Ausrufezeichen (!) gesehen, das in Aktivitäten angezeigt wird, deren Konfiguration im Workflow-Ansicht-Designer unvollständig ist. Beispielsweise erscheint ein solches Ausrufezeichen in der *Code*-Aktivität, wenn deren *ExecuteCode*-Eigenschaft nicht gesetzt wurde. Wie aber wird dieses hervorgerufen?

Die Antwort ist, dass ein Aktivitätsvalidator dieses Verhalten auslöst. Ein solcher überprüft die Eigenschaften der verknüpften Aktivität und fügt Fehlerhinweise in eine Fehlerauflistung ein, wenn Eigenschaften fehlen oder ungültig sind. Der Validator wird dabei angewiesen, die auf die Eigenschaften der Aktivität angewandten Regeln erneut zu überprüfen, wenn sich der Zustand des Designers ändert (dies ist der Fall, wenn neue Aktivitäten hinzugefügt werden oder sich Eigenschaften ändern) und wenn der Workflow kompiliert wird.

Der Validator hat die Wahl zwischen dem Ignorieren von Einstellungskonfigurationen und einem Markieren als Warnungen bzw. Fehler. Die FTP-Aktivität besitzt drei Eigenschaften, von denen eine kritisch ist (der URL). Die anderen beiden können unangetastet bleiben, was zu einer Authentifizierung mit dem standardmäßigen (anonymen) Benutzer führt. Im Rahmen der Fertigstellung Ihres Validators kennzeichnen Sie das Fehlen eines URL (oder das Fehlen einer Bindung zu einer URL-Eigenschaft in der Haupt-Workflow-Aktivität) als Fehler. Wenn kein Benutzername bzw. Kennwort angegeben wird, werden Warnungen generiert, die besagen, dass der anonyme Zugang verwendet wird.

Einen Validator für die *FtpGetFileActivity*-Workflow-Aktivität erstellen

1. Aktivitätsvalidatoren sind in der WF einfach Klassen. Daher fügen Sie dem *FtpActivity*-Projekt als Erstes eine neue Klasse hinzu. Dazu klicken das *FtpActivity*-Projekt im Projektmappen-Explorer mit der rechten Maustaste an und rufen Sie den Menübefehl *Hinzufügen/Klasse* auf, woraufhin das Dialogfeld *Neues Element*

hinzufügen erscheint. Geben Sie den Text **FtpGetFileActivityValidator.cs** in das Feld *Name* ein und bestätigen Sie mit einem Klick auf die Schaltfläche *Hinzufügen*.

2. Fügen Sie die folgende *using*-Anweisung der bestehenden Liste mit *using*-Anweisungen hinzu:

```
using System.Workflow.ComponentModel.Compiler;
```

3. Die neue *FtpGetFileActivityValidator*-Klasse wird standardmäßig als Klasse vom Zugriffstyp *private* angelegt, was noch geändert werden muss. Ferner müssen WF-Aktivitätsvalidatoren die Klasse *ActivityValidator* als Basisklasse verwenden. Visual Studio öffnet die Quellcodedatei zur Bearbeitung, sodass Sie die Klassendefinition entsprechend ändern können, wobei Sie das *public*-Schlüsselwort sowie die Basisklasse *ActivityValidator* wie folgt angeben:

```
public class FtpGetFileActivityValidator : ActivityValidator
```

4. Um die Validation tatsächlich durchzuführen, müssen Sie die *Validate*-Methode überschreiben. Hier kontrollieren Sie die entsprechenden Eigenschaften. Falls diese fehlen, fügen Sie einer Fehler-Auflistung, die der Designer verwaltet, einen Fehler hinzu. Im Folgenden finden Sie die komplette überschriebene *Validate*-Methode, die Sie der *FtpGetFileActivityValidator*-Klasse hinzufügen:

```
public override ValidationErrorCollection
    Validate(ValidationManager manager, object obj)
{
    FtpGetFileActivity fget = obj as FtpGetFileActivity;

    if (null == fget)
        throw new InvalidOperationException();

    ValidationErrorCollection errors = base.Validate(manager, obj);

    if (null != fget.Parent)
    {
        // Nun die eigentliche Validierung der Aktivität durchführen...
        if (String.IsNullOrEmpty(fget.FtpUrl) &&
           fget.GetBinding(FtpGetFileActivity.FtpUrlProperty) == null)
        {
            ValidationError err =
                new ValidationError("Note you must specify a URL " +
                "(including filename) for the FTP server.",
                100, false);
            errors.Add(err);
        } // if
        Uri tempUri = null;
        if (Uri.TryCreate(fget.FtpUrl, UriKind.Absolute, out tempUri))
        {
            if (tempUri.Scheme != Uri.UriSchemeFtp)
            {
                ValidationError err =
                    new ValidationError("The FTP URL must be set to an" +
                    " FTP endpoint.", 101, false);
                errors.Add(err);
            } // if
```

```
            } // if
            else if (!String.IsNullOrEmpty(fget.FtpUrl))
            {
                ValidationError err =
                    new ValidationError("The FTP URL must be a valid FTP URI.",
                    102, false);
                errors.Add(err);
            } // else if
            if (String.IsNullOrEmpty(fget.FtpUser) &&
                fget.GetBinding(FtpGetFileActivity.FtpUserProperty) == null)
            {
                ValidationError err =
                    new ValidationError("The 'anonymous' user account will " +
                    "be used for logging in to the FTP server.", 200, true);
                errors.Add(err);
            } // if
            if (String.IsNullOrEmpty(fget.FtpPassword) &&
                fget.GetBinding(FtpGetFileActivity.FtpPasswordProperty) == null)
            {
                ValidationError err =
                    new ValidationError("The default anonymous password " +
                    "'someone@example.com' will be used for logging " +
                    "in to the FTP server.", 300, true);
                errors.Add(err);
            } // if
        }
        return errors;
    }
```

5. Die *FtpGetFileActivityValidator-Klasse* ist nun komplett, aber Sie haben die WF noch nicht angewiesen, die Validierung durchzuführen. Zu diesem Zweck kehren Sie in die *FtpGetFileActivity*-Klasse zurück und fügen das folgende Attribut unmittelbar oberhalb der Klassendefinition hinzu:

```
[ActivityValidator(typeof(FtpGetFileActivityValidator))]
```

6. Drücken Sie **Umschalt+F6** oder rufen Sie den Menübefehl *Erstellen/FtpActivity erstellen* auf, um das *FtpActivity*-Projekt zu kompilieren, wobei Sie etwaig aufgetretene Kompilierungsfehler korrigieren.

Den kompletten Validator entnehmen Sie Listing 13.2. Wenn Sie die *FtpGetFileActivity*-Aktivität jetzt in Ihrem Workflow ablegen und vergessen, den URL zuzuweisen bzw. keine Bindung erstellen, die einen URL zur Verfügung stellt, kann der Workflow nicht kompiliert werden. Außerdem erhalten Sie Warnungen, wenn Sie keinen Benutzername bzw. kein Kennwort verwenden, oder diese Eigenschaften nicht zumindest unter Verwendung der Eigenschaftenfenster von Visual Studio binden.

Listing 13.2 Die fertig gestellte Quellcodedatei *FtpGetFileActivityValidator*.cs

```
using System;
using System.Collections.Generic;
using System.Text;
using System.Workflow.ComponentModel.Compiler;

namespace FtpActivity
```

```csharp
{
[ActivityValidator(typeof(FtpGetFileActivityValidator))]
public class FtpGetFileActivityValidator : ActivityValidator
{
    public override ValidationErrorCollection
        Validate(ValidationManager manager, object obj)
    {
        FtpGetFileActivity fget = obj as FtpGetFileActivity;

        if (null == fget)
            throw new InvalidOperationException();

        ValidationErrorCollection errors = base.Validate(manager, obj);

        if (null != fget.Parent)
        {
            // Nun die eigentliche Validierung der Aktivität durchführen...
            if (String.IsNullOrEmpty(fget.FtpUrl) &&
                fget.GetBinding(FtpGetFileActivity.FtpUrlProperty) == null)
            {
                ValidationError err =
                    new ValidationError("Note you must specify a URL " +
                    "(including filename) for the FTP server.",
                    100, false);
                errors.Add(err);
            } // if
            Uri tempUri = null;
            if (Uri.TryCreate(fget.FtpUrl, UriKind.Absolute, out tempUri))
            {
                if (tempUri.Scheme != Uri.UriSchemeFtp)
                {
                    ValidationError err =
                        new ValidationError("The FTP URL must be set to an" +
                        " FTP endpoint.", 101, false);
                    errors.Add(err);
                } // if
            } // if
            else if (!String.IsNullOrEmpty(fget.FtpUrl))
            {
                ValidationError err =
                    new ValidationError("The FTP URL must be a valid FTP URI.",
                    102, false);
                errors.Add(err);
            } // else if
            if (String.IsNullOrEmpty(fget.FtpUser) &&
                fget.GetBinding(FtpGetFileActivity.FtpUserProperty) == null)
            {
                ValidationError err =
                    new ValidationError("The 'anonymous' user account will " +
                    "be used for logging in to the FTP server.", 200, true);
                errors.Add(err);
            } // if
            if (String.IsNullOrEmpty(fget.FtpPassword) &&
               fget.GetBinding(FtpGetFileActivity.FtpPasswordProperty) == null)
            {
                ValidationError err =
                    new ValidationError("The default anonymous password " +
                    "'someone@example.com' will be used for logging " +
```

```
                        "in to the FTP server.", 300, true);
                    errors.Add(err);
                } // if
            }
            return errors;
        }
    }
}
```

Eine Toolbox-Bitmap zur Verfügung stellen

Als Nächstes wird Ihre Aktivität eine Toolbox-Bitmap erhalten. Dies ist natürlich keine Arbeit, welche die WF tangiert. Diese Funktion ist vielmehr in .NET eingebaut und dient dort hauptsächlich zur Unterstützung des Visual Studio-Designers. Die Aufgabe ist ebenso recht einfach umzusetzen.

Eine Toolbox-Bitmap der *FtpGetFileActivity*-Workflow-Aktivität hinzufügen

1. Um eine Bitmap zuzuweisen, müssen Sie natürlich erst einmal über eine geeignete Bitmap verfügen. Im Verzeichnis *Chapter13* der Buchbeispiele finden Sie eine Bitmapdatei namens *FtpImage.bmp*. Die wohl einfachste Art, diese Bitmap zu integrieren, besteht darin, die Datei von einem Windows-Explorer-Fenster in das Visual Studio-Fenster zu ziehen und im Zweig des Projekts *FtpActivity* im Projektmappen-Explorer abzulegen. Auf diese Weise wird sowohl die Datei in das Projektverzeichnis kopiert als auch diese dem Projekt hinzugefügt.

2. Die Bitmap befindet sich nun im Projekt und Sie müssen diese nun als Ressource in Ihre Assembly kompilieren. Wählen Sie dazu die Datei *FtpImage.bmp* im Projektmappen-Explorer an, um die dazugehörigen Eigenschaften anzuzeigen. Ändern Sie den Eintrag *Buildvorgang* von *Kompilieren* in *Eingebettete Ressource*.

3. Analog zum Validator reicht es nicht aus, einfach die Bitmap in die Assembly der Aktivität zu kompilieren. Sie müssen Visual Studio ebenso mitteilen, dass die Aktivität eine verknüpfte Toolbox-Bitmap aufweist. Wie auch zuvor unterrichten Sie Visual Studio, indem Sie ein Attribut verwenden. Fügen Sie dieses Attribut der *FtpGetFileActivity*-Klassendefinition hinzu (genau oberhalb des *ActivityValidator*, den Sie im letzten Abschnitt eingegeben haben):

   ```
   [ToolboxBitmap(typeof(FtpGetFileActivity), "FtpImage")]
   ```

> **Hinweis** Das *ToolboxBitmap*-Attribut ist nicht WF-spezifisch, sondern steht für alle Steuerelemente zur Verfügung. Siehe unter *http://msdn2.microsoft.com/de-de/library/4wk1wc0a(vs.80).aspx*, um mehr darüber zu erfahren.

4. Drücken Sie **Umschalt+F6** oder rufen Sie den Menübefehl *Erstellen/FtpActivity erstellen* auf, um das *FtpActivity*-Projekt ein weiteres Mal zu kompilieren. Dabei dürften keine Kompilierungsfehler auftreten. Andernfalls sollten Sie diese jetzt beseitigen.

Wenn Sie bereits einen sequenziellen Workflow erzeugt und diese Aktivität im Workflow abgelegt haben, sieht diese eher unscheinbar aus. Die standardmäßige Darstellung ist ein abgerundetes Rechteck mit schwarzem Rand, das weiß ausgefüllt ist. In der Praxis möchte man sicher eine ästhetischere Optik. Wie dies funktioniert, erfahren Sie im Folgenden.

Das Erscheinungsbild von Aktivitäten im Workflow-Designer individuell anpassen

Der Workflow-Ansicht-Designer basiert auf dem Vielzweck-Designer von Visual Studio. Seit .NET 1.0 gibt es Komponenten innerhalb des .NET Framework, die es erlauben, eigene Objekte in den Visual Studio-Designer zu integrieren. Eine dieser Komponenten ist das *Designer*-Attribut, das im Code angebracht und innerhalb des Visual-Designer ausgeführt wird, um Dinge zu steuern wie Anzeige und Verhalten von Objekten.

Die WF erweitert dieses Konzept, indem diese einen Mechanismus für die visuelle Repräsentation von Aktivitäten über ein »Thema« (*theme*) zur Verfügung stellt. Ein solches Thema ist tatsächlich nichts anderes als eine Designer-Klasse, die viele Eigenschaften enthält, die Sie setzen können, um die Darstellung der Aktivität zu steuern. Dabei lassen sich die Farben für die Darstellung, der Rahmenstil sowie die Rahmenfarbe und vieles mehr beeinflussen.

Sie haben außerdem die Möglichkeit, das Verhalten im Visual-Designer zu beeinflussen. Beispielsweise können Sie dem Kontextmenü Einträge hinzufügen, die erscheinen, wenn die Aktivität mit der rechten Maustaste angeklickt wird. Sowohl das Thema als auch das Verhalten werden über eine Klasse vorgegeben, die Sie entwickeln und die von *ActivityDesigner* oder *CompositeActivityDesigner* abgeleitet wird (Letztere für zusammengesetzte Aktivitäten). Für das vorliegende Beispiel erstellen Sie eine spezielle Designer-Klasse mit dem Namen *FtpGetFileActivityDesigner*.

Der *FtpGetFileActivity*-Workflow-Aktivität einen visuellen Designer hinzufügen

1. Sie starten hier auf die gleiche Weise wie beim letzten Abschnitt, dem Anlegen einer neuen Klasse. Klicken Sie zunächst das *FtpActivity*-Projekt mit der rechten Maustaste an und rufen Sie den Menübefehl *Hinzufügen/Klasse* auf, woraufhin das Dialogfeld *Neues Element hinzufügen* erscheint. Geben Sie **FtpGetFileActivityDesigner.cs** in das Feld *Name* ein und bestätigen Sie mit einem Klick auf *Hinzufügen*.

2. Fügen Sie die folgenden *using*-Anweisungen unterhalb der bestehenden *using*-Anweisungen hinzu:

    ```
    using System.ComponentModel;
    using System.ComponentModel.Design;
    using System.Drawing;
    using System.Drawing.Drawing2D;
    using System.Workflow.Activities;
    using System.Workflow.ComponentModel.Design;
    ```

3. Da die zu erstellende Designer-Klasse von *ActivityDesigner* abgeleitet wird, müssen Sie die Klassendefinition ändern. Ersetzen Sie die bestehende, von Visual Studio angelegte Definition durch die folgende:

```
public class FtpGetFileActivityDesigner : ActivityDesigner
```

> **Hinweis** Noch einmal sei angemerkt, da es sich hierbei um eine einfache Aktivität handelt, wird der zu erstellende Designer von *ActivityDesigner* abgeleitet. Würde es sich jedoch um eine zusammengesetzte Aktivität handeln, müssten Sie auf *CompositeActivityDesigner* als Basisklasse zurückgreifen.

4. Die Klasse *ActivityDesigner* stellt verschiedene virtuelle Eigenschaften und Methoden zur Verfügung, die Sie überschreiben können, um bestimmte Verhaltensmuster im Visual-Designer zu bewirken. Beispielsweise erlaubt die *Verbs*-Eigenschaft, ein Kontextmenü hinzuzufügen. (Bei dem Kontextmenü handelt es sich um das Menü, das beim Anklicken der Aktivität mit der rechten Maustaste im Visual-Designer erscheint.) Da die FTP-Aktivität recht simpel ist, benötigt diese keine spezielle Unterstützung für solch ein Verhalten, aber es wäre schön, die visuellen Aspekte zu optimieren. Dazu tragen Sie das folgende Attribut oberhalb der *FtpGetFileActivityDesigner*-Klassendefinition ein:

```
[ActivityDesignerThemeAttribute(typeof(FtpGetFileActivityDesignerTheme))]
```

5. Das gerade eingefügte Attribut gibt eine Designer-Themenklasse an, die Zuweisungen für die Eigenschaften enthält, welche die optische Darstellung betreffen. Im Folgenden erstellen Sie diese Klasse. Halten Sie nach der schließenden geschweiften Klammer (}) der *FtpGetFileActivityDesigner*-Klasse Ausschau. Geben Sie unterhalb dieser Klammer die folgende interne Klasse ein:

```
internal sealed class FtpGetFileActivityDesignerTheme :
    ActivityDesignerTheme
{
    public FtpGetFileActivityDesignerTheme(WorkflowTheme theme)
        : base(theme)
    {
        this.BorderColor = Color.Black;
        this.BorderStyle = DashStyle.Solid;
        this.BackColorStart = Color.Silver;
        this.BackColorEnd = Color.LightBlue;
        this.BackgroundStyle = LinearGradientMode.Horizontal;
    }
}
```

> **Hinweis** Zusammengesetzte Aktivitäten haben ebenso ihre eigene Designer-Themenklasse: *CompositeDesignerTheme*. Der Grund für die Verwendung einer eigenen Klasse liegt darin, dass zusammengesetzte Aktivitäten auch die untergeordneten Aktivitäten darstellen müssen, sodass im Allgemeinen eine weitergehendere Einflussnahme in Hinblick auf die optische Darstellung erwünscht ist.

6. Analog zum Validator und zur Toolbox-Bitmap müssen Sie der *FtpGetFileActivity*-Klasse ein Attribut hinzufügen, um den Workflow-Ansicht-Designer darüber zu unterrichten, dass Sie über *ActivityDesigner*-basierte Informationen für die Darstellung Ihrer Aktivität verfügen:

   ```
   [Designer(typeof(FtpGetFileActivityDesigner), typeof(IDesigner))]
   ```

7. Kompilieren Sie das Projekt (mit einem Druck auf **Umschalt+F6** oder den Menübefehl *Erstellen/FtpActivity erstellen*) und korrigieren Sie etwaige aufgetretene Kompilierungsfehler.

Die vollständige *FtpGetFileActivityDesigner*-Quellcodedatei entnehmen Sie Listing 13.3. Obwohl es noch Möglichkeiten gegeben hätte, über die Designer-Klasse auch das Verhalten der Aktivität zu verändern, falls ein solches erforderlich wäre, wird die Designer-Klasse hier lediglich verwendet, um das »Thema«, also die Optik zu bestimmen. Die Aktivität wird dabei im Workflow-Ansicht-Designer mit einem horizontalen Farbübergang (*LinearGradientMode.Horizontal*) angezeigt (silber nach hellblau) und von einem schwarzen, durchgehenden Rahmen umgeben (*DashStyle.Solid*).

Listing 13.3 Die fertig gestellte Quellcodedatei *FtpGetFileActivityDesigner.cs*

```
using System;
using System.Collections.Generic;
using System.Text;
using System.ComponentModel;
using System.ComponentModel.Design;
using System.Drawing;
using System.Drawing.Drawing2D;
using System.Workflow.Activities;
using System.Workflow.ComponentModel.Design;

namespace FtpActivity
{
    [ActivityDesignerThemeAttribute(typeof(FtpGetFileActivityDesignerTheme))]
    public class FtpGetFileActivityDesigner : ActivityDesigner
    {
    }
    internal sealed class FtpGetFileActivityDesignerTheme :
        ActivityDesignerTheme
    {
        public FtpGetFileActivityDesignerTheme(WorkflowTheme theme)
            : base(theme)
        {
            this.BorderColor = Color.Black;
            this.BorderStyle = DashStyle.Solid;
            this.BackColorStart = Color.Silver;
            this.BackColorEnd = Color.LightBlue;
            this.BackgroundStyle = LinearGradientMode.Horizontal;
        }
    }
}
```

Ein Detail fehlt aber noch: ein »richtiger« Name, den das *FtpGetFileActivity*-Symbol anzeigt, wenn dieses in die Toolbox geladen wird, denn derzeit wird nur der Klassenname angezeigt.

Benutzerdefinierte Aktivitäten in der Toolbox integrieren

Wie Ihnen bekannt ist, zeigt das *ToolboxBitmap*-Attribut ein Symbol an, das mit Ihrer Aktivität verbunden ist, sobald Ihre Aktivität in der Visual Studio-Toolbox installiert wird. Aber Sie haben diesbezüglich weitere Möglichkeiten, als nur eine Bitmap anzuzeigen.

Zusammengesetzte Aktivitäten erzeugen z.B. häufig untergeordnete Aktivitäten, die für die korrekte Operation der übergeordneten zusammengesetzten Aktivität notwendig sind. Ein gutes Beispiel hierfür ist die *IfElse*-Aktivität. Wenn Sie eine Instanz der *IfElse*-Aktivität in Ihrem Workflow ablegen, wird diese automatisch mit einer Aktivität für den linken Zweig und einer Aktivität für den rechten Zweig ausgestattet. Wie dies funktioniert, soll hier nicht gezeigt werden, da Sie hier eine einfache Aktivität anfertigen. Jedoch erhalten Sie am Ende dieses Kapitels einen Link mit weiterführenden Informationen sowie einem Beispielcode, der zeigt, wie zusammengesetzte Aktivitäten erstellt und automatisch mit vorgegebenen untergeordneten Aktivitäten ausgestattet werden.

Da Sie keine untergeordneten Aktivitäten hinzufügen, stellt sich die Frage, was sonst noch für die Integration Ihrer Aktivität in der Toolbox benötigt wird. Um nur eine Sache zu nennen, wenn nichts anderes vorgegeben ist: Visual Studio lädt Ihre Aktivität in die Toolbox und verwendet den Klassennamen als Anzeigename. Da andere WF-Aktivitäten nicht in Gestalt ihrer Klassennamen angezeigt werden, soll sich auch Ihre Aktivität an diesem De-facto-Standard orientieren. Entsprechend überschreiben Sie das vorgegebene Verhalten und verwenden einen vom Klassennamen abweichenden Namen für die Darstellung. Auch wenn das bereits alles ist, was hier optimiert wird, gibt es noch weitere Dinge, die modifiziert werden können, etwa das Anbringen einer Beschreibung, Ihres Firmennamens und einer Versionsnummer.

Außerdem ist eine Filterung möglich, sodass Ihre Aktivität nur bei Workflow-basierter Verwendung erscheint, aber die Basisklasse *ActivityToolboxItem*, die Sie in Kürze einsetzen, stellt dieses Verhalten bereits für Sie zur Verfügung.

Der *FtpGetFileActivity*-Workflow-Aktivität Toolbox-Integration hinzufügen

1. Analog zu den letzten Abschnitten beginnen Sie mit dem Anlegen einer neuen Klasse. Klicken Sie dazu zunächst das *FtpActivity*-Projekt mit der rechten Maustaste an und rufen Sie den Menübefehl *Hinzufügen/Klasse* auf, woraufhin das Dialogfeld *Neues Element hinzufügen* erscheint. Geben Sie **FtpGetFileActivityToolboxItem** in das Feld *Name* ein und bestätigen Sie mit einem Klick auf *Hinzufügen*.

2. Fügen Sie die folgenden *using*-Anweisungen unterhalb der bestehenden *using*-Anweisungen hinzu:

   ```
   using System.Workflow.ComponentModel.Design;
   using System.Runtime.Serialization;
   ```

3. Die Klasse, die Sie erstellen, muss sich von *ActivityToolboxItem* ableiten. Zu diesem Zweck müssen Sie die Klassendefinition ändern, die Visual Studio für Sie angelegt hat. Ersetzen Sie dabei die Vorgabe durch die folgende Definition:

   ```
   class FtpGetFileActivityToolboxItem : ActivityToolboxItem
   ```

4. Die *FtpGetFileActivityToolboxItem*-Klasse muss als serialisierbar markiert werden. Geben Sie entsprechend das *Serializable*-Attribut unmittelbar oberhalb der Klassendefinition ein:

```
[Serializable]
```

5. Nun fügen Sie den eigentlichen Inhalt der Klasse ein. Sie benötigen drei Konstruktoren: einen standardmäßigen Konstruktor, einen typisierten Konstruktor und einen Serialisierungskonstruktor. Jeder Konstruktor ruft *InitializeComponent* auf, um den Anzeigenamen zuzuweisen:

```
public FtpGetFileActivityToolboxItem()
{
    // Initialisieren:
    InitializeComponent();
}

public FtpGetFileActivityToolboxItem(Type type)
    : base(type)
{
    // Initialisieren:
    InitializeComponent();
}

private FtpGetFileActivityToolboxItem(SerializationInfo info, StreamingContext context)
{
    // Die Basismethode aufrufen, um zu deserialisieren:
    Deserialize(info, context);

    // Initialisieren:
    InitializeComponent();
}

protected void InitializeComponent()
{
    // Den Anzeigenamen zuweisen:
    this.DisplayName = "FTP File Get";
}
```

> **Hinweis** Es gibt eine virtuelle Methode namens *Initialize*, die Sie überschreiben können, um den Anzeigenamen zuzuweisen. Jedoch wird diese Methode nicht universell aufgerufen. Die Zurverfügungstellung Ihrer eigenen *InitializeComponent*-Methode stellt daher den besten Weg dar, um sicherzustellen, dass der Anzeigename in allen Fällen zugewiesen wird.

6. Um sicherzustellen, dass das eben erstellte *ToolboxItem* von der FTP-Aktivität verwendet wird, ergänzen Sie die Liste bereits in *FtpGetFileActivity* hinzugefügter Attribute um das folgende:

```
[ToolboxItem(typeof(FtpGetFileActivityToolboxItem))]
```

7. Kompilieren Sie das *FtpActivity*-Projekt per **Umschalt+F6** oder über den Menübefehl *Erstellen/FtpActivity erstellen*. Wie immer korrigieren Sie etwaige aufgetretene Kompilierungsfehler.

Teil B: Mit Aktivitäten arbeiten

Mit dem letzten Schritt ist Ihre benutzerdefinierte Aktivität fertig gestellt. Jedoch ist die *FileGrabber*-Anwendung noch nicht komplett. Sie müssen sowohl einen Workflow hinzufügen, der die *FtpGetFileActivity*-Aktivität verwendet, als auch den notwendigen Code, den die *FileGrabber*-Anwendung selbst benötigt, um den Workflow aufzurufen. Im Folgenden erstellen Sie zunächst den Workflow.

Einen Workflow hinzufügen, der die *FtpGetFileActivity*-Aktivität verwendet

1. Um einen neuen Workflow hinzuzufügen, gehen Sie wie gewohnt vor, klicken Sie also zunächst die *FileGrabber*-Projektmappe mit der rechten Maustaste an und rufen Sie den Menübefehl *Hinzufügen/Neues Projekt* auf.

2. Sobald das Dialogfeld *Neues Projekt hinzufügen* erscheint, öffnen Sie den *Visual C#*-Knoten in der Baumdarstellung des Feldes *Projekttypen* und wählen Sie den Eintrag *Workflow* aus. Aus der dann angezeigten Liste im Feld *Vorlagen* wählen Sie den Eintrag *Sequential Workflow Library* aus. Geben Sie **GrabberFlow** im Feld *Name* ein und bestätigen Sie mit einem Klick auf *OK*.

3. Visual Studio fügt die neue sequenzielle Workflow-Bibliothek hinzu und öffnet den Workflow-Ansicht-Designer, sodass Sie gleich mit der Bearbeitung des Workflows beginnen können. Öffnen Sie, falls notwendig, die Toolbox. Diese sollte Ihre benutzerdefinierte *FtpGetFileActivity*-Aktivität enthalten (Abbildung 13.4).

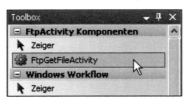

Abbildung 13.4   Die Toolbox weist Ihre selbsterstellte Aktivität auf

> **Hinweis**   Sie wundern sich jetzt vielleicht, warum in der Toolbox nicht die FTP-Bitmap angezeigt wird (und stattdessen das standardmäßige blaue Zahnradsymbol dargestellt wird) und auch der Anzeigetext, den Sie über die *FtpGetFileActivityToolboxItem*-Klasse hinzugefügt haben, nicht erscheint. Der Grund liegt darin, dass die *FtpGetFileActivity*-Aktivität derzeit von einer Assembly unterstützt wird. Wie Sie dies entsprechend ändern wird etwas später, nach Fertigstellung des Workflows, beschrieben.

4. Ziehen Sie eine Instanz der *FtpGetFileActivity*-Aktivität auf die Designer-Oberfläche und legen Sie diese dort in der Mitte ab (Abbildung 13.5).

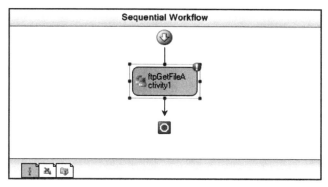

Abbildung 13.5 Workflow mit der benutzerdefinierten Aktivität

5. Der rote Kreis mit dem Ausrufezeichen (!) ist ein Hinweis darauf, dass Validierungsfehler vorhanden sind. In der Tat, wenn Sie den Mauszeiger zuerst auf das Ausrufezeichen bewegen und dann auf das daraufhin eingeblendete Dreiecksymbol klicken, sollte ein spezieller Validierungsfehler erscheinen(Abbildung 13.6). Der angezeigte Text kommt Ihnen sicher bekannt vor. Es handelt sich um den Validierungsfehler, den Sie bei der Erstellung der Validierungsklasse in einem der vorigen Abschnitte hinzugefügt haben.

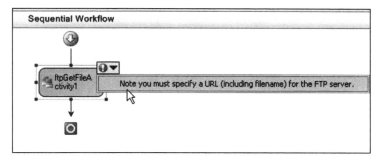

Abbildung 13.6 Anzeige des Validierungsfehlers

6. Die Hauptanwendung des *FileGrabber* ist dazu in der Lage, an den Workflow den Benutzernamen, das Kennwort und den URL der Datei zu übergeben. Dazu müssen Sie in Ihrem Haupt-Workflow Eigenschaften für jeden dieser Werte zur Verfügung stellen. Hier gibt es eine sehr gute Möglichkeit, die Visual Studio bereits für Sie hinzugefügt hat genau dies vorzunehmen. Wenn Sie die FTP-Aktivität auswählen und dann im Eigenschaftenfenster einen Blick auf die dazugehörigen Eigenschaften werfen, finden Sie die drei Eigenschaften, die Sie der Aktivität hinzugefügt haben: *FtpUrl*, *FtpUser* und *FtpPassword*. Um zuerst den Fehlerzustand zu beseitigen, wählen Sie die *FtpUrl-Eigenschaft* an, um die Schaltfläche »...« einzublenden, und klicken Sie diese Schaltfläche an (Abbildung 13.7).

374   Teil B: Mit Aktivitäten arbeiten

Abbildung 13.7 Erster Schritt beim Erstellen der erforderlichen Bindung

7. Auf diese Weise wird das Dialogfeld *Bind 'FtpUrl' to an activity's property* aufgerufen. Wechseln Sie auf die Registerkarte *Bind to a new member* und geben Sie den Text **FtpUrl** in das Feld *New member name* ein und stellen Sie sicher, dass die Optionsschaltfläche *Create Property* aktiviert ist (Abbildung 13.8). Bestätigen Sie mit einem Klick auf *OK*. (Beachten Sie, dass das rot unterlegte Ausrufezeichen nun verschwunden ist.)

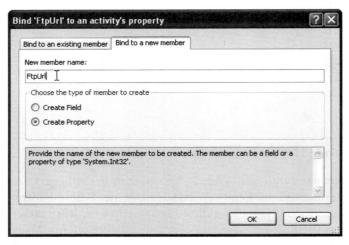

Abbildung 13.8 Erstellung der ersten der drei Eigenschaften

8. Folgen Sie derselben Prozedur (Schritte 6 und 7), um sowohl eine neue *FtpUser*-Eigenschaft als auch eine neue *FtpPassword*-Eigenschaft hinzuzufügen. Wenn Sie diese Arbeiten abgeschlossen haben, zeigt das Eigenschaftenfenster die Bindungen aller drei Eigenschaften an (Abbildung 13.9).

Kapitel 13: Benutzerdefinierte Aktivitäten erstellen

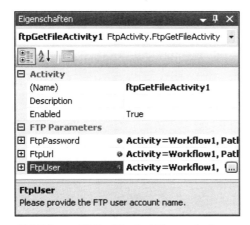

Abbildung 13.9 Die drei Eigenschaften wurden erstellt

9. Kompilieren Sie Ihren Workflow mit einem Druck auf die Tastenkombination **Umschalt+F6** oder den Menübefehl *Erstellen/GrabberFlow erstellen*. Sind dabei Fehler aufgetreten, korrigieren Sie diese nun.

In Schritt 3 wurde erwähnt, dass noch gezeigt wird, wie die *FtpGetFileActivity*-Aktivität mit dem Symbol und dem Anzeigetext, die Sie in den zurückliegenden Abschnitten hinzugefügt haben, in der Toolbox integriert wird. Im Folgenden erfahren Sie, was hierfür zu unternehmen ist.

Die *FtpGetFileActivity*-Workflow-Aktivität in die Toolbox laden

1. Für diese Arbeit muss sich momentan ein Workflow im Workflow-Ansicht-Designer befinden. (Die Toolbox filtert ungeeignete Komponenten aus.) Der *GrabberFlow*-Workflow sollte immer noch im Workflow-Ansicht-Designer geladen sein. Ist dies nicht der Fall, laden Sie diesen erneut und öffnen Sie die Toolbox, falls notwendig. Klicken Sie den Toolbox-Inhalt (nicht die Kopfleiste) mit der rechten Maustaste an, um das Kontextmenü zu öffnen, und rufen Sie aus diesem den Eintrag *Elemente auswählen* auf (Abbildung 13.10).

376 Teil B: Mit Aktivitäten arbeiten

Abbildung 13.10 Erster Schritt bei der Integration der *FtpGetFileActivity*-Aktivität in der Toolbox

2. Auf diese Weise wird das Dialogfeld *Toolboxelemente auswählen* angezeigt. Wechseln Sie auf die Registerkarte *Activities* und klicken Sie dann auf die Schaltfläche *Durchsuchen* (Abbildung 13.11).

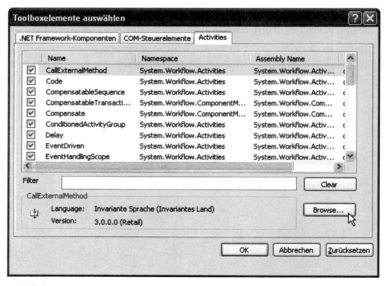

Abbildung 13.11 Das Dialogfeld zum Konfigurieren der Toolbox

3. Daraufhin erscheint das übliche Dialogfeld zum Auswählen von Dateien. Verwenden Sie die Elemente zum Navigieren und wechseln Sie in das Verzeichnis, in dem sich die kompilierte Version des *FtpActivity*-Projekts befindet, typischerweise *\Workflow\Chapter13\FileGrabber\FtpActivity\bin\Debug* (oder *Release*, abhängig davon, welchen Kompilierungsmodus Sie ausgewählt haben). Markieren Sie die Datei *FtpActivity.dll* und klicken Sie auf die Schaltfläche *Öffnen*. Bestätigen Sie abschließend mit einem Klick auf *OK*, um das Dialogfeld *Toolboxelemente auswählen* zu schließen (Abbildung 13.12).

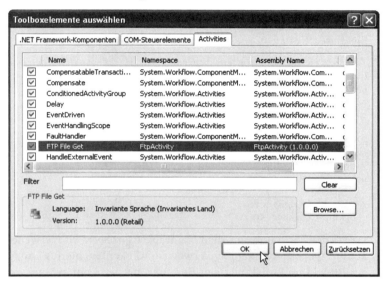

Abbildung 13.12 Die *FtpActivity*-Aktivität wird nun in der Liste der Toolboxelemente aufgeführt

4. Dieser Vorgang lädt die *FtpGetFileActivity*-Aktivität in die Toolbox und es sollten das individuelle Symbol und der Anzeigetext, die Sie beide vorhin hinzugefügt haben, jetzt sichtbar sein (Abbildung 13.13).

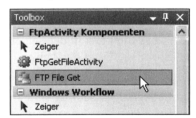

Abbildung 13.13 Die *FtpActivity*-Aktivität erscheint nun mit dem individuellen Symbol und dem definierten Anzeigetext

Ihre letzte Aufgabe besteht nun darin, den Code hinzuzufügen, der zum Start des Workflows aus der Hauptanwendung benötigt wird.

Den *FtpGetFileActivity*-Workflow ausführen

1. Öffnen Sie die Datei *Form1.cs* im Code-Editor. Zu diesem Zweck wählen Sie die Datei *Form1.cs* innerhalb des Projekts *FileGrabber* aus und klicken Sie dann auf das Symbol ▣ (*Code anzeigen*) in der Symbolleiste.

2. Der komplette benötigte Code wurde hier bereits für Sie hinzugefügt, mit einer Ausnahme: Der Code, der die Workflow-Instanz startet, fehlt noch. Dieser Code wird im *Get_Click*-Ereignishandler platziert. Scrollen Sie in der Quellcodedatei nach unten, bis Sie auf diesen Ereignishandler stoßen. Unterhalb des dort enthaltenen Codes (der die Steuerelemente der Benutzeroberfläche deaktiviert), geben Sie diesen Code ein:

```
// Die Anfrage durchführen, beginnend mit der Erstellung der Parameter:
Dictionary<string, object> parms = new Dictionary<string, object>();
parms.Add("FtpUrl", tbFtpUrl.Text);
parms.Add("FtpUser", tbUsername.Text);
parms.Add("FtpPassword", tbPassword.Text);

// Die Instanz erstellen:
_workflowInstance =
_workflowRuntime.CreateWorkflow(typeof(GrabberFlow.Workflow1),
parms);

// Die Instanz starten:
_workflowInstance.Start();
```

3. Da Sie den Workflow aus dem Namespace *GrabberFlow* verwenden, müssen Sie auf die Workflow-Assembly verweisen. Klicken Sie hierfür einfach das *FileGrabber*-Projekt im Projektmappen-Explorer mit der rechten Maustaste an und rufen Sie den Eintrag *Verweis hinzufügen* aus dem Kontextmenü auf. Sobald das Dialogfeld *Verweis hinzufügen* erscheint, wechseln Sie auf die Registerkarte *Projekte* und wählen Sie das Projekt *GrabberFlow* aus der Liste aus. Bestätigen Sie mit einem Klick auf *OK*.

4. Führen Sie die Anwendung *FileGrabber* mit einem Druck auf **F5** (bzw. **Strg+F5**) oder dem Menübefehl *Debuggen/Debuggen starten* bzw. *Debuggen/Starten ohne Debuggen* auf. Überprüfen Sie, ob nach Angabe einer gültigen FTP-URL die Datei heruntergeladen wird. (Beachten Sie, dass die Datei in demselben Verzeichnis abgelegt wird, in dem sich auch die ausführbare Datei der Anwendung befindet.)

5. In diesem Kapitel haben Sie eine einfache Aktivität erstellt. Die für die Erstellung einer zusammengesetzten Aktivität notwendigen Schritte sind ähnlich, wenngleich etwas diffiziler. (Die *ToolboxItem*-Klasse, die Sie angefertigt haben, weist zusätzlichen Code auf, der z. B. das Hinzufügen von zusammengesetzten Aktivitäten erleichtert) Um mehr über die Erzeugung von zusammengesetzten Aktivitäten zu erfahren, finden Sie unter der folgenden Internetadresse nützliche Informationen (auf Englisch): *http://msdn.microsoft.com/library/default.asp?url=/library/en-us/dnlong/html/parallelif.asp*.

Im nächsten Kapitel 14 geht es um das faszinierende Thema der Workflows, die auf einem Zustandsautomaten basieren.

Schnellübersicht

Aufgabe	Aktion
Eine benutzerdefinierte WF-Aktivität erstellen	Erstellen Sie ein neues Klassenbibliotheksprojekt und leiten Sie die neue Aktivitätsklasse von *Activity* ab (bzw. *CompositeActivity*, wenn Sie eine zusammengesetzte Aktivität anfertigen).
Die Eigenschaften der Aktivität validieren	Stellen Sie einen benutzerdefinierten Aktivitätsvalidator zur Verfügung. Beachten Sie, dass Validierung drei verschiedene Reaktionen zulässt: das Ignorieren des Aktivitätszustandes, die Anzeige von Warnungen oder ein Verweigern der Kompilierung bei Rückgabe von Fehlern, die bestimmte Zustände angeben. Vergessen Sie nicht, das *ActivityValidator*-Attribut Ihrer Haupt-Aktivitätsklasse hinzuzufügen.
Eine Toolbox-Bitmap hinzufügen	Fügen Sie Ihrem Aktivitätsprojekt eine geeignete Bitmap hinzu. Setzen Sie die *Kompilieren*-Eigenschaft auf *Eingebettete Ressource*. Fügen Sie schließlich Ihrer Aktivität das *ToolboxBitmap*-Attribut hinzu, um die Bitmap zu laden.
Das Erscheinungsbild Ihrer Aktivität im Workflow-Ansicht-Designer individuell anpassen	Stellen Sie eine Designer-Klasse zur Verfügung, die sich entweder von *ActivityDesigner* oder *CompositeActivityDesigner* ableitet. Um das optische Erscheinungsbild des Workflow-Ansicht-Designers individuell anzupassen, erstellen Sie außerdem eine Themenklasse. Ferner müssen Sie das *Designer*-Attribut Ihrer Haupt-Aktivitätsklasse hinzufügen.
Den Anzeigenamen, unter dem Ihre Aktivität in der Toolbox erscheint, individuell festlegen	Erstellen Sie eine neue *ToolboxItem*-Klasse, die sich von *ActivityToolboxItem* ableitet (sowohl für einfache als auch für zusammengesetzte Aktivitäten geeignet). Sie müssen zudem das *ToolboxItem*-Attribut in Ihrer Haupt-Aktivitätsklasse einsetzen.

Teil C

Workflow-Verarbeitung

In diesem Teil:

Zustandsautomaten	383
Workflows und Transaktionen	409
Deklarative Workflows	439

Kapitel 14

Zustandsautomaten

In diesem Kapitel:

Das Konzept des Zustandsautomaten	384
Die *State*-Aktivität einsetzen	384
Die *SetState*-Aktivität verwenden	385
Die *StateInitialization*-Aktivität verwenden	386
Die *StateFinalization*-Aktivität verwenden	387
Einen zustandsbasierten Workflow erstellen	388
Schnellübersicht	407

In diesem Kapitel lernen Sie

- das abstrakte Konzept eines Zustandsautomaten kennen und erfahren, wie dieser bei der Workflow-Verarbeitung abgebildet wird.
- das Erstellen von Workflows, die auf einem Zustandsautomaten basieren.
- die Anbringung von Anfangs- und Endzuständen.
- den Code zu integrieren, um Übergänge von einem Zustand zu einem anderen zu bewirken.

In Kapitel 4 »Einführung in Aktivitäten und Workflow-Typen«, in dem die verschiedenen Arten von Workflows beschrieben wurden, die Sie im Rahmen der Windows Workflow Foundation (WF) erstellen können, wurden Workflows erwähnt, die auf einem Zustandsautomaten basieren. Diese bilden etwas ab, das auch als *endlicher Automat* bezeichnet wird. Zustandsautomaten fahren dann ihre Stärke aus, wenn der Workflow viel Kommunikation mit Ereignissen von außen erfordert. Während Ereignisse ausgelöst und vom Workflow behandelt werden, kann der Workflow von Zustand zu Zustand übergehen, wenn notwendig.

Die WF stellte umfangreiche Entwicklungswerkzeuge für die Erstellung von Zustandsautomaten zur Verfügung, und vieles von dem, was bisher in diesem Buch beschrieben wurde, lässt sich auch auf Zustandsautomaten anwenden. Wenn z. B. in einen Zustand übergegangen wird, können Sie bei Bedarf einige sequenzielle Aktivitäten ausführen, bedingte Entscheidungen treffen (über Regeln oder Code) oder einige Daten, etwa Auflistungen, durchlaufen, indem Sie eine iterative Aktivitätsstruktur einsetzen. Der einzige wirkliche Unterschied zwischen den beiden grundlegenden Aktivitätsarten liegt darin, wie die Aktivitäten für die Ausführung in die Warteschlange gestellt werden. In einem sequenziellen oder parallelen Workflow gelangen sie gemäß dem Programmfluss in die Warteschlange. Dagegen werden in einem Zustandsautomaten Aktivitäten als Zustände in die Warteschlange gestellt, in die übergegangen wird, oder die verlassen werden. Üblicherweise werden die Übergänge von Ereignissen gesteuert, aber dies ist keine allgemeingültige Regel. Im Folgenden nehmen Sie einen weiteren Blick auf den konzeptionellen Zustandsautomaten und bringen diese Konzepte mit den WF-Aktivitäten in Verbindung, die Sie zur Abbildung Ihres Workflows verwenden können.

Das Konzept des Zustandsautomaten

Zustandsautomaten bilden diskrete (getrennte) Punkte innerhalb der Prozesslogik ab. Die Übergänge zu einem Punkt werden über Ereignisse gesteuert. Beispielsweise stellt eine Waschmaschine einen Zustandsautomaten dar. Sie füllen Ihre Waschmaschine, schließen die Türe und drücken den Startknopf. Letzteres startet das Waschprogramm, das Ihre Wäsche mithilfe verschiedener Arbeitsgänge reinigt, bis alle Arbeitsgänge abgeschlossen sind.

Ein Charakteristikum von Zustandsautomaten ist, dass diese bekannte Startpunkte und bekannte Endpunkte haben. Die Zustände dazwischen sollten über Ereignisse gesteuert werden, deren Eintritt erwartet wird, während sich der Zustandsautomat in einem bestimmten Zustand befindet. Gelegentlich bringen Ereignisse Zustandsautomaten in ungültige Zustände, die mit nicht behandelten Ausnahmen in Anwendungen vergleichbar sind. Der komplette Prozess kommt dann entweder zu einem unerwarteten Halt oder stürzt komplett ab. Wie auch immer, Übergänge zu ungültigen Zuständen sind etwas, das Sie genau überwachen möchten, zumindest in digitalen elektronischen Systemen. (WF ist in dieser Beziehung etwas toleranter, da Sie die Kontrolle darüber haben, wann Zustandsübergänge stattfinden – mithilfe einer Aktivität, die speziell dafür konzipiert ist – ohne Übergang auslösende Aktivitäten, kein Übergang.)

Kapitel 4 deckt die wesentlichen Konzepte ab, die mit Zustandsautomaten im Allgemeinen einhergehen. Um Ihr Wissen noch mal kurz aufzufrischen, schlagen Sie im Abschnitt »Die *State*-Aktivität« nach. Im Folgenden erfahren Sie, wie Aktivitäten, die für Zustandsautomaten konzipiert sind, verwendet werden.

Die *State*-Aktivität einsetzen

Es ist wahrscheinlich keine allzu große Überraschung, dass die *State*-Aktivität einen Zustand in Ihrem zustandsbasierenden Workflow abbildet. Bei dieser Aktivität handelt es sich zwar um eine zusammengesetzte Aktivität, aber sie akzeptiert nur bestimmte Typen als untergeordnete Aktivitäten: *EventDriven*, *StateInitialization*, *StateFinalization* und weitere *State*-Aktivitäten. Die *EventDriven*-Aktivität wartet auf die Ereignisse, die einen Übergang in einen anderen Zustand herbeiführen, während *StateInitialization* und *StateFinalization* Aktivitäten darstellen, bei denen sichergestellt ist, dass diese ausgeführt werden, wenn in einen bestimmten Zustand übergegangen wird bzw. ein bestimmter

Zustand im Begriff ist, verlassen zu werden. Es mag etwas seltsam sein, dass es möglich ist, eine weitere *State*-Aktivität in einer bestehenden abzulegen, aber der Zweck liegt darin, eine Möglichkeit zu schaffen, eingebettete Zustandsautomaten innerhalb übergeordneter Zustandsautomaten zu realisieren.

Es gibt außerdem eine Einschränkung in Bezug auf die Anzahl der gültigen Aktivitäten, die ein Zustand enthalten kann. Konkret ist nur eine Instanz der *StateInitialization*-Aktivität und der *StateFinalization*-Aktivität erlaubt. Sie können entweder genau eine von beiden einsetzen, beide oder keine von beiden. Zwei *StateInitialization*-Aktivitäten oder zwei *StateFinalization*-Aktivitäten innerhalb eines Zustandes sind demzufolge nicht erlaubt.

Jedoch ist es möglich, mehrere Instanzen untergeordneter *EventDriven*- und *State*-Aktivitäten zu verwenden. Tatsächlich ist es üblich, mehrere *EventDriven*-Aktivitäten innerhalb eines Zustandes einzusetzen, da jedes Ereignis einen Übergang zu einem anderen Zustand auslösen kann. Ein Ereignis, das für eine Ablehnung in einem Prozess steht, könnte z. B. einen Übergang zu einem Endzustand bewirken, wohingegen ein Ereignis, das für eine Genehmigung steht, einen Übergang zu einem Zustand herbeiführen kann, der dazu dient, weitere Genehmigungen anzufordern. Was *State*-Aktivitäten betrifft, sollten zweifellos mehr als eine erlaubt sein, wenn Sie eingebettete Zustandsautomaten erstellen. Zustandsautomaten mit lediglich einem einzigen Zustand bilden einen einfachen sequenziellen Workflow ab, sodass Sie in diesem Fall wohl besser direkt auf einen sequenziellen Workflow zurückgreifen sollten.

Auf jeden Fall, um eine *State*-Aktivität zu verwenden, ziehen Sie einfach eine Instanz von der Toolbox in den Workflow-Ansicht-Designer. Die einzige Voraussetzung hierfür liegt darin, dass der Workflow selbst ein Zustandsautomat sein muss und kein sequenzieller Workflow. Dann entscheiden Sie, welche untergeordneten Aktivitäten der Zustand verwalten soll und legen Sie diese dort ab. Vergessen Sie nicht, dass Sie vier Arten von Aktivitäten einfügen können.

Die *SetState*-Aktivität verwenden

In rein elektronischen Systemen – solchen, die sich aus mehreren elektronischen Komponenten zusammensetzen (der Prozessor in einem Computer ist z. B. eine solche elektronische Komponente) – ist die Tatsache, dass ein Ereignis ausgelöst wird, ausreichend, um einen Übergang von einem Zustand zu einem anderen zu bewirken. Das Vorhandensein einer Stromspannung oder mehreren Stromspannungen setzt alles in Bewegung, das für einen Zustandswechsel notwendig ist.

Die WF ist kein elektronisches System, wenngleich diese auf dem Computerprozessor ausgeführt wird. Das bedeutet konkret, wenn Sie ein Ereignis auslösen, das Ihr Workflow-Design als Signal für einen Zustandswechsel ausweist, reicht dies nicht aus, um einen Übergang zu einem anderen Zustand zu bewirken. Stattdessen müssen Sie eine weitere Aktivität einfügen – *SetState*.

Die *SetState*-Aktivität stellt interessanterweise keine Aktivität dar, die Sie direkt innerhalb einer *State*-Aktivität ablegen können. Der Grund hierfür ist, dass die *State*-Aktivität darauf beruht, dass etwas die Zustandsänderung auslösen muss. Könnten Sie eine *SetState*-Aktivität direkt innerhalb einer *State*-Aktivität ablegen, hätte dies zur Folge, dass beim Eintritt in den Zustand dieser sofort wieder verlassen wird. Der Zustand wäre dann bedeutungslos.

Stattdessen legen Sie eine Instanz der *SetState*-Aktivität innerhalb zweier der drei anderen erlaubten untergeordneten *State*-Aktivitäten ab. Auch wenn es üblicher ist, die *SetState*-Aktivität innerhalb von *EventDriven*-Aktivitäten zu verwenden (dieses Ereignis erzielt einen Wechsel in einen neuen Zustand), werden Sie es in bestimmten Fällen nützlich finden, die *SetState*-Aktivität innerhalb der *StateInitialization*-Aktivität abzulegen. In der Beispielanwendung dieses Kapitels wird darauf zurückgegriffen, da der Anfangszustand lediglich Dinge für die übrigen Zustände einrichtet (und nicht auf Ereignisse wartet). Ein Platzieren einer Instanz der SetState-Aktivität innerhalb der *StateFinalization*-Aktivität ist dagegen nicht möglich. Die *StateFinalization*-Aktivität wird aufgerufen, wenn ein bestimmter Zustand verlassen wird, sodass eine vorangegangene Instanz der *SetState*-Aktivität bereits ausgeführt wurde. Wenn sich die *StateFinalization*-Aktivität bereits in der Ausführung befindet, ist es zu spät, hier noch eine andere Entscheidung herbeizuführen.

Vom Ablegen einer Instanz der *SetState*-Aktivität in die *EventDriven*- oder *StateInitialization*-Aktivität eines Zustands einmal abgesehen, stellt sich die Frage, wie diese Aktivität tatsächlich einen Übergang zu einem anderen Zustand bewirkt. Die Antwort ist einfach, denn es wird die *TargetStateName*-Eigenschaft der *SetState*-Aktivität auf den Namen des Zustands gesetzt, in den übergegangen werden soll.

> **Tipp** Der Workflow-Ansicht-Designer im Microsoft Visual Studio erleichtert das Setzen der *TargetStateName*-Eigenschaft, da dieser die Übersicht über alle Zustände Ihres Workflows behält und diese im Listenfeld der *TargetStateName*-Eigenschaft zur Auswahl anbietet. Aus diesem Grund ist es häufig am besten, wenn Sie zunächst alle benötigten Zustände in Ihrem Workflow ablegen, bevor diese mithilfe von Instanzen der *SetState*-Aktivität »verdrahtet« werden.

Sobald die Workflow-Laufzeit bei der Ausführung Ihres Workflows auf eine *SetState*-Aktivität trifft, sucht diese nach der *State*-Aktivität, die denselben Namen trägt, den Sie in der *TargetStateName*-Eigenschaft angegeben haben. Der Zustand wird dann zur Ausführung in die Warteschlange gestellt. Im Workflow-Ansicht-Designer wird dies durch einen Pfeil dargestellt, der von der *SetState*-Aktivität zu dem Zustand führt, der bezeichnet wurde.

Die *StateInitialization*-Aktivität verwenden

Wenn in einen Zustand übergegangen wird, haben Sie die Möglichkeit, mithilfe der *StateInitialization*-Aktivität Dinge zu initialisieren, die sich auf den Zustand beziehen. Die *StateInitialization*-Aktivität stellt zwar keine Aktivität dar, die in einem Zustand verwendet werden muss, aber wenn eine Instanz davon vorhanden ist, garantiert die WF, dass die *StateInitialization*-Aktivität vor allen anderen Aktivitäten in dem Zustand aufgerufen wird.

Die *StateInitialization*-Aktivität wird von der *Sequence*-Aktivität abgeleitet, sodass Ihnen nahezu jede Aktivität zur Verfügung steht, die Sie in dieser zusammengesetzten Aktivität verwenden möchten. Die Ausführung erfolgt in einer sequenziellen Reihenfolge. Bestimmte Aktivitäten sind nicht erlaubt, etwa alle Aktivitäten, die auf der Schnittstelle *IEventActivity* basieren. Um Ereignisse in einem Zustand zu behandeln, müssen Sie die *EventDriven*-Aktivität einsetzen.

Die Ausführung der *StateInitialization*-Aktivität findet zudem auf eine nicht blockierende Art und Weise statt. Dieser Ansatz ist notwendig, da der Zustand dazu in der Lage sein muss, Ereignisse zu überwachen. Wäre die *StateInitialization*-Aktivität eine blockierende Aktivität, würde der Thread, der den Initialisierungscode ausführt, angehalten werden und könnte keine Ereignisse überwachen. Beachten Sie jedoch, dass das Ereignis, obwohl dieses bereits empfangen wurde, erst dann abgearbeitet wird, wenn die *StateInitialization*-Aktivität beendet wird. Schließlich kann es erforderlich sein, dass kritischer Initialisierungscode vor der tatsächlichen Ereignisbehandlung ausgeführt werden muss.

Der Einsatz der *StateInitialization*-Aktivität, und gewiss aller untergeordneten Aktivitäten innerhalb einer *State*-Aktivität, erfordern eine etwas andere Vorgehensweise mit dem Workflow-Ansicht-Designer, als Sie es bisher in diesem Buch gewohnt waren. Wenn Sie eine Instanz der *StateInitialization*-Aktivität in einer *State*-Aktivität ablegen, werden Sie feststellen, dass Sie dann keine untergeordneten Aktivitäten direkt in der *StateInitialization*-Aktivität platzieren können. (Dies gilt auch für die *EventDriven*- und die *StateFinalization*-Aktivität.) Um untergeordnete Aktivitäten in der *StateInitialization*-Aktivität einzufügen, müssen Sie als Erstes die Instanz der eben abgelegten *StateInitialization*-Aktivität doppelt anklicken, um den sequenziellen Workflow-Editor zu aktivieren, den Sie in den vorangegangenen Kapiteln verwendet haben. Um zum Editor für Zustandsautomaten zurückzugelangen, finden Sie Schaltflächen in Form von Links in der linken oberen Ecke des Workflow-Designers, die Sie zu einem bestimmten zu bearbeitenden Zustand oder zum kompletten Workflow zurückbringen.

Die *StateFinalization*-Aktivität verwenden

Die *StateFinalization*-Aktivität ist das Gegenstück der *StateInitialization*-Aktivität und wird auf eine ähnliche Weise verwendet. Während die *StateInitialization*-Aktivität ausgeführt wird, wenn der Zustand selbst mit der Ausführung beginnt, gelangt die *StateFinalization*-Aktivität unmittelbar vor dem Übergang in einen anderen Zustand zur Ausführung. Analog zur *StateInitialization*-Aktivität basiert die *StateFinalization*-Aktivität auf der *Sequence*-Aktivität. Die *StateFinalization*-Aktivität beschränkt ebenso die Arten der Aktivität, die aufgenommen werden können – auf der *IEventActivity*-Schnittstelle basierende Aktivitäten sind nicht erlaubt, ebenso wenig die Aktivitäten *State* und *SetState*.

Einen zustandsbasierten Workflow erstellen

Wenn Sie sich an den beispielhaften Zustandsautomaten erinnern, der in Kapitel 4 präsentiert wurde, dürfte Ihnen Abbildung 14.1 bekannt vorkommen. In der Tat handelt es sich fast exakt um das (vereinfachte) Zustandsautomat-Diagramm eines Münzautomaten. Das Beispiel eignet sich gut für eine Umsetzung in einen echten WF-Zustandsautomaten, der in diesem Rahmen auch eine Benutzeroberfläche erhält. Konkret soll der Münzautomat verschiedene Sodawassermarken anbieten.

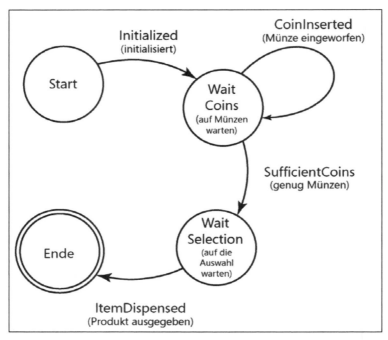

Abbildung 14.1 Das Zustandsautomat-Diagramm der Anwendung *SodaMachine* (Getränkeautomat)

Nach dem Start, bevor eine Kommunikation mit dem Anwender stattgefunden hat, erscheint der Soda-Automat, wie in Abbildung 14.2 zu sehen. Eine Flasche Soda-Wasser kostet 1,25 US-$. Während Sie Münzen einwerfen, sind die Soda-Auswurfknöpfe im linken Bereich zunächst noch inaktiv. Haben Sie jedoch genug Geld eingeworfen, werden die Auswurfknöpfe freigegeben und Sie können Ihre Auswahl treffen. Das vereinfachte Modell berücksichtigt keine Extras wie Geldrückgabe oder Geldwechsel, aber zögern Sie nicht, diese Anwendung diesbezüglich noch zu erweitern.

> **Hinweis** Der Einfachheit zuliebe wurde die Beispielanwendung, die aus den USA stammt, nicht internationalisiert. Diese simuliert entsprechend einen Münzautomaten, der nur US-amerikanische Währung akzeptiert. Die Anwendung läuft selbstverständlich auch mit einem auf EUR eingestellten Betriebssystem, die Anzeige in der Anwendung ist aber in US-Dollar bzw. US-Cent. Auch wenn dies sicherlich noch verbessert werden kann, sollte nicht vergessen werden, dass es hier in erster Linie um den Workflow geht und nicht um die Internationalisierung von Anwendungen.

Kapitel 14: Zustandsautomaten 389

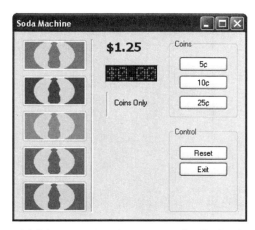

Abbildung 14.2 Die Benutzeroberfläche der Anwendung *SodaMachine* mit dem Startzustand

Die vorliegende Form der Windows Forms-Anwendung simuliert den Einwurf von Münzen, wobei hier einfach Schaltflächen angebracht wurden, die einen Münzeinwurf bewirken. Konkret sind Schaltflächen für *5¢, 10¢* und *25¢* vorhanden. Sobald Sie nach dem Start das erste Mal auf eine dieser Schaltflächen klicken, wird eine neue Instanz eines Zustandsautomaten gestartet, der den Workflow aus Abbildung 14.1 implementiert. Abbildung 14.3 zeigt den Soda-Automaten, nachdem einige Münzen eingeworfen wurden. Der Workflow behält den Überblick über den Münzeinwurf und sendet die aktuelle Gesamtsumme an die Anwendung zurück, welche diese in dem simulierten LCD-Display anzeigt.

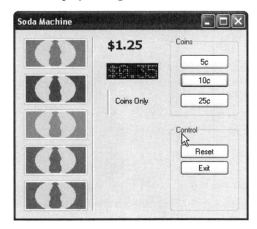

Abbildung 14.3 Der Soda-Automat, nachdem einige Münzen eingeworfen wurden

Sobald ausreichend Münzen eingeworfen wurden, teilt der Workflow der Anwendung mit, dass der Anwender nun eine Auswahl treffen kann, wie es in Abbildung 14.4 gezeigt wird. Die Anwendung wiederum aktiviert die Schaltflächen für die einzelnen Soda-Sorten auf der linken Seite der Benutzeroberfläche.

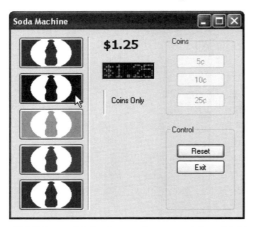

Abbildung 14.4 Es wurden ausreichend Münzen eingeworfen, sodass jetzt die gewünschte Soda-Sorte gewählt werden kann

Sobald eine der Soda-Schaltflächen im linken Bereich angeklickt wurde, etwa die dunkle Schaltfläche aus Abbildung 14.4 (dort markiert mit dem Mauszeiger), wird ein Text mit dem Inhalt »Soda!« angezeigt (Abbildung 14.5). Dies steht für den Auswurf der gewählten Flasche. Um den kompletten Prozess zurückzusetzen, klicken Sie auf die Schaltfläche *Reset*. Dies beeinflusst nicht den Workflow, aber setzt die Schaltflächen der Benutzeroberfläche zurück. Daraufhin wird die Benutzeroberfläche wieder wie in Abbildung 14.2 angezeigt und Sie können den Prozess wieder ganz von vorne beginnen.

Abbildung 14.5 Der Text »Soda!« signalisiert den Auswurf der gewählten Soda-Sorte

Ein großer Teil der Anwendung wurde bereits für Sie fertig gestellt. Wenn Sie den Beispielcode des Soda-Automaten anschauen, finden Sie die *CallExternalMethod*-Aktivität (aus Kapitel 8 »Externe Methoden und Workflows aufrufen«) und die *HandleExternalEvent*-Aktivität (aus Kapitel 10 »Ereignisspezifische Aktivitäten«). Diese stellen sehr gute Werkzeuge für die Kommunikation mit Ihrem Workflow aus Ihrer Anwendung dar. Was noch fehlt, ist der Workflow selbst, und im Folgenden erfahren Sie, was hierfür zu unternehmen ist.

Einen zustandsbasierten Workflow erstellen

1. Sie finden die Anwendung *SodaMachine* im Verzeichnis *\Workflow\Chapter14\SodaMachine*. Analog zu den bisherigen, komplexeren Beispielen liegt die Anwendung in zwei verschiedenen Versionen im Verzeichnis *Chapter14* vor – einer unvollständigen und einer vollständigen. Wenn Sie die folgende Beschreibung durcharbeiten, aber nicht die einzelnen Schritte selbst durchführen möchten, öffnen Sie die Projektmappe der kompletten Variante. (Diese ist im Verzeichnis *SodaMachine Completed* enthalten.) Die Schritte, denen Sie hier folgen, führen Sie durch das Erzeugen eines Workflows, der auf einem Zustandsautomaten basiert. Wünschen Sie, diese Schritte selbst durchzuführen, greifen Sie stattdessen entsprechend auf die nicht komplette Programmversion zurück. Um eine der beiden Versionen zu öffnen, zu bearbeiten sowie kompilieren zu können, ziehen Sie die Projektmappendatei, also die Datei mit der Dateierweiterung *.sln*, in ein Visual Studio-Fenster. (Wenn Sie sich dafür entschieden haben, die komplette Version direkt zu kompilieren und auszuführen, müssen Sie diese zweimal kompilieren, bevor Sie diese ausführen können. Denn es müssen interne Abhängigkeiten auf Projektebene aufgelöst werden, nachdem die erste erfolgreiche Kompilierung erfolgt ist.)

2. Davon ausgehend, dass Sie die *SodaMachine*-Projektmappe in Visual Studio geladen haben, drücken Sie auf die Taste **F6** oder rufen Sie den Menübefehl *Erstellen/Projektmappe erstellen* auf. Die Projekte haben unterschiedliche Abhängigkeiten. Das Kompilieren der Projektmappe erzeugt die Assemblys, sodass abhängige Projekte entsprechend darauf verweisen können.

3. Halten Sie nach der Datei *Workflow1.cs* des Projekts *SodaFlow* im Projektmappen-Explorer Ausschau. (Sie müssen gegebenenfalls den entsprechenden Zweig in der Baumdarstellung öffnen, um die Datei sichtbar zu machen.) Wenn die Datei in der Baumdarstellung erscheint, markieren Sie diese mit einem einzelnen Klick und klicken Sie dann auf das Symbol ▣ (*Ansicht-Designer*) der Symbolleiste. Auf diese Weise wird der Workflow im Workflow-Ansicht-Designer zur Bearbeitung geöffnet (Abbildung 14.6).

> **Hinweis** Das grundlegende Workflow-Projekt wurde bereits für Sie angelegt, da die Anwendung die Aktivitäten *CallExternalMethod* und *HandleExternalEvent* verwendet und dabei auf Techniken zurückgreift, die Sie bereits in Kapitel 8 und 10 kennen gelernt haben. Entsprechend besteht hier keine Notwendigkeit, noch einmal die einzelnen notwendigen Schritte zur Erstellung der benutzerdefinierten Aktivitäten von Anfang an zu wiederholen. (Wenn Sie selbst in Zukunft eine eigene Anwendung beginnen, fügen Sie ein neues Workflow-Bibliotheksprojekt hinzu, wobei Sie im Feld *Vorlagen* den Eintrag *State Machine Workflow Library* auswählen.)

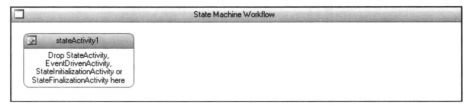

Abbildung 14.6 Die Workflow-Darstellung, so wie sie nach dem Anlegen eines neuen Zustandsautomaten aussieht

4. Der Workflow besteht zunächst aus einer einzelnen *State*-Aktivität. Wählen Sie diese Aktivität, *stateActivity1*, aus und ändern Sie den Namen in **StartState**. Sie finden die dazugehörige *Name*-Eigenschaft im Eigenschaftenfenster, wenn die Aktivität im Workflow-Ansicht-Designer ausgewählt wird.

5. Sobald ein Workflow erstellt wird, fügt Visual Studio standardmäßig die erste *State*-Aktivität für Sie ein. Gleichzeitig wird diese Aktivität als Anfangs- oder Startaktivität eingerichtet. Als Sie die Aktivität im vorangegangenen Schritt umbenannt haben, hat der Workflow diese Verbindung verloren. Um diese Aktivität wieder neu als Startaktivität einzurichten, klicken Sie einen beliebigen Bereich der Oberfläche des Workflow-Ansicht-Designers an, mit Ausnahme der *State*-Aktivität, um die Eigenschaften des Workflows als Ganzes zu aktivieren. Im Eigenschaftenfenster sollten Sie jetzt eine *InitialStateName*-Eigenschaft sehen. Ändern Sie den Inhalt von *stateActivity1* in **StartState** (Abbildung 14.7). Beachten Sie, dass Sie entweder den Wert in das Feld der Eigenschaft eintippen oder aber das Listenfeld verwenden können, aus dem Sie den Eintrag *StartState* auswählen.

Abbildung 14.7 Festlegen der Startaktivität des Workflows

6. Im Folgenden legen Sie die verbleibenden *State*-Aktivitäten auf der Oberfläche des Workflow-Ansicht-Designers ab. Wie vorhin erwähnt, erleichtert dies die spätere Zuweisung der Zielzustände, wenn mit der *SetState*-Aktivität gearbeitet wird. Wählen Sie eine Instanz der *State*-Aktivität aus der Visual Studio-Toolbox aus, ziehen Sie diese auf die Designer-Oberfläche und legen Sie diese neben der *StartState*-Aktivität ab (Abbildung 14.8). Ändern Sie den Namen der neuen Aktivität in **WaitCoinsState**.

Abbildung 14.8 Workflow mit zweiter *State*-Aktivität

7. Ziehen Sie eine weitere *State*-Aktivität auf die Oberfläche des Workflow-Ansicht-Designers und benennen Sie diese mit **WaitSelectionState** (Abbildung 14.9).

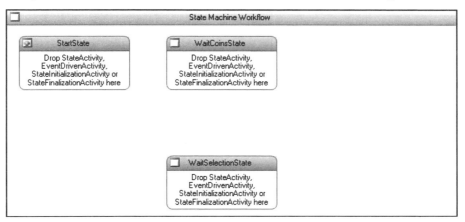

Abbildung 14.9 Workflow mit drei *State*-Aktivitäten

8. Legen Sie die letzte *State*-Aktivität auf der Oberfläche des Workflow-Ansicht-Designers ab und geben Sie dieser den Namen **EndState** (Abbildung 14.10).

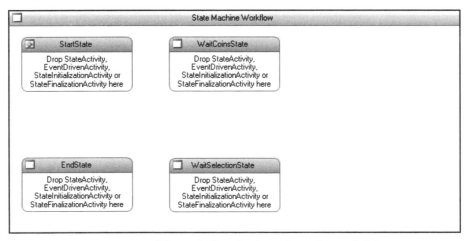

Abbildung 14.10 Der Workflow mit den vier benötigten *State*-Aktivitäten

9. Ebenso, wie Sie den Startzustand neu zugewiesen haben, müssen Sie die WF darüber unterrichten, welche Aktivität den Endzustand bilden soll. Klicken Sie dazu die Oberfläche des Workflow-Ansicht-Designers außerhalb jeglicher *State*-Aktivität an, um die Workflow-Eigenschaften zu aktivieren. Weisen Sie der *CompletedStateName*-Eigenschaft die Aktivität **EndState** zu (Abbildung 14.11). Visual Studio löscht dann den Inhalt der *EndState*-Aktivität und ändert das Symbol in der linken oberen Ecke. Wie zuvor besteht die Möglichkeit, den Namen direkt einzugeben oder diesen aus dem Listenfeld auszuwählen.

Abbildung 14.11 Die Aktivität für den Endzustand wird festgelegt

10. Die *State*-Aktivitäten sind nun alle platziert, sodass Sie im Folgenden einige Details hinzufügen. Dabei wird mit der *StartState*-Aktivität begonnen. Ziehen Sie eine Instanz der *StateInitialization*-Aktivität aus der Toolbox auf die Designer-Oberfläche und legen Sie diese in der *StartState*-Aktivität ab (Abbildung 14.12).

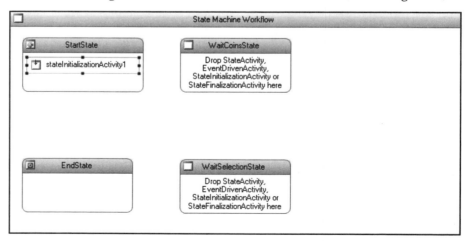

Abbildung 14.12 Eine *StateInitialization*-Aktivität wurde platziert

11. Klicken Sie die gerade eingefügte Aktivität, *stateInitializationActivity1*, doppelt an, um in den Editor für sequenzielle Workflows zu wechseln (Abbildung 14.13).

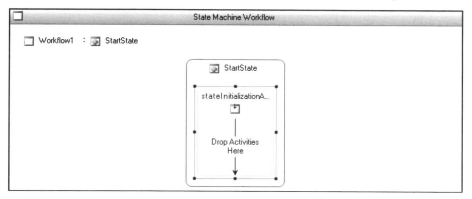

Abbildung 14.13 Sie haben den Editor für sequenzielle Workflows aktiviert

12. Ziehen Sie eine Instanz der *Code*-Aktivität auf die Designer-Oberfläche und legen Sie diese innerhalb der *StateInitialization*-Aktivität ab (Abbildung 14.14). Weisen Sie der dazugehörigen *ExecuteCode*-Methode den Namen **ResetTotal** zu. Daraufhin fügt Visual Studio die *ResetTotal*-Methode für Sie hinzu und wechselt dann in den Code-Editor. Anstatt zu diesem Zeitpunkt Code einzugeben, kehren Sie in den Workflow-Ansicht-Designer zurück.

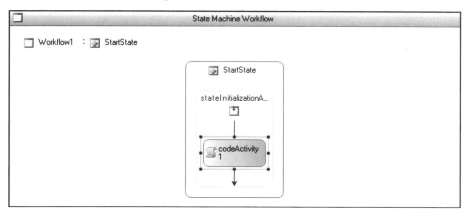

Abbildung 14.14 *StateInitialization*-Aktivität mit eingefügter *Code*-Aktivität

13. Als Nächstes ziehen Sie eine Instanz der *SetState*-Aktivität auf die Designer-Oberfläche und legen Sie diese unterhalb der gerade eingefügten *Code*-Aktivität ab (Abbildung 14.15).

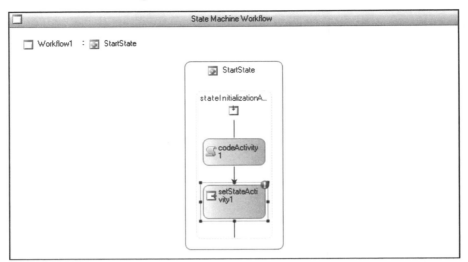

Abbildung 14.15 Es wurde eine *SetState*-Aktivität platziert

14. Weisen Sie der *TargetStateName*-Eigenschaft der *SetState*-Aktivität den Wert **WaitCoinsState** zu (Abbildung 14.16).

Abbildung 14.16 Die Zielaktivität wird festgelegt

15. Um zur Zustandsautomaten-Ansicht des Workflow-Ansicht-Designers zurückzukehren, klicken Sie den Link *Workflow1* in der linken oberen Ecke an (Abbildung 14.17).

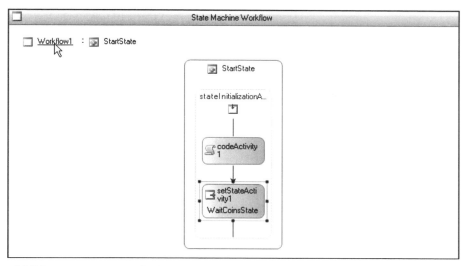

Abbildung 14.17 Zurückschalten in die Zustandsautomaten-Ansicht

Der Zustandsautomaten-Editor sollte nun durch einen Pfeil anzeigen, dass die *StartState*-Aktivität in die *WaitCoinsState*-Aktivität übergeht (Abbildung 14.18).

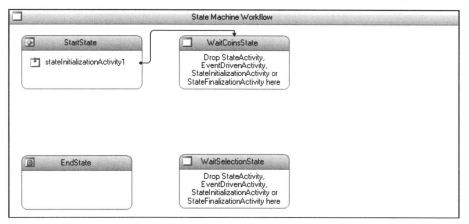

Abbildung 14.18 Der Übergang zwischen den beiden Aktivitäten wird durch einen Pfeil dargestellt

16. Die *StartState*-Aktivität ist nun vollständig. Als Nächstes kümmern Sie sich um die *WaitCoinsState*-Aktivität. Als Erstes ziehen Sie eine Kopie der *EventDriven*-Aktivität auf die Designer-Oberfläche und legen Sie diese innerhalb der *WaitCoinsState*-Aktivität ab (Abbildung 14.19). Benennen Sie diese mit **CoinInserted**, indem Sie die dazugehörige *Name*-Eigenschaft im Eigenschaftenfenster ändern (Sie müssen die Eingabe mit der Taste **Eingabe** bestätigen, damit die Änderung wirksam wird).

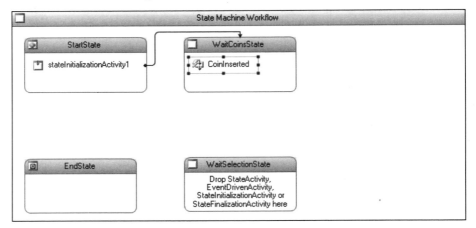

Abbildung 14.19 Sie haben eine *EventDriven*-Aktivität hinzugefügt

17. Klicken Sie die *EventDriven*-Aktivität *CoinInserted* doppelt an, um den Editor für sequenzielle Workflows aufzurufen (Abbildung 14.20).

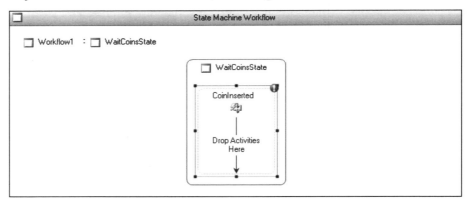

Abbildung 14.20 Es wurde ein weiteres Mal der Editor für sequenzielle Workflows aktiviert

18. Wählen Sie nun eine Instanz der benutzerdefinierten *CoinInserted*-Aktivität aus der Toolbox aus und ziehen Sie diese in die *EventDriven*-Aktivität (Abbildung 14.21). Beachten Sie, wenn Sie noch nicht die komplette Projektmappe kompiliert haben, erscheint das *CoinInserted*-Ereignis nicht in der Toolbox. Wenn Sie Schritt 2 übersprungen haben, müssen Sie gegebenenfalls zunächst die *EventDriven*-Aktivität vorübergehend entfernen, um eine erfolgreiche Übersetzung durchführen zu können.

Kapitel 14: Zustandsautomaten 399

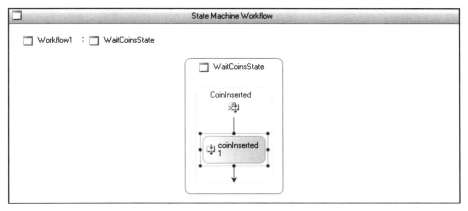

Abbildung 14.21 Die benutzerdefinierte Aktivität *CoinInserted* wurde platziert

19. Die *ExternalEventHandler*-Aktivität *coinInserted1* sollte jetzt im Workflow-Ansicht-Designer ausgewählt sein. Klicken Sie die Eigenschaft *CoinValue* im Eigenschaftenfenster an, um die Schaltfläche »…« einzublenden, und klicken Sie diese Schaltfläche an. Auf diese Weise wird das Dialogfeld *Bind 'CoinValue' to an activity's property* aufgerufen. Wechseln Sie auf die Registerkarte *Bind to a new member* und geben Sie **LastCoinDropped** im Feld *New member name* ein (Abbildung 14.22). Die Optionsschaltfläche *Create Property* sollte aktiviert sein. Ist dies nicht der Fall, schalten Sie diese ein, damit tatsächlich eine neue abhängige Eigenschaft erstellt wird. Bestätigen Sie mit einem Klick auf *OK*.

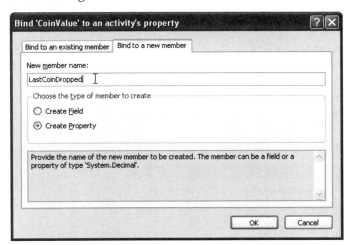

Abbildung 14.22 Erstellung der abhängigen Eigenschaft

20. Nun müssen Sie die Entscheidung treffen – hat der Anwender bereits genug Geld eingeworfen, damit die Auswurfknöpfe des Soda-Automaten freigegeben werden können? Hierfür ziehen Sie eine Instanz der *IfElse*-Aktivität auf die Designer-Oberfläche und legen Sie diese in der *EventDriven*-Aktivität *CoinInserted* unterhalb des *coinInserted1*-Ereignishandlers ab (Abbildung 14.23).

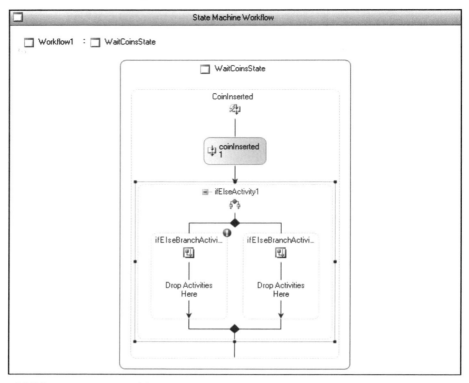

Abbildung 14.23 Die *IfElse*-Aktivität soll entscheiden, ob genug Geld eingeworfen wurde

21. Markieren Sie den linken Zweig der *ifElseActivity1*-Aktivität, um die dazugehörigen Eigenschaften im Eigenschaftenfenster anzuzeigen und wählen Sie für die *Condition*-Eigenschaft den Eintrag *Code Condition*. Öffnen Sie anschließend den *Condition*-Knoten und geben Sie in der untergeordneten *Condition*-Eigenschaft den Namen **TestTotal** ein (Abbildung 14.24). Sobald Visual Studio die neue Methode hinzugefügt und in den Code-Editor geschaltet hat, kehren Sie in den Workflow-Ansicht-Designer zurück.

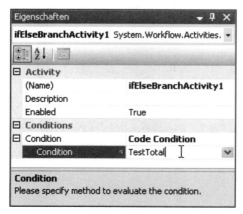

Abbildung 14.24 Anlegen der Prüfmethode

22. Die Methode *TestTotal* wird letztendlich die Summe des bisher in den Soda-Automaten eingeworfenen Geldes überprüfen. (Zunächst wird der Workflow im Workflow-Ansicht-Designer fertig gestellt, bevor Code hinzugefügt wird, da noch Eigenschaften erstellt wurden müssen.) Wenn genug Geld eingeworfen wurde, müssen Sie in den *WaitSelectionState* übergehen. Dazu ziehen Sie eine Kopie der *SetState*-Aktivität in den linken Ast der *IfElse*-Aktivität, *ifElseBranchActivity1*, und legen Sie diese dort ab (Abbildung 14.25). Weisen Sie der dazugehörigen *TargetStateName*-Eigenschaft den Wert **WaitSelectionState** zu.

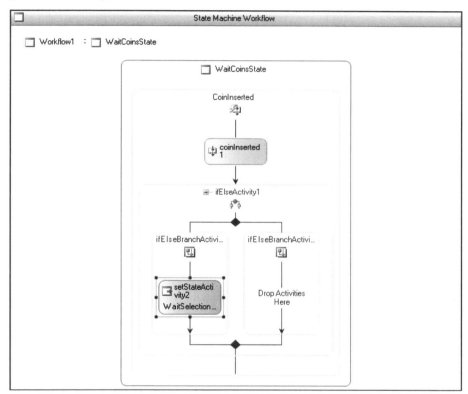

Abbildung 14.25 Linker Ast mit *SetState*-Aktivität

23. Wenn die Methode *TestTotal* zu dem Eregbnis gekommen ist, das bislang eingeworfene Geld reicht noch nicht aus, um die Soda-Auswahlknöpfe freizugeben, muss der Workflow die aktuelle Geldsumme kommunizieren. Dazu wählen Sie eine Instanz der *UpdateTotal*-Aktivität aus der Toolbox aus und ziehen Sie diese in den rechten Ast der *IfElse*-Aktivität (Abbildung 14.26). Bei der *UpdateTotal*-Aktivität handelt es sich um eine benutzerdefinierte Instanz der *CallExternalMethod*-Aktivität, die für die spezifische Aufgabe entwickelt wurde.

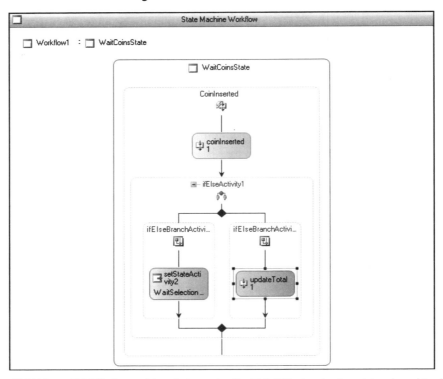

Abbildung 14.26 Im rechten Ast wurde die Aktivität abgelegt, welche den aktuellen Stand des in den Soda-Automaten eingeworfenen Geldes kommuniziert

24. Die Aktivität *UpdateTotal* benötigt den Gesamtwert, der kommuniziert werden soll. Wählen Sie daher die *total*-Eigenschaft aus und klicken Sie auf die Schaltfläche »...«, um erneut das Dialogfeld zur Bindung aufzurufen. Sobald das Dialogfeld erscheint, wechseln Sie auf die Registerkarte *Bind to a new member* und geben Sie den Text **Total** in das Feld *New member name* ein (Abbildung 14.27). Stellen Sie abermals sicher, dass die Optionsschaltfläche *Create Property* aktiviert ist. Bestätigen Sie mit einem Klick auf *OK*.

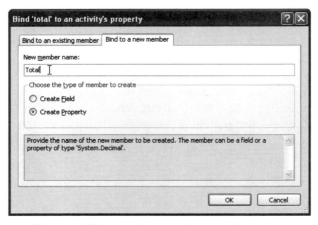

Abbildung 14.27 Erstellen der Eigenschaft *Total*

25. Klicken Sie auf den Link *Workflow1* in der linken oberen Ecke, um zur Zustandsautomaten-Ansicht zurückzugelangen. Ziehen Sie anschließend eine Instanz der *StateFinalization*-Aktivität auf die Oberfläche des Workflow-Ansicht-Designers und legen Sie diese innerhalb der *WaitCoinsState*-Instanz ab (Abbildung 14.28).

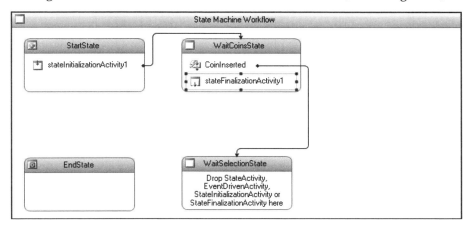

Abbildung 14.28 Der Zustand *WaitCoinsState* mit abgelegter *StateFinalization*-Aktivität

26. Klicken Sie die gerade eingefügte *stateFinalizationActivity1*-Aktivität doppelt an, um wieder in die Ansicht mit dem sequenziellen Designer zu gelangen (Abbildung 14.29).

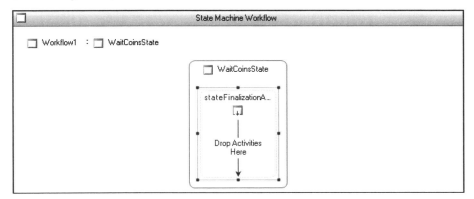

Abbildung 14.29 Der sequenzielle Designer mit *StateFinalization*-Aktivität

27. Ziehen Sie eine Instanz der *ReadyToDispense*-Aktivität von der Toolbox auf die Designer-Oberfläche und legen Sie diese dort innerhalb der *stateFinalizationActivity1*-Aktivität ab (Abbildung 14.30). Bei der *ReadyToDispense*-Aktivität handelt es sich wie auch vorhin um eine benutzerdefinierte *CallExternalMethod*-Aktivität.

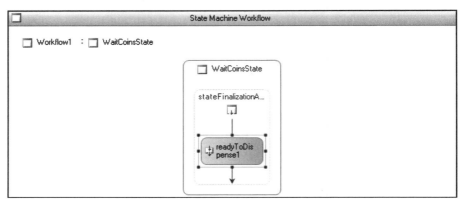

Abbildung 14.30 Abgelegte *ReadyToDispense*-Aktivität

28. Die Aktivität *ReadyToDispense1*, die Sie gerade eingefügt haben, wird den Endbetrag an die Hauptanwendung zurückgeben. Dazu benötigt diese Zugriff auf die *Total*-Eigenschaft, die Sie in Schritt 24 eingefügt haben. In den Eigenschaften der *readyToDispense1*-Aktivität finden Sie die Eigenschaft *finalTotal*, die Sie zunächst mit einem Klick aktivieren. Klicken Sie dann auf die dazugehörige Schaltfläche »...«, woraufhin das Dialogfeld für die Bindung erscheint. Dieses Mal binden Sie jedoch an ein bestehendes Member. Wählen Sie dabei die Eigenschaft *Total* aus der Liste aus und bestätigen Sie mit einem Klick auf *OK* (Abbildung 14.31).

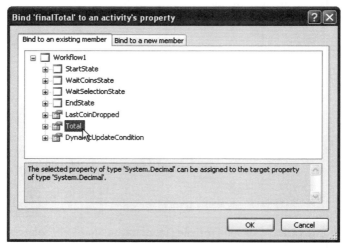

Abbildung 14.31 Auswahl der bestehenden Eigenschaft *Total*

29. Klicken Sie auf den Link *Workflow1*, um in die Designer-Ansicht für den Zustandsautomaten zurückzugelangen. Wählen Sie dort die *EventDriven*-Aktivität aus der Toolbox aus, ziehen Sie diese auf die Designer-Oberfläche und legen Sie diese innerhalb der *WaitSelectionState*-Aktivität ab (Abbildung 14.32). Benennen Sie die eben eingefügte Aktivität mit **ItemSelected**.

Kapitel 14: Zustandsautomaten 405

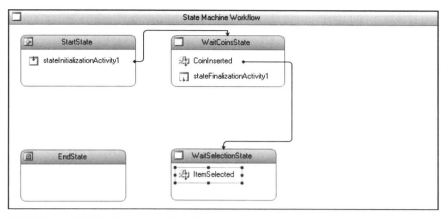

Abbildung 14.32 Sie haben eine *EventDriven*-Aktivität platziert und umbenannt

30. Klicken Sie die *EventDriven*-Aktivität *ItemSelected* doppelt an, um in die sequenzielle Designer-Ansicht zu wechseln (Abbildung 14.33).

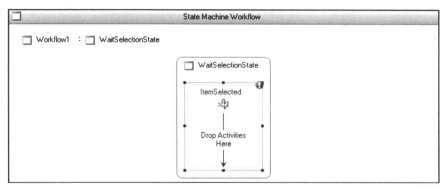

Abbildung 14.33 Es wurde erneut in die sequenzielle Designer-Ansicht gewechselt

31. Ziehen Sie eine Kopie der benutzerdefinierten *ExternalEventHandler*-Aktivität *ItemSelected* auf die Designer-Oberfläche und legen Sie diese in der *EventDriven*-Aktivität *ItemSelected* ab (Abbildung 14.34).

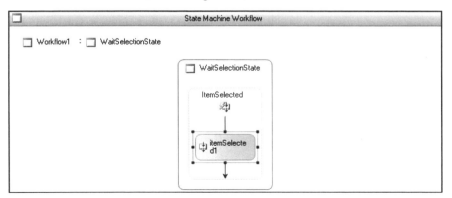

Abbildung 14.34 Abgelegte EventDriven-Aktivität *ItemSelected*

32. Nachdem der Anwender eine Auswahl getroffen hat, löst die Hauptanwendung das *ItemSelected*-Ereignis aus. Sobald dies geschehen ist, sollte in den Endzustand *EndState* übergegangen werden. Zu diesem Zweck müssen Sie natürlich eine Kopie der *SetState*-Aktivität einfügen. Ziehen Sie daher eine Instanz der *SetState*-Aktivität von der Toolbox in die *EventDriven*-Aktivität *ItemSelected* und legen Sie diese unterhalb des *itemSelected1*-Ereignishandlers ab (Abbildung 14.35). Weisen Sie der dazugehörigen *TargetStateName*-Eigenschaft den Wert **EndState** zu.

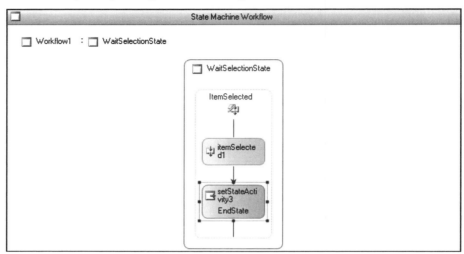

Abbildung 14.35 Eingefügte *SetState*-Aktivität mit dem Ziel *EndState*

33. Klicken Sie auf den Link *Workflow1*, um in die Designer-Ansicht für Zustandsautomaten zurückzukehren (Abbildung 14.36).

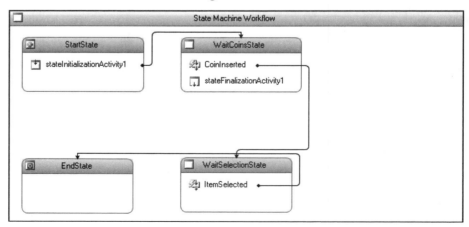

Abbildung 14.36 Aus der Designer-Sicht fertig gestellter Workflow

34. Der Workflow ist nun aus der Perspektive des Workflow-Ansicht-Designers abgeschlossen, aber Sie müssen noch etwas Code schreiben. Wählen Sie die Datei *Workflow1.cs* im Projektmappen-Explorer aus und klicken Sie auf das Symbol

(*Code anzeigen*) der Symbolleiste, um die Datei zur Bearbeitung im Code-Editor zu öffnen.

35. Blättern Sie die *Workflow1.cs*-Quellcodedatei durch und steuern Sie die in Schritt 12 eingefügte *ResetTotal*-Methode an. Fügen Sie in diese Methode den folgenden Code ein:

```
// Mit dem Geldbetrag 0 starten:
Total = 0.0m;
```

36. Halten Sie schließlich nach der Methode *TestTotal* Ausschau, die Sie in Schritt 21 angelegt haben. Tragen Sie in dieser Methode den folgenden Code ein:

```
// Die zuletzt eingeworfene Münze der Gesamtsumme addieren und dann
// überprüfen, ob die Gesamtsumme mindestens 1.25 beträgt.
Total += LastCoinDropped;
e.Result = Total >= 1.25m;
```

37. Kompilieren Sie die Projektmappe mit einem Druck auf die Taste **F6** oder den Menübefehl *Erstellen/Projektmappe erstellen*. Beseitigen Sie etwaige aufgetretene Kompilierungsfehler.

Nun können Sie die Anwendung mit einem Druck auf **F5** oder **Strg+F5** starten. Klicken Sie eine Münzschaltfläche an. Wird die Summe im LCD-Display aktualisiert? Können Sie eine Soda-Sorte wählen, nachdem Sie ausreichend Geld eingeworfen haben?

> **Hinweis**   Sollte die Anwendung mit einer *InvalidOperationException* abstürzen, liegt dies meistens daran, dass die Verweise bei der ersten Kompilierung der Projektmappe nicht vollständig aktualisiert wurden. Kompilieren Sie dann einfach die komplette Anwendung ein weiteres Mal (Schritt 37) und starten Sie die Anwendung erneut. Diese sollte jetzt einwandfrei funktionieren.

In Kapitel 15 »Workflows und Transaktionen« unternehmen Sie Ihre ersten Schritte in der faszinierenden Welt der Transaktionen.

Schnellübersicht

Aufgabe	Aktion
Einem auf einem Zustandsautomaten basierenden Workflow neue Zustände hinzufügen	Ziehen Sie so viele Kopien der *State*-Aktivität in den Workflow-Ansicht-Designer, wie Sie benötigen. Beachten Sie, dass es einfacher ist, die Zustände miteinander zu verbinden (unter Verwendung der *SetState*-Aktivität), wenn die Zustände bereits eingefügt wurden. Jedoch ist dies keine Bedingung.
Ereignisse innerhalb der Workflow-Zustände empfangen	Ziehen Sie Instanzen der *EventDriven*-Aktivität in Ihre *State*-Aktivität und weisen Sie jedem Ereignis einen Ereignishandler zu. Die *EventDriven*-Aktivität verarbeitet nur ein einziges Ereignis, daher müssen Sie gegebenenfalls mehrere Kopien der *EventDriven*-Aktivität in Ihrer *State*-Aktivität ablegen – eine für jedes Ereignis, das Sie verarbeiten müssen. ▶

Aufgabe	Aktion
Zwischen Zuständen übergehen	Ziehen Sie eine Instanz der *SetState*-Aktivität in Ihre *EventDriven*-Aktivität oder *StateInitialization*-Aktivität (die jeweils in einer *State*-Aktivität eingebettet sind). Weisen Sie der *TargetStateName*-Eigenschaft den Namen des Zustands zu, in den Sie übergehen möchten.
Den Zustand initialisieren, wenn in diesen übergegangen wird	Ziehen Sie eine Kopie der *StateInitialization*-Aktivität in Ihre *State*-Aktivität und platzieren Sie die für Ihren Initialisierungsprozess notwendigen Aktivitäten in der *StateInitialization*-Aktivität. Die *StateInitialization*-Aktivität ist eine zusammengesetzte, sequenzielle Aktivität, aber sie verarbeitet Ereignisse von Ihren Ereignishandlern (wenngleich die Verarbeitung dieser Ereignisse zurückgestellt wird, bis die Initialisierungsarbeiten abgeschlossen sind). Beachten Sie, dass nur eine einzelne Instanz der *StateInitialization*-Aktivität pro *State*-Aktivität erlaubt ist.
Code ausführen, wenn in einen anderen Zustand übergegangen wird	Ziehen Sie eine Instanz der *StateFinalization*-Aktivität auf die Oberfläche des Workflow-Ansicht-Designers und legen Sie diese innerhalb Ihrer *State*-Aktivität ab. Analog zur *StateInitialization*-Aktivität stellt die *StateFinalization*-Aktivität eine zusammengesetzte, sequenzielle Aktivität dar. Pro *State*-Aktivität ist nur eine Aktivität erlaubt.

Kapitel 15

Workflows und Transaktionen

In diesem Kapitel:

Transaktionen verstehen	410
Transaktionen in Ihren Workflows initiieren	414
Die *TransactionScope*-Aktivität verwenden	415
Die *CompensatableTransactionScope*-Aktivität verwenden	418
Die *Compensate*-Aktivität verwenden	419
Die *CompensatableSequence*-Aktivität verwenden	420
Einen Workflow mit integrierten Transaktionen erstellen	421
Schnellübersicht	438

In diesem Kapitel lernen Sie

- die Grundlagen des klassischen Transaktionsmodells und erfahren, in welchen Situationen dieses eingesetzt werden sollte.
- Situationen kennen, in denen das klassische Transaktionsmodell kein probates Mittel darstellt und in denen daher kompensierten Transaktionen der Vorzug gegeben werden sollte.
- wie auf Transaktionen ein Rollback (eine Rücknahme) angewendet wird und wie Transaktionen kompensiert werden.
- wie die standardmäßige Reihenfolge einer Kompensation verändert wird.

Wenn Software entwickelt wird, muss man früher oder später das Prinzip von Transaktionen verstehen lernen. Die Verarbeitung von Daten, die von Transaktionen gestützt wird, bedeutet in diesem Sinne das Schreiben von Programmen, die Informationen auf einer dauerhaften Ressource aufzeichnen. Beispiele für solche Software sind Datenbanken, Microsoft Message Queue (das intern auf eine Datenbank zurückgreift) sowie Windows Vista mit Transaktions-Dateisystem und -Registry-Zugriff. Dauerhafte Ressourcen halten die geschriebenen Daten aufrecht, sobald die Daten geschrieben wurden, unabhängig davon, was bei einer Weiterverarbeitung der Daten später geschieht.

Transaktionen sind in Verbindung mit allen Geschäftsprozessen ein entscheidendes Instrument, da Transaktionen Ihnen die Sicherheit geben, dass die in Ihrer Anwendung enthaltenen Daten konsistent sind und bleiben. Wenn in Ihrem Geschäftsprozess ein Fehler auftritt und es dazu kommt, dass ein Teil der Daten persistent gemacht wurden, verbreiten sich die fehlerhaften Daten höchstwahrscheinlich durch das System und lassen Sie mit der Frage zurück, welche Daten in Ordnung und welche Daten fehlerhaft sind. Stellen Sie sich vor, Sie bestellen dieses Buch bei einem Onlinehändler und müssen dann feststellen, dass dieser »ein kleines Problem« mit Ihrer Kreditkartentransaktion gehabt und Ihnen den 100-fachen Preis berechnet hat. Transaktionen sind kein Thema, das man einfach ignorieren kann, vor allem nicht, wenn man bedenkt, dass Fehler wie diese durchaus geschehen können, wenn nicht entsprechende Gegenmaßnahmen ergriffen werden.

Transaktionen verstehen

Beim Einsatz von Transaktionen dreht sich – im Kern – alles um die Verwaltung des Zustands Ihrer Anwendung. Mit *Zustand* ist die Beschaffenheit aller Daten der Anwendung gemeint. Eine Anwendung stellt einen deterministischen (vorhersehbaren) Zustand dar, wenn alle Daten konsistent sind. Angenommen, Sie fügen einen neuen Kundendatensatz in Ihre Datenbank ein und solch ein Vorgang erfordert zwei Einfügevorgänge (einen, der eine normalisierte Zeile hinzufügt, um die Adresse Ihres Kunden anzubinden, und einen, der die tatsächlichen Adressdaten aufzeichnet). Stellen Sie sich weiter vor, es kommt dazu, dass das Hinzufügen der normalisierten Zeile zwar ordnungsgemäß durchgeführt wird, aber dass beim anschließenden Einfügen der eigentlichen Adresse ein Fehler auftritt. In diesem Fall gelangt Ihre Anwendung in einen nicht deterministischen Zustand. Es stellt sich die Frage, was später geschieht, wenn versucht wird, die Adresse des Kunden abzufragen. Das System teilt dann dem Anwender mit, dass die Adresse vorhanden ist, aber der eigentliche Datensatz fehlt. Die Daten Ihrer Anwendung sind nun inkonsistent.

Um sicherzustellen, dass beide Aktualisierungen erfolgreich verlaufen, kommt die Transaktion ins Spiel. Eine Transaktion selbst ist eine einzelne Arbeitseinheit, die entweder vollständig glückt oder vollständig fehlschlägt. Das heißt nicht, dass Sie nicht zwei verschiedene Datenbanktabellen aktualisieren können. Es bedeutet vielmehr, dass beide Tabellenaktualisierungen als eine einzelne Arbeitseinheit betrachtet werden, wobei beide Tabellen erfolgreich aktualisiert werden müssen, andernfalls erfährt keine von beiden eine dauerhafte Aktualisierung. Sollte einer oder beide Aktualisierungsvorgänge scheitern, besteht der Wunsch, dass das System idealerweise in den Zustand zurückkehrt, bevor der Versuch zur Aktualisierung der Tabellen unternommen wurde. Ihre Anwendung sollte weiterlaufen, ohne dass es Hinweise auf eine unvollständige Änderung von Tabellen gibt. Noch wichtiger: Es sollte der Zustand vermieden werden, dass in der einen Tabelle Daten vorgefunden werden, die von der fehlgeschlagenen Aktualisierung stammen, in der anderen Tabelle aber diese korrelierenden Daten fehlen,

> **Hinweis** Es gibt ganze Bücher über Transaktionen und deren Verarbeitung. Obwohl hier die Konzepte ausreichend detailliert im Hinblick auf die Unterstützung von Transaktionen durch die Microsoft Windows Workflow Foundation (WF) beschrieben werden, kann das Thema aus Platzgründen nicht umfassend und bis ins letzte Detail behandelt werden. Wenn Sie sich noch nicht generell mit der .NET 2.0-Unterstützung von Transaktionen beschäftigt haben, sollten Sie dies nachholen. Das WF-Transaktionsmodell ist sehr nahe an die NET 2.0-Transaktionsunterstützung angelehnt. Der folgende Artikel erweist sich beim Verstehen der WF-Transaktionen als hilfreich: *http://www.microsoft.com/germany/msdn/library/net/TransaktionenImNETFramework20.mspx.*

Ursprünglich war nur eine einzige Form von Transaktionen üblich, die so genannten *XA-Transaktionen*, die auf einem Commit (einer Art Abschluss) in zwei Phasen basieren. Mit dem Aufkommen internetbasierter Kommunikation und der Notwendigkeit, Transaktionen zu ermöglichen, die sich über einen längeren Zeitraum erstrecken, hat eine neuere Form von Transaktionen Einzug gehalten, die so genannte kompensierte Transaktion. Die WF unterstützt beide Arten. Als Erstes wird die klassische, also die XA-Transaktion beschrieben. Dabei werden die Bedingungen erwähnt, bei denen dieser Transaktionstyp an seine Grenzen kommt. Im Anschluss daran wird das Konzept der kompensierten Transaktion erläutert.

Klassische Transaktionen (XA)

Das erste bekannte System, bei dem Transaktionen implementiert wurden, war ein Reservierungssystem einer Fluggesellschaft. Bei Flugreisen stellt sich folgende Problematik: Sind für eine Route mehrere Flüge hintereinander notwendig und kann einer der einzelnen Flüge nicht gebucht werden, darf die komplette Reservierung nicht durchgeführt werden. Die Entwickler dieses Systems schufen zur Lösung dieses Problems ein Verfahren, das heute als *X/Open Distributed Transaction Processing Model*, kurz XA, bekannt ist. (Mehr hierzu erfahren Sie unter *http://en.wikipedia.org/wiki/X/Open_XA* (Artikel ist derzeit nur auf Englisch verfügbar)).

Eine XA-Transaktion schließt das XA-Protokoll ein, welches das vorhin erwähnte Zwei-Phasen-Commit darstellt, sowie drei Einheiten: die Anwendung, die Ressource und den Transaktionsmanager. Mit *Anwendung* ist die von Ihnen entwickelte Software gemeint. Die Ressource dagegen stellt ein Softwaresystem dar, das an den XA-Transaktionen teilnimmt und darüber unterrichtet ist, wie es sich an den zwei Phasen beim Commit der Daten beteiligen und wie es die Dauerhaftigkeit der Daten umsetzen muss (mehr dazu in Kürze). Der Transaktionsmanager schließlich überwacht den kompletten Transaktionsprozess.

Es stellt sich die Frage, was es mit dem Zwei-Phasen-Commit auf sich hat. Stellen Sie sich vor, Ihre Anwendung muss in eine Datenbank schreiben. Wird dieser Vorgang in Gestalt einer Transaktion durchgeführt, hält die Datenbank die zu schreibenden Daten zurück, bis der Transaktionsmanager einen *Prepare*-Befehl (zu Deutsch vorbereiten) erteilt. Zu diesem Zeitpunkt antwortet die Datenbank mit einem *Vote*-Signal (einer Art Bestätigung; *vote* bedeutet wörtlich übersetzt *abstimmen*). Wenn dieser *Vote* erfolgt und damit die Bereitschaft zum Schreiben in die Tabelle signalisiert wird, fährt der Transaktionsmanager mit der nächsten einbezogenen Ressource fort, bis alle Ressourcen durchlaufen wurden.

Wenn alle Ressourcen eine Bestätigung geben, dass sie zu einem Commit der Daten bereit sind, erteilt der Transaktionsmanager einen *Commit*-Befehl, woraufhin jede Ressource die Daten in den internen Datenspeicher schreibt. Nur dann werden die für die Speicherung in einer Tabelle bestimmten Daten tatsächlich in die Datenbank eingefügt.

Wenn nur eine Ressource ein Problem hat und ein Fehlschlagen des Commits meldet, erteilt der Transaktionsmanager einen so genannten *Rollback*-Befehl, der eine Rücknahme bedeutet. Alle an der Transaktion beteiligten Ressourcen müssen dann die zur Transaktion gehörenden Daten löschen und es wird nichts dauerhaft aufgezeichnet.

Sobald ein *Commit* an den Daten ausgeführt wurde, garantiert das XA-Protokoll, dass das Ergebnis der Transaktion dauerhaft ist. Wenn die Daten eingefügt werden, können Sie von Ihrer Anwendung verwendet werden. Wenn Daten gelöscht wurden, wurden diese dauerhaft gelöscht. Ihre Anwendung kann dann fortfahren, mit der Gewissheit, dass mit den Daten alles in Ordnung ist. Die Daten sind konsistent und die Anwendung befindet sich einem deterministischen Zustand.

ACID-Eigenschaften

Wenn von XA-Transaktionen gesprochen wird, kommt man an der Abkürzung ACID kaum vorbei, die für *Atomic* (Atomarität), *Consistent* (Konsistenz), *Isolated* (Isolation) und *Durable* (Dauerhaftigkeit) steht (mehr hierzu unter http://de.wikipedia.org/wiki/ACID_%28Informatik%29). Alle XA-Transaktionen auf nicht flüchtigen Ressourcen müssen diese Eigenschaften aufweisen, sonst ist die Transaktion in Bezug auf die Transaktionsarchitektur ungültig.

Mit der *Atomarität* ist gemeint, dass die an der Transaktion beteiligte Ressource das Zwei-Phasen-Commit-Protokoll unterstützt. Die Daten, auf welche die Transaktion angewendet wird, haben entweder eine vollständige Transaktion erfahren (Aktualisierung oder andere Vorgänge) oder überhaupt keine. Wenn die Transaktion scheitert, kehrt die Ressource zu dem Zustand zurück, der vor dem Versuch der Datentransaktion vorgeherrscht hat.

Konsistenz bedeutet, dass die Datenintegrität aufrechterhalten werden muss. In Verbindung mit Datenbanken heißt dies typischerweise, dass die Daten keine definierten *Constraints* (Einschränkungen, auch als Integritätsbedingungen bekannt, gemeint ist z. B. eine Einschränkung für den Primärschlüssel) verletzen dürfen. Bei anderen Ressourcen gibt es hinsichtlich der integrativen Aufrechterhaltung gegebenenfalls divergierende oder zusätzliche Einschränkungen. Wenn die Daten Regeln oder Constraints verletzen, was schließlich in einem nicht deterministischen Zustand der Anwendung münden würde, muss die Ressource den Rollback der Transaktion signalisieren, um die dauerhafte Aufzeichnung inkonsistenter Daten zu verhindern.

Isolation ist die Transaktionseigenschaft, welche das System veranlasst, keine Datenzugriffe zuzulassen, während sich eine Transaktion in der Ausführungsphase befindet. In einer Datenbank ist der Schreibzugriff auf eine zuvor gesperrte Zeile oder gegebenenfalls auch der Lesezugriff auf eine Zeile, die noch kein Commit erfahren hat, nicht erlaubt. Daten sind nur verfügbar, wenn auf diese ein Commit ausgeführt wurde oder, im Falle der Leseoperation, wenn Sie ausdrücklich das Lesen von Daten freigeben, die noch keinem Commit unterworfen wurden (bei solchen erlaubten Leseoperationen spricht man häufig von »dirty reads«, wörtlich »schmutziges Lesen«).

Die *Dauerhaftigkeit* garantiert, dass nach Anwendung eines Commits die Daten immer und auf eine nicht flüchtige Weise verfügbar sind. Das bedeutet, wenn die Daten einen Commit erfahren haben und der Datenbankserver Sekundenbruchteile später abgeschaltet wurde, dass die Daten nach einem erneuten Hochfahren des Servers in der Datenbank verfügbar sind und für eine Verwendung aus Ihrer Anwendung zur Verfügung stehen. Die Umsetzung ist in der Praxis erheblich schwieriger, als dies zunächst klingt, und ist gleichzeitig einer der Hauptgründe, warum Entwickler bei kritischen Daten auf Datenbanken als persistente Speicher zurückgreifen und nicht auf einfache Datendateien, etwa auf XML-Dateien. (Zugegebenermaßen erfüllt Windows Vista auch bei einfachen

Datendateien auf Grund des Dateisystems, das Transaktionen unterstützt, hier das Merkmal der *Dauerhaftigkeit*, aber der wesentliche Aspekt dieser Beschreibung sollte klar sein.)

Lang laufende Transaktionen und der Anwendungszustand

Beachten Sie, dass die komplette Voraussetzung einer XA-Transaktion darin liegt, dass Ihre Anwendung den ursprünglichen Zustand behält, wenn die Transaktion einen Rollback durchführt. Es gilt aber Folgendes zu bedenken: Was geschieht mit Ihrer Anwendung, wenn eine Transaktion übermäßig lange für den Commit benötigt?

Bevor diese Frage beantwortet wird, stellen Sie sich ein Onlinebestellsystem vor, das eine Bestellung von einem Kunden erhält, woraufhin es bei der Überprüfung dessen Kreditkarte zu einem Absturz oder generell zu einem Fehler kam. Selbstverständlich läuft Ihr Prozess unter Verwendung von Transaktionen, da Sie den Kunden nicht mit Abbuchungen belasten möchten, wenn etwas fehlgeschlagen ist. In der Zwischenzeit aber haben andere Kunden Bestellungen ausgelöst, gegebenenfalls viele Bestellungen. Wenn die Transaktion des ersten Kunden später scheitert, was geschieht mit den mittlerweile eingegangenen Bestellungen?

Wenn das System nicht derart konstruiert ist, dass es einzelne gescheiterte Bestellungen isolieren kann, dann besteht die einzige angemessene Maßnahme darin, einen kompletten Rollback des Systems in den ursprünglichen Zustand durchzuführen. Wenn dies in Betracht gezogen wird, bedeutet dies, dass nicht nur die Bestellung des ersten Kunden verloren geht, sondern auch noch alle anderen Bestellungen, die in der Zwischenzeit aufgegeben wurden. Auch wenn es nur einige wenige sind, wäre dies nicht akzeptabel, aber bei vielleicht Zehntausenden Bestellungen, wie sie bei großen Versandhäusern selbst in kurzer Zeit durchaus generiert werden können, ist der daraus resultierende Umsatzverlust erst recht nicht hinnehmbar.

Natürlich können in der Praxis die zwischenzeitlich eingetroffenen Bestellungen zunächst gehalten und der erste Kunde als isolierter Prozess behandelt werden, aber in diesem Fall wird ein Risiko eingegangen und bewusst eine der vier Transaktionsvorschriften verletzt, um den Umsatz zu erhalten. Dies ist ein kalkuliertes Risiko, aber es ist ein Risiko, das häufig in der Praxis in Kauf genommen wird.

Bei der Vorschrift, die missachtet wurde, handelt es sich um die Atomarität. Aus diesem Grund bemühen sich Programmierer, die auf Transaktionen beruhende Systeme entwickeln, eine Transaktion so kurz wie nur möglich zu halten. Es wird nur das durchgeführt, was in den festgesteckten Grenzen unbedingt notwendig ist. Gleichzeitig wird höchster Wert auf eine hoch effiziente Abwicklung gelegt, sodass die Transaktion sehr schnell abgeschlossen wird.

Jetzt aber soll eine weitere Erschwernis mit einbezogen werden – das Internet. Ihr Kunde bestellt online und Netzwerke sind dafür berüchtigt, dass die Übertragungsgeschwindigkeit zeitweise drastisch abnehmen oder gar die Verbindung ganz verloren gehen kann. Daher ist eine auf herkömmlichen Transaktionen basierende Verarbeitung über das Internet fragwürdig, wenn auch nur deswegen, weil Transaktionen früher oder später unverhältnismäßig viel Zeit beanspruchen und etwa das Bestellsystem in einen Zustand versetzt werden kann, in dem es mehr oder weniger ganz blockiert ist.

Kompensation als eine Lösung

Genau diese Problemstellung war der Anlass für die Schaffung einer anderen Form von Transaktionen, den kompensierten Transaktionen. Stellen Sie sich einmal vor, Sie erhalten fünf Äpfel auf Basis einer XA-Transaktion und die Transaktion schlägt fehl. In diesem Fall wird die Zeit durch den involvierten Rollback gewissermaßen an die Stelle zurückgedreht, zu der mit der Aushändigung der fünf Äpfel begonnen wurde. In gewissem Sinne wird die Geschichte »neu geschrieben«, und das Herüberreichen der fünf Äpfel hat nie stattgefunden. Wenn Sie aber die fünf Äpfel in Gestalt einer kompensierten Transaktion erhalten und die Transaktion scheitert, geben Sie zur Kompensierung (sodass ein deterministischer Zustand der Anwendung aufrechterhalten werden kann) die fünf Äpfel an den Sender zurück. Es mag hier den Anschein haben, es gäbe hier keine oder nur eine unscheinbare Abweichung, aber es existiert ein definitiver Unterschied zwischen diesen beiden Arten von Transaktionen.

Wenn XA-Transaktionen entwickelt werden, fällt die Verantwortung für den Rollback fehlgeschlagener Transaktionen an die Ressource zurück, etwa die Datenbank. Umgekehrt verhält es sich bei kompensierten Transaktionen. Scheitert eine solche, sind Sie – als an der Transaktion Beteiligter – für die Kompensierung verantwortlich, indem Sie eine Kompensierungsfunktion zur Verfügung stellen. Letzteres ist also Ihre Aufgabe. Wenn Sie die Kreditkarte eines Onlinekunden belastet haben und später aufgefordert werden, eine Kompensierung durchzuführen, schreiben Sie sofort den ursprünglich abgebuchten Betrag wieder auf dem Kundenkonto gut. In einer XA-Transaktion würde das Konto dagegen im ersten Schritt nicht belastet werden. In Verbindung mit kompensierten Transaktionen lösen Sie zwei Vorgänge aus – einen zur Belastung des Kontos und später einen für die Gutschrift.

> **Hinweis** Systeme, die erfolgreich XA-Transaktionen über das Internet durchführen können, dürften ziemlich rar sein, wenn es überhaupt welche gibt. Die Lösung liegt daher allgemein in der Kompensation. Dennoch garantiert die Entscheidung für eine Kompensation alleine noch keine praxistaugliche Lösung. Denn es ist wichtig, dass Sie Ihre Kompensation mit höchster Sorgfalt entwickeln und auch die Details nicht aus den Augen verlieren. Andernfalls riskieren Sie zahlreiche Fehler, die sich sogar hochschaukeln können. Generell gilt, dass das Schreiben fehlerfreier Kompensationsfunktionen keineswegs trivial ist.

Transaktionen in Ihren Workflows initiieren

Im Allgemeinen ist das Initiieren von Transaktionen in Verbindung mit der WF simpel. Sie legen eine Transaktionsaktivität in Ihrem Workflow ab. Jedoch gibt es hierbei noch etwas mehr, das Sie wissen sollten. Darum geht es im Folgenden.

Workflow-Laufzeit und Transaktionsdienste

Wenn Sie eine transaktionsbasierende Aktivität in Ihrem Workflow einsetzen, werden zwei zuschaltbare Workflow-Dienste benötigt. Zunächst aber, da die beiden fertigen transaktionsbasierenden WF-Aktivitäten mit dem *PersistOnClose*-Attribut versehen sind (erwähnt in Kapitel 6 »Laden und Entfernen von Instanzen«), müssen Sie außerdem den *SqlWorkflowPersistenceService*-Dienst starten. Andernfalls stürzt die WF zwar nicht ab, führt aber keinen Commit im Rahmen Ihrer Transaktionen durch.

Vielleicht etwas interessanter für dieses Kapitel ist der *DefaultWorkflowTransactionService*-Dienst, den die WF für Sie startet, wenn die Workflow-Laufzeit zur Ausführung gelangt. Dieser Dienst ist sowohl für das Veranlassen als auch für die Durchführung von Commits Ihrer Transaktionsoperationen verantwortlich. Ohne solch einen Dienst sind Transaktionen innerhalb der Workflow-Laufzeit nicht möglich.

> **Hinweis** Obwohl dies den Rahmen dieses Kapitels sprengt, soll kurz erwähnt werden, dass Sie Ihre eigenen Transaktionsdienste erstellen können. Alle WF-Transaktionsdienste leiten sich vom *WorkflowTransactionService* ab, sodass es beim Entwickeln eines eigenen Dienstes darum geht, die zu ändernde Basisfunktionalität zu überschreiben. Tatsächlich wird die WF mit einem angepassten Transaktionsdienst für freigegebene Microsoft SQL Server-Verbindungen ausgeliefert, dem *SharedConnectionWorkflowTransactionService*-Dienst. Sie erfahren mehr darüber unter der Internetadresse *http://msdn2.microsoft.com/en-us/library/ms734716.aspx* (Artikel ist derzeit nur auf Englisch verfügbar).

Fehlerbehandlung

Obwohl es nicht erforderlich ist, dass Sie Fehler in Ihren Workflows auf Grund von fehlgeschlagenen Transaktionen behandeln, ist dies eine gute Angewohnheit. Aber es ist mehr als das. Es ist nämlich denkbar, dass Sie Ihren eigenen Transaktionsdienst entwickeln, der automatisch die ausgelöste Ausnahme untersucht und die Transaktion wiederholt, bevor diese tatsächlich scheitert. Auch wenn es aus Platzgründen hier nicht möglich ist, dies zu demonstrieren, sollten Sie wissen, dass die grundsätzliche Möglichkeit dafür besteht.

Ambient Transaktionen

Die transaktionsbasierenden Aktivitäten arbeiten alle mit etwas, das als Ambient Transaktion bekannt ist (*ambient* bedeutet *äußerlich*). Wenn Ihr Workflow einen Transaktionsbereich (*transactional scope*) betritt, erstellt der Workflow-Transaktionsdienst automatisch eine Transaktion für Sie. Es gibt keine Notwendigkeit dafür, eine eigene Transaktion zu erstellen. Die Aktivitäten, die in einen solchen Bereich eingebettet sind, gehören alle zu dieser einen Ambient-Transaktion und auf diese wird ein Commit oder ein Rollback (oder eine Kompensierung) durchgeführt, je nachdem, ob die Transaktion erfolgreich verläuft oder scheitert.

Die *TransactionScope*-Aktivität verwenden

XA-Transaktionen werden in der WF von der *TransactionScope*-Aktivität implementiert, einer zusammengesetzten Aktivität. Diese Aktivität ist stark an den *System.Transactions*-Namespace von .NET angelehnt und entsprechend initiiert diese Aktivität ein *Transaction*-Objekt, das dann die Ambient Transaktion abbildet, sobald die Aktivität mit der Ausführung beginnt. Die *TransactionScope*-Aktivität teilt sich sogar die Datenstrukturen (*TransactionOptions*) mit *System.Transactions*.

Die Verwendung der *TransactionScope*-Aktivität ist sehr einfach. Sie legen diese einfach in Ihrem Workflow ab. Alle Aktivitäten, die Sie innerhalb der *TransactionScope*-Aktivität platzieren, erben automatisch die Ambient Transaktion und arbeiten wie typische Transaktionen analog zur Verwendung des .NET-eigenen *System.Transactions*-Namespaces.

> **Hinweis** Sie können keine *TransactionScope*-Aktivität innerhalb einer anderen *TransactionScope*-Aktivität platzieren. Das Verschachteln von Transaktionen ist nicht erlaubt. (Diese Regel gilt auch für die *CompensatableTransactionScope*-Aktivität. Zu Letzterer später mehr.)

Die Transaktionsoptionen erlauben eine präzisere Festlegung, wie die Ambient Transaktion arbeiten soll. Diese Optionen, die von der *System.Transactions.TransactionOptions*-Struktur unterstützt werden, erlauben das Setzen des Isolationsebene und des Timeouts, auf denen die Ambient Transaktion basieren soll. Der Timeout-Wert ist selbsterklärend, aber bei der Isolierungsebene bedarf es noch einiger Erläuterungen.

> **Hinweis** Die Timeout-Werte haben Obergrenzen, die aber konfigurierbar sind. Es gibt eine computerspezifische Einstellung, *System.Transactions.Configuration.MachineSettingsSection.MaxTimeout*, sowie eine lokale, *System.Transactions.Configuration.DefaultSettingsSection.Timeout*, welche jeweils die Höchstgrenze für den Timeout festlegen. Diese Werte überschreiben alles, das Sie unter Verwendung von *TransactionOptions* setzen.

Eine Isolationsebene definiert weitgehend, was innerhalb der Transaktion mit den für die Transaktion vorgesehenen Daten erlaubt ist und was nicht. Möglicherweise möchten Sie z. B., dass Ihre Transaktion in der Lage sein soll, lesend auf Daten zuzugreifen, auf die noch kein Commit angewendet wurde (um auszuschließen, durch ein vorangegangenes transaktionsspezifisches Sperren der Datenbank den Lesezugriff zu verlieren). Denkbar ist auch, dass die zu schreibenden Daten kritisch sind, und aus diesem Grund erlauben Sie der Transaktion, nur Daten zu lesen, bei denen bereits ein Commit angewendet wurde, und außerdem verbieten Sie es anderen Transaktionen, mit den Daten zu arbeiten, während die Transaktion ausgeführt wird. Die zur Verfügung stehenden Isolationsebenen sind aus Tabelle 15.1 ersichtlich. Mit der *TransactionOptions*-Eigenschaft der *TransactionScope*-Aktivität setzen Sie sowohl die Isolationsebene als auch den Timeout.

Tabelle 15.1 Isolationsebenen bei Transaktionen

Isolationsebene	Bedeutung
Chaos	Daten, auf die noch kein Commit ausgeführt wurde, sowie abhängige Änderungen von Transaktionen, die eine höhere Isolationsebene verwenden, können nicht überschrieben werden.
ReadCommitted	Daten, auf die noch kein Commit ausgeführt wurde, können während der Transaktion nicht gelesen, aber geändert werden. ▶

Isolationsebene	Bedeutung
ReadUncommitted	Daten, auf die noch kein Commit ausgeführt wurde, können während der Transaktion sowohl gelesen als auch verändert werden: Beachten Sie jedoch, dass sich die Daten ändern können – es gibt keine Garantie, dass die Daten beim nachfolgenden Lesevorgang noch die gleichen sind.
RepeatableRead	Daten, auf die noch kein Commit ausgeführt wurde, können während der Transaktion gelesen, aber nicht geändert werden. Jedoch lassen sich neue Daten einfügen.
Serializable	Daten, auf die noch kein Commit ausgeführt wurde, können während der Transaktion gelesen, aber nicht geändert werden. Ein Einfügen neuer Daten ist nicht möglich.
Snapshot	Daten, auf die noch kein Commit ausgeführt wurde, können gelesen werden. Aber bevor die Transaktion tatsächlich die Daten ändert, überprüft sie, ob nicht eine andere Transaktion die Daten modifiziert hat, nachdem diese das erste Mal gelesen wurden. Wenn die Daten eine Änderung erfahren haben, löst die Transaktion einen Fehler aus. Der Zweck liegt darin, der Transaktion zu erlauben, die Daten zu lesen, auf die vorher ein Commit angewendet wurde.
Unspecified	Es wurde eine abweichende Isolationsebene als die ehemals angegebene verwendet, aber die Ebene kann aus irgendwelchen Gründen nicht ermittelt werden. Wenn Sie versuchen, die Transaktions-Isolierungsebene auf diesen Wert zu setzen, wird eine Ausnahme ausgelöst. Nur das Transaktionssystem kann diesen Wert festlegen.

Wenn Sie eine Instanz der *TransactionScope*-Aktivität in Ihrem Workflow ablegen, wird die Isolationsebene automatisch auf *Serializable* gesetzt. Zögern Sie nicht, dies zu ändern, so wie es Ihre Architektur vorschreibt. *Serializable* ist die strengste Isolationsebene, aber sie begrenzt auch in gewissem Maße die Skalierbarkeit. Es ist nicht unüblich, für Systeme, die etwas mehr Datendurchsatz erfordern, auf *ReadCommitted* zurückzugreifen, aber dies ist eine Entscheidung, die Sie nur an Ihrem System auf Basis Ihrer individuellen Anforderungen festmachen können.

Commit bei einer Transaktion ausführen

Wenn Sie es gewohnt sind, mit SQL Server-Transaktionen, oder vielleicht auch COM+-Transaktionen zu arbeiten, ist Ihnen bekannt, dass Sie einen Commit veranlassen müssen, sobald die Daten eingefügt, aktualisiert oder gelöscht wurden. Das bedeutet, Sie stoßen das Zwei-Phasen-Commit-Protokoll an und die Datenbank zeichnet die Daten dauerhaft auf oder entfernt die Daten.

Dies ist jedoch im Rahmen der *TransactionScope*-Aktivität nicht notwendig. Wenn die Transaktion erfolgreich ist (und keine Fehler beim Einfügen, Aktualisieren oder Löschen aufwirft), wird auf die Transaktion automatisch ein Commit angewendet, sobald die Workflow-Ausführung den Transaktionsbereich verlässt.

Rollback auf Transaktionen ausführen

Es stellt sich die Frage, wie es mit dem Rollback gescheiterter Transaktionen aussieht. Analog zur Durchführung eines Commits auf Transaktionen findet auch ein automatischer Rollback für den Fall statt, dass eine Transaktion fehlschlägt. Was an dieser Stelle interessant ist, ist die Tatsache, dass der Rollback »still« erfolgt, zumindest was die WF betrifft. Wenn Sie den Erfolg oder das Scheitern Ihrer Transaktion überprüfen möchten, muss entsprechende Programmlogik eingebaut werden. Die *TransactionScope*-Aktivität löst keineswegs automatisch eine Ausnahme aus, wenn die Transaktion fehlschlägt. Sie führt lediglich einen Rollback der Daten durch und setzt dann die Verarbeitung fort.

Die *CompensatableTransactionScope*-Aktivität verwenden

Wenn eine XA-Transaktion nicht zielführend ist, können Sie stattdessen eine *CompensatableTransactionScope*-Aktivität in Ihrem Workflow ablegen und sich auf kompensierte Transaktionen stützen. Die *CompensatableTransactionScope*-Aktivität, wie auch die *TransactionScope*-Aktivität, stellt eine zusammengesetzte Aktivität dar. Jedoch implementiert die *CompensatableTransactionScope*-Aktivität auch die *ICompensatableActivity*-Schnittstelle, was die Möglichkeit schafft, gescheiterte Transaktionen durch Implementierung der *Compensate*-Methode zu kompensieren.

Ebenso wie die *TransactionScope*-Aktivität erzeugt die *CompensatableTransactionScope*-Aktivität eine Ambient Transaktion. Aktivitäten, die sich innerhalb der *CompensatableTransactionScope*-Aktivität befinden, teilen sich diese Transaktion. Wenn deren Operationen erfolgreich sind, wird ein Commit auf die Daten durchgeführt. Sollte jedoch eine von ihnen fehlschlagen, lösen Sie die Kompensierung generell durch Ausführung einer *Throw*-Aktivität aus.

> **Tipp** Kompensierte Transaktionen können herkömmliche Ressourcen beteiligen, etwa Datenbanken, und wenn die Transaktion einen Commit erfährt, wird dieser so auf die Daten angewendet wie bei einer XA-Transaktion. Ein interessantes Leistungsmerkmal von kompensierten Transaktionen ist jedoch, dass Sie keine XA-Ressource mit einbeziehen müssen, um Daten zu speichern. Ein klassisches Beispiel für eine Ressource außerhalb der XA-Ressourcen ist das Senden von Daten zu einer Remote-Website unter Verwendung eines Webdienstes. Wenn dieses Senden später einer Kompensation bedarf, müssen Sie irgendwie mit der Remote-Website kommunizieren, dass die Daten nicht mehr gültig sind. (Wie Sie dies durchführen, hängt von der individuellen Remote-Website ab.)

Die *Throw*-Aktivität bewirkt ein Scheitern der Transaktion und löst einen Aufruf des Kompensationshandlers Ihrer *CompensatableTransactionScope*-Aktivität aus. Zum Zugriff auf den Kompensationshandler verwenden Sie den Smart Tag, der an der *CompensatableTransactionScope*-Aktivität angebracht ist. Dabei gehen Sie weitgehend wie beim Hinzufügen eines *FaultHandler* vor.

> **Hinweis** Obwohl das Auslösen einer Ausnahme die Kompensierung der Transaktion nach sich zieht, wird die *Throw*-Aktivität selbst nicht behandelt. Sie können sich auch dafür entscheiden, eine *FaultHandler*-Aktivität in Ihrem Workflow zu platzieren, um eine frühzeitige Beendigung des Workflows auszuschließen.

Die *Compensate*-Aktivität verwenden

Wenn Sie eine gescheiterte Transaktion durch Implementieren der *CompensatableTransactionScope*-Aktivität kompensieren, wird der Kompensationshandler aufgerufen. Verfügen Sie über mehrere kompensierbare Transaktionen, werden diese in einer standardmäßigen Reihenfolge kompensiert, wobei mit der Transaktion begonnen wird, welche am tiefsten verschachtelt ist. Daraufhin setzt sich die Abarbeitung nach außen fort. (Wie dies durchgeführt werden kann, wird im nächsten Abschnitt beschrieben.) Erfordert Ihre Programmlogik eine Kompensation, können Sie eine *Compensate*-Aktivität in Ihren Kompensationshandler platzieren, um eine Kompensation aller abgeschlossenen Aktivitäten zu initiieren, welche die *ICompensatableActivity*-Schnittstelle unterstützen.

Ausgelöste Ausnahmen bewirken immer eine Kompensation, sodass der Einsatz der *Compensate*-Aktivität nicht erforderlich ist. Es stellt sich die Frage, warum diese dann überhaupt zur Verfügung steht. Der Grund hierfür ist, dass Sie mehr als eine einzige kompensierbare Transaktion innerhalb einer *CompensatableSequence*-Aktivität (dazu gleich mehr) verschachteln können. Falls eine Transaktion fehlschlägt und kompensiert werden muss, können Sie die Kompensation der anderen Transaktion auslösen, auch dann, wenn die vorige Transaktion erfolgreich abgeschlossen wurde.

> **Hinweis** Die *Compensate*-Aktivität ist nur in Kompensations-, Abbruch- und Fehlerhandlern gültig.

Sie sollten die *Compensate*-Aktivität nur dann verwenden, wenn Sie Aktivitäten in einer anderen Reihenfolge als der standardmäßigen, für Kompensationen vorgesehenen kompensieren müssen. Die standardmäßige Kompensation ruft die Kompensierung für alle verschachtelten *ICompensatableActivity*-Aktivitäten in der umgekehrten Reihenfolge ihrer Abarbeitung auf. Sollte diese Reihenfolge nicht mit Ihrem Workflow-Modell konform sein oder Sie die Kompensierungsaufrufe zum Abschluss gekommener, kompensierbarer untergeordneter Aktivitäten selektiv gestalten möchten, ist die *Compensate*-Aktivität die richtige Wahl.

> **Hinweis** Die *Compensate*-Aktivität verwendet die *TargetActivityName*-Eigenschaft, um zu bestimmen, welche Aktivität kompensiert werden soll. Soll mehr als eine Aktivität für die Kompensierung in die Warteschlange gestellt werden, müssen Sie entsprechend mehrere *Compensate*-Aktivitäten verwenden. Wenn Sie sich dafür entscheiden, eine bestimmte Aktivität nicht zu kompensieren, nehmen Sie einfach im Kompensationshandler keine Aktionen für diese Transaktion oder in der umgebenden übergeordneten Aktivität vor.

Die *Compensate*-Aktivität gibt Ihnen die Kontrolle über den Kompensationsprozess, indem Sie Ihnen die Entscheidungsfreiheit lässt, ob Sie eine direkt untergeordnete Aktivität, die Kompensation unterstützt, kompensieren möchten. Dies ermöglicht es Ihrem Workflow gemäß der Anforderungen an Ihren Prozess, auf eine verschachtelte kompensierbare Aktivität ausdrücklich eine Kompensation anzuwenden. Indem Sie angeben, welche kompensierbare Aktivität Sie in der *Compensate*-Aktivität kompensieren möchten, wird jeglicher Kompensationscode in dieser kompensierbaren Aktivität so lange ausgeführt, bis auf die kompensierbare Aktivität zuvor erfolgreich ein Commit angewendet wurde.

Wenn Sie mehr als eine verschachtelte kompensierbare Aktivität kompensieren möchten, fügen Sie für jede zu kompensierende Aktivität eine *Compensate*-Aktivität in Ihren Handler ein. Wenn die *Compensate*-Aktivität in einem Handler einer kompensierbaren Aktivität verwendet wird, der eingebettete kompensierbare Aktivitäten enthält und die *TargetActivityName*-Eigenschaft dieser *Compensate*-Aktivität der übergeordneten Aktivität zugewiesen ist, wird die Kompensation in allen untergeordneten (kompensierbaren) Aktivitäten aufgerufen, auf die erfolgreich ein Commit ausgeführt wurde.

Die *CompensatableSequence*-Aktivität verwenden

Der vorangegangene Abschnitt mag die Frage aufgerufen haben, warum die *Compensate*-Aktivität existiert. Schließlich können Sie keine kompensierbaren Transaktionen verschachteln. Es ist überhaupt nicht möglich, irgendeine Art von einer WF-basierenden Transaktion zu verschachteln.

Aber betrachten Sie dies auf eine andere Weise. Wie würden Sie zwei kompensierbare Transaktionen miteinander verknüpfen, sodass das Scheitern der einen die Kompensation in der anderen auslöst, insbesondere, wenn die andere bereits erfolgreich abgeschlossen wurde? Die Antwort ist, dass Sie die kompensierten Transaktionen in einer einzelnen Instanz der *CompensatableSequence*-Aktivität paarweise zusammenfassen. Im Kompensations- oder Fehlerhandler der *CompensatableSequence*-Aktivität lösen Sie dann die Kompensation beider untergeordneter *CompensatableTransactionScope*-Aktivitäten aus, wenn eine von diesen fehlschlägt. Noch interessanter ist die Situation, in der Sie drei kompensierbare Transaktionen in einer einzelnen *CompensatableSequence*-Aktivität miteinander verknüpfen und einer Transaktion den erfolgreichen Abschluss erlauben, selbst wenn die anderen fehlschlagen und kompensiert werden. Die *Compensate*-Aktivität gibt Ihnen diese Steuerungsmöglichkeit.

Dies zeigt die Absicht der *CompensatableSequence*-Aktivität auf. Diese ist im Kern eine *Sequence*-Aktivität und Sie verwenden diese auf die gleiche Weise wie jede andere sequenzielle Aktivität. Der Hauptunterschied liegt darin, dass Sie mehrere kompensierbare Aktivitäten in einer einzelnen *CompensatableSequence*-Aktivität einbetten können, wodurch zusammengehörige Transaktionen wirksam miteinander verknüpft werden. Die Kopplung der *CompensatableSequence*-Aktivität mit *CompensatableTransactionScope*- und *Compensate*-Aktivitäten gibt Ihnen eine leistungsstarke Steuerungsmöglichkeit für Transaktionen in Ihrem Workflow an die Hand.

> **Hinweis** *CompensatableSequence*-Aktivitäten lassen sich innerhalb anderer *CompensatableSequence*-Aktivitäten einbetten, aber sie können nicht *CompensatableTransactionScope*-Aktivitäten untergeordnet werden.

> **Tipp** Bei der Kombination mehrerer kompensierbarer Transaktionen in einer einzelnen kompensierbaren Sequenz müssen Sie den jeweiligen Transaktionsaktivitäten nicht die Kompensationsfunktionen zuweisen. Die Kompensation bewegt sich zur übergeordneten Aktivität, sodass Sie Ihre kompensierbaren Aktivitäten in der umgebenden *CompensatableSequence*-Aktivität sammeln können, wenn der Bedarf dafür besteht.

Einen Workflow mit integrierten Transaktionen erstellen

Sie finden im Folgenden die Anwendung *WorkflowATM*, die einen Geldautomaten simuliert (im englischsprachigen Raum als ATM für *automated teller machine* bekannt). Der Geldautomat fragt eine PIN (*personal identification number*) ab, auch als *Geheimzahl* bekannt, und daraufhin können Sie Einzahlungen auf Ihr Bankkonto vornehmen und Geld von diesem abheben. Die Einzahlungen werden in eine *XA-Transaktion* eingebettet, während Abhebungen *kompensiert* werden, wenn der Vorgang fehlschlägt.

Damit Sie die Transaktionseigenschaften dieser Anwendung nachvollziehen können, wurde ein Kontrollkästchen namens *Force transactional error* in der Anwendung angebracht, das durch die dahinter verdrahtete Logik künstlich einen Transaktionsfehler herbeiführt. Bei Aktivierung schlägt entsprechend die nächste datenbankspezifische Operation fehl. Der Workflow für diese Anwendung basiert auf einem Zustandsautomaten und dieser unterliegt einer höheren Komplexität als die Anwendung aus dem vorangegangenen Kapitel. Abbildung 15.1. zeigt das Diagramm des Zustandsautomaten, auf dem der Workflow basiert. Der größte Teil der Anwendung wurde bereits für Sie fertig gestellt. Sie fügen in den folgenden Übungen lediglich die Komponenten hinzu, welche die Transaktionen betreffen.

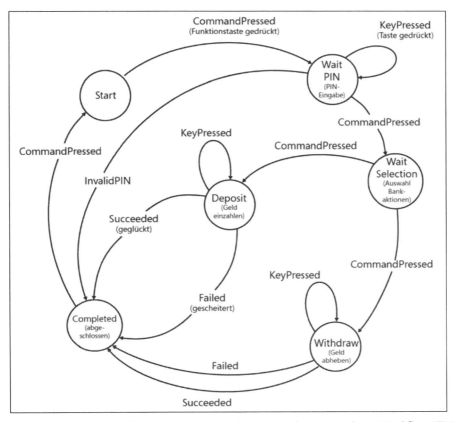

Abbildung 15.1 Das Zustandsautomatendiagramm der Anwendung *WorkflowATM*

422 Teil C: Workflow-Verarbeitung

Die Benutzeroberfläche der Anwendung, die an echten Geldautomaten angelehnt ist, ist in Abbildung 15.2 zu sehen. Dabei erscheint zunächst der Startzustand vor Einführen der Bankkarte. Da die Beispielanwendung natürlich keine Bankkarte überprüft, wechselt die Schaltfläche *B* direkt zu dem Bildschirm (ein weiterer Zustand der Anwendung), der zur Eingabe der PIN auffordert (Abbildung 15.3).

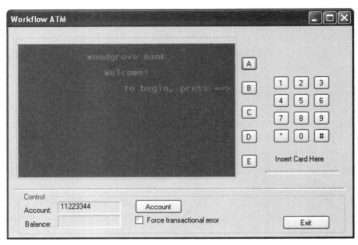

Abbildung 15.2 Die Benutzeroberfläche der Anwendung *WorkflowATM* beim Start. Diese simuliert einen Geldautomaten einer fiktiven »Woodgrove Bank«.

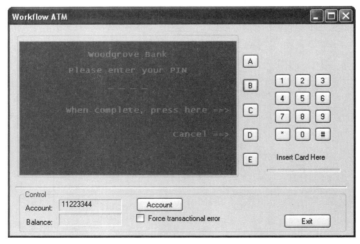

Abbildung 15.3 Aufforderung zur Eingabe der PIN

Sie geben die PIN über das stilisierte numerische Tastenfeld im rechten Bildschirmbereich ein (durch Anklicken oder Eintippen). Sobald der Code aus vier Ziffern eingegeben wurde, klicken Sie auf die Schaltfläche *C*, um eine Datenbankabfrage auslösen, welche die PIN überprüft. Nachdem diese Überprüfung abgeschlossen und die PIN als gültig bewertet wurde (beachten Sie hierbei die Kontonummer in der linken unteren Ecke, wobei die PIN für diese Kontonummer gültig sein muss), geht die Anwendung in den Auswahlzustand über, der in Abbildung 15.4 zu sehen ist. Hier entscheiden Sie, entweder Geld auf Ihrem Konto einzuzahlen oder Geld von diesem abzuheben.

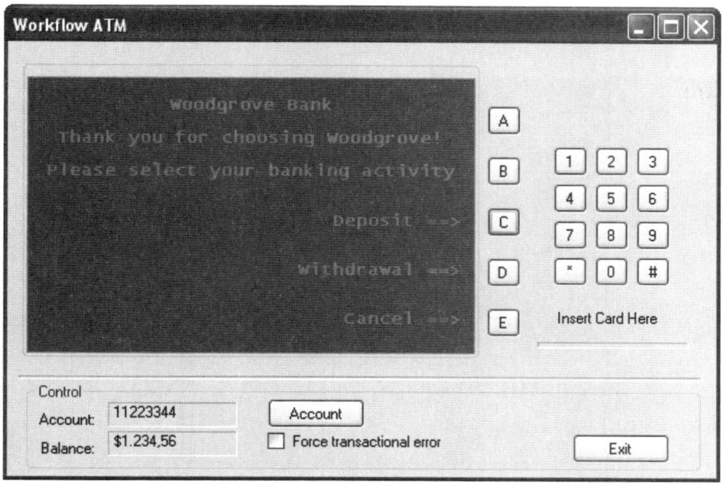

Kapitel 15: Workflows und Transaktionen 423

Abbildung 15.4 Auswahlbildschirm, »C« dient zur Einzahlung (Deposit) und »D« zum Abheben (Withdrawal)

Die Benutzeroberfläche für die Einzahlung und die Abhebung sind ähnlich, daher wird nur der Bildschirm für die Einzahlung gezeigt (Abbildung 15.5). Zur Eingabe des gewünschten einzuzahlenden oder abzuhebenden Geldbetrags verwenden Sie erneut das stilisierte numerische Tastenfeld. Um die Eingabe zu bestätigen und die Ein- bzw. Auszahlung auszulösen, klicken Sie auf die Schaltfläche D. Zum Abbruch der Transaktion verwenden Sie die Schaltfläche E.

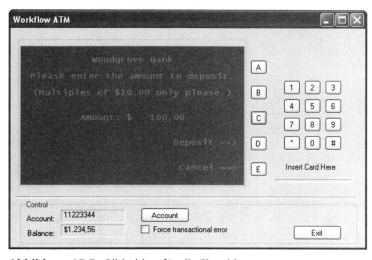

Abbildung 15.5 Bildschirm für die Einzahlung

Wenn die Transaktion erfolgreich war, gelangen Sie zu dem Bildschirm aus Abbildung 15.6. Andernfalls wird der Fehlerbildschirm aus Abbildung 15.7 angezeigt. In beiden Fällen lässt sich der Workflow mit der Schaltfläche C neu starten.

424　Teil C:　Workflow-Verarbeitung

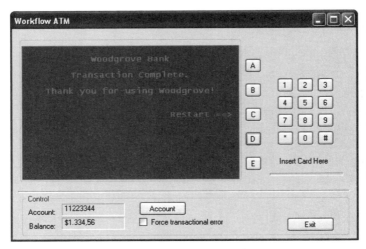

Abbildung 15.6　Die Transaktion ist geglückt

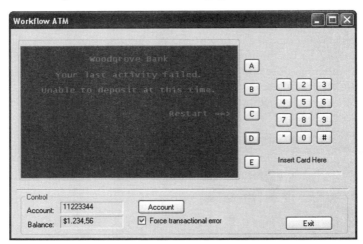

Abbildung 15.7　Die Transaktion ist gescheitert

Die Anwendung erfordert eine Datenbank, um einen vollständigen Test der Transaktionsfunktionen der WF zu ermöglichen. Zu diesem Zweck wurde eine einfache Datenbank vorbereitet, welche die Konten mit der dazugehörigen PIN und dem Kontostand führt. Zur Datenbank gehören mehrere gespeicherte Prozeduren, die bei der Datenbankkommunikation unterstützend eingesetzt werden. Alle gespeicherten Prozeduren, die eine Datenbankaktualisierung einbeziehen, erfordern die Ausführung in Verbindung mit einer Transaktion. Dabei wird die Variable *@@trancount* untersucht. Ist diese Null, wird aus jeder gespeicherten Prozedur ein Fehler zurückgegeben. Damit soll überprüft werden, ob die Ambient Transaktion verwendet wird, wenn die Zurverfügungstellung von ADO.NET-Code, um die selbst erstellte SQL Server-Transaktion auszulösen, fehlschlägt. Dies bedeutet außerdem, dass Sie eine Instanz einer Datenbank erstellen müssen, was sich aber leicht durchführen lässt, da Sie bereits in früheren Kapiteln erfahren haben, wie Abfragen im SQL Server Management Studio Express ausgeführt werden. Im Folgenden beginnen Sie mit dieser Aufgabe, da Sie die Datenbank für die Entwicklung und den Test der Anwendung schon bald benötigen.

> **Hinweis** An dieser Stelle soll noch erwähnt werden, dass das Skript zur Erzeugung der Datenbank ein einzelnes Bankkonto anlegt, mit der Kontonummer 11223344 und der PIN 1234. Die Anwendung erlaubt es Ihnen zwar, das Konto zu wechseln und somit auch auf andere Kontodaten zuzugreifen, mit einer divergierenden Kontonummer und einer anderen PIN. Allerdings müssen Sie dann das Skript entsprechend ändern, um weitere bzw. andere Konten anzulegen. Wenn Sie das vorbereitete Konto verwenden möchten, bleiben Sie bei der voreingestellten Kontonummer und achten Sie darauf, dass Sie die richtige PIN verwenden, sonst können Sie keine Ein- und Auszahlungen vornehmen.

Die *Woodgrove*-Datenbank anlegen

1. Das SQL-Skript zur Erstellung der Datenbank, *Create Woodgrove Database.sql*, finden Sie im Verzeichnis *\Workflow\Chapter15*. Machen Sie erst diese Datei ausfindig und starten Sie dann das SQL Server Management Studio Express.

> **Hinweis** Beachten Sie, dass die Vollversion des SQL Server hier ebenfalls eingesetzt werden kann.

2. Sobald das SQL Server Management Studio Express gestartet wurde, ziehen Sie die Datei *Create Woodgrove Database.sql* vom Windows-Explorer in das SQL Server Management Studio Express. Auf diese Weise wird das Skript zur Bearbeitung und Ausführung geöffnet.

> **Hinweis** Wenn das SQL Server Management Studio Express eine neue Verbindung mit Ihrem Datenbankmodul anfordert, geben Sie die entsprechenden Angaben ein und setzen Sie den Vorgang fort. Der Abschnitt »Eine SQL Server 2005-Datenbank zur Ereignisverfolgung erstellen« aus dem Kapitel 5 »Ereignisverfolgung« beschreibt den Vorgang im Detail. Schauen Sie entsprechend dort nach, wenn Sie Ihr Wissen noch einmal auffrischen möchten.

3. Das Skript legt die *Woodgrove*-Datenbank an und füllt diese auch mit Daten. Wenn Sie den SQL-Server nicht im standardmäßigen Verzeichnis installiert haben (C:\Programme\Microsoft SQL Server), müssen Sie das Skript entsprechend anpassen und das Laufwerk und/oder Verzeichnis ändern, auf bzw. in dem die Datenbank erzeugt werden soll. Betroffen sind die fünfte und siebte Zeile des Skripts. In den meisten Fällen ist keine Änderung notwendig. Klicken Sie auf die Schaltfläche *Ausführen*, um das Skript zu starten und die Datenbank zu erstellen. (Sie müssen nicht angeben, auf welcher Datenbank die Abfrage ausgeführt werden soll, da eine komplett neue Datenbank angelegt wird.)

4. Wenn Sie sich noch nicht durch die Schritte in Kapitel 6 »Laden und Entladen von Instanzen«, Abschnitt »Den SQL Server für Persistenz einrichten«, durchgearbeitet haben, mit denen Sie die Workflow-Persistenzdatenbank installieren, so holen Sie dies jetzt nach. Sie benötigen dazu ebenfalls das SQL Server Management Studio Express.

Nach Abschluss dieser vier Schritte verfügen Sie über zwei Datenbanken, die für die Verwendung bereitstehen: die *Woodgrove*-Datenbank mit den Bankdaten sowie die *WorkflowStore*-Datenbank für die Workflow-Persistenz. Im Folgenden werden Sie einigen Transaktions-Workflow-Code schreiben.

Eine XA-Transaktion zu Ihrem Workflow hinzufügen

1. Sie finden die Anwendung *WorkflowATM* im Verzeichnis *\Workflow\Chapter15\ WorkflowATM*. Wie gewohnt liegt die Anwendung in zwei verschiedenen Versionen im Verzeichnis *Chapter15* vor – einer unvollständigen und einer vollständigen. Wenn Sie die folgende Beschreibung durcharbeiten, aber nicht die einzelnen Schritte selbst durchführen möchten, öffnen Sie die Projektmappe der kompletten Variante. (Diese ist im Verzeichnis *WorkflowATM Completed* enthalten.) Wünschen Sie, diese Schritte selbst durchzuführen, greifen Sie stattdessen entsprechend auf die nicht komplette Programmversion zurück. Um eine der beiden Versionen zu öffnen, zu bearbeiten sowie kompilieren zu können, ziehen Sie die Projektmappendatei, also die Datei mit der Dateierweiterung *.sln*, in ein Visual Studio-Fenster. Unabhängig von der Version der Beispielanwendung müssen gegebenenfalls die beiden Datenbank-Verbindungszeichenfolgen in der *App.Config*-Datei angepasst werden, damit diese konform mit Ihrer SQL Server-Installation gehen.

2. Damit die benutzerdefinierten Aktivitäten in der Visual Studio-Toolbox angezeigt werden, drücken Sie **F6**, um die komplette Projektmappe zu kompilieren. Alternativ können Sie den Menübefehl *Erstellen/Projektmappe erstellen* verwenden. Die Anwendung sollte ohne Fehler kompiliert werden.

3. Obwohl die *WorkflowATM*-Anwendung etwas komplexer ist als die vorherigen Anwendungen (aber sich noch in einem moderaten Rahmen bewegt), folgt sie den Mustern, die bisher im Buch verwendet wurden. Die Windows Forms-Anwendung selbst kommuniziert mit dem Workflow über einen lokalen Kommunikationsdienst – unter Verwendung benutzerdefinierter Aktivitäten, die mit dem Tool *Wca.exe* generiert wurden. Der Dienst ist im *BankingService*-Projekt untergebracht, während der Workflow im *BankingFlow*-Projekt verwaltet wird. Der einzige Code, auf dem die Konzentration liegen soll, ist der Workflow selbst. Halten Sie im Projekt *BankingFlow* nach der Datei *Workflow1.cs* Ausschau und klicken Sie diese doppelt an, um diese für die Bearbeitung im Workflow-Ansicht-Designer zu öffnen. Der Workflow sollte so aussehen, wie es in Abbildung 15.8 gezeigt wird. Die Ähnlichkeit mit dem Zustandsautomaten-Diagramm aus Abbildung 15.1 ist unverkennbar.

Kapitel 15: Workflows und Transaktionen

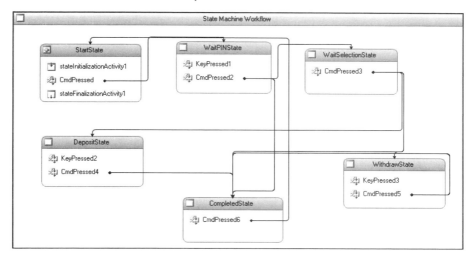

Abbildung 15.8 Der Workflow der Geldautomaten-Anwendung *WorkflowATM* im Workflow-Ansicht-Designer

4. Um die XA-Transaktion einzufügen, klicken Sie als Erstes die *EventDriven*-Aktivität *CmdPressed4* in der *DepositState*-Aktivität doppelt an. Auf diese Weise wird die *CmdPressed4*-Aktivität zur Bearbeitung geöffnet (Abbildung 15.9).

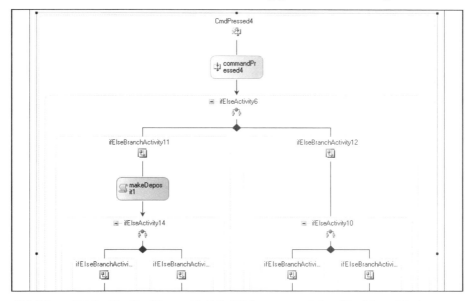

Abbildung 15.9 Die *CmdPressed4*-Aktivität im sequenziellen Workflow-Modus

5. Im linken Bereich sollten Sie eine *Code*-Aktivität namens *makeDeposit1* sehen. Ziehen Sie eine Instanz der *TransactionScope*-Aktivität von der Toolbox auf die Designer-Oberfläche und legen Sie diese zwischen diese *Code*-Aktivität und der Titelbeschriftung *ifElseBranchActivity11* ab. Die Aktivität wird auf diese Weise oberhalb der *Code*-Aktivität *makeDeposit1* platziert (Abbildung 15.10).

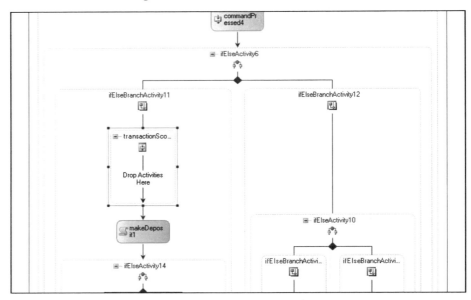

Abbildung 15.10 Es wurde eine *TransactionScope*-Aktivität eingefügt

6. Ziehen Sie die *Code*-Aktivität *makeDeposit1* etwas nach oben und legen Sie diese innerhalb der gerade eingefügten *TransactionScope*-Aktivität ab (Abbildung 15.11). Die *Code*-Aktivität *makeDeposit1* wird jetzt folglich innerhalb der *TransactionScope*-Aktivität ausgeführt.

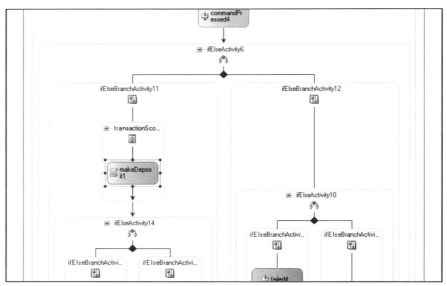

Abbildung 15.11 Die *makeDeposit1*-Aktivität gelangt jetzt innerhalb der *TransactionScope*-Aktivität zur Ausführung

> **Hinweis** Zögern Sie nicht, den Code der *MakeDeposit*-Methode zu untersuchen, der an die *makeDeposit1*-Aktivität gebunden ist. Bei dem Code handelt es sich um typischen ADO.NET-Datenbankcode. Interessant ist dabei die Tatsache, dass keine SQL Server-Transaktion im Code ausgelöst wird. Stattdessen wird bei der Code-Ausführung eine Ambient Transaktion verwendet.

7. Kompilieren Sie die komplette Projektmappe durch Druck auf **F6** oder über den Menübefehl *Erstellen/Projektmappe erstellen*.

8. Um die Anwendung zu testen, drücken Sie **F5** oder rufen Sie den Menübefehl *Debuggen/Debuggen starten* auf. Die Kontonummer sollte nach dem Start bereits gesetzt sein. Klicken Sie auf die Schaltfläche *B*, um zum Bildschirm mit der PIN-Eingabe zu wechseln und geben Sie die PIN **1234** ein (per Tastatur oder durch Anklicken der Schaltfläche des numerischen Tastenfelds). Mit einem Klick auf die Schaltfläche *C* wird die PIN überprüft und Sie gelangen zum Auswahlbildschirm mit den Bankaktionen (Geld einzahlen und abheben).

> **Hinweis** Wenn die Anwendung die PIN zurückweist, vorausgesetzt, Sie haben die korrekte PIN eingegeben, ist eine wahrscheinliche Ursache dafür, dass die Verbindungszeichenkette für die Woodgrove-Datenbank nicht korrekt ist. (Die Fehlerbehandlung der Anwendung sorgt dafür, dass es dabei nicht zu einem Absturz kommt.) Korrigieren Sie die Verbindungszeichenfolge entsprechend und starten Sie die Anwendung erneut. In Kapitel 6 finden Sie einige Hinweise zum Aufbau von Verbindungszeichenketten.

9. Da Sie die Transaktion für die Einzahlungslogik hinzugefügt haben, klicken Sie auf die Schaltfläche *C*, um entsprechend eine Einzahlung vorzunehmen.

10. Geben Sie **10** ein, um 100 US-$ einzuzahlen (der Betrag wird grundsätzlich mit 10 multipliziert, anders ausgedrückt ist die letzte Ziffer vor dem Dezimalkomma fest vorgegeben und kann nicht verändert werden) und klicken Sie dann auf die Schaltfläche *D*, um die Transaktion zu initiieren. Die Transaktion sollte erfolgreich ausgeführt werden und der Bildschirm anzeigen, dass die Transaktion abgeschlossen ist. Da das Skript zur Erzeugung der *Woodgrove*-Datenbank das fiktive Bankkonto mit dem Anfangsbetrag von 1.234,56 US-$ versehen hat, beträgt der Kontostand jetzt 1.334,56 US-$. Beachten Sie, dass der Kontostand in der linken unteren Ecke der Anwendung angezeigt wird (mit *Balance* beschriftet). Klicken Sie auf die Schaltfläche *C*, um zum Startbildschirm zurückzukehren.

11. Nun erzwingen Sie ein Scheitern der Transaktion. Die gespeicherte Prozedur *Deposit* erhält dabei als Parameter einen Wert, der die gespeicherte Prozedur veranlasst, einen Fehler zurückzugeben. Von der Benutzeroberfläche aus geschieht dies durch Aktivierung des Kontrollkästchens *Force transactional error*. Schalten Sie dieses aber jetzt noch nicht ein, sondern klicken Sie zunächst auf die Schaltfläche *B*, um zur PIN-Eingabe zurückzukehren, geben Sie die bekannte PIN **1234** ein und wechseln Sie dann erneut mit einem Klick auf die Schaltfläche *C* zum Auswahlbildschirm mit den Bankaktionen (Geld einzahlen und abheben).

430 Teil C: Workflow-Verarbeitung

12. Klicken Sie erneut auf die Schaltfläche *C*, um eine Einzahlung vorzunehmen, und geben Sie 10 ein, um ein weiteres Mal einen Betrag von 100 US-$ anzuweisen, aber dieses Mal aktivieren Sie das *Force transactional error*-Kontrollkästchen, bevor Sie mit einem Klick auf die Schaltfläche *D* fortfahren.

13. Daraufhin zeigt die Anwendung einen Transaktionsfehler an, aber beachten Sie den Kontostand. Dieser wird weiterhin mit 1.334,56 US-$ geführt, was dem Stand vor Durchführung der Transaktion entspricht. Sowohl die erfolgreiche Transaktion (Schritt 10) als auch die gescheiterte Transaktion (Schritt 12) wurden von der *TransactionScope*-Aktivität behandelt, die Sie im Workflow im Rahmen von Schritt 5 platziert haben.

Dies ist ein eindrucksvolles Ergebnis. Durch die Integration einer einzelnen WF-Aktivität unterliegen Ihre Datenbankaktualisierungen einer automatischen Kontrolle durch (XA-)Transaktionen. Es stellt sich die Frage, ob die Implementation einer kompensierbaren Transaktion ebenso einfach ist. Die Antwort ist, dass sich auch kompensierbare Transaktionen leicht umsetzen lassen, wenngleich dafür etwas mehr Arbeit erforderlich ist.

Eine kompensierbare Transaktion dem Workflow hinzufügen

1. Laden Sie die *WorkflowATM*-Projektmappe, falls erforderlich. Öffnen Sie erneut die Datei *Workflow1.cs* im Workflow-Ansicht-Designer. Halten Sie nach der *WithdrawState*-Aktivität Ausschau, die Sie im unteren Bereich der Zustandsaktivitäten finden, und klicken Sie doppelt auf die in dieser Aktivität enthaltene *CmdPressed5*-Aktivität. Auf diese Weise wird die *CmdPressed5*-Aktivität zur Bearbeitung geöffnet. Sie sollten nun im linken Bereich des Workflows die *Code*-Aktivität *makeWithdrawal1* sehen (Abbildung 15.12).

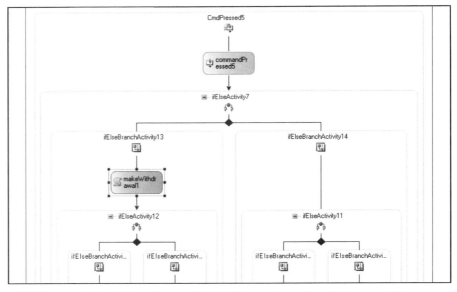

Abbildung 15.12 *DieCmdPressed5*-Aktivität wurde zur Bearbeitung geöffnet

2. Ähnlich wie im Rahmen der vorangegangenen Transaktion ziehen Sie eine Instanz der *CompensatableTransactionScope*-Aktivität von der Toolbox auf die Designer-Oberfläche und legen Sie diese zwischen der *makeWithdrawal1*-Aktivität und der darüber befindlichen Titelbeschriftung *ifElseBranchActivity13* ab (Abbildung 15.13).

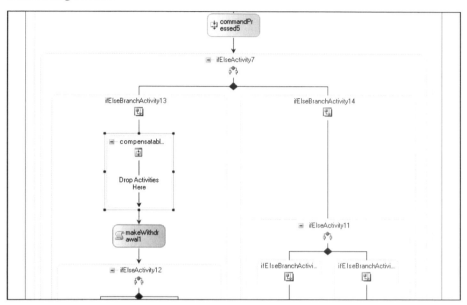

Abbildung 15.13 Diesmal wurde eine *CompensatableTransactionScope*-Aktivität abgelegt

3. Ziehen Sie die *Code*-Aktivität *makeWithdrawal1* in die darüber befindliche, eben hinzugefügte *compensatableTransactionScope1*-Aktivität und legen Sie diese dort ab (Abbildung 15.14). Die *MakeWithdrawal*-Methode, die an die *makeWithdrawal1*-Aktivität gebunden ist, führt nun den dazugehörigen ADO.NET-Code innerhalb einer Ambient Transaktion aus. Dies geschieht nach demselben Prinzip wie bei der Einzahlungsaktivität.

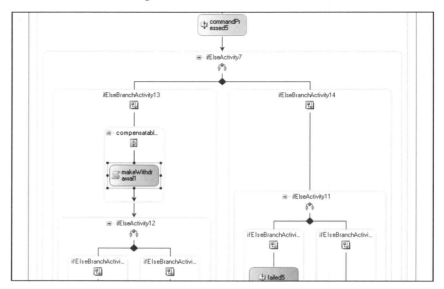

Abbildung 15.14 Die *makeWithdrawal1*-Aktivität ist jetzt an der endgültigen Position

4. Im Unterschied zur Einzahlungsfunktionalität müssen Sie jedoch die Kompensationslogik zur Verfügung stellen. Die Transaktion erfährt keinen Rollback im herkömmlichen Sinn. Stattdessen müssen Sie auf den *compensatableTransactionScope1*-Kompensationshandler zugreifen und die Kompensierungsfunktion selbst hinzufügen. Zu diesem Zweck bewegen Sie den Mauszeiger über den Smart Tag unmittelbar unterhalb der Titelbeschriftung *compensatableTransactionScope1* und klicken Sie diesen Bereich an, um das Menü dieser Aktivität aufzurufen (Abbildung 15.15).

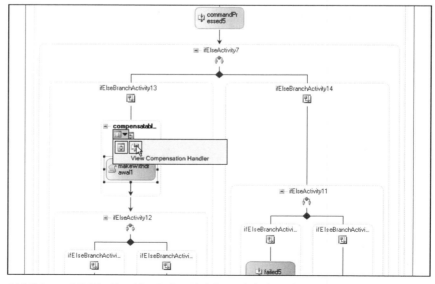

Abbildung 15.15 Das Menü der Aktivität wird über den Smart Tag geöffnet

5. Klicken Sie auf das rechte der beiden Symbole, *View Compensation Handler*, um die Kompensationshandler-Ansicht zu aktivieren, die in Abbildung 15.16 zu sehen ist.

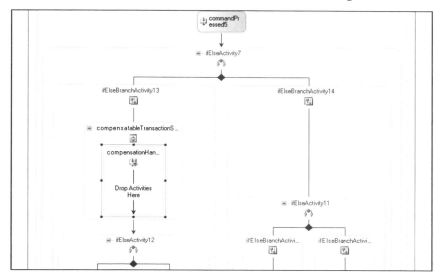

Abbildung 15.16   Die Kompensationshandler-Ansicht

6. Ziehen Sie eine Instanz der *Code*-Aktivität von der Toolbox auf die Designer-Oberfläche und legen Sie diese innerhalb der Kompensationshandler-Aktivität ab (Abbildung 15.17).

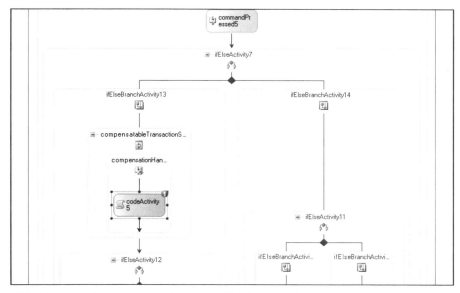

Abbildung 15.17   Es wurde eine Code-Aktivität platziert

7. Geben Sie für die *ExecuteCode*-Eigenschaft der *Code*-Aktivität den Namen **CompensateWithdrawal** ein (Abbildung 15.18). Daraufhin fügt Visual Studio diese Methode in Ihren Quellcode ein und bringt Sie in den Code-Editor.

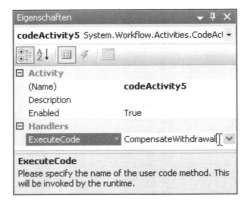

Abbildung 15.18 Anlegen der Methode *CompensateWithdrawal*

8. Geben Sie den folgenden Code in die eben eingefügte *CompensateWithdrawal*-Methode ein:

```
// Hier machen Sie alle Vorgänge rückgängig, die erfolgreich verlaufen sind.
// Der Code mit der Geldauszahlung vom Konto war tatsächlich erfolgreich
// (es gibt keinen catch-Block), sodass diese Kompensation erzwungen wird.
// Daher können Sie den ausgezahlten Betrag ohne Risiko zurückbuchen.
// Beachten Sie, dass Sie die Methode MakeDeposit nicht verwenden können,
// da Sie eine SQL Server-Transaktion benötigen, und diese Methode,
// CompensateWithdrawal, wird innerhalb des Kompensationshandlers
// aufgerufen (das heißt, Sie können keine TransactionScope-Aktivität in
// die Kompensation ablegen, um eine SQL Server-Transaktion auszulösen).
// Sie erstellen daher die Transaktion hier selbst.

// Entwickeln Sie Ihre Kompensationshandler sorgfältig. Überprüfen Sie
// genauestens, was erfolgreich durchgeführt wurde, sodass Sie es korrekt
// zurücknehmen können.
string connString =
    ConfigurationManager.ConnectionStrings["BankingDatabase"].
    ConnectionString;

if (!String.IsNullOrEmpty(connString))
{
    SqlConnection conn = null;
    SqlTransaction trans = null;
    try
    {
        // Die Verbindung erstellen:
        conn = new SqlConnection(connString);

        // Das SQL-Kommando-Objekt erstellen:
        SqlCommand cmd = new SqlCommand("dbo.Deposit", conn);
        cmd.CommandType = CommandType.StoredProcedure;

        // Die Parameter erstellen und hinzufügen:
        SqlParameter parm = new SqlParameter("@AccountNo", SqlDbType.Int);
        parm.Direction = ParameterDirection.Input;
        parm.Value = _account;
        cmd.Parameters.Add(parm);
        parm = new SqlParameter("@ThrowError", SqlDbType.SmallInt);
```

```
            parm.Direction = ParameterDirection.Input;
            parm.Value = 0;
            cmd.Parameters.Add(parm);
            parm = new SqlParameter("@Amount", SqlDbType.Money);
            parm.Direction = ParameterDirection.Input;
            parm.Value = CurrentMoneyValue;
            cmd.Parameters.Add(parm);
            SqlParameter outParm =
                new SqlParameter("@Balance", SqlDbType.Money);
            outParm.Direction = ParameterDirection.Output;
            outParm.Value = 0; // Initialisieren mit dem Wert für ungültig
            cmd.Parameters.Add(outParm);

            // Die Verbindung öffnen:
            conn.Open();
            // Die SQL-Transaktion auslösen:
            trans = conn.BeginTransaction();
            cmd.Transaction = trans;

            // Das Kommando ausführen:
            cmd.ExecuteNonQuery();

            // Einen Commit auf die SQL-Transaktion ausführen:
            trans.Commit();

            // Den Ausgabeparameter entnehmen und untersuchen:
            CurrentBalance = (decimal)outParm.Value;
        } // try
        catch
        {
            // Rollback... Beachten Sie, dass Sie hier alternativ eine
            // Workflow-Ausnahme auslösen oder den Versuch einer Kompensation
            // fortsetzen könnten (durch Entwicklung eines
            // Transaktionsdienstes).
            if (trans != null) trans.Rollback();
        } // catch
        finally
        {
            // Die Verbindung schließen:
            if (conn != null) conn.Close();
        } // finally
    } // if
```

9. Nachdem Sie den Kompensationscode in Ihren Workflow eingefügt haben, kehren Sie in den Workflow-Ansicht-Designer zurück. Ziehen Sie eine Instanz der benutzerdefinierten *Failed*-Aktivität auf die Designer-Oberfläche und legen Sie diese innerhalb des Kompensationshandlers ab, und zwar unterhalb der vorhin eingefügten *Code*-Aktivität (Abbildung 15.19). Beachten Sie, dass Visual Studio möglicherweise die Darstellung neu formatiert und Sie sich dann in der obersten Ebene der *State*-Aktivität-Darstellung wiederfinden, nachdem Sie in den Workflow-Ansicht-Designer zurückgekehrt sind. Sollte dies der Fall sein, klicken Sie einfach die *CmdPressed5*-Aktivität innerhalb der *WithdrawState*-Aktivität ein weiteres Mal doppelt an, um auf die *compensatableTransactionScope1*-Aktivität zuzugreifen, und wechseln Sie schließlich erneut in die Kompensationshandler-Ansicht über den dazugehörigen Smart Tag.

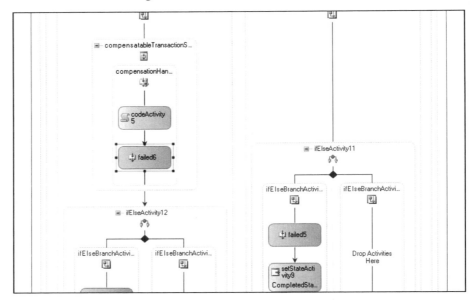

Abbildung 15.19 Die benutzerdefinierte *Failed-Aktivität* wurde abgelegt

10. Geben Sie für die *error*-Eigenschaft der *Failed*-Aktivität den Text **Unable to withdraw funds** ein (Abbildung 15.20).

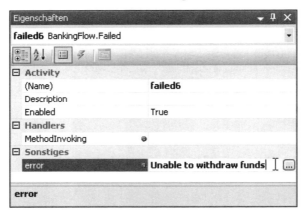

Abbildung 15.20 Setzen der *error*-Eigenschaft der *Failed*-Aktivität

11. Ziehen Sie eine Instanz der *SetState*-Aktivität auf die Designer-Oberfläche und legen Sie diese unterhalb der vorhin platzierten *Failed*-Aktivität ab (Abbildung 15.21). Wählen Sie für die *TargetStateName*-Eigenschaft den Eintrag *CompletedState* aus.

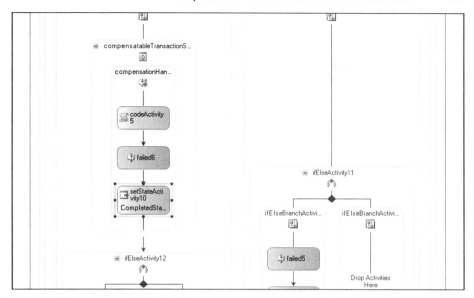

Abbildung 15.21 Es wurde eine *SetState*-Aktivität abgelegt

12. Um die Anwendung erneut zu testen, drücken Sie die Taste **F5** oder rufen Sie den Menübefehl *Debuggen/Debuggen starten* auf. Nachdem die Ausführung der Anwendung in Gang gesetzt wurde, klicken Sie auf die Schaltfläche **B**, um zum Bildschirm für die PIN-Eingabe zu gelangen, und tippen Sie die altbekannte PIN **1234** ein. Mit einem Klick auf die Schaltfläche **C** wird die Überprüfung der PIN veranlasst und, wenn alles in Ordnung ist, gelangen Sie zum Auswahlbildschirm mit den Bankaktionen.

13. Klicken Sie auf die Schaltfläche **D**, um die Auszahlung vorzubereiten.

14. Geben Sie **10** ein, um 100 US-$ abzuheben (der Betrag wird wie vorhin erwähnt grundsätzlich mit 10 multipliziert), und klicken Sie dann auf die Schaltfläche **D**, um die Transaktion zu initiieren. Die Transaktion sollte daraufhin erfolgreich ausgeführt werden und der Bildschirm anzeigen, dass die Transaktion abgeschlossen ist und der Kontostand nun 1.234,56 US-$ beträgt.

15. Im Folgenden werden Sie – wie im letzten Abschnitt bei der Einzahlung –, ein Scheitern der Transaktion erzwingen. Klicken Sie zunächst auf die Schaltfläche **C**, um den Geldautomaten neu zu starten, und dann auf die Schaltfläche **B**, um ein weiteres Mal zum Bildschirm mit der PIN-Eingabe zu wechseln. Geben Sie die PIN **1234** ein. Mit einem Klick auf die Schaltfläche **C** gelangen Sie zum Auswahlbildschirm mit den Bankaktionen.

16. Tippen Sie ein weiteres Mal **10** ein, um erneut zu versuchen, 100 US-$ abzuheben, und aktivieren Sie das Kontrollkästchen *Force transactional error*. Anschließend klicken Sie auf die Schaltfläche **D**, um die Transaktion auszulösen.

17. Im Anschluss daran signalisiert die Anwendung einen Transaktionsfehler und zeigt den aktuellen –unveränderten – Kontostand von 1.234,56 US-$ an. Da es keinen *catch*-Block in der *MakeWithdrawal*-Methode gibt, wissen Sie, dass die

Abbuchung vorgenommen wurde. (Andernfalls wäre die Anwendung mit einem kritischen Fehler beendet worden.) Das bedeutet, dass vom Konto tatsächlich 100 US-$ abgebucht wurde und daraufhin die Kompensationsfunktion zum Aufruf gelangte, die dem Konto 100 US-$ gutschrieb.

> **Hinweis** Es gibt andere Wege zu überprüfen, ob vom Konto eine Abbuchung und eine nachfolgende Gutschrift vorgenommen wurde. Sie können z. B. einen Haltepunkt in der Kompensationsfunktion setzen. Eine andere Möglichkeit ist die Verwendung des SQL Server Profiler, was aber die Vollversion des SQL Server voraussetzt. Ebenso sollten Sie bereits mit dem SQL Server Profiler vertraut sein.

Die WF verfügt über die Fähigkeit, Workflows zu laden, die im XML-Format deklariert sind. Wie dies funktioniert, erfahren Sie im nächsten Kapitel 16 »Deklarative Workflows«.

Schnellübersicht

Aufgabe	Aktion
XA-Transaktionen im Workflow implementieren	Platzieren Sie eine Instanz der *TransactionScope*-Aktivität in Ihrem Workflow. Sie sollten dann alle zur Transaktion vorgesehenen Aktivitäten innerhalb der *TransactionScope*-Aktivität ablegen. Die daraus resultierende Ambient Transaktion wird auf alle angewendet. Sollte eine Transaktion scheitern, erfahren alle untergeordneten Aktivitäten einen Rollback. Andernfalls wird an allen ein Commit ausgeführt.
Kompensierte Transaktionen im Workflow realisieren	Legen Sie eine Instanz der *CompensatableTransactionScope*-Aktivität in Ihrem Workflow ab. Analog zur *TransactionScope*-Aktivität können Sie untergeordnete, zur Transaktion vorgesehene Aktivitäten in der *CompensatableTransactionScope*-Aktivität einfügen. Wenn alle erfolgreich verlaufen, wird die Transaktion insgesamt als erfolgreich angesehen und es wird ein Commit auf die untergeordneten Aktivitäten angewendet. Andernfalls gelangt der Kompensationshandler zum Aufruf und damit der von Ihnen dort verankerte Code, der für die Rücknahme der Transaktion zuständig ist.
Die standardmäßige Reihenfolge der Kompensation ändern oder steuern, welche untergeordneten Transaktionen kompensiert werden	Legen Sie eine *Compensate*-Aktivität in Ihrem Kompensations-, Abbruch- oder Fehlerhandler ab. Weisen Sie der *TargetActivityName*-Eigenschaft den Namen der zu kompensierenden Aktivität zu.
Kompensierbare Transaktionen in einer Arbeitseinheit zusammenfassen	Verwenden Sie die *CompensatableSequence*-Aktivität und platzieren Sie in dieser Instanz die *CompensatableTransactionScope*-Aktivität. Beachten Sie, dass Sie durch die *Compensate*-Aktivität gezielt steuern können, welche Transaktionen kompensiert werden. Individuelle kompensierte Transaktionen benötigen keine eigene Kompensationsfunktion, wenn die umschließende *CompensatableSequence*-Aktivität für Kompensation sorgt.

Kapitel 16

Deklarative Workflows

In diesem Kapitel:

Deklarativer Workflow – Auszeichnung per XML.	440
Namespaces deklarieren und Namespace-Zuordnung	442
XAML-basierte Workflows erstellen und ausführen.	443
Schnellübersicht.	459

In diesem Kapitel lernen Sie

- die primären Unterschiede zwischen imperativen und deklarativen Workflow-Modellen kennen.
- die Erstellung deklarativer Workflows.
- die XAML XML-Sprache zum Erzeugen von Workflows kennen.
- wie Sie XAML-basierte Workflows aufrufen.

Viele Entwickler sind sich wahrscheinlich noch nicht bewusst, dass die Microsoft Windows Workflow Foundation (WF) dazu in der Lage ist, Workflows auszuführen, die nicht nur auf imperativen Definitionen basieren (unter Verwendung des Workflow-Ansicht-Designers), sondern auch solche, die sich auf deklarative Definitionen stützen (via XML definierte).

Beide Arten haben ihre Vorzüge. Wenn Sie eine Workflow-Anwendung mithilfe der Techniken erstellen, die bislang in diesem Buch zum Einsatz kamen, wird das Workflow-Modell in eine ausführbare Assembly kompiliert. Der Vorteil liegt in einer hohen Ausführungsgeschwindigkeit, und auch der Workflow wird schnell geladen.

Aber diese Art von Workflows ist nicht besonders flexibel. Obwohl die WF auch über dynamische Merkmale verfügt (auf die in diesem Buch nicht eingegangen wird), ist der Workflow im Allgemeinen auf die Form fixiert, mit der Sie diesen kompiliert haben. Ändert sich Ihr Geschäftsprozess (ausgenommen, Sie verwenden deklarative Regeln für das Treffen von Workflow-Entscheidungen, wie in Kapitel 12 »Richtlinien und Regeln« beschrieben), müssen Sie die Workflow-Definition bearbeiten, erneut kompilieren und neu verteilen, dazu kommt die Durchführung der typischerweise damit verbundenen Tests.

Jedoch besitzt die Workflow-Laufzeit die Fähigkeiten, nahezu jede Form einer Workflow-Definition verarbeiten zu können. Sie müssen lediglich einigen Code schreiben, um die von Ihnen zur Verfügung gestellte Definition in ein Modell zu übersetzen, das die Workflow-Laufzeit ausführen kann. Hierbei handelt es sich genau um das, was die WF mit XML-basierten Workflow-Definitionen leistet.

Wie Sie vielleicht erwarten, erlaubt das Aufzeichnen von Workflows in einem XML-Format sehr einfache Änderungen und ein problemloses erneutes Verteilen der Software. Anstatt den Workflow neu im Visual Studio zu kompilieren, bearbeiten Sie die XML-basierte Workflow-Definition einfach mithilfe eines beliebigen XML-Editors (selbst ein einfacher Texteditor wie Notepad in Windows kann prinzipiell verwendet werden) und übergeben diese der Workflow-Laufzeit, wenn diese das Workflow-Modell erzeugt. Sie können sogar das Beste aus beiden Welten erzielen, indem Sie Ihre XML-Workflow-Definition unter Verwendung des WF-Workflow-Compilers übersetzen. Diese Themen werden in diesem Kapitel näher untersucht.

Deklarativer Workflow – Auszeichnung per XML

Zunächst ein paar Hintergrundinformationen zur deklarativen Anwendungsdefinition in .NET 3.0 (welches die Windows Presentation Foundation (WPF) einschließt): Die WPF ist von Anfang an mit einer deklarativen Funktion ausgestattet, die sowohl eine vollständige als auch eine teilweise deklarative Definition erlaubt. Sie können dabei Ihre Anwendung komplett in einer XML-Auszeichnungssprache kapseln, die als *XML Application Markup Language*, kurz XAML, bezeichnet wird. Alternativ lassen sich über besondere XAML-basierte Konstrukte Teile Ihrer Anwendung in Assemblys kompilieren und später per XAML aufrufen. Sie können sogar C#-Code schreiben und diesen zur späteren Ausführung in Ihrer XAML-Definition einbetten oder den C#-Code in einer so genannten Code-Beside-Datei auslagern.

> **Hinweis** Eine äußerst empfehlenswerte Abhandlung von XAML und WPF findet sich im Buch »Applications = Code + Markup: A Guide to the Microsoft Windows Presentation Foundation« von Charles Petzold (Microsoft Press, 2006, ISBN-13: 978-0735619579; auf Englisch). Sie sollten dort insbesondere Kapitel 19 anschauen, wenn Sie an einer detaillierten Beschreibung von XAML interessiert sind.

Probieren Sie doch XAML einmal aus. Legen Sie mit einem Texteditor eine neue Datei an und benennen Sie diese mit dem Dateinamen **Button.xaml**. Geben Sie den Code aus Listing 16.1 in die Datei ein und speichern Sie diese. Daraufhin klicken Sie die Datei doppelt im Windows-Explorer an. Da Sie die für die Erstellung von Workflow-Anwendungen erforderlichen .NET 3.0-Komponenten bereits installiert haben, sollte auch die Dateierweiterung .xaml im Betriebssystem registriert sein. Windows ist dann darüber unterrichtet, dass die XAML-Datei in Ihrem Webbrowser geladen und angezeigt werden muss. (Beachten Sie, dass Sie möglicherweise dazu aufgefordert werden, eine erforderliche Browsererweiterung von Microsoft herunterzuladen.) Auch wenn es sich lediglich um eine Schaltfläche handelt, steckt dennoch eine vollständige WPF-Anwendung dahinter, wenn auch eine einfache. Abbildung 16.1 zeigt diese Schaltfläche im Microsoft Internet Explorer 7.0 unter Windows XP.

Listing 16.1 Beispiel einer XAML-basierten Anwendung, die eine einzelne Schaltfläche zeigt

```
<?xml version="1.0"?>
<Button xmlns="http://schemas.microsoft.com/winfx/2006/xaml/presentation"
  Margin="36" Foreground="Blue" FontSize="36pt">
   Hello, World!
</Button>
```

Abbildung 16.1 Eine XAML-basierte Schaltfläche in Aktion

Das WF-Entwicklerteam übernahm dieses Konzept und integrierte es auch in die WF. Während das WF-XML den XAML-Namespace-Konventionen folgt, weisen die Dateinamen des WF-spezifischen XML üblicherweise die Dateierweiterung *.xoml* auf. Diese Lösung erlaubt es automatisierten Tools, die jeweilige Datei als Workflow-Datei zu interpretieren anstelle als Präsentationsdatei. Tatsächlich erwartet ein Tool, das in diesem Kapitel zum Einsatz kommt, nämlich der Workflow-Compiler (*Wfc.exe*), eine *.xoml*-Dateierweiterung, wenn auf XAML basierte Workflow erstellt werden.

Auch wenn Listing 16.1 keine Workflow-Deklaration darstellt, schauen Sie sich doch einmal das dort verwendete XML genauer an. Beachten Sie, dass der XML-Elementname so heißt wie die unterstützende .NET-WPF-Klasse, in diesem Fall *Button*. Ebenso beachtenswert sind die Attribute, welche der Schaltfläche zugewiesen werden, sobald die XAML-Datei interpretiert ist: *FontSize*, *Margin* und *Foreground*. Indem diese Attribute geändert oder andere hinzugefügt werden, können Sie die Merkmale dieser Schaltfläche sehr einfach ändern.

Workflow-basierte XAML-Dateien weisen die gleichen Charakteristika auf. Der XML-Elementname repräsentiert die Art der Aktivität, etwa eine *CodeActivity* oder *IfElseActivity*. Wie Sie vielleicht erwarten, kann jedes Element Eigenschaften und die dazugehörigen Werte enthalten. Analog zur Workflow-Struktur besitzen zusammengesetzte Aktivitäten untergeordnete XML-Elemente, während dies bei einfachen Aktivitäten nicht der Fall ist.

Namespaces deklarieren und Namespace-Zuordnung

XML ist allgemein sehr empfindlich, was Namespaces angeht, und XAML macht hier keine Ausnahme. Verschiedene Namespaces sind kritisch, Workflow-spezifische Namespaces sowie Namespaces in Verbindung mit .NET selbst eingeschlossen.

Der primäre Namespace, den Ihre XAML-Datei enthalten muss, lautet *http://schemas.microsoft.com/winfx/2006/xaml* und verwendet normalerweise das Präfix *x*. In XML sieht die Namespace-Deklaration so aus:

```
xmlns:x="http://schemas.microsoft.com/winfx/2006/xaml"
```

Workflow-basierte XAML-Dateien müssen außerdem den Workflow-Namespace aufweisen: *http://schemas.microsoft.com/winfx/2006/xaml/workflow*. Wenn ein Namespace-Präfix vorhanden ist, lautet dieses per Konvention *wf*, aber in Workflow-basierten XAML-Dateien machen Sie typischerweise den Workflow-Namespace zum standardmäßigen Namespace (durch Weglassen des Präfix):

```
xmlns="http://schemas.microsoft.com/winfx/2006/xaml/workflow"
```

Es wäre ein seltener Fall, dass ein Workflow keinen Zugriff auf die .NET-Laufzeit benötigt, aber wie geschieht dies aus einer XML-Datei heraus? Genau genommen ruft die Datei nichts auf, was sich auf die .NET-Laufzeit bezieht – die Workflow-Laufzeit erledigt dies für Sie. Die XML-Datei muss lediglich die benötigten .NET-CLR-Komponenten (*common language runtime*) bezeichnen. Es spielt keine Rolle, ob diese Objekte, die Sie in den XML-basierten Workflow integrieren, von .NET selbst zur Verfügung gestellt werden oder benutzerdefinierte Objekte sind. Für diese Kennzeichnung gibt es eine besondere syntaktische Namensgebung, um einen XML-Namespace zu erstellen.

Der von XAML verwendete CLR-Namespace wird mithilfe von zwei Schlüsselwörtern erstellt: *clr-namespace* und *assembly=*. Möchten Sie z.B. die Methode *Console.WriteLine* aus Ihrem XAML-basierten Workflow verwenden, müssen Sie einen Namespace für den .NET-Namespace *System* erzeugen:

```
xmlns:sys="clr-namespace:System;assembly=System"
```

Der XML-Namespace ist dann eine Verkettung aus dem .NET-Namespace mit einem anschließenden Semikolon und dem Namen der Assembly, die den .NET-Namespace enthält. Beachten Sie hier, dass dies sowohl für .NET-Assemblys als auch für selbst erstellte Assemblys gilt.

Aber wenn Sie benutzerdefinierte Assemblys erzeugen, die Sie in XAML-basierten Workflows einsetzen möchten, reicht es nicht aus, lediglich die Assembly zu erstellen, diese mit einem Namespace auszustatten und sie in den Workflow zu integrieren. Die Workflow-Laufzeit lädt zwar die von Ihnen angegebene Assembly, aber sie erwartet den Einsatz eines zusätzlichen Attributs – des *XmlnsDefinition*-Attributs –, um Objekte zu Ausführung zu bringen.

Betrachten Sie beispielsweise diese Aktivität, die innerhalb Ihres XAML-basierten Workflows eingesetzt werden soll:

```
public class MyActivity : Activity
{
...
}
```

Angenommen, diese Klasse ist innerhalb des *MyNamespace*-Namespaces in der Assembly *MyAssembly* enthalten. Listing 16.2 zeigt den Code, um diese Klasse im XAML-basierten Workflow bekannt zu machen.

Listing 16.2 Beispiel zur Verwendung des *XmlnsDefinition*-Attributs

```
using System;
using System.Collections.Generic;
using System.Text;
using System.Workflow.ComponentModel;
using System.Workflow.Activities;

[assembly:XmlnsDefinition("urn:MyXmlNamespace", "MyNamespace")]
namespace MyNamespace
{
    public class MyActivity : Activity
    {
        // Keine besonders aktive Aktivität...!
    }
}
```

Der XML-Code zum Verweisen auf diese Klasse sieht dann folgendermaßen aus:

```
xmlns:ns0="urn:MyXmlNamespace"
```

Vielleicht etwas überraschend ist die Tatsache, dass der String, den der Namespace verwendet, nicht wichtig ist. Entscheidend dagegen ist, dass der String, der den Namespace im *XmlnsDefinition*-Attribut definiert, der gleiche ist wie der Namespace-String, der in der XML-Datei zur Deklarierung des Namespaces verwendet wird. Außerdem muss der Namespace innerhalb der XML-Datei, die den Namespace verwendet, eindeutig sein. Das bedeutet, diese müssen übereinstimmen, und es darf nicht einfach ein bereits existierender Namespace, der innerhalb der XML-Datei verwendet wird, bezeichnet werden. Sie werden diesbezüglich in den folgenden Abschnitten Erfahrung sammeln.

> **Hinweis** Wenn Sie noch keine oder nur geringe Kenntnisse in Hinblick auf XML-Namespaces haben, erweist sich die folgende Internetadresse als hilfreich: http://msdn.microsoft.com/XML/Understanding/Fundamentals/default.aspx?pull=/library/en-us/dnxml/html/xml_namespaces.asp (Artikel derzeit nur auf Englisch verfügbar.).

XAML-basierte Workflows erstellen und ausführen

Workflow-Definitionen in einer XML-Datei können auf zweierlei Art und Weise ausgeführt werden: direkt durch die Workflow-Laufzeit oder in Gestalt kompilierter, selbstständiger Assemblys. Um einen in einer XML-Datei enthaltenen Workflow direkt zur Ausführung zu bringen, rufen Sie einfach die *CreateWorkflow*-Method der Workflow-Laufzeit mit einem *XmlTextReader* als Parameter auf, nachdem der XML-Code zunächst in einen *XmlTextReader* eingelesen wurde. Das Kompilieren der XML-Dateien geht dagegen mit dem Einsatz des Workflow-Compilers *Wfc.exe* einher. Im Folgenden werden beide Fälle betrachtet, wobei der einfache Workflow aus Abbildung 16.2 Verwendung findet.

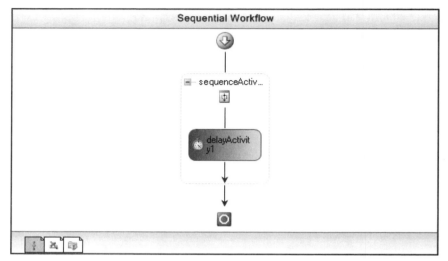

Abbildung 16.2 Ein einfacher Workflow zum Experimentieren mit XAML-basierten Workflow-Definitionen

Eine Workflow-Anwendung mit direkter XML-Ausführung erstellen

1. Sie finden zwei Versionen der Beispielanwendung vor: eine vollständige und eine nicht vollständige. Beide sind im Verzeichnis *\Workflow\Chapter16* enthalten. Die Anwendung *DirectXmlWorkflow* ist die unvollständige Variante, erfordert aber nur noch die Implementierung der Workflow-Definition. Die Version *DirectXmlWorkflow Completed* dagegen ist sofort lauffähig. Wenn Sie den hier beschriebenen Schritten folgen und diese selbst umsetzen möchten, öffnen Sie die nicht vollständige Variante. Möchten Sie dagegen die Anwendung begleitend zum Text verwenden, aber keinen Code eingeben, greifen Sie auf die komplette Version zurück. Um eine der beiden Versionen zu öffnen, ziehen Sie die Projektmappendatei, also die Datei mit der Dateierweiterung *.sln*, in ein Visual Studio-Fenster.

2. Bevor Sie die Datei *Program.cs* ändern, um den Workflow auszuführen, erstellen Sie den Workflow selbst. Klicken Sie dazu den Projektnamen *DirectXmlWorkflow* im Projektmappen-Explorer mit der rechten Maustaste an und rufen Sie den Menübefehl *Hinzufügen/Neues Element* auf. Sobald das Dialogfeld *Neues Element hinzufügen* erscheint, wählen Sie den Eintrag *XML-Datei* aus der Liste aus und benennen Sie diese mit **Workflow1.xml**. Bestätigen Sie mit einem Klick auf die Schaltfläche *Hinzufügen* (Abbildung 16.3).

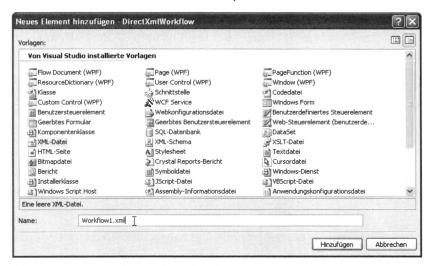

Abbildung 16.3 Anlegen einer XML-Datei

> **Hinweis** Visual Studio erstellt die Datei mit einer Dateierweiterung *.xml*. Sie sollten die Dateierweiterung aber jetzt nicht in *.xoml* ändern. Denn dann würde die XML-Datei im Workflow-Ansicht-Designer bearbeitet werden, wohingegen Sie in diesem Beispiel den XML-Code direkt eingeben möchten. Die Dateierweiterung *.xoml* ist eine Konvention und keine Notwendigkeit für die Laufzeitausführung der WF. Daher verwenden Sie einfach Visual Studio als bequemen XML-Editor. (Es kann jedoch auch auf praktisch jeden beliebig anderen XML-Editor zurückgegriffen werden.) Stellen Sie aber sicher, dass die XML-Datei im Verzeichnis mit den ausführbaren Dateien abgelegt wird, sodass die Anwendung den Code vorfindet.

3. Wählen Sie die Datei *Workflow1.xml* im Projektmappen-Explorer aus, um deren Dateieigenschaften im Eigenschaftenfenster zu aktivieren.

4. Ändern Sie die Eigenschaft *In Ausgabeverzeichnis kopieren* von *Nicht kopieren* in *Kopieren, wenn neuer* (Abbildung 16.4).

Abbildung 16.4 Ändern der Option, die das Kopieren in das Ausgabeverzeichnis betrifft

5. Sobald Visual Studio die Datei *Workflow1.xml* angelegt hat, sollte die XML-Datei zur Bearbeitung geöffnet werden. Ergänzen Sie die Datei mit dem folgenden XML-Code und speichern Sie diese:

```xml
<SequentialWorkflowActivity x:Name="Workflow1"
    xmlns:x="http://schemas.microsoft.com/winfx/2006/xaml"
    xmlns="http://schemas.microsoft.com/winfx/2006/xaml/workflow">
    <SequenceActivity x:Name="sequenceActivity1">
        <DelayActivity TimeoutDuration="00:00:05" x:Name="delayActivity1" />
    </SequenceActivity>
</SequentialWorkflowActivity>
```

6. Öffnen Sie die Datei *Program.cs* zur Bearbeitung. Fügen Sie die folgende *using*-Anweisung am Ende der Liste mit den bestehenden *using*-Anweisungen ein:

```csharp
using System.Xml;
```

7. Blättern Sie durch den Code und halten Sie nach dieser Codezeile Ausschau:

```csharp
Console.WriteLine("Waiting for workflow completion.");
```

8. Damit der eben erstellte XAML-basierte Workflow auch tatsächlich zum Aufruf gelangt, geben Sie die folgenden Codezeilen unterhalb der Zeile ein, die Sie im vorangegangenen Schritt ausfindig gemacht haben:

```csharp
// Den XAML-basierten Workflow laden:
XmlTextReader rdr = new XmlTextReader("Workflow1.xml");
```

9. Um eine Workflow-Instanz zu erstellen, geben Sie diesen Code unterhalb der gerade eingefügten Codezeilen ein:

```csharp
// Die Workflow-Instanz erstellen:
WorkflowInstance instance =
    workflowRuntime.CreateWorkflow(rdr);

// Die Workflow-Instanz starten:
instance.Start();
```

10. Kompilieren Sie die Projektmappe mit einem Druck auf die Taste **F6**. Korrigieren Sie etwaige aufgetretene Kompilierungsfehler.

11. Führen Sie die Anwendung per **Strg+F5** aus oder mit **F5**, wenn Debugging erwünscht ist (Abbildung 16.5). Sollten Sie die Anwendung nicht aus einem bestehenden Konsolenfenster starten, müssen Sie gegebenenfalls einen Haltepunkt in der *Main*-Funktion setzen, um die Ausgabe vollständig sehen zu können.

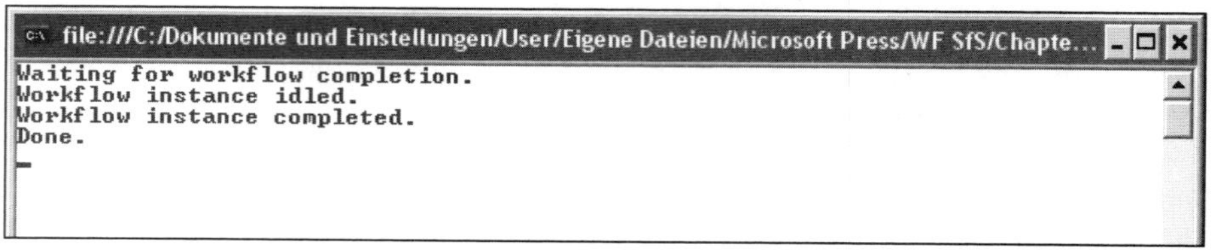

```
Waiting for workflow completion.
Workflow instance idled.
Workflow instance completed.
Done.
```

Abbildung 16.5 Ausführung der Anwendung *DirectXmlWorkflow*

Sie können auf diese Weise auch komplexere Workflows anfertigen. Jedoch gibt es hierbei einige Einschränkungen zu beachten: Auch wenn es einen Mechanismus für die Ausführung von C#-Code aus dem Workflow gibt, der auf diese Art aufgerufen wird, ist es weit besser, eigene Assemblys zu erstellen, die nicht zuletzt den Code enthalten, den Sie zur Ausführung bringen möchten. Des Weiteren können Sie keine Parameter an den Workflow übergeben, ohne zunächst eine eigene Hauptaktivität zu erstellen, welche diese verarbeitet. Dies mag sich irgendwann in der Zukunft ändern, aber derzeit bedient sich die WF dieser Arbeitsweise. Sie werden eine solche Assembly später in diesem Kapitel erstellen.

Jedoch besteht ein Zwischenschritt darin, den XAML-basierten Workflow in eine Assembly zu kompilieren, auf die Sie zur Ausführung verweisen können. Um den XAML-basierten XML-Code zu kompilieren, verwenden Sie den Workflow-Compiler, *Wfc.exe*.

Hinweis   Um mehr über *Wfc.exe* zu erfahren, schauen Sie unter *http://msdn2.microsoft.com/en-us/library/ms734733.aspx* nach (Artikel ist auf Englisch).

Eine Workflow-Anwendung mit kompilierter XML-Ausführung erstellen

1. Ein weiteres Mal finden Sie zwei Versionen der Beispielanwendung vor: eine vollständige und eine nicht vollständige. Beide sind im Verzeichnis \Workflow\Chapter16 enthalten. Die Anwendung *CompiledXmlWorkflow* ist die unvollständige Variante, erfordert aber nur noch die Implementierung der Workflow-Definition. Die Version *CompiledXmlWorkflow Completed* dagegen ist sofort lauffähig. Wenn Sie den hier beschriebenen Schritten folgen und diese selbst umsetzen möchten, öffnen Sie die nicht vollständige Variante. Möchten Sie dagegen die Anwendung begleitend zum Text verwenden, aber keinen Code eingeben, greifen Sie auf die komplette Version zurück. Um eine der beiden Versionen zu öffnen, ziehen Sie die Projektmappendatei, also die Datei mit der Dateierweiterung *.sln*, in ein Visual Studio-Fenster.

2. Fügen Sie eine neue *Workflow1.xml*-Datei hinzu, wobei Sie hierfür so vorgehen wie in Schritt 2 aus dem vorangegangenen Beispiel. Da Sie den Workflow mit dem Workflow-Compiler übersetzen, ist es nicht erforderlich, die Compiler-Einstellungen für diese Datei zu ändern (Schritte 3 und 4 aus dem vorigen Abschnitt).

3. Ergänzen Sie die Datei *Workflow1.xml* mit dem folgenden XML-Code und speichern Sie diese:

```
<SequentialWorkflowActivity x:Name="Workflow1" x:Class="Workflow1"
  xmlns:x="http://schemas.microsoft.com/winfx/2006/xaml"
  xmlns="http://schemas.microsoft.com/winfx/2006/xaml/workflow">
  <SequenceActivity x:Name="sequenceActivity1">
    <DelayActivity TimeoutDuration="00:00:05" x:Name="delayActivity1" />
  </SequenceActivity>
</SequentialWorkflowActivity>
```

Obwohl dieser Code auf den ersten Blick so aussieht wie der XML-Code, den Sie im vorangegangenen Beispiel hinzugefügt haben, gibt es einen kleinen Unterschied: die Einbeziehung des Attributs *x:Class*. Dieses wird vom Workflow-Compiler benötigt, da dieser die neue Klasse benennen muss, wenn der Workflow kompiliert wird.

4. Ändern Sie im Projektmappen-Explorer die Dateierweiterung von *.xml* in *.xoml*. Wenn Visual Studio eine Warnung anzeigt, dass bei einer Änderung der Dateierweiterung die Datei möglicherweise unbrauchbar wird, ignorieren Sie diese und klicken Sie auf *Ja*. Der Hintergrund ist folgender: Das Tool *Wfc.exe* akzeptiert keine XML-Dateien mit der Dateierweiterung *.xml*, sondern besteht auf der Dateierweiterung *.xoml*. Speichern Sie die Datei, indem Sie den Menübefehl *Datei/Workflow1.xoml speichern* aufrufen oder die Tastenkombination **Strg+S** drücken.

5. Öffnen Sie ein Konsolenfenster. In Windows XP klicken Sie hierfür auf die *Start*-Schaltfläche und dann auf den Menübefehl *Ausführen*. Nachdem das Dialogfeld *Ausführen* erscheint, geben Sie **cmd** ein und klicken Sie dann auf *OK*. Setzen Sie Windows Vista ein, wählen Sie im *Start*-Menü den Menübefehl *Alle Programme/Zubehör/Eingabeaufforderung*.

6. Geben Sie **cd \Workflow\Chapter16\CompiledXmlWorkflow\CompiledXmlWorkflow** in der Eingabeaufforderung ein und drücken Sie die Taste **Eingabe**, um in das angegebene Verzeichnis zu wechseln. Im aktuellen Verzeichnis besteht jetzt direkter Zugriff auf die Datei *Workflow1.xoml*.

7. Tragen Sie den Befehl "**C:\Programme\Microsoft SDKs\Windows\v6.0\Bin\Wfc.exe" workflow1.xoml** inklusive der Anführungszeichen in der Eingabeaufforderung ein und betätigen Sie die Taste **Eingabe**. Dies setzt natürlich voraus, dass sich das Windows SDK auf dem Laufwerk C: im Verzeichnis *\Programme* befindet. Falls Sie das Windows SDK in einem anderen Verzeichnis installiert haben, passen Sie die Pfadangabe in dem Befehl entsprechend an.

8. Der Workflow-Compiler sollte ohne Fehler ausgeführt werden. Beim Kompilierungsvorgang wird eine DLL (*dynamic-link library*) namens *Workflow1.dll* erzeugt, die im gleichen Verzeichnis untergebracht wird wie die Datei *Workflow1.xoml*. Sie müssen nun auf diese Bibliothek verlinken, da diese den Workflow enthält, den Sie in der im Schritt 3 erstellten XML-Datei bezeichnet haben. Zu diesem Zweck klicken Sie im Projektmappen-Explorer das Projekt *CompiledXmlWorkflow* mit der rechten Maustaste an und rufen Sie den Menübefehl *Verweis hinzufügen* auf. Sobald das Dialogfeld *Verweis hinzufügen* erscheint, wechseln Sie auf die Registerkarte *Durchsuchen*, wählen Sie die Datei *Workflow1.dll* aus der Liste aus und klicken Sie dann auf *OK* (Abbildung 16.6).

Kapitel 16: Deklarative Workflows 449

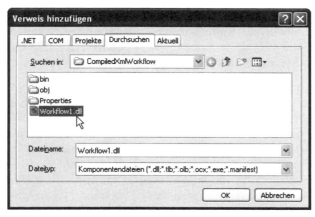

Abbildung 16.6 Es wird ein Verweis auf die eben erstellte Assembly hinzugefügt

9. Der Workflow ist nun komplett, sodass Sie die Hauptanwendung fertig stellen können. Öffnen Sie entsprechend die Datei *Program.cs* zur Bearbeitung. Blättern Sie durch die Datei und halten Sie nach folgender Codezeile Ausschau:

```
Console.WriteLine("Waiting for workflow completion.");
```

10. Fügen Sie diesen Code unterhalb der Zeile ein, die Sie gerade ausfindig gemacht haben:

```
// Die Workflow-Instanz erstellen:
WorkflowInstance instance =
    workflowRuntime.CreateWorkflow(typeof(Workflow1));

// Die Workflow-Instanz starten:
instance.Start();
```

11. Kompilieren Sie die Projektmappe mit einem Druck auf die Taste **F6**. Korrigieren Sie etwaige aufgetretene Kompilierungsfehler.

12. Führen Sie die Anwendung per **Strg+F5** aus oder mit **F5**, wenn Debugging erwünscht ist (Abbildung 16.7). Sollten Sie die Anwendung nicht aus einem bestehenden Konsolenfenster starten, müssen Sie gegebenenfalls auch hier einen Haltepunkt in der *Main*-Funktion setzen, um die Ausgabe vollständig sehen zu können.

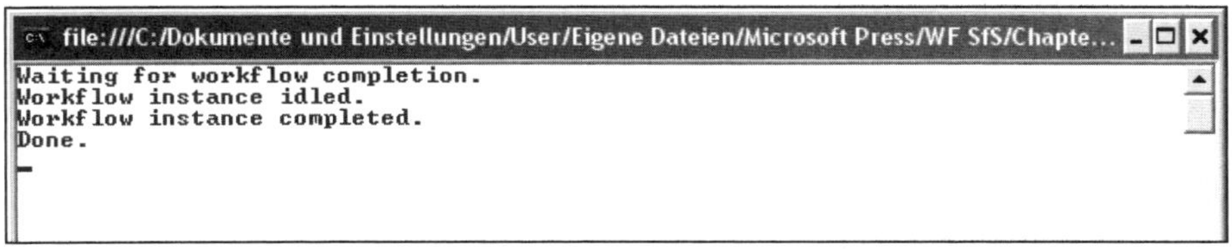

Abbildung 16.7 Ausführung der Anwendung *CompiledXmlWorkflow*

Obwohl für dieses Beispiel keine Code-Beside-Datei verwendet wurde, könnten Sie auch eine solche Datei erstellen und C#-Code auslagern, der dann in Ihre Workflow-Assembly kompiliert wird. Per Konvention verwendet die XML-Datei die Dateierweiterung *.xoml* und die Code-Beside-Datei die Dateierweiterung *.xoml.cs*. Das Tool *Wfc.exe* akzeptiert sowohl eine Liste mit *.xoml*-Dateien als auch eine zugehörige Liste mit *.xoml.cs*-Dateien und verbindet bei der Kompilierung alle Bestandteile zusammen, sodass das Ergebnis eine einzelne Workflow-Assembly ist, vorausgesetzt natürlich, dass bei der Kompilierung keine Fehler aufgetreten sind.

Auch wenn es nach einem kleinen Detail klingt, kann daran die Kompilierung Ihres Workflows scheitern. Der einzige Unterschied zwischen dem Workflow aus dem ersten und dem zweiten Beispiel ist das *x:Class*-Attribut im XML-Code. XAML-basierte Workflows, bei denen das *x:Class*-Attribut fehlt, sind nur für die direkte Ausführung gedacht. Alleine das Hinzufügen des *x:Class*-Attributs bedeutet, dass Sie den XAML-basierten Workflow mithilfe von *Wfc.exe* kompilieren müssen. Wenn Sie versuchen, Ihren XML-basierten Workflow direkt auszuführen und eine *WorkflowValidation FailedException*-Ausnahme ausgelöst wird, ist das fehlende *x:Class*-Attribut die wahrscheinliche Ursache.

Der Fall, bei dem das Kompilieren Ihrer XAML-basierten Workflows am meisten Sinn ergibt, liegt dann vor, wenn Sie Initialisierungsparameter an Ihren Workflow übergeben müssen. Direkt ausgeführte XAML-basierte Workflows können keine Initialisierungsparameter verarbeiten. Um die Parameterübergabe zu demonstrieren, gehen Sie noch einmal zu Kapitel 1 »Einführung in die Microsoft Windows Workflow Foundation« zurück und erstellen noch einmal das Beispielprogramm mit der Postleitzahlenüberprüfung. Jedoch wird der Workflow jetzt in Gestalt von XML-Code und nicht direkt als C#-Code untergebracht. Es soll eine Code-Beside-Datei eingesetzt werden, da Bedingungen überprüft werden müssen und Code auszuführen ist.

> **Hinweis** Sie können den C#-Code auch direkt innerhalb des XML-Codes verwenden, indem Sie auf das Element *x:Code* zurückgreifen. Wenn dies interessant für Sie ist, erweist sich folgender Artikel als hilfreich: *http://msdn2.microsoft.com/en-gb/library/ms750494.aspx* (auf Englisch).

Eine Workflow-Anwendung mit kompiliertem XML erstellen, die Initialisierungsparameter verarbeitet

1. Auch hier finden Sie zwei Versionen der Beispielanwendung vor: eine vollständige und eine nicht vollständige. Beide sind im Verzeichnis *Workflow**Chapter16* enthalten. Die Anwendung *PCodeXaml* ist die unvollständige Variante, erfordert aber nur noch die Implementierung der Workflow-Definition. Die Version *PCodeXaml Completed* dagegen ist sofort lauffähig. Wenn Sie den hier beschriebenen Schritten folgen und diese selbst umsetzen möchten, öffnen Sie die nicht vollständige Variante. Möchten Sie dagegen die Anwendung begleitend zum Text verwenden, aber keinen Code eingeben, greifen Sie auf die komplette Version zurück. Um eine der beiden Versionen zu öffnen, ziehen Sie die Projektmappendatei, also die Datei mit der Dateierweiterung *.sln*, in ein Visual Studio-Fenster.

2. Fügen Sie eine neue *Workflow1.xml*-Datei hinzu, wobei Sie so vorgehen wie in den vorangegangenen Beispielen. Die Kompilierungseinstellungen der Datei müssen nicht verändert werden. Vielmehr entfernen Sie diese Datei (auch die Code-Beside-Datei) aus dem Projekt, sobald der XAML-basierte Workflow fertig gestellt

und kompiliert ist, um unbeabsichtigte Compilerwarnungen zu vermeiden (dazu später mehr).

3. Ergänzen Sie die Datei *Workflow1.xml* mit dem folgenden XML-Code und speichern Sie diese:

```xml
<?xml version="1.0" encoding="utf-8" ?>
<SequentialWorkflowActivity x:Class="Workflow1" x:Name="Workflow1"
  xmlns:x="http://schemas.microsoft.com/winfx/2006/xaml"
  xmlns="http://schemas.microsoft.com/winfx/2006/xaml/workflow">
  <IfElseActivity x:Name="ifElseActivity1">
    <IfElseBranchActivity x:Name="ifElseBranchActivity1">
      <IfElseBranchActivity.Condition>
        <CodeCondition Condition="EvaluatePostalCode" />
      </IfElseBranchActivity.Condition>
      <CodeActivity x:Name="codeActivity1" ExecuteCode="PostalCodeValid" />
    </IfElseBranchActivity>
    <IfElseBranchActivity x:Name="ifElseBranchActivity2">
      <CodeActivity x:Name="codeActivity2" ExecuteCode="PostalCodeInvalid" />
    </IfElseBranchActivity>
  </IfElseActivity>
</SequentialWorkflowActivity>
```

4. Ändern Sie im Projektmappen-Explorer die Dateierweiterung von *.xml* in *.xoml* und speichern Sie die Datei.

5. Als Nächstes fügen Sie die Code-Beside-Datei hinzu. Klicken Sie dazu im Projektmappen-Explorer das *PCodeXaml*-Projekt mit der rechten Maustaste an und rufen Sie den Menübefehl *Hinzufügen/Klasse* auf. Daraufhin geben Sie den Namen **Workflow1.xoml.cs** im Feld *Name* ein und bestätigen Sie mit einem Klick auf *Hinzufügen* (Abbildung 16.8).

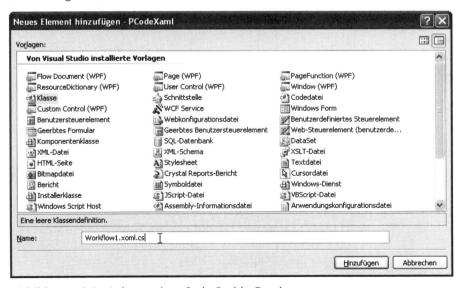

Abbildung 16.8 Anlegen einer Code-Beside-Datei

6. Geben Sie den folgenden Code in die Datei und ersetzen Sie dabei den bereits von Visual Studio vorgegebenen Inhalt komplett. Speichern Sie anschließend die Datei.

```csharp
using System;
using System.Workflow.Activities;
using System.Text.RegularExpressions;

public partial class Workflow1 : SequentialWorkflowActivity
{
    private string _code = "";
    public string PostalCode
    {
        get { return _code; }
        set { _code = value; }
    }

    private void EvaluatePostalCode(object sender, ConditionalEventArgs e)
    {
        string USCode = @"^(\d{5}$)|(\d{5}$\-\d{4}$)";
        string CanadianCode = @"[ABCEGHJKLMNPRSTVXY]\d[A-Z] \d[A-Z]\d";

        e.Result = (Regex.IsMatch(_code, USCode) ||
            Regex.IsMatch(_code, CanadianCode));
    }

    private void PostalCodeValid(object sender, EventArgs e)
    {
        Console.WriteLine("The postal code {0} is valid.", _code);
    }

    private void PostalCodeInvalid(object sender, EventArgs e)
    {
        Console.WriteLine("The postal code {0} is *invalid*.", _code);
    }
}
```

> **Hinweis** Der Code kommt Ihnen mit Sicherheit bekannt vor. Er wurde unverändert aus der Beispielanwendung *PCodeFlow* von Kapitel 1 übernommen.

7. Rufen Sie den Menübefehl *Datei/Alle speichern* auf oder drücken Sie **Strg+Umschalt+S**.

8. Öffnen Sie ein Konsolenfenster und geben Sie in der Eingabeaufforderung den Befehl cd **\Workflow\Chapter16\PCodeXaml\PCodeXaml** ein. Bestätigen Sie mit der Taste **Eingabe**, um in das angegebene Verzeichnis zu wechseln.

9. Geben Sie "**C:\Program Files\Microsoft SDKs\Windows\v6.0\Bin\Wfc.exe**" **workflow1.xoml workflow1.xoml.cs** in der Eingabeaufforderung ein und betätigen Sie die Taste **Eingabe**.

10. Der Workflow-Compiler verarbeitet sowohl die XML- als auch die C#-Datei. Dabei wird erneut eine DLL namens *Workflow1.dll* erzeugt, auf die Sie jetzt verweisen sollten. Klicken Sie dazu im Projektmappen-Explorer das Projekt *PCodeXaml* mit der rechten Maustaste an und rufen Sie den Menübefehl *Verweis hinzufügen*

auf. Sobald das Dialogfeld *Verweis hinzufügen* erscheint, wechseln Sie auf die Registerkarte *Durchsuchen*, wählen Sie die Datei *Workflow1.dll* aus der Liste aus und klicken Sie dann auf *OK* (Abbildung 16.9).

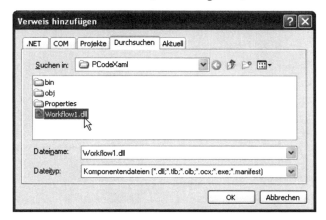

Abbildung 16.9   Hinzufügen eines Verweises auf die eben erstellte Assembly

11. Zurück zur Hauptanwendung. Öffnen Sie die Datei *Program.cs* zur Bearbeitung und blättern Sie durch den Code, bis Sie auf diese Zeile stoßen:

    ```
    Console.WriteLine("Waiting for workflow completion.");
    ```

12. Fügen Sie diesen Code unterhalb der Zeile ein, die Sie gerade ausfindig gemacht haben:

    ```
    // Die Ausführungsparameter erstellen:
    Dictionary<string, object> parms = new Dictionary<string, object>();
    parms.Add("PostalCode", args.Length > 0 ? args[0] : "");

    // Die Workflow-Instanz erstellen:
    WorkflowInstance instance =
        workflowRuntime.CreateWorkflow(typeof(Workflow1), parms);

    // Die Workflow-Instanz starten:
    instance.Start();
    ```

13. Es gibt ein kleines Problem mit dem Projekt in der jetzigen Form. Sie haben zwar auf die Assembly *Workflow1.dll* verwiesen, aber es ist noch Code in der Code-Beside-Datei vorhanden, der die Klasse *Workflow1* abbildet. Dies führt zu einem Konflikt, da es jetzt zwei Instanzen einer Klasse mit dem Namen *Workflow1* gibt. Da Sie die Klasse verwenden möchten, die sich in der kompilierten Assembly befindet, klicken Sie die Datei *Workflow1.xoml* mit der rechten Maustaste an und rufen Sie den Menübefehl *Aus Projekt ausschließen* auf. Wiederholen Sie denselben Vorgang mit der Datei *Workflow.xoml.cs*. Auf diese Weise entfernen Sie die beiden Dateien aus dem Kompilierungsprozess.

14. Kompilieren Sie die Projektmappe mit einem Druck auf die Taste **F6**. Korrigieren Sie etwaige aufgetretene Kompilierungsfehler.

15. Um die Anwendung zu testen, verwenden Sie das Konsolenfenster, das noch von der Workflow-Kompilierung offen sein sollte. Wechseln Sie in das *Debug*-Verzeichnis (oder *Release*, wenn Sie die Anwendung im Release-Modus kompiliert haben). Dazu geben Sie in der Eingabeaufforderung den Befehl **cd bin\Debug** ein und bestätigen Sie mit der Taste **Eingabe** (ersetzen Sie entsprechend *Debug* durch *Release*, falls erforderlich).

16. Tippen Sie in der Eingabeaufforderung **PCodeXaml 12345** ein und drücken Sie **Eingabe**. Im Anschluss daran sollten Sie die in Abbildung 16.10 dargestellte Programmausgabe sehen.

Abbildung 16.10 Die Anwendung übernimmt Parameter. Die eingegebene Postleitzahl wird hier als syntaktisch richtig bewertet

17. Um die gegenteilige Reaktion des Programms, die negative Einstufung der syntaktischen Gültigkeit der Postleitzahl, zu überprüfen, geben Sie in der Eingabeaufforderung **PCodeXaml 1234x** ein und bestätigen Sie mit **Eingabe**. Die Ausgabe sollte jetzt der von Abbildung 16.11 entsprechen.

Abbildung 16.11 Die Postleitzahl wird als syntaktisch ungültig angesehen

Das letzte Beispiel dieses Kapitels bezieht eine benutzerdefinierte Klasse mit ein, sodass Sie das *XmlnsDefinition*-Attribut ausprobieren können.

Eine XAML-basierte Workflow-Anwendung mit einer benutzerdefinierten Aktivität erstellen

1. Analog zu den vorangegangenen Anwendungen finden Sie zwei Versionen des Beispiels vor: eine vollständige und eine nicht vollständige. Beide sind im Verzeichnis *\Workflow\Chapter16* enthalten. Die Anwendung *XmlnsDefFlow* ist die unvollständige Variante, erfordert aber nur noch die Implementierung der Workflow-Definition. Die Version *XmlnsDefFlow Completed* dagegen ist sofort lauffähig. Wenn Sie den hier beschriebenen Schritten folgen und diese selbst um-

setzen möchten, öffnen Sie die nicht vollständige Variante. Möchten Sie dagegen die Anwendung begleitend zum Text verwenden, aber keinen Code eingeben, greifen Sie auf die komplette Version zurück. Um eine der beiden Versionen zu öffnen, ziehen Sie die Projektmappendatei, also die Datei mit der Dateierweiterung *.sln*, in ein Visual Studio-Fenster.

2. Fügen Sie eine neue Datei *Workflow1.xml* hinzu. Sie müssen weder die Compiler-Einstellungen für diese Datei ändern noch die Datei bereits jetzt umbenennen.

3. Ergänzen Sie die Datei *Workflow1.xml* mit dem folgenden XML-Code und speichern Sie diese:

```
<SequentialWorkflowActivity x:Class="Workflow1" x:Name="Workflow1"
  xmlns:x="http://schemas.microsoft.com/winfx/2006/xaml"
  xmlns="http://schemas.microsoft.com/winfx/2006/xaml/workflow"
  xmlns:custom="urn:PrintMessage">
  <custom:PrintMessageActivity x:Name="printMessageActivity1"
    custom:Message="Hello from the custom assembly!"/>
</SequentialWorkflowActivity>
```

4. Ändern Sie im Projektmappen-Explorer die Dateierweiterung *.xml* in *.xoml* und ignorieren Sie auch dieses Mal die Warnung. Speichern Sie die Datei. Der Workflow ist nun komplett, aber beachten Sie den Verweis zu der *PrintMessageActivity* im XML-Code. Hierbei handelt es sich um eine neue, benutzerdefinierte Aktivität, die Sie erstellen müssen. Klicken Sie zunächst im Projektmappen-Explorer den Projektmappennamen mit der rechten Maustaste an und rufen Sie den Menübefehl *Hinzufügen/Neues Projekt* auf. Wählen Sie im Feld *Projekttypen* den Eintrag *Workflow* und im Feld Vorlagen den Eintrag *Workflow Activity Library*, geben Sie **XmlnsDefLib** in das Feld *Name* ein und bestätigen Sie mit einem Klick auf *OK* (Abbildung 16.12).

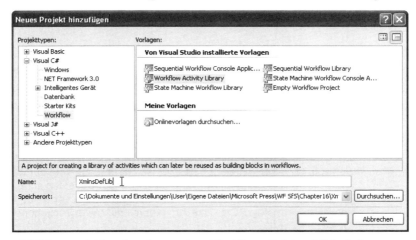

Abbildung 16.12 Hinzufügen einer Workflow-Aktivitätsbibliothek

5. Visual Studio erzeugt daraufhin eine Workflow-Aktivität namens *Activity1*. Benennen Sie die dazugehörige Datei *Activity1.cs* in *PrintMessageActivity.cs* im Projektmappen-Explorer um. Wenn Visual Studio nachfragt, ob auch alle Verweise umbenannt werden sollen, stimmen Sie dem zu, indem Sie auf *Ja* klicken.

6. Öffnen Sie die Quellcodedatei der Aktivität zur Bearbeitung im Code-Editor. Wählen Sie dazu die Datei *PrintMessageActivity.cs* im Projektmappen-Explorer aus und klicken Sie auf das Symbol ▣ (*Code anzeigen*) der Symbolleiste.

7. Die Aktivität leitet sich derzeit von der *SequenceActivity*-Klasse ab. Ändern Sie die Basisklasse in *Activity*. Die Klassendefinition sieht dann folgendermaßen aus:

   ```
   public partial class PrintMessageActivity : Activity
   ```

8. Fügen Sie unterhalb des Konstruktors folgenden Code hinzu:

   ```
   protected override ActivityExecutionStatus
           Execute(ActivityExecutionContext executionContext)
   {
       // Meldung auf den Bildschirm ausgeben:
       Console.WriteLine(this.Message);
       return ActivityExecutionStatus.Closed;
   }

   public static DependencyProperty MessageProperty =
       DependencyProperty.Register("Message", typeof(System.String),
       typeof(XmlnsDefLib.PrintMessageActivity));

   public string Message
   {
       get
       {
           return ((System.String)(base.GetValue(
               XmlnsDefLib.PrintMessageActivity.MessageProperty)));
       }
       set
       {
           base.SetValue(
               XmlnsDefLib.PrintMessageActivity.MessageProperty, value);
       }
   }
   ```

9. Ergänzen Sie jetzt die entscheidende Zutat – das *XmlnsDefinition*-Attribut. Geben Sie dabei unmittelbar oberhalb der Namespace-Deklaration folgenden Code ein:

   ```
   [assembly: XmlnsDefinition("urn:PrintMessage", "XmlnsDefLib")]
   ```

> **Hinweis** Wenn Sie eine Aktivität entwickeln, die in einer großen Anwendung eingesetzt oder an Kunden bzw. andere externe Anwender verteilt werden soll, verwenden Sie am besten einen Namespace-URI, der den Firmennamen, die Produktgruppe und das Projekt enthält oder einen anderen typischen eindeutigen Wert, um Probleme mit etwaigen bereits vorhandenen Namespaces zu vermeiden. Dies ist auch generell die beste Vorgehensweise beim Einsatz von XML.

10. Kompilieren Sie das Projekt *XmlnsDefLib*, um eine DLL zu erzeugen, auf die vom Workflow-Compiler aus verlinkt werden kann. Merken Sie sich, ob Sie die Assembly mit den *Debug*- oder aber den *Release*-Einstellungen kompiliert haben, da Sie später auf die DLL verweisen müssen. Denn das Verzeichnis, in dem die DLL erzeugt wird, hängt von den Kompilierungseinstellungen ab.

11. Auch wenn Sie einen XAML-basierten Workflow ausführen, benötigt die Workflow-Laufzeit weiterhin Zugriff auf die gerade von Ihnen erstellte *PrintMessage*-Aktivität. Dazu fügen Sie einen Verweis vom Projekt *XmlnsDefFlow* auf das Projekt *XmlnsDefLib* ein. Klicken Sie das *XmlnsDefFlow*-Projekt im Projektmappen-Explorer mit der rechten Maustaste an und rufen Sie den Menübefehl *Verweis hinzufügen* auf. Sobald das Dialogfeld *Verweis hinzufügen* erscheint, wechseln Sie auf die Registerkarte *Projekte* und wählen Sie das Projekt *XmlnsDefLib* aus der Liste aus. Bestätigen Sie mit einem Klick auf *OK* (Abbildung 16.13).

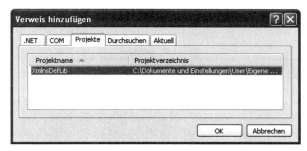

Abbildung 16.13 Verweis von der Hauptanwendung auf die Bibliothek einfügen

12. Öffnen Sie ein Konsolenfenster wie bei den vorigen Beispielanwendungen.

13. Geben Sie **cd \Workflow\Chapter16\XmlnsDefFlow\XmlnsDefFlow** in der Eingabeaufforderung ein und drücken Sie auf die Taste **Eingabe**, um in das angegebene Verzeichnis zu wechseln. Im aktuellen Verzeichnis besteht jetzt direkter Zugriff auf die Datei *Workflow1.xoml*.

14. Tragen Sie den Befehl "**C:\Programme\Microsoft SDKs\Windows\v6.0\Bin\Wfc.exe**" **workflow1.xoml /r:..\XmlnsDefLib\bin\Debug\XmlnsDefLib.dll** in der Eingabeaufforderung ein und betätigen Sie die Taste **Eingabe**. Wie auch zuvor müssen Sie das Laufwerk bzw. Verzeichnis anpassen, wenn Sie das Windows SDK in einem anderen Verzeichnispfad installiert haben als dem standardmäßig vorgegebenen. Ersetzen Sie außerdem gegebenenfalls *Debug* durch *Release*, wenn Sie das *XmlnsDefLib*-Projekt mit den *Release*-Einstellungen kompiliert haben.

15. Der Übersetzungsvorgang durch den Workflow-Compiler sollte ohne Fehler verlaufen. Davon ausgehend, dass dem so ist, wurde eine DLL namens *Workflow1.dll* im gleichen Verzeichnis erzeugt, in dem sich auch die Datei *Workflow1.xoml* befindet. Nun benötigen Sie einen Verweis von Ihrer Hauptanwendung zu dieser Bibliothek, da Letztere den in der XML-Datei definierten Workflow enthält, den Sie in Schritt 3 erstellt haben. Zu diesem Zweck klicken Sie das Projekt *XmlnsDefFlow* im Projektmappen-Explorer mit der rechten Maustaste an und rufen Sie den Menübefehl *Verweis hinzufügen* auf. Sobald das Dialogfeld *Verweis hinzufügen* erscheint, wechseln Sie auf die Registerkarte *Durchsuchen*, wählen Sie den Eintrag *Workflow1.dll* aus der Liste aus und bestätigen Sie dann mit einem Klick auf *OK* (Abbildung 16.14).

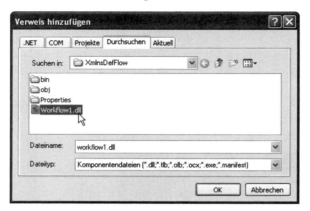

Abbildung 16.14 Hinzufügen eines Verweises auf die eben erstellte Assembly

16. Der Workflow ist nun fertig gestellt. Wechseln Sie daher in die Hauptanwendung, indem Sie die Datei *Program.cs* im Projektmappen-Explorer auswählen und zur Bearbeitung öffnen. Blättern Sie durch die Datei und halten Sie nach folgender Codezeile Ausschau:

```
Console.WriteLine("Waiting for workflow completion.");
```

17. Fügen Sie diesen Code unterhalb der Zeile ein, die Sie gerade ausfindig gemacht haben:

```
// Die Workflow-Instanz erstellen:
WorkflowInstance instance =
    workflowRuntime.CreateWorkflow(typeof(Workflow1));

// Die Workflow-Instanz starten:
instance.Start();
```

18. Kompilieren Sie die Projektmappe mit einem Druck auf die Taste **F6**. Korrigieren Sie etwaige aufgetretene Kompilierungsfehler.

19. Führen Sie die Anwendung mit einem Druck auf **Strg+F5** oder **F5** aus (Abbildung 16.15). Wie auch bei den Beispielen zuvor gilt: Sollten Sie die Anwendung nicht aus einem bestehenden Konsolenfenster starten, müssen Sie gegebenenfalls einen Haltepunkt in der *Main*-Funktion setzen, um die Ausgabe vollständig sehen zu können.

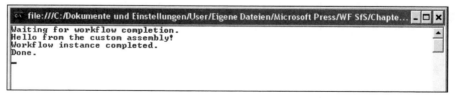

Abbildung 16.15 Ausführung der Anwendung *XmlnsDefFlow* mit der benutzerdefinierten Assembly

Hinweis Selbst mit den hier vorgestellten vier Beispielanwendungen konnte nicht alles beschrieben werden, was in Hinblick auf deklarative Workflow-Definitionen wissenswert ist. Wenn Sie mehr über das Thema lesen möchten, finden Sie hier einen ausgezeichneten Artikel im MSDN Magazine: *http://msdn.microsoft.com/msdnmag/issues/06/01/windowsworkflowfoundation* (auf Englisch).

Im nächsten Kapitel 17 »Korrelation und lokale Hostkommunikation« erfahren Sie, wie Sie Daten adäquat verarbeiten, die von verschiedenen Workflow-Instanzen stammen.

Schnellübersicht

Aufgabe	Aktion
Deklarative Workflow-Definitionen erstellen	Verwenden Sie die XAML XML-Sprache, um vollständige Workflow-Definitionen zu erstellen.
XAML-basierte Workflow-Definitionen direkt ausführen	Laden Sie den XAML-basierten Workflow in ein *XmlTextReader*-Objekt und weisen Sie dieses der *CreateWorkflow*-Methode der Workflow-Laufzeit zu. Beachten Sie, dass sich nicht alle Workflow-Definitonen auf diese Weise ausführen lassen.
XAML-basierte Workflow-Definitionen zur Ausführung in .NET-Assemblys kompilieren	Verwenden Sie den Workflow-Compiler *Wfc.exe*, um die XAML-basierte Workflow-Definition zu kompilieren. Wenn Sie benutzerdefinierte Assemblys erzeugt haben, können Sie auch auf diese verweisen.
Der benutzerdefinierten Assembly einen XML-Namespace zuweisen	Verwenden Sie das *XmlnsDefinition*-Attribut.
Dem deklarativen Workflow Initialisierungsparameter übergeben	Erstellen Sie eine benutzerdefinierte *SequentialWorkflow*- oder *StateMachineWorkflow*-Aktivität und stellen Sie Eigenschaften vom Zugriffstyp *public* zur Verfügung, die den Werten entsprechen, die Sie an den Workflow senden möchten.

Teil D

Externe Datenkommunikation

In diesem Teil:

Korrelation und lokale Hostkommunikation 463
Webdienste aus Workflows aufrufen 511
Workflows als Webdienste 527

Kapitel 17

Korrelation und lokale Hostkommunikation

In diesem Kapitel:

Host und lokale Workflow-Kommunikation	464
Korrelation	465
Das *CorrelationParameter*-Attribut	466
Das *CorrelationInitializer*-Attribut	467
Das *CorrelationAlias*-Attribut	468
Korrelierte Workflows erstellen	469
Schnellübersicht	509

In diesem Kapitel lernen Sie

- die Grundlagen in Hinblick auf die Workflow-Korrelation – wann Korrelation notwendig ist und warum diese wichtig ist.
- den Einsatz der Workflow-Korrelationsparameter.
- die Entwicklung und Anwendung eines korrelierten lokalen Kommunikationsdienstes.

Die Anwendungen, die Sie bislang in diesem Buch kennen gelernt haben, basierten allesamt auf einer einzelnen Architektur, abgesehen von der Verrichtung der Arbeitsvorgänge durch Workflow-Instanzen, die von der Microsoft Windows Workflow Foundation (WF) unterstützt werden. Es gab stets eine 1-zu-1-Kommunikation zwischen der Anwendung und der dazugehörigen Workflow-Instanz. Wenn Sie mit einer Workflow-Instanz kommunizieren, wiegen Sie sich in Sicherheit, dass sämtliche Daten, die zwischen der Anwendung und dem Workflow ausgetauscht werden, nicht in irgendeiner Form durcheinander geraten können – eine Anwendung, ein Workflow.

Es ist jedoch eine andere Konstellation denkbar, zumindest, wenn Anwendungen und Workflows in der gleichen AppDomain ausgeführt werden. Ihre einzelne Anwendung kann mehrere Kopien desselben Workflows aufrufen. Wie verhält es sich dann, wenn Daten hin- und herübertragen werden?

Sicher, jemand muss den Überblick darüber behalten, welcher Workflow mit welchen Daten arbeitet. Wird eine Workflow-Instanz erstellt sowie zur Ausführung in die Warteschlange gestellt und ist die Workflow-Instanz gleichzeitig an einen bestimmten Datenidentifizierer gebunden, kann die Verwendung dieses Workflows in Verbindung mit einem anderen Datenidentifizierer Probleme mit der Datenintegrität verursachen.

Tatsächlich stellt die WF Ihnen einige interne Verwaltungsmechanismen zur Verfügung, die bei der Vermeidung von Integritätsproblemen behilflich sind. Im Vokabular der WF heißt diese unterstützende Funktion *Korrelation*. Die WF besitzt dabei besonders weitgehende Korrelationsfunktionen, die sich zudem einfach anwenden lassen.

Host und lokale Workflow-Kommunikation

Bevor näher auf die Korrelation eingegangen wird, soll noch einmal kurz ein Blick zurück auf den ganzen Host- und Workflow-Kommunikationsprozess geworfen werden. In Kapitel 8 »Externe Methoden und Workflows aufrufen« wurde die *CallExternalEvent*-Aktivität eingeführt und auf einen lokalen Kommunikationsdienst zurückgegriffen, um Daten vom Workflow an die Hostanwendung zu senden. Im Rahmen von Kapitel 10 »Ereignisspezifische Aktivitäten« wurde die *HandleExternalEvent*-Aktivität für den umgekehrten Vorgang eingesetzt – der Host sendete Daten an den Workflow.

Unabhängig davon, in welche Richtung die Daten übergeben wurden, haben Sie zunächst eine Schnittstelle erstellt. Die Methoden in dieser Schnittstelle sind dazu bestimmt, als *CallExternalEvent*-Aktivitäten abgebildet zu werden, während Ereignisse in der Schnittstelle zu *HandleExternalEvent*-Aktivitäten werden.

Sie haben das Tool *Wca.exe* eingesetzt, um benutzerdefinierte Aktivitäten zu erzeugen, die sich auf Ihre Schnittstelle stützen. (Sie hätten auch die *CallExternalEvent*- und *HandleExternalEvent*-Aktivitäten direkt aufrufen können und diese jeweils mit der Schnittstelle und der zu verarbeitenden Methode bzw. dem zu verarbeitenden Ereignis ausstatten können, aber die Entwicklung benutzerdefinierter Aktivitäten betont deren Einsatz in Ihren Workflows.)

Mit der Schnittstelle in der Hand haben Sie dann einen lokalen Dienst erstellt, welcher der Workflow-Laufzeit hinzugeschaltet wurde, um die Erfordernisse der lokalen Kommunikation zu bewältigen. Der lokale Dienst setzte sich aus einem Daten-Connector und einer Dienstklasse zusammen.

Wenn die Anwendung Daten an den Workflow senden musste, wurde der Dienst aus der Workflow-Laufzeit abgerufen und dann wurden die Ereignisse ausgelöst, die von der Schnittstelle unterstützt werden. Ihre Workflow-Instanz behandelt dann diese Ereignisse, vorausgesetzt, Sie haben den Ereignishandler im Workflow platziert und das Ereignis zu einem geeigneten Zeitpunkt ausgelöst (z. B. wenn der Workflow das Ereignis erwartet und sich in Bereitschaft mit dem richtigen Ereignishandler befindet).

Der Workflow hingegen hatte keinen Bedarf, den lokalen Kommunikationsdienst der Workflow-Laufzeit anzufordern. Denn indem Instanzen der *CallExternalMethod*-Aktivität in Ihrem Workflow-Ausführungspfad abgelegt werden, wird der Host automatisch über den Dateneingang unterrichtet – wiederum unter der Voraussetzung, dass die Hostanwendung einen Ereignishandler innerhalb des lokalen Kommunikationsdienstes für das »Daten empfangen«-Ereignis integriert hat. Die Workflow-Laufzeit behält die Übersicht über die Workflow-Instanzen und deren Verbindung mit dem lokalen Kommunikationsdienst und damit der Hostanwendung.

Korrelation

Betrachten Sie noch einmal den letzten Absatz. Die Workflow-Instanz muss nicht nach dem Dienst suchen, der mit der Hostanwendung kommuniziert. Nur für die Hostanwendung besteht die Notwendigkeit, den lokalen Kommunikationsdienst abzufragen. Obwohl dies teilweise auf den Charakter einer Hostkommunikation mit der Workflow-Laufzeit zurückzuführen ist, unterstreicht der Prozess auch die 1-zu-*n*-Beziehung (*n* steht für eine beliebige Anzahl) zwischen der Hostanwendung und Workflow-Instanzen.

Die Hostanwendung muss feststellen, mit welcher Workflow-Instanz sie kommunizieren soll, da es mehrere von diesen geben kann, aus denen entsprechend ausgewählt werden muss. Eine Workflow-Instanz jedoch hat keine solche Wahl – es gibt nur eine Hostanwendung.

Damit soll aber nicht zum Ausdruck gebracht werden, dass der Bedarf eines korrelierten Datenflusses das WF-Entwicklerteam dazu veranlasste, den Zugriff der Hostanwendung auf den lokalen Kommunikationsdienst auf diese Weise zu konstruieren. Der Host fragt immer die Workflow-Laufzeit mithilfe von Diensten auf diese Weise ab und der lokale Kommunikationsdienst ist einfach nur ein Dienst, auf den Sie zugreifen möchten. Das Gegenteil ist sicher richtig. Der Workflow ist an den lokalen Kommunikationsdienst gebunden, ohne dass Rücksicht auf die Identifizierung der Hostanwendung genommen wird. Dies ist das direkte Ergebnis einer Architektur, die in Hinblick auf die Verwendung vieler Workflow-Instanzen in einer Hostanwendung entworfen wurde. Es kann dagegen nicht mehr als eine Hostanwendung geben, sodass keine Notwendigkeit besteht, diese zu ermitteln. Daher stellt die Workflow-Laufzeit der Workflow-Instanz mit dem lokalen Kommunikationsdienst zur Verfügung und die Workflow-Instanz ruft nach Belieben externe Methoden auf.

Es stellt sich die Frage, ob es für den Host ausreichend ist, den Workflow-Instanz-Identifizierer zu verwenden, um den Datenfluss zu korrelieren. Das heißt, wenn Sie einen Überblick über die Workflow-Instanz haben und versuchen, Daten hin- und herzusenden, an den Workflow und von diesem wieder zurück, genügt es dann, Kenntnis über die Workflow-Instanz-ID zu haben, um den Workflow und die Daten eindeutig identifizieren zu können?

Dies ist nur dann ausreichend, wenn Sie über genau einen einzelnen Datenfluss verfügen. Allerdings ist es möglich, dass sich mehrere Datenpfade in Verwendung befinden, die in den Workflow hinein und aus diesem herausführen. Dies ist der Grund für die Einführung der Korrelation.

Wenn Sie korrelierte Workflow-Kommunikation einsetzen, erstellt die Workflow-Laufzeit letztendlich einen Speichercontainer für die Informationen, die zur Identifizierung des entsprechenden Workflows und der entsprechenden Daten erforderlich sind. Dieses auf diese Weise gebildete so genannte *Korrelations-Token* (ein *Token* ist ein *Kürzel*) wird abgefragt, wenn der Host und Workflow Daten hin- und herübertragen. Signalisiert das Korrelations-Token, dass beide kommunizierende Seiten synchron sind – dies bedeutet, die korrekte Workflow-Instanz und die daran gebundene Aktivität kommunizieren mit dem richtigen Teil der Daten –, kann die Kommunikation fortgesetzt werden. Gibt jedoch das Korrelations-Token ein Problem an, erlaubt es die Workflow-Laufzeit nicht, mit der Datenkommunikation fortzufahren und löst eine

Ausnahme aus. Die Ursachen für das Problem sind unter anderem in einer inkorrekten Workflow-Instanz, der Übertragung der falschen Daten, dem Aufruf einer Aktivität, die an ein anderes Korrelations-Token gebunden ist, sowie dem Versuch, Daten ohne vorherige Erstellung des Korrelations-Token zu senden.

Das Korrelations-Token wird von der *CorrelationToken*-Klasse verwaltet. Wenn Sie Kopien der *CallExternalMethod*- oder der *HandleExternalEvent*-Aktivität in Ihrem Workflow ablegen und wenn Korrelation einbezogen ist, müssen Sie den Aktivitäten ein Korrelations-Token zuweisen. Korrelations-Token werden durch ihren Namen gemeinsam genutzt. Das bedeutet, indem ein Korrelations-Token mit demselben Namen mehr als einer korrelierten Aktivität zugewiesen wird, binden Sie diese Aktivitäten aus der Perspektive der Datenkommunikation gewissermaßen zusammen. Der Name des Tokens ist einfach ein String. Welchen Namen Sie vergeben, ist bedeutungslos. Es ist nur wichtig, dass die Aktivitäten, die ein Korrelations-Token gemeinsam nutzen, dieses über denselben Namen bezeichnen.

Eine gute Frage ist nun, warum Korrelations-Token nicht bereits früher in diesem Buch ins Spiel kamen. Schließlich haben Sie bereits die *CallExternalMethod*- und *HandleExternalEvent*-Aktivitäten eingesetzt.

Die Antwort ist, dass die Korrelationsmechanismen nicht aufgerufen wurden. Denn Korrelation ist nicht in allen Fällen erforderlich und genau solche Fälle lagen bei allen Workflows vor, die Sie bis zu diesem Kapitel erstellt haben. Wenn eine 1-zu-1-Abbildung zwischen der Anwendung und der Workflow-Instanz vorliegt, wäre Korrelation unnötiger Ballast und Sie können erfreulicherweise auf Korrelation verzichten und profitieren sogar von einer etwas besseren Performance.

Auch wenn Sie in einer einzelnen Hostanwendung mehrere Workflow-Instanzen verwenden, können Sie prinzipiell ohne Korrelation arbeiten. Setzen Sie jedoch Korrelation ein, bewahrt Sie die WF vor einem ungewollten Vermischen von Daten, sodass sich Korrelation im Allgemeinen als außerordentlich praktisch erweist.

Um die Korrelationsmechanismen zu aktivieren, verwenden Sie bei der Erstellung Ihrer Host-Kommunikationsschnittstelle besondere WF-basierte Attribute. Die gute Nachricht hierbei ist, dass der Prozess zur Durchführung der Hostkommunikation sich nur geringfügig ändert.

Das *CorrelationParameter*-Attribut

Wenn Sie über Konstellationen nachdenken, bei denen eine einzelne Hostanwendung mehrere Workflow-Instanzen synchron verwalten muss, werden Sie wahrscheinlich feststellen, dass Methoden und Ereignisse, die Daten übertragen, üblicherweise auch eine bestimmte Art eines eindeutigen Identifizierers (*unique identifier*) übermitteln. Bei einem Bestellsystem könnte es sich dabei z. B. um eine Kunden-ID und bei einem Verpackungssystem um eine Sendungsnummer handeln. Dieser Typ von Identifizierern ist eine perfekte Variante zur Bezeichnung eindeutiger Exemplare von Daten und genau auf dieses Prinzip wird bei der Korrelation zurückgegriffen.

Dabei bauen Sie im Rahmen der Entwicklung der Methoden und Ereignisse Ihrer Kommunikationsschnittstelle in die Signaturen eine Datenkorrelations-ID ein. Diese muss weder weltweit einmalig noch für alle Zeiten gültig sein, im Unterschied zu einer Guid.

Jedoch ist die Voraussetzung, dass die Datenkorrelations-ID während der Dauer der Workflow-Instanz eindeutig ist.

> **Hinweis** Es ist vielleicht überraschend, dass es zulässig ist und keinen Fehler nach sich zieht, wenn Sie zwei korrelierte Workflow-Instanzen erstellen, die gleichzeitig laufen und denselben Korrelationsparameterwert verwenden (vergleichbar mit der Generierung zweier Workflows, die mit derselben Kunden-ID arbeiten). Korrelation verbindet lediglich eine einzelne Workflow-Instanz mit einem einzigen Korrelationsparameterwert. Ein Fehler läge vielmehr dann vor, wenn beim Aufruf von Methoden oder Ereignissen zum Datenaustausch über einen Workflow ein anderer Korrelationsparameterwert eingesetzt wird, als bei der Erstellung des Workflows angegeben wurde. Die WF hilft Ihnen, solche Fälle zu vermeiden und die Datenkonsistenz zu wahren.

Sie unterrichten die WF darüber, welcher Parameter der Methode die entsprechende Korrelations-ID überträgt, indem Sie das *CorrelationParameter*-Attribut in Ihrer Schnittstellendefinition integrieren (in dem Bereich, in dem sich auch das *ExternalDataExchange*-Attribut befindet). Die WF kann dann die Inhalte der über das System transportierten Daten untersuchen. Wenn Ihre Programmlogik z. B. versucht, Kunden- oder Sendungsnummern zu mischen, löst die WF eine *System.Workflow.Activity.EventDeliveryFailed-Exception*-Ausnahme aus.

Dieser Mechanismus ist eine wichtige Unterstützung, denn er gibt an, dass Ihre Verarbeitungslogik möglicherweise im Begriff ist, Daten in unzulässiger und unerwünschter Weise miteinander zu vermengen. Beispielsweise könnte die Auswirkung darin liegen, dass ein Kunde für ein Produkt belastet wird, das ein anderer Kunde in Auftrag gegeben hat. Aufgespürte Vermengungen sind meist nicht gewollt und stellen tatsächliche Fehler dar. Wenn Sie die *EventDeliveryFailedException*-Ausnahme empfangen, müssen Sie Ihre Anwendungslogik auf nicht korrekte logische Operationen hin untersuchen.

Das *CorrelationParameter*-Attribut verarbeitet in seinem Konstruktor einen String. Dieser String repräsentiert den Namen des Parameters, der durchgehend in Ihrer Schnittstelle Verwendung findet, um die eindeutige ID aufzunehmen. Wenn Sie den Parameter für eine bestimmte Methode oder ein bestimmtes Ereignis umbenennen möchten, können Sie dafür das *CorrelationAlias*-Attribut einsetzen. Sie erfahren mehr über dieses Attribut gleich im Anschluss.

Das *CorrelationInitializer*-Attribut

Die WF muss außerdem das Korrelations-Token initialisieren, wenn die Datenkommunikation gestartet wird. Um dies zu ermöglichen, bringen Sie das *CorrelationInitializer*-Attribut an der Methode bzw. dem Ereignis an, die bzw. das die Datenkommunikation auslöst. Hierbei kann es mehr als eine Methode bzw. mehr als ein Ereignis geben. Jeglicher Versuch, korrelierte Daten hin- und herzuübertragen, bevor die auf diese Weise als Korrelations-Initialisierer markierte Methode (bzw. das entsprechende Ereignis) ausgeführt wurde, hat eine Ausnahme zur Folge.

Das *CorrelationAlias*-Attribut

Wenn Sie korrelierte Dienste entwickeln, bezeichnet das *CorrelationParameter*-Attribut den Methodenparameter, der zum Transport der Datenkorrelations-ID verwendet wird. Das bedeutet für Ihre Schnittstellenmethoden, dass Sie einen Parameternamen in Ihrer Methode verwenden müssen, der den gleichen Namen wie der Korrelationsparameter trägt.

Aber in Verbindung mit Ereignissen kann dies scheitern. Wenn Ihr Delegat in der Form erstellt wird, dass sich der Korrelationsparameter in der Delegatendefinition befindet, gibt es kein Problem. Der Korrelationsparameter wird in die Methodensignatur des Ereignishandlers integriert. Die Vorgehensweise ist so wie bei jeder anderen Schnittstellenmethode auch.

Das Problem tritt auf, wenn Sie einen Delegaten verwenden, der Ereignisargumente enthält und diese den korrelierten Parameter übermitteln. Angenommen, Ihr Korrelationsparameter wurde mit *customerID* benannt. Betrachten Sie dann diesen Delegaten:

```
delegate void MyEventHandler(object sender, MyEventArgs e);
```

Wenn das Ereignis, das diesen Delegaten verwendet, in Ihrer Kommunikationsschnittstelle platziert wird, erscheint der Parameter *customerID* nicht im Ereignishandler und die WF löst bei Ausführung Ihres Workflows eine Ausnahme aus, die besagt, dass die angegebene Korrelation falsch angewandt wurde. Besitzt jedoch *MyEventArgs* eine Eigenschaft, welche die entsprechende Kunden-ID enthält, können Sie das *CorrelationAlias*-Attribut verwenden, um diese zu bezeichnen. Bezogen auf dieses Beispiel bedeutet dies: Wenn die Kunden-ID innerhalb der *MyEventArgs* mit *CustomerID* benannt ist, lautet der Alias für den Korrelationsparameter *e.CustomerID*.

Wichtig ist hierbei noch Folgendes: Sobald Sie Ihren korrelierten Datenpfad für eine einzelne Workflow-Instanz initialisiert haben, können Sie die Datenkorrelations-ID nicht mehr ändern, solange die Workflow-Instanz existiert, ohne dass dies zu einem Fehler führt. Haben Sie z. B. erst einmal mit einem Workflow kommuniziert, bei dem die Daten mit einer Kunden-ID verbunden sind, können Sie später nicht auf Daten zugreifen, die eine andere Kunden-ID in der gleichen Workflow-Instanz betreffen. Dies bedeutet, wenn Ihr Prozess das Anlegen von Kunden-IDs einbezieht, etwa beim Einfügen neuer Zeilen in eine Datenbanktabelle, müssen Sie die Kunden-ID vorab generieren. Sie dürfen die Erzeugung der ID in diesem Fall nicht der Datenbank überlassen, da Ihre Kommunikation sonst ohne Kunden-ID initialisiert werden würde bzw. mit einer standardmäßig »leeren« Kunden-ID, um dann später mit der neu erstellten ID fortzufahren. Die fragliche ID würde sich dann von der ursprünglichen unterscheiden und der Workflow eine Ausnahme auslösen.

Korrelierte Workflows erstellen

Wenn man näher darüber nachdenkt – in diesem Kapitel wurde das Konzept der Korrelation eingeführt und es wurden lediglich drei Attribute erwähnt. Ist dies bereits alles? Die Antwort ist ja. Jedoch wird Ihr lokaler Dienst etwas komplexer, da Sie verschiedene Datenflüsse berücksichtigen müssen. Sie erinnern sich, der lokale Kommunikationsdienst ist ein Singleton-Dienst innerhalb der Workflow-Laufzeit, sodass alle Datenanfragen an die verschiedenen Workflow-Instanzen mithilfe dieses einen lokalen Kommunikationsdienstes erfolgen. Bei Bedarf muss dieser Dienst die Übersicht über die bekannten Workflow-Instanzen und Korrelationsparameter behalten, sodass für den Fall, dass der Host Daten von einem bestimmten Workflow anfragt, der Dienst die korrekten Daten zurückliefert.

> **Hinweis** Wie Sie Ihren lokalen Kommunikationsdienst konstruieren, liegt bei Ihnen. Es wird zwar später in diesem Kapitel die Entwicklung des lokalen Kommunikationsdiensts exemplarisch gezeigt, aber letzten Endes gibt es keine Regeln, die vorschreiben, den Dienst so aufzubauen, wie es hier dargestellt wird. Die einzige Anforderung ist selbstredend, dass Sie die korrekten korrelierten Daten über Ihren Dienst zurückgeben.

Um das Gesamtbild besser zu vermitteln, wird hier zunächst die Beispielanwendung vorgestellt, die Sie hier komplettieren werden, und erklärt, warum sich diese der Korrelation bedient.

Das klassische Beispiel eines korrelierten Workflows ist ein Bestellsystem, das sich auf eindeutige Kunden-IDs stützt, um eine Übersicht der Kundenbestellungen zu bewahren. Aber hier soll zur Abwechslung ein anderes Beispiel verwendet werden. Konkret simuliert das Beispiel dieses Kapitels eine Anwendung, die ein Fuhrunternehmen zur Routenverfolgung ihrer Lkws einsetzen könnte.

Heute sind Lkws, die im Fernverkehr unterwegs sind, in aller Regel mit einem GPS-System (*Global Positioning System*) ausgestattet, das die Position eines Lkws dem Fuhrunternehmer meldet. Wo auch immer sich der Lkw aufhält, können Sie dies verfolgen und die Fahrt in Richtung des Ziels überwachen.

Die Benutzeroberfläche der Simulation ist in Abbildung 17.1. zu sehen. Dabei werden hier vier Lkws dargestellt, die verschiedene Ziele ansteuern (die durch die Liste *Active Trucks* im Fenster unten angegeben werden). Die Lkws selbst sind animiert und bewegen sich vom Ausgangspunkt zum Ziel. Sobald diese ihr Ziel erreichen, werden sie von der Liste der aktiven Lkws entfernt.

470 Teil D: Externe Datenkommunikation

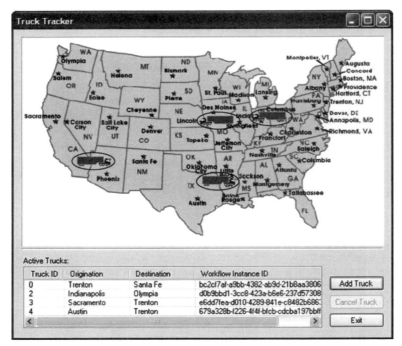

Abbildung 17.1   Die Benutzeroberfläche der Routenverfolgungsanwendung *TruckTracker*

Jeder Lkw wird durch eine eigene Workflow-Instanz repräsentiert (in der Abbildung durch Ellipsen hervorgehoben). Das Herz des Workflows aktualisiert die geographische Position der Lkws asynchron. Wenn Aktualisierungen unternommen werden, unterrichtet der Workflow die Hostanwendung über die neuen Koordinaten, die dann diese Lkw-Positionen in der Benutzeroberfläche optisch aktualisiert. Natürlich wird hier der GPS-Empfang nur simuliert und die Lkw sind mit weit höherer Geschwindigkeit unterwegs, als dies in der Realität möglich ist. (Es wäre ungeschickt, die Anwendung von der Transportgeschwindigkeit zu realistisch zu gestalten, da Sie dann Tage warten müssten, bis eine Route abgearbeitet ist.) Der entscheidende Punkt der Anwendung ist der Einsatz korrelierter Workflow-Instanzen, wenn Daten mit der Hostanwendung ausgetauscht werden.

Die Lkws folgen bestimmten Routen zu ihren Zielen, fahren jedoch dabei durch andere Städte auf der Karte. Um die Route des Lkws auszuwählen, klicken Sie auf die Schaltfläche *Add Truck*, woraufhin das in Abbildung 17.2 dargestellte Dialogfeld erscheint. Die Routen selbst sind in einer XML-Datei gespeichert, die beim Start der Anwendung eingelesen wird. Die Strecke von Sacramento nach Trenton führt den Lkw z. B. über die Zwischenstationen Phoenix, Santa Fe, Austin und Tallahassee.

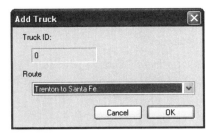

Abbildung 17.2 Das Dialogfeld zum Hinzufügen einer Lkw-Route

Das Hauptprogramm der Anwendung wurde bereits für Sie fertig gestellt. Was noch fehlt, ist die Vervollständigung des Dienstes und die Erstellung des Workflows. Sie beginnen zunächst mit der Entwicklung der Dienstschnittstelle.

Eine korrelierte Kommunikationsschnittstelle der Anwendung hinzufügen

1. Die Anwendung *TruckTracker* ist im Verzeichnis *\Workflow\Chapter17* zu finden. Wie gewohnt wurden zwei verschiedene Versionen der Beispielanwendung in dem *Chapter17*-Verzeichnis untergebracht – eine nicht vollständige, mit der Sie arbeiten können, und eine vollständige, die sich sofort ausführen lässt. Möchten Sie die Anwendung begleitend zum Text verwenden, aber die einzelnen Schritte nicht selbst umsetzen, öffnen Sie die Projektmappendatei der vollständigen Version. (Diese ist im Verzeichnis *TruckTracker Completed* enthalten.) Wenn Sie die einzelnen Schritte dagegen selbst nachvollziehen möchten, greifen Sie auf die *TruckTracker*-Version zurück. Um eine der beiden Versionen zum Zwecke der Bearbeitung und Kompilierung zu öffnen, ziehen Sie die Projektmappendatei, also die Datei mit der Dateierweiterung *.sln*, in ein Visual Studio-Fenster.

2. Die Projektmappe enthält zwei Projekte: *TruckTracker* (die Hauptanwendung) und *TruckService*. Halten Sie nach dem TruckService-Projekt im Projektmappen-Explorer Ausschau und öffnen Sie die Datei *ITruckService.cs* zur Bearbeitung. Zu diesem Zweck klicken Sie den Dateinamen doppelt an. Alternativ wählen Sie die Datei aus und klicken Sie auf das Symbol 🗐 (*Code anzeigen*) der Symbolleiste. Beachten Sie, dass Sie gegebenenfalls den Knoten des Projekts *TruckService* in der Baumdarstellung öffnen müssen, um die Projektdateien sichtbar zu machen.

3. Geben Sie zwischen den geschweiften Klammern, welche die Schnittstelle abstecken, den folgenden Code ein:

```
// Kommunikation vom Workflow zum Host:
[CorrelationInitializer]
void ReadyTruck(Int32 truckID, Int32 startingX, Int32 startingY);
void UpdateTruck(Int32 truckID, Int32 X, Int32 Y);
void RemoveTruck(Int32 truckID);

// Kommunikation vom Host zum Workflow:
[CorrelationAlias("truckID", "e.TruckID")]
event EventHandler<CancelTruckEventArgs> CancelTruck;
```

```
[CorrelationInitializer]
[CorrelationAlias("truckID", "e.TruckID")]
event EventHandler<AddTruckEventArgs> AddTruck;
```

4. Fügen Sie unmittelbar oberhalb des *ExternalDataExchange*-Attributs (das Sie bereits an der Schnittstelle vorfinden) das *CorrelationParameter*-Attribut hinzu:

```
[CorrelationParameter("truckID")]
```

5. Speichern Sie die Datei.

Ein Blick zurück auf den in Schritt 3 eingegebenen Code, der in Listing 17.1 wiederholt wird, sehen Sie alle in diesem Kapitel beschriebenen Attribute. Der Methodenparameter *truckID* überträgt eine eindeutige Lkw-ID und wird in allen Methoden der Schnittstelle verwendet. Das *CorrelationParameter*-Attribut teilt der WF dann mit, dass dieser Methodenparameter derjenige ist, der zum Zwecke der Korrelation zum Einsatz kommt.

Listing 17.1 Fertig gestellte Datei *ITruckService.cs*

```
using System;
using System.Collections.Generic;
using System.Text;
using System.Workflow.ComponentModel;
using System.Workflow.Activities;

namespace TruckService
{
    [CorrelationParameter("truckID")]
    [ExternalDataExchange]
    public interface ITruckService
    {
        // Kommunikation vom Workflow zum Host:
        [CorrelationInitializer]
        void ReadyTruck(Int32 truckID, Int32 startingX, Int32 startingY);
        void UpdateTruck(Int32 truckID, Int32 X, Int32 Y);
        void RemoveTruck(Int32 truckID);

        // Kommunikation vom Host zum Workflow:
        [CorrelationAlias("truckID", "e.TruckID")]
        event EventHandler<CancelTruckEventArgs> CancelTruck;

        [CorrelationInitializer]
        [CorrelationAlias("truckID", "e.TruckID")]
        event EventHandler<AddTruckEventArgs> AddTruck;
    }
}
```

Die beiden Ereignisse, *AddTruck* und *CancelTruck*, verwenden ein *CorrelationAlias*-Attribut, um die Zuweisung des Korrelationsparameters von *truckID* in den Namen *e.TruckID* zu ändern, da die Ereignisargumente die Korrelations-ID für diese Ereignisse übertragen. Hier im Beispiel wird *e.TruckID* verwendet, aber es könnte auch jedes andere Ereignisargument zum Einsatz kommen, das den Korrelationsparameter transportiert. Das bedeutet, Sie können für *truckID* einen Alias auf jeden anderen Parameter erstellen, der ebenso den Korrelationswert zum Workflow aufweist.

Es gibt hier zwei Möglichkeiten, den Korrelationsmechanismus in dieser Schnittstelle zu initialisieren: Der Workflow kann die Methode *ReadyTruck* aufrufen und die Hostanwendung einen Aufruf des *AddTruck*-Ereignisses veranlassen. Sowohl der Workflow als auch die Hostanwendung sind dazu in der Lage, die korrelierte Kommunikation auszulösen, da beide mit dem *CorrelationInitializer*-Attribut versehen sind. Der Aufruf jeder anderen Methode oder jedes anderen Ereignisses vor dieser Initialisierung hat eine Ausnahme der Workflow-Laufzeit zur Folge.

Das Projekt mit dem Dienst enthält auch typischerweise den lokalen Kommunikationsdienst und diese Beispielanwendung macht hier keine Ausnahme. Da die Connector-Klasse *TruckServiceDataConnector* die Schnittstelle *ITruckService* implementiert, ergibt es Sinn, diese Klasse zum jetzigen Zeitpunkt zu vervollständigen.

Den korrelierten Daten-Connector vervollständigen

1. Kehren Sie zum *TruckService*-Projekt zurück, halten Sie nach der Datei *TruckServiceDataConnector.cs* Ausschau und öffnen Sie diese zur Bearbeitung.

2. Die Klasse *TruckServiceDataConnector* ist zunächst leer, aber sie leitet sich eindeutig von der Schnittstelle *ITruckService* ab. Daher müssen Sie dieser Klasse allermindestens die Methoden und Ereignisse der Schnittstelle hinzufügen. Doch vorher ergänzen Sie noch einigen unterstützenden Code. Zunächst geben Sie die folgenden Felder unmittelbar nach der öffnenden geschweiften Klammer ({) der Klasse ein:

```
protected const string KeyFormat = "{0}.Truck_{1}";
protected static Dictionary<string, string> _dataValues =
    new Dictionary<string, string>();
protected static Dictionary<string, WorkflowTruckTrackingDataService>
    _dataServices =
    new Dictionary<string, WorkflowTruckTrackingDataService>();
private static object _syncLock = new object();
```

3. Da der Daten-Connector die Übersicht der Datenelemente behält und ein Singleton-Objekt in der Workflow-Laufzeit darstellt, fügen Sie zwei statische Methoden hinzu, die beide Datendienste registrieren und abrufen. Geben Sie diese beiden Methoden unterhalb der gerade hinzugefügten Felder ein:

```
public static WorkflowTruckTrackingDataService
    GetRegisteredWorkflowDataService(Guid instanceID,
    Int32 truckID)
{
    string key = String.Format(KeyFormat, instanceID, truckID);

    WorkflowTruckTrackingDataService serviceInstance = null;
    if (_dataServices.ContainsKey(key))
    {
        // Den entsprechenden Datendienst zurückgeben:
        serviceInstance = _dataServices[key];
    } // if
    return serviceInstance;
}

public static void
    RegisterDataService(WorkflowTruckTrackingDataService dataService)
```

```
{
    string key = String.Format(KeyFormat,
        dataService.InstanceID.ToString(),
        dataService.TruckID);
    lock (_syncLock)
    {
        _dataServices.Add(key, dataService);
    } // lock
}
```

4. Sobald der Datendienst registriert ist, was in der Hauptanwendung stattfindet, wenn eine neue Workflow-Instanz gestartet wird (ein Datendienst pro Workflow-Instanz), speichert dieser die korrelierten Daten im Daten-Connector. Sie benötigen eine Möglichkeit, um die Daten abzufragen. Früher haben Sie hierfür eine Eigenschaft verwendet, was aber hier nicht funktionieren würde, da Sie sowohl die Workflow-Instanz-ID als auch den Korrelationswert (in diesem Fall eine Lkw-ID) übergeben müssen. Um die Daten abzurufen, geben Sie die folgende Methode unterhalb der statischen Registrierungsmethoden ein:

```
public string RetrieveTruckInfo(Guid instanceID, Int32 truckID)
{
    string payload = String.Empty;

    string key = String.Format(KeyFormat, instanceID, truckID);
    if (_dataValues.ContainsKey(key))
    {
        payload = _dataValues[key];
    } // if

    return payload;
}
```

5. Mit dieser letzten Methode ist der Verwaltungscode vollständig. Ergänzen Sie nun die Methoden der *ITruckService*-Schnittstelle. Diese setzen Sie unmittelbar unterhalb der Datenabrufmethode aus dem vorangegangenen Schritt:

```
// Methoden zur Kommunikation Workflow zum Host:
public void ReadyTruck(Int32 truckID, Int32 startingX, Int32 startingY)
{
    // Korrelierten Dienst abrufen:
    WorkflowTruckTrackingDataService service =
        GetRegisteredWorkflowDataService(
        WorkflowEnvironment.WorkflowInstanceId,
        truckID);

    // Die Daten im korrelierten Speicher unterbringen:
    UpdateTruckData(service.InstanceID, truckID, startingX, startingY);
    // Raise the event to trigger host activity.
    if (service != null)
    {
        service.RaiseTruckLeavingEvent(truckID, startingX, startingY);
    } // if
}

public void UpdateTruck(Int32 truckID, Int32 X, Int32 Y)
```

```
{
    // Korrelierten Dienst abrufen:
    WorkflowTruckTrackingDataService service =
        GetRegisteredWorkflowDataService(
        WorkflowEnvironment.WorkflowInstanceId,
        truckID);

    // Die Daten im korrelierten Speicher aktualisieren:
    UpdateTruckData(service.InstanceID, truckID, X, Y);

    // Das Ereignis auslösen, um die Hostaktivität in Gang zu setzen:
    if (service != null)
    {
        service.RaiseRouteUpdatedEvent(truckID, X, Y);
    } // if
}

public void RemoveTruck(Int32 truckID)
{
    // Korrelierten Dienst abrufen:
    WorkflowTruckTrackingDataService service =
        GetRegisteredWorkflowDataService(
        WorkflowEnvironment.WorkflowInstanceId,
        truckID);

    // Den Lkw aus dem korrelierten Speicher entfernen:
    string key = String.Format(KeyFormat, service.InstanceID, truckID);
    if (_dataValues.ContainsKey(key))
    {
        // Entfernen:
        _dataValues.Remove(key);
    } // if

    // Das Ereignis auslösen, um die Hostaktivität in Gang zu setzen:
    if (service != null)

    {
        service.RaiseTruckArrivedEvent(truckID);
    } // if
}
```

6. Nach den Methoden in der Schnittstelle *ITruckService* kommen die Ereignisse, fügen Sie diese entsprechend ebenso hinzu. Geben Sie dazu den folgenden Code unterhalb der Methoden aus dem vorangegangenen Schritt ein:

```
// Ereignisse für die Kommunikation vom Host zum Workflow:
public event EventHandler<CancelTruckEventArgs> CancelTruck;

public void RaiseCancelTruck(Guid instanceID, Int32 truckID)
{
    if (CancelTruck != null)
    {
        // Das Ereignis auslösen:
        CancelTruck(null, new CancelTruckEventArgs(instanceID, truckID));
    } // if
}

public event EventHandler<AddTruckEventArgs> AddTruck;
```

```csharp
public void RaiseAddTruck(Guid instanceID, Int32 truckID, Int32 routeID)
{
    if (AddTruck != null)
    {
        // Das Ereignis auslösen:
        AddTruck(null, new AddTruckEventArgs(instanceID, truckID, routeID));
    } // if
}
```

7. Ein Blick zurück auf die in Schritt 5 eingegebenen Methoden zeigt eine Hilfsmethode, die zum Einfügen der korrelierten Daten in der entsprechenden Position des Dictionarys verwendet wird. Die Daten selbst müssen in XML konvertiert werden. Um zu vermeiden, hier gleich drei externe Methoden verwenden zu müssen, wird der Vorgang in der *UpdateTruckData*-Hilfsmethode zusammengefasst. Fügen Sie diese Methode hinzu, wobei Sie diese unterhalb der gerade eingegebenen Ereignisse platzieren:

```csharp
protected Truck UpdateTruckData(Guid instanceID, Int32 truckID, Int32 X, Int32 Y)
{
    string key = String.Format(KeyFormat, instanceID, truckID);
    Truck truck = null;
    if (!_dataValues.ContainsKey(key))
    {
        // Neuen Lkw anlegen:
        truck = new Truck();
        truck.ID = truckID;
    } // if
    else
    {
        // Den vorhandenen Lkw entnehmen:
        string serializedTruck = _dataValues[key];
        StringReader rdr = new StringReader(serializedTruck);
        XmlSerializer serializer = new XmlSerializer(typeof(Truck));
        truck = (Truck)serializer.Deserialize(rdr);
    } // else

    // Die Werte aktualisieren:
    truck.X = X;
    truck.Y = Y;

    // Werte serialisieren:
    StringBuilder sb = new StringBuilder();
    using (StringWriter wtr = new StringWriter(sb))
    {
        XmlSerializer serializer = new XmlSerializer(typeof(Truck));
        serializer.Serialize(wtr, truck);
    } // using

    // Die Daten zurückübertragen:
    _dataValues[key] = sb.ToString();

    return truck;
}
```

8. Speichern Sie die Datei.

Die komplette *TruckServiceDataConnector*-Klasse ist in Listing 17.2 zu sehen. Um noch einmal darauf hinzuweisen, der Zweck dieser Klasse liegt darin, die korrelierten Daten zu speichern, die von den verschiedenen Workflow-Instanzen kommen. Die Daten werden dabei in einem *Dictionary*-Objekt gespeichert, dessen Schlüssel eine Zusammensetzung der Workflow-Instanz-ID und der Lkw-ID ist. Die Daten werden folglich in einer korrelierten Art indiziert. Die Daten-Connector-Klasse ist ein Singleton-Dienst in der Workflow-Laufzeit. Daher wurden Registrierungsmethoden implementiert, welche die einzelnen Datendienste der Workflow-Instanzen verwenden, um sich selbst auszuweisen und ihre Präsenz zu begründen, soweit es die Datenkommunikation betrifft.

> **Hinweis** Sie fragen sich vielleicht jetzt, warum die Daten in Form von XML-Code übertragen werden und nicht die Datenobjekte selbst übermittelt werden. Dies liegt daran, dass die WF keine Objektserialisierung durchführt, wenn diese zwischen dem Workflow und dem Host oder umgekehrt übertragen werden. Demzufolge werden keine Kopien der Objekte angefertigt (zweifellos, um die Performance zu steigern). Ausgetauschte Objekte werden per Referenz übermittelt, sodass der Workflow und der Host mit demselben Objekt weiterarbeiten. Wenn Sie diese Verhalten umgehen möchten (auch hier im Beispiel ist diese Form der Datenübermittlung nicht erwünscht), serialisieren Sie die Objekte, wie es hier gemacht wurde. Alternativ implementieren Sie die *ICloneable*-Schnittstelle und übergeben Kopien der Objekte. Läuft dagegen dieses Merkmal Ihrem Design nicht zuwider, müssen Sie nichts weiter unternehmen und übertragen Ihre Objekte einfach per Referenz hin und her. Beachten Sie jedoch, dass Ihre Objekte dann auf zwei verschiedenen Threads gemeinsam verwendet werden.

Listing 17.2 Fertig gestellte Datei *TruckServiceDataConnector.cs*

```csharp
using System;
using System.Collections.Generic;
using System.Text;
using System.Threading;
using System.Workflow.Activities;
using System.Workflow.Runtime;
using System.Xml;

using System.Xml.Serialization;
using System.IO;

namespace TruckService
{
    public class TruckServiceDataConnector : ITruckService
    {
        protected const string KeyFormat = "{0}.Truck_{1}";
        protected static Dictionary<string, string> _dataValues =
            new Dictionary<string, string>();
        protected static Dictionary<string, WorkflowTruckTrackingDataService>
            _dataServices =
            new Dictionary<string, WorkflowTruckTrackingDataService>();
        private static object _syncLock = new object();

        public static WorkflowTruckTrackingDataService
            GetRegisteredWorkflowDataService(Guid instanceID,
            Int32 truckID)
        {
            string key = String.Format(KeyFormat, instanceID, truckID);
```

```csharp
        WorkflowTruckTrackingDataService serviceInstance = null;
        if (_dataServices.ContainsKey(key))
        {
            // Den entsprechenden Datendienst zurückgeben:
            serviceInstance = _dataServices[key];
        } // if
        return serviceInstance;
    }

    public static void
        RegisterDataService(WorkflowTruckTrackingDataService dataService)
    {
        string key = String.Format(KeyFormat,
            dataService.InstanceID.ToString(),
            dataService.TruckID);
        lock (_syncLock)
        {
            _dataServices.Add(key, dataService);
        } // lock
    }

    public string RetrieveTruckInfo(Guid instanceID, Int32 truckID)
    {
        string payload = String.Empty;

        string key = String.Format(KeyFormat, instanceID, truckID);
        if (_dataValues.ContainsKey(key))
        {
            payload = _dataValues[key];
        } // if

        return payload;
    }

    // Methoden zur Kommunikation Workflow zum Host:
    public void ReadyTruck(Int32 truckID, Int32 startingX, Int32 startingY)
    {
        // Korrelierten Dienst abrufen:
        WorkflowTruckTrackingDataService service =
            GetRegisteredWorkflowDataService(
            WorkflowEnvironment.WorkflowInstanceId,
            truckID);

        // Die Daten im korrelierten Speicher unterbringen:
        UpdateTruckData(service.InstanceID, truckID, startingX, startingY);
        // Raise the event to trigger host activity.
        if (service != null)
        {
            service.RaiseTruckLeavingEvent(truckID, startingX, startingY);
        } // if
    }

    public void UpdateTruck(Int32 truckID, Int32 X, Int32 Y)
    {
        // Korrelierten Dienst abrufen:
        WorkflowTruckTrackingDataService service =
```

Kapitel 17: Korrelation und lokale Hostkommunikation 479

```csharp
            GetRegisteredWorkflowDataService(
            WorkflowEnvironment.WorkflowInstanceId,
            truckID);

        // Die Daten im korrelierten Speicher aktualisieren:
        UpdateTruckData(service.InstanceID, truckID, X, Y);

        // Das Ereignis auslösen, um die Hostaktivität in Gang zu setzen:
        if (service != null)
        {
            service.RaiseRouteUpdatedEvent(truckID, X, Y);
        } // if
    }

    public void RemoveTruck(Int32 truckID)
    {
        // Korrelierten Dienst abrufen:
        WorkflowTruckTrackingDataService service =
            GetRegisteredWorkflowDataService(
            WorkflowEnvironment.WorkflowInstanceId,
            truckID);

        // Den Lkw aus dem korrelierten Speicher entfernen:
        string key = String.Format(KeyFormat, service.InstanceID, truckID);
        if (_dataValues.ContainsKey(key))
        {
            // Entfernen:
            _dataValues.Remove(key);
        } // if

        // Das Ereignis auslösen, um die Hostaktivität in Gang zu setzen:
        if (service != null)
        {
            service.RaiseTruckArrivedEvent(truckID);
        } // if
    }
    // Ereignisse für die Kommunikation vom Host zum Workflow:
    public event EventHandler<CancelTruckEventArgs> CancelTruck;

    public void RaiseCancelTruck(Guid instanceID, Int32 truckID)
    {
        if (CancelTruck != null)
        {
            // Das Ereignis auslösen:
            CancelTruck(null, new CancelTruckEventArgs(instanceID, truckID));
        } // if
    }

    public event EventHandler<AddTruckEventArgs> AddTruck;

    public void RaiseAddTruck(Guid instanceID, Int32 truckID, Int32 routeID)
    {
        if (AddTruck != null)
        {
            // Das Ereignis auslösen:
            AddTruck(null, new AddTruckEventArgs(instanceID, truckID, routeID));
        } // if
    }
```

```csharp
protected Truck UpdateTruckData(Guid instanceID, Int32 truckID, Int32 X, Int32 Y)
{
    string key = String.Format(KeyFormat, instanceID, truckID);
    Truck truck = null;
    if (!_dataValues.ContainsKey(key))
    {
        // Neuen Lkw anlegen:
        truck = new Truck();
        truck.ID = truckID;
    } // if
    else
    {
        // Den vorhandenen Lkw entnehmen:
        string serializedTruck = _dataValues[key];
        StringReader rdr = new StringReader(serializedTruck);
        XmlSerializer serializer = new XmlSerializer(typeof(Truck));
        truck = (Truck)serializer.Deserialize(rdr);
    } // else

    // Die Werte aktualisieren:
    truck.X = X;
    truck.Y = Y;

    // Werte serialisieren:
    StringBuilder sb = new StringBuilder();
    using (StringWriter wtr = new StringWriter(sb))
    {
        XmlSerializer serializer = new XmlSerializer(typeof(Truck));
        serializer.Serialize(wtr, truck);
    } // using

    // Die Daten zurückübertragen:
    _dataValues[key] = sb.ToString();

    return truck;
}
```

Aus Kapitel 8 ist Ihnen sicher noch bekannt, dass der lokale Kommunikationsdienst auch eine Dienstkomponente aufweist, die vom Workflow verwendet wird, um sich mit dem Daten-Connector zu verbinden. Bei diesem Dienst, der in der eben erstellten Connector-Klasse registriert wurde, handelt es sich um den *WorkflowTruckTrackingDataService*-Dienst. Der Dienst implementiert hauptsächlich Hilfsmethoden, um Ereignisse auszulösen, die für den Host bestimmt sind, etwa solche, welche die Verfügbarkeit von Daten signalisieren. Beim Einsatz von Korrelation hilft dieser außerdem, die korrelierten Werte konsistent zu halten.

Den korrelierten Datendienst vervollständigen

1. Im *TruckService*-Projekt sollten Sie eine Quellcodedatei mit dem Namen *WorkflowTruckTrackingDataService.cs* vorfinden. Öffnen Sie diese zur Bearbeitung.

Kapitel 17: Korrelation und lokale Hostkommunikation

2. Zunächst müssen die *private*-Felder hinzugefügt werden, die der Dienst benötigt, um seine Aufgaben durchzuführen. Geben Sie den folgenden Code unterhalb der öffnenden geschweiften Klammer ({) der *WorkflowTruckTrackingDataService*-Klasse ein:

```
private static WorkflowRuntime _workflowRuntime = null;
private static ExternalDataExchangeService _dataExchangeService = null;
private static TruckServiceDataConnector _dataConnector = null;
private static object _syncRoot = new object();
```

3. Den *private*-Feldern folgen die Ereignisse, die der Dienst auslöst. Diese Ereignisauslösung ist das Ergebnis, wenn die Workflow-Instanz die *CallExternalMethod*-Aktivität (die Sie in der *TruckServiceDataConnector*-Klasse sehen) aufruft:

```
public event EventHandler<TruckActivityEventArgs> TruckLeaving;
public event EventHandler<TruckActivityEventArgs> RouteUpdated;
public event EventHandler<TruckActivityEventArgs> TruckArrived;
```

4. Ergänzen Sie als Nächstes zwei Felder und zwei Eigenschaften, die Sie benötigen, um die korrelierenden Dienstinstanzen zu identifizieren:

```
private Guid _instanceID = Guid.Empty;

public Guid InstanceID
{
    get { return _instanceID; }
    set { _instanceID = value; }
}

private Int32 _truckID = -1;

public Int32 TruckID
{
    get { return _truckID; }
    set { _truckID = value; }
}
```

5. Im Anschluss daran fügen Sie zwei statische Methoden hinzu: eine, um den Dienst innerhalb der Workflow-Laufzeit zu registrieren und zu konfigurieren, und eine andere, um eine registrierte Dienstinstanz abzurufen:

```
public static WorkflowTruckTrackingDataService
    CreateDataService(Guid instanceID,
    WorkflowRuntime workflowRuntime,
    Int32 truckID)
{
    lock (_syncRoot)
    {
        // Wenn gerade gestartet wird, eine Kopie der
        // Workflow-Laufzeitreferenz speichern:
        if (_workflowRuntime == null)
        {
            _workflowRuntime = workflowRuntime;
        } // if

        // Wenn gerade gestartet wird, den ExternalDataExchange-Dienst
        // hinzuschalten:
        if (_dataExchangeService == null)
```

```csharp
        {
            _dataExchangeService = new ExternalDataExchangeService();
            _workflowRuntime.AddService(_dataExchangeService);
        } // if

        // Überprüfen, ob dieser Datenaustauschdienst nicht schon
        // hinzugefügt wurde:
        TruckServiceDataConnector dataConnector =
            (TruckServiceDataConnector)workflowRuntime.GetService(
            typeof(TruckServiceDataConnector));
        if (dataConnector == null)
        {
            _dataConnector = new TruckServiceDataConnector();
            _dataExchangeService.AddService(_dataConnector);
        } // if
        else
        {
            _dataConnector = dataConnector;
        } // else

        // Die Dienstinstanz entnehmen, die über das Verbindungsobjekt
        // registriert wurde:
        return WorkflowTruckTrackingDataService.
            GetRegisteredWorkflowDataService(instanceID, truckID);
    } // lock
}

public static WorkflowTruckTrackingDataService
    GetRegisteredWorkflowDataService(Guid instanceID,
    Int32 truckID)
{
    lock (_syncRoot)
    {
        WorkflowTruckTrackingDataService workflowDataService =
            TruckServiceDataConnector.GetRegisteredWorkflowDataService(
            instanceID, truckID);
        if (workflowDataService == null)
        {
            workflowDataService =
                new WorkflowTruckTrackingDataService(instanceID, truckID);
            TruckServiceDataConnector.RegisterDataService(
                workflowDataService);
        } // if

        return workflowDataService;
    } // lock
}
```

Fügen Sie nun den Konstruktor und den Dekonstruktor hinzu:

```csharp
private WorkflowTruckTrackingDataService(Guid instanceID, Int32 truckID)
{
    this._instanceID = instanceID;
    this._truckID = truckID;
}

~WorkflowTruckTrackingDataService()
{
    // Aufräumen:
```

```
_workflowRuntime = null;
_dataExchangeService = null;
_dataConnector = null;
}
```

> **Hinweis** Wie in Kapitel 8 erwähnt, wird der Destruktor benötigt, um zirkuläre Verbindungen zwischen dem Dienst und den Connector-Klassen aufzulösen. Die Implementation der *IDisposable*-Schnittstelle kann hier nicht eingesetzt werden, da die Dispose-Methode nicht aufgerufen wird, wenn der Dienst aus der Workflow-Laufzeit entfernt wird.

6. Geben Sie unterhalb des Klassendestruktors die korrelierte Datenlesemethode ein:

   ```
   public string Read()
   {
       return _dataConnector.RetrieveTruckInfo(InstanceID, TruckID);
   }
   ```

7. Ergänzen Sie schließlich folgende Implementationen von Ereignissen:

   ```
   public void RaiseTruckLeavingEvent(Int32 truckID,
       Int32 startingX,
       Int32 startingY)
   {
       if (_workflowRuntime == null)
           _workflowRuntime = new WorkflowRuntime();

       // Persistent gemachte Workflow-Instanzen laden:
       _workflowRuntime.GetWorkflow(_instanceID);
       if (TruckLeaving != null)
       {
           TruckLeaving(this, new TruckActivityEventArgs(_instanceID,
               truckID,
               startingX,
               startingY));
       } // if
   }

   public void RaiseRouteUpdatedEvent(Int32 truckID,
       Int32 X,
       Int32 Y)
   {
       if (_workflowRuntime == null)
           _workflowRuntime = new WorkflowRuntime();

       // Persistent gemachte Workflow-Instanzen laden:
       _workflowRuntime.GetWorkflow(_instanceID);
       if (RouteUpdated != null)
       {
           RouteUpdated(this, new TruckActivityEventArgs(_instanceID,
               truckID,
               X, Y));
       } // if
   }

   public void RaiseTruckArrivedEvent(Int32 truckID)
   ```

```csharp
{
    if (_workflowRuntime == null)
        _workflowRuntime = new WorkflowRuntime();

    // Persistent gemachte Workflow-Instanzen laden:
    _workflowRuntime.GetWorkflow(_instanceID);
    if (TruckArrived != null)
    {
        TruckArrived(this, new TruckActivityEventArgs(_instanceID,
            truckID));
    } // if
}
```

8. Speichern Sie die Datei und kompilieren Sie das *TruckService*-Projekt mit einem Druck auf **Umschalt+F6** oder mithilfe des Menübefehls *Erstellen/TruckService erstellen*. Korrigieren Sie etwaige aufgetretene Kompilierungsfehler.

Mit der Vervollständigung der Dienstklasse – Listing 17.3 zeigt den vollständigen Quellcode – ist der lokale *TruckService*-Kommunikationsdienst fertig gestellt und kann verwendet werden. Was noch fehlt, ist ein Workflow, der diesen Dienst nutzt. Ebenso müssen Sie noch das Tool *Wca.exe* einsetzen, um die benutzerdefinierten *CallExternalMethod*- und *HandleExternalEvent*-Aktivitäten zu generieren.

Listing 17.3 Fertig gestellte Datei *WorkflowTruckTrackingDataService.cs*

```csharp
using System;
using System.Collections.Generic;
using System.Text;
using System.Workflow.Activities;
using System.Workflow.Runtime;

namespace TruckService
{
    public class WorkflowTruckTrackingDataService
    {
        private static WorkflowRuntime _workflowRuntime = null;
        private static ExternalDataExchangeService _dataExchangeService = null;
        private static TruckServiceDataConnector _dataConnector = null;
        private static object _syncRoot = new object();

        public event EventHandler<TruckActivityEventArgs> TruckLeaving;
        public event EventHandler<TruckActivityEventArgs> RouteUpdated;
        public event EventHandler<TruckActivityEventArgs> TruckArrived;

        private Guid _instanceID = Guid.Empty;

        public Guid InstanceID
        {
            get { return _instanceID; }
            set { _instanceID = value; }
        }

        private Int32 _truckID = -1;

        public Int32 TruckID
        {
            get { return _truckID; }
```

```csharp
        set { _truckID = value; }
}

public static WorkflowTruckTrackingDataService
    CreateDataService(Guid instanceID,
    WorkflowRuntime workflowRuntime,
    Int32 truckID)
{
    lock (_syncRoot)
    {
        // Wenn gerade gestartet wird, eine Kopie der
        // Workflow-Laufzeitreferenz speichern:
        if (_workflowRuntime == null)
        {
            _workflowRuntime = workflowRuntime;
        } // if

        // Wenn gerade gestartet wird, den ExternalDataExchange-Dienst
        // hinzuschalten:
        if (_dataExchangeService == null)
        {
            _dataExchangeService = new ExternalDataExchangeService();
            _workflowRuntime.AddService(_dataExchangeService);
        } // if

        // Überprüfen, ob dieser Datenaustauschdienst nicht schon
        // hinzugefügt wurde:
        TruckServiceDataConnector dataConnector =
            (TruckServiceDataConnector)workflowRuntime.GetService(
            typeof(TruckServiceDataConnector));
        if (dataConnector == null)
        {
            _dataConnector = new TruckServiceDataConnector();
            _dataExchangeService.AddService(_dataConnector);
        } // if
        else
        {
            _dataConnector = dataConnector;
        } // else

        // Die Dienstinstanz entnehmen, die über das Verbindungsobjekt
        // registriert wurde:
        return WorkflowTruckTrackingDataService.
            GetRegisteredWorkflowDataService(instanceID, truckID);
    } // lock
}

public static WorkflowTruckTrackingDataService
    GetRegisteredWorkflowDataService(Guid instanceID,
    Int32 truckID)
{
    lock (_syncRoot)
    {
        WorkflowTruckTrackingDataService workflowDataService =
            TruckServiceDataConnector.GetRegisteredWorkflowDataService(
            instanceID, truckID);
        if (workflowDataService == null)
        {
```

```
            workflowDataService =
                new WorkflowTruckTrackingDataService(instanceID, truckID);
            TruckServiceDataConnector.RegisterDataService(
                workflowDataService);
        } // if

        return workflowDataService;
    } // lock
}

private WorkflowTruckTrackingDataService(Guid instanceID, Int32 truckID)
{
    this._instanceID = instanceID;
    this._truckID = truckID;
}

~WorkflowTruckTrackingDataService()
{
    // Aufräumen:
    _workflowRuntime = null;
    _dataExchangeService = null;
    _dataConnector = null;
}

public string Read()
{
    return _dataConnector.RetrieveTruckInfo(InstanceID, TruckID);
}

public void RaiseTruckLeavingEvent(Int32 truckID,
    Int32 startingX,
    Int32 startingY)
{
    if (_workflowRuntime == null)
        _workflowRuntime = new WorkflowRuntime();

    // Persistent gemachte Workflow-Instanzen laden:
    _workflowRuntime.GetWorkflow(_instanceID);
    if (TruckLeaving != null)
    {
        TruckLeaving(this, new TruckActivityEventArgs(_instanceID,
            truckID,
            startingX,
            startingY));
    } // if
}

public void RaiseRouteUpdatedEvent(Int32 truckID,
    Int32 X,
    Int32 Y)
{
    if (_workflowRuntime == null)
        _workflowRuntime = new WorkflowRuntime();

    // Persistent gemachte Workflow-Instanzen laden:
    _workflowRuntime.GetWorkflow(_instanceID);
    if (RouteUpdated != null)
```

Kapitel 17: Korrelation und lokale Hostkommunikation

```
        {
            RouteUpdated(this, new TruckActivityEventArgs(_instanceID,
                truckID,
                X, Y));
        } // if
    }

    public void RaiseTruckArrivedEvent(Int32 truckID)
    {
        if (_workflowRuntime == null)
            _workflowRuntime = new WorkflowRuntime();

        // Persistent gemachte Workflow-Instanzen laden:
        _workflowRuntime.GetWorkflow(_instanceID);
        if (TruckArrived != null)
        {
            TruckArrived(this, new TruckActivityEventArgs(_instanceID,
                truckID));
        } // if
    }
}
```

Den korrelierten Datenaustausch-Workflow erstellen

1. Die Erstellung des Workflows unterscheidet sich in diesem Fall nicht von dem anderer Workflows. Klicken Sie einfach den Projektmappennamen *TruckTracker* im Projektmappen-Explorer mit der rechten Maustaste an und rufen Sie den Menübefehl *Hinzufügen/Neues Projekt* auf.

2. Sobald das Dialogfeld *Neues Projekt hinzufügen* erscheint, öffnen Sie falls notwendig den Knoten *Visual C#* und wählen Sie den Eintrag *Workflow* aus. Markieren Sie im Feld *Vorlagen* den Eintrag *Sequential Workflow Library*, geben Sie **TruckFlow** in das Feld *Name* ein und klicken Sie auf *OK* (Abbildung 17.3).

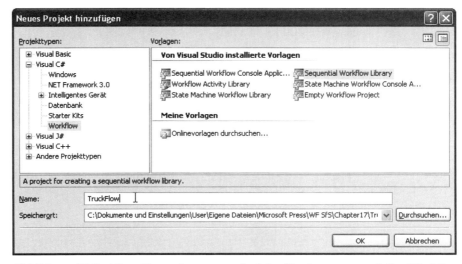

Abbildung 17.3 Hinzufügen eines neuen Projekts für einen sequenziellen Workflow

Teil D: Externe Datenkommunikation

Mit dem erstellten Workflow-Projekt können Sie nun das Tool *Wca.exe* einsetzen, um die benutzerdefinierten Aktivitäten zu generieren, die Sie zur Kommunikation zwischen Workflow und Hostanwendung und umgekehrt benötigen. Dabei wird die gleiche Vorgehensweise gewählt wie in Kapitel 8, Abschnitt »Die Kommunikationsaktivitäten erzeugen«.

Die benutzerdefinierten Datenaustauschaktivitäten erstellen

1. Bevor Sie beginnen, stellen Sie sicher, dass Sie Schritt 9 des Abschnitts »Den korrelierten Datendienst vervollständigen« nicht übersprungen haben. Das Tool *Wca.exe* benötigt zur Ausführung eine kompilierte Assembly.

2. Öffnen Sie das *Start*-Menü von Windows und klicken Sie auf *Ausführen*, um das gleichnamige Dialogfeld aufzurufen. Falls Sie Windows Vista einsetzen und das *Ausführen*-Kommando nicht im *Start*-Menü installiert haben, wählen Sie im *Start*-Menü den Menübefehl *Alle Programme/Zubehör/Eingabeaufforderung* (der nächste Schritt entfällt dann).

3. Geben Sie im Eingabefeld *Öffnen* den Befehl **cmd** ein und klicken Sie auf *OK*. Auf diese Weise wird ein Windows-Kommandozeilenfenster geöffnet.

4. Wechseln Sie das Verzeichnis, sodass Sie direkten Zugriff auf die eben erstellte *TruckService*-Assembly haben. Typischerweise lautet das entsprechende Kommando folgendermaßen:

   ```
   cd "\Workflow\Chapter17\TruckTracker\TruckService\bin\Debug"
   ```

   Jedoch kann Ihr konkretes Verzeichnis variieren.

5. Führen Sie das Tool *Wca.exe* aus, indem Sie das folgende Kommando in der Eingabeaufforderung eingeben (inklusive der Anführungszeichen):

   ```
   "C:\Programme\Microsoft SDKs\Windows\v6.0\Bin\Wca.exe" TruckService.dll
   /n:TruckFlow
   ```

   Drücken Sie die Taste **Eingabe**. Die Ausgabe des Tools sollte in etwa so aussehen, wie es Abbildung 17.4 zeigt.

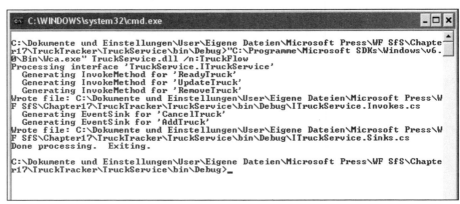

Abbildung 17.4 Einsatz des Tools *Wca.exe*

Kapitel 17: Korrelation und lokale Hostkommunikation

6. Das Tool *Wca.exe* hat zwei Dateien für Sie erzeugt, die Sie im Folgenden beide umbenennen und in das Workflow-Verzeichnis verschieben. (Das Umbenennen ist nicht zwingend notwendig, aber macht das Nachvollziehen im Quellcode einfacher.) Geben Sie **ren ITruckService.Invokes.cs ExternalEventActivities.cs** in der Eingabeaufforderung ein und drücken Sie die Taste **Eingabe**, um die Datei umzubenennen. Diese Datei enthält die generierten *CallExternalEvent*-Aktivitäten.

7. Da die eben umbenannte Datei eine Workflow-Aktivität darstellt, müssen Sie diese vom aktuellen Verzeichnis in das *TruckFlow*-Verzeichnis verschieben, um diese kompilieren und verwenden zu können. Schreiben Sie in der Eingabeaufforderung den Befehl **move ExternalEventActivities.cs ..\..\..\TruckFlow** und bestätigen Sie mit der Taste **Eingabe**.

8. Nun wiederholen Sie das Ganze für die Aktivitäten, die für die externen Ereignisse zuständig sind. Tippen Sie **ren ITruckService.Sinks.cs ExternalEventHandlers.cs** in der Eingabeaufforderung ein und drücken Sie **Eingabe**, um die Datei umzubenennen. Diese Datei enthält die generierten *CallExternalEvent*-Aktivitäten.

9. Um die Datei zu verschieben, verwenden Sie in der Eingabeaufforderung den Befehl **move ExternalEventHandlers.cs ..\..\..\TruckFlow** und bestätigen Sie mit der Taste **Eingabe**.

10. Die externen Datenaustauschaktivitäten sind nun erstellt. In einem letzten Schritt fügen Sie diese dem Workflow-Projekt hinzu. Klicken Sie dazu das Projekt *TruckFlow* mit der rechten Maustaste im Projektmappen-Explorer an und rufen Sie den Menübefehl *Hinzufügen/Vorhandenes Element* auf. Sobald das Dialogfeld *Vorhandenes Element hinzufügen* erscheint, wählen Sie beide Quellcodedateien mit den externen Ereignisaktivitäten aus der Liste aus und bestätigen Sie mit einem Klick auf die Schaltfläche *Hinzufügen* (Abbildung 17.5).

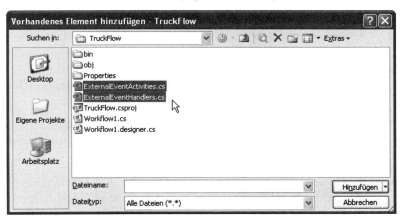

Abbildung 17.5 Die externen Ereignisaktivitäten werden dem Projekt hinzugefügt

Um kurz zurückzublicken: Sie haben eine Schnittstelle erstellt, die Methoden und Ereignisse identifiziert, die Ihr Workflow und Ihre Anwendung verwenden, um Informationen auszutauschen. Die Schnittstelle ist mit Korrelationsattributen versehen, sodass jede Methode und jedes Ereignis den Korrelationsparameter übermitteln muss. Im Anschluss daran haben Sie den lokalen Kommunikationsdienst erstellt, den Sie zur Übertragung der Informationen zwischen dem Host und dem Workflow einsetzen werden. Abschließend haben Sie das Tool *Wca.exe* eingesetzt, um die benutzerdefinierten Aktivitäten zu erzeugen, die Sie in Ihrem Workflow zur Durchführung der Datenkommunikation verwenden. Jetzt ist es an der Zeit, den Workflow selbst zu erzeugen.

Den korrelierten Workflow vervollständigen

1. Die externen Datenkommunikationsaktivitäten sind nun ein Teil Ihres Workflow-Projekts. Zunächst muss ein Verweis auf das Projekt mit dem Kommunikationsdienst hinzugefügt werden. Zu diesem Zweck klicken Sie den Projektnamen *TruckFlow* im Projektmappen-Explorer mit der rechten Maustaste an und rufen Sie den Menübefehl *Verweis hinzufügen* auf. Wechseln Sie auf die Registerkarte *Projekte*, wählen Sie den Eintrag *TruckService* aus der Liste aus und klicken Sie dann auf *OK* (Abbildung 17.6).

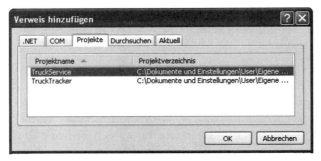

Abbildung 17.6 Es wird ein Verweis vom Workflow auf den Kommunikationsdienst hinzugefügt

2. Kompilieren Sie das Workflow-Projekt (nicht die komplette Projektmappe), damit die benutzerdefinierten Aktivitäten in die Toolbox geladen werden, sodass diese für die Verwendung im Workflow-Ansicht-Designer zur Verfügung stehen. Drücken Sie hierfür **Umschalt+F6** oder rufen Sie den Menübefehl *Erstellen/TruckFlow erstellen* auf.

3. Sollte der Workflow-Ansicht-Designer nicht aktiv sein (zur Bearbeitung der Datei *Workflow1.cs*), wählen Sie die Datei *Workflow1.cs* aus dem *TruckFlow*-Projekt aus und klicken Sie auf das Symbol (*Ansicht-Designer*) der Symbolleiste.

4. Bei der ersten im Workflow zu platzierenden Aktivität handelt es sich um eine Instanz der *ReadyTruck*-Aktivität. Ziehen Sie eine Kopie dieser Aktivität von der Toolbox auf die Designer-Oberfläche und legen Sie diese im Workflow ab (Abbildung 17.7).

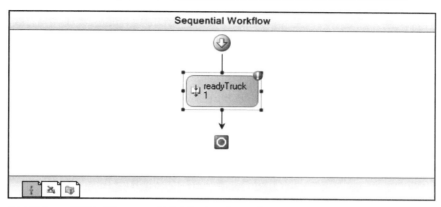

Abbildung 17.7 Die erste Aktivität, *ReadyTruck*, wurde im Workflow abgelegt

5. Sie müssen verschiedene Eigenschaften für diese Aktivität setzen. Bei der ersten handelt es sich um die Information, die mit dem Korrelations-Token verbunden ist. Geben Sie im Eigenschaftenfenster den Namen **TruckIDCorrelation** innerhalb der *CorrelationToken*-Eigenschaft ein und bestätigen Sie mit einem Druck auf die Taste **Eingabe** (Abbildung 17.8).

Abbildung 17.8 Das Korrelations-Token wird gesetzt

6. Klicken Sie im Eigenschaftenfenster auf das Pluszeichen (+), das sich vor der *CorrelationToken*-Eigenschaft befindet, um die Eigenschaft *OwnerActivityName* einzublenden. Klicken Sie auf das *v*-Symbol, um das Listenfeld zu öffnen, und wählen Sie den Eintrag *Workflow1* aus (die einzige Wahlmöglichkeit, die in diesem Zusammenhang für diese Beispielanwendung vorhanden ist), wie in Abbildung 17.9 zu sehen.

Abbildung 17.9 Setzen der Eigenschaft *OwnerActivityName*

7. Sie müssen die Dateneigenschaften binden, wobei Sie mit der *startingX*-Eigenschaft beginnen. Wählen Sie diese im Eigenschaftenfenster aus und klicken Sie auf die Schaltfläche »...«, um das Dialogfeld *Bind 'startingX' to an activity's property* aufzurufen. Wechseln Sie auf die Registerkarte *Bind to a new member* und geben Sie **CurrentX** in das Feld *New member name* ein. Bestätigen Sie mit einem Klick auf *OK* (Abbildung 17.10).

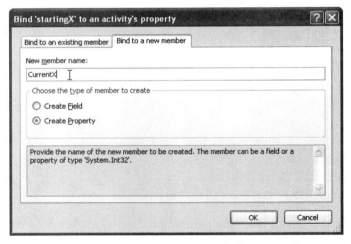

Abbildung 17.10 Die *startingX*-Eigenschaft wird an die Eigenschaft *CurrentX* gebunden

8. Wiederholen Sie den Vorgang für die *startingY*-Eigenschaft. Klicken Sie hierfür die *startingY*-Eigenschaft an und daraufhin die Schaltfläche »...«, um das Dialogfeld *Bind 'startingY' to an activity's property* zu aktivieren. Wechseln Sie auf die Registerkarte *Bind to a new member* und geben Sie **CurrentY** in das Feld *New member name* ein. Bestätigen Sie mit einem Klick auf *OK* (Abbildung 17.11).

Kapitel 17: Korrelation und lokale Hostkommunikation 493

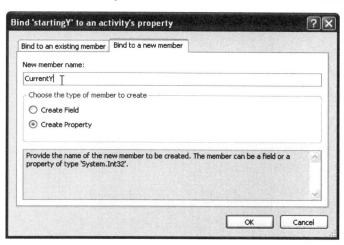

Abbildung 17.11 Die *startingY*-Eigenschaft wird an die Eigenschaft *CurrentY* gebunden

9. Binden Sie schließlich die *truckID*-Eigenschaft, indem Sie diese im Eigenschaftenfenster auswählen. Klicken Sie anschließend auf die Schaltfläche »...«, um das Dialogfeld *Bind 'truckID' to an activity's property* aufzurufen. Wechseln Sie auf die Registerkarte *Bind to a new member*, geben Sie **TruckID** in das Feld *New member name* ein und bestätigen Sie mit einem Klick auf *OK* (Abbildung 17.12).

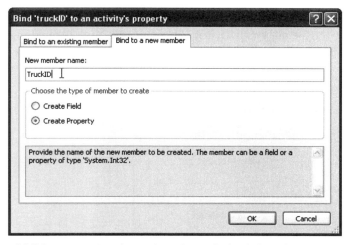

Abbildung 17.12 Die *truckID*-Eigenschaft wird an die Eigenschaft *TruckID* gebunden

10. Kehren Sie in den Workflow-Ansicht-Designer zurück, ziehen Sie eine Kopie der *While*-Aktivität auf die Designer-Oberfläche und legen Sie diese unterhalb der vorhin platzierten *readyTruck1*-Aktivität ab (Abbildung 17.13).

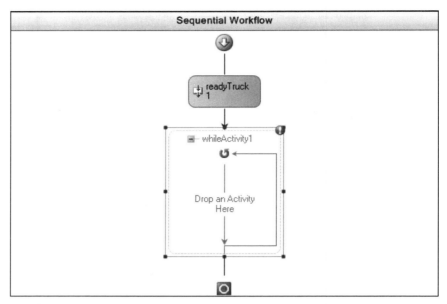

Abbildung 17.13 Es wurde eine *while*-Aktivität abgelegt

11. Sie müssen einen bedingten Ausdruck hinzufügen. Dazu klicken Sie die *Condition*-Eigenschaft an und wählen Sie aus der Liste den Eintrag *Code Condition* aus. Klicken Sie auf das Pluszeichen (+) vor der *Condition*-Eigenschaft und geben Sie **TestAtDestination** in das Feld der untergeordneten *Condition*-Eigenschaft ein und bestätigen Sie mit einem Druck auf die **Eingabe**-Taste (Abbildung 17.14). Daraufhin fügt Visual Studio die Methode *TestAtDestination* ein und wechselt in den Code-Editor. Kehren Sie in den Workflow-Ansicht-Designer zurück.

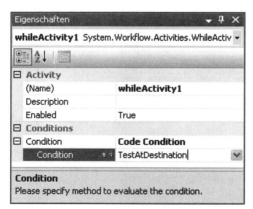

Abbildung 17.14 Anlegen der Überprüfungsmethode für den bedingten Ausdruck

12. Ziehen Sie eine Instanz der *Listen*-Aktivität auf die Designer-Oberfläche und legen Sie diese innerhalb der *whileActivity1*-Aktivität ab (Abbildung 17.15).

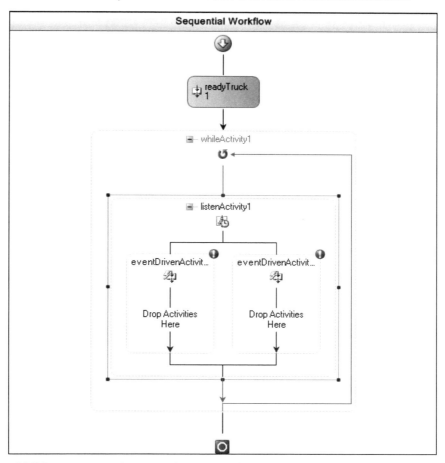

Abbildung 17.15 Die *Listen*-Aktivität wurde im Workflow platziert

13. Die eben eingefügte *Listen*-Aktivität führt zwei Funktionen durch. Sie beginnen hier mit der ersten der beiden. Wählen Sie eine Instanz der *CancelTruck*-Aktivität aus der Toolbox aus und legen Sie diese in der linken *EventDriven*-Aktivität ab, *eventDrivenActivity1* (Abbildung 17.16).

496 Teil D: Externe Datenkommunikation

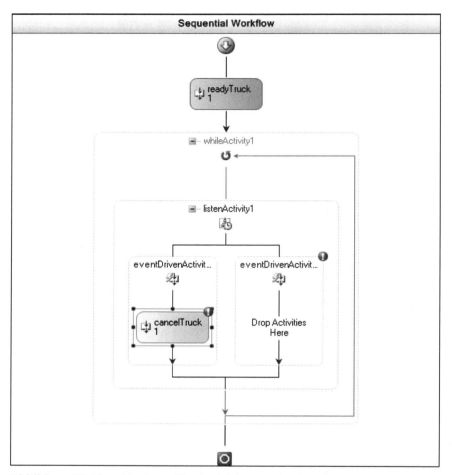

Abbildung 17.16 Die *CancelTruck*-Aktivität wurde eingefügt

14. Sie müssen das Korrelations-Token für die Aktivität *cancelTruck1* einrichten. Zu diesem Zweck klicken Sie auf das *v*-Symbol der *CorrelationToken*-Eigenschaft der *cancelTruck1*-Aktivität und wählen Sie den Eintrag *TruckIDCorrelation* aus (Abbildung 17.17). Sollte das *v*-Symbol nicht sichtbar sein, klicken Sie zunächst die *CorrelationToken*-Eigenschaft an, um diese zu aktivieren.

Kapitel 17: Korrelation und lokale Hostkommunikation

Abbildung 17.17 Auswahl des Korrelations-Tokens

15. In der *cancelTruck1*-Aktivität muss die Lkw-ID eingerichtet werden. Klicken Sie entsprechend zunächst auf die Schaltfläche »...« innerhalb der *truckID*-Eigenschaft. Sollte diese Schaltfläche nicht sichtbar sein, klicken Sie als Erstes die Eigenschaft an, um diese zu aktivieren, so wie Sie es gegebenenfalls im Rahmen der Eigenschaft für das Korrelations-Token unternommen haben. Sobald das Dialogfeld *Bind 'TruckID' to an activity's property* erscheint, wählen Sie den Eintrag *TruckID* aus der Liste der bestehenden Eigenschaften aus und bestätigen Sie mit einem Klick auf *OK* (Abbildung 17.18).

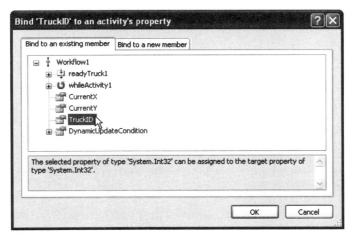

Abbildung 17.18 Auswahl der Eigenschaft *TruckID*

498   Teil D: Externe Datenkommunikation

16. Um die Ausführung von Code nach Behandlung des *CancelTruck*-Ereignisses vorzubereiten, ziehen Sie eine Kopie der Code-Aktivität auf die Designer-Oberfläche und legen Sie diese unmittelbar unterhalb der *cancelTruck1*-Aktivität ab (Abbildung 17.19).

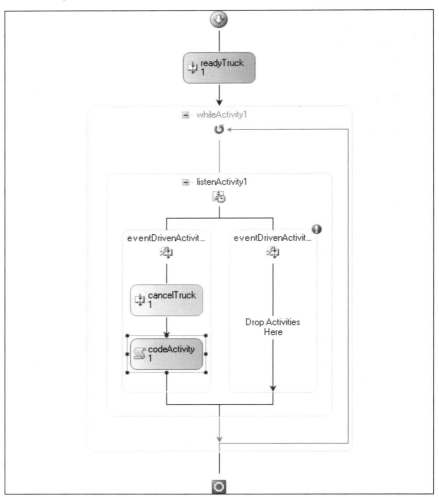

Abbildung 17.19 Es wurde eine *Code*-Aktivität eingefügt

17. Weisen Sie der *ExecuteCode*-Eigenschaft der *codeActivity1*-Aktivität den Namen **CancelTruck** zu und bestätigen Sie mit einem Druck auf die Taste **Eingabe**. Sobald Visual Studio die *CancelTruck*-Methode für Sie eingefügt hat, kehren Sie in den Workflow-Ansicht-Designer zurück.

18. Nachdem der Workflow-Ansicht-Designer erneut angezeigt wird, platzieren Sie eine *Delay*-Aktivität innerhalb der rechten *EventDriven*-Aktivität, *eventDrivenActivity2* (Abbildung 17.20). Hierbei handelt es sich um die zweite von der *Listen*-Aktivität durchzuführende Funktion – die simulierte GPS-Lkw-Positionsanzeige.

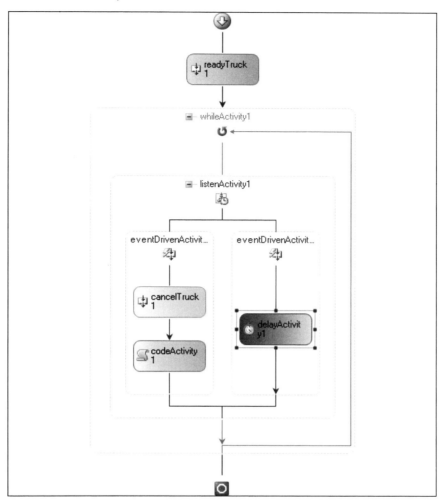

Abbildung 17.20 Es wurde eine *Delay*-Aktivität platziert

19. Setzen Sie die *TimeoutDuration*-Eigenschaft der *delayActivity1*-Aktivität auf 1 Sekunde. Diese stellt das Intervall dar, die Ihr Workflow verwendet, um die Benutzeroberfläche zu aktualisieren.

20. Ziehen Sie eine *Code*-Aktivität auf die Designer-Oberfläche und legen Sie diese unterhalb der eben verankerten *Delay*-Aktivität ab. Ändern Sie deren Namen in **updatePosition**, weisen Sie der *ExecuteCode*-Eigenschaft den Namen **UpdateTruckPosition** zu und drücken Sie die Taste **Eingabe** zur Bestätigung (Abbildung 17.21).

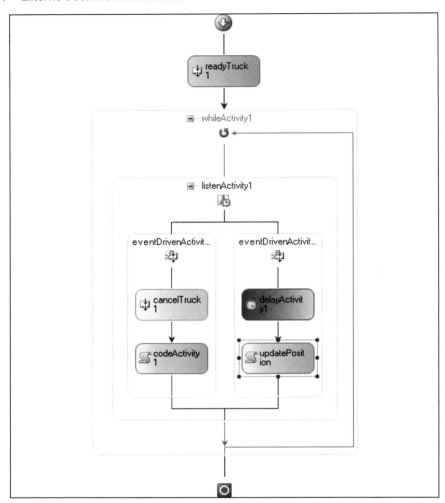

Abbildung 17.21 Eingefügte und umbenannte *Code*-Aktivität

21. Kehren Sie in den Workflow-Ansicht-Designer zurück. Die *Code*-Aktivität *update-Position* führt die Simulation zur Lkw-Positionsbestimmung durch. Das Ergebnis davon muss an die Hostanwendung übermittelt werden, sodass dort die entsprechende grafische Aufbereitung stattfinden kann. Dazu ziehen Sie eine Kopie der *UpdateTruck*-Aktivität auf die Designer-Oberfläche und legen Sie diese unterhalb der *updatePosition*-Aktivität ab (Abbildung 17.22).

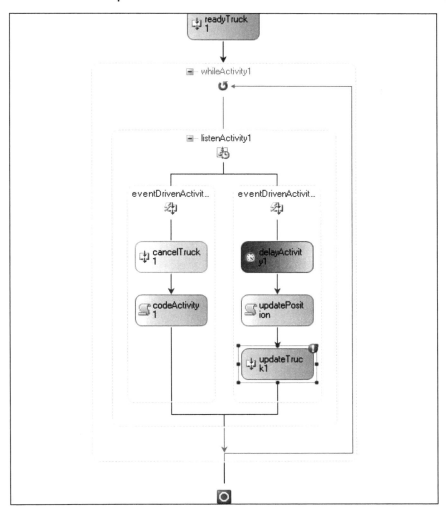

Abbildung 17.22 Die hier abgelegte *UpdateTruck*-Aktivität überbringt das Ergebnis der Lkw-Positionsbestimmung

22. Weisen Sie der *CorrelationToken*-Eigenschaft der *updateTruck1*-Aktivität den Wert **TruckIDCorrelation** zu, indem Sie diesen nach Anklicken des v-Symbols aus der Liste auswählen (Abbildung 17.23). Aktivieren Sie gegebenenfalls zunächst die *CorrelationToken*-Eigenschaft mit einem Klick, um das v-Symbol einzublenden.

502 Teil D: Externe Datenkommunikation

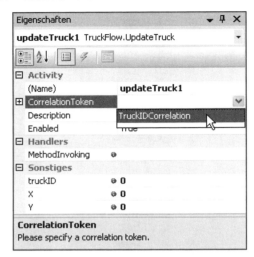

Abbildung 17.23 Setzen der *CorrelationToken*-Eigenschaft

23. Aktivieren Sie die *truckID*-Eigenschaft mit einem Klick, um die Schaltfläche »...« einzublenden, sodass Sie die korrelierte Lkw-ID der *updateTruck1*-Aktivität zuweisen können. Klicken Sie diese Schaltfläche an, wählen Sie in dem dann angezeigten Dialogfeld *Bind 'truckID' to an activity's property* den Eintrag *TruckID* aus der Liste der bestehenden Eigenschaften aus und bestätigen Sie mit *OK* (Abbildung 17.24).

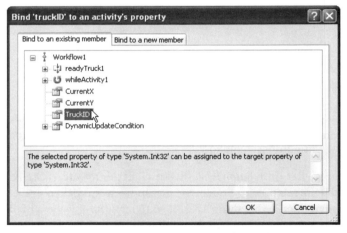

Abbildung 17.24 Auswahl der Eigenschaft *TruckID*

24. Für die *X*-Eigenschaft der *updateTruck1*-Aktivität klicken Sie erneut auf die Schaltfläche »...« und weisen *X* der bestehenden *CurrentX*-Eigenschaft zu. Wiederholen Sie den Vorgang für die *Y*-Eigenschaft, binden Sie diese also an die *CurrentY*-Eigenschaft (Abbildung 17.25).

Abbildung 17.25 Die drei Eigenschaften *truckID*, *X* und *Y* der *updateTruck1*-Aktivität wurden gesetzt

25. Die Simulation eines Lkws läuft so lange, bis Sie entweder die Route einen Lkws abbrechen oder der Lkw sein Ziel erreicht hat. Ist eine der beiden Bedingungen erfüllt, wird die *whileActivity1*-Aktivität veranlasst, die Schleife abzubrechen. An dieser Stelle muss die Benutzeroberfläche den Lkw aus dem Bestand der zu berücksichtigenden Lkws entfernen. Dazu ziehen Sie eine Instanz der *RemoveTruck*-Aktivität auf die Designer-Oberfläche und legen Sie diese unterhalb der *whileActivity1-Aktivität* ab (Abbildung 17.26).

504 Teil D: Externe Datenkommunikation

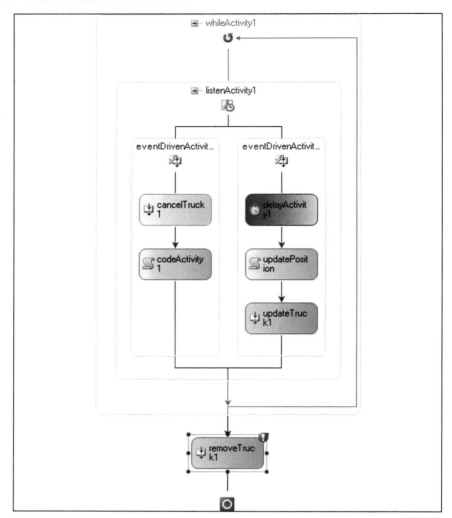

Abbildung 17.26 Die für das Entfernen eines Lkws zuständige Aktivität wurde unterhalb der *While*-Aktivität platziert

26. Markieren Sie die *CorrelationToken*-Eigenschaft der *removeTruck1*-Aktivität, um das *v*-Symbol sichtbar machen. Klicken Sie dieses Symbol an, um die Token-Auswahlliste einzublenden und setzen Sie das Token auf *TruckIDCorrelation* (Abbildung 17.27).

Kapitel 17: Korrelation und lokale Hostkommunikation 505

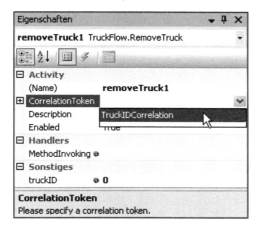

Abbildung 17.27 Setzen der Eigenschaft *CorrelationToken*

27. Klicken Sie außerdem die *truckID*-Eigenschaft der *removeTruck1*-Aktivität an, um die bekannte Schaltfläche »...« einzublenden. Klicken Sie diese Schaltfläche an, wählen Sie *TruckID* aus der Liste der bestehenden Eigenschaften aus und bestätigen Sie mit einem Klick auf *OK*.

28. Mit dieser letzten Eigenschaft sind die Arbeiten im Workflow-Ansicht-Designer beendet. Nun ist es an der Zeit, etwas Code hinzuzufügen. Wählen Sie die Datei *Workflow1.cs* im Projektmappen-Explorer aus und klicken Sie das Symbol (*Code anzeigen*) der Symbolleiste an, um den Code-Editor aufzurufen.

29. Fügen Sie im oberen Bereich des Quellcodes die folgenden *using*-Anweisungen unterhalb der Liste der bereits vorhandenen *using*-Anweisungen ein:

```
using System.IO;
using System.Xml;
using System.Xml.Serialization;
```

30. Blättern Sie durch den Quellcode von *Workflow1* und halten Sie nach dem Konstruktor Ausschau. Ergänzen Sie unterhalb des Konstruktors die folgenden Felder:

```
private bool _cancelTruck = false;
private TruckService.RouteInfo _routes = null;
private TruckService.Truck _myTruck = null;
private TruckService.Route _myRoute = null;
private TruckService.Destination _currentOrigin = null;
private TruckService.Destination _currentDestination = null;
```

31. Fügen Sie unterhalb der gerade eingegebenen Felder zwei Eigenschaften hinzu, die der Workflow-Initialisierung dienen:

```
public string Routes
{
    set
    {
        // Routeninformationen deserialisieren:
        using (StringReader rdr = new StringReader(value))
```

```csharp
            {
                XmlSerializer serializer =
                    new XmlSerializer(typeof(TruckService.RouteInfo));
                _routes = (TruckService.RouteInfo)serializer.Deserialize(rdr);
            } // using
        }
    }

    public string TrackedTruck
    {
        set
        {
            // Lkw-Information deserialisieren:
            using (StringReader rdr = new StringReader(value))
            {
                XmlSerializer serializer =
                    new XmlSerializer(typeof(TruckService.Truck));
                _myTruck = (TruckService.Truck)serializer.Deserialize(rdr);
            } // using

            // Die Lkw-ID zuweisen:
            TruckID = _myTruck.ID;

            //Die Route entnehmen, sodass die Startkoordinaten abgefragt werden
            // können:
            foreach (TruckService.Route route in _routes.Routes)
            {
                // Die Route überprüfen, um festzustellen, ob es die eigene ist:
                if (route.ID == _myTruck.RouteID)
                {
                    // Es ist die eigene, daher speichern:
                    _myRoute = route;
                    break;
                } // if
            } // foreach

            // Den Ausgangspunkt entnehmen:
            _currentOrigin = FindDestination(_myRoute.Start);
            // Das Ziel oder die erste Zwischenstation entnehmen:
            if (_myRoute.Waypoints.Length > 0)
            {
                // Die erste Zwischenstation entnehmen:
                _currentDestination =
                    FindDestination(_myRoute.Waypoints[0].ID);
            } // if
            else
            {
                // Keine Zwischenstationen:
                _currentDestination = FindDestination(_myRoute.Stop);
            } // else

            // Die x- und y-Koordinaten zuweisen:
            CurrentX = _currentOrigin.X;
            CurrentY = _currentOrigin.Y;
        }
    }
```

Kapitel 17: Korrelation und lokale Hostkommunikation 507

32. Die Set-Funktion der *TrackedTruck*-Eigenschaft verwendet eine Hilfsmethode, *FindDestination*. Fügen Sie diese unterhalb der *TrackedTruck*-Eigenschaft hinzu:

```
private TruckService.Destination FindDestination(Int32 id)
{
    // Die Routenziele durchlaufen und nach dem
    // gewünschten Ziel suchen:
    TruckService.Destination retVal = null;
    foreach (TruckService.Destination destination in _routes.Destinations)
    {
        // Das Ziel überprüfen:
        if (destination.ID == id)
        {
            // Gefunden:
            retVal = destination;
            break;
        } // if
    } // foreach

    return retVal;
}
```

33. Scrollen Sie durch die abhängigen Eigenschaften, die Visual Studio hinzugefügt hat, und steuern Sie die Methode *TestAtDestination* an. Geben Sie innerhalb dieser Methode den folgenden Programmcode ein:

```
// Auf Abbruch überprüfen...
if (_cancelTruck)
{
    // Sofort abbrechen:
    e.Result = false;
}
else
{
    // Befindet sich der Lkw mit einer Toleranz von 3 Pixeln
    // sowohl an der x- als auch an der y-Zielkoordinate, ist das Ziel erreicht...
    e.Result = true;
    if (Math.Abs((double)_currentDestination.X - (double)CurrentX) < 3.0 &&
        Math.Abs((double)_currentDestination.Y - (double)CurrentY) < 3.0)
    {
        // Auf Zwischenstationen überprüfen:
        if (_currentDestination.ID != _myRoute.Stop)
        {
            // Das frühere Ziel zum Ausgangspunkt machen und dann
            // die nächste Ziel-Zwischenstation ausfindig machen:
            _currentOrigin = _currentDestination;
            TruckService.Waypoint waypoint = null;
            for (Int32 i = 0; i < _myRoute.Waypoints.Length; i++)
            {
                // Überprüfen, ob es die aktuelle Zwischenstation ist:
                waypoint = _myRoute.Waypoints[i];
                if (waypoint.ID == _currentOrigin.ID)
                {
                    // Die aktuelle Zwischenstation gefunden, daher
                    // die nächste Zwischenstation zum neuen Ziel machen:
                    if ((i + 1) == _myRoute.Waypoints.Length)
```

```
        {
            // Letzte Zwischenstation, jetzt Kurs zum wirklichen
            // Ziel nehmen:
            _currentDestination =
                FindDestination(_myRoute.Stop);
        } // if
        else
        {
            // Nächste Zwischenstation:
            _currentDestination =
                FindDestination(_myRoute.Waypoints[i + 1].ID);
        } // else
        break;
    } // if
} // for
    } // if
    else
    {
        // Der Lkw ist angekommen:
        e.Result = false;
    } // else
} // if
} // else
```

34. Geben Sie in der *CancelTruck*-Methode Folgendes ein:

    ```
    // Das Abbruch-Flag setzen:
    _cancelTruck = true;
    ```

35. Schließlich fügen Sie den eigentlichen Simulationscode in die Methode *UpdateTruckPosition* ein:

    ```
    // Die Steigung für die lineare Interpolation berechnen:
    //      Y1 - Y2
    // m = -------
    //      X1 - X2
    //
    // Lösung für b: y = mx + b, so b = y - mx
    double m = ((double)_currentDestination.Y - (double)_currentOrigin.Y) /
                ((double)_currentDestination.X - (double)_currentOrigin.X);
    double b = (double)_currentDestination.Y -
                (m * (double)_currentDestination.X);

    // Mithilfe der Steigung und des Abschnitts wird x inkrementiert,
    // um das neue y festzustellen:
    Int32 multiplier = (_currentDestination.X - _currentOrigin.X) < 0 ? -1 : 1;
    CurrentX += (multiplier * 2);
    CurrentY = (Int32)((m * (double)CurrentX) + b);
    ```

36. Speichern Sie alle geöffneten Dateien.

37. Der Workflow ist jetzt vollständig, aber es verbleibt noch eine letzte Aufgabe, um die Anwendung ausführen zu können. Die Hauptanwendung, *TruckTracker*, benötigt einen Verweis auf den Workflow. Klicken Sie daher das Projekt *TruckTracker* mit der rechten Maustaste an und rufen Sie den Menübefehl *Verweis hinzufügen* auf. Wechseln Sie auf die Registerkarte *Projekte*, wählen Sie den Eintrag *TruckFlow* aus und klicken Sie auf *OK*.

38. Nun können Sie die komplette Projektmappe mit einem Druck auf die Taste **F6** oder über den Menübefehl *Erstellen/Projektmappe erstellen* kompilieren. Korrigieren Sie etwaige aufgetretene Fehler.

39. Zur Ausführung der Anwendung drücken Sie **Strg+F5** oder betätigen Sie einfach **F5**, um die Anwendung im Debugmodus zu betreiben. Fügen Sie einen Lkw hinzu, indem Sie auf die Schaltfläche *Add Truck* klicken, eine Route auswählen und mit *OK* bestätigen. Wiederholen Sie den Vorgang für eine beliebige Anzahl weiterer Lkws. Um einen Lkw zu entfernen, markieren Sie diesen in dem großen Listenfeld unterhalb der Karte und klicken Sie auf die Schaltfläche *Cancel Truck*.

Der Code der Anwendung unterscheidet sich nicht besonders von dem aus den Kapiteln 8 und 10. Der einzige Unterschied liegt darin, dass beim Zugriff auf die Daten für einen bestimmten Lkw dessen Lkw-ID übergeben werden muss. In einigen Fällen wird auch diese für Sie zur Verfügung gestellt – über die Ereignisargumente.

Sie haben nun im Rahmen dieses Buches lange genug Workflow-Software erstellt, die nur einen einzigen Computer einbezieht. Es ist Zeit, diesen Wirkungskreis zu vergrößern und auf das Web auszudehnen. Im nächsten Kapitel 18 »Webdienste aus Workflows aufrufen« ist es soweit.

Schnellübersicht

Aufgabe	Aktion
Der externen Workflow-Datenverabeitung Korrelation hinzufügen	Fügen Sie Ihrer Kommunikationsschnittstelle die Workflow-Korrelationsattribute hinzu. Die WF kontrolliert dann automatisch die Workflows sowie die Datenaustauschvorgänge und löst Ausnahmen aus, wenn Datenkorrelations-Probleme festgestellt werden.
Einen korrelierten lokalen Kommunikationsdienst entwickeln	Unabhängig davon, wie Sie Ihren lokalen Kommunikationsdienst entwerfen, müssen Sie zunächst sicherstellen, dass die Methode oder das Ereignis, die bzw. das als Initialisierer deklariert ist, aufgerufen wird, bevor andere korrelierte Datenpfade verwendet werden (andernfalls wird eine Ausnahme ausgelöst). Des Weiteren müssen Sie Daten auf eine korrelierte Weise zurückgeben. Nahe liegend dabei ist, die Daten so zu speichern, dass diese durch die Workflow-ID und den Korrelationsparameter identifiziert verwendet werden können.

Kapitel 18

Webdienste aus Workflows aufrufen

In diesem Kapitel:

Architektur für Webdienste	511
Die *InvokeWebService*-Aktivität verwenden	513
Den Webverweis hinzufügen	514
Den Proxy konfigurieren	515
Mit Sitzungen arbeiten	517
Einen Workflow erstellen, der einen XML-Webdienst verwendet	520
Schnellübersicht	526

In diesem Kapitel lernen Sie

- wie Sie einen Webdienst aus Ihrem Workflow aufrufen.
- wie Sie Webdienst-Proxies hinzufügen und konfigurieren.
- Sitzungen in Ihrem Workflow zu verwalten.

Das Senden und Empfangen von Daten über Netzwerke ist sicherlich eine interessante und für viele Programmierer auch eine spannende Gelegenheit. Die Microsoft Windows Workflow Foundation (WF) verfügt über eingebaute Fähigkeiten und kann sowohl eine Verbindung zu einem Webdienst herstellen als auch selbst als Webdienst agieren.

Die WF wird mit diversen XML-Webdienst-basierten Aktivitäten ausgeliefert. Die Clientseite davon wird in diesem Kapitel beleuchtet. (Die serverseitigen Aktivitäten sind Thema des letzten Kapitels »Workflow als Webdienst«.) Bevor die *InvokeWebService*-Aktivität tatsächlich eingesetzt wird, soll zunächst beschrieben werden, wie Webdienste arbeiten und die erforderliche Terminologie dargelegt werden.

Architektur für Webdienste

Zwar könnte man jeden Server im Internet, der Arbeiten auf Abruf durchführt, als Webdienst bezeichnen. Jedoch wird mit dem Ausdruck *Webdienst* hier – das heißt in diesem und dem nächsten Kapitel – eine ganz bestimmte Art von Webdiensten assoziiert, nämlich XML-Webdienste, die auf dem SOAP-Protokoll basieren.

> **Hinweis**   Ursprünglich war »SOAP« ein Akronym, das für »Simple Object Access Protocol« stand, einem XML-basierten Kommunikations-Framework. Jedoch hat man in der aktuellen Version diese Deutung aufgegeben und SOAP ist jetzt ein Name und keine Abkürzung mehr. Die aktuelle SOAP-Spezifikation lässt sich unter der folgenden Internetadresse abrufen: *http://www.w3.org/TR/soap* (auf Englisch).

Die grundlegende Idee, die Auslöser für die Entwicklung des SOAP-Protokolls war, stützte sich auf die Tatsache, dass sich interne Datentypen und auch komplexere Datenstrukturen von ihrem nativen binären Format in XML konvertieren lassen. Dieser XML-Code könnte dann so über das Internet übertragen werden wie Webseiten, die auf HTML (*HyperText Markup Language*) basieren. Die ursprüngliche SOAP-Spezifikation skizzierte das »Serialisierungsformat« als etwas, das alle erdenklichen Datentypen abbildet – von Integerwerten und Strings über Enumerationen bis hin zu Arrays und komplexen Strukturen. Mit dem Aufkommen von Serialisierungs-Beschreibungssprachen lockerten spätere SOAP-Spezifikationen das Serialisierungsformat. Derzeit ist die gängige Serialisierungs-Beschreibungssprache WSDL (*Web Service Description Language*).

WSDL erlaubt es Ihnen, den Inhalt Ihrer SOAP-Nachricht je nach Bedarf zu formatieren. Sie beschreiben einfach die Inhalte im WSDL-Format und stellen Anwendern Ihr WSDL zur Verfügung. Die Anwender können dann die Strukturen und Methoden interpretieren, die von Ihrem Webdienst exportiert werden und auf diese Weise Ihren Dienst verwenden. Während die Absicht der ursprünglichen SOAP-Spezifikation darauf abzielte, SOAP für den Aufruf von Methoden eines Remote-Servers einzusetzen, erlaubt die jüngste Spezifikation, in Verbindung mit WSDL, eine Architektur, die in einem stärkeren Grad nachrichtenbasiert ist. Die Inhalte der Nachrichten können dabei alles abdecken, das als XML serialisierbar ist (was in der einen oder anderen Form letztendlich alles ist).

Wenn Sie auf einen Remote-Webdienst verweisen möchten, laden Sie zunächst das WSDL herunter, das der Dienst zur Verfügung stellt, und interpretieren es. Beim Einsatz von .NET übernehmen im Lieferumfang von .NET Framework befindliche Tools diese Interpretierung für Sie und erzeugen eine C#-Klasse, die Sie zum Aufruf der Methoden des Remote-Dienstes verwenden können. Diese C#-Klasse wird als Proxy bezeichnet, da sie gewissermaßen als Stellvertreter (so auch die wörtliche Bedeutung von *proxy*) für den tatsächlichen Dienst fungiert. Schließlich soll Ihre Software – sieht man einmal von der Verzögerung durch die Netzwerkkommunikation ab – sich nicht gewahr sein, dass diese mit einem Dienst über das Internet kommuniziert. Der Proxy sorgt dafür, dass es den Anschein hat, dass der Dienst auf dem lokalen Computer läuft.

Um es noch einmal zu betrachten und zu verdeutlichen: Sie verweisen auf den Webdienst, der daraufhin sein WSDL sendet. .NET erzeugt im Anschluss daran für Sie einen Proxy, den Sie einsetzen können, um mit dem Remote-Server gemäß dessen Spezifikation (durch dessen WSDL definiert) zu kommunizieren. Bei der Kommunikation werden Ihre zu übertragenden Daten in XML konvertiert und über das Netzwerk unter Zuhilfenahme des SOAP-Protokolls gesendet. Der Remote-Server interpretiert Ihre Anfrage und antwortet, ebenfalls mit XML-Code. Beim Empfang dieser Antwort wird der XML-Code zurück in die dazugehörige binäre Form umgewandelt, sodass die Daten in Ihrem Programmcode verarbeitet werden können.

> **Hinweis** Das Thema Webdienste und wie diese implementiert werden, ist hier noch längst nicht erschöpft. Aus Platzgründen kann längst nicht alles beschrieben werden. Außerdem liegt der Fokus in diesem Buch auf Workflows, sodass im Folgenden die Aspekte der Workflow-Programmierung in Verbindung mit Webdiensten vorgestellt werden. Möchten Sie jedoch noch mehr über Webdienste erfahren, steht Ihnen eine große Auswahl an Büchern und Onlinereferenzen zur Verfügung. Einen sehr guten Einstieg vermitteln die Internetadressen *http://www.microsoft.com/germany/msdn/webservices/webservicesallgemein.mspx* und *http://msdn.microsoft.com/webservices* (Letztere auf Englisch).

Die *InvokeWebService*-Aktivität verwenden

Die eingebaute clientseitige Unterstützung von XML-Webdiensten der WF findet sich in Gestalt der *InvokeWebService*-Aktivität. In vielerlei Hinsicht zeichnet die *InvokeWebService*-Aktivität lediglich einen Proxy für Sie vor, verfügt aber über zusätzliche Fähigkeiten, mit denen sich mehrfache Aufrufe über eine einzige Sitzung steuern lassen, wobei sich eine solche Sitzung auf ein Sitzungs-Cookie stützt. Die wichtigsten Eigenschaften, die Sie beim Einsatz der *InvokeWebService*-Aktivität benötigen, sind in Tabelle 18.1 aufgelistet.

Tabelle 18.1 Wichtige Eigenschaften der *InvokeWebService*-Aktivität

Eigenschaft	Zweck
MethodName	Gibt die Methode zurück, die bei Ausführung der Aktivität zum Aufruf gelangen soll, oder legt diese fest. Diese Eigenschaft repräsentiert den Namen der Remote-Methode, die Sie aufrufen möchten.
ProxyClass	Gibt den Typnamen der Proxy-Klasse zurück oder setzt diesen. Sie können diese Klasse selbst zur Verfügung stellen oder hierfür auf die Unterstützung der WF zurückgreifen. Diese hilft Ihnen bei der Erstellung der Proxy-Klasse, wenn Sie die Aktivität in Ihrem Workflow ablegen.
SessionId	Gibt die zu verwendende Sitzung zurück oder legt diese fest. Sie setzen diesen Mechanismus ein, um verschiedene XML-Webdienst-Aufrufe zusammenzufassen. Diese Eigenschaft wird später im Rahmen des Abschnitts »Mit Sitzungen arbeiten« beschrieben.
URL	Gibt den für die Kommunikation mit dem XML-Webdienst zu verwendenden URL zurück oder setzt diesen. Der URL selbst wird in den Workflow-Projekteinstellungen gespeichert, kann aber dennoch einfach über das Eigenschaftenfenster der *InvokeWebService*-Aktivität geändert werden.

Darüber hinaus müssen Sie zu diesen Eigenschaften gelegentlich Ereignishandler für die Ereignisse *Invoking* und *Invoked* einrichten. Sie erfahren, warum dies notwendig ist, im Rahmen der Konfiguration Ihres Proxies (Abschnitt »Den Proxy konfigurieren«).

Die Verwendung der *InvokeWebService*-Aktivität besteht prinzipiell einfach nur darin, diese im Workflow abzulegen. Bei diesem Vorgang hilft Ihnen das Microsoft Visual Studio, die Aktivität zu konfigurieren, indem die Serverinformationen angefordert werden, sodass das WSDL abgerufen und der Proxy erzeugt werden kann. Wenn Sie stattdessen den Proxy selbst erstellen möchten, schließen Sie einfach das von Visual Studio angezeigte Dialogfeld. Soll dagegen Visual Studio den Proxy kreieren, wird Ihnen das angebotene Dialogfeld (Abbildung 18.1.) sicher bekannt vorkommen, denn es handelt sich um das gleiche Dialogfeld, das auch beim Hinzufügen eines Webverweises in einem typischen Visual Studio-Projekt Verwendung findet.

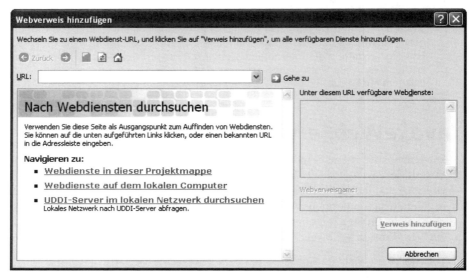

Abbildung 18.1 Das Visual Studio-Dialogfeld *Webverweis* hinzufügen

Sobald Sie den Webverweis hinzugefügt haben, müssen Sie die Eigenschaft *MethodName* aus der Liste der vorhandenen Methoden zuweisen und die entsprechend erforderlichen Parameter binden. Sobald Sie dies durchgeführt haben, ist die Aktivität einsatzbereit.

Den Webverweis hinzufügen

Wie Abbildung 18.1 zeigt, gibt es vier Möglichkeiten, um Ihrer *InvokeWebService*-Aktivität eine XML-Webdienst-Bindung zuzuweisen. Die drei Links im linken Fensterbereich erklären sich größtenteils selbst: Sie wählen einen Webdienst aus Ihrer aktuellen Projektmappe, von ihrem lokalen Computer oder verwenden das so genannte UDDI-Protokoll, um einen Webdienst ausfindig zu machen, der auf einem Server Ihres lokalen Netzwerks gehostet ist. Die vierte Variante besteht darin, den URL direkt anzugeben und auf die *Gehe zu*-Schaltfläche zu klicken.

> **Hinweis** Bei UDDI (*Universal Description, Discovery and Integration*) handelt es sich um ein Protokoll, das dazu dient, das Vorhandensein und die Merkmale eines XML-Webdienstes nach außen abzubilden. Früher war es für eine internetweite Verwendung vorgesehen, blieb aber hinter den Erwartungen zurück. Jedoch können Sie UDDI in Ihrem lokalen Netzwerk einsetzen, wenn auf dem Server das Betriebssystem Windows Server 2003 läuft. Der folgende Online-Artikel erklärt, wie dies funktioniert: *http://www.microsoft.com/windowsserver2003/technologies/idm/uddi/default.mspx* (auf Englisch).

Bei Auswahl des Links *Webdienste in dieser Projektmappe* (dem obersten der Links) untersucht Visual Studio Ihre aktuelle Projektmappe nach XML-Webdienst-Projekten. Wenn welche gefunden werden, werden diese angeboten und Sie können eines zur Bindung auswählen (durch Anklicken der Schaltfläche *Verweis hinzufügen*, die nach Auswahl eines Dienstes aktiviert wird).

Der Link *Webdienste auf dem lokalen Computer* weist Visual Studio an, die Metabase des lokalen IIS (*Internet Information Services*) nach XML-Webdiensten zu durchsuchen, die für die Ausführung unter dem lokalen IIS konfiguriert sind. Die gefundenen Dienste werden dann aufgelistet, sodass Sie den gewünschten auswählen können. Auch hier gilt, dass die Schaltfläche *Verweis hinzufügen* erst nach einer Auswahl aktiv wird. Klicken Sie auf die Schaltfläche, woraufhin Visual Studio für Sie einen Proxy erzeugt. Beachten Sie, wenn Sie auf eine WSDL-Datei verweisen möchten, die auf einem lokalen Laufwerk gespeichert ist, müssen Sie den Dateipfad manuell in das *URL*-Feld eingeben und dabei das *file*-Protokoll verwenden (file://<Dateipfad>).

Über die Option *UDDI-Server im lokalen Netzwerk durchsuchen*, dem dritten der Links, lässt sich das lokale Netzwerk nach XML-Webdiensten durchsuchen und der gewünschte Dienst auswählen. Selbstverständlich wird vorausgesetzt, dass mindestens ein UDDI-Server in Ihrem lokalen Netzwerk verfügbar ist. Nach Auswahl eines Dienstes übermittelt UDDI den entsprechenden URL des Dienstes an Visual Studio, das dann auch hier einen Proxy für Sie anfertigt.

Zu beachten ist noch, dass beim Hinzufügen von Webverweisen die Möglichkeit besteht, bei der Auswahl des Dienstes dem Proxy einen Namen zuzuweisen. Diese Option kann nützlich sein, insbesondere, wenn Sie auf mehr als einen Dienst verweisen. Der von Ihnen angegebene Name wird Teil des Namespaces des Proxies.

Befindet sich der Webdienst im Internet, müssen Sie den URL selbst eingeben. Dazu verwenden Sie das Eingabefeld URL im oberen Bereich des Dialogfelds (Abbildung 18.1). Bestätigen Sie den URL mit einem Klick auf die Schaltfläche *Gehe zu*. Visual Studio fragt dann mithilfe des URL den dazugehörigen WSDL ab und erzeugt anschließend den Proxy. Dies läuft dann genauso ab, als würde sich der XML-Webdienst auf Ihrem lokalen System befinden.

Den Proxy konfigurieren

Sobald Sie die *InvokeWebService*-Aktivität hinzugefügt haben, was in vielerlei Hinsicht ähnlich funktioniert wie das Aufnehmen eines Webverweises in einem typischen Visual Studio-Projekt, müssen Sie den Proxy konfigurieren. Es gibt hierfür zwei Möglichkeiten: eine statische und eine dynamische Konfiguration.

Statische Proxy-Konfiguration

Diese Form der Konfiguration erfolgt durch Setzen der Eigenschaften der *InvokeWebService*-Aktivität über das Visual Studio-Eigenschaftenfenster. Wenn Sie eine neue *InvokeWebService*-Aktivität hinzufügen und an einen Webdienst binden (durch Verwendung des eben beschriebenen Dialogfelds *Webverweis hinzufügen*), ist die Konfiguration nahezu vollständig und prinzipiell einsatzbereit. Der URL ist bekannt und wurde in den Workflow-Projekteinstellungen gespeichert. Ebenso wurde der Proxy-Typ zugewiesen (die Eigenschaft *ProxyClass* weist einen Wert auf). Die einzige Ausnahme ist die Eigenschaft *MethodName*.

Visual Studio hat Kenntnis darüber, welche Methoden verfügbar sind, nachdem das WSDL interpretiert und der Proxy erzeugt wurde. Das Angeben einer Methode besteht dann nur noch darin, die gewünschte aufzurufende Methode aus der Liste der verfügbaren Methoden auszuwählen. Sofern die Methode keine zu bindenden Parameter hat, ist Ihre Konfiguration fertig gestellt. Wenn Parameter vorhanden sind, zur Übergabe an die Methode oder als Rückgabewert aus der Methode, müssen Sie ein lokales Feld oder eine abhängige Eigenschaft an diese Parameterwerte binden. Mit der eingerichteten *MethodName*-Eigenschaft und den gebundenen Methodeneigenschaften steht dem Zugriff auf den XML-Webdienst über die *InvokeWebService*-Aktivität nun endgültig nichts mehr im Weg.

Dynamische Proxy-Konfiguration

Die Möglichkeiten der statischen Konfiguration sind häufig nicht ausreichend. In vielen Fällen muss auf eine dynamische Konfiguration zurückgegriffen werden. Eventuell möchten Sie einen URL per Programmlogik zuweisen, anstatt diesen in den Einstellungen zu setzen. Unter Umständen ist es auch erforderlich, beim Aufruf Benutzerdaten anzugeben, um Zugriff auf einen geschützten Webdienst zu erhalten. All dies ist bei einer statischen Konfiguration nicht möglich.

Die Lösung hierfür liegt in der Behandlung des *Invoking*-Ereignisses. Wenn Sie einen Ereignishandler für das *Invoking*-Ereignis der *InvokeWebService*-Aktivität zur Verfügung stellen, erhalten Sie über das *InvokeWebServiceEventArgs*-Objekt des Ereignisses Zugriff auf die Proxy-Klasse. Das *InvokeWebServiceEventArgs*-Objekt verfügt über eine Eigenschaft namens *WebServiceProxy*, die die Instanz des Proxies darstellt, welche die *InvokeWebService*-Aktivität zum Aufruf des XML-Webdienstes verwendet. Indem das *WebServiceProxy*-Objekt in den von Ihnen verwendeten Proxy-Typ gecastet wird, können Sie je nach Bedarf beliebige dynamische Werte ändern, auch den URL und die Benutzerdaten.

Hinweis Benötigen Sie Informationen, was den Zugriff auf das Internet betrifft, wenn dieses durch einen Proxy-Server geschützt ist, erweist sich die folgende Internetadresse als hilfreich: *http://msdn2.microsoft.com/de-de/library/system.net.configuration(vs.80).aspx*. Informationen zur Verwendung von XML-Webdiensten, die per Benutzername und Passwort geschützt sind, finden sich unter *http://msdn.microsoft.com/library/default.asp?url=/library/en-us/dnnetsec/html/SecNetch10.asp* (auf Englisch; beachten Sie dort insbesondere den Abschnitt »Passing Credentials for Authentication to Web services«).

Mit Sitzungen arbeiten

Bei einer *Sitzung* (*session*) handelt es sich um eine Verbindung im Internet, bei welcher der Client – eine Software, welche über das HTTP-Protokoll (*HyperText Transfer Protocol*) arbeitet, etwa ein Browser – Daten von einem Webserver anfordert und daraufhin von diesem eine Antwort erhält. Websitzungen stützen sich damit auf Abfrage-Antwort-Paare. Anders als man vielleicht erwarten würde, stellen Websitzungen standardmäßig so genannte *nicht stehende Sitzungen* dar. Das bedeutet, dass sich nach Abschluss einer Abfrage die nächste Abfrage wie eine neue Verbindung verhält. Die neue Abfrage kann entsprechend nicht so ohne weiteres der alten zugeordnet werden.

In der Praxis erweist sich diese Einschränkung des HTTP-Protokolls oft als hinderlich. Ein typisches Beispiel ist ein webbasierter Warenkorb. Wenn Sie in einem Onlineshop Produkte in den Warenkorb legen, besteht die Notwendigkeit, dass dieser sich die Produkte merkt und einem bestimmten Anwender zuordnet. Es stellt sich die Frage, wie diese Diskrepanz zwischen den Einschränkungen des HTTP-Protokolls und den Anwendererfordernissen überbrückt werden kann.

Die Antwort liegt darin, dass Webanwendungen eine eigene Sitzung initiieren und damit das HTTP-Protokoll in gewisser Weise künstlich erweitern. Die Sitzung wird dann aufgezeichnet und eine bestimmte Zeit aufrechterhalten, bis sich der Anwender entweder ausloggt (bei Systemen, die mit Benutzername und Passwort arbeiten), die Webanwendung beendet (bei Verwendung eines Browsers z. B. alle Browserfenster schließt) oder eine gewisse Zeit inaktiv ist (bis der Timeout einsetzt).

Es gibt verschiedene Möglichkeiten, solche Sitzungen zu implementieren, die meisten greifen hierfür auf ein *Cookie* zurück. Cookies stellen Hilfsdatencontainer dar, die zusammen mit den HTTP-Abfrage-Antwort-Daten innerhalb des HTTP-Pakets übertragen werden, neben den tatsächlichen Nutzdaten (SOAP-basiertes XML, HTML usw.). Auf dem Server werden die Cookies üblicherweise im Arbeitsspeicher abgelegt und können dort von Webanwendungen für die unterschiedlichen Zwecke verwendet werden. Auf dem Client werden Cookies normalerweise als Dateien gespeichert. Wenn Sie auf eine bestimmte Webressource zugreifen, wird das für diese Ressource vorgesehene Cookie aus dem Cookie-Ordner abgerufen und zurück an den Server übertragen. Auch wenn dies nicht die einzige Möglichkeit bei der Implementierung von Sitzungen darstellt, handelt es sich um ein gängiges Verfahren.

XML-Webdienste in der WF verhalten sich in dieser Beziehung jedoch ein wenig anders. Zum einen werden diese nicht über einen Browser aufgerufen. (Bei anderen Technologien werden XML-Webdienste in aller Regel über den Browser genutzt.) Da hier nicht auf den Browsermechanismus für Cookies zurückgegriffen werden muss, der sich wie vorhin erwähnt auf die Speicherung von Cookies in Gestalt von Dateien stützt, ergibt sich keine Notwendigkeit, die Cookies ebenfalls auf dem Client in Form von Dateien zu realisieren. Stattdessen werden die Cookies auch auf dem Client im Arbeitsspeicher untergebracht.

Zum anderen gibt es einen Unterschied, was die Verfügbarkeit von Sitzungen angeht. Sie können nicht davon ausgehen, dass ein bestimmter XML-Webdienst Sitzungen unterstützt. Wenn der Dienst nicht entsprechend dafür konfiguriert ist, sitzungsbasierte Cookies zu senden, ist nur eine normale, aber keine auf Sitzungen beruhende Verwendung möglich.

> **Tipp** Wenn Sie XML-Webdienste mithilfe des .NET Frameworks entwickeln und Sitzungen erlauben möchten, stellen Sie sicher, dass Sie die Sitzungsverwaltung eingeschaltet haben. Dazu verwenden Sie die *EnableSession*-Eigenschaft des *WebMethod*-Attributs, das Ihre webbasierten Methoden ausweist. Standardmäßig sind Sitzungen im Rahmen von XML-Webdiensten unter .NET deaktiviert.

Es gibt mindestens einen wichtigen Grund, die Sitzungsverwaltung im Workflow einzuschalten: Workflows brauchen Zeit für die Fertigstellung, in einigen Fällen viel Zeit. Wenn der XML-Webdienst über einen längeren Zeitraum läuft, besteht die Notwendigkeit, verwandte Abfragen zu verknüpfen, um die Ergebnisse dieses Dienstes abzurufen.

Lang laufende XML-Webdienste

Workflows, die Anwender einbeziehen, laufen naturgemäß über einen längeren Zeitraum. Häufig machen Sie Ihren Workflow persistent, während Sie auf die Antwort oder andere Vorgänge von jemandem warten.

Wenn ein XML-Webdienst aus bestimmten Gründen Reaktionen durch Anwender anfordert oder durch sein Design so angelegt ist, dass Vorgänge lange dauern können (etwa die Abwicklung einer Bestellung), wird Ihr Client-Workflow ebenso zu einem lang laufenden Workflow. Anstatt alles zusammenzufassen, ist es häufig das Einfachste, die Verarbeitung zu unterbrechen, eine Weile zu warten und dann den XML-Webdienst erneut abzufragen, um zu überprüfen, ob der Vorgang inzwischen abgeschlossen ist. (Es gibt Spezifikationen für webbasierte Benachrichtigungen, etwa WS-Eventing, die aber bislang noch nicht in .NET implementiert sind.)

Angenommen, Sie unternehmen eine Abfrage bei einem XML-Webdienst, halten die Verarbeitung für eine Zeit lang an, gehen einen Schritt zurück und wiederholen die Abfrage. Wenn Sie nicht die gleiche Sitzung verwenden, wird der Server höchstwahrscheinlich eine Ausnahme auslösen, sofern nicht andere Mechanismen zur Verknüpfung der Serverabfragen verwendet werden.

Es liegt dann bei Ihnen, das Sitzungs-Cookie abzurufen, das beim ersten Aufruf des XML-Webdienstes angelegt wurde, dessen Informationen zu kopieren und es für eine spätere Verwendung zu speichern. Davon ausgehend, dass Sitzungs-Cookies aktiviert sind, stellen Sie zur Anfertigung einer solchen Kopie einen Ereignishandler für das erste *Invoked*-Ereignis der *InvokeWebService*-Aktivität zur Verfügung, der nach folgendem Muster aufgebaut ist:

```
private void FirstWebMethodInvokedHandler(object sender,
    InvokeWebServiceEventArgs e)
{
    MyWebServiceProxy ws = e.WebServiceProxy as MyWebServiceProxy;
    foreach (System.Net.Cookie cookie in
        ws.CookieContainer.GetCookies(new Uri(ws.Url)))
    {
        // Die folgenden Werte müssen gespeichert werden, um das Cookie
        // wiederherstellen zu können.
        // Es sollte nur genau ein Cookie vorhanden sein, aber für alle Fälle
        // können Sie die Cookies untersuchen, falls doch mehrere existieren.
        string a = cookie.Name; // (Werte für einen späteren Wiederaufruf persistent
                                // machen)
        string b = cookie.Path;
        string c = cookie.Value;
        string d = cookie.Domain;
    }
}
```

Dabei speichern Sie die Stringwerte für eine spätere Verwendung in den Variablen *a*, *b*, *c* und *d*. Nachfolgende Aufrufe, die für die Verwendung desselben Sitzungs-Cookies bestimmt sind, greifen dann auf die zuvor in den Variablen *a*, *b*, *c* und *d* abgelegten Werte zurück, um das Cookie wiederherzustellen, etwa um einen Status der Ergebnisse abzufragen. Im folgenden Beispiel wird das nachfolgende *Invoking*-Ereignis der *InvokeWebService*-Aktivität behandelt:

```
private void NextWebMethodInvokingHandler(object sender,
    InvokeWebServiceEventArgs e)
{
    // Das Cookie aus den persistent gemachten Werten erstellen:
    System.Net.Cookie cookie = new System.Net.Cookie();
    cookie.Name = a; // (values from previous Invoking handler)
    cookie.Path = b;
    cookie.Value = c;
    cookie.Domain = d;

    // Das Cookie der Cookie-Auflistung hinzufügen, die an den
    // Remote-Server geht:
    MyWebServiceProxy ws = e.WebServiceProxy as MyWebServiceProxy;
    ws.CookieContainer.Add(cookie);
}
```

Beachten Sie, dass dieser Aufwand nur dann erforderlich ist, wenn die Workflow-Instanz persistent gemacht oder anderweitig aus dem Arbeitsspeicher entfernt wurde. Zu erwähnen ist außerdem noch Folgendes: Wenn zwei sitzungsbasierte *InvokeWebService*-Aktivitäten innerhalb derselben Ausführung einer Workflow-Instanz verwendet werden, wird das Cookie bei jedem Methodenaufruf an den XML-Webdienst übertragen, sofern sich diese den gleichen *SessionId*-Wert teilen.

Einen Workflow erstellen, der einen XML-Webdienst verwendet

Mit den bislang skizzierten Hintergrundinformationen ist es nun Zeit, die *InvokeWebService*-Aktivität auszuprobieren. Sie finden im Anschluss eine Anwendung, die verschiedene Projekte umfasst: eine Konsolenanwendung, die den Workflow steuert, einen Webdienst, der Aktienkurse zurückgibt, sowie eine grundlegende sequenzielle Workflow-Bibliothek. Die Anwendung heißt *QuoteRetriever* und verwendet dieselben drei Aktiensymbole, die in der Beispielanwendung aus Kapitel 10 vorgegeben sind. Im Folgenden arbeiten Sie mit diesem Beispiel und rufen einen XML-Webdienst aus diesem Workflow auf.

Dem Workflow eine *InvokeWebService*-Aktivitätsschnittstelle hinzufügen

1. Die Anwendung *QuoteRetriever* ist im Verzeichnis *\Workflow\Chapter18* zu finden. Wie gewohnt sind zwei verschiedene Versionen der Beispielanwendung vorhanden. Die nicht vollständige Variante, mit der Sie arbeiten können, ist im Verzeichnis *QuoteRetriever* untergebracht, während die vollständige Version im Verzeichnis *QuoteRetriever Completed* zu finden ist. Wenn Sie die einzelnen Schritte selbst nachvollziehen möchten, öffnen Sie die nicht vollständige Variante, andernfalls die vollständige. Um eine der beiden Versionen zum Zwecke der Bearbeitung und Kompilierung zu öffnen, ziehen Sie die Projektmappendatei, also die Datei mit der Dateierweiterung *.sln*, in ein Visual Studio-Fenster.

2. Halten Sie im Projekt *QuoteFlow* nach der Datei *Workflow1.cs* Ausschau und klicken Sie auf das Symbol (*Ansicht-Designer*) der Symbolleiste, woraufhin der Workflow-Ansicht-Designer geöffnet wird.

3. Der Workflow ist zum jetzigen Zeitpunkt leer. Fügen Sie entsprechend die erste Aktivität hinzu. Ziehen Sie dazu eine Instanz der *InvokeWebService*-Aktivität auf die Designer-Oberfläche und legen Sie diese dort ab.

4. Auch wenn Sie vermutlich an dieser Stelle erwarten, dass sich der Workflow-Ansicht-Designer so verhält, wie es bislang im Buch der Fall war – durch Darstellung der ausgewählten Aktivität als abgerundetes Rechteck auf der Designer-Oberfläche –, erscheint stattdessen zunächst das Visual Studio-Dialogfeld *Webverweis hinzufügen* (Abbildung 18.2). Da Sie noch keinen Webverweis bezeichnet haben, der für die Verwendung in diesem Projekt geeignet ist, führen Sie im Folgenden das Hinzufügen des Webverweises durch und definieren die anfänglichen Eigenschaftseinstellungen der *InvokeWebService*-Aktivität. Klicken Sie zunächst auf den Link *Webdienste in dieser Projektmappe*, um den Vorgang fortzusetzen.

Kapitel 18: Webdienste aus Workflows aufrufen

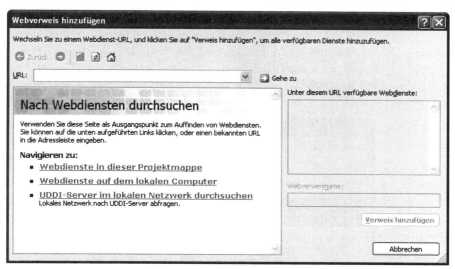

Abbildung 18.2 Das Visual Studio-Dialogfeld *Webverweis hinzufügen* erscheint unmittelbar nach dem Ablegen der *InvokeWebService*-Aktivität

5. Der einzige XML-Webdienst, den diese Projektmappe enthält, ist *QuoteService*. Klicken Sie auf den Link *QuoteService*, um zum nächsten Schritt zu gelangen (Abbildung 18.3).

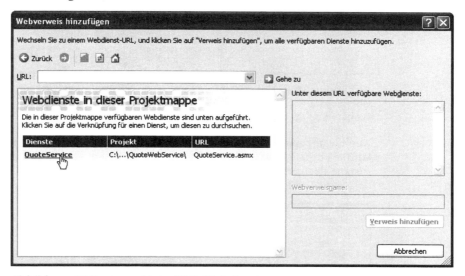

Abbildung 18.3 Auswahl des XML-Webdienstes

> **Hinweis** Der Webdienst *QuoteService* legt ein *Dictionary*-Objekt mit den drei Wertpapieren aus Kapitel 10 mit den entsprechenden Anfangswerten vor. Daraufhin platziert er das *Dictionary*-Objekt im ASP.NET-Cache, sodass dieses beim Aufruf der XML-Webdienstes verwendet werden kann. (Der Code, der den Cache initialisiert, findet sich in der Datei *Global.asax*.)

6. Daraufhin müssen Sie sich ein paar Augenblicke gedulden. Visual Studio lädt das WSDL für den Dienst und interpretiert die Methoden, die der Dienst exportiert. Sobald das WSDL geladen und die Methoden, welche der Dienst abbildet, aufgelistet sind, wird die Schaltfläche *Verweis hinzufügen* aktiviert. Klicken Sie diese Schaltfläche an, um den Webverweis in Ihr Projekt aufzunehmen (Abbildung 18.4).

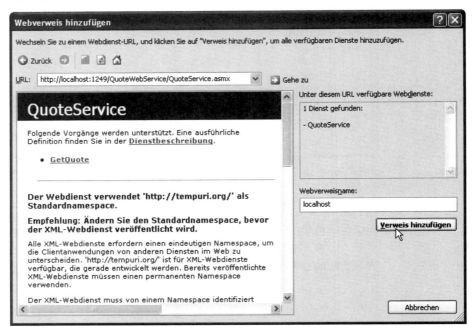

Abbildung 18.4 Das Dialogfeld zeigt jetzt Informationen zum ausgewählten XML-Webdienst an. Mithilfe der nun aktiven Schaltfläche *Verweis hinzufügen* wird der Webverweis in das Projekt aufgenommen

Auch wenn zunächst das Dialogfeld angezeigt wird, fügt Visual Studio das bekannte abgerundete Rechteck im Workflow-Ansicht-Designer hinzu, das die Instanz der vorhin in den Workflow abgelegten *InvokeWebService*-Aktivität darstellt (Abbildung 18.5).

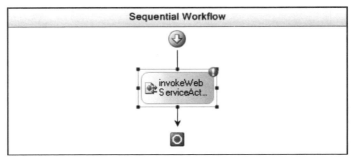

Abbildung 18.5 Die abgelegte *InvokeWebService*-Aktivität im Workflow-Ansicht-Designer

7. Der überwiegende Teil der Einstellungen für die *invokeWebService1*-Aktivität wurde bereits von Visual Studio gesetzt. Jedoch müssen Sie Visual Studio darüber in Kenntnis setzen, welche Methode Sie in Verbindung mit dieser Instanz der *InvokeWebService*-Aktivität aufrufen möchten. Markieren Sie hierzu im Eigenschaftenfenster die *MethodName*-Eigenschaft, um das *v*-Symbol einzublenden und klicken Sie dieses an. Wählen Sie schließlich den Eintrag *GetQuote* aus der Liste (Abbildung 18.6).

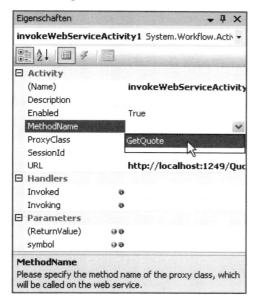

Abbildung 18.6 Auswahl der gewünschten Methode des XML-Webdienstes

8. Die Auswahl des Methodennamens veranlasst Visual Studio, die Methode zu untersuchen und die Parameter, welche die Methode unterstützt, dem Eigenschaftenfenster hinzuzufügen. Wählen Sie die Eigenschaft *(Return Value)* aus, um die bekannte Schaltfläche »...« einzublenden. Klicken Sie diese Schaltfläche an, woraufhin das Dialogfeld *Bind '(Return Value)' to an activity's property* erscheint. Wechseln Sie auf die Registerkarte *Bind to a new member* und geben Sie **StockValue** in das Feld *New member name* ein, stellen Sie sicher, dass die Optionsschaltfläche *Create Property* aktiviert ist und klicken Sie auf *OK*, um die abhängige Eigenschaft *StockValue* Ihrem Workflow hinzuzufügen (Abbildung 18.7).

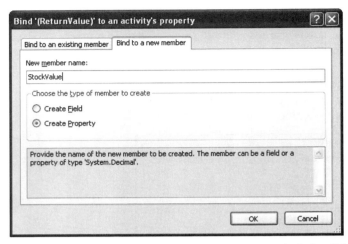

Abbildung 18.7 Erzeugen der abhängigen Eigenschaft *StockValue*

9. Wiederholen Sie den Vorgang für die Eigenschaft *symbol*, wobei Sie die dazugehörige abhängige Eigenschaft mit **Symbol** benennen (Abbildung 18.8).

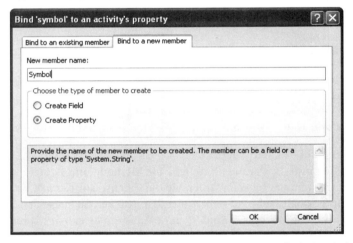

Abbildung 18.8 Erzeugen der abhängigen Eigenschaft *Symbol*

10. Die *InvokeWebService*-Aktivität ist nun für diesen Workflow vollständig konfiguriert. Ziehen Sie als Nächstes eine Kopie der *Code*-Aktivität auf die Designer-Oberfläche und legen Sie diese unterhalb der *invokeWebService1*-Aktivität ab (Abbildung 18.9). Weisen Sie der *ExecuteCode*-Eigenschaft den Namen **DisplayQuoteValue** zu.

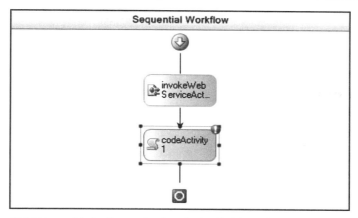

Abbildung 18.9 Es wurde eine *Code*-Aktivität platziert

11. Visual Studio fügt die *DisplayQuoteValue*-Methode hinzu und wechselt in den Code-Editor. Geben Sie den folgenden Code in diese Methode ein:

```
if (StockValue >= 0)
{
    // Den Aktienwert gefunden:
    Console.WriteLine("The value for '{0}' is: {1}",
        Symbol, StockValue.ToString("C"));
} // if
else
{
    // Unbekannte Aktie:
    Console.WriteLine("Stock symbol '{0}' is unknown...please try" +
        " again using a valid stock symbol.", Symbol);
} // else
```

12. Kompilieren Sie die Projektmappe mit einem Druck auf **F6** oder über den Menübefehl *Erstellen/Projektmappe erstellen*. Korrigieren Sie etwaige aufgetretene Kompilierungsfehler.

13. Die Hauptanwendung erwartet ein Aktienkürzel als einziges Kommandozeilenargument. Der XML-Webdienst verfügt über lediglich drei Aktienkürzel: CONT, LITW und TSPT. Aus diesem Grund sind dies die einzigen drei Werte, die Sie an die Anwendung übergeben können. Bei der Ausführung der Anwendung und der Übergabe des Aktienkürzels CONT sieht die Ausgabe des Programms etwa so aus, wie es in Abbildung 18.10 dargestellt ist.

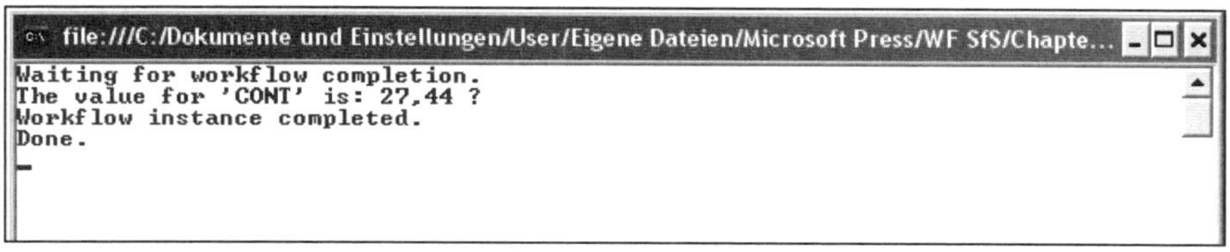

Abbildung 18.10 Ausgabe des Beispielprogramms QuoteRetriever

Der angezeigte Wert der Aktie variiert, da in der Simulation, die der XML-Webdienst implementiert, Zufallszahlen verwendet werden. Auch wenn es aus der Ausgabe nicht ersichtlich ist, ruft die Anwendung die Aktienkurse tatsächlich vom XML-Webdienst ab.

Tritt ein Problem auf, wird die zurückgegebene Ausnahme zu Debugzwecken angezeigt. Normalerweise müssen Sie dann lediglich den Webserver neu starten.

Im nächsten und letzten Kapitel 19 »Workflows als Webdienste« dreht sich alles um das Gegenstück dieses Kapitels – wie ein Workflow selbst als XML-Webdienst arbeiten kann.

Schnellübersicht

Aufgabe	Aktion
Einen XML-Webdienst aus dem Workflow aufrufen	Verwenden Sie die *InvokeWebService*-Aktivität. Auch wenn Sie auf eine *Code*-Aktivität zurückgreifen und dort einen Webverweis und Proxy unterbringen könnten, empfiehlt sich der Einsatz der *InvokeWebService*-Aktivität, schon einmal deshalb, um den Aufruf des XML-Webdienstes im Workflow-Ansicht-Designer adäquat abzubilden. An die Aktivität lassen sich auch Eigenschaften binden, was eine praktische Angelegenheit ist.
Den Proxy vor dem Aufruf des XML-Webdienstes dynamisch neu konfigurieren	Implementieren Sie einen Ereignishandler für das Ereignis *Invoking* und greifen Sie auf das *InvokeWebServiceEventArgs*-Objekt der *WebServiceProxy*-Einstellung zu (die Sie in Ihren Proxy-Typ casten). Auf diese Weise erhalten Sie Zugriff auf alle typischen Proxy-Eigenschaften.
Einzelne *InvokeWebService*-Aufrufe in einer Sitzung verknüpfen	Stellen Sie für jede Instanz der *InvokeWebService*-Aktivität den gleichen *SessionId*-Wert zur Verfügung. Das Sitzungs-Cookie kann dazu verwendet werden, die Methodenaufrufe in Form einer Sitzung zusammenzufassen.

Kapitel 19

Workflows als Webdienste

In diesem Kapitel:

Einen Workflow als XML-Webdienst abbilden.	528
Die *WebServiceInput*-Aktivität verwenden.	534
Die *WebServiceOutput*-Aktivität verwenden.	535
Die *WebServiceFault*-Aktivität verwenden.	536
Ein Host-Webdienst-Projekt erstellen.	536
Schnellübersicht.	555

In diesem Kapitel lernen Sie

- wie die verschiedenen Workflow-Aktivitäten, die zur Abbildung Ihres Workflows als XML-Webdienst konzipiert sind, verwendet werden.
- was notwendig ist, um einen Workflow in ASP.NET zu hosten.
- wie Fehler in einem webdienstbasierten Workflow behandelt werden.
- wie Sie Ihren webdienstbasierten Workflow für verschiedene Situationen konfigurieren.

Im vorangegangenen Kapitel »Webdienste aus Workflows aufrufen« haben Sie erfahren, wie Sie XML-Webdienste aus Ihrem clientseitigen Workflow aufrufen. Dazu dient die *InvokeWebService*-Aktivität, welche die Windows Workflow Foundation (WF) für diesen Zweck zur Verfügung stellt. Der XML-Webdienst aus der Beispielanwendung dieses Kapitels war jedoch ein typischer ASP.NET-XML-Webdienst – ohne Besonderheiten.

In diesem letzten Kapitel lernen Sie, wie Sie einen Workflow – weitgehend automatisch – als XML-Webdienst abbilden, sodass die Clients diesen nutzen können. Dabei ist es zwar nicht damit getan, eine Workflow-Assembly-Bibliothek zu erstellen und auf diese von einem Webbdienstprojekt aus zu verweisen, aber der Vorgang ist dennoch nicht kompliziert, wenn man einige wesentliche Konzepte verstanden und die praktische Umsetzung in einer Beispielanwendung gesehen hat.

> **Hinweis**   Dieses Kapitel konzentriert sich auf die Integration der WF in ASP.NET, um einen XML-Webdienst zu realisieren. Hierbei gibt es jedoch viele kritische Punkte, derer Sie sich bewusst sein sollten, wenn Sie einen XML-Webdienst abbilden, von denen nicht zuletzt der Sicherheitsaspekt einer ist. Eine vollständige Abhandlung des Themas Sicherheit würde aber den Rahmen des Buches sprengen. Der folgende Link jedoch vermittelt viele Grundlagen zu diesem Thema: *ttp://msdn.microsoft.com/library/default.asp?url=/library/en-us/dnnetsec/html/*THCMCh12.asp (auf Englisch). Wenn Sie Ihren Workflow als XML-Webdienst abbilden möchten, sollten Sie sich unbedingt mit den geeigneten Sicherheitsverfahren von ASP.NET beschäftigen, insbesondere mit solchen, welche die XML-Webdienste tangieren.

Einen Workflow als XML-Webdienst abbilden

Mit ein Grund für die Tatsache, dass Sie die Workflows, die bislang in diesem Buch vorgestellt wurden, nicht direkt in einer ASP.NET-Umgebung ausführen können, liegt darin, dass die Workflow-Laufzeit standardmäßig Workflow-Instanzen asynchron abarbeitet. Tatsächlich ist das asynchrone Modell ein besonders wertvolles Leistungsmerkmal bei der Arbeit mit Workflows in Nicht-Webanwendungen.

Aber in einer webbasierten Konstellation stellt dies ein Problem dar. Wenn eine ASP.NET-Anfrage eingeht, unabhängig davon, ob diese den XML-Webdienst oder auch eine ASP.NET-Webseite tangiert, beginnt die Workflow-Instanz mit der Ausführung und die Laufzeit gibt die Kontrolle an ASP.NET zurück. Ihr XML-Webdienst oder Ihre ASP.NET-Seite setzt sofort mit der Vorbereitung der Ausgabe fort und ist wahrscheinlich damit fertig, bevor die Workflow-Instanz den entsprechenden Vorgang zum Abschluss gebracht hat. Da die Workflow-Instanz asynchron ist, kann die parallele Ausführung in Verbindung mit der ASP.NET-Awendung zur Folge haben, dass die Ausführung des ASP.NET-Codes zum Ende gelangt und eine Antwort an den Aufrufer zurückgegeben wird, ohne dass die Workflow-Verarbeitung abgeschlossen wurde.

> **Tipp**   Die ordnungsgemäße Ausführung von Workflow-Instanzen innerhalb von ASP.NET-Webseiten basiert tatsächlich auf einem asynchronen Aufruf von ASP.NET-Webseiten. Aus Platzgründen kann darauf nicht weiter eingegangen werden. Weitere Infos finden Sie aber unter der folgenden Internetadresse: *http://msdn.microsoft.com/msdnmag/issues/05/10/WickedCode* (auf Englisch).

Dieses Verhalten bedeutet mindestens zwei Herausforderungen für Sie: Zuerst müssen Sie die asynchrone Ausführung Ihrer Workflows abschalten oder zumindest umgehen. Die Workflows müssen synchron ausgeführt werden – in der Weise, dass diese denselben Thread verwenden wie Ihre Seite oder Ihr XML-Webdienst, sodass die Webanwendung keine Antwort an den Aufrufer zurückgibt, bevor die Verarbeitung nicht abgeschlossen ist. Dies lässt aber natürlich die Frage nach lang laufenden Workflows offen. Dies ist auch gleichzeitig die zweite Herausforderung, die bewältigt werden muss.

Die Problematik in Hinblick auf lang laufende Workflows ist in der Arbeitsweise von webbasierten Anwendungen begründet. Sie wissen aus dem letzten Kapitel, dass Webanwendungen von Natur aus keinen länger andauernden Zustand aufweisen. Abfragen, die nur Millisekunden auseinander liegen, haben keine Kenntnis voneinander, sofern Sie nicht ein Framework errichten, das eine solche Fähigkeit zur Verfügung stellt. Webanwendungen werden außerdem auf Webservern ausgeführt, die normalerweise äußerst kostenintensive Systeme darstellen und dazu konzipiert sind, eine sehr hohe Anzahl an Clients gleichzeitig zu versorgen. Wenn ein Workflow viel Zeit für die Ausführung benötigt, wird der Webserver stark belastet und die Skalierbarkeit (vereinfacht erklärt, die Fähigkeit, dass eine Erhöhung der Clientanfragen die Last nur linear, aber nicht exponential erhöht) geht zurück.

Die Lösung, was sowohl die Frage der Verwaltung des Zustandes als auch den Umgang mit lang laufenden Workflows betrifft, liegt in der Persistenz. Wenn Ihr Workflow-Prozess länger benötigt als ein einzelner webbasierter Aufruf (ASP.NET-Seitenabruf oder XML-Webdienst), müssen Sie die Workflow-Instanz persistent machen und diese während des nächsten Ausführungszyklus erneut laden. Dies ist auch der Grund, warum das Wiederherstellen des Sitzungs-Cookies im Abschnitt »Lang laufende XML-Webdienste« des vorangegangenen Kapitels erwähnt wurde, denn der Client muss auch über diese Möglichkeit unterrichtet sein und eine Kommunikationsform erlauben, die mehr als einen einzelnen Abfrage-Antwort-Vorgang umfasst.

Der IIS (*Internet Information Services*) im Besonderen bietet weitgehende Merkmale, um Systemressourcen einzusparen. In einer typischen Clientanwendung und eigentlich in jeder Anwendung, die bislang in diesem Buch dargelegt wurde, wird jedoch die Workflow-Laufzeit gestartet, sobald die Anwendung mit der Ausführung beginnt und läuft dann so lange wie die Anwendung. Der IIS aber ermöglicht eine »Wiederverwertung« von Anwendung (durch Caching), um die Serverressourcen effektiver zu nutzen. Das bedeutet für Sie als ASP.NET-Programmierer zwei Dinge:

Erstens müssen Sie irgendwie entscheiden, wo und wie die Workflow-Laufzeit gestartet wird. Verschiedene Abfragen für die gleiche ASP.NET-Anwendung werden auf unterschiedlichen Threads verarbeitet, aber sie werden in der gleichen AppDomain ausgeführt. Wie Sie sich vielleicht noch erinnern, können Sie nur eine einzelne Instanz der WF-Workflow-Laufzeit pro AppDomain ausführen. Somit scheidet die Möglichkeit aus, einfach eine Instanz der Workflow-Laufzeit zu erstellen, sobald Ihre ASP.NET-Anwendung eine Anfrage empfängt. Das Ergebnis wäre eine Workflow-Laufzeit-Ausnahme.

Zweitens benötigen Sie einen Weg, den Workflow auf eine synchrone Art und Weise auszuführen. Läuft Ihr Workflow über einen längeren Zeitraum, müssen Sie mit der Ausführung der Workflow-Instanz synchron beginnen, die Ausführung anhalten, die Workflow-Instanz persistent machen und dem Client den gegenwärtigen Workflow-Status mitteilen. Dazu müssen Sie den standardmäßigen Thread-Scheduling-Dienst der Workflow-Laufzeit ersetzen. Das bedeutet eine Neukonfiguration der Workflow-Laufzeit.

Die Workflow-Laufzeit erstellen

Wenn Sie noch einmal den XML-Webdienst aus dem Vorgängerkapitel betrachten, entdecken Sie eine besondere Datei, die der ASP.NET-Beispielanwendung hinzugefügt wurde – *Global.asax*. Diese Datei enthält Ereignishandler für wichtige Ereignisse in der Laufzeit der ASP.NET-Anwendung. Eines der Ereignisse, die in *Global.asax* behandelt werden, ist das Ereignis, das den Start der Anwendung markiert, das von ASP.NET ausgelöst wird, wenn eine Instanz von *HttpApplication* erstellt wird. Sie könnten, wenn Sie möchten, die Workflow-Laufzeit über den *Application_Start*-Ereignishandler starten. (Im vorangegangenen Kapitel wurde etwas Ähnliches im Rahmen des statischen *Dictionary*-Objektes für das Abrufen von Aktien über das Aktienkürzel unternommen.)

> **Hinweis** Möchten Sie mehr über den Lebenszyklus einer Anwendung in ASP.NET erfahren, schauen Sie unter der folgenden Internetadresse nach:
> http://msdn2.microsoft.com/en-us/library/aa485331.aspx (auf Englisch).

Das Problem, das vor Ihnen steht, liegt darin, dass Sie einige Mechanismen für individuelle Webressourcen-Abfragen zur Verfügung stellen müssen, um auf die Workflow-Laufzeit zugreifen zu können. Die nahe liegende Lösung ist, aus einer von Ihnen erstellten Container-Klasse auf die Workflow-Laufzeit zu verweisen und diese dann in den ASP.NET-Cache zu legen. Tatsächlich kommt dies bereits dem sehr nahe, was wirklich geschieht.

Das WF-Entwicklerteam war sich darüber im Klaren, dass die Notwendigkeit besteht, die Workflow-Laufzeit aus einer ASP.NET-Anwendung zu verwenden, und wusste, dass das Starten der Workflow-Laufzeit problematisch sein könnte. Daher hat es die *WorkflowWebRequestContext*-Klasse entwickelt.

Diese Klasse löst geschickt einige Probleme. Zum einen verwaltet sie eine Singleton-Instanz der Workflow-Laufzeit. Verwenden Sie deren *Current.WorkflowRuntime*-Accessor, erzeugt sie die Workflow-Laufzeit für Sie, falls die Singleton-Instanz der Workflow-Laufzeit *null* ist. Wurde dagegen die Workflow-Laufzeit bereits erstellt, wird die gecachte Workflow-Laufzeit zurückgegeben. Hierbei handelt es sich exakt um das Entwurfsmuster, das bislang im Buch Verwendung fand – beginnend mit der in Kapitel 2 »Die Workflow-Laufzeit« eingeführten *WorkflowFactory*-Klasse. Das andere Problem, das die Klasse löst, ist, dass alle Webressourcen Zugriff auf den *WorkflowWebRequestContext* und damit Zugriff auf die Workflow-Laufzeit erhalten.

Dienste konfigurieren

Mit dem Mechanismus als Grundlage, der den Abruf der separaten Workflow-Laufzeit ermöglicht, die für die Verwendung Ihrer ASP.NET-Anwendung bestimmt ist (geeignet für Seiten oder XML-Webdienste), müssen Sie nun die erforderlichen Dienste hinzufügen. Sie benötigen mindestens einen Dienst, aber es könnte auch die Notwendigkeit für weitere Dienste bestehen. Bei dem Dienst, den Sie der Laufzeit hinzufügen müssen, handelt es sich um den manuelle Thread-Scheduling-Dienst, aber üblicherweise werden auch die Persistenz- und Transaktionsdienste mit aufgenommen.

Möglicherweise gehen Sie zunächst davon aus, dass Dienste auf die gleiche Art hinzugefügt werden, wie dies bislang im Buch praktiziert wurde. Das würde bedeuten, dass die folgende Lösung funktionsfähig wäre:

```
WorkflowRuntime workflowRuntime =
    WorkflowWebRequestContext.Current.WorkflowRuntime;
...
string connString = ConfigurationManager.
    ConnectionStrings["MyPersistenceDB"].ConnectionString;
workflowRuntime.AddService(new SqlWorkflowPersistenceService(connString));
```

Jedoch schlägt diese Vorgehensweise in einer ASP.NET-Umgebung fehl. Sie erhalten zwar durch den *WorkflowWebRequestContext* Zugriff auf die Workflow-Laufzeit. Sobald aber die Workflow-Laufzeit vom *WorkflowWebRequestContext* gestartet ist, können Sie keine speziellen Dienste mehr hinzufügen, zu denen auch der Persistenzdienst gehört. Überdies ist es in einer ASP.NET-Umgebung nicht unwahrscheinlich, dass bereits andere Workflow-Instanzen die Workflow-Laufzeit verwenden, sodass Sie diese nicht einfach anhalten, die gewünschten Dienste ergänzen und dann diese neu starten können. Daher muss es eine andere Möglichkeit zur Konfigurierung der Workflow-Laufzeit geben.

Tatsächlich gibt es diese und der Begriff »Konfiguration« ist der Angelegenheit in stärkerem Maße angemessen, als es vielleicht zunächst den Anschein hat. Die hinzuzufügenden Dienste werden aus der ASP.NET-Anwendungskonfigurationsdatei *Web.config* gelesen. In dieser widmet sich ein spezieller Abschnitt der Workflow-Konfiguration, der durch das XML-Element *<WorkflowRuntime>* (und dem dazugehörigen Ende-Tag *<WorkflowRuntime />*) der WF abgesteckt ist. Da die Workflow-Laufzeit einen benutzerdefinierten Konfigurationsabschnitt verwendet, erwarten Sie, dass es auch einen Abschnittsidentifizierer im Element *<configSections>* gibt, was auch zutrifft. Dienste selbst werden mithilfe des *<Services>*-Elements konfiguriert, das in *<WorkflowRuntime>* zu finden ist.

In Kürze wird eine typische *Web.config-Datei* vorgestellt, aber zuvor muss noch ein Aspekt betrachtet werden: Wer erstellt das *WorkflowWebRequestContext*-Objekt? Dieses Objekt ist kein Bestandteil der standardmäßigen ASP.NET-Implementation, sodass etwas oder jemand dafür zuständig sein muss. Es ist außerdem der Fall, dass XML-Webdienstaufrufe für bestimmte Workflow-Instanzen (Sie erinnern sich an die *SessionId*) diesen Instanzen zugeordnet werden müssen und, wenn die Instanzen persistent gemacht wurden, müssen diese zur Ausführung in den Arbeitsspeicher zurückgeladen werden.

Das Objekt, das sich für all dies verantwortlich zeichnet, ist ein so genanntes ASP.NET-*HttpModule*, das *WorkflowWebHosting*-Modul. ASP.NET-*HttpModule*, wie Ihnen vielleicht bekannt ist, sind Erweiterungsobjekte, die Sie in dem Anfrage-Antwort-Pfad Ihrer webbasierten Anwendung platzieren können. Diese werden für genau einen Zweck eingesetzt – die Funktionalität Ihrer ASP.NET-Anwendungen zu erweitern. Wie zu erwarten, werden zusätzliche ASP.NET-*HttpModule* ebenso über die Datei *Web.config* konfiguriert.

Hinweis Um mehr über *HttpModule* zu lernen und zu erfahren, wie diese die HTTP-Abfrage-Antwort-Pipeline von ASP.NET erweitern, rufen Sie folgende Internetadresse auf: http://msdn2.microsoft.com/de-de/library/ms178468(VS.80).aspx.

Listing 19.1 stellt eine grundlegende *Web.config*-Datei dar, typisch für viele WF-basierte Anwendungen, die in ASP.NET-Umgebungen gehostet werden. Beachten Sie, dass diese nur die spezifischen Informationen enthält, die das Hosten der WF in Ihrer ASP.NET-Anwendung betreffen – Sie müssen noch die entsprechende ASP.NET-Konfiguration hinzufügen, die für Ihre Anwendung erforderlich ist (etwa in dem Bereich *<system.web>*).

Hinweis Listing 19.1 bezieht sich auf die zum Redaktionsschluss dieses Buches aktuelle Version der WF. Wenn neue Versionen erscheinen, müssen die Versionsnummern und möglicherweise der öffentliche Schlüssel (*PublicKeyToken*) in Ihren Konfigurationsdateien aktualisiert werden. Außerdem müssen Sie gegebenenfalls die Verbindungszeichenfolge auf Ihre SQL Server-Installation anpassen.

Listing 19.1 Die ASP.NET Anwendungskonfigurationsdatei *Web.config* mit Workflow-Erweiterungen

```xml
<?xml version="1.0"?>
<configuration xmlns="http://schemas.microsoft.com/.NetConfiguration/v2.0">
  <configSections>
    <section name="WorkflowRuntime" type=
      "System.Workflow.Runtime.Configuration.WorkflowRuntimeSection,
      System.Workflow.Runtime, Version=3.0.00000.0, Culture=neutral,
      PublicKeyToken=31bf3856ad364e35"/>
  </configSections>
  <WorkflowRuntime Name="WorkflowServiceContainer">
    <Services>
      <add type=
        "System.Workflow.Runtime.Hosting.ManualWorkflowSchedulerService,
        System.Workflow.Runtime, Version=3.0.00000.0, Culture=neutral,
        PublicKeyToken=31bf3856ad364e35"/>
      <add type=
        "System.Workflow.Runtime.Hosting.SqlWorkflowPersistenceService,
        System.Workflow.Runtime, Version=3.0.00000.0, Culture=neutral,
        PublicKeyToken=31bf3856ad364e35"/>
      <add type=
        "System.Workflow.Runtime.Hosting.DefaultWorkflowTransactionService,
        System.Workflow.Runtime, Version=3.0.00000.0, Culture=neutral,
        PublicKeyToken=31bf3856ad364e35"/>
    </Services>
  </WorkflowRuntime>
  <appSettings/>
  <connectionStrings>
    <add name="MyPersistenceDB"
      connectionString=
      "server=(local)\SQLEXPRESS;database=WorkflowStore;Integrated Security=true"/>
  </connectionStrings>
  <system.web>
    ...
    <httpModules>
      <add type="System.Workflow.Runtime.Hosting.WorkflowWebHostingModule,
```

```
            System.Workflow.Runtime, Version=3.0.00000.0, Culture=neutral,
            PublicKeyToken=31bf3856ad364e35" name="WorkflowHost"/>
        </httpModules>
    </system.web>
</configuration>
```

Workflow-Verwaltung

Bis jetzt drehte sich alles in diesem Kapitel um die ASP.NET-Architektur und die damit verbundenen Anforderungen zum Hosten WF-basierter Anwendungen. Bevor die XML-webdienstbasierten Aktivitäten der WF selbst beschrieben werden, soll zunächst beleuchtet werden, wie Workflow-basierte XML-Webdienst-Anwendungen aufgebaut werden.

Wenn Sie die *ExternalDataExchange*-Aktivität und den lokalen Kommunikationsdienst einsetzen – das betrifft zumindest die im Buch beschriebene Vorgehensweise –, besteht der erste Schritt darin, eine Schnittstelle zu erstellen. Diese bezeichnet Methoden und Daten, die bei der Übertragung der Informationen zwischen Ihrer Anwendung und dem Workflow Verwendung finden, und dient als Grundlage für den gesamten Kommunikationsprozess.

XML-Webdienst-Workflows folgen einem ähnlichen Modell. Sie erzeugen eine Schnittstelle, deren Methoden zu webbasierten Dienstmethoden werden (Webmethoden, so wie sie unter Verwendung von .NET aufgerufen werden). Die Schnittstelle und der Workflow sind typischerweise in einer separaten Assembly untergebracht, auf die Sie aus einer ASP.NET-Hostanwendung verweisen. (ASP.NET besitzt die Fähigkeit, Code dynamisch für den Einsatz über das Web zu kompilieren. Sie umgehen dies durch Verwendung einer vorkompilierten Assembly.) Es handelt sich genau um die Schnittstelle, die später bei der Verknüpfung der webdienstbasierten Aktivitäten mit einer Schnittstelle und einer Methode beschrieben wird.

Des Weiteren soll noch erwähnt werden, dass typische .NET-XML-Webdienste durch eine *.asmx*-Datei repräsentiert werden. Diese Datei bzw. die dazugehörige Code-Behind-Datei enthält eine Klassendefinition, die sich normalerweise von der Basisklasse *System.Web.Services.WebService* ableitet. Die einzelnen Methoden, die als Webmethoden vorgesehen sind, werden mit dem Attribut *System.Web.Services.WebMethod* versehen. Die *.asmx*-Datei selbst weist – als Minimum – die Direktive <%@WebService %> auf, welche ASP.NET davon unterrichtet, dass es sich um einen XML-Webdienst handelt und nicht um eine Webseite, und stellt einige spezifische Informationen in Hinblick darauf zur Verfügung, wo die Webmethoden zu finden sind, wobei hierfür das Attribut *Class* und gegebenenfalls noch das Attribut *CodeBehind* Verwendung finden.

WF-basierte XML-Webdiensts erfordern *.asmx*-Dateien wie jeder andere XML-Webdienst auch, die Webdienstdirektive eingeschlossen, da es sich hierbei um die Vorgehensweise handelt, mit der ASP.NET und der IIS XML-Webdienste identifizieren. Die gute Nachricht ist, dass Sie das Projekt mit dem eigentlichen ASP.NET-XML-Webdienst nicht selbst erzeugen müssen. Die WF fügt einen Menübefehl in Microsoft Visual Studio ein, mit dessen Hilfe der Workflow als ein ASP.NET-Projekt abgebildet und in der Projektmappe abgelegt wird. Dies ist ein ausgezeichnetes Leistungsmerkmal und Sie werden das später in diesem Kapitel ausprobieren.

Die *WebServiceInput*-Aktivität verwenden

WF-basierte XML-Webdienste benötigten mindestens eine *WebServiceInput*-Aktivität und eine oder mehrere *WebServiceOutput*-Aktivitäten. Die Eingabe- und Ausgabeaktivitäten sind verbunden – jede Ausgabeaktivität muss mit mindestens einer Eingabeaktivität verknüpft werden (dies trifft auch auf die *WebServiceFault*-Aktivität zu.) Sie können keine Instanz der *WebServiceInput*-Aktivität in Ihrem Workflow verwenden, ohne dass Ausgabe- oder Fehleraktivitäten vorhanden sind. Ebenso wenig ist es zulässig, Ausgabe- oder Fehleraktivitäten einzusetzen, ohne dass mindestens eine *WebServiceInput*-Aktivität existiert. Die Folge ist jeweils ein Validierungs- und Kompilierungsfehler.

Wenn Sie eine Instanz der *WebServiceInput*-Aktivität in Ihrem Workflow platzieren, müssen Sie verschiedene Eigenschaften setzen und gegebenenfalls mindestens ein Ereignis behandeln. Tabelle 19.1. zeigt die relevanten Eigenschaften. Das Ereignis, *InputReceived*, erlaubt es Ihnen, Anfangszustände des Workflows einzurichten. Die Eigenschaften dienen der Konfiguration der *WebServiceInput*-Aktivität.

Tabelle 19.1 Wichtige Eigenschaften der *WebServiceInput*-Aktivität

Eigenschaft	Zweck
InterfaceType	Gibt den Schnittstellendatentyp zurück, der zur Identifizierung der Methoden verwendet wird, die potenziell als Webmethoden ausgewiesen sind, oder legt diesen fest.
IsActivating	Liefert den Aktivierungsstatus dieser Aktivität zurück oder legt diesen fest. Wenn Ihr Workflow mehrere *WebServiceInput*-Aktivitäten aufweist, bezeichnen Sie diejenige, die den Workflow selbst aktiviert, indem Sie diese Eigenschaft auf *True* setzen. Bei mindestens einer *WebServiceInput*-Aktivität in Ihrem Workflow muss diese Eigenschaft den Wert *True* aufweisen. Ist bei mehreren *WebServiceInput*-Aktivitäten die Eigenschaft mit *True* versehen, können entsprechend mehrere Webdienstaufrufe den Workflow starten. Wenn zwei *WebServiceInput*-Aktivitäten über Sitzungs-Cookies zusammengefasst sind, wird der zweite Aufruf blockiert (er wird in eine Wartestellung versetzt), bis der erste beendet ist.
MethodName	Gibt die Methode, die als Webmethode exportiert werden soll, zurück oder legt diese fest. Bei dieser Methode muss es sich zudem um eine Methode handeln, die in der Schnittstelle definiert ist, die über die *InterfaceType*-Eigenschaft zugewiesen ist.

Den drei Eigenschaften aus Tabelle 19.1 müssen Werte zugeordnet werden, obwohl der Vorgabewert der *IsActivating*-Eigenschaft *False* ist. Ein Weglassen einer Eigenschaftenzuweisung führt zu Validierungs- und Kompilierungsfehlern.

Die Eigenschaft *IsActivating* erlaubt es Ihnen, untergeordnete Webdienstaufrufe Ihres Workflows zu steuern. Beim primären Aufruf – der Webdienstmethode, die den Workflow anstößt – sollte die *IsActivating*-Eigenschaft auf *True* gesetzt sein. Sollte Ihr Workflow dann untergeordnete Aufrufe vom Client erlauben, etwa wenn Eingaben verarbeitet werden, die als Ereignisse in einem auf einem Zustandsautomaten basierenden Workflow fungieren, sollten die *IsActivating*-Eigenschaften der untergeordneten *WebServiceInput*-Aktivitäten auf *False* gesetzt sein, andernfalls startet der Workflow erneut. Wenn Sie den Start einer untergeordneten Instanz Ihres Workflows zulassen, wird die untergeordnete Instanz blockiert, wenn sich diese die Sitzung mit der ersten Workflow-Instanz teilt, und dann möglicherweise eine Verklemmung verursachen. Aus diesem Grund sollten Sie das Aktivieren mehrerer *WebServiceInput*-Aktivitäten mit großer Vorsicht einsetzen.

Wenn Sie die Eigenschaft *MethodName* zuweisen, beachten Sie, dass die Methodenparameter, die mit der Methode verbunden sind, auch gebunden oder anderweitig zugeordnet werden müssen. In Visual Studio – nach Zuweisung einer Methode an die Eigenschaft *MethodName* – erscheinen die Methodenparameter automatisch im Eigenschaftenfenster der Aktivität, sodass Sie das Dialogfeld zur Eigenschaftsbindung (*Bind '...' to an activity's property*) verwenden können, die Sie bislang im Buch eingesetzt haben. Sie kommen noch damit in Berührung, wenn Sie mit der Beispielanwendung dieses Kapitels arbeiten.

Die *WebServiceOutput*-Aktivität verwenden

Die *WebServiceOutput*-Aktivität schließt die XML-Webdienstverarbeitung ab, indem diese den Wert zurückgibt, der in der *MethodName*-Eigenschaft der *WebServiceInput*-Aktivität bezeichnet ist. Aus diesem Grund müssen Sie die *WebServiceOutput*-Aktivität mit einer der *WebServiceInput*-Aktivitäten verknüpfen, die in Ihrem Workflow vorhanden sind. Dazu dient die *InputActivityName*-Eigenschaft der *WebServiceOutput*-Aktivität. Andernfalls kommt es zu Validierungs- und Kompilierungsfehlern.

Die *WebServiceOutput*-Aktivität weist einen einzelnen Methodenparameter auf, der gebunden werden muss. Dabei handelt es sich um das Rückgabeergebnis, falls ein solches in der Methode innerhalb der Schnittstelle angegeben ist. Die Schnittstelle bezieht sich dabei auf die Schnittstelle, an welche die zur *WebServiceOutput*-Aktivität gehörige *WebServiceInput*-Aktivität gebunden ist. Falls die Methode *void* zurückgibt, ist keine Bindung an den Rückgabewert möglich. Die *WebServiceOutput*-Aktivität wird dann darauf reduziert, das Ende der Workflow-Verarbeitung für diesen Webmethodenaufruf zu signalisieren.

Interessanterweise lassen sich mehrere Ausgaben für eine einzelne Eingabe definieren, was dann der Fall sein kann, wenn die Ausgabeaktivitäten innerhalb separater Ausführungspfade einer Parallel-Aktivität platziert sind oder sich in unterschiedlichen Zweigen einer *IfElse*-Aktivität befinden. Unterschiedliche Pfade durch Ihren Workflow können dann zu unterschiedlichen Ausgaben führen. Nicht möglich dagegen ist die Verwendung mehrerer Ausgabeaktivitäten innerhalb desselben Ausführungspfades (dies gilt auch für die *WebServiceFault*-Aktivität). Wenn die WF feststellt, dass sich mehr als eine *WebServiceOutput*-Aktivität oder mehr als eine *WebServiceFault*-Aktivität in Kombination mit einer *WebServiceOutput*-Aktivität innerhalb desselben Ausführungspfades befindet, meldet die WF Validierungsfehler bei den Aktivitäten und Sie müssen die Ausführungslogik korrigieren, indem Sie die beanstandeten Aktivitäten verschieben oder entfernen.

Die *WebServiceFault*-Aktivität verwenden

Die *WebServiceFault*-Aktivität ist nahe mit der *WebServiceOutput*-Aktivität verwandt. Beide geben das Ende der Workflow-Verarbeitung für den jeweiligen Aufruf an, den diese unterstützen. Ebenso wird die *WebServiceFault*-Aktivität weitestgehend wie die *WebServiceFault* eingesetzt.

Die *WebServiceFault*-Aktivität wird auch an eine einzelne *WebServiceInput*-Aktivität gebunden. Anlog zur *WebServiceOutput*-Aktivität weist die *WebServiceFault*-Aktivität eine einzelne Ausgabeeigenschaft auf, an die Sie binden müssen, die hier mit *Fault* bezeichnet ist. Die *Fault*-Eigenschaft wird an ein Feld oder eine Eigenschaft gebunden, das bzw. die auf der *System.Exception*-Ausnahme basiert, welche die Ausnahme repräsentiert, die an den Client zurückgegeben werden soll. Abschließend wird *Fault* in eine *SoapException*-Ausnahme umgewandelt und über das Netzwerk an den Client gesendet. Es wird aber jeder Ausnahmetyp akzeptiert, an den Sie binden möchten. ASP.NET übersetzt die von Ihnen zur Verfügung gestellte Ausnahme automatisch in eine *SoapException*-Ausnahme.

Ein Host-Webdienst-Projekt erstellen

Die letzte Beispielanwendung dieses Buches erstellen Sie ganz von Anfang an, ohne bereits vorbereitete Projekte. Sie beginnen mit dem Erzeugen einer einfachen Konsolenanwendung, die keines Verweises auf die WF-Assemblys bedarf. Dies liegt daran, dass der Workflow in einem ASP.NET-XML-Webdienst untergebracht wird. Die dazugehörige Workflow-Assembly werden Sie im Anschluss daran erstellen. Mit dieser Workflow-Assembly werden Sie den Workflow als ASP.NET-Webdienst-Projekt abbilden, einige Optimierungen vornehmen und dann den Code hinzufügen, um den Workflow aus der anfänglich vorbereiteten Konsolenanwendung aufzurufen. Dieser Prozess der Erstellung der Anwendung wurde vor dem eigentlichen Start vorweggenommen, da dieser kreisförmig ist und stellenweise auf Grund seines kreisförmigen Charakters etwas seltsam erscheinen mag. Nachdem Sie sich jetzt eine Vorstellung von dem Gesamtbild gemacht haben, kann es losgehen.

Die grundlegende Workflow-Anwendung erstellen

1. Starten Sie Visual Studio, falls notwendig. Rufen Sie den Menübefehl *Datei/Neu/Projekt* auf.

2. In dem daraufhin angezeigten Dialogfeld *Neues Projekt* wählen Sie im Feld *Projekttypen* den Eintrag *Windows* aus. (Öffnen Sie gegebenenfalls zunächst den Knoten *Visual C#* in der Baumdarstellung, wenn dieser derzeit geschlossen ist.) Im Feld *Vorlagen* entscheiden Sie sich für den Eintrag *Konsolenanwendung*.

3. Geben Sie den Text **QuoteGenerator Test** in das Feld *Name* und das Verzeichnis *\Workflow\Chapter19* in das Feld *Speicherort* ein, wie in Abbildung 19.1 zu sehen (*\Workflow* muss durch das in diesem Buch verwendete Workflow-Verzeichnis ersetzt werden). Bestätigen Sie mit einem Klick auf *OK*.

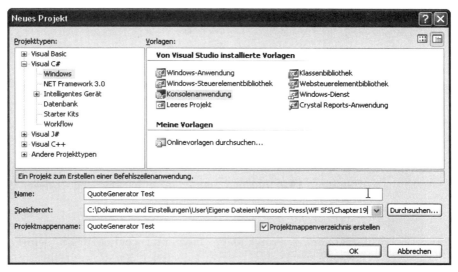

Abbildung 19.1 Anlegen einer Windows-Konsolenanwendung

Auf diese Weise wird sowohl die Konsolenanwendung erstellt, die Sie zum Test des XML-Webdienstes einsetzen werden, als auch eine Projektmappendatei, in die Sie weitere Projekte hinzufügen können. Im nächsten Schritt wird eine neue sequenzielle Workflow-Bibliothek und der Aktienkurs-Workflow erstellt.

Die sequenzielle Workflow-Bibliothek hinzufügen

1. Klicken Sie den Projektmappennamen *QuoteGenerator Test* im Projektmappen-Explorer mit der rechten Maustaste an, um das Kontextmenü zu öffnen, und rufen Sie aus diesem den Menübefehl *Hinzufügen/Neues Projekt* auf.

2. Als Reaktion darauf erscheint das Dialogfeld *Neues Projekt hinzufügen*. Öffnen Sie, falls notwendig, den Knoten *Visual C#* im Feld *Projekttypen,* wählen Sie den Eintrag *Workflow* aus und markieren Sie im Feld *Vorlagen* den Eintrag *Sequential Workflow Library*. Anschließend geben Sie **GeneratorFlow** in das Feld *Name* ein und bestätigen Sie mit einem Klick auf *OK* (Abbildung 19.2).

538 Teil D: Externe Datenkommunikation

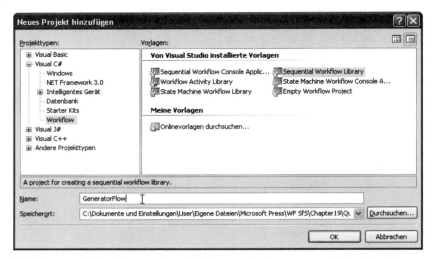

Abbildung 19.2 Anlegen eines Projektes mit einer sequenziellen Workflow-Bibliothek

3. Daraufhin fügt Visual Studio das neue sequenzielle Workflow-Projekt der *Quote-Generator Test*-Projektmappe hinzu und schaltet zur Bearbeitung in den Workflow-Ansicht-Designer. Bevor jedoch der Workflow erstellt wird, erzeugen Sie die benötigte Schnittstelle. Klicken Sie dazu zunächst das *GeneratorFlow*-Projekt mit der rechten Maustaste an und rufen Sie aus dem Kontextmenü den Menübefehl *Hinzufügen/Klasse* auf. Sobald das Dialogfeld *Neues Element hinzufügen* erscheint, geben Sie den Text **IGenerateQuote.cs** in das Feld *Name* ein und bestätigen Sie mit einem Klick auf die Schaltfläche *Hinzufügen* (Abbildung 19.3).

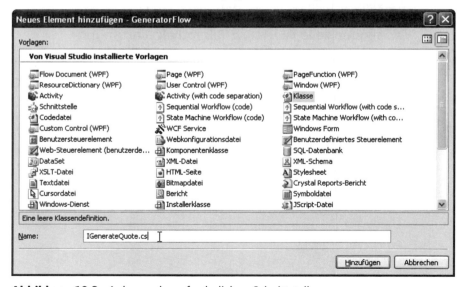

Abbildung 19.3 Anlegen der erforderlichen Schnittstelle

4. Ändern Sie die von Visual Studio vorgegebene Klassendefinition in die nachstehende:

```
public interface IGenerateQuote
```

5. Fügen Sie die folgende Methode der Schnittstelle *IGenerateQuote* hinzu und speichern Sie dann die Datei:

```
decimal GetQuote(string symbol);
```

6. Da Sie nun über die Schnittstelle verfügen, auf die Sie aufbauen können, kehren Sie in den Workflow-Ansicht-Designer zurück. Dazu wählen Sie die Datei *Workflow1.cs* im *GenerateFlow*-Projekt aus und klicken Sie dann auf das Symbol (*Ansicht-Designer*) in der Symbolleiste des Projektmappen-Explorers.

7. Ziehen Sie eine Instanz der *WebServiceInput*-Aktivität von der Visual Studio-Toolbox auf die Designer-Oberfläche und legen Sie diese in Ihrer Workflow-Definiton ab (Abbildung 19.4).

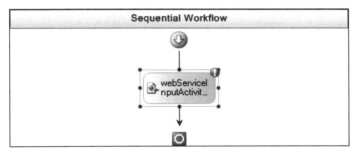

Abbildung 19.4 Es wurde eine *WebServiceInput*-Aktivität abgelegt

8. Im Anschluss daran setzen Sie die Eigenschaften der *webServiceInputActivity1*-Aktivität. Klicken Sie zunächst die Eigenschaft *InterfaceType* an, um die Schaltfläche »...« einzublenden. Klicken Sie diese Schaltfläche an, worauf das Dialogfeld *Browse and Select a .NET Type* erscheint. Der Name *GeneratorFlow.IGenerateQuote* sollte sich bereits im Feld *Type Name* befinden, da diese Schnittstelle zum aktuellen Projekt gehört und es die einzige verfügbare Schnittstelle ist. Bestätigen Sie mit einem Klick auf *OK* (Abbildung 19.5).

540   Teil D: Externe Datenkommunikation

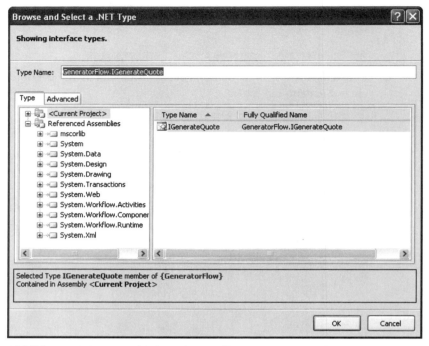

Abbildung 19.5   Auswahl des Schnittstellentyps. Der Typ sollte bereits voreingetragen sein

9. Wählen Sie die Eigenschaft *IsActivating* aus, um das v-Symbol sichtbar zu machen. Klicken Sie dieses Symbol an und entscheiden Sie sich für den Eintrag *True* aus der Liste der verfügbaren Optionen (Abbildung 19.6).

Abbildung 19.6   Setzen der Eigenschaft *IsActivating*

10. Aktivieren Sie die Eigenschaft *MethodName*, um das dazugehörige v-Symbol einzublenden. Klicken Sie dieses Symbol an und wählen Sie die einzige Option *GetQuote* aus (Abbildung 19.7). Sobald Sie diese Auswahl getroffen haben, wird die

Eigenschaft *symbol* den für diese Aktivität zur Verfügung stehenden Eigenschaften hinzugefügt.

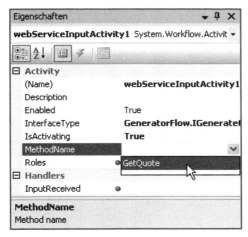

Abbildung 19.7 Auswahl des Methodennamens

11. Markieren Sie die Eigenschaft *symbol*, die eben hinzugefügt wurde, um die bekannte Schaltfläche »...« einzublenden. Klicken Sie diese Schaltfläche an, um das Dialogfeld *Bind 'symbol' to an activity's property* aufzurufen. Wechseln Sie auf die Registerkarte *Bind to a new member* und geben Sie den Namen **Symbol** in das Feld *New member name* ein (Abbildung 19.8). Nachdem Sie sichergestellt haben, dass die Optionsschaltfläche *Create Property* aktiviert ist, bestätigen Sie mit einem Klick auf *OK*. Die *webServiceInputActivity1*-Aktivität signalisiert weiterhin einen Validierungsfehler an (das Ausrufezeichen (!) in dem roten Kreis ist nach wie vor aktiv). Dies liegt daran, dass Sie die Eingabe noch nicht mit einer Ausgabe verknüpft haben, was Sie in Kürze nachholen werden.

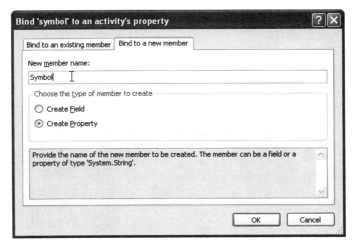

Abbildung 19.8 Binden der Eigenschaft *symbol*

12. Es müssen einige Initialisierungsarbeiten unternommen werden, wenn der XML-Webdienst das erste Mal ausgeführt wird. Geben Sie daher den Namen **CreateStocks** in der Eigenschaft *InputReceived* der *webServiceInputActivity1*-Aktivität ein (Abbildung 19.9) und bestätigen Sie mit einem Druck auf die Taste **Eingabe**. Visual Studio fügt daraufhin den *CreateStocks*-Ereignishandler für Sie ein und schaltet in den Code-Editor um. Kehren Sie in den Workflow-Ansicht-Designer zurück, um den Workflow fertig zu stellen.

Abbildung 19.9 Anlegen des Ereignishandlers für die Initialisierungsarbeiten

13. Ziehen Sie eine *Code*-Aktivität von der Toolbox auf die Designer-Oberfläche und legen Sie diese unterhalb der *webServiceInputActivity1*-Aktivität ab. Geben Sie **UpdateMarketValues** für die dazugehörige *ExecuteCode*-Eigenschaft ein (Abbildung 19.10). Kehren Sie in den Workflow-Ansicht-Designer zurück, nachdem Visual Studio den *UpdateMarketValues*-Ereignishandler für Sie eingefügt hat.

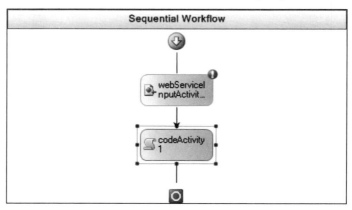

Abbildung 19.10 Es wurde eine *Code*-Aktivität abgelegt

14. Die nächste benötigte Workflow-Aktivität ist eine Instanz der *IfElse*-Aktivität. Ziehen Sie diese auf die Designer-Oberfläche und legen Sie diese unterhalb der gerade platzierten *Code*-Aktivität ab (Abbildung 19.11).

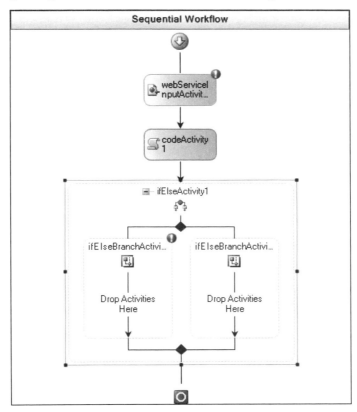

Abbildung 19.11 Eingefügte *IfElse*-Aktivität

15. Wählen Sie den linken Zweig der *ifElseActivity1*-Aktivität aus und klicken Sie auf die Eigenschaft *Condition*, um das dazugehörige v-Symbol sichtbar zu machen. Wählen Sie den Eintrag *Code Condition* aus der Liste aus und klicken Sie dann auf das Pluszeichen (+), das sich unmittelbar vor der Eigenschaft befindet, um die untergeordnete gleichnamige Eigenschaft einzublenden. Geben Sie **TestKnownStock** in diese untergeordnete *Condition*-Eigenschaft ein und bestätigen Sie mit einem Druck auf die Taste **Eingabe**. Sobald Visual Studio für Sie erneut den Ereignishandler hinzugefügt hat, kehren Sie in den Workflow-Ansicht-Designer zurück.

16. Ziehen Sie eine Kopie der *Code*-Aktivität auf die Designer-Oberfläche und legen Sie diese in den linken Zweig der *ifElseActivity-Aktivität* (Abbildung 19.12). Geben Sie **RecordStockValue** in die dazugehörige *ExecuteCode*-Eigenschaft ein und kehren Sie in den Workflow-Ansicht-Designer zurück, sobald Visual Studio den Ereignishandler hinzugefügt hat.

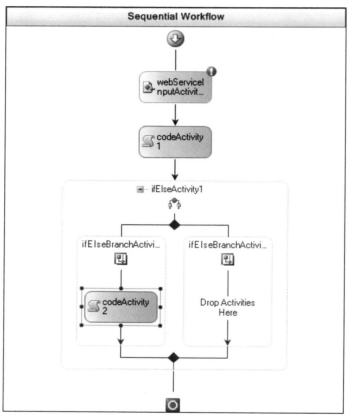

Abbildung 19.12 Im linken Zweig der *IfElse*-Aktivität wurde eine *Code*-Aktivität verankert

17. Daraufhin ziehen Sie eine Instanz der *WebServiceOutput*-Aktivität auf die Designer-Oberfläche und legen Sie diese unterhalb der Code-Aktivität ab, die Sie eben eingefügt haben (Abbildung 19.13).

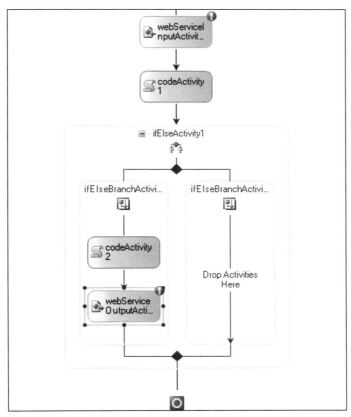

Abbildung 19.13 Das Gegenstück zur *WebServiceInput*-Aktivität wurde im linken Zweig der *IfElse*-Aktivität abgelegt: die *WebServiceOutput*-Aktivität

18. Weisen Sie der Eigenschaft *InputActivityName* der *webServiceOutputActivity1*-Aktivität den Eintrag *webServiceInputActivity1* zu, indem Sie die Eigenschaft *InputActivityName* zunächst markieren, um das v-Symbol einzublenden, dann dieses Symbol anklicken und aus der Liste die Aktivität *webServiceInputActivity1* auswählen (Abbildung 19.14). Beachten Sie, dass daraufhin die Eigenschaft *(ReturnValue)* zu den bestehenden Eigenschaften der Aktivität *webServiceOutputActivity1* hinzugefügt wird.

546   Teil D: Externe Datenkommunikation

Abbildung 19.14 Verknüpfen der *WebServiceOutput*-Aktivität mit der *WebServiceInput*-Aktivität

19. Da ein Wert, im konkreten Fall ein Aktienwert, zurückgegeben werden soll, muss eine Workflow-Eigenschaft an die *(ReturnValue)*-Eigenschaft der *webServiceOutputActivity1*-Aktivität gebunden werden. Markieren Sie die *(ReturnValue)*-Eigenschaft, um die Schaltfläche »...« sichtbar zu machen, und klicken Sie diese dann an. Sobald das Dialogfeld *Bind '(ReturnValue)' to an activity's property* erscheint, wechseln Sie auf die Registerkarte *Bind to a new member* und tragen Sie **StockValue** in das Feld *New member name* ein. Stellen Sie sicher, dass die Optionsschaltfläche *Create Property* eingeschaltet ist und bestätigen Sie dann mit einem Klick auf *OK* (Abbildung 19.15).

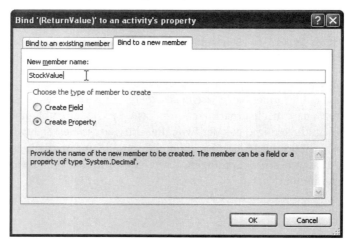

Abbildung 19.15 Binden des Rückgabewertes

20. Die letzte hinzuzufügende Aktivität ist eine Instanz der *WebServiceFault*-Aktivität. Ziehen Sie eine Kopie dieser Aktivität auf die Designer-Oberfläche und legen Sie diese im rechten Zweig der *ifElseActivity1*-Aktivität ab (Abbildung 19.16).

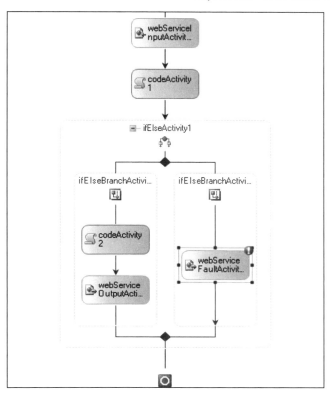

Abbildung 19.16 Im rechten Zweig der *IfElse*-Aktivität eingefügte *WebServiceFault*-Aktivität

21. Analog zur *webServiceOutputActivity1*-Aktivität müssen Sie die Eigenschaft *InputActivityName* der *webServiceFaultActivity1*-Aktivität festlegen. Markieren Sie die *InputActivityName*-Eigenschaft, um das v-Symbol zu aktivieren. Klicken Sie dieses Symbol an und wählen Sie den Eintrag *webServiceInputActivity1* aus der Liste aus (es ist die einzig verfügbare Option), wie in Abbildung 19.17 zu sehen.

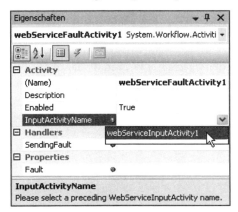

Abbildung 19.17 Verknüpfen der *WebServiceFault*-Aktivität mit der *WebServiceInput*-Aktivität

22. Im Anschluss daran ist es notwendig, die *webServiceFaultActivity1*-Aktivität mit einem geeigneten Fehlertyp zu versehen. Wählen Sie daher die *Fault*-Eigenschaft aus, um die Schaltfläche »...« einzublenden. Klicken Sie diese Schaltfläche an, um erneut das Dialogfeld *Bind 'Fault' to an activity's property* aufzurufen. Danach wechseln Sie auf die Registerkarte *Bind to a new member* und tippen Sie **StockFault** in das Feld *New member name* ein. Schalten Sie die Optionsschaltfläche *Create Property* ein, falls diese nicht bereits aktiviert sein sollte, und bestätigen Sie mit einem Klick auf *OK* (Abbildung 19.18).

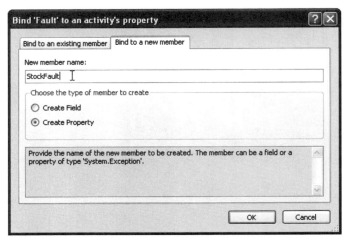

Abbildung 19.18 Binden an den Fehlertyp

23. Der Workflow ist nun aus der Designerperspektive fertig gestellt, sodass Sie die Datei *Workflow1.cs* zur Codebearbeitung öffnen können. Wählen Sie zu diesem Zweck diese Datei im Projektmappen-Explorer aus und klicken Sie auf das Symbol (*Code anzeigen*) in der Symbolleiste.

24. Das erste hinzuzufügende Codestückchen sind zwei *using*-Direktiven, die es Ihnen erlauben, auf einige ASP.NET-Strukturen zuzugreifen. Fügen Sie diese unterhalb der Liste mit den bereits vorhandenen *using*-Direktiven ein:

```
using System.Web;
using System.Web.Caching;
```

25. Nun vervollständigen Sie den *CreateStocks*-Ereignishandler. Scrollen Sie nach unten, bis Sie auf diesen stoßen und geben Sie die folgenden Codezeilen in diese Methode ein:

```
System.Collections.Generic.Dictionary<string, decimal> stockVals =
    HttpContext.Current.Cache["StockVals"] as
    System.Collections.Generic.Dictionary<string, decimal>;
if (stockVals == null)
{
    // Die bekannten Aktien erstellen und cachen:
    stockVals =
        new System.Collections.Generic.Dictionary<string, decimal>();
```

```csharp
            stockVals.Add("CONT", 28.0m);
            stockVals.Add("LITW", 22.0m);
            stockVals.Add("TSPT", 24.0m);

            // Dem Cache hinzufügen:
            HttpContext.Current.Cache.Add("StockVals", stockVals, null,
                Cache.NoAbsoluteExpiration,
                Cache.NoSlidingExpiration,
                CacheItemPriority.Normal, null);
        } // if
```

26. Blättern Sie weiter nach unten und halten Sie nach dem *UpdateMarketValues*-Ereignishandler Ausschau. Fügen Sie diesem den folgenden Simulationscode zur Aktienmarktaktualisierung ein:

```csharp
// Jedes Element des Dictionary durchlaufen und entscheiden,
// wie hoch der aktuelle Kurs sein soll. Normalerweise werden für die
// einzelnen beobachteten Werte externe Dienste genutzt.
// Aber zu Demonstrationszwecken werden hier einfach zufällige Werte verwendet.
//
// Beachten Sie, dass dies im Wesentlichen derselbe Simulationscode wie in
// Kapitel 10 ist...
Random rand = new Random(DateTime.Now.Millisecond);
System.Collections.Generic.Dictionary<string, decimal> currentStockVals =
    HttpContext.Current.Cache["StockVals"] as
    System.Collections.Generic.Dictionary<string, decimal>;
System.Collections.Generic.Dictionary<string, decimal> newStockVals =
    new System.Collections.Generic.Dictionary<string, decimal>();
foreach (string key in currentStockVals.Keys)
{
    // Das Element ermitteln:
    decimal currentPrice = (decimal)currentStockVals[key];

    // Die Simulation einrichten:
    decimal newPrice = currentPrice;
    decimal onePercent = currentPrice * 0.1m;
    Int32 multiplier = 0; // no change

    // Erzeugen einiger Zufallszahlen. Erste Zufallszahl:
    // Soll sich der Aktienkurs ändern? 0-79: nein; 80-99: ja.
    if (rand.Next(0, 99) >= 80)
    {
        // Ja, Kurs aktualisieren. Nächste Zufallszahl:
        // Soll der Wert erhöht oder verringert werden?
        // 0-49: erhöhen; 50-99: verringern.
        multiplier = 1;
        if (rand.Next(0, 99) >= 50)
        {
            // Den Kurs verringern:
            multiplier = -1;
        } // if

        // Nächste Zufallszahl. Um wie viel? Die Berechnung
        // erfolgt in Prozent vom derzeitigen Aktienkurs.
        // 0-74: 1% Änderung; 75-89: 2% Änderung;
        // 90-97: 3% Änderung; 98-99: 4% Änderung.
        Int32 roll = rand.Next(0, 99);
```

```csharp
            if (roll < 75)
            {
                // 1% Änderung:
                newPrice = currentPrice + (onePercent * multiplier * 0.1m);
            } // if
            else if (roll < 90)
            {
                // 2% Änderung:
                newPrice = currentPrice + (onePercent * multiplier * 0.2m);
            } // else if
            else if (roll < 98)
            {
                // 3% Änderung:
                newPrice = currentPrice + (onePercent * multiplier * 0.3m);
            } // else if
            else
            {
                // 4% Änderung:
                newPrice = currentPrice + (onePercent * multiplier * 0.4m);
            } // else if
        } // if
        else
        {
            // Keine Kursänderung:
            newPrice = currentPrice;
        } // else

        // Den Datenspeicher aktualisieren:
        newStockVals.Add(key, newPrice);
    } // foreach

    // Dem Cache hinzufügen:
    HttpContext.Current.Cache["StockVals"] = newStockVals;
```

27. Sie müssen Programmlogik hinzufügen, um das Aktienkürzel zu überprüfen, da es sich um eine nicht bekannte Aktie handeln könnte. Halten Sie innerhalb des Codes der Datei *Workflow1.cs* nach dem *TestKnownStock*-Ereignishandler Ausschau und geben Sie den folgenden Code in diese Methode ein:

```csharp
// Die gecachten Aktienwerte abrufen:
System.Collections.Generic.Dictionary<string, decimal> stockVals =
    HttpContext.Current.Cache["StockVals"] as
    System.Collections.Generic.Dictionary<string, decimal>;

// Überprüfen, ob der Aktienwert in der Liste
// bekannter Aktien enthalten ist. Fehler, wenn nicht...
e.Result = true;
if (String.IsNullOrEmpty(Symbol) || !stockVals.ContainsKey(Symbol))
{
    // Aktie nicht in der Liste,
    // daher Fehler zurückgeben:
    e.Result = false;
    StockFault = new System.Exception("The desired stock ticker symbol" +
        " is unknown.");
} // if
```

28. Die letzten wenigen hinzuzufügenden Codezeilen dienen dazu, den Aktienwert der Rückgabe-Eigenschaft zuzuweisen. Dafür ist die *RecordStockValue*-Methode zuständig. Steuern Sie diese entsprechend an und fügen Sie die folgenden Codezeilen hinzu:

```
// Den aktualisierten Aktienwert in der abhängigen Eigenschaft platzieren,
// um diesen an den Aufrufer zurückzugeben:
System.Collections.Generic.Dictionary<string, decimal> stockVals =
    HttpContext.Current.Cache["StockVals"] as
    System.Collections.Generic.Dictionary<string, decimal>;
StockValue = (decimal)stockVals[Symbol];
```

29. Der Workflow selbst ist nun fertig gestellt. Speichern Sie alle geöffneten Dateien und kompilieren Sie den Workflow mit einem Druck auf **Umschalt+F6** oder durch Anwahl des Menübefehls *Erstellen/GeneratorFlow erstellen*. Korrigieren Sie etwaige aufgetretene Kompilierungsfehler bevor Sie fortfahren.

Der Workflow steht nun dafür bereit, in einer ASP.NET-Einstellung platziert zu werden, sodass sich externe Clients mit diesem Dienst verbinden und Aktienkurse abfragen können. Auch wenn Sie die ASP.NET-Anwendung manuell erstellen und die ganzen Konfigurationen selbst durchführen könnten, hat das WF-Entwicklerteam erfreulicherweise eine ausgezeichnete Funktion implementiert, die das ASP.NET-Projekt für Sie erzeugt.

Die ASP.NET-Webanwendung erstellen

1. Die Anwendung der Funktion ist sehr einfach. Klicken Sie das Projekt *GeneratorFlow* im Projektmappen-Explorer mit der rechten Maustaste an und rufen Sie den Menübefehl *Publish as Web Service* auf. Daraufhin zeigt Visual Studio nach ein paar Augenblicken ein Dialogfeld an, das auf die erfolgreiche Erzeugung des Webdienstes hinweist (Abbildung 19.19). Bestätigen Sie mit einem Klick auf *OK*, um das Dialogfeld zu schließen.

Abbildung 19.19 Der Webdienst wurde erfolgreich erzeugt

2. Benennen Sie die *.asmx*-Datei um (der von Visual Studio gewählte Name ist ein wenig zu lang). Klicken Sie dazu die eben erzeugte Datei *GeneratorFlow.Workflow1_WebService.asmx* im Projektmappen-Explorer mit der rechten Maustaste an und rufen Sie den Menübefehl *Umbenennen* auf. Geben Sie als neuen Namen **QuoteService.asmx** ein.

Teil D: Externe Datenkommunikation

3. Drücken Sie **Umschalt+F6** oder rufen Sie den Menübefehl *Website erstellen* auf. Dieser Schritt ist zwar nicht erforderlich, kompiliert aber die Webanwendung vor. Wenn Sie auf diese später verweisen, um das WSDL abzufragen, sparen Sie an dieser Stelle etwas Zeit. Sollte es bei der Kompilierung zu Fehlern kommen, könnten Sie diese korrigieren, es dürften aber jetzt keine Fehler vorhanden sein. Sollten Sie Schema-Warnungen hinsichtlich der Werte erhalten, die Visual Studio für Sie in der Datei *Web.config* platziert hat, ignorieren Sie diese.

Der letzte Arbeitsschritt besteht darin, zur ursprünglichen Programmdatei zurückzukehren, einen Webverweis in das dazugehörige Projekt einzufügen und dann den XML-Webdienst zu testen. Das geschieht im nächsten Schritt.

Die XML-Webdienst-Client-Anwendung erstellen

1. Klicken Sie das Projekt *QuoteGenerator Test* im Projektmappen-Explorer mit der rechten Maustaste an und rufen Sie den Menübefehl *Webverweis hinzufügen* auf (Abbildung 19.20).

Abbildung 19.20 Erster Schritt beim Hinzufügen des Webverweises

2. Sobald das Dialogfeld *Webverweis hinzufügen* erscheint, klicken Sie auf den Link *Webdienste in dieser Projektmappe* (Abbildung 19.21).

Kapitel 19: Workflows als Webdienste 553

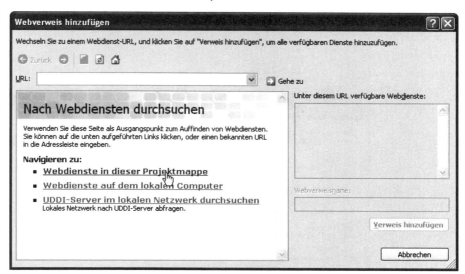

Abbildung 19.21 Hier entscheiden Sie sich für das Durchsuchen der Projektmappe

3. Da nur ein XML-Webdienst in der Projektmappe *QuoteGenerator Test* enthalten ist, wird entsprechend nur der XML-Webdienst *QuoteService* angeboten. Klicken Sie den Link *QuoteService* an, um den Vorgang fortzusetzen (Abbildung 19.22).

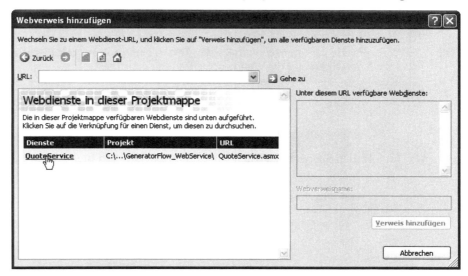

Abbildung 19.22 Auswahl des Webdienstes

4. Visual Studio ruft die WSDL-Ressourcen des XML-Webdienstes *QuoteService* auf und listet die gefundenen Methoden auf. In diesem Fall ist nur eine Methode vorhanden. Sie könnten, wenn Sie möchten, den Methodennamen anklicken und die Methode testen. Fürs Erste klicken Sie aber auf die Schaltfläche *Verweis hinzufügen*, um den Webverweis dem Projekt *QuoteGenerator Test* hinzuzufügen (Abbildung 19.23).

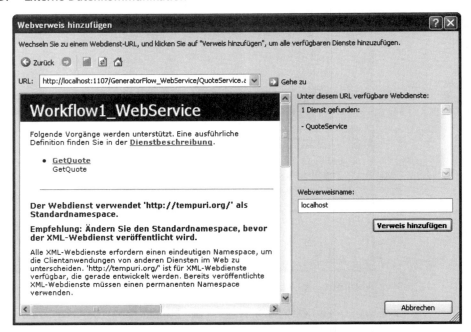

Abbildung 19.23 Anzeige der vorhandenen Methoden im XML-Webdienst *Quote-Service*

> **Hinweis** Das Feld *Webverweisname* enthält den Wert *localhost*. Wenn Sie über mehrere Webverweise verfügen, können Sie den Text in einen aussagekräftigeren Namen ändern, was die Wartung und die Webdienstverfolgung erleichtert.

5. Mit dem nun vorhandenen Webverweis öffnen Sie die Datei *Program.cs* zur Bearbeitung. Wählen Sie dazu diese Datei im Projektmappen-Explorer aus und klicken Sie auf das Symbol ▣ (*Code anzeigen*) in der Symbolleiste.

6. Halten Sie nach der *Main*-Methode Ausschau und fügen Sie in diese den folgenden Code ein:

```
// Den Proxy erstellen:
QuoteGenerator_Test.localhost.Workflow1_WebService ws =
    new QuoteGenerator_Test.localhost.Workflow1_WebService();

try
{
    // Den Dienst ein paar Mal aufrufen, um seine
    // Logik zu testen:    decimal val = ws.GetQuote("CONT");
    Console.WriteLine("The latest value for CONT is: {0}", val.ToString("C"));

    val = ws.GetQuote("LITW");
    Console.WriteLine("The latest value for LITW is: {0}", val.ToString("C"));

    val = ws.GetQuote("TSPT");
    Console.WriteLine("The latest value for TSPT is: {0}", val.ToString("C"));
```

```
    // Fehlertest:
    val = ws.GetQuote("ABC");
    Console.WriteLine("The latest value for ABC is: {0}", val.ToString("C"));
} // try
catch (Exception ex)
{
    Console.WriteLine("Error checking stock value: {0}", ex.Message);
} // catch
```

7. Kompilieren Sie die Projektmappe mit einem Druck auf **F6** oder durch Aufruf des Menübefehls *Erstellen/Projektmappe erstellen*. Korrigieren Sie etwaige Kompilierungsfehler.

8. Führen Sie die Anwendung mit einem Druck auf **Strg+F5** oder – für Debugzwecke – mit **F5** aus. Die Ausgabe sollte so aussehen, wie es Abbildung 19.24 zeigt. Wenn die Ausgabe zu schnell durchscrollt und das Konsolenfenster wieder geschlossen wird, ohne dass Sie die Ausgabe richtig verfolgen können, setzen Sie einen Haltepunkt in der *Main*-Methode und gehen Sie die einzelnen Schritte durch, bis Sie die Ausgabe vollständig erfassen können.

Abbildung 19.24 Das Hauptprogramm testet den XML-Webdienst mehrfach – mit bekannten Aktien und zur Demonstration der Fehlerbehandlung auch mit einem nicht vorhandenen Aktienkürzel

Mit dieser Anwendung ist die Tour durch die WF beendet.

Schnellübersicht

Aufgabe	Aktion
Die Methoden vorgeben, die Ihr Workflow-basierter XML-Webdienst implementieren soll	Erstellen Sie eine neue Schnittstelle mit den gewünschten Methoden.
Mit der Workflow-Verarbeitung in Ihrem Workflow-basierten XML-Webdienst beginnen	Legen Sie eine Instanz der *WebServiceInput*-Aktivität in Ihrem Workflow ab. Weisen Sie der Aktivität Ihre Schnittstelle und den gewünschten Methodennamen hinzu. Setzen Sie außerdem die dazugehörige *IsActivating*-Eigenschaft auf *True*. ▶

Aufgabe	Aktion
Werte von Ihrem Workflow-basierten XML-Webdienst zurückgeben	Platzieren Sie eine Instanz der *WebServiceOutput*-Aktivität in Ihrem Workflow und verknüpfen Sie diese mit der dazugehörigen *WebServiceInput*-Aktivität. Binden Sie den Rückgabewert an ein Workflow-Feld oder eine Workflow-Eigenschaft und weisen Sie diesem Feld bzw. dieser Eigenschaft einen Wert zu, bevor die *WebServiceOutput*-Aktivität ausgeführt wird.
Eine Ausnahme (Fehler) von Ihrem Workflow-basierten XML-Webdienst zurückgeben	Platzieren Sie eine Instanz der *WebServiceFault*-Aktivität in Ihrem Workflow, binden Sie an die *Fault*-Eigenschaft und verknüpfen Sie die Aktivität mit der dazugehörigen *WebServiceInput*-Aktivität. Stellen Sie sicher, dass Sie eine Ausnahme auslösen und diese der gebundenen *Fault*-Eigenschaft zuweisen, bevor die *WebServiceFault*-Aktivität ausgeführt wird.
Erstellen Sie ein webbasiertes ASP.NET-Projekt in Visual Studio mit Workflow-Definitionen, welche die XML-Webdienstaktivitäten der WF enthalten	Vorausgesetzt, der Workflow wurde erstellt und erfolgreich kompiliert, klicken Sie den Projektnamen der Workflow-Assembly im Projektmappen-Explorer mit der rechten Maustaste an und rufen Sie den Menübefehl *Webverweis hinzufügen* auf.
Client-Anwendungen an Ihren Workflow-basierten XML-Webdienst binden	Fügen Sie einen Webverweis ein, so wie Sie es in Verbindung mit Visual Studio gewohnt sind. Workflow-basierte XML-Webdienste unterscheiden sich nicht von anderen XML-Webdiensten, zumindest was den Client betrifft.

Anhang A

Übersicht der Beispielprogramme

> **In diesem Anhang:**
> Die Beispielprogramme verwenden 557

Die Beispielprogramme müssen Sie zunächst herunterladen und installieren. Wie Sie hierbei vorgehen, ist in Kapitel 1, Abschnitt »Codebeispiele herunterladen und installieren«, beschrieben.

Die Beispielprogramme verwenden

Jedes Kapitel in diesem Buch erklärt an gegebener Stelle, wie Sie die zum Kapitel gehörigen Codebeispiele einsetzen. Dabei erhalten Sie entsprechende Anweisungen, wie die Dateien geöffnet und vervollständigt werden. Die einzelnen Kapitel lehnen ich dabei an Situationen an, wie sie im Programmieralltag tatsächlich vorkommen und simulieren dabei typische Anwendungen, sodass die Anwendungen leicht nachvollziehbar sind und die erworbenen Fähigkeiten gut im Rahmen der eigenen Programmiertätigkeiten und Aufgabenstellungen angewendet werden können.

Da ein Buch wie dieses das Schreiben von viel Programmcode mit sich bringt, wurden die Codebeispiele in zwei Versionen realisiert:

- Die erste Variante enthält eine Version, die Sie im Rahmen der Schritt-für-Schritt-Anleitungen vervollständigen.
- Die zweite Variante stellt die vollständige, sofort lauffähige Version dar.

Welche Version Sie einsetzen, bleibt Ihnen überlassen. Wenn Sie den Code selbst eingeben und die Aktivitäten mit dem Workflow-Ansicht-Designer platzieren sowie konfigurieren möchten, verwenden Sie die unvollständige Variante. Möchten Sie dagegen die Beispielanwendung begleitend zum Text verwenden, aber diese nicht selbst erstellen, greifen Sie auf die vollständige Version zurück. Diese lässt sich sofort kompilieren und starten. Selbstverständlich können Sie auch dort den Code einsehen, Tests durchführen und einige Dinge verändern oder ausbauen. Dies ist sogar ausdrücklich erwünscht, denn damit ist im Allgemeinen ein großer Lernerfolg verbunden.

In einigen Fällen erstellen Sie die Anwendung von Beginn an. Aber auch in diesem Fall finden Sie die vollständige Version zu dem jeweiligen Beispielprojekt.

Verzeichnisstruktur

Die Beispielprojekte sind in Verzeichnisse gegliedert, die sich aus der Kapitelnummer ergeben. Die Beispiele zu Kapitel 10 finden Sie entsprechend im Verzeichnis »Chapter10«. In diesem Verzeichnis verzweigen Unterverzeichnisse zu den jeweiligen Projekten:

- Die unvollständigen, im Rahmen der schrittweisen Anleitungen zu ergänzenden Beispiele sind in dem Verzeichnis zu finden, das wie die jeweilige Anwendung heißt, z.B. »eBroker«.

- Die sofort einsatzfertigen, lauffähigen Varianten sind an dem Suffix »Completed« im Verzeichnisnamen zu erkennen, in diesem Fall also »eBroker Completed«.

> **Hinweis** Gibt es zu einer Anwendung nur einen Unterordner, enthält dieser die vollständige Version. Ein Beispiel hierfür ist »PCodeFlow« aus Kapitel 1. Es existiert dann keine zu ergänzende Version, da die Anwendung von Anfang an erstellt wird, ohne vorbereitete Dateien.

Übersicht der Beispielprogramme

Die folgende Tabelle zeigt eine Übersicht der einzelnen Beispielprogramme nebst Kurzbeschreibung.

Projektmappenordner	Beschreibung
Kapitel 1	
PCodeFlow	Mit dieser Beispielanwendung unternehmen Sie Ihre ersten Schritte in der WF. Im Rahmen des Projekts *PCodeFlow* werden Sie durch den Prozess der Erstellung einer einfachen WF-Anwendung geführt. Der Workflow erlaubt es Ihnen, Postleitzahlen auf ihre syntaktische Korrektheit zu überprüfen (US- und kanadisches Postleitzahlensystem).
Kapitel 2	
WorkflowHost	Diese Projektmappe erzeugt eine benutzerdefinierte Workflow-Hostanwendung, anstatt die eingebauten Assistenten der Visual Studio Workflow-Erweiterungen einzusetzen. Der Zweck liegt darin, zu demonstrieren, was erforderlich ist, damit eine Hostanwendung die Workflow-Laufzeit unterstützt.
Kapitel 3	
WithoutParameters	Diese Anwendung startet eine Workflow-Instanz ohne Initialisierungs-Eingabeparameter.
WithParameters	Diese Anwendung zeigt Ihnen, wie Sie eine Workflow-Instanz starten und dabei Initialisierungs-Eingabeparameter verwenden.
GetStatus	Diese Anwendung basiert, wie alle Anwendungen in Kapitel 3, auf der *WorkflowHost*-Anwendung aus Kapitel 2. *GetStatus* zeigt einfach, wie sich Workflow-Statusinformationen aus einer Workflow-Instanz abfragen lassen. ▶

Projektmappenordner	Beschreibung
Terminate	Diese Anwendung dient dazu, Ihnen zu zeigen, wie Sie eine ausführende Workflow-Instanz beenden.
Kapitel 4	
StateFlow	Kapitel 4 beschreibt die verschiedenen Arten von Workflows, die Sie mithilfe der WF erstellen können. Die vorangegangenen Anwendungen waren alle sequenzieller Natur. Die Anwendung *StateFlow* erzeugt einen sehr rudimentären Zustandsautomaten, um zu zeigen, wie dieser Typ von Workflow gestartet wird.
Kapitel 5	
WorkflowTracker	Die WF besitzt die Fähigkeit, Punkte zur Ereignisverfolgung in einer SQL Server-Datenbank zu speichern. Bei der Abarbeitung des Workflows können Sie dabei die WF veranlassen, entsprechende Informationen zu protokollieren – ähnlich wie im Rahmen der als Tracing bekannten Technik anderer Systeme. Diese Anwendung zeigt Ihnen, wie bei der Ereignisverfolgung vorgegangen wird.
WorkflowTracker-UserEvents	Die WF verfügt standardmäßig über die Möglichkeit, bestimmte Informationen für bekannte Verfolgungspunkte aufzuzeichnen. Da die WF keine Kenntnis davon haben kann, welche Daten Sie während der Workflow-Ausführung in Ihrer SQL Server-Datenbank zusätzlich aufzeichnen möchten, ist es möglich, selbst zu definieren, welche Informationen protokolliert werden sollen. Diese Beispielanwendung demonstriert, wie dies funktioniert.
WorkflowTrackerProfile	Häufig besteht bei der Abarbeitung eines Workflows der Wunsch, nicht alle möglichen Verfolgungspunkte in der SQL Server-Datenbank zu speichern. Diese Anwendung zeigt Ihnen, wie Sie die Verfolgungsinformationen filtern. Dazu dient ein Profil, das Sie erstellen und in der SQL Server-Datenbank speichern.
Kapitel 6	
WorkflowPersister	Obwohl viele Workflows in recht kurzer Zeit geladen, ausgeführt und beendet werden, benötigen bestimmte Workflows längere Zeit, bis der Vorgang abgeschlossen ist. In solchen Fällen können Sie Ihren ausführenden Workflow vom Arbeitsspeicher entfernen und in einer SQL Server-Datenbank zur sicheren Aufbewahrung auslagern (und damit den Workflow persistent machen), bis ein Zustand erreicht wird, der ein Zurückladen des Workflows rechtfertigt. Diese Anwendung demonstriert die Persistenz-Funktionalität der WF.
WorkflowIdler	In Verbindung mit dieser Anwendung lernen Sie, wie Sie *Delay*-Aktivitäten konfigurieren, sodass Ihr Workflow automatisch in einer SQL Server-Datenbank persistent gemacht wird. Dies erlaubt es Ihnen, lang laufende Workflows aus dem Arbeitsspeicher zu entfernen. Der Workflow befindet sich dann in ausgelagerter Form in einer Warteposition.
Kapitel 7	
Sequencer	Diese Anwendung demonstriert einen einfachen sequenziellen Workflow. ▶

Projektmappenordner	Beschreibung
ErrorThrower	Es stellt sich die Frage, was zu unternehmen ist, wenn Ihr Workflow in einen Laufzeitzustand gelangt, der nicht behandelt werden kann. In diesem Fall verwenden Sie die *Throw*-Aktivität. Diese Anwendung vermittelt, wie dies funktioniert.
ErrorHandler	Diese Anwendung zeigt, wie Workflow-basierte Ausnahmen, die mithilfe der *Throw*-Aktivität ausgelöst werden, von Ihrem Workflow behandelt werden.
ErrorSuspender	Möchten Sie die Ausführung Ihres Workflows vorübergehend anhalten, dann verwenden Sie die *Suspend*-Aktivität, deren Anwendung dieses Beispiel zeigt.
ErrorTerminator	Analog zum vorübergehenden Anhalten eines Workflows besteht die Möglichkeit, einen Workflow komplett zu beenden. Diese Anwendung demonstriert, wie dies funktioniert.
Kapitel 8	
MVDataChecker	Workflows arbeiten letztendlich mit bestimmten Formen von Daten. Sollte im Rahmen Ihrer Hostanwendung die Notwendigkeit dafür bestehen, Daten direkt von einem Workflow abzufragen, zeigt Ihnen diese Beispielanwendung die Technik, mit der Sie dies realisieren.
WorkflowInvoker	Wenn Sie sich schon immer gefragt haben, ob ein ausführender Workflow einen anderen Workflow aufrufen kann, gibt diese Anwendung die Lösung: Es ist tatsächlich möglich.
Kapitel 9	
IfElse Questioner	In diesem Kapitel liegt der Fokus auf dem logischen Workflow-Fluss. Die Anwendung dieses Kapitels wurde in Form dreier verschiedener Workflows verwirklicht, die alle die gleiche Aufgabe durchführen. In diesem ersten Beispiel steuert die *IfElse*-Aktivität den Programmfluss.
While Questioner	Die zweite Version der Anwendung verwendet eine *While*-Aktivität, um den Programmfluss zu steuern.
Replicator Questioner	Die dritte Anwendung basiert schließlich auf einer *Replicator*-Aktivität, um den Programmfluss zu steuern.
Kapitel 10	
eBroker	Die Anwendung aus Kapitel 8 zeigt Ihnen, wie Daten von Ihrem Workflow an Ihre Hostanwendung übertragen werden. Diese Anwendung demonstriert das Gegenstück, wobei jetzt die Hostanwendung Daten an einen bereits ausführenden Workflow sendet.
Kapitel 11	
ParallelHelloWorld	Diese Anwendung realisiert Workflow-Zweige mit paralleler Ausführung, was im Gegensatz zum den bislang in diesem Buch verwendeten sequenziellen Workflows steht. ▶

Projektmappenordner	Beschreibung
SynchronizedHelloWorld	Wenn Sie sich mit der Erstellung parallel ausgeführter Workflow-Zweige beschäftigen, müssen Sie diese in der Regel synchronisieren. Diese Anwendung zeigt Ihnen, wie dies funktioniert.
TankMonitor	Die WF wird mit einer faszinierenden Aktivität namens *ConditionedActivityGroup*, kurz CAG, ausgeliefert. Diese wird teils parallel und teilweise über Ereignisse gesteuert und erlaubt die Überwachung sowie Steuerung einer praktisch beliebigen Zahl an Workflow-Zweigen und -Bedingungen. Diese Anwendung demonstriert die CAG-Aktivität, indem der Füllstand einer chemischen Substanz in einem Speichertank überwacht wird, wobei der Benutzer gewarnt wird, wenn der Füllstand unter eine kritische Marke fällt oder eine kritische Marke übersteigt.
Kapitel 12	
RuleQuestioner	Diese Anwendung zeigt eine Interaktion mit dem Benutzer, wobei dem Benutzer eine Frage gestellt und die Antwort ausgewertet wird. Im Unterschied zu ähnlichen Anwendungen wie etwa denen aus Kapitel 9 wird jedoch für den bedingten Code kein C#-Programmcode, sondern eine regelbasierte Bedingung verwendet.
PlasticPolicy	Diese Anwendung demonstriert die eingebaute Regelverarbeitung der WF und baut auf einem Beispiel aus dem Kapitel 4 auf.
Kapitel 13	
FileGrabber	Auch wenn die eingebauten WF-Aktivitäten ein äußerst weit reichendes Anwendungsspektrum bieten, können diese nicht alles abdecken. Aus diesem Grund können Sie Ihre eigenen benutzerdefinierten Aktivitäten erstellen. Diese Anwendung zeigt, wie Sie eine Aktivität erzeugen, mit denen sich Dateien von einem FTP-Server herunterladen lassen.
Kapitel 14	
SodaMachine	Bislang waren die Workflows in diesem Buch fast ausschließlich sequenzieller Natur, das heißt die Abarbeitung bewegte sich vom Anfang zum Ende in der vorgegebenen Reihenfolge. Aber es gibt noch eine andere Art von Workflows, die auf einem *Zustandsautomaten* basieren, auch als *endlicher Automat* bezeichnet. Diese Anwendung simuliert einen Münzautomaten, ein klassisches Beispiel für einen Zustandsautomaten.
Kapitel 15	
WorkflowATM	Sie werden vielleicht Hunderte an Aufgabenstellungen finden, die keine Transaktionen erfordern, aber wenn sich die Notwendigkeit ergibt, Transaktionen zu verwenden, dann ist diese Anwendung das Richtige für Sie. Dabei lernen Sie anhand eines simulierten Geldautomaten ein Beispiel kennen, bei dem sowohl herkömmliche Transaktionen als auch auf Kompensation basierende Transaktionen zum Einsatz kommen. ▶

Projektmappenordner	Beschreibung
Kapitel 16	
DirectXmlWorkflow	Wenn Sie sich mit der Windows Presentation Foundation beschäftigt haben, die ebenso wie die WF ein Bestandteil von .NET 3.0 ist, sind Sie möglicherweise bereits mit XAML vertraut, der XML-Sprache, um Benutzeroberflächen allgemein und Bildschirmdarstellungen generell zu definieren. Auch die WF verarbeitet XAML und dieses Kapitel zeigt Ihnen verschiedene Techniken, mit denen Sie XAML-basierende Workflows in Ihre Anwendungen einbeziehen können. Diese Anwendung verwendet einen XAML-basierten Workflow direkt.
CompiledXmlWorkflow	Diese spezielle Anwendung greift auf den Workflow-Compiler zurück, um XAML als Eingabe zu verwenden und erzeugt eine .NET-Assembly, die Ihre Workflow-Definition enthält.
PCodeXaml	Mit diesem Beispiel wird noch einmal die Anwendung aus Kapitel 1 umgesetzt, wobei dieses Mal der Workflow per XAML erstellt wird. Dabei widmet sich die Anwendung dem wichtigen Thema, wie XAML-basierte Workflows unter Verwendung von Eingabeparametern gestartet werden.
XmlnsDefFlow	Diese Anwendung zeigt Ihnen, wie Sie benutzerdefinierte Aktivitäten erzeugen und aus Ihren XAML-basierten Workflows auf diese zugreifen.
Kapitel 17	
TruckTracker	Dieses Kapitel legt das Konzept der Korrelation dar. Konkret geht es darum, wie Anwendungen und Workflows synchron miteinander kommunizieren, wenn mehr als ein Workflow ausgeführt wird. In dieser Simulation wird die Bewegung von Lkws überwacht, die ihre Positionsangabe über das GPS-Satellitennavigationssystem melden. Jeder Lkw wird durch einen einzelnen Workflow repräsentiert, wobei durch Einsatz von Korrelation dafür gesorgt wird, dass die Daten für einen einzelnen Lkw konsistent bleiben.
Kapitel 18	
QuoteRetrieve	In der Anwendung aus Kapitel 10 wurden Aktienwerte unter Verwendung einer Simulation aktualisiert. Diese Anwendung verwendet stattdessen einen Webdienst, über den der Workflow die Aktienkurse abfragt.
Kapitel 19	
QuoteGenerator	Diese Anwendung baut auf dem vorangegangenen Kapitel auf, wobei wiederum ein Webdienst eingesetzt wird, um einem Workflow zu ermöglichen, Aktienkurse abzufragen. Die WF verfügt über die Fähigkeit, Webdienste direkt aus Workflow-Definitionen zu erstellen. Bei Workflows, die auf einem Zustandsautomaten basieren (hier in der Anwendung aber nicht Fall) ist dies nicht so einfach, wie es vielleicht beim ersten Blick den Anschein hat.

Stichwortverzeichnis

.asmx-Dateien 533
.xoml.cs-Dateien 449
.xoml-Dateien 441, 448, 449
\Workflow-Verzeichnis 15

A

Abhängige Eigenschaften 74
Abstraktionsschicht 174
ACID 412
Activity.EventDeliveryFailedException-Ausnahme 467
ActivityBind-Klasse 75
ActivityDataTrackingExtract-Klasse 90
ActivityDesigner-Klasse 367, 368
ActivityExecutionContext-Klasse 74, 346
ActivityExecutionResult-Enumeration 72
ActivityExecutionStatus-Enumeration 67, 348
Activity-Klasse
   Eigenschaften 73
   Einführung 72
   Methoden 346
   virtuelle Methoden 346
ActivityToolboxItem-Klasse 370
ActivityTrackingCondition-Klasse 90
ActivityTrackingLocation-Klasse 90
ActivityTrackingRecord-Klasse 90
ActivityTrackPoint-Klasse 90
ActivityValidator 363
ActivityValidator-Klasse 362
AddService-Methode
   WorkflowRuntime-Klasse 36, 104
Adressen (in Verfolgungsprofilen) 108
Aktivität
   benutzerdefinierte ~ in XAML 454
Aktivitäten 18, 71, 145
   Ausführungskontext 348
   Ausführungsreihe der Methoden 349
   bedingte 23, 210
   Begriffsdefinition 71
   benutzerdefinierte 345, 352
   Bindung 75
   Darstellung anpassen 367
   Debugging 160
   deep copy 73
   eigene ~ erstellen 345, 352
   eigene ~ in der Toolbox integrieren 370, 375
   eigene ~ zur Intraprozess-Kommunikation erstellen 193
   eigene Toolbox-Bitmap erstellen 366
   Eigenschaften an ~ binden 155
   einfache 73, 348
   Ereignisse 239
   Farbe einstellen 367
   gültige Rückgabewerte für Ausführungsstatus 348
   hinzufügen 18
   individuelles Erscheinungsbild 367
   klonen 73
   Kontextmenü hinzufügen 367, 368
   Lebensdauer 349
   Rahmen verändern 367
   Rückgabewerte für Ausführungsstatus 348
   Themen 367
   tiefe Kopie 73
   Toolbox 370, 375
   Toolbox-Bitmap 366
   Validator 362
   Validierung 75
   Validierungsfehler 373
   zusammengesetzte 73, 348
Always (Neuüberprüfung bei Regeln) 330
Ambient Transaktionen 415, 418, 431
Ansicht-Designer 16, 157
   Debugging 160
   Fehlerhandler-Oberfläche 159, 161, 163
   Oberfläche für Workflow-Abbruch 159
   Oberflächenarten 157
   Smart Tags 159
   Standardoberfläche 158
   Symbolleiste 158
Anwendungskonfigurationsdateien 102
App.config 102

Stichwortverzeichnis

AppDomain 32, 37, 463, 529
ApplyWorkflowChanges-Methode
   WorkflowInstance-Klasse 52
ASP.NET 527
   Anwendungskonfigurationsdatei 531
   HttpModule 531
   Webanwendung erstellen 551
   WorkflowWebHosting-Modul 531
Atomarität 412
Attribute (bei Regeln) 318, 328
Attributive Verkettung 318, 328
Ausführungskontext 348
Ausführungsstatus
   gültige Rückgabewerte 348
Ausgabe-Fenster 137, 138
Ausnahmen
   abfangen 157, 161
   auslösen 150
   behandeln 160, 165
   Message-Eigenschaft 151, 156
Ausnahmetypen 152, 153, 154, 159, 163, 164
AutoResetEvent-Klasse 46, 204

B

Bedingte Aktivitäten 23
Bedingte Verzweigungen 20, 210
Bedingungen *siehe auch unter* CAG-Aktivität, IfElse-Aktivität, Condition-Eigenschaft, While-Aktivität, Replicator-Eigenschaft
   regelbasierte 319
Beispielprogramme
   herunterladen 9
   installieren 10
   Übersicht 557
BizTalk Server 5
Brückendienstklasse 186
   Zirkelbezüge 189
Brückenverbindungsklasse 184

C

CAG-Aktivität 294, 298
   Bearbeitungsmodus aktivieren 296, 300
   beenden 295, 309
   fortsetzen 295, 309

   Until-Bedingung 294
   Vorschaumodus aktivieren 296, 300
   When-Bedingung 294
CallExternalEvent-Aktivitäten
   Korrelation 488
CallExternalMethod-Aktivität 192
Canceling-Wert
   ActivityExecutionStatus-Enumeration 67
Cancel-Methode
   Activity-Klasse 73, 346, 347
Chaos-Wert
   Isolationsebene bei Transaktionen 416
ChildCompletedEvent-Ereignis
   Replicator-Aktivität 228, 232, 233, 237
ChildInitializedEvent-Ereignis
   Replicator-Aktivität 228, 232, 237
Clone-Methode
   Activity-Klasse 73
Closed-Wert
   ActivityExecutionStatus-Enumeration 67
Code Condition 21, 211, 223, 233
Code-Aktivität 23, 56, 134, 150
Code-Beside-Datei 440, 451
Commit 411, 412, 415, 416, 417, 418
CompensatableSequence-Aktivität 420
CompensatableTransactionScope-Aktivität 418, 431
Compensate-Aktivität 419, 420
   nur bestimmte Aktivitäten kompensieren 419
Compensate-Methode
   Activity-Klasse 346, 347
Compensating-Wert
   ActivityExecutionStatus-Enumeration 67
CompiledXmlWorkflow-Beispielanwendung 447
CompletedEvent-Ereignis
   Replicator-Aktivität 228, 231, 232, 236
CompletedStateName-Eigenschaft
   State-Aktivität 394
CompositeActivityDesigner-Klasse 367
ConditionalEventArgs 27
ConditionedActivityGroup *siehe* CAG-Aktivität
Condition-Eigenschaft
   IfElse-Aktivität 21, 211, 212
   UntilCondition-Ereignis 233, 234
   While-Aktivität 223

Connector-Klasse 176, 184
  Korrelation 473
Cookie-Cutter-Konzept 227
Cookies 517
  für Wiederverwendung speichern 518
  wiederherstellen 519
CorrelationInitializer-Attribut 467
CorrelationParameter-Attribut 466, 468
CorrelationToken-Eigenschaft
  CallExternalMethod-Aktivität 491
  HandleExternalEvent-Aktivität 241
CorrelationToken-Klasse 466
CreateWorkflow-Methode
  WorkflowRuntime-Klasse 36, 63

D

Daten verfügbar-Ereignis
  Intraprozess-Kommunikation 185, 189
Datenbanken
  Abfrageintervall bei Persistenz 142
  Autofelder und Korrelation 468
  Ereignisverfolgung *siehe* Haupteintrag Ereignisverfolgung
  Korrelation und Autofelder 468
  Persistenz *siehe* Haupteintrag Persistenz
  SQL Server *siehe* Haupteinträge SQL Server...
  Verbindungszeichenfolge 102, 103
Datendienste
  extern *siehe* Intraprozess-Kommunikation
Datenereignisargumentklasse 182
Dauerhaftigkeit (Transaktionen) 412
Debugging 160
  Aktivität für Aktivität abarbeiten 160
  Haltepunkt setzen/entfernen 160
Declarative Rule Condition 319, 322
deep copy (bei Aktivitäten) 73
DefaultWorkflowTransactionService-Dienst 415
Dehydration 68
Dekarativer Workflow 439
Deklarative Programmierung 313
Delay-Aktivität 58, 242
  Ereignishandler 242
  Persistenz 139

Rolle der ~ bei paralleler Ausführung 279
Delay-Eigenschaft 64
DependencyProperty-Klasse 73, 74
Description-Eigenschaft
  Activity-Klasse 72
Dictionary-Objekt
  Workflow-Instanz 64
Dienste (zuschaltbare) 87
Dienst-Klasse 176
Dienstschnittstelle
  zur externen Datenkommunikation 179, 248
DirectXmlWorkflow-Beispielanwendung 444
Dirty reads 412

E

eBroker-Beispielanwendung 245
Eigenschaften
  abhängige 74
  an Aktivität binden 155
Eigenschaftenfenster 20
Eingabe-Eigenschaft 64
ELSE-Schlüsselwort (bei Regeln) 317
Enabled-Eigenschaft
  Activity-Klasse 72
Endlicher Automat *siehe* Zustandsautomat
Entladen *siehe* Persistenz
Entwurfsmuster 37
Ereignishandler 25, 240
  bei Windows-Steuerelementen 128
  Code-Aktivität 150
  Delay-Aktivität 242
  EventDriven-Aktivität 254
  EventHandlingScope-Aktivität 253
  FaultHandler-Aktivität 165
  Listen-Aktivität 261
  WorkflowSuspended 168
  WorkflowSuspended-Ereignishandler 168
Ereignisse
  Aktivitäten 239
  bei Zustandsautomaten 384, 387, 397
  verfolgen *siehe* Ereignisverfolgung
Ereignisverfolgung 89
  ActivityDataTrackingExtract-Klasse 90

Ereignisverfolgung *(Fortsetzung)*
  ActivityTrackingCondition-Klasse 90
  ActivityTrackingLocation-Klasse 90
  ActivityTrackingRecord-Klasse 90
  ActivityTrackPoint-Klasse 90
  Adressen 108
  Benutzerereignisse 107
  Datenbank zur ~ erzeugen 93
  filtern 92
  Klassenübersicht 90
  SQL Server einrichten 92
  SqlTrackingQuery-Klasse 90
  SqlTrackingQueryOptions-Klasse 90
  SqlTrackingWorkflowInstance-Klasse 90
  TrackingProfile-Klasse 90
  Unterschiede zum Tracing 91
  UserTrackingLocation-Klasse 90
  UserTrackingRecord-Klasse 90
  UserTrackPoint-Klasse 90
  verfolgte Daten aus Datenbank abrufen 105
  Verfolgungspunkte 108
  Workflow anlegen 97
  WorkflowDataTrackingExtract-Klasse 91
  WorkflowMonitor 112
  WorkflowTrackingLocation-Klasse 91
  WorkflowTrackingRecord-Klasse 91
  WorkflowTrackPoint-Klasse 91
Error-Eigenschaft
  Suspend-Aktivität 166
  Terminate-Aktivität 171
ErrorHandler-Beispielanwendung 161
ErrorSuspender-Beispielanwendung 167
ErrorTerminator-Beispielanwendung 170
ErrorThrower-Beispielanwendung 152
EventDeliveryFailedException-Ausnahme 467
EventDriven-Aktivität 243, 254, 261, 384, 387, 397
EventHandlingScope-Aktivität 244, 252
EventName-Eigenschaft
  HandleExternalEvent-Aktivität 241
ExecuteCode-Eigenschaft
  Code-Aktivität 24, 57, 150
Execute-Methode
  Activity-Klasse 73, 346, 347, 356
Executing-Wert
  ActivityExecutionStatus-Enumeration 67
ExecutionResult-Eigenschaft
  Activity-Klasse 72
ExecutionStatus-Eigenschaft
  Activity-Klasse 72
ExecutionType-Eigenschaft
  Replicator-Aktivität 228, 230
Exklusive Verkettung 317, 328
Explicit Update Only 329, 330
ExternalDataEventArgs-Klasse 181
ExternalDataExchange-Attribut 180, 249
ExternalDataService-Dienst 174, 187
Externe Kommunikation *siehe* Intraprozess-Kommunikation

F

Factory
  Workflow-Laufzeit-~ erstellen 37
  WorkflowRuntime-Klasse 37
Factory-Entwurfsmuster 37
  implementieren 40
Fault-Eigenschaft
  Throw-Aktivität 151, 154
  WebServiceFault-Aktivität 536, 548
FaultHandler-Aktivität 157, 161
Faulting-Wert
  ActivityExecutionStatus-Enumeration 67
FaultType-Eigenschaft
  FaultHandler-Aktivität 163
  Throw-Aktivität 151, 153
Fehlerbehandlung 150, 157, 161
Fehlerhandler 151, 165
  Ansicht 159, 161, 163
Fehlersuche 160
FileGrabber-Beispielanwendung 350
finite state machine *siehe* Zustandsautomat
Flüchtiger Arbeitsspeicher (bei paralleler Verarbeitung) 285, 286
for-Schleife
  allgemein in C# 227
  als WF-Entsprechung *siehe* unter While-Aktivität
FTP
  anonymer Zugang 351
  Beispiel-Aktivität 350
FtpGetFileActivity (Beispiel-Aktivität) 350
Full Chaining 329, 330

G

GAC 113
GetActivityByName-Methode
   Activity-Klasse 73
GetRegisteredWorkflowDataService
   WorkflowMVDataService-Dienst 200
GetWorkflowDefinition-Methode
   WorkflowInstance-Klasse 52
GetWorkflow-Methode
   WorkflowRuntime-Klasse 36
GetWorkflows-Methode
   SqlTrackingQuery-Klasse 90
Global Assembly Cache 113
Global.asax 530

H

HALT-Anweisung (bei Regeln) 317
Haltepunkte 160
HandleExternalEvent-Aktivität 240
   Methoden 241
HandleFault-Methode
   Activity-Klasse 346, 347
Host 32, 33, 35
   Kommunikation vom Workflow zum ~ 173, 174, 177
   Kommunikation zum Workflow 239, 244
HttpApplication-Klasse 530
HttpModule 531
HTTP-Protokoll
   Sitzungen implementieren 517

I

ICompensatableActivity-Schnittstelle 418, 419
IEventActivity-Schnittstelle 240, 242, 243
IfElse-Aktivität 18, 210
   bei Regeln 321
   Declarative Rule Condition 322
IF-Schlüsselwort (bei Regeln) 317
IIS 529
IList-Auflistung 227, 228, 230, 235
Imperative Programmierung 313
Implizite Verkettung 328
individuelles Verhalten 367
InitialChildData-Eigenschaft
   Replicator-Aktivität 227, 228, 230, 236
InitializedEvent-Ereignis
   Replicator-Aktivität 228, 230, 231, 236
Initialized-Wert
   ActivityExecutionStatus-Enumeration 67
Initialize-Methode
   Activity-Klasse 346, 347, 349
InitializeTimeoutDuration-Ereignishandler
   Delay-Aktivität 242
InitialStateName-Eigenschaft
   State-Aktivität 392
InputActivityName-Eigenschaft
   WebServiceFault-Aktivität 547
   WebServiceOutput-Aktivität 535, 545
InputReceived-Ereignis
   WebServiceInput-Aktivität 534, 542
InstanceId-Eigenschaft
   WorkflowInstance-Klasse 51
InstanceState-Datenbanktabelle 137, 138, 141
Instanz-ID 181, 182, 183
Interface *siehe* Schnittstellen
InterfaceType-Eigenschaft
   HandleExternalEvent-Aktivität 241
   WebServiceInput-Aktivität 534, 539
Internet Information Services 529
Intraprozess-Kommunikation 174
   Arten übertragbarer Daten 175
   Brückendienstklasse 186
   Brückenverbindungsklasse 184
   CallExternalMethod-Aktivität 192
   Connector-Klasse 176, 184
   Daten in Hostanwendung empfangen 198
   Daten verfügbar-Ereignis 185, 189
   Datenereignisargumentklasse 182
   Dienst-Klasse 176
   Dienstschnittstelle 179, 248
   ExternalDataEventArgs-Klasse 181
   ExternalDataExchange-Attribut 180, 249
   ExternalDataService-Dienst 174, 187
   externe Datendienste 183
   Korrelation *siehe* Haupteintrag Korrelation
   Lesemethode zum Abholen der Daten 184, 189, 200
   Schnittstelle 179, 248
   Service-Klasse 176

Intraprozess-Kommunikation *(Fortsetzung)*
    unidirektional 193
    Verbindungsbrückenarchitektur 183
    Wca.exe 176, 193, 194, 195, 250
    Workflow Communication Activity
        (Tool) 176, 193, 194, 195, 250
Invoked-Ereignis
    HandleExternalEvent-Aktivität 242
    InvokeWebService-Aktivität 518
InvokeWebService-Aktivität 513, 520
    Eigenschaften 513
InvokeWebServiceEventArgs-Klasse 516
InvokeWorkflow-Aktivität 200
Invoking-Ereignis
    InvokeWebService-Aktivität 516, 519
IsActivating-Eigenschaft
    WebServiceInput-Aktivität 534, 540
Isolation (Transaktionen) 412
IsStarted-Eigenschaft
    WorkflowRuntime-Klasse 36

K

Klonen (von Aktivitäten) 73
Kommunikationsaktivitäten 193
    erstellen 249
Kompensationen 414, 418
    Ambient 418, 431
    auslösen 418
    dem Workflow hinzufügen 430
    Kompensationshandler 418, 419, 432, 433, 434
    mehrere ~ verknüpfen 420
    nur bestimmte Aktivitäten 419
    Reihenfolge beeinflussen 419
Kompensationshandler 418, 419, 432, 433
    Beispiel 434
Konsistenz (Transaktionen) 412
Konsolenanwendungen 13
    ausführen 28
    Workflow-Runtime hosten 33
Kontrakte 6
Kooperatives Multithreading 278
Korrelation 463
    Alias 468
    Attribute 466, 467, 468
    bei automatisch generierten IDs in Datenbanken 468
    bei Ereignissen auf Korrelations-ID verweisen 468
    CallExternalEvent-Aktivitäten 488
    Daten-Connector 473
    Datendienst 480
    erstellen 469
    Kommunikationsschnittstelle 471
    Wca.exe 488
    Workflow Communication Activity
        (Tool) 488
    Workflow erstellen 487
Korrelations-Token 465, 491
    initialisieren 467
Kreisprozesse 244
Kritischer Codeabschnitt 285, 286

L

Leerlauf (Persistenz) 139
Listen-Aktivität 243, 260
Load-Ereignishandler (Windows Forms) 130
Load-Methode
    Activity-Klasse 73
    WorkflowInstance-Klasse 124, 136
Locations *siehe* Verfolgungsprofile, Adressen
Lokale Kommunikation *siehe* Intraprozess-Kommunikation
LongRunningWorkflow-Beispielbibliothek 55

M

Main-Methode 28
Marshalling 174
Message-Eigenschaft
    Ausnahmen 151, 156
Methoden
    anonyme 199
    externe ~ aufrufen 173
MethodName-Eigenschaft
    InvokeWebService-Aktivität 513, 516, 523
    WebServiceInput-Aktivität 534, 535, 540
Monte Carlo-Simulation 245, 267
Multithreading
    kooperatives 278

Multithreading *(Fortsetzung)*
   Workflow 5
Multithreading-Datenzugriff
   Probleme durch Synchronisierung lösen 285
Mutex 286
MVDataChecker-Beispielanwendung 177

N

Name-Eigenschaft
   Activity-Klasse 73
   WorkflowRuntime-Klasse 36
Namespaces (bei XAML) 442
Never (Neuüberprüfung bei Regeln) 330, 331

O

OnActivityExecutionContextLoad-Methode
   Activity-Klasse 346, 347, 349
OnActivityExecutionContextUnload 349
OnActivityExecutionContextUnload-Methode
   Activity-Klasse 346, 347
OnInvoked-Methode
   HandleExternalEvent-Aktivität 241
Orcas 8
OwnerActivityName-Eigenschaft
   CallExternalMethod-Aktivität 491, 492

P

Parallel-Aktivität 277, 279
   Multithreading-Bugs 285
   nicht synchronisierte Abarbeitung 284
   synchronisieren 285
Paralleler Workflow 277
ParallelHelloWorld-Beispielanwendung 279
Parallel-Wert
   ExecutionType-Enumeration 228, 230
Parent-Eigenschaft
   Activity-Klasse 73
PCodeXaml-Beispielanwendung 450
Persistenz
   Abfrageintervall der Datenbank 142
   automatisch 139
   bei Delay-Aktivitäten 139
   bei Leerlauf-Workflows 139
   Datenbank zur ~ erzeugen 120
   Methoden 124
   Problematik 118
   serialisieren 119
   Situationen, an denen ~ erfolgt 119
   SQL Server einrichten 120
   SqlWorkflowPersistenceService-Dienst 123
   Überblick 118
   Workflow aus dem Arbeitsspeicher entfernen 125, 134
   Workflow entfernen 125, 134
   Workflow entladen 125, 134
   Workflow laden 136
   Workflow zurückladen 136
   WorkflowInstance-Klasse 124
PlasticPolicy-Beispielanwendung 332
Pluggable services 87
Policy-Aktivität 315, 331
   Regeln bearbeiten 336
Prepare (Transaktionen) 411
Program.cs 16
Proxy
   Klasse bei Webdienstnutzung 512, 513
   konfigurieren (bei Nutzung von Webdiensten) 515
ProxyClass-Eigenschaft
   InvokeWebService-Aktivität 513, 516

Q

Questioner-Beispielanwendung 208, 210, 222, 230
QuoteRetriever-Beispielanwendung 520

R

RaiseEvent-Methode
   Activity-Klasse 73
RaiseGenericEvent<T>-Methode
   Activity-Klasse 73
ReadCommitted-Wert
   Isolationsebene bei Transaktionen 416, 417
ReadUncommitted-Wert
   Isolationsebene bei Transaktionen 417
Regel-Engine 314, 318, 328, 329, 330
Regeln 77, 78, 313
   Attribute 318, 328

Regeln *(Fortsetzung)*
    Bedingungen 319
    erstellen 315
    immer neu überprüfen 330
    Konzept 78
    Methoden aufrufen 316
    Neuüberprüfung 330
    nie neu überprüfen 330
    Schlüsselwörter 317
    Update-Anweisung 317
    Vorteile gegenüber imperativen Lösungen 326, 343
    Vorwärtsverkettung *siehe* Haupteintrag Vorwärtsverkettung
Rehydration 68
RepeatableRead-Wert
    Isolationsebene bei Transaktionen 417
Replicator-Aktivität 227
    Ereignisse 229
    Funktionsweise als Diagramm 229
    Schleife fortsetzen/abbrechen 228, 237
Replikation 227, 235
Result-Eigenschaft
    ConditionalEventArgs-Klasse 210, 222, 225, 228, 237, 309
Resume-Methode
    WorkflowInstance-Klasse 52
Richtlinien 6, *siehe unter* Policy-Aktivität
Rollback 411, 415, 417
Root activity 49
Rule Condition *siehe* Declarative Rule Condition
Rule Condition Editor 323
Rule Set Editor 317, 336
RuleQuestioner-Beispielanwendung 320
RuleRead-Attribut
    bei Regeln 318
RuleSet 315, 317, 331
    Prioritäten 327
RuleSetReference-Eigenschaft 335
RuleWrite-Attribut
    bei Regeln 318, 328
RuleWrite-RuleInvoke
    bei Regeln 318

S

Save-Methode

Activity-Klasse 73
Schleifen 222, 227
Schleifenzähler 225
Schnittstellen
    Workflow-Datenkommunikation 179, 248
SDK 8
Select Condition-Dialogfeld 322, 323
Select Rule Set-Dialogfeld 335
Sequence-Aktivität 79, 146
Sequencer-Beispielanwendung 147
Sequence-Wert
    ExecutionType-Enumeration 228, 230
Sequential
    Vorwärtsverkettung 329, 330
Sequential Workflow Console Application 15, 80
Sequential Workflow Library 55, 80
SequentialWorkflow-Aktivität 77
Sequenzieller Workflow 15, 77, 79, 146
    erstellen 80
    Konzept 79
Serialisierung
    Beschreibungssprachen 512
    Format bei SOAP 512
    nach XML bei Verfolgungsprofilen 108, 112
    SOAP 512
    Workflow-Instanzen *siehe* Persistenz
Serializable-Attribut
    Aktivitäten 371
Serializable-Wert
    Isolationsebene bei Transaktionen 417
Service-Klasse 176
Session *siehe* Sitzungen
Session cookie *siehe* Cookies
SessionId-Eigenschaft
    InvokeWebService-Aktivität 513, 519
SetState-Aktivität 385, 396
Shared Memory 285
Singleton-Entwurfsmuster 37
    implementieren 39
Sitzungen (bei Webverbindungen) 517
Sitzungs-Cookies *siehe* Cookies
Skalierbarkeit 529
Skriptsprache (für Regeln) 315
Sleep-Methode
    Thread-Klasse 134

Smart Tags 159
Snapshot-Wert
   Isolationsebene bei Transaktionen 417
SOA 6
SOAP 511
SoapException-Ausnahme 536
SodaMachine-Beispielanwendung 388, 391
Software Development Kit 8
SQL Server 2005 (Express)
   Authentifizierung 93
   für Ereignisverfolgung einrichten 92
   für Persistenz einrichten 120
SQL Server Management Studio
   aufrufen 93
   Datenbank zur Verfolgung erzeugen 93
   mit Datenbank verbinden 93
   Objekt-Explorer 93
   Skripts ausführen 95, 122
SqlTrackingQuery-Klasse 90, 106
SqlTrackingQueryOptions-Klasse 90
SqlTrackingService-Dienst 89, 97
   einem Workflow hinzufügen 102
SqlTrackingWorkflowInstance-Klasse 90
SqlWorkflowPersistenceService-Dienst 118, 134
   automatische Persistenz 139
   Einführung 123
Started-Ereignis
   WorkflowRuntime-Klasse 44
Start-Methode
   WorkflowInstance-Klasse 52
StartRuntime-Methode 41
   WorkflowRuntime-Klasse 36
State machine *siehe* Zustandsautomat
State Machine Workflow Console Application 85
State Machine Workflow Library 85
State-Aktivität 81, 384, 392
StateFinalization-Aktivität 384, 387, 403
StateInitialization-Aktivität 384, 386, 394
StateMachineWorkflow-Aktivität 77
Stopped-Ereignis
   WorkflowRuntime-Klasse 44
StopRuntime-Methode
   WorkflowRuntime-Klasse 36, 41
Suspend-Aktivität 166
Suspend-Methode
   WorkflowInstance-Klasse 52
SuspendOrTerminateInfoProperty 52

Synchronisierung
   parallele Ausführung 285
SynchronizationHandles-Eigenschaft
   SynchronizationScope-Aktivität 286, 288
SynchronizationScope-Aktivität 285, 287
SynchronizedHelloWorld-Beispielanwendung 287
System.Web.Services.WebService-Klasse 533
System.Workflow.Activities-Assembly 62
System.Workflow.ComponentModel-Assembly 63
System.Workflow.Runtime-Assembly 34

T

TankMonitor-Beispielanwendung 296
TargetStateName-Eigenschaft
   SetState-Aktivität 386, 396
TargetWorkflow-Eigenschaft
   InvokeWorkflow-Aktivität 202
Task-Scheduler 118, 285
Terminate-Aktivität 169
Terminate-Methode
   WorkflowInstance-Klasse 52
Themen (Darstellung von Aktivitäten) 367
THEN-Schlüsselwort (bei Regeln) 317
Threadsicherheit 132
Thread-Synchronisierung 285
Throw-Aktivität 150, 157
throw-Schlüsselwort 150
Tiefe Kopie (von Aktivitäten) 73
TimeoutDuration-Eigenschaft
   Delay-Aktivität 59, 65, 242
TimeSpan-Klasse
   Delay-Aktivität 242
Token *siehe* Korrelations-Token
Toolbox 17
   eigene Aktivitäten integrieren 370, 375
   eigene Bitmap erstellen 366
ToolboxBitmap-Attribut
   Aktivitäten 366
ToolboxItem-Attribut
   Aktivitäten 371
Tracing 91
Tracing-Ausgabe-Fenster 137, 138
TrackData-Methode
   Activity-Aktivität 107

Tracking *siehe* Ereignisverfolgung
Tracking points *siehe* Verfolgungsprofile, Verfolgungspunkte
TrackingProfile-Klasse 90, 108
TrackingProfileSerializer-Klasse 108
TrackingService
   Workflow-Basisdienst 88
Transaction-Klasse 415
TransactionOptions-Eigenschaft
   TransactionScope-Aktivität 415, 416
TransactionScope-Aktivität 415, 427
Transaktionen 409
   ACID 412
   Alternativen 414
   Ambient 415
   Atomarität 412
   Commit 411, 412, 415, 416, 417, 418
   Constraints 412
   Dauerhaftigkeit 412
   dem Workflow hinzufügen 426
   deterministischer Zustand 410
   dirty reads 412
   Isolation 412
   Isolationsebenen 416
   klassische 411, 415
   Konsistenz 412
   Konzept 410
   lang laufende 413
   Lesen von Daten erlauben 417
   Nachteile 413
   Prepare-Befehl 411
   Ressource 411
   Rollback 411, 415, 417
   Timeout 416
   Vote-Signal 411
   XA 411, 415
   Zwei-Phasen-Commit 411, 417
Transaktionsdienste 414
Transaktionsmanager 411
TruckTracker-Beispielanwendung 469
TryGetWorkflow-Methode
   SqlTrackingQuery-Klasse 90, 106
TryUnload-Methode
   WorkflowInstance-Klasse 124

U

Uninitialize-Methode

Activity-Klasse 346, 349
Unload-Methode
   WorkflowInstance-Klasse 124, 131
Unspecified-Wert
   Isolationsebene bei Transaktionen 417
Until-Bedingung
   CAG-Aktivität 294
UntilCondition
   CAG-Aktivität 299
UntilCondition-Ereignis
   Replicator-Aktivität 228, 233, 234, 237
Update-Anweisung (bei Regeln) 317, 329
UpdateTrackingProfile (gespeicherte Prozedur) 116
URL (bei Nutzung von Webdiensten) 514, 515, 516
URL-Eigenschaft
   InvokeWebService-Aktivität 513
UserEvent-Datenbanktabelle 107
UserTrackingLocation-Klasse 90
UserTrackingRecord-Klasse 90
UserTrackPoint-Klasse 90

V

Validate-Methode
   ActivityValidator-Klasse 363
Verbindungsbrückenarchitektur 183
Verbindungszeichenfolge 102, 103
Verbs-Eigenschaft
   ActivityDesigner-Klasse 368
Verfolgung *siehe* Ereignisverfolgung
Verfolgungsprofile 108
   Adressen 108
   anlegen 109
   Verfolgungspunkte 108
   XML-Serialisierung 108, 112
Verfolgungspunkte 108
Verzeichnis (für Beispielprogramme) 15
Verzögerungswert 59, 242
Visual Studio
   Workflow-Unterstützung 12
Visual Studio 2005 extensions for .NET Framework 3.0 8
Visual Studio extensions for workflow 8
Vorwärtsverkettung 326
   attributive 318, 328
   beeinflussen 329

Vorwärtsverkettung *(Fortsetzung)*
    deaktivieren 329
    exklusive 317, 328
    Explicit Update Only 329, 330
    explizit 329, 330
    Full Chaining 329, 330
    implizite 328
    Sequential 329, 330
    sequenziell 329, 330
    uneingeschränkt 329, 330

W

WaitHandle-Klasse 46
Wca.exe 176, 193, 194, 195, 250
    Korrelation 488
WCF 6
Web.config 531
Webdienste 511
    als ~ veröffentlichen 551
    aufzurufende Methode auswählen 513, 516, 523
    Cookies 518
    Dienste konfigurieren 530
    erstellen 536
    lang laufende 518
    Proxy 512, 513, 515
    SOAP 511
    URL bei Nutzung 514, 515, 516
    Webverweis hinzufügen 514
    Workflow als ~ 528
    Workflow erstellen 520
    Workflow-Laufzeit erstellen 530
    Workflow-Verwaltung 533
    WSDL 512, 513, 515, 522
WebMethod-Attribut 533
WebServiceFault-Aktivität 536, 546
WebServiceInput-Aktivität 534
WebServiceInput-Eigenschaften 534
WebServiceOutput-Aktivität 535, 544
    ohne Rückgabewert 535
    Rückgabewert 535, 546
    void 535
Webverweis 514
    hinzufügen 520
WF *siehe* Workflow Foundation
Wfc.exe 441, 444, 448, 449, 452, 457
When-Bedingung

CAG-Aktivität 294
WhenCondition
    CAG-Aktivität 301
While-Aktivität 222
    Schleife fortsetzen/abbrechen 222, 225
Windows Forms-Ansicht-Designer 126
Windows SDK 8
Windows Workflow Foundation *siehe* Workflow Foundation
Workflow 11
    als Webdienst *siehe* Haupteintrag Webdienste, *siehe* Haupteintrag Webdienste
    Anwendung von der Kommandozeile ausführen 28
    aus ~ weiteren ~ aufrufen 200
    Code bearbeiten 25
    Code hinzufügen 20, 23, 26
    das erste ~-Programm 13
    Debugging *siehe* Haupteintrag Debugging
    deklarativer 439
    Eingabe-Eigenschaft 64
    endlicher Automat *siehe* Haupteintrag Zustandsautomat
    Ereignishandler-Code 25
    Ereignisse 239, 240
    Ereignisverfolgung *siehe* Haupteintrag Ereignisverfolgung
    erzeugen 17
    in XAML erstellen 443
    Intraprozess-Kommunikation *siehe* Haupteintrag Intraprozess-Kommunikation
    Kommunikation vom Host zum ~ 239, 244
    Kommunikation zum Host 173, 174, 177
    Kompensationen *siehe* Haupteintrag Kompensationen
    Konsolenanwendung erstellen 13
    Korrelation *siehe* Haupteintrag Korrelation
    mehrere ~s verwenden 463
    Multithreading 5
    Persistenz *siehe* Haupteintrag Persistenz
    regelbasiert *siehe* Haupteintrag Regeln und Haupteintrag Richtlinien

Stichwortverzeichnis

Workflow *(Fortsetzung)*
   sequenzieller *siehe* Haupteintrag Sequenzieller Workflow
   Transaktionen *siehe* Haupteintrag Transaktionen
   Verfolgung *siehe* Haupteintrag Ereignisverfolgung
   Verfolgungsprofile *siehe* Haupteintrag Verfolgungsprofile
   verschachteln 200
   Verzögerung 59, 242
   Webdienst aufrufen *siehe* Haupteintrag Webdienste
   XML-basierte 439
   zur Ausführung vorbereiten 28
   Zustandsautomat *siehe* Haupteintrag Zustandsautomat
Workflow Cancellation (Titelleiste) 158
Workflow Communication Activity (Tool) 176, 193, 194, 195, 250
   Korrelation 488
Workflow Exceptions (Titelleiste) 158
Workflow Foundation 11, 4
   Architektur 32
   herunterladen und installieren 7
   Systemanforderungen 13
   Unterschiede zum BizTalk Server 5
   Unterschiede zur WCF 6
Workflow1.cs 17
Workflow-Assemblys
   benutzerdefinierte hosten 62
   Verweise hinzufügen 34
WorkflowATM-Beispielanwendung 421
Workflow-Basisdienste 88
Workflow-Bibliothek
   sequenzielle 55
Workflow-Compiler 441, 444, 448, 449, 452, 457
WorkflowCompleted-Ereignis
   WorkflowRuntime-Klasse 44
WorkflowDataTrackingExtract-Klasse 91
Workflow-Definition 49, 63, 66
Workflow-Designer 16, 157
   Debugging 160
   Fehlerhandler-Oberfläche 159, 161, 163
   Oberfläche für Workflow-Abbruch 159
   Oberflächenarten 157
   Smart Tags 159
   Standardoberfläche 158
   Symbolleiste 158
WorkflowFactory-Beispielklasse 38, 42
WorkflowHost-Beispielanwendung 33, 47, 53
WorkflowIdled-Ereignis
   WorkflowRuntime-Klasse 44
WorkflowIdler-Beispielanwendung 139
WorkflowInstanceId-Eigenschaft
   Activity-Klasse 73
WorkflowInstance-Klasse
   Methoden 52, 124
WorkflowInstance-Objekt 51
Workflow-Instanz 49
   anhalten 166
   aus dem Arbeitsspeicher entfernen *siehe* Persistenz
   Ausführungsstatus 67
   beenden 68, 169
   beendete ~ wiederaufnehmen 169
   Dictionary-Objekt 64
   entladen *siehe* Persistenz
   laden *siehe* Persistenz
   mit Parametern starten 64, 65
   ohne Parameter starten 62
   rückladen *siehe* Persistenz
   serialisieren *siehe* Persistenz
   starten 53
   Status feststellen 66
   Zustand feststellen 66
Workflow-Instanz-ID 465
WorkflowInvoker-Beispielanwendung 201
Workflow-Laufzeit
   anhalten 41, 42
   erstellen bei Webdiensten 530
   hosten 33
   hosten 35
   starten 41
WorkflowMonitor 112
   ausführen 113
   kompilieren 112
   konfigurieren 114
WorkflowPersistenceService
   Workflow-Basisdienst 88
WorkflowPersister-Beispielanwendung 125
WorkflowQueuingService
   Workflow-Basisdienst 88
WorkflowRuntime-Eigenschaft
   WorkflowInstance-Klasse 51

WorkflowRuntime-Klasse 36, 37
　Eigenschaften 36
　Ereignisse 44, 45
　Hauptanwendungs-Thread anhalten 44, 46
WorkflowRuntimeService
　Workflow-Basisdienst 88
WorkflowSchedulerService
　Workflow-Basisdienst 88
WorkflowSubscriptionService
　Workflow-Basisdienst 88
WorkflowTerminated-Ereignis
　WorkflowRuntime-Klasse 44, 52, 68, 151, 169
WorkflowTerminatedEventArgs-Klasse 52, 68, 169
WorkflowTerminatedException 52
Workflow-Thread pausieren 134
WorkflowTracker-Beispielanwendung 97
WorkflowTrackingLocation-Klasse 91
WorkflowTrackingRecord-Klasse 91
WorkflowTrackPoint-Klasse 91
WorkflowTransactionService
　Workflow-Basisdienst 88
Workflow-Typen 76
　Entscheidungshilfe für die Auswahl 77
　geeigneten ~ auswählen 77
WorkflowValidationFailedException-Ausnahme 450
Workflow-Verzeichnis 15
WorkflowWebHosting-Modul 531
WorkflowWebRequestContext-Klasse 530, 531
WSDL 512, 513, 522
　lokal verweisen 515

X

x:Class-Attribut 448, 450
XAML 440
　als kompilierter Workflow 447
　Code-Beside-Datei 440, 451
　Namespaces 442
　Workflow direkt erstellen 443
　Workflow erstellen 443
　Workflow mit benutzerdefinierter Aktivität erstellen 454
　Workflow mit Initialisierungsparametern 450
　x:Class-Attribut 448, 450
XA-Transaktionen siehe unter Transaktionen
XML 246, 249, 259, 266, 270
　Workflow definieren 439
XmlnsDefFlow-Beispielanwendung 454
XmlnsDefinition-Attribut 442, 443, 454, 456
XML-Serialisierung
　bei Verfolgungsprofilen 108, 112
XML-Webdienste siehe Webdienste

Z

Zirkelbezüge 189
Zuschaltbare Dienste 87
Zustandsautomat 77
　Ansicht-Designer 392
　Beispielanwendung 388, 391
　Beispiele 81
　Diagramme 82
　Einführung 81
　Endpunkt 394
　Ereignisse 384, 387, 397
　erstellen 84
　grafische Abbildung von Zuständen und Ereignissen 82
　in Zustand übergehen 386
　Kommunikation zwischen Workflow und Anwendung 390
　Konzept 81, 384
　Münzautomat (Beispiel) 81, 388, 391
　Startpunkt 392
　Übergang auslösen 385, 396
　Übergang verlassen 387
　Zustand initialisieren 386
　Zustand wechseln 385, 396
Zwei-Phasen-Commit 411, 417

Wissen aus erster Hand

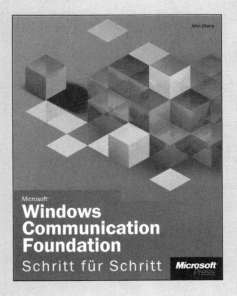

Die Beherrschung des Windows Communication Foundation (WCF) ist essentiell für jeden Entwickler, der sich verteilten Anwendungen und serviceorientierter Architektur auseinandersetzt. Dieses praxisnahe und didaktisch sinnvoll aufgebaute Training hilft Ihnen, schnell die Konzepte der Communication Foundation zu verstehen und sinnvoll in Ihre Anwendungen zu integrieren.

Autor	John Sharp
Umfang	496 Seiten
Reihe	Schritt für Schritt
Preis	49,90 Euro [D]
ISBN	978-3-86645-505-4

http://www.microsoft.com/germany/mspress

Microsoft Press-Titel erhalten Sie im Buchhandel.

(**Wissen aus erster Hand**)

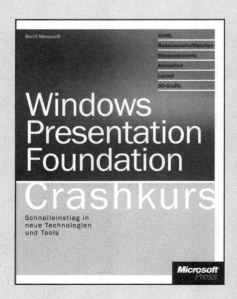

Ihr Schnelleinstieg in die Programmierung neuartiger und leistungs-fähiger Benutzeroberflächen unter Windows XP und Windows Vista. Der bekannte Microsoft Regional Director Bernd Marquardt erklärt hier kompakt und kompetent die Möglichkeiten dieser neuen Technologie und was Sie wissen müssen, um erfolgreich mit ihr zu programmieren.

Autor	Bernd Marquardt
Umfang	320 Seiten
Reihe	Einzeltitel
Preis	29,90 Euro [D]
ISBN	978-3-86645-504-7

http://www.microsoft.com/germany/mspress

Microsoft Press-Titel erhalten Sie im Buchhandel.

Wissen aus erster Hand

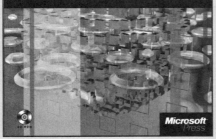

Dieses Buch stellt Ihnen ohne unnötigen Ballast die Informationen zur Verfügung, die Sie brauchen, um schnell zu Ergebnissen zu kommen und spart Ihnen durch eine Vielzahl von universell verwendbaren Routinen eine Menge Zeit und Nerven bei der Entwicklung. Es eignet sich als ein Leitfaden für Einsteiger in die Datenbankprogrammierung und als Nachschlagewerk für Fortgeschrittene.

Autor	Doberenz, Gewinnus
Umfang	Ca. 740 Seiten, 1 CD
Reihe	Fachbibliothek
Preis	49,90 Euro [D]
ISBN	3-86063-588-3

Microsoft Press-Titel erhalten Sie im Buchhandel, PC-Fachhandel und in den Fachabteilungen der Warenhäuser

Wissen aus erster Hand

In diesem Buch erklärt Ihnen John Robbins, ein ausgewiesener Experte in der Verbesserung von Codequalität, mit Hilfe praxisnaher Informationen und Anleitungen, wie Sie am besten mit dem Debugger von Visual Studio umgehen. Dabei vernachlässigt er aber auch nicht, die Grundlagen des Debuggens zu erläutern und Lösungen für häufig wiederkehrende Probleme der täglichen Praxis zur Verfügung zu stellen.

Autor	John Robbins
Umfang	480 Seiten
Reihe	Fachbibliothek
Preis	39,90 Euro [D]
ISBN	978-3-86645-408-8

http://www.microsoft.com/germany/mspress

Microsoft Press-Titel erhalten Sie im Buchhandel.

Wissen aus erster Hand

Dieses Buch bietet eine fundierte Einführung in C# und das .NET-Framework. Um ein tiefergehendes Verständnis zu ermöglichen, werden die Paradigmen des objektorientierten Programmierens und die gegenüber C++ neuartigen Features von C# wie Schnittstellen, Delegates, Events und Generics erläutert. Ein besonderes Anliegen des Autors ist die ausführliche Erläuterung der technischen Zusammenhänge in leicht verständlichen Worten. Ergänzende Fallstudien zu Themen aus der Informatik (Bézier-Splines, Zelluläre Automaten, usw.) vertiefen den Lernstoff in einer ganzheitlichen Betrachtung.

Autor	Peter Loos
Umfang	720 Seiten, 1 CD
Reihe	Fachbibliothek
Preis	39,90 Euro [D]
ISBN	3-86645-406-6

Microsoft Press-Titel erhalten Sie im Buchhandel, PC-Fachhandel und in den Fachabteilungen der Warenhäuser

Wissen aus erster Hand

Erlernen Sie die Grundlagen der Anwendungsentwicklung mit dem Microsoft .NET Framework 2.0 und bereiten Sie sich gleichzeitig effizient auf die Microsoft Certified Technoloy Specialist-Prüfung 70-536 vor – mit diesem Original Microsoft Training kein Problem! Mit Hilfe von modularen Übungen für das Selbststudium und begleitet von Übungsmaterialien auf CD verbessern Sie Ihre Qualifikation und Ihre beruflichen Chancen mit diesem Original Microsoft Training!

Autor	Northrup, Wildermuth, Ryan
Umfang	1028 Seiten, 2 CDs
Reihe	Original Microsoft Training
Preis	79,00 Euro [D]
ISBN	978-3-86645-907-6

Microsoft Press-Titel erhalten Sie im Buchhandel, PC-Fachhandel und in den Fachabteilungen der Warenhäuser

Wissen aus erster Hand

Meistern Sie die fortgeschrittenen Aufgaben der ASP.NET 2.0-Programmierung, indem Sie hier die wichtigen Einblicke gewinnen und das tiefgehende Verständnis erhalten, um erfolgreich hochfunktionale Webanwendungen zu entwerfen. ASP.NET-Kapazität Dino Esposito liefert Ihnen hier unfangreiche und tiefgehende Informationen, die Ihnen beim Beherrschen der Technologie wertvolle Dienste leisten.

Autor	Dino Esposito
Umfang	688 Seiten
Reihe	Fachbibliothek
Preis	59,00 Euro [D]
ISBN	978-3-86063-993-1

Microsoft Press-Titel erhalten Sie im Buchhandel, PC-Fachhandel und in den Fachabteilungen der Warenhäuser

(Wissen aus erster Hand)

Das Visual C# 2005-Entwicklerbuch ist ein umfangreiches Arbeits- und Referenzbuch zur Erstellung von Windows- und Webanwendungen mit C# und Visual Studio 2005. Es beschreibt detailliert Struktur und Syntax von C#, behandelt die objektorientierte Programmierung und geht auf die Neuerungen von C# 2005 ebenso ein wie auf wichtige Utility-Klassen aus dem .NET Framework. Neben der reinen Sprache wird auch die Visual Studio - Entwicklungsumgebung mit ihren Möglichkeiten, produktiver zu arbeiten, behandelt.

Autor	Louis, Strasser, Löffelmann
Umfang	1088 Seiten, 1 CD
Reihe	Das Entwicklerbuch
Preis	59,00 Euro [D]
ISBN	3-86063-543-3

Microsoft Press-Titel erhalten Sie im Buchhandel, PC-Fachhandel und in den Fachabteilungen der Warenhäuser

(Wissen aus erster Hand)

In diesem umfangreichen Werk erklärt der deutsche ASP.NET-MVP (Most Valuable Professional) Dr. Holger Schwichtenberg detailliert die Konzepte und Technologien, die ASP.NET 2.0 zugrunde liegen, wobei der besondere Schwerpunkt auf der praktischen Umsetzung dieser Konzepte liegt. Anhand zahlreicher Beispiele wird die Entwicklung von Internet- und Intranet-Anwendungen mit ASP.NET 2.0 und Visual Basic 2005 demonstriert.

Autor	Holger Schwichtenberg
Umfang	ca. 860 Seiten, 1 CD
Reihe	Das Entwicklerbuch
Preis	49,90 Euro [D]
ISBN	3-86063-544-1

Microsoft Press-Titel erhalten Sie im Buchhandel, PC-Fachhandel und in den Fachabteilungen der Warenhäuser

> Wissen aus erster Hand

Dieses Buch wendet sich an alle Entwickler, die den SQL Server 2005 und seine Möglichkeiten von Grund auf kennen lernen und beherrschen wollen. Dazu stellt es die Architektur des Systems aus der Perspektive eines Datenbankentwicklers vor, behandelt alle Aspekte der Datenbankentwicklung mit SQL Server von T-SQL über XML bis zur .NET-Programmierung und lässt auch für Entwickler wichtige Services nicht außer Acht. Geschrieben von drei Experten auf diesem Gebiet stellt es die ultimative Referenz zum Thema dar.

Autor	Urban, Köller, Jungbluth
Umfang	1000 Seiten, 1 CD
Reihe	Das Entwicklerbuch
Preis	59,00 Euro [D]
ISBN	3-86063-538-7

Microsoft Press-Titel erhalten Sie im Buchhandel, PC-Fachhandel und in den Fachabteilungen der Warenhäuser

(Wissen aus erster Hand)

Erfahren Sie, wie Sie mit ADO auf alle Arten von Daten zugreifen, um datenbankgetriebene Anwendungen für den Desktop oder das Web zu programmieren. David Sceppa, einer der führenden ADO-Experten und Mitglied der ADO-Produktgruppe, beschreibt Programmierung, Testen und Debuggen von Applikationen mit ADO.NET genauso, wie das ADO.NET 2.0-Objektmodell. Ein unverzichtbares Werk für alle, die in die Tiefen von ADO einsteigen wollen und eine Referenz für jeden Datenbankprogrammierer.

Autor	David Sceppa
Umfang	900 Seiten
Reihe	Das Entwicklerbuch
Preis	59,00 Euro [D]
ISBN	3-86063-541-7

Microsoft Press-Titel erhalten Sie im Buchhandel, PC-Fachhandel und in den Fachabteilungen der Warenhäuser

(Wissen aus erster Hand)

Dieser Titel stellt ein umfassendes Arbeitsbuch für die Programmierung mit Visual Basic 2005 dar. Der Autor hat sich zum Ziel gesetzt, nicht nur eine umfassende und verständliche Einführung in die objektorientierte Programmierung zur Verfügung zu stellen, sondern auch bei allen Erläuterungen hinter die Kulissen zu blicken. Eine Vielzahl von Beispielen schafft den nötigen Praxisbezug, insbesondere beim effizienten Einsatz neuer Features und Steuerelemente im .NET Framework 2.0.

Autor	Klaus Löffelmann
Umfang	1000 Seiten, 1 CD
Reihe	Das Entwicklerbuch
Preis	59,00 Euro [D]
ISBN	3-86063-537-9

Microsoft Press-Titel erhalten Sie im Buchhandel, PC-Fachhandel und in den Fachabteilungen der Warenhäuser